HISTÓRIA DA TEOLOGIA CRISTÃ

2 000 ANOS DE TRADIÇÃO E REFORMAS

Dados Internacionais de Catalogação na Publicação (CIP)
(Câmara Brasileira do Livro, SP, Brasil)

Olson, Roger E.
　　História da teologia cristã: 2000 anos de tradição e reformas / Roger E. Olson; tradução Gordon Chown. São Paulo: Editora Vida, 2001.

　　Título original: *The Story of Christian Theology*.
　　ISBN 85-7367-766-X

　　1. Teologia dogmática 2. Teologia dogmática - História I. Título.

01-3740　　　　　　　　　　　　　　　　　　　　　　　　CDD-230.09

Índice para catálogo sistemático:
1. Teologia cristã : História　230.09

HISTÓRIA DA TEOLOGIA CRISTÃ

2 000 ANOS DE TRADIÇÃO E REFORMAS

Editora Vida
Rua Conde de Sarzedas, 246 — Liberdade
CEP 01512-070 — São Paulo, SP
Tel.: 0 xx 11 2618 7000
atendimento@editoravida.com.br
www.editoravida.com.br
@editora_vida /editoravida

HISTÓRIA DA TEOLOGIA CRISTÃ
2000 ANOS DE TRADIÇÃO E REFORMAS
© 1999, by Roger E. Olson
Originalmente publicado nos EUA com o título
The Story of Christian Theology
Publicação com permissão contratual da
InterVarsity Press (Downers Grove, Illinois, USA)

Todos os direitos desta edição em língua portuguesa reservados e protegidos por Editora Vida pela Lei 9.610, de 19/02/1998.

É proibida a reprodução desta obra por quaisquer meios (físicos, eletrônicos ou digitais), salvo em breves citações, com indicação da fonte.

■

Exceto em caso de indicação em contrário, todas as citações bíblicas foram extraídas de *Nova Versão Internacional* (NVI)
© 1993, 2000, 2011 by International Bible Society, edição publicada por Editora Vida. Todos os direitos reservados.

Todas as citações bíblicas e de terceiros foram adaptadas segundo o Acordo Ortográfico da Língua Portuguesa, assinado em 1990, em vigor desde janeiro de 2009.

■

Editor responsável: Marcelo Smargiasse
Editor-assistente: Gisele Romão da Cruz
Tradução: Gordon Chown
Preparação de texto: Denise Avalone
Acordo ortográfico: Equipe Vida
Diagramação: Jônatas Jacob
Capa: Douglas Lucas

As opiniões expressas nesta obra refletem o ponto de vista de seus autores e não são necessariamente equivalentes às da Editora Vida ou de sua equipe editorial.

Os nomes das pessoas citadas na obra foram alterados nos casos em que poderia surgir alguma situação embaraçosa.

Todos os grifos são do autor, exceto indicação em contrário.

1. edição: set. 2001
5. reimp.: ago. 2008
6. reimp.: nov. 2009
7. reimp.: mar. 2011
8. reimp.: nov. 2011
9. reimp.: (Acordo Ortográfico) abr. 2014
10. reimp.: jul. 2016
11. reimp.: mar. 2017
12. reimp.: maio 2023

Esta obra foi composta em *Aldine401 BT*
e impressa por Promove Artes Gráficas sobre papel
Offset 63 g/m² para Editora Vida.

*Dedicado a
Niels C. Nielsen,
meu* Doktorvater
e amigo

Sumário

Abreviaturas e informações gerais ao leitor 9
Prefácio 11
Introdução: A teologia cristã como história 13

Primeira Parte
Primeiro ato: *Visões cristãs conflitantes no século II* 25
  1. Críticos e sectários provocam confusão 29
  2. Os pais apostólicos explicam o caminho 41
  3. Os apologistas defendem a fé 55
  4. Ireneu desmascara heresias 69

Segunda Parte
A trama se complica: *Tensões e transformações do século III* 81
  5. Pensadores norte-africanos examinam a filosofia 87
  6. Orígenes de Alexandria deixa um legado perturbador 103
  7. Cipriano de Cartago promove a unidade 119
  8. O cristianismo se organiza 131

Terceira Parte
Uma grande crise abala a igreja: *A controvérsia a respeito da Trindade* 143
  9. Os alexandrinos discutem a respeito do Filho de Deus 147
  10. A igreja responde no Concílio de Niceia 157
  11. Atanásio sustenta irredutivelmente a fé 167
  12. Os pais capadócios resolvem a questão 179

Quarta Parte
Outra crise abala a igreja: *O conflito sobre a pessoa de Cristo* 205
  13. As escolas de Antioquia e de Alexandria divergem sobre Cristo 209
  14. Nestório e Cirilo levam a controvérsia a uma decisão 221
  15. Calcedônia protege o mistério 233
  16. Continuam os efeitos do conflito 247

Quinta Parte
A saga de duas igrejas: *A Grande Tradição divide-se entre o Oriente e o Ocidente* ... 261
  17. Agostinho confessa a glória de Deus e a depravação humana 265
  18. A igreja ocidental torna-se Católica Romana 289

19. A igreja oriental torna-se Ortodoxa Oriental 303
20. O Grande Cisma transforma uma tradição em duas 317

Sexta Parte
A saga da rainha das ciências: *Os escolásticos reavivam e entronizam a teologia* ... 325
21. Anselmo e Abelardo especulam sobre os caminhos de Deus 331
22. Tomás de Aquino resume a verdade cristã 349
23. Os nominalistas, os reformadores e os humanistas
    desafiam a síntese escolástica 369

Sétima Parte
Uma nova guinada na narrativa: *A igreja ocidental é reformada e dividida* 393
24. Lutero redescobre o evangelho e divide a igreja 399
25. Zwinglio e Calvino organizam o pensamento protestante 423
26. Os anabatistas voltam às raízes do cristianismo 441
27. Roma e Cantuária seguem caminhos separados, mas paralelos 459

Oitava Parte
O centro do enredo se fragmenta: *Os protestantes seguem caminhos diferentes* ... 483
28. Os arminianos tentam reformar a teologia reformada 485
29. Os pietistas procuram renovar a teologia luterana 507
30. Os puritanos e os metodistas esforçam-se para
    reavivar a teologia inglesa 527
31. Os deístas tentam transformar a teologia protestante 553

Nona Parte
A trama geral se divide: *Os liberais e os conservadores respondem
positivamente à modernidade* 571
32. A teologia liberal ajusta-se à cultura moderna 577
33. A teologia conservadora consolida as categorias tradicionais 593
34. A neo-ortodoxia transcende a divisão 611
35. A teologia contemporânea enfrenta a diversidade 633

Conclusão: O futuro de uma história inacabada 655
Índice remissivo 659

Abreviaturas e Informações gerais ao leitor

Nos primeiros capítulos deste livro são frequentes as referências aos escritos dos primeiros pais da igreja, conforme contidos nas seguintes coleções: *The ante-Nicene fathers: translations of the writings of the fathers down to A.D. 325,* ed., Alexander Roberts e James Donaldson, 10 vols., Grand Rapids, Eerdmans, 1988; *A select library of the Nicene and post-Nicene fathers of the Christian Church,* ed., Philip Schaff, 14 vols., Grand Rapids, Eerdmans, 1984; e *A select library of Nicene and post-Nicene fathers of the Christian Church,* segunda série, ed., Philip Schaff e Henry Wace, 14 vols. Grand Rapids, Eerdmans, 1984 (coletâneas idênticas também são publicadas pela editora Hendrickson, de Peabody, Massachussets.). Essas coleções estão geralmente à disposição nas bibliotecas de seminários e universidades.

A documentação nas notas no fim do volume fará referência a essas coletâneas mediante o emprego das iniciais e dos números dos volumes. ANF refere-se à série de *Ante-Nicene fathers,* npnf refere-se à série *Nicene and post-Nicene fathers of the Christian Church* e a segunda série de *Nicene and post-Nicene fathers of the Christian Church* será designada por NCPF2. Essas abreviaturas serão seguidas pelo número do volume.

Todas as datas deste livro são d.C., exceto quando especificadas pelo contrário, a.C. Na maioria dos casos, os anos do nascimento e da morte de uma pessoa são registrados uma única vez entre parênteses logo após *a primeira menção* do seu nome. Os anos entre parênteses após o nome de governantes e papas referem-se ao período de reinado e não ao tempo de vida. Os termos técnicos teológicos e filosóficos em geral são definidos quando aparecem pela primeira vez. Use o índice para localizar a primeira aparição e definição de qualquer termo que lhe pareça estranho.

Prefácio

As pessoas vivem das histórias que moldam suas identidades. Aqueles dentre nós que se chamam de cristãos são moldados pela história cristã. A história cristã, no entanto, inclui mais do que apenas a narrativa bíblica. A narrativa e cada uma de suas histórias, salmos, cartas e outras peças literárias que ajudam a comunicá-la têm certa primazia para a maioria dos cristãos. É nossa metanarrativa, a história abrangente dos caminhos de Deus com o seu povo na criação e redenção. Cristão é todo aquele que se identifica com essa história e procura viver segundo a visão da realidade que ela expressa. Infelizmente, muitos ignoram quase que totalmente a continuação da narrativa secundária da obra de Deus com o seu povo — o corpo de Cristo — após o término da narrativa bíblica. Este livro é uma tentativa de preencher a lacuna no conhecimento de muitos cristãos sobre essa história. A lacuna começa com o fim do Novo Testamento e a conclusão da vida e ministério dos apóstolos e vai até o cristianismo contemporâneo. O que Deus fez durante dois mil anos para levar seu povo ao entendimento da verdade? A teologia é exatamente isso: a fé buscando o entendimento da verdade de Deus.

A fé buscando o entendimento: há dois mil anos os cristãos se esforçam nessa tarefa e procuram cumpri-la. A narrativa dessa busca da verdade dentro da igreja é praticamente desconhecida de muitos cristãos contemporâneos, ainda que sua história pessoal de crente em Jesus Cristo seja profundamente afetada por ela. Estamos na mesma situação que a das pessoas que nada sabem sobre suas origens — de onde vieram e quem eram seus parentes. Só que o nosso caso é ainda mais grave. É semelhante ao dos indivíduos que querem ser bons cidadãos, mas pouco ou nada sabem sobre a história de sua nação, inclusive de seu descobrimento, guerras, heróis, princípios e governantes.

Viver como seguidor pleno e operante de Jesus Cristo é como ser um bom cidadão de uma nação. É preciso conhecer a história das pessoas que procuraram seguir a Cristo e ser discípulos dele nas diversas culturas e períodos da história.

Ao contar aos leitores pelo menos uma parte dessa história — a história das crenças cristãs — espero estar contribuindo para seu discipulado cristão, bem como para a compreensão de si mesmos. Também espero e oro para que ela fortaleça a igreja universal de Jesus Cristo, que precisa urgentemente recuperar seu senso de participação na grande história da obra de Deus com o seu povo no decorrer de centenas de anos.

A ideia deste livro surgiu a partir do curso *Pais e reformadores da igreja: a história da teologia cristã* que administrei por quinze anos na Faculdade Bethel (St. Paul, Minnesota). Encontrei livros excelentes a respeito da história do pensamento cristão, mas nenhum satisfez completamente a mim ou a meus alunos. Usamos os livros disponíveis, mas sempre sentimos a necessidade de alguma coisa diferente. Conversando com amigos, colegas e com Rodney Clapp, então redator-chefe da InterVarsity Press, a ideia geral e o esboço deste livro foi ganhando forma e finalmente deu seu fruto.

Os capítulos baseiam-se nas aulas que ministrei repetidas vezes, mas acrescentei-lhes muitas pesquisas antes e durante minha licença sabática no outono de 1997, concedida tão generosamente pelos curadores da faculdade Bethel. Gostaria de agradecer a meu amigo e coautor Stanley G. Grenz pelo seu encorajamento e orientação durante a concepção deste livro e o início do trabalho. Gostaria também de expressar o grande apreço por meu editor, Rodney Clapp, que me deu toda liberdade, além de seu apoio e conselhos. A Associação dos Ex-Alunos da faculdade Bethel providenciou uma doação generosa para a compra da coleção completa das escrituras dos pais da igreja, que foi de valor inestimável para as pesquisas e o desenvolvimento dos primeiros capítulos deste livro. Agradeço à Associação pelo apoio. Minha querida esposa, Becky, e nossas filhas, Amanda e Sonja, ofereceram-me seu amor e compreensão nos meses que fiquei trabalhando praticamente acorrentado à mesa do computador em meu escritório doméstico. Elas me deram o espaço e o encorajamento de que precisava para continuar sempre em frente.

Acima de tudo, gostaria de agradecer ao homem que me orientou durante os anos de doutoramento na Universidade Rice, em Houston, Texas. Meu conselheiro e presidente do Departamento de Estudos Religiosos, o dr. Niels C. Nielsen. Mesmo depois de eu estar formado e ele, aposentado, não deixou de ser mentor, exemplo e amigo para mim. Respeito-o como a um pai. Ele é, sem dúvida alguma, o homem mais querido e importante de minha vida e, em grande parte, o responsável por tudo que tenho realizado de bom e positivo como acadêmico cristão.

Introdução
A teologia cristã como história

Enquanto a história é considerada como ossos secos por muitos leitores modernos, uma "pequena história" é sempre acolhida com ânimo e interesse. Mas, afinal das contas, a história é feita de "pequenas histórias". Nesse sentido, *história* não significa ficção ou fábula, mas "narrativa". Contar a história é narrar cronologicamente as histórias, as narrativas que relatam (com tanta exatidão quanto possível, segundo esperamos) os eventos, movimentos, ideias e vidas de pessoas que criaram culturas, religiões e nações.

A história da teologia cristã pode, e deve, ser contada como se fosse uma história. Está repleta de tramas complexas, fatos emocionantes, pessoas interessantes e ideias fascinantes. Este livro é fruto do esforço de contar bem essa história e de tratar com imparcialidade cada uma das suas tramas secundárias.

Existe um denominador comum que percorre toda a história da teologia cristã e une as pequenas histórias em uma única e grande narrativa do desenvolvimento do pensamento cristão. É o interesse que todos os teólogos cristãos (profissionais e leigos) têm pela salvação: o gesto redentor de Deus de perdoar e transformar os pecadores. Sem dúvida, outras preocupações entram em jogo no decurso da história, mas, aparentemente, o interesse em compreender e explicar adequadamente a salvação subjaz a quase todos os outros. Um historiador contemporâneo da teologia afirmou com razão que "geralmente, o teólogo encontra nos problemas da soteriologia [a doutrina da salvação] o alicerce sobre o qual edifica todas as suas opiniões doutrinárias".[1] A história da teologia cristã, portanto, é a história da reflexão cristã sobre a salvação. Inevitavelmente, também envolve reflexão sobre a natureza de Deus e da revelação que ele fez de si mesmo, na pessoa de Jesus Cristo,

---

[1] J. G. SIKES, *Peter Abelard*, New York, Russell & Russell, 1965, p. 179.

e sobre muitas outras crenças ligadas à salvação. Na realidade, porém, tudo se resume na salvação: o que é, como acontece e quais os papéis a ser desempenhados por Deus e pelo homem para que ela se concretize.

Essa preocupação com a salvação ficou evidente principalmente nas etapas formativas e reformativas do desenvolvimento da doutrina cristã. Os grandes debates sobre o que se deveria crer em relação a Deus, Jesus Cristo, ao pecado e à graça que consumiam a atenção dos primeiros pais da igreja, entre aproximadamente 300 e 500, basicamente visavam resguardar e proteger o evangelho da salvação. As divisões que ocorreram dentro da cristandade e na sua teologia durante o século XVI e que levaram às reformas protestante e católica na Europa deveram-se, em grande parte, às diferentes interpretações do evangelho. Em outros períodos, a questão da salvação, de tudo o que está ligado a ela e de como se deve guardá-la e protegê-la, ficou relegada ao segundo plano, enquanto os líderes e teólogos da igreja debatiam outras questões e se esforçavam para descobrir as respostas de outras perguntas. Mesmo nessas ocasiões, no entanto, o eco da preocupação com a salvação propaga-se através das reflexões e controvérsias teológicas. Não seria justo impor um tema rígido de "preocupação com a salvação" para cada teólogo e período da história da teologia, de modo que, em certos momentos, esse tema será o grande destaque desta narrativa e, em outros, será praticamente imperceptível.

Mas e quanto à teologia? Assim com no caso da história, muitos leitores modernos estão convencidos de que ela é necessariamente enfadonha, desinteressante, impraticável e extremamente distante da vida cotidiana — e mesmo do viver cristão. Stanley J. Grenz e eu, em livro anterior, tentamos corrigir essa impressão errônea. A teologia é inevitável na medida em que o cristão (ou qualquer outra pessoa) procura pensar de modo coerente e inteligente a respeito de Deus. E não somente é inevitável e universal, como também valiosa e necessária. Sem a reflexão formal a respeito do significado do evangelho da salvação que é parte da teologia, ele se degeneraria rapidamente para a condição de mera religião folclórica e perderia toda a sua convicção da verdade e sua influência sobre a igreja e a sociedade. Aos leitores que não acreditam na importância e no valor da teologia, recomendo meu livro anterior *Who needs theology? An invitation to the study of God* [*Quem precisa de teologia? Um convite ao estudo a respeito de Deus*, Downers Grove, InterVarsity Press, 1996].

Há muitos livros sobre a história do pensamento e teologia cristãos escritos em diversos níveis. Histórias do cristianismo também são numerosas e facilmente disponíveis. O presente volume não tem o propósito de substituir nenhum deles, mas antes fazer nova contribuição à coleção. Sem querer atribuir a este livro a qualidade de exclusivo, diria que são poucos os livros sobre o assunto que podem ser lidos por pessoas comuns — aquelas que têm pouco ou nenhum conhecimento da história e do desenvolvimento da teologia cristã. Este livro foi escrito para leigos e estudantes cristãos, sem qualquer noção teológica, e também para pastores cristãos interessados em uma "recapitulação" da teologia histórica. Não tem a pretensão de ser acadêmico e de oferecer visões inovadoras baseadas em pesquisa original ou de apresentar novas propostas para o debate acadêmico. É um panorama modesto dos pontos de especial interesse da teologia histórica cristã, para leitores que talvez não tenham o menor conhecimento ou noção dessa história fascinante.

Dentro das limitações de um livro que trata da teologia histórica, procurei, portanto, tornar este volume simpático ao leitor. Ele é quase que totalmente destituído de jargões técnicos de teologia e, nos poucos casos em que não se pôde evitar o uso, os termos são definidos com clareza dentro do contexto em que são usados. Embora consista basicamente de ideias (crenças, doutrinas, teorias), este livro procura vinculá-las a eventos concretos e pessoas reais, e explicar do modo mais claro possível por que elas eram relevantes e como surgiram. Em geral, nasciam de controvérsias e conflitos a respeito das crenças e da espiritualidade cristãs. Não existe nenhuma doutrina do cristianismo que tenha surgido do nada. Cada crença, quer considerada "ortodoxa" (teologicamente correta) ou "herética" (teologicamente incorreta), nasceu de um desafio. O desafio pode ter sido uma distorção do evangelho com mensagem pretensamente cristã ou uma crença popular ou prática espiritual considerada não bíblica ou antitética à fé cristã autêntica. Pode também ter sido uma filosofia ou crença cultural não cristã que desafiava os pensadores cristãos a responder com uma alternativa melhor com base em fontes cristãs.

De qualquer forma, a história da teologia cristã não é uma história de pensadores profissionais em torre de marfim inventando doutrinas obscuras e especulativas a fim de confundir os fiéis cristãos simples. Sem negar que algo assim possa ter acontecido de tempos em tempos na história do cristianismo, quero refutar essa imagem popular demonstrando aqui que toda crença cristã relevante surgiu por razões urgentes e práticas. Mesmo uma pergunta aparentemente estranha, como: "Quantos anjos conseguem dançar na cabeça de um alfinete?", não era debatida pelos pensadores cristãos no passado apenas para matar o tempo, nem para dar a impressão de serem eruditos. A questão era explorar a natureza de seres espirituais não humanos, como os anjos, e refutar a ideia de que seriam seres materiais que ocupam espaços. Existe uma lenda famosa (ou infame) da história da teologia cristã que conta que os bispos e teólogos da tradição ortodoxa oriental estavam debatendo essa mesma questão na grande catedral de Constantinopla (Bizâncio) enquanto os invasores sarracenos irrompiam pelos portões da cidade e destruíam os últimos vestígios do império cristão antes tão poderoso. A veracidade ou não dessa lenda é irrelevante para o que tenciono provar, que é simplesmente que todas as questões debatidas, e todas as crenças que foram desenvolvidas, não aconteciam à toa, mas tinham sua razão de ser.

Reconhecidamente, algumas razões para o debate e desenvolvimento teológicos são melhores do que outras, mas não imagine, por favor, que só porque uma ideia nessa história parece, de início, especulativa ou impraticável, tenha surgido do nada. Boa parte da história narrada aqui pretende explicar as tensões, conflitos e controvérsias que subjaziam às ideias aparentemente especulativas, como a natureza trina e una de Deus (a Trindade) e a união hipostática (humanidade e divindade) de Cristo. Nenhuma dessas duas crenças é claramente articulada na Bíblia. Além disso, enquanto estava sendo desenvolvido pelos principais pensadores da igreja primitiva (séculos IV e V), o cânon das Escrituras Cristãs era identificado e formalizado[2].

Por que foram desenvolvidas essas doutrinas cristãs que pareciam ser técnicas, mas que são totalmente cruciais? Certamente não porque os bispos e os demais líderes não tivessem mais o que fazer. A razão é simplesmente por que ideias subversoras do evangelho a respeito de Deus e de Jesus Cristo estavam surgindo rapidamente e conquistando popularidade, e se fossem aceitas por muitos criariam um "evangelho diferente", uma religião diferente da ensinada pelos apóstolos e difundida nos primeiros séculos da igreja. Em quase todos os casos, as doutrinas foram propostas e desenvolvidas porque alguém percebeu que o próprio evangelho estava em jogo.

Atualmente, temos as doutrinas da Trindade e das duas naturezas de Jesus Cristo, e a maioria das ramificações do cristianismo, hoje dividido, as aceita sem muita relutância. Aliás, são amplamente aceitas como verdadeiras, mesmo quando não são bem-entendidas. No entanto, a maioria das crenças falsas que surgiram na igreja primitiva e que foram a causa do desenvolvimento dessas doutrinas ainda se encontra hoje em pleno vigor, ora dentro das ramificações do cristianismo que oficialmente confessam a crença na doutrina da Trindade e na da humanidade e divindade de Jesus Cristo, ora nas seitas e entre os liberais e livres-pensadores às margens do cristianismo. Entender como e por que essas e outras crenças cruciais do cristianismo foram desenvolvidas e definidas com tanta exatidão ajuda a impedir que sejam negligenciadas no presente a ponto de chegarem mesmo a se perder.

É bom que o leitor conheça os pressupostos básicos deste livro. O primeiro deles é o de que as crenças têm importância. A esta altura, isso já deve estar claro. O que as pessoas acreditam afeta o modo como vivem. Nenhum discipulado cristão que seja vital, dinâmico e fiel se encontra completamente desprovido de entendimento

---

[2] O desenvolvimento de um cânon cristão (coletânea limitada) de Escrituras inspiradas — que os atuais cristãos chamam de Bíblia do Antigo e do Novo Testamento — foi um processo dolorosamente lento e prolongado. A igreja unificada do Império Romano cristão (igreja católica e ortodoxa) reconheceu formalmente uma lista definitiva de escritos cristãos que consistia em 66 livros (de Gênesis até Apocalipse) no ano 392, em um concílio local de bispos em Hipona, África do Norte. Essa história será contada em detalhes no capítulo 8 "O cristianismo se organiza".

doutrinário. Nunca houve nem nunca haverá. Ninguém consegue servir fielmente a Deus sem saber alguma coisa a respeito da natureza e vontade divinas.

Durante boa parte da história do cristianismo, as crenças eram mais importantes do que hoje o são para muitos cristãos contemporâneos. Ler e compreender a história da teologia cristã requer a consciência prévia de que os cristãos das eras passadas que se debatiam com as questões doutrinárias realmente se preocupavam em crer as coisas certas a respeito de Deus. Este era o caso não somente dos bispos e teólogos profissionais, mas também dos leigos dentro das igrejas.

No século IV, o grande pai capadócio da igreja, Gregório de Nissa, queixava-se de não poder ir a nenhum lugar e nem fazer qualquer coisa em Constantinopla — a nova capital do Império Romano — sem ser envolvido pelos cidadãos em debates a respeito da Trindade. Em sua obra seminal sobre a Trindade, *Da divindade do Filho e do Espírito Santo*, escreveu: "Se a gente pedir um trocado, alguém irá filosofar sobre o Gerado e o Não gerado. Se perguntar o preço do pão, dirão: 'O Pai é maior e o Filho é inferior'. Se perguntar: 'O banho está pronto?', dirão: 'O Filho foi criado do nada' ".[3]

Gregório de Nissa certamente não estava reclamando do envolvimento de cristãos comuns nas disputas teológicas. Se seu comentário tem tom de queixa é porque a maioria dos leigos naqueles tempos parecia simpatizar com a posição oposta: a heresia ariana ou semiariana que rejeitava a igualdade total entre Jesus o Filho e Deus Pai. Como em muitas outras controvérsias doutrinárias antes e depois daquela, tanto leigos como líderes eclesiásticos e teólogos profissionais encontram-se ativamente envolvidos no debate sobre as crenças cristãs corretas. As crenças tinham importância naquela época e devem continuar tendo agora.

O segundo pressuposto é o de que, às vezes, as crenças adquirem importância demais! No decorrer de dois mil anos de teologia cristã, houve muitos debates, conflitos e até mortes, tudo completamente desnecessário no tocante a diversas questões realmente secundárias da doutrina cristã. Sem querer, de modo algum, aviltar os reformadores protestantes na sua grande obra da reforma no século XVI, diria que a falta de união devida em grande parte à falta de consenso sobre a presença de Cristo na Ceia do Senhor é um escândalo e uma mancha na história da teologia protestante. É claro que Lutero, Zwinglio, Calvino e outros reformadores também discordavam a respeito de outras coisas, mas essa questão doutrinária parece ter sido o grande divisor de águas que tudo destruía e impedia a união dos protestantes. E não há desculpa para se queimar, afogar e decapitar pessoas por serem consideradas hereges.

Às vezes, o acerto doutrinário e teológico tem importado demais. Nos nossos dias, porém, parece que o pêndulo já chegou à extremidade oposta, já que

---

[3] Apud Harold O. J. Brown, *Heresies*: the image of Christ in the mirror of heresy and orthodoxy from the apostles to the present, Garden City, Doubleday, 1984, p. 104.

muitos cristãos sabem pouco ou nada a respeito das doutrinas cristãs ou de como e por que se desenvolveram. O cristianismo está correndo o risco de se tornar uma religião folclórica de culto terapêutico e sentimentos pessoais.

O terceiro pressuposto é o de que as crenças cristãs válidas — as que são consideradas verdadeiras — não têm o mesmo grau de importância. Algumas são dogmas e merecem ser defendidas séria e até mesmo calorosamente. Acredito que a Trindade e a encarnação pertençam a essa categoria. Por essa razão, considero Atanásio, bispo e teólogo egípcio do século IV, um grande herói. Ele foi exilado de Alexandria, sua cidade natal e diocese cinco vezes, por ser intransigente em relação a essas crenças (sua história é contada no capítulo onze).

Há outras crenças que são verdadeiras e não são tão cruciais para o evangelho ou para a identidade do cristianismo e de sua mensagem. Mas têm sua importância. Chamo-as doutrinas em contraposição aos dogmas.[4] Tratam-se de crenças que poucos ou talvez nenhum grande grupo cristão impõe como essenciais para uma pessoa ser considerada cristã, mas que por alguns são consideradas testes de comunhão. Isto é, para pertencer a determinada tradição, denominação ou igreja, a pessoa deve confessá-las ou, pelo menos, não negá-las. Por exemplo, os batistas — os da minha tradição, que se originou no século XVII — insistem que o batismo dos crentes (também chamado batismo de adultos), normalmente mediante a imersão na água, é o modo normativo do batismo. No entanto, os batistas não negam o cristianismo autêntico das pessoas que acreditam no batismo de bebês e o praticam. Para os batistas, portanto, o batismo por imersão dos crentes é uma doutrina, mas não um dogma.

Finalmente, há uma terceira categoria de crenças que chamo opiniões teológicas ou interpretações individuais. Durante a Reforma, alguns líderes protestantes classificaram essa categoria de *adiáfora*, palavra que provém de um termo em latim que significa "coisas que não são muito importantes" ou "questões de indiferença". Pelo que entendo, um exemplo disso seriam os pormenores das crenças a respeito da natureza exata dos anjos e os detalhes dos eventos associados à segunda vinda de Cristo. Em grande parte da história eclesiástica, essas e outras questões bem mais insignificantes foram debatidas, mas sem muito entusiasmo.

Embora não aprove a perseguição de uma pessoa por causa das suas crenças (sendo batista, creio firmemente na liberdade de consciência), realmente acredito que os dogmas genuínos foram defendidos da melhor maneira — às vezes até à morte

---

[4] Aqui, a palavra *doutrina* é usada em um sentido técnico especial para essa categoria de crenças cristãs. Emprego essa palavra em outro momento (reconheço que pode ficar um pouco confuso) no sentido mais comum de qualquer crença cristã oficialmente ensinada como uma interpretação verdadeira da Bíblia ou da Grande Tradição da igreja. Para obter uma explicação mais detalhada sobre o assunto inteiro de "dogma, doutrina, opinião", v. *Who needs theology? An invitation to the study of God*, de Stanley J. Grenz & Roger E. Olson (Downer's Grove, InterVarsity Press, 1996, p. 73-7).

— pelos pais da igreja e pelos reformadores. Esta é uma história que poucos cristãos conhecem e contá-la é um dos propósitos deste livro. Não fosse pelo querido Atanásio — o "santo da teimosia" do século IV —, os dogmas da plena e verdadeira divindade de Cristo e a natureza trina e una de Deus teriam sido provavelmente engolfados num pântano de meios-termos políticos dentro do império e da igreja. Embora o grande cronista da queda de Roma, Edward Gibbon, achasse que a união do Império Romano foi destruída indevidamente pela recusa obstinada em ceder, para mim, o que estava em jogo era a integridade do próprio evangelho.

O quarto pressuposto importante deste livro é o de que realmente existe uma linha de pensadores cristãos e ideias influentes que vem desde o Novo Testamento até os dias de hoje e que, embora esteja aberta ao debate, à correção e à revisão, não se trata de um bando de "homens brancos mortos" reconhecidos por uma elite poderosa dentro da igreja que visa apoiar a dominância de determinado grupo de líderes. Essa questão pode ser pouco conhecida por alguns leitores. Mas os professores e estudiosos de religião e teologia saberão de que se trata. Existe uma tendência crescente nos círculos acadêmicos de rejeitar a ideia de uma coleção restrita de clássicos de certa área de estudo em benefício de algo mais inclusivo e que melhor represente minorias e mulheres. Esse movimento tem sua cota de razão. Certamente, o cânon tradicional de clássicos culturais, heróis e ícones precisa ser ampliado. Mas isso não significa que a influência legítima não vá determinar quais escritores e pensadores do passado devem ser estudados. Eu gostaria muito de encontrar registros de teólogas influentes da igreja primitiva, da era medieval e da Reforma. Mas embora as mulheres certamente estivessem presentes e tenham influído na vida espiritual do cristianismo durante toda a sua história, antes dos tempos modernos, nenhuma conseguiu influenciar marcadamente o rumo e a tendência da teologia da igreja.

Para alguns críticos, a falta de mães da igreja[5] é uma prova do preconceito dos teólogos masculinos ou da inevitável natureza patriarcal do próprio cristianismo. Acredito que seja uma prova da natureza patriarcal da cultura ocidental em geral (da qual o cristianismo faz parte) e de uma acomodação cultural da igreja cristã e das suas instituições. Deveriam ter havido mães da igreja paralelamente aos pais da igreja.

---

[5] Nesse livro (assim como em outros, na maior parte) *pai da igreja* designa um papel bem específico, assim como *reformador*. Ambos são nomes técnicos atribuídos às pessoas que deram forma às teologias do cristianismo em geral ou, em especial, a determinadas ramificações e tradições do cristianismo. O rótulo "pai da igreja" não é um exemplo da preferência patriarcal pelos homens. A questão é que, simplesmente, não havia teólogas na igreja primitiva. Havia mártires femininas e místicas, mas nenhuma mulher, antes do século XIX ou mesmo do século XX, contribuiu de modo influente às formulações doutrinárias de qualquer das principais ramificações do cristianismo. Não conheço nenhum estudioso sério, homem ou mulher, que possa contestar esse fato. Por isso, o rótulo "pai da igreja" pode ser usado sem medo.

O fato de isso não ter acontecido é um escândalo para a igreja, mas não é motivo para as histórias revisionistas que as inventam.

As minorias étnicas, como são chamadas popularmente nos Estados Unidos hoje em dia, estavam bem representadas na igreja primitiva e na sua teologia. Por exemplo, o herói já mencionado, Atanásio, era chamado por seus contemporâneos, sem ofensa, de "o anão negro" por causa de sua altura e cor da pele. Era africano, assim como muitos outros grandes pensadores da igreja primitiva. Vários eram semitas — de descendência e identidade árabe ou judaica. Aliás, poderia ser levantado o forte argumento de que os pensadores mais formativos e influentes do cristianismo primitivo — tanto heréticos quanto ortodoxos — moravam e trabalhavam no Egito e em outras partes da África do Norte. Certamente eles não poderiam ser chamados "homens brancos mortos"!

Em boa parte da década de 80, um movimento que visava negar a existência de qualquer tipo de linha principal de pensadores e ideias influentes ganhou popularidade e causou muita controvérsia. Sem rejeitar a legitimidade dos apelos pela ampliação e maior abrangência das listas de pensadores influentes, creio que existe uma lista objetivamente identificável de pensadores cristãos influentes à qual me concentrei neste livro a fim de oferecer aos leitores uma base para que compreendam a história da teologia cristã. Por exemplo, se alguém quiser entender como os cristãos chegaram a crer no dogma da Trindade, seria desonesto da minha parte negar que Orígenes, Atanásio e os três pais capadócios foram os protagonistas desse drama. Outros podem ter desempenhado papéis secundários, mas, sem dúvida, esses homens foram os atores principais.

Alguns leitores talvez questionem essa linha principal de pensadores cristãos mais influentes sob um ponto de vista bastante diferente: "Por que ler sobre pessoas das quais nunca ouvi falar? Como podem ser tão importantes se meu pastor nunca as mencionou?".

Como resposta, apelo à minha "teoria do efeito em cascata".[6] Mesmo quem nunca ouviu falar de Atanásio, por exemplo, pode estar profundamente influenciado por ele. Entre outras coisas, Atanásio escreveu um pequeno tratado sobre a divindade de Jesus Cristo intitulado *De incarnatione* ou *Da encarnação do Verbo,* no qual apresentou um argumento sólido em favor da divindade de Jesus Cristo em pé de igualdade com a própria divindade do Pai e, com isso, ajudou a estabelecer

---

[6] Na década de 1980, uma frase famosa usada para descrever as políticas econômicas do presidente americano Ronald Reagan era *the trickle-down theory* [teoria do efeito em cascata]. Significava que se os ricos nos EUA acumulassem mais riquezas com a redução de impostos, a sociedade inteira, inclusive os pobres, seria beneficiada. A riqueza causaria um "efeito em cascata" no crescimento econômico pelo aumento da oferta de empregos etc.

o dogma da Trindade contra a crescente onda de simpatia por um tipo de crença semelhante à das Testemunhas de Jeová que enxerga Cristo como uma grandiosa criatura de Deus. Uma longa linhagem de pensadores cristãos, incluindo os reformadores protestantes, considerava a obra de Atanásio conclusiva e decisiva. Além disso, Atanásio compilou a primeira lista autorizada de 66 livros inspirados da Bíblia cristã na sua carta da Páscoa, disseminada entre os bispos cristãos em 367. Identificou uma lista de livros secundários que posteriormente surgiriam na igreja ocidental (latina, católica romana) como os apócrifos inspirados. Finalmente, Atanásio também visitou os eremitas cristãos que habitavam em cavernas no deserto do Egito e escreveu uma hagiografia (biografia de um santo) a respeito de um deles, Antão, o Ermitão. *A vida de santo Antão* chegou à Europa por intermédio do exílio de Atanásio e tornou-se uma base importante para a ascensão do monasticismo e dos mosteiros que, por sua vez, influenciaram profundamente o cristianismo ocidental por muitos séculos.

Levando tudo em consideração, portanto, Atanásio é um bom exemplo da minha teoria do efeito em cascata que explica por que os cristãos da atualidade devem estudar e compreender os pensadores cristãos do passado distante, de nomes que nunca ouviram falar. Apesar de os atuais cristãos desconhecerem esses teólogos, foram eles que influenciaram o cristianismo que os nutriu espiritualmente e lhes deu identidade. Eles fazem parte da "grande nuvem de testemunhas" de todos os cristãos (Hb 12.1). São nossos antepassados espirituais e teológicos. Aprender sua história e o papel que desempenhavam na grande história da teologia é um exercício de entendimento de si mesmo. É o mesmo que conhecer as raízes da própria família.

Mas para que estudar os hereges, como Ário, cujas ideias foram condenadas como distorções graves do evangelho e rejeitadas por grandes pensadores como Atanásio? Não seria melhor concentrar a atenção somente nos da nuvem de testemunhas que contavam a verdade? Essa história da teologia cristã incluirá muitos debates sobre os que negavam a ortodoxia, os mestres teologicamente incorretos da igreja, que frequentemente promoviam falsos evangelhos ou versões distorcidas do evangelho de Jesus Cristo. Qual é o valor de tal estudo?

Uma concepção popular errônea — talvez uma lenda urbana do cristianismo — é a de que o Serviço Secreto dos Estados Unidos nunca mostra aos funcionários dos bancos as cédulas falsificadas quando querem ensiná-los a identificar dinheiro falso. Diz a lenda que os agentes que administram o treinamento só mostram aos bancários exemplares verdadeiros de dinheiro e, assim, quando o dinheiro falsificado aparecer diante deles, reconhecerão como é diferente. A moral da história é que o cristão deve estudar somente a verdade e nunca heresias.

Na primeira vez em que ouvi essa história em um sermão, percebi que era falsa. Ao verificar com o agente do Serviço Secreto do Departamento do Tesouro de Minneapolis, encarregado de treinar os bancários a identificar o dinheiro falsificado, foi confirmada a minha suspeita. Ele ridicularizou a história e achou estranho que alguém a tivesse inventado e que outros tivessem acreditado nela. Atendendo a um pedido meu, enviou-me uma carta confirmando que o Serviço Secreto na verdade mostra aos bancários exemplares de dinheiro falsificado.

Creio que é importante e valioso para os cristãos conhecer não somente a doutrina teológica correta (a ortodoxia), mas também as ideias dos que são considerados hereges dentro da história da igreja. Uma razão para tanto é que é quase impossível apreciar o significado da ortodoxia sem entender as heresias que a forçaram a se definir. O que agora conhecemos por ortodoxia (não a "Ortodoxia Oriental", mas a ortodoxia como "doutrina teológica correta") não nasceu de repente na igreja como Atena saiu da cabeça de Zeus na mitologia grega. Ela foi crescendo como resultado dos desafios que a heresia impôs. A fim de compreender corretamente o dogma ortodoxo da Trindade, é necessário entender os ensinos de Ário de Alexandria, que desafiou seriamente, no começo do século IV, a crença na eterna trindade de Deus.

Outro bom motivo para estudar as heresias e os hereges é que nunca se sabe quando Deus pode golpear violentamente com uma vara torta. A linguagem figurada de Lutero nessa expressão inculca a lição de que até mesmo um herege pode contribuir de alguma forma para o entendimento cristão apropriado da verdade. Quase todos os pensadores cristãos tradicionais a partir do século XVI concordam com João Calvino e com o conselho da cidade de Genebra em relação a Miguel Serveto ser um herege segundo os padrões da ortodoxia protestante. Ele negava a divindade de Cristo e da Trindade (assim como Ário no século IV), bem como muitos outros itens da crença cristã tradicional. Mas seu desafio profético contra a dominância preponderante da cidade pelo Reformador João Calvino conquistaria forte apoio da maioria dos amantes da liberdade hoje em dia.

Muitos dos considerados hereges nos tempos de Lutero e Calvino defendiam a liberdade da alma e a religiosa. Na realidade, entre os tempos do primeiro imperador romano cristão, Constantino, no século IV, e os movimentos do século XVIII em favor da tolerância religiosa na Grã-Bretanha e nos Estados Unidos, os chamados hereges eram uns dos poucos que argumentavam em favor da liberdade religiosa.

O quinto e último pressuposto que subjaz esse relato da história da teologia cristã é que Deus opera de modos misteriosos para estabelecer o seu povo na verdade e para reformar a teologia quando necessário. Não uso nenhum pretexto do historicismo — o pressuposto metodológico de que todas as ideias podem ser reduzidas a seus contextos histórico-culturais e por eles explicadas. Como cristão convicto e dedicado, creio na orientação (e não necessariamente no controle) providencial de Deus para todos os eventos. A história da teologia cristã é, segundo acredito, mais do que uma história humana. Ela faz parte da história da interação de Deus com seu povo, o corpo de Cristo. Assim como o teólogo contemporâneo Hans Küng, creio que Deus mantém a igreja na verdade, mas não na evolução tranquila da sua descoberta progressiva. Deus opera através de agentes humanos cuja mente e coração são anuviados pelo pecado. Há períodos na história da igreja e de sua teologia nos quais perceber a mão de Deus mantendo-a na verdade é puro ato de fé. Existem outros períodos ou capítulos da história que não exigem muita fé para perceber Deus operando na restauração da verdade.

A questão é simplesmente que este livro não deve ser lido como uma descrição histórico-científica e neutra da evolução da teologia cristã. Outrossim, também não deve ser lido como o tipo de relato altamente preconceituoso que existe em algumas das histórias eclesiásticas mais famosas ou infames. A primeiríssima história eclesiástica a ocupar um livro inteiro foi escrita pelo bispo Eusébio no século IV e tinha a clara intenção de demonstrar a mão de Deus por detrás da ascensão ao poder do imperador Constantino — o primeiro imperador romano que aceitou o cristianismo. Esforcei-me ao máximo aqui para ser fiel aos fatos e para apresentar a história da teologia cristã com o mínimo de distorção possível. Ao mesmo tempo, não consigo ocultar o fato de que creio que Deus nunca esteve ausente da igreja, mesmo nas eras de trevas durante as quais a luz da verdade tinha pouco brilho. Se há algum "herói" nesta história, não é Constantino nem Atanásio, por mais grandiosos ou influentes que tenham sido, mas o próprio Deus, a quem pertence toda a honra e glória.

A história da teologia cristã exige, inevitavelmente, certa consideração sobre a filosofia e as influências filosóficas. A partir do século II, quando começa a nossa história, a filosofia torna-se a principal interlocutora da teologia. Às vezes, ela parece ser mais do que simples interlocutora. Ela faz parte da história — o papel da filosofia no desenvolvimento das crenças cristãs formais. O teólogo cristão norte-africano, Tertuliano, perguntou retoricamente: "O que Atenas tem que ver com Jerusalém?". Queria protestar contra o uso crescente da filosofia grega (Atenas) pelos pensadores cristãos que deveriam ter se fundamentado exclusivamente nas Escrituras e em fontes cristãs (Jerusalém). O pai da igreja e apologista (defensor da fé) Justino Mártir referiu-se ao cristianismo como a "filosofia verdadeira", ao passo que o mestre cristão do século III, Clemente de Alexandria, identificou o pensador grego Sócrates como um "cristão antes de Cristo". O maior de todos os pensadores católicos da Idade Média, Tomás de Aquino (século XIII), frequentemente apelava ao "Filósofo", referindo-se ao filósofo pré-cristão Aristóteles, lado a lado com os pais da igreja, ou até mesmo no lugar deles, para resolver questões polêmicas.

Posteriormente, o pensador católico, Blaise Pascal (século XVII) asseverou que "o deus dos filósofos não é o Deus de Abraão, de Isaque e de Jacó!".

O relacionamento entre a reflexão cristã e a filosofia constitui uma parte muito importante da história da teologia cristã. Fornece algumas das tensões mais emocionantes dessa história. Mas seu estudo às vezes pode parecer bastante técnico e confuso. Procurarei simplificá-lo, mas sem deixar de lado seu significado. Peço paciência, tanto aos estudantes iniciantes e aos leitores em geral, quanto aos colegas professores e acadêmicos. Os primeiros podem achar esse aspecto da narrativa complicado, enquanto que os últimos talvez o considerem excessivamente simplista.

A história da teologia cristã começa no século II, cerca de cem anos depois da morte e ressurreição de Cristo, com o início da confusão entre os cristãos no Império Romano, tanto dentro quanto fora da igreja. Os desafios internos principais eram semelhantes à cacofonia de vozes que muitos cristãos em nossos dias chamariam "seitas", ao passo que os desafios externos eram semelhantes às vozes que muitos hoje chamariam "céticos". É dessas vozes desafiadoras que surgiu a necessidade e os primórdios da ortodoxia — uma declaração definitiva daquilo que é teologicamente correto. A única opção era a confusão total.

Que a história comece...

Primeira Parte

Primeiro ato:

Visões cristãs conflitantes no século II

A história da teologia não se inicia no começo. Isto é: a teologia cristã começou muito tempo depois de Jesus Cristo ter caminhado na terra com seus discípulos e mesmo depois de ter morrido o último discípulo e apóstolo. A teologia é a reflexão da igreja a respeito da salvação trazida por Cristo e a respeito do evangelho da salvação proclamada e explicada pelos apóstolos do século I.[1]

O último apóstolo de Jesus a morrer foi João "o Amado", o mais jovem deles, que morreu por volta de 90, embora a data exata seja incerta. Uma tradição fidedigna, deixada pelos próprios discípulos de João no século II, diz que ele morreu em Éfeso e que foi bispo (*episkopos*, "superintendente") de todos os cristãos e de todas as igrejas cristãs daquela região na Ásia Menor (moderna Turquia). João é o pivô da história da teologia cristã, porque sua morte marcou um momento decisivo. Pelo que sabemos, nenhum apóstolo reconhecido ou amplamente aceito sobreviveu a João. Com a sua morte, o cristianismo entrou numa nova era, para a qual não estava inteiramente preparado. Já não seria possível solucionar debates doutrinários, ou quaisquer que fossem, apelando para um apóstolo.

Os apóstolos eram homens e mulheres de grande prestígio e autoridade no cristianismo primitivo. Eram testemunhas oculares de Jesus, ou pelo menos pessoas intimamente ligadas ao seu ministério, ou aos ministérios de seus discípulos.[2]

---

[1] É lógico que até mesmo Jesus e seus discípulos podiam ser considerados "teólogo" em certo sentido. Se a teologia for definida como uma reflexão sobre Deus e a salvação, todos somos teólogos! Nesse caso, porém, o termo é usado no sentido de alguma coisa mais limitada e específica, a reflexão sobre o Deus de Jesus Cristo e o próprio Cristo e sobre sua obra e mensagem. De certa forma, Jesus Cristo e seus discípulos se ocuparam principalmente do ministério de proclamar o evangelho, enquanto a teologia assume o ministério de explicá-lo.

[2] A definição de *apóstolo* é discutível. Talvez pertença a uma classe grande de termos chamada "conceitos essencialmente contestados", isto é, não existe consenso entre os estudiosos quanto ao significado exato de alguns conceitos e termos. Certa teoria popular a respeito dos apóstolos cristãos primitivos diz que eram homens e, possivelmente, algumas mulheres que testemunharam a ressurreição de

Enquanto viviam, não havia necessidade da teologia no mesmo sentido que depois de sua morte. A teologia nasceu à medida que os herdeiros dos apóstolos começaram a refletir sobre os ensinamentos de Jesus e deles a fim de explicá-los em novos contextos e situações e resolver controvérsias quanto à crença e conduta cristãs.

É claro que os apóstolos deixaram obras escritas. João, por exemplo, deixou um Evangelho de Jesus Cristo, algumas cartas e a visão que recebeu quando estava exilado na ilha de Patmos.[3] Esses escritos apostólicos não foram, porém, encadernados com capas de couro estampadas com o título "Bíblia Sagrada" e, no ano 100, ainda não havia surgido a ideia de um "Novo Testamento" [NT] como cânon das Escrituras cristãs. Não queremos dizer com isso que nenhum cristão pensava nos escritos dos apóstolos como as Escrituras. A maioria dos cristãos daquele tempo provavelmente considerava os escritos autênticos dos apóstolos muito especiais em certo sentido e, ocasionalmente, os pais da igreja no século II realmente os citavam como Escrituras. O problema é que nenhuma igreja ou região do cristianismo, como Roma, Éfeso ou o Egito, tinha uma coletânea completa dos escritos apostólicos e havia falta de consenso geral sobre que livros e cartas tinham sido realmente escritos pelos apóstolos.

Com o tempo, a necessidade de um registro e interpretação escritos dos ensinos de Jesus e dos apóstolos tornou-se tão urgente que igrejas independentes, grupos de igrejas e, finalmente, todos os líderes cristãos reuniram, traçaram e definiram os escritos dos apóstolos e das pessoas estreitamente ligadas a eles. Portanto, a Bíblia cristã, ou o cânon das Escrituras, evolveu lenta e dolorosamente depois de muitas controvérsias. No século II, no entanto, esse processo estava apenas começando.

Os primeiros teólogos cristãos foram os bispos e outros ministros e líderes de congregações cristãs no Império Romano. Chegaram a ser conhecidos por pais

---

Jesus Cristo. Esse fato conferiu-lhes autoridade especial na igrejas primitiva. É possível encontrar certo respaldo a essa ideia de apostolado na defesa de Paulo sobre o apostolado dele. Paulo fundamenta sua ideia no fato de que Cristo apareceu também para ele, embora em data posterior e de modo diferente do aparecimento a Pedro e aos demais apóstolos (1Co 9.1; 15.5-11). É provável, no entanto, que não houvesse uma única qualificação específica para o apostolado genuíno. Está claro que, no final do século I (ano 100), os cristãos de todas as partes do Império Romano acreditavam que todos os apóstolos já tinham morrido. A crise de autoridade que isso criou é óbvia. Não importa o que se pense a respeito deles, é inegável que os apóstolos eram uma ligação com Jesus Cristo, seus ensinos, sua morte, ressurreição e ascensão. Eram os fundadores da igreja e a autoridade contemporânea para a fé e a prática. Depois da morte deles, tornou-se necessário encontrar outra forma de dirimir controvérsias.

[3] A erudição bíblica moderna desafia gravemente a autoria joanina genuína de todos os escritos atribuídos ao amado discípulo de Jesus. É vasta a literatura a respeito dessa controvérsia. Nesse caso, admitimos a autoria de João, pelo menos, para o Evangelho segundo João e o Apocalipse. Há, também, fortes argumentos em favor de sua autoria para as três epístolas a ele atribuídas que foram incluídas no NT.

apostólicos porque, supostamente, conheceram um ou mais dos apóstolos, mas não eram apóstolos. Sua contribuição para a história da teologia cristã será contada nesta seção. A seção terminará ao estudarmos Ireneu, o bispo do final do século II que, provavelmente, foi o primeiro cristão a apresentar um relato completo da teologia cristã. Alguns o consideram o primeiro teólogo sistemático cristão. Entre as considerações sobre os pais apostólicos e Ireneu aparecerá o tratamento de um grupo de pensadores cristãos do século II geralmente agrupados sob o nome de apologistas. Foram homens que se esforçaram para defender o cristianismo, no início de sua existência, contra mal-entendidos e perseguições e, ao fazerem isso, frequentemente atribuíam-lhe uma perspectiva filosófica grega.

A teologia em si, como a busca da ortodoxia (a doutrina teológica correta), surgiu dos desafios impostos aos ensinamentos cristãos por sectários que se apresentavam diante da igreja e do mundo pagão como cristãos mais genuínos ou importantes do que os principais herdeiros dos apóstolos. Esses desafios à mensagem apostólica e à autoridade dos sucessores nomeados pelos apóstolos tiveram tanto sucesso em criar caos e confusão que se tornou imprescindível o desenvolvimento de uma reflexão teológica formal para combatê-los. Os bispos, que no segundo século do cristianismo eram simples supervisores de um grupo de igrejas em uma cidade ou território, responderam aos críticos e sectários lembrando o que os apóstolos tinham ensinado, reunindo, preservando e interpretando os legados escritos e escrevendo cartas e opúsculos para circular entre as igrejas. No decorrer desse processo nasceu a teologia cristã. Com os pais apostólicos, a teologia continuou sua infância e, somente mais tarde, depois do século II, com Ireneu e os pais da igreja, começou a caminhar rumo à maturidade.

Críticos e sectários provocam confusão

Os grandes perturbadores do cristianismo apostólico no século II foram os gnósticos, Montano e os montanistas e o orador anticristão Celso. Outros desafiaram o fluxo de ensinamentos e práticas dos apóstolos por meio de bispos por eles nomeados, mas, aos olhos dos bispos, aqueles eram os principais oponentes a ser combatidos e vencidos.

O gnosticismo é um rótulo genérico aplicado a uma grande variedade de mestres e escolas cristãs que existiam às margens da igreja primitiva e que chegaram a se tornar um grande problema para os líderes cristãos no século II. O nome provém da palavra grega *gnosis*, que significa "conhecimento" ou "sabedoria".

O gnosticismo

Certa tradição do século II descreve o embate entre o discípulo João e um eminente mestre gnóstico de Éfeso por volta de 90 a.C. Cerinto talvez tenha sido um dos primeiros mestres gnósticos e perturbadores do cristianismo do final do século I. Conforme a tradição, João foi ao balneário público de Éfeso com alguns dos seus discípulos e, ao entrar, percebeu que Cerinto estava ali. Então saiu apressado de lá, sem se banhar, exclamando: "Saiamos depressa para que ao menos o balneário não desabe sobre nós, pois Cerinto, o inimigo da verdade, ali se encontra".[1]

A antipatia de João pelo mestre gnóstico Cerinto perpetuou-se com os líderes cristãos nos séculos II e III. Por quê? Quem foram os gnósticos e por que João e os sucessores dos apóstolos na igreja primitiva consideravam-nos os principais "inimigos da verdade"? Farei uma descrição breve do gnosticismo do século II e de alguns de seus herdeiros modernos e, no fim do capítulo, retornarei a um estudo mais pormenorizado dos ensinos do gnosticismo.

---

[1] O pai da igreja Ireneu de Lião relatou que ouviu isso de seu mestre cristão, Policarpo, que foi um dos discípulos do apóstolo João, em Éfeso, no final do século I. V. *Contra heresias*, de Ireneu (*ANF* 1, 3.3.4).

Os gnósticos não tinham organização unificada e discordavam entre si a respeito de muitos assuntos, mas todos acreditavam possuir um conhecimento ou sabedoria espiritual superior à que possuíam e ensinavam os bispos e outros líderes eclesiásticos do século II. Em resumo, acreditavam ser a matéria, incluindo o corpo, uma prisão inerentemente limitante ou até mesmo um obstáculo maligno para a boa alma ou espírito do ser humano e que o espírito, essencialmente divino, uma "centelha de Deus", habitava o túmulo do corpo. Para todos os gnósticos, a salvação significava alcançar um tipo especial de conhecimento que não seria geralmente conhecido pelos cristãos comuns nem sequer estaria à sua disposição. Tal *gnosis*, ou *conhecimento*, implicava reconhecer a verdadeira origem celestial do espírito, sua natureza divina essencial, como uma parte do próprio ser de Deus, e Cristo como o mensageiro espiritual imaterial enviado por esse Deus desconhecido e incognoscível para buscar e resgatar as centelhas dispersas de seu ser, agora aprisionadas em corpos materiais. Todos os gnósticos acreditavam que Cristo não havia encarnado em Jesus na realidade, mas que simplesmente tinha a aparência de um ser humano.

Esse é um simples esboço do gnosticismo do século II. Posteriormente, ele será descrito com mais detalhes. Por enquanto basta dizer que essa forma esotérica de cristianismo era encarada pelos cristãos primitivos como uma mensagem especial para as pessoas da elite e como um evangelho secreto de Jesus, mais verdadeiro e sublime, transmitido oralmente por um grupo de discípulos mais íntimo. É certo que os cristãos poderiam encontrar leves ecos e vestígios da mensagem gnóstica no que ouviam de seus bispos e pastores sobre o ensino apostólico e nas epístolas apostólicas que circulavam em seu meio. Mas o evangelho gnóstico extrapolava os ensinamentos dos apóstolos no tocante ao conflito entre a "carne" e o "espírito".

Muitos cristãos do século II foram atraídos para o gnosticismo por ele se mostrar como uma forma especial da verdade cristã, mais sublime, melhor e mais espiritual do que a que os bispos ensinavam às massas incultas e impuras. O gnosticismo apelava para e estimulava o elitismo espiritual, o sigilo e a divisão dentro da jovem igreja cristã que começava a desabrochar.

No século XX, diversos grupos e indivíduos que se proclamam "cristãos da Nova Era" ressuscitaram a mensagem gnóstica do século II. Na realidade, os ecos do gnosticismo nas igrejas cristãs atravessaram os séculos, mas foram silenciados pela supressão oficial dos imperadores cristãos e das igrejas estatais. Com o pluralismo moderno e a tolerância a opiniões conflitantes e, ainda, com a separação entre a igreja e o estado, o gnosticismo voltou a levantar a cabeça para desafiar o evangelho apostólico da salvação. Raras vezes é identificado como "gnosticismo". É apresentado frequentemente por cristãos que se autointitulam esotéricos como uma forma mais pura do cristianismo para pessoas genuinamente espirituais que toleram o dogmatismo sufocante e a institucionalização das igrejas oficialmente ortodoxas.

Quando o chamado movimento da Nova Era ganhava força na Grã-Bretanha e nos Estados Unidos nas décadas de 70 e 80, dois de seus partidários decidiram fundir o pensamento da Nova Era e o cristianismo gnóstico: George Trevelyan e Elizabeth Clare Prophet.

Sir George Trevelyan, comumente conhecido por "o pai do movimento da Nova Era britânica", escreveu livros populares como *A vision of the Aquarian Age: an emerging spiritual world view* [*Uma visão da Era Aquariana: a visão de um mundo espiritual emergente*] na tentativa de promover o despertar e a renovação do gnosticismo. Ele escreveu:

> Uma mudança notável está acontecendo no ambiente intelectual dos nossos tempos. A cosmovisão holística está tomando nossa consciência e substituindo o materialismo racional que certamente está se mostrando inadequado ao explicar o nosso universo fantástico. Realmente estamos recuperando o que era chamado Sabedoria Eterna dos Mistérios da Antiguidade, que sabia que o Universo é Mente e não mecanismo, que a Terra é uma criatura com sentimentos e não apenas mineral morto, que o ser humano é, em essência, espiritual, uma gotícula da Deidade abrigada no templo do corpo. Essa visão, uma vez captada, remove da nossa cultura eivada pela morte o medo primitivo da morte. O corpo pode ser destruído, mas a alma/espírito em cada um de nós é imortal e eterna.[2]

Assim como os gnósticos do século II, Trevelyan não fundou uma denominação nem uma igreja. Preferiu apenas ser professor dessa sabedoria superior da divindade da alma humana.

Elizabeth Clare Prophet, conhecida pelos seus seguidores "Guru Ma", fundou seu movimento religioso distinto conhecido pelo nome de Igreja Universal e Triunfante. Sua mensagem de um cristianismo da Nova Era forma paralelos quase exatos com o gnosticismo cristão da Antiguidade. Ela pesquisou profundamente os escritos gnósticos conhecidos por biblioteca de Nag Hammadi, descoberta no deserto do Egito em 1945 e encontrou neles basicamente a mesma mensagem que alega ter-lhe sido revelada pelos "mestres ascensos" como Jesus e Saint Germain. Em *Reincarnation: the missing link in Christianity* [*Reencarnação: o elo perdido do cristianismo*], Prophet argumenta que os gnósticos eram os cristãos verdadeiros que herdaram e passaram aos seus seguidores os ensinamentos mais sublimes e mais espirituais de Jesus e dos apóstolos, como a reencarnação e a identidade da alma com Deus.[3] O relato que Prophet apresenta do cristianismo primitivo é o inverso

---

[2] Walpole, Stillpoint, 1984, p. 1-2.

[3] É altamente improvável que os gnósticos cristãos do século II acreditassem na reencarnação, embora seja possível que alguns fossem influenciados por emissários da Índia e chegassem a acreditar na transmigração das almas. Certamente, todos os gnósticos acreditavam na progressão espiritual depois da morte, que consistia em um tipo de viagem espiritual "ascendente", de volta para o verdadeiro lar espiritual em união com Deus.

daquele contado pela maioria dos historiadores eclesiásticos e teólogos históricos. Para ela, os verdadeiros heróis e mártires da igreja primitiva foram gnósticos como Cerinto, Valentino e Basílides, ao passo que os vilões hereges foram os bispos e pais da igreja que os criticaram e que acabaram contribuindo para a sua supressão.[4]

Trevelyan, Prophet e muitos outros que apoiam várias formas do cristianismo esotérico — frequentemente ligadas de algum modo ao chamado movimento da Nova Era — estão mostrando que o gnosticismo está vivo e forte no cristianismo hodierno. Mas ele também aparece em manifestações menos descaradas. Sempre que as pessoas depreciam a existência material e física em nome da "espiritualidade" ou, pela mesma razão, elevam a alma ou espírito humano à condição de divindade, a heresia do gnosticismo volta a invadir a mensagem apostólica e a contaminar o cristianismo.

O montanismo

Embora os líderes eclesiásticos do século II, herdeiros e sucessores dos apóstolos, vissem no gnosticismo o maior perigo, eram também confrontados por um movimento fanático entre os seus seguidores, que parecia ter surgido do nada. Seus partidários o chamavam Nova Revelação e Nova Profecia e seus oponentes o chamavam montanismo, por causa do nome do fundador e principal profeta: Montano.

Montano foi um sacerdote pagão da região da Ásia Menor chamada Frígia que se converteu ao cristianismo em meados do século II. Não se encontrou nenhuma biblioteca dos seus escritos como a deixada pelos gnósticos. A maior parte do que se sabe a respeito do movimento e dos seus ensinamentos nos foi transmitida pelos pais da igreja do século II que contra eles escreveram e de Eusébio, que escreveu no século IV uma história da igreja cristã. Montano rejeitava a crescente fé na autoridade especial dos bispos (como herdeir os dos apóstolos) e dos escritos apostólicos. Considerava as igrejas e seus líderes espiritualmente mortos e reivindicava uma "nova profecia" com todos os sinais e milagres dos dias ideais da igreja primitiva no Pentecostes.

Para os bispos e líderes das igrejas o problema não era tanto a crítica feita por Montano à falta de vida espiritual e seus apelos em prol do reavivamento, mas sua autoidentificação como o porta-voz incomparável de Deus. Montano referia-se a si mesmo como "Porta-voz do Espírito Santo" e acusava os líderes oficiais da igreja de prender o Espírito Santo dentro de um livro, ao tentar limitar a inspiração divina aos escritos apostólicos. Opunha-se energicamente a qualquer limitação ou restrição desse tipo e parecia enfatizar o poder contínuo e a realidade de vozes inspiradas como a dele.

Montano reuniu à sua volta um grupo de seguidores em Papuza e construiu ali uma comunidade. Duas mulheres, Priscila e Maximila, uniram-se a ele, e o trio passou a profetizar o breve retorno de Cristo à sua comunidade e a condenar os bispos e líderes das principais sés metropolitanas (áreas dirigidas por bispos) como destituídos

---

[4] *Reincarnation*: the missing link in Christianity, Corwin Springs, Summit University Press, 1997.

de vida, corruptos e até mesmo apóstatas. Montano e as duas profetisas entravam em transe e frenesi espirituais, falando na primeira pessoa como se Deus, o Espírito Santo, falasse diretamente através deles. Em certa ocasião, o Espírito Santo supostamente falou através de Montano a respeito dele próprio: "Eis que o homem [Montano] é semelhante a uma lira e eu toco as cordas como um plectro. O homem dorme e eu vigio. Vejam! É o Senhor que move o coração do homem". Em seus discursos, Montano, ou o Espírito dentro dele, dizia a seus seguidores: "Eu sou o Senhor Deus, nascido entre os homens. Não sou anjo, nem sacerdote. Sou Deus Pai, vindo até vocês".[5]

Durante décadas a igreja mostrou-se extremamente desconfiada quanto a profetas autoproclamados, temendo que talvez pretendessem substituir os apóstolos como autoridades especiais suscitadas por Deus, à parte das estruturas da igreja. As igrejas principais do Império Romano e seus bispos, a fim de preservar a união em uma estrutura visível e nos ensinos, decidiram adotar um conceito de "sucessão apostólica" semelhante ao posteriormente criado. Se um bispo pudesse demonstrar que sua linhagem de ordenação, por assim dizer, remontava a um dos apóstolos do século I, então seria um bispo digno e legítimo. Caso contrário, não seria considerado legítimo.

Mas, entre os cristãos da metade do século II, ainda havia profetas carismáticos itinerantes e estacionários. E, por vezes, podiam ser bem problemáticos, como revela um dos escritos pós-apostólicos mais antigos, o *Didaquê*. Esse texto anônimo do começo do século II oferece conselhos conflitantes aos cristãos sobre como lidar com tais profetas aventureiros que falavam em nome de Deus.

A dura resposta dos líderes eclesiásticos a Montano não foi tanto porque ele e suas companheiras proclamavam palavras da parte de Deus ou defendiam o ascetismo rigoroso (proibição do casamento e das relações sexuais, jejuns severos), mas sim porque rejeitavam os herdeiros dos apóstolos e reivindicavam inspiração e autoridade especiais para as próprias mensagens. Quando os seguidores de Montano começaram a fundar congregações separadas que rivalizavam com bispos de todas as partes do Império Romano, estes reagiram com rapidez e severidade. Talvez até com severidade demais.

Alguns diriam que se trata de um caso clássico de jogar o bebê fora junto com a água suja do banho. Como não tinham o apoio do estado (o Império Romano) e também corriam o perigo de serem perseguidos, um grupo de bispos das proximidades da região onde morava Montano reuniu-se secretamente e lavrou um documento excomungando-o, assim como às duas mulheres e a todos os seus seguidores.

Talvez esse tenha sido o primeiro cisma, ou divisão organizacional, real dentro do cristianismo. Desde o ano de 160, em muitas cidades do Império Romano, havia duas congregações cristãs distintas: uma seguia a liderança de um bispo na sucessão apostólica e outra seguia a Nova Profecia de Montano.

---

[5] As supostas declarações de Montano foram registradas por Eusébio, historiador eclesiástico, e podem ser achadas em quase qualquer obra clássica a respeito do cristianismo do século II. V. *The fathers without theology*, de Marjorie Strachey (New York, George Braziller, 1958, p.169).

Numa reação contra os excessos e as reivindicações exclusivistas de Montano e de seus seguidores, os líderes da igreja procuraram se apoiar cada vez menos em manifestações verbais sobrenaturais, como línguas, profecias e outros dons, sinais e milagres sobrenaturais do Espírito. Finalmente, tais manifestações carismáticas passaram a ser, injustamente, tão identificadas com Montano e o cisma montanista que quase se extinguiram sob a pressão de bispos temerosos e dos imperadores cristãos posteriores.

Estaria o montanismo, ou algo semelhante, ainda em pleno vigor na era moderna? A matéria de capa da edição de 14 de agosto de 1991 da revista *Christianity Today* era sobre um movimento, semelhante ao dos montanistas, chamado Kansas City Fellowship [Irmandade da Cidade de Kansas].[6] Esse movimento em particular, que é dirigido por um grupo carismático de profetas autoproclamados, tinha muitas das características do montanismo do cristianismo primitivo, mas sem alguns dos excessos. A essência do movimento, assim como de muitas seitas carismáticas semelhantes, era uma profecia pessoal feita por profetas especiais a fim de orientar a vida dos indivíduos e predizer o futuro do mundo. Sem rejeitar a Bíblia, esses profetas consideravam-se capacitados para falar em nome de Deus com palavras de igual peso e importância. Um deles se autointitulou "sucessor de Paulo" (referindo-se ao apóstolo Paulo).

Outros movimentos carismáticos recentes enfatizam uma suposta diferença entre *logos* e *rhema*, dois termos gregos que significam "palavra", de tal maneira que as mensagens de Deus através das profecias nos dias modernos (*rhema*) podem suplantar e até mesmo corrigir escritos proféticos que eram verdadeiros e relevantes no século I. (*logos*). Sempre e onde quer que a profecia for elevada a uma posição igual, ou superior, às Escrituras, lá estará o montanismo em ação. Assim como o gnosticismo, o montanismo desafiou a igreja primitiva e desafia a igreja moderna a pensar e reagir teologicamente para impedir que o cristianismo se transforme em tudo e nada e, portanto, em uma coisa qualquer.

Celso

O gnosticismo e o montanismo constituíam duas ameaças internas à igreja e à sua mensagem apostólica, ou seja, à união e à integridade do cristianismo primitivo. Um desafio externo de grande peso surgiu de escritores e oradores judeus e pagãos, como Fronto, Tácito, Luciano, Porfírio e especialmente Celso.[7]

O mais famoso desses polêmicos opositores do cristianismo foi o filósofo pagão Celso que, por volta de 175 ou 180, escreveu um livro contra essa fé intitulado *A verdadeira doutrina: um discurso contra os cristãos*. O conteúdo do livro foi preservado,

---

[6] Michael G. MAUDLIN, Seers in the heartland: hot on the trail of the Kansas City prophets, *Christianity Today* 35, 1: 18-22, 1991.

[7] Felizmente, não é necessário perscrutar toda a refutação de Orígenes para ter acesso ao conteúdo da obra de Celso. Ela foi reunida, editada e traduzida para os leitores modernos: *On the true doctrine*: a discourse against the Christians, trad.R. Joseph Hoffmann (Nova York, Oxford University Press, 1987).

na íntegra, para a posteridade pelo filósofo e teólogo cristão Orígenes de Alexandria, que deu sua resposta em *Contra Celsum* [*Contra Celso*].

Pouca coisa se sabe a respeito de Celso. Tendo por base as poucas informações que os estudiosos puderam juntar, Celso foi um cidadão romano culto e autointitulado orador filosófico que talvez tenha sido criado em um lar cristão e que, na vida adulta, dedicou-se à filosofia grega. O importante é o desafio de Celso à igreja do século II. No período em que aumentavam os boatos e as falsas acusações contra os cristãos e em que eram extensivamente perseguidos e considerados ignorantes e supersticiosos, senão até desleais, tanto pelos imperadores quanto pelos plebeus, Celso fez uma crítica extremamente brilhante e articulada contra a fé cristã. Em vez de se envolver em boatos, simplesmente destacou o que pareciam ser as inconsistências e os elementos supersticiosos da doutrina cristã do ponto de vista de um homem comprometido com uma combinação eclética da filosofia grega, "a doutrina verdadeira".

Uma coisa era os cristãos refutar boatos obviamente falsos, como o de se envolver em rituais de sangue nos quais assavam e comiam criancinhas (um boato popular entre os romanos a respeito dos "sacrifícios" cristãos, que na realidade eram cerimônias eucarísticas; inocentes, porém reservadas). Outra coisa bem diferente era responder racional e até filosoficamente a um orador romano culto e bem-articulado. Mas era preciso responder, pois, ao que parece, Celso tinha a atenção do imperador. Marco Aurélio, imperador romano do final do século II, era filósofo e opositor do cristianismo. Refutar Celso era uma maneira de acalmar a ira do imperador contra o cristianismo, que em grande medida se baseava na suposição, possivelmente alimentada por Celso, de que os cristãos eram uma ralé ignorante que acreditava em tolices e superstições e eram um perigo para o império.

O ataque de Celso ao cristianismo é rico em informações sobre a vida e a fé cristã do século II. A despeito de distorções óbvias e descrições equivocadas, *A doutrina verdadeira* ajuda os historiadores eclesiásticos a entender no que os cristãos acreditavam e como essa crença era vista pelos não cristãos. Por exemplo: Celso deixou absolutamente claro que os cristãos de sua época criam em Jesus Cristo e adoravam esse homem como um Deus:

> Ora, se os cristãos adorassem um único Deus, poderiam ter a razão a seu lado. Mas a pura verdade é que adoram um homem que apareceu não faz muito tempo. Não consideram que aquilo que fazem é uma violação do monoteísmo; pelo contrário, acham perfeitamente consistente adorar ao grande Deus e também adorar como Deus o servo deste. E a adoração deles por esse Jesus é ainda mais ultrajante porque se recusam a escutar qualquer conversa a respeito de Deus, o pai de todos, a não ser que se faça referência a Jesus — basta dizer que Jesus, o autor da insurreição cristã, não era filho de Deus e eles não vão querer escutar. E quando chamam Jesus Filho de Deus, não estão realmente prestando homenagem a Deus; pelo contrário, estão tentando exaltar Jesus até às alturas.[8]

---

[8] Ibid., p. 116.

Em resposta à adoração dos cristãos por Jesus, Celso escreveu que "é impossível que Deus tenha descido à terra, pois, se o fizesse, teria de mudar sua natureza".[9] Foi esse o desafio de Celso. Portanto, a principal "contribuição" de Celso ao cristianismo foi o desafio de pensar cuidadosamente sobre duas declarações aparentemente conflitantes e, de alguma forma, torná-las coerentes. Os cristãos alegavam ser monoteístas, crentes num só Deus, da mesma forma que os judeus e a maioria dos cidadãos romanos cultos. Celso era monoteísta, embora sua ideia de Deus fosse bem diferente daquela dos judeus ou dos cristãos e se baseasse mais na "forma do bem" de Platão. Os cristãos também declaravam que Jesus era Deus, ou pelo menos o *Logos* (Palavra, Sabedoria) de Deus, semelhante ao Pai celestial, criador de todas as coisas. Nessa dupla declaração, Celso só enxergava contradição patente e ofensa contra a perfeição da natureza imutável de Deus.

Celso atacou os ensinamentos cristãos com essa e outras aparentes contradições e inconsistências. Ele tentou mostrar que a cosmovisão cristã era tola e infinitamente inferior à filosofia espiritual genérica e eclética de um só Deus acima de todos, conforme ensinavam os filósofos platônicos. Os cristãos se viram diante de um dilema: ou ignoravam Celso e outros críticos semelhantes a ele e retraíam-se em uma religião folclórica sem apresentar uma defesa lógica ou enfrentavam o desafio e criavam doutrinas coerentes que reconciliariam crenças aparentemente contraditórias como o monoteísmo e a divindade de Jesus Cristo.

O mesmo desafio e dilema confrontam os cristãos modernos. Um "Celso" do século XX foi o filósofo britânico Bertrand Russell (1872-1970), que criticou o cristianismo com base na visão de sua filosofia, mais bem descrita como uma forma de humanismo secular. Assim como Celso, seu equivalente do século II, Russell, escreveu o livro *Por que não sou cristão*, tentando expor o cristianismo como inculto e supersticioso. Enquanto Celso considerava a filosofia geral platônica "a doutrina verdadeira" e o cristianismo, por sua vez supersticioso, Russell reconhecia a verdade do humanismo secular como a doutrina verdadeira para as pessoas cultas do século XX. Talvez nenhuma outra polêmica anticristã sozinha foi tão influente quanto a de Russell, e numerosos apologistas cristãos procuram refutá-la. Ao fazerem-no, seguem os passos dos escritores cristãos do século II conhecidos por apologistas.

Os cristãos enfrentaram o desafio apresentado por Celso. Suas respostas a oponentes pagãos como Celso, fanáticos como Montano e hereges como os gnósticos deram origem à teologia cristã. Mas por quê? Por que os líderes cristãos do século II (sobre os quais você lerá mais no restante deste capítulo) optam por desenvolver respostas teológicas a sectários e críticos? A resposta é simples: por amor à salvação. Não por orgulho, sede de poder ou um impulso qualquer, mas para preservar a integridade do evangelho e pelo bem do evangelismo, responderam teologicamente. A teologia nasceu para responder perguntas, satisfazer as necessidades de mentes indagadoras tanto de dentro

---

[9] Ibid., p. 78.

quanto de fora da igreja. As alternativas eram a total falta de união na fé (cismas provocados por heresias) ou o total fideísmo — do qual Celso acusou os cristãos — que se recusava a responder e se baseava em uma fé cega, destituída de racionalidade. Os cristãos decidiram conquistar sectários e críticos pela persuasão com argumentos sensatos, demonstrando a lógica interna e a coerência da mensagem legada pelos apóstolos.

Montano e sua Nova Profecia apresentaram séria ameaça à união da igreja e a igreja respondeu com severidade — talvez excessiva, considerando-se a súbita extinção dos dons espirituais, sinais e milagres do cristianismo. Celso e seus ataques céticos e filosóficos representaram grave ameaça à credibilidade do cristianismo em um período em que o imperador, que era intelectual, frequentemente julgava indivíduos e grupos no seu império segundo sua capacidade intelectual e suas crenças. A igreja respondeu desenvolvendo uma cosmovisão coerente, tão intelectualmente efetiva como a de Celso ou a do imperador. Mais tarde, conforme veremos, a igreja absorverá, talvez até demais, o espírito da filosofia grega em sua cosmovisão para torná-la respeitável aos olhos dos romanos cultos. Mas a maior ameaça de todas foi o gnosticismo e, portanto, terminaremos o capítulo com uma abordagem mais detalhada e profunda desse movimento e da resposta teológica que a igreja lhe deu.

A teologia gnóstica

Um estudioso contemporâneo declarou que o gnosticismo era "a primeira, e mais perigosa, heresia entre os cristãos primitivos".[10] Os líderes e pensadores cristãos do século II despenderam muita energia para estudá-lo e refutá-lo e, nesse processo, começaram a desenvolver doutrinas cristãs ortodoxas que serviriam de contraponto e alternativa aos ensinos gnósticos. Em outras palavras, o que chamamos "ortodoxia" nasceu do conflito entre os herdeiros nomeados pelos apóstolos e os gnósticos que alegavam ser transmissores de uma tradição secreta de doutrina proveniente dos mesmos apóstolos. Um capítulo posterior tratará de Ireneu de Lião, que apresentou a primeira refutação integral escrita do gnosticismo sob a perspectiva cristã ortodoxa. No momento, veremos o que era o gnosticismo e por que era considerado uma ameaça tão grave pelos bispos e outros líderes dos cristãos no século II em todo o Império Romano.

A crença básica de todos os gnósticos era de que "este cosmo é incurável e deve ser rejeitado".[11] Além de uma explicação da maldade inerente da criação, o gnosticismo oferecia uma solução espiritual para o indivíduo, um meio de se salvar desse ambiente incuravelmente maligno (incluindo-se o corpo) e voltar para o verdadeiro lar da alma. Os gnósticos do século II discordavam muito a respeito dos

---

[10] Giovanni FILORAMO, *A history of gnosticism*, trad. Anthony Alcock, Cambridge, U.K., Basil Blackwell, 1991, p. 2.

[11] Ibid., p. 52-3.

pormenores, mas todos concordavam com as cinco famílias de semelhanças que os caracterizavam como gnósticos apesar dos desacordos.¹²

Primeiramente, criam em um só Deus, completamente transcendente, espiritual e há muito afastado do universo caído e material, o qual não criou. O universo teria sido criado por um deus menor, maligno ou demente (um "demiurgo").

Segunda, os seres humanos são centelhas (ou gotículas) da mesma substância espiritual da qual Deus é feito e foram de alguma maneira aprisionados em corpos físicos, que são como túmulos dos quais se deve escapar.

Terceira, todos os gnósticos concordavam que a "queda" que levou ao pecado e à iniquidade é idêntica à queda para dentro da matéria. A Criação e a Queda são a mesma coisa. Enquanto os espíritos permanecerem presos nos corpos físicos e na materialidade, estarão sujeitos ao pecado, que é causado pela ignorância da sua verdadeira natureza e habitação.

A quarta característica comum da crença gnóstica era o conceito da salvação. Todos os gnósticos concordavam que a salvação é escapar da escravidão à existência material e viajar de volta ao lar de onde caíram as almas/espíritos. A possibilidade é iniciada pelo grande Espírito, Deus, que deseja atrair de volta para si todos os pedacinhos perdidos. Deus envia uma emanação, um redentor espiritual que desce do puro espírito, através de incontáveis camadas de realidade, para a matéria densa e procura ensinar a algumas das centelhas divinas do Espírito a sua verdadeira identidade e sua habitação. Uma vez acordadas, são capazes de começar sua viagem de volta. A salvação acontece pelo conhecimento ou autoconhecimento.

Finalmente, todos os gnósticos (pelo que sabemos hoje) consideravam-se cristãos e acreditavam que Jesus era o veículo humano desse mensageiro celestial, "Cristo". Todos rejeitavam a ideia de Deus encarnar, morrer e ressuscitar fisicamente. Esse tipo de crença era considerada antiespiritual e contrária à sabedoria verdadeira, porque confunde o espírito com a matéria. Mesmo assim, a maioria dos gnósticos no século II considerava Jesus especial, pois era o veículo adotado e usado pelo Cristo enviado por Deus. Mas para a maioria dos gnósticos pelo menos, o redentor celestial que entrou em Jesus no seu batismo por João no rio Jordão deixou-o antes que morresse na cruz.

Os gnósticos do século II dividiam-se em várias "escolas" (movimentos) que seguiam mestres diferentes. Ireneu estudou vinte delas e definiu detalhadamente as semelhanças e diferenças. Muitas das diferenças tinham que ver com pormenores da mitologia a respeito de como os bons espíritos (centelhas do divino) caíram e foram aprisionados em corpos materiais. No decurso do século, essas histórias tornaram-se cada vez mais complexas, com explicações bastante diferentes sobre as diferentes emanações e divisões da *pleroma* (plenitude divina) que finalmente levaram a este mundo caído e mau e ao aprisionamento dos espíritos dentro dele. Outras variedades dentro

---

[12] As cinco semelhanças familiares foram extraídas de *Doctrine and practice in the early church*, de Stuart G. Hall (Grand Rapids, Eerdmans, 1991, p. 41-4). Hall cita e descreve sete semelhanças familiares dos gnósticos. Reduzi-as a cinco e as adaptei um pouco.

do gnosticismo surgiram devido a interpretações diferentes da viagem de volta da alma pelos níveis de realidade entre o plano físico e o espiritual. Alguns gnósticos tentaram dar nomes às multidões de seres que supostamente guardavam os vários níveis através dos quais as almas deveriam passar. Conhecer os nomes desses "éons" e "arcontes" (como anjos bons e maus e demônios) era encarado como parte da *gnose* por alguns gnósticos. Outros gnósticos mantinham as coisas mais simples e apenas enfatizavam a meditação e o ascetismo como preparo para a libertação do corpo na morte.

Outro ponto de discórdia entre os gnósticos era a cristologia, a crença a respeito de Cristo. Todos concordavam que Cristo é um redentor celestial e espiritual que não se tornou carne e sangue e nem ressuscitou fisicamente da morte.

Alguns ensinavam que esse Cristo apareceu na pessoa de Jesus, mas que Jesus nunca foi realmente um ser humano físico. Esse tipo de cristologia é conhecido por docetismo, da palavra grega *dokeô* que significa "aparecer" ou "parecer". Portanto, para esses gnósticos, Jesus apenas parecia um ser humano. Toda a sua existência na terra foi uma farsa na qual fingiu ser carne e sangue pelo bem dos discípulos.

Outros gnósticos ensinavam uma cristologia dualista na qual "Cristo" entrou em Jesus no batismo e o abandonou pouco antes de sua morte. Por exemplo, ele usou as cordas vocais de Jesus para ensinar os discípulos, mas nunca foi realmente um ser humano.

O gnosticismo era uma forma diferente de evangelho de salvação, com uma ideia diferente da condição humana, para a qual a salvação é a solução, e uma ideia diferente da própria solução. O período de surgimento desse evangelho alternativo na história é muito controverso. Alguns estudiosos acreditam que ele já existia antes do cristianismo entre os judeus no Egito, por exemplo. No entanto, nenhum registro do gnosticismo não cristão foi descoberto, ao passo que muitos documentos do gnosticismo do século II foram encontrados, incluindo evangelhos gnósticos como o *Evangelho segundo Tomé*.[13]

É mais provável que o gnosticismo tenha surgido entre os cristãos no Egito em fins do século I e no início do século II, mas o gnosticismo certamente teve precursores. Indícios e ecos do gnosticismo podem ser facilmente identificados em alguns dos escritos dos apóstolos. As epístolas de João, por exemplo, ressaltam que Cristo veio na carne: "De fato, muitos enganadores têm saído pelo mundo, os quais não confessam que Jesus Cristo veio em corpo. Tal é o enganador e o anticristo" (2Jo 7). É quase que certo que João já combatia o protognosticismo nas congregações cristãs no século I.

Como e por que o gnosticismo surgiu entre os cristãos são questões extremamente polêmicas. Não existem respostas concretas. Alguns estudiosos sugerem as influências das religiões da Índia sobre os cristãos egípcios. Outros ressaltam o sincretismo entre o cristianismo e várias religiões de mistério no Império Romano. Alguns veem

---

[13] Alguns evangelhos dos gnósticos, incluindo-se o controvertido *O evangelho segundo Tomé*, podem ser encontrados em linguagem moderna em *The other gospels*: noncanonical gospel texts, de Ron Cameron, org. (Philadelphia, Westminster Press, 1982).

no gnosticismo uma forma intensa das tendências já latentes dentro da filosofia e cultura gregas de modo geral, posto que rejeitavam a existência material e exaltavam a realidade espiritual. Talvez as respostas definitivas a tais perguntas nunca surjam.

A resposta do cristianismo primitivo ao gnosticismo

Os líderes e escritores cristãos do século II responderam vigorosamente ao gnosticismo. À medida que essa heresia crescia em lugares como Roma — provavelmente mediante importação do Egito — mestres cristãos como Justino Mártir, escreveram contestações contra o evangelho gnóstico. Embora se tenha perdido, o livro de Justino *Sintagma,* ou *Compêndio contra todas as heresias,* foi provavelmente escrito em Roma por volta de 150. Provavelmente foi a primeira obra polêmica antignóstica importante escrita por um cristão católico ortodoxo.[14] Outros pais da igreja do século II escreveram contra os gnósticos, contra outros hereges, como Marcião de Roma (que tinha semelhanças marcantes com o gnosticismo) e Montano, e contra outros falsos mestres de menor influência. No entanto, foi o gnosticismo o principal adversário do cristianismo ortodoxo, apostólico e católico durante todo o século II e "a história da igreja primitiva foi profundamente influenciada [...] pela luta contra os gnósticos".[15]

Graças aos conflitos com essas e outras heresias e críticos, o cristianismo do século II começou a formalizar e institucionalizar sua vida e fé. É fácil criticar alguns aspectos desse processo de formalização. Alguns diriam que com ele o cristianismo perdeu boa parte de sua vida. Talvez seja verdade. No entanto, quando se compreende realmente a ameaça que o gnosticismo, Celso e Montano representaram ao evangelho, fica mais difícil criticar as respostas dos pais da igreja. Se exageraram ao padronizar a crença, vida e o culto cristão, fizeram-no por uma boa causa. A outra possibilidade era a confusão e o caos dentro de uma religião folclórica sem qualquer estrutura definitiva.

O primeiro grupo de pais da igreja que começaram a responder aos hereges foi o dos pais apostólicos. Alguns chegaram a conhecer pessoalmente os apóstolos. Outros eram simplesmente contemporâneos deles. Eles formaram elos importantes com os apóstolos no período de transição do fim do século I e início do século II quando os cristãos ficaram sem os apóstolos e ainda sem o retorno de Cristo. Agora, passemos para a história da vida pessoal e em comum desses pais apostólicos.

---

[14] Os termos *ortodoxo* e *católico* são usados com frequência nos primeiros capítulos do livro apenas para designar a igreja cristã primitiva em sua exatidão e unidade teológica. Escritos em letras minúsculas, não denotam "ortodoxia oriental" ou "catolicismo romano".

[15] FILORAMO, *A history of gnosticism,* p. 4.

2
Os pais apostólicos explicam o caminho

Uma pessoa como Policarpo era muito importante para os cristãos no século II. Era bispo dos cristãos em Esmirna, na costa oeste da Ásia Menor, perto de Éfeso, onde foi preso pelas autoridades romanas e publicamente executado por volta de 155. O que o tornou tão importante, no entanto, foi sua ligação com um dos discípulos do Senhor: João.

Como disse anteriormente, João foi o último dos apóstolos de Jesus a morrer e com ele findou-se a classe de líderes cristãos primitivos chamados apóstolos. Policarpo fora instruído na fé por João e, portanto, era considerado um vínculo vivo com os discípulos de Jesus e os apóstolos. Na ausência de uma Bíblia cristã (além da Bíblia hebraica, que os cristãos viriam a chamar Antigo Testamento [AT]), homens como Policarpo eram considerados as melhores e mais confiáveis fontes de informação a respeito do que os apóstolos ensinavam e de como dirigiam as igrejas.

A aura de autoridade especial de Policarpo atingiu os próprios discípulos dele, homens como Ireneu que por ele foram treinados na fé cristã. Ele transmitiu-lhes as tradições dos apóstolos e, até o NT ser identificado e aceito pelos cristãos no século IV, essa tradição oral e a autoridade da sucessão apostólica revelaram-se de valor incalculável na luta dos cristãos contra as heresias e cismas dentro da igreja. Algumas vezes, porém, essa aura especial de autoridade podia apresentar problemas para o cristianismo à medida que alguns dos sucessores dos apóstolos introduziam ideias próprias na corrente da teologia primitiva. Conforme veremos, ocasionalmente, esses pais da geração que se seguiu aos apóstolos deram ao evangelho interpretação própria, o que começou a distanciá-lo dos grandes temas da graça e fé tão marcadamente enfatizados por Paulo e outros apóstolos e a aproximá-lo do evangelho de uma "nova lei" de conduta e comportamento agradável a Deus.

Justo González não despreza a importância e o valor dos pais apostólicos quando apropriadamente diz que "não somente no seu modo de entender o batismo, mas também em toda a visão teológica, é possível perceber certa distância entre o cristianismo do Novo Testamento, especialmente o de Paulo, e o dos pais apostólicos. As referências a Paulo e aos demais apóstolos são frequentes; mas apesar disso, a nova fé transforma-se cada vez mais em uma nova lei e a doutrina da justificação graciosa da parte de Deus transforma-se em uma doutrina de graça que nos ajuda a viver com retidão".[1]

Obviamente, essa mudança foi sutil e não radical. Foi um desvio suave, porém perceptível, dos escritos cristãos do século II em direção ao legalismo ou o que mais bem poderia ser classificado como "moralismo cristão". Embora os pais apostólicos citassem Paulo mais do que Tiago, era o espírito deste que falava mais alto. Talvez por causa da visível indolência e degradação moral e espiritual entre os cristãos, tenham enfatizado mais a necessidade de evitar o pecado, obedecer aos líderes e se esforçar para agradar a Deus, do que a necessidade de se libertar da escravidão à lei.

A despeito dessa mudança sutil que especialmente os protestantes costumam ressaltar e lamentar, os pais apostólicos devem ser admirados e louvados pela vigorosa defesa que fizeram da encarnação de Deus em Jesus Cristo contra as negações dos gnósticos. Alguns morreram como mártires nas mãos das autoridades romanas e, portanto, devem ser muito respeitados por confessar sob risco de morte a crença em Cristo e no evangelho, mesmo sob perseguição. Sem dúvida, sua grande relevância aqui é terem sido os primeiros teólogos do cristianismo. A categoria de "pais apostólicos" consiste em pessoas e documentos que interpretaram e pregaram a mensagem apostólica na primeira geração depois dos apóstolos, que foi cercada de falsos evangelhos e ataques de céticos pagãos.

Quem foram os pais apostólicos? A partir do século XVI, os historiadores incluem nessa categoria entre oito e dez autores e documentos anônimos. (Os historiadores tradicionalmente referem-se a certos documentos anônimos como "pais apostólicos".) Entre os aceitos por todos estão Clemente, Inácio, Policarpo, o *Didaquê* [*O ensino dos doze apóstolos*], *Epístola de Barnabé* e *O pastor de Hermas*. Outros comumente citados e descritos como pais apostólicos são a chamada *Segunda epístola de Clemente*, de autor desconhecido, a *Epístola a Diogneto* e fragmentos de escritos de Papias. Nossa atenção se voltará apenas àqueles praticamente aceitos por todos os estudiosos como pertencentes aos escritos dos cristãos na primeira geração depois da morte dos apóstolos.

Antes de passar ao estudo de cada pai apostólico, é bom notar que os autores de alguns desses escritos são desconhecidos. Quando se ouve o título de "pai apostólico" é natural supor que se trate de uma pessoa. Obviamente, esses documentos tinham um autor (ou mais), mas há casos em que os estudiosos não fazem a menor ideia de quem seja o autor. O *Didaquê*, por exemplo, é um documento descrito

---

[1] *A history of Christian thought*, ed. rev., Nashville, Abingdon, 1987, p. 96. V. 1: From the beginnings to the council of Chalcedon.

como um dos pais apostólicos porque, embora o autor seja desconhecido, contém características da vida e do pensamento cristão do início do período pós-apostólico e foi preservado pelas igrejas por sua idade e relevância na instrução das igrejas quando já não havia mais apóstolos. Os estudiosos são unânimes em afirmar que o apóstolo Barnabé, companheiro de Paulo em suas viagens, não escreveu a *Epístola de Barnabé*. É quase certo que ela tenha sido escrita por um cristão do começo do século II que queria que sua obra tivesse autoridade apostólica. Embora hoje atribuir um documento ao nome de outro seja considerado impostura, isso não acontecia naquela época. A *Epístola de Barnabé* não foi preservada porque um apóstolo a escreveu, mas porque ninguém sabia com certeza quem era o autor. Os conselhos e ensinamentos que nela se encontram foram considerados valiosos pelos cristãos do século II e nela encontraram ecos dos ensinos dos apóstolos.

Outra questão que vale notar antes de examinar individualmente os pais apostólicos é que muitos (talvez a maioria) dos escritos dessa categoria eram tratados como Escritura junto aos evangelhos e epístolas dos apóstolos por algumas igrejas cristãs no século II. Na verdade, uma maneira de entender essa categoria é como a de livros que foram julgados ortodoxos, mas que, por pouco, não foram considerados escritos canônicos inspirados quando se definia o cânon cristão. Por outras palavras, esses livros quase foram confundidos com os escritos apostólicos por alguns cristãos do Império Romano, mas acabaram sendo excluídos porque não receberam apoio universal como Escritura e porque foram julgados como não apostólicos, nem mesmo tendo qualquer relação com eles, da mesma forma que o Evangelho de Lucas, os Atos dos Apóstolos e a Epístola aos Hebreus.

Clemente de Roma

Felizmente sabemos a identidade de alguns dos pais apostólicos. Clemente foi bispo de Roma — superintendente das igrejas nas casas em Roma — na última década do século I. Sua carta escrita da igreja em Roma para a igreja em Corinto, que é comumente chamada *1Clemente* (para distingui-la da *Segunda epístola de Clemente*), é provavelmente o primeiro documento cristão escrito que foi preservado, fora o que hoje chamamos NT. Ela foi escrita por volta do ano de 95. Alguns cristãos do século II no Egito consideravam-na parte das Escrituras, assim como muitos dos pais apostólicos. Realmente, seu conteúdo é muito semelhante às cartas de Paulo aos coríntios. Alguns estudiosos acreditam, tendo por base as evidências internas desta carta, que Clemente deve ter conhecido Paulo pessoalmente e imitado o seu estilo e mensagem.

Clemente escreveu aos cristãos de Corinto também por muitas das razões por que Paulo lhes escreveu. Além de conclamá-los a permanecer fortes e leais à fé diante da perseguição, ordenou-lhes que rejeitassem a divisão e a contenda, como um só corpo de crentes em Cristo. Segundo parece, a igreja estava tão cheia de discórdia como em meados do século I quando Paulo interveio com as suas cartas. Mas a solução de Clemente para tais atitudes e ações de cisma foi mais enfática do que a de Paulo. Enquanto Paulo tinha dado ênfase para sua união num só Espírito e num só batismo mediante a fé em Cristo, Clemente ordenou que obedecessem ao bispo que Deus nomeara como seu superior. Essa mesma solução à dissensão e divisão dentro das igrejas aparece em outros pais apostólicos como Inácio.

Ao que parece, havia irrompido uma rebelião aberta contra a liderança nas congregações cristãs em Corinto. Está claro que, quando Clemente lhes escreveu de Roma, havia mais de uma congregação cristã e um único líder havia emergido sobre todas — uma espécie de "superpastor" a quem se chamava "bispo". Alguns cristãos mais jovens da cidade rejeitaram a autoridade do bispo e até mesmo tentaram depô-lo. Inicialmente, Clemente fez um apelo ao respeito e à honra: "Respeitemos os que nos lideram; honremos os anciãos; instruamos os jovens com conhecimentos que ensinem o temor a Deus".[2] Posteriormente, porém, repreendeu-lhes por desobediência ao bispo e aos demais líderes, cujo ministério, disse ele, "fora honrado por eles de forma irrepreensível".[3] Finalmente, Clemente definiu um princípio de liderança e discipulado cristão: "Portanto, é justo que nós, tendo estudado tantos exemplos grandiosos, baixemos a cabeça e, em atitude de obediência, submetamo-nos aos que são líderes da nossa alma para que, cessando essa dissensão fútil, atinjamos, livres de toda culpa, o verdadeiro alvo que é colocado diante de nós".[4]

Nada há que seja particularmente novo ou digno de nota para a teologia cristã em *1Clemente*. Boa parte da epístola reitera escritos apostólicos como as epístolas de Paulo no NT. Certamente ela contribuiu, no entanto, para uma mudança sutil e geral rumo ao moralismo cristão, no cristianismo do século II, que associava o discipulado à total obediência aos líderes devidamente nomeados e à prática de uma vida moralmente correta.

Um aspecto interessante dessa epístola é o estranho apelo de Clemente ao mito da fênix para reforçar a crença na ressurreição. Aparentemente, alguns membros da igreja em Corinto ainda não aceitavam plenamente a crença na ressurreição corpórea — uma questão que Paulo tratou em 1Coríntios 15. Clemente argumentou que a ressurreição da ave chamada fênix era um sinal da esperança e promessa da ressurreição do corpo.[5] As palavras que usa nesse argumento deixam claro que ele aceitava verdadeiramente o mito da fênix e que achava que era um sinal dado por Deus para indicar a ressurreição futura dos crentes. Se essa carta tivesse sido

---

[2] *To the Corinthians* 21.6, Lightfoot, Harmer and Holmes.
[3] Ibid., 44.6.
[4] Ibid., 63.1.
[5] Ibid., 25.

incluída no NT, os cristãos modernos certamente teriam ficado constrangidos com esse aspecto supersticioso.

Por que Clemente escreveu de modo tão autoritário aos cristãos de Corinto, se ele era apenas um bispo de Roma? Parece que tomou consciência de uma responsabilidade e autoridade especiais talvez provenientes da ideia de sucessão apostólica. Tinha ouvido falar das divisões contínuas e até mesmo da rebelião aberta dos cristãos em Corinto. Quem melhor para ordenar que se aquietassem e obedecessem aos líderes do que o bispo de Roma, o sucessor de Pedro e Paulo que haviam morrido como mártires naquela cidade poucas décadas antes?

Os que posteriormente desenvolveram e defenderam a teoria da supremacia do papa usariam a presunção de Clemente como prova para sustentá-la. A epístola propriamente dita, no entanto, não indica nenhuma crença semelhante por parte de Clemente. Só porque este se sentia obrigado pelo dever a intervir porque se via, em certo sentido, como um sucessor de Paulo, não significa que ele, nem qualquer outro bispo cristão primitivo de Roma, acreditava na supremacia sobre todos os cristãos em todos os lugares.

O Didaquê

O *Didaquê*, também conhecido por *O ensino dos doze apóstolos*, é dificilmente comparável à *1Clemente*, apesar de ter sido escrito na mesma época. Os estudiosos souberam da existência desse documento por alusões em escritos cristãos primitivos muito antes de ser descoberto em 1873. Nada se sabe a respeito do autor, mas a maioria dos estudiosos conclui com base nas evidências internas que foi escrito na forma de uma carta circular às igrejas cristãs na província romana da Síria (que incluía a Palestina), perto da virada do século (101). Alguns estudiosos sugerem uma data mais antiga que faria da obra o primeiro escrito cristão até hoje existente além do NT.

O *Didaquê* parece ter sido escrito com o intuito de reforçar a moralidade cristã e instruir os cristãos a respeito de como tratar os profetas que os procurassem alegando falar em nome do Senhor. Contém, ainda, conselhos e instruções pormenorizados para a vida, espiritualidade e adoração diárias dos cristãos. O livro começa com uma visão dualista dos "dois caminhos" que os homens seguem: o caminho da vida e o caminho de morte. O caminho da vida é claramente o caminho do amor a Deus e ao próximo e da rigorosa observância às regras morais. Boa parte das descrições dos dois modos de viver é tirada dos escritos dos Evangelhos e do AT. Assim como no caso de outros pais apostólicos, o *Didaquê* quase não menciona a graça, a fé, o perdão, a justificação ou qualquer outra das notas distintivas das cartas de Paulo e de seu evangelho da salvação. O caminho da salvação nele descrito ensina um estilo de vida de fidelidade e obediência aos mandamentos de Deus e aos ministros cristãos.

Especificamente, o *Didaquê* admoesta seus leitores cristãos a ser humildes, a aceitar como bom tudo o que acontece, "sabendo que nada transpira à parte de

Deus", a apreciar e honrar o que prega a Palavra de Deus "como se fosse o Senhor" e "a se manter rigorosamente separados da carne sacrificada aos ídolos".[6] É interessante notar a diferença entre o último conselho relativo à pureza moral do AT e a aprovação condicional do próprio Paulo em 1Coríntios no tocante a comer a carne sacrificada aos ídolos. O *Didaquê*, assim como outros pais apostólicos, coloca diante dos cristãos mais uma moralidade rigorosa e uma visão um tanto legalista do que um evangelho da liberdade cristã sem a escravidão à lei.

Incluídas no *Didaquê*, há instruções bastante pormenorizadas a respeito do batismo e da ceia do Senhor. Uma seção significativa desse documento relativamente breve consiste em instruções interessantes e um pouco estranhas sobre como acolher, testar e tratar autoproclamados profetas de Deus. Eles devem ser bem recebidos contanto que ensinem o que está no *Didaquê*.

Os leitores certamente devem ter ficado um pouco confusos com os conselhos conflitantes. De um lado, dizia que os profetas não deviam ser testados ou avaliados e, de outro, que sua conduta devia ser analisada e julgada:

> Não submetam à prova nem julguem a todo profeta que fala em espírito, porque todo pecado será perdoado, mas esse pecado não se perdoará. Aliás, nem todo o que fala em espírito é profeta, mas somente o que tenha os modos do Senhor. Assim, pelo procedimento serão reconhecidos o falso e o verdadeiro profeta [...] Todo que vier em nome do Senhor seja recebido. Mas depois, examinando-o, o conhecerão, porque vocês têm entendimento do certo e do errado.[7]

Um dos sinais de falso profeta era que eles permaneciam no lugar por mais do que dois ou três dias, pediam dinheiro e refeições "no espírito", o que provavelmente significava exigir comida em troca das profecias. Todavia, o *Didaquê* ordena que os cristãos deem aos profetas os dízimos de seus ganhos, "pois são os sumos sacerdotes de vocês"! Com base nesse pequeno livro, seria muito difícil deduzir o modo coerente de testar e lidar com os autoproclamados profetas cristãos.

Mais ao fim do *Didaquê*, os leitores são exortados: "Escolham, então, para vocês mesmos bispos e diáconos dignos do Senhor, homens mansos e não amantes de dinheiro, verdadeiros e aprovados, porque também eles ministram para vocês os serviços dos profetas e mestres".[8] Aparentemente, portanto, esses profetas e mestres carismáticos errantes eram um tanto raros e talvez fossem considerados mais como um problema do que como algo que merecesse atenção. Embora o autor

---

[6] *The didache* ou *The teaching of the twelve apostles*, Lightfoot, Harmer e Holmes.
[7] Ibid.
[8] Ibid.

do *Didaquê* não quisesse rejeitar totalmente o ministério deles e quisesse até mesmo preservar a honra e o respeito dos melhores entre eles, também queria que os cristãos não se fiassem muito neles. Seu conselho era substituí-los por ministros mais permanentes que supervisionassem a congregação.

Inácio de Antioquia

Embora o *Didaquê* esteja repleto de informações fascinantes e confusas sobre a vida das congregações cristãs na Síria perto do fim do século I, pouca coisa oferece à guisa de teologia. Muito mais coerentes e teológicas são as cartas de um terceiro pai apostólico, Inácio de Antioquia, que escreveu sete cartas às congregações cristãs enquanto estava a caminho da morte em Roma. Inácio foi bispo dos cristãos em Antioquia, uma cidade muito importante do Império Romano na Síria, além de ser uma cidade importantíssima para os cristãos. Foi ali que receberam, pela primeira vez, o nome de cristãos e foi a partir dali que Paulo iniciou as primeiras viagens missionárias. Inácio sofreu martírio em Roma cerca de 110 ou 115 e, portanto, quase certamente conheceu alguns dos apóstolos ou ao menos seus sucessores imediatos. Foi extremamente reverenciado e respeitado pelos cristãos no início do século II e talvez por isso as autoridades romanas o tenham prendido e executado publicamente.

Inácio escreveu cartas aos cristãos em Éfeso, Magnésia, Trália, Roma, Filadélfia e Esmirna. Escreveu, também, uma carta a Policarpo que, poucas décadas depois, seguiria seus passos ao martírio. Enquanto viajava para Roma sob vigilância, Inácio ouviu falar de uma conspiração de certos cristãos para livrá-lo. Na carta, instou que não o livrassem: "Eu lhes imploro: não me ofereçam 'bondade fora de hora'. Deixem-me ser alimento para as feras, por intermédio das quais poderei chegar a Deus. Sou trigo de Deus e estou para ser moído pelos dentes das feras, a fim de revelar ser pão puro".[9] Pouco antes de escrever essas palavras, Inácio também escreveu que "o cristianismo é mais grandioso quando é odiado pelo mundo".

Embora alguns críticos tenham acusado Inácio e outros cristãos primitivos de masoquistas pelo desejo do martírio, parece que ele mesmo considerava seu martírio iminente como um dom e um sinal. Outros cristãos tiveram atitudes semelhantes. Cerca de cem anos depois, o teólogo cristão norte-africano Tertuliano escreveu que "o sangue dos mártires é a semente [da igreja]". Em outras palavras, quanto mais os romanos perseguiam e matavam os cristãos, mais a igreja crescia. Inácio deve ter pensado da mesma forma.

Inácio tratou de todo tipo de questões em suas cartas e talvez seja justo dizer que elas contêm a primeira teologia, propriamente dita, do cristianismo. As definições, explicações e interpretações nelas contidas vão muito além do que se pode achar nos

---

[9] *To the Romans* 4, Lightfoot, Harmer e Holmes.

escritos dos próprios apóstolos. Não há motivo, no entanto, para pensar que Inácio acreditava estar no mesmo nível que os apóstolos originais, recebendo novas revelações de Deus. Pelo contrário, acreditava que estava simplesmente interpretando e aplicando o cristianismo apostólico às necessidades dos leitores em situações específicas.

Inácio enfatizava veementemente a obediência cristã aos bispos. Suas cartas frequentemente insinuam esta ordem: Nada façam sem o bispo e considerem-no como o próprio Senhor, pois "o bispo é nada menos do que o representante de Deus diante da congregação".[10] Aos cristãos em Magnésia, escreveu: "Assim como o Senhor nada fazia sem o Pai, seja pessoalmente, seja por meio dos apóstolos (pois estava unido a ele), também vocês nada devem fazer sem o bispo e os presbíteros [anciãos]".[11] Aos efésios, escreveu: "É óbvio, portanto, que devemos considerar o bispo como o próprio Senhor".[12] Alguns comentaristas veem nessas declarações o início do que se chamou "episcopado monárquico", a tendência no cristianismo posterior de elevar o bispo (*episkopos*) a uma posição espiritual privilegiada de poder e de autoridade. Certamente o sentimento de Inácio a respeito dos bispos é um salto quântico para além do que se pode achar nos escritos dos próprios apóstolos e, decerto, surgiu de uma necessidade iminente de manter a ordem em um cristianismo cada vez mais diverso e desgovernado.

Inácio também condenou a cristologia doceta do gnosticismo, sem entrar em debate contra o gnosticismo com um todo. Afirmou muito enfaticamente a verdadeira divindade e humanidade de Jesus Cristo como Deus aparecendo em forma humana. Quanto à verdadeira humanidade física de Jesus, escreveu aos trálios: "Mas se, conforme dizem alguns ateus (ou seja, incrédulos), ele sofreu apenas na aparência (ao passo que eles existem somente em aparência!), por que estou em cadeias? E por que quero lutar com feras? Se este for o caso, estou para morrer sem motivo; pior do que isso, estou contando mentiras a respeito do Senhor".[13] Ao afirmar o sofrimento genuíno de Jesus, Inácio repudiou a cristologia dos gnósticos, especialmente sua versão doceta. Alguns cristãos primitivos, no entanto, questionavam a genuína divindade de Jesus Cristo, sua igualdade com Deus.

Ocasionalmente, críticos das doutrinas ortodoxas questionam se a crença na verdadeira divindade e humanidade de Jesus existia entre os cristãos antes dos concílios e credos do século IV. Inácio põe fim a essa questão. Embora afirmasse aos trálios a genuína humanidade de Jesus Cristo, afirmou inequivocamente aos efésios a divindade genuína de Jesus Cristo quando escreveu que "Deus apareceu em

---

[10] Ibid., p. 81.
[11] *To the Magnesians* 7, Lightfoot, Harmer e Holmes.
[12] *To the Ephesians* 6, Lightfoot, Harmer e Holmes.
[13] *To the Trallians* 10, Lightfoot, Harmer e Holmes.

forma humana a fim de trazer a novidade da vida eterna".[14] Sem definir em pormenores técnicos o dogma plenamente desenvolvido da pessoa de Cristo, Inácio claramente o antevê com essas duas afirmações em conjunto. Não deve restar muita dúvida de que os cristãos, imediatamente depois da era apostólica, acreditavam em Jesus Cristo tanto como verdadeiro Deus quanto como verdadeiro homem.

Finalmente, Inácio parece ter inventado um termo teologicamente rico para a ceia do Senhor: a eucaristia ou cerimônia da comunhão. Para ele, participar da refeição eucarística constituía-se num aspecto importante do processo da salvação. Como uma pessoa é salva e passa a viver para sempre com Jesus Cristo? Ao "romper um só pão, que é *o remédio da imortalidade*".[15] Inácio claramente concebia a Eucaristia (a refeição da comunhão) como sacramento, meio de graça que transforma a pessoa que dela participa. Ele não elaborou uma teoria a respeito, mas queria enfatizar que, ao participar do pão e do vinho da refeição do Senhor, a pessoa ganha uma participação na imortalidade divina que sobrepuja a maldição da morte trazida pelo pecado. Os cristãos posteriores, tanto da tradição ortodoxa oriental quanto da católica romana, empregavam a descrição que Inácio fez da Eucaristia como "remédio da imortalidade" para justificar a crença na salvação como um processo sacramental de *theosis* — "divinização" ou "deificação". Mediante os sacramentos, os cristãos gradualmente recebem participação limitada da natureza divina e tornam-se mais do que meramente humanos.

Inácio, assim como outros pais apostólicos, deixou um legado útil e perturbador com o qual o cristianismo teria de lidar. Para os cristãos que dão muito valor à hierarquia da liderança da igreja e têm um conceito altamente sacramental da salvação — a graça que transforma pessoas mediante os ritos sacramentais —, Inácio é um herói e uma comprovação de que essa interpretação da igreja e do evangelho é antiga e autêntica. Os protestantes com uma visão menos monárquica da igreja, que dão valor ao governo eclesiástico simples e congregacional e que consideram o batismo e a ceia do Senhor como "rituais" mais do que sacramentos, não se entusiasmam com o legado de Inácio. No entanto, todos os cristãos devem concordar que Inácio legou com autoridade uma cristologia da encarnação que afirmava Jesus Cristo como verdadeiramente Deus e verdadeiramente humano e que, com isso, ajudou a preparar o caminho para a plena afirmação do dogma da Trindade. Ele contribuiu também para a união dos cristãos e para a luta contra as heresias, especialmente o gnosticismo, e morreu com coragem pela causa de Cristo.

Policarpo
Inácio escreveu às igrejas a maioria das suas cartas, mas uma foi dirigida ao seu colega mais jovem, Policarpo de Esmirna. Aconselhou a Policarpo: "Se você amar bons

---

[14] *To the Ephesians* 19
[15] Ibid., 20.

discípulos, não é crédito para você; pelo contrário, com mansidão, leve os mais problemáticos à submissão".[16] Policarpo morreu de modo semelhante a Inácio, na cidade de Esmirna, por volta de 155. Ocasionalmente, o documento conhecido por *Martírio de Policarpo* — uma descrição de sua morte escrita com detalhes aterradores por uma testemunha ocular — aparece entre os pais apostólicos. Além da sua possível influência sobre o crescente "culto aos mártires" pelos cristãos (isto é, a tendência de venerar os mártires como "santos"), esse documento não tem relevância teológica. O próprio Policarpo, no entanto, escreveu pelo menos uma carta — aos cristãos em Filipos. É conhecida por *Carta de Policarpo aos filipenses* e é usualmente incluída entre os pais apostólicos. No entanto, também lhe falta sofisticação teológica ou relevância para a história da teologia.

A Epístola de Barnabé

A *Epístola de Barnabé* foi provavelmente escrita em Alexandria, no Egito, entre os anos 70 e 135. A última data é mais provável do que a primeira. Nada se sabe de seu autor a não ser que provavelmente conhecia um ou mais apóstolos como Apolo (que é mencionado no livro de Atos dos Apóstolos no NT) na sua juventude. Não se sabe por que decidiu apresentar sua epístola como se fosse escrita pelo apóstolo Barnabé. A epístola contém interpretações alegóricas de textos do AT e procura demonstrar que a igreja cristã substitui os hebreus como povo de Deus.

Antes que a *Epístola de Barnabé* fosse escrita, estudiosos judeus de Alexandria, no Egito, já tinham interpretado alegoricamente a Bíblia hebraica. Filo de Alexandria foi contemporâneo de Jesus e provavelmente o estudioso bíblico e teólogo judaico mais influente da diáspora judaica antiga. Procurou demonstrar a harmonia entre os ensinos de Moisés (com o AT em geral) e a filosofia grega, especialmente a de Platão e de seus seguidores. Os cristãos de Alexandria e arredores foram profundamente influenciados pelo método não literal que Filo empregou ao interpretar o AT. A *Epístola de Barnabé* é um exemplo notável disso. *Barnabé* diz que quando Moisés proibiu a ingestão da carne de porco, queria na realidade dizer: "Vocês não devem associar-se [...] com homens que são semelhantes a porcos".[17]

Hoje em dia somos tentados a ridicularizar semelhantes interpretações alegóricas achando-as cômicas, mas os leitores modernos devem saber que eram extremamente comuns no mundo antigo, especialmente em culturas profundamente influenciadas pela filosofia grega. Em geral, os cristãos primitivos não rejeitavam o significado literal ou histórico das Escrituras, mas frequentemente buscavam nelas duas ou três categorias de significado. O "significado espiritual", que dificilmente

---

[16] *To Polycarp* 2, Lightfoot, Harmer e Holmes.
[17] *The Epistle of Barnabas* 10, Lightfoot, Harmer e Holmes.

os leitores modernos entendem da mesma forma que se entendia naquela época, era considerado mais verdadeiro e profundo que o significado literal, histórico ou ético. A *Epístola de Barnabé* é só um exemplo desse método de hermenêutica bíblica. Os estudiosos e teólogos cristãos posteriores em Alexandria basearam-se especialmente nela e a levaram adiante.

Assim como outros pais apostólicos, a *Epístola de Barnabé* retrata o caminho da salvação basicamente em termos moralistas. Sem negar a salvação pela graça como dádiva imerecida, *Barnabé* enfatiza uma vida legalista cheia de "certo" e "errado" como parte das regras para se receber a salvação final: "É bom, portanto, depois de aprender todos os mandamentos do Senhor que estão escritos aqui, andar neles. Pois o que faz essas coisas será glorificado no reino de Deus; o que optar pelas coisas inversas perecerá juntamente com as suas obras. É por isso que há uma ressurreição, é por isso que há uma recompensa".[18]

O pastor de Hermas

O último pai apostólico a ser considerado aqui é um documento chamado *O pastor de Hermas,* cujo autor pode ter sido irmão de Pio, o bispo de Roma por volta de 140 a 145. *Hermas* é especialmente importante em nossa história porque, de todos os escritos cristãos que estiveram a ponto de entrar para o NT, mas não entraram, enquanto o cânon das Escrituras estava sendo determinado, este foi o que mais se aproximou. Várias propostas do século II e III sugeriram-no com um dos livros inspirados ou como parte integrante de um grupo secundário de livros a ser usados como leitura cristã inspiradora. O grande pai da igreja, Ireneu de Lião, aceitou *Hermas* como Escritura, assim como os pais do século III, Clemente de Alexandria e Orígenes. Até mesmo o grande Atanásio no século IV aceitou-o de início, embora mais tarde o tenha excluído da lista na sua carta de Páscoa em 367. Sem dúvida, *O pastor de Hermas* exerceu muita influência sobre os cristãos subapostólicos em várias partes do Império Romano, porém é praticamente desconhecido pela maioria dos cristãos atualmente.

Hermas contém uma série de visões e suas explicações são dadas por um anjo ao próprio Hermas. Muitas das interpretações são em forma de parábola e são entremeadas com mandamentos, instruções e obrigações do viver cristão. Conforme diz certo comentarista moderno, *Hermas* é "um dos documentos mais enigmáticos que sobreviveu ao período pós-apostólico [...] [Mas] consta como testemunha importante do estado do cristianismo em Roma em meados do século II".[19] O anjo que aparece como um pastor faz muitas revelações a Hermes em linguagem figurada

---

[18] Ibid., 21.

[19] *The apostolic fathers*, trad. J. B. Lightfoot e J. R. Harmer, org. e trad. Michael W. Holmes, 2 ed., Grand Rapids, Baker, 1989, p. 189.

como o simbolismo apocalíptico do livro do Apocalipse no NT. Boa parte dessa linguagem é difícil, ou até mesmo impossível, de ser entendida hoje. O significado geral parece ser uma advertência e preparação para a perseguição e conflito iminentes entre os cristãos e as forças das trevas.

O que atrai a atenção do leitor, porém, são as exortações e instruções que *Hermas* dirige aos cristãos e às igrejas cristãs. Assim como em outros pais apostólicos, o tom é moralista, senão legalista. Sem negar e nem ignorar completamente os temas do gracioso perdão divino, *Hermas* parece mais preocupado em advertir os cristãos a respeito do pecado presunçoso. Aliás, o livro adverte que a pessoa será perdoada uma só vez depois do batismo.[20]

A mensagem de *Hermas* é que a misericórdia de Deus é bastante limitada. Deus perdoará, mas não interminavelmente. Além disso, o perdão está condicionado ao respeito aos mandamentos de Deus. O Pastor diz a Hermas que "haverá perdão para seus pecados anteriores se você guardar os meus mandamentos; na verdade, haverá perdão para todos, se guardarem os meus mandamentos e andarem nessa pureza".[21]

A crença de que podia haver um só perdão pelos pecados após o batismo contribuiu para o costume cada vez maior entre os convertidos cristãos de esperar para ser batizado apenas quando a morte estivesse próxima. Naturalmente, isso nunca se tornou prática universal, nem era encorajado pelos líderes eclesiásticos, mas é fácil entender como alguns convertidos cristãos "mais fracos" desejariam adiar o próprio batismo por tanto tempo quanto possível.

Hermas também apresenta regulamentos e exortações a respeito do casamento e do divórcio, das riquezas e do dinheiro, da cidadania e do teste para profetas, bem como muitas outras questões urgentes para os cristãos no Império Romano. O livro proíbe rigorosamente um novo casamento depois do divórcio por qualquer motivo que seja e sugere veementemente que o melhor para os cristãos, casados ou não, é abster-se totalmente do sexo. Ao todo, *Hermas* aponta para um modo de vida rigoroso, puritano, que quase chega ao asceticismo. O evangelho que proclama é quase irreconhecível como cristão, pois ressalta que o caminho da salvação é de luta, medo e abnegação. O grande prestígio desse livro provavelmente contribuiu para o ideal cada vez mais moralista e ascético para o cristão que vivia nos séculos III e IV.

A declaração mais nítida e sucinta da versão do evangelho em *Hermas* aparece logo no início, quando o Pastor (anjo) aparece pela primeira vez a Hermas e lhe ordena que escreva:

---

[20] Ibid., 32.
[21] Ibid., 26.

> Em primeiro lugar, creia que Deus é um só, que criou todas as coisas e as colocou em ordem, e fez daquilo que não existe tudo quanto existe, e que contém todas as coisas, mas somente ele não está contido. Creia nele, portanto, e tema-o e, temendo-o, mantenha o domínio próprio. Observe essas coisas e manterá longe de si o mal, e se revestirá de todas as virtudes da justiça e viverá para Deus, se guardar este mandamento.[22]

Esse apanhado do evangelho não somente serve a *Hermas*, mas também resume muito bem o sentimento geral dos pais apostólicos. Embora todos mencionem a misericórdia de Deus em resposta ao verdadeiro arrependimento e ocasionalmente expressem a necessidade da graça de Deus mediante a cruz de Cristo, parecem mais preocupados com a promoção da virtude e obediência cristãs instilando o medo do castigo pelo fracasso moral. Eles também ressaltam a crença certa a respeito de Deus, da criação, de Cristo, da igreja e de outras questões.

Uma última consideração no tocante à relevância de *Hermas* refere-se à sua cristologia implícita. Durante o século II, a igreja estava apenas começando a se esforçar para entender corretamente a natureza e a pessoa de Jesus Cristo. Embora todos os pais apostólicos que tocassem no assunto rejeitassem o docetismo e o dualismo gnóstico, divergiam entre si sobre como expressar o relacionamento entre a divindade e a humanidade de Jesus Cristo. *Hermas* parece acreditar que Jesus era a encarnação do Espírito Santo — teoria que é conhecida na história da teologia por "cristologia do Espírito". Segundo os padrões doutrinários posteriores, isso seria considerado heresia e talvez essa fosse uma das razões pelas quais Atanásio finalmente rejeitou *O pastor de Hermas* do cânon enquanto orientava a igreja para solucionar essa questão polêmica.

Hermas explica que Jesus Cristo é Deus na carne porque

> Deus fez com que o Espírito Santo preexistente, que criou a totalidade da criação, habitasse na carne por ele determinada. Assim, essa carne na qual habitou o Espírito serviu-lhe bem, vivendo em santidade e pureza, sem profaná-lo de modo algum. Visto, portanto, que [a carne/humanidade de Cristo] vivera com honra e castidade e cooperara com o Espírito, em tudo atuando em seu favor, comportando-se com força e coragem, escolheu-a como uma aliada do Espírito Santo, pois a conduta dessa carne agradou ao Senhor.[23]

Obviamente, falta uma compreensão integral da Trindade e especialmente do conceito da segunda pessoa da Trindade, o Filho ou Verbo (Logos), que se encarnou como Jesus Cristo assumindo a natureza humana. Mas esperar que a doutrina (ou dogma) posterior, das duas naturezas na única pessoa de Cristo ou da Trindade

---

[22] Ibid., 59.

fosse descrita ou mesmo entendida é esperar demais de um pai da igreja no século II. Mesmo assim, essa cristologia implícita do Espírito parece confusa e, sem dúvida, contribuiu para retardar a plena concordância e a definição da ortodoxia no tocante à pessoa de Cristo e à Trindade.

A relevância dos pais apostólicos

Até aqui alguns leitores podem estar em dúvida quanto à razão de esses pais apostólicos, ou pelo menos de alguns deles, estar incluídos na história da teologia cristã como heróis da ortodoxia. Por que não considerá-los hereges? Certamente, comparadas ao evangelho da graça, suas mensagens parecem extremamente moralistas, preocupadas com a conduta em vez da misericórdia e salvação como um esforço e não uma dádiva. Mas é importante lembrar que eles estavam tentando refrear o crescente antinomismo (rejeição da lei e dos mandamentos) que se propagava entre os cristãos. A atitude que os permeia brota da mesma solicitude revelada na epístola de Tiago no NT: "A fé sem obras está morta". Entretanto, o antídoto que prescrevem para o veneno do antinomismo parece tão ruim, ou até mesmo pior, que o próprio veneno.

Seria um erro desprezar os pais apostólicos ou rejeitá-los como indiretamente hereges apenas porque não entendiam de forma plena, nem comunicavam da forma correta, os dogmas da igreja que só foram burilados muito mais tarde. Eles merecem confiança pela resistência ao gnosticismo e a outras perversões da fé a despeito das próprias falhas em muitas questões.

O papel dos pais apostólicos na história da teologia cristã é ambíguo. Especialmente ambivalente será a atitude dos cristãos protestantes para com seu papel e contribuição. Por um lado, os pais apostólicos forneceram uma ponte entre os apóstolos e o cristianismo católico ortodoxo e ajudaram a preservar e a estabelecer uma igreja relativamente unificada e teologicamente sadia. Por outro lado, em menor ou maior grau, falharam em transmitir em suas tradições o evangelho puro da salvação como uma dádiva que não vem das obras, mas unicamente da graça. Paulo escreveu aos filipenses: "Ponham em ação a salvação de vocês com temor e tremor, pois é Deus que efetua em vocês tanto o querer quanto o realizar, de acordo com a boa vontade dele" (2.12-13). Os pais apostólicos enfatizavam a primeira parte da mensagem e mais frequentemente negligenciavam a segunda.

Aproximadamente no mesmo período em que muitos dos pais apostólicos estavam escrevendo para instruir os cristãos na crença e conduta certas, outro grupo de cristãos no Império Romano escrevia cartas aos críticos pagãos e às autoridades romanas para defender a integridade do cristianismo contra mal-entendidos e perseguições. Esses escritores são conhecidos por apologistas e o papel deles na história da teologia cristã vem a seguir.

3

Os apologistas defendem a fé

A história da teologia cristã é profundamente influenciada pela filosofia — especialmente pela filosofia grega (helenística). Esse fato é uma surpresa e, frequentemente, um choque para os cristãos que supõem que o cristianismo e a filosofia se opõem. Essa suposição não é em nada incomum e, na verdade, pode ser encontrada bem no início da história da teologia cristã. Um dos mais influentes pais da igreja, Tertuliano, ficou chocado ao constatar até que ponto alguns dos seus contemporâneos usavam as filosofias gregas como o platonismo e o estoicismo para explicar ideias cristãs às audiências pagãs. Conforme já foi citado, Tertuliano perguntou, com indignação retórica: "O que Atenas tem realmente que ver com Jerusalém? Que concordância existe entre a Academia [Platônica] e a Igreja? E entre hereges e cristãos?".[1] Uma fenda que divide toda a teologia cristã desde o início é a que existe entre os pensadores cristãos que querem enfrentar seus críticos no próprio terreno deles e debater a fé de forma coerente e mesmo filosófica e os que consideram esse esforço uma acomodação perigosa aos inimigos da fé. Tertuliano representa essa última abordagem.

Os apologistas eram escritores cristãos do século II que procuravam defender o cristianismo contra oponentes pagãos como Celso. Embora poucos, como Tertuliano, rejeitassem a abordagem filosófica, a maioria deles tentou demonstrar semelhanças entre a mensagem e cosmovisão cristãs e o que havia de melhor na filosofia grega. Alguns chegavam até a considerar o cristianismo a "verdadeira filosofia" e tentavam demonstrar sua superioridade, como filosofia, ao pensamento helenístico. Naturalmente, para tanto, tinham de comparar e contrastar os dois de uma forma que deixava subentendida a sua mensurabilidade. Ou seja, não podiam ser tão diferentes quanto Tertuliano pensava. Embora essa ideia fosse escandalosa para Tertuliano e para outros pensadores cristãos primitivos, foi amplamente aceita

---

[1] *Prescription against heretics* 7, ANF 3.

em partes do cristianismo, especialmente Alexandria e Roma, os dois centros culturais mais importantes do Império Romano.

O empreendimento dos apologistas de examinar e defender o cristianismo à luz da filosofia grega não era inteiramente novo. Um século antes, ou mais, o estudioso judeu Filo unir o judaísmo e a filosofia grega em Alexandria, no Egito. Sua grande influência tanto sobre judeus quanto sobre gentios provavelmente explica por que os cristãos em Alexandria nos séculos II e III foram mais receptivos a essa tentativa de explicar filosoficamente a Bíblia e as crenças cristãs. Alguns apologistas seguiram o exemplo da avaliação positiva que Filo fez dos filósofos gregos. Filo, por exemplo, ensinou que a filosofia de Platão e os ensinamentos de Moisés baseavam-se na revelação divina e que, no âmago, eram semelhantes ou idênticos. Para fazer esse sistema funcionar, foi levado a interpretar de modo alegórico as Escrituras hebraicas. Com esse método, conseguiu combinar os pensamentos grego e hebraico a respeito de Deus, da criação e da humanidade. A abordagem de Filo ao pensamento judaico já era amplamente aceita (porém não sem controvérsia) entre os judeus da diáspora. Os apologistas cristãos do século II usaram esse alicerce para demonstrar uma consistência semelhante entre o melhor do pensamento helenístico e suas versões bastante sofisticadas da mensagem cristã.

Naturalmente, os apologistas também podiam citar Paulo como precursor e modelo. Atos 17 relata a história do encontro de Paulo com filósofos gregos em Atenas, no qual ele cita alguns poetas deles na tentativa de encontrar um ponto de apoio para a sua mensagem de que eles cressem em um "Deus desconhecido". A tentativa de Paulo em Atenas talvez seja um suporte muito fraco para o que alguns dos apologistas cristãos do século II tentaram fazer, mas pelo menos o diálogo entre um apóstolo e os pensadores gregos no qual ele cita as autoridades destes, emprestou certa credibilidade ao que os apologistas estavam tentando fazer.

A filosofia grega

Antes de considerar quem eram os apologistas e como contribuíram para a história da teologia cristã, é bom analisar resumidamente os principais contornos da filosofia grega que muitos deles enxergavam como uma aliada da teologia cristã.

Quando os defensores da fé cristã do século II olharam ao seu redor no Império Romano e tentaram descobrir formas de pensamento que os ajudassem a se comunicar com pagãos atenciosos e sérios como o imperador romano Marco Aurélio, viram todo tipo de possibilidade que simplesmente tinha de ser rejeitada. Por exemplo, o império estava eivado de religiões de mistério — cultos de iniciação cheios de mitos elaborados sobre deuses que morriam e renasciam, e caminhos para a imortalidade mediante cerimônias secretas de iniciação que envolviam coisas do tipo batismos com sangue de um touro abatido. Havia, ainda, filosofias sobrenaturais de vários mágicos como Apolônio de Tiana e Pitágoras, cujos seguidores se reuniam secretamente para por em prática seus poderes paranormais e estudar os significados esotéricos dos números e corpos celestes. Existiam, também, diversas cerimônias e mitos de templos sobre panteões gregos e romanos de deuses e deusas do Olimpo como Zeus, Apolo e Diana.

Os apologistas cristãos do século II decidiram, então, defender a veracidade do cristianismo com base nas filosofias do platonismo e do estoicismo, ou numa mistura das duas, que eram normalmente aceitas como superiores às mencionadas. Celso, por exemplo, simplesmente admitia que todas as pessoas cultas, corretas e realmente sérias do império entendiam e acreditavam na "verdadeira doutrina", que entendia como uma filosofia híbrida que combinava elementos do platonismo, estoicismo e epicurismo. Embora os apologistas tenham dado pouco valor ao ingrediente epicureu da receita, encontraram muitas semelhanças entre a vida e cosmovisão cristãs e a mistura genérica de platonismo e estoicismo que criou a filosofia grega comum de boa parte do Império Romano no século II.[2]

A filosofia grega rejeitava o politeísmo das religiões populares, bem como os mitos e cerimônias de iniciação das religiões de mistério. Não se quer dizer com isso que todos os cidadãos romanos cultos e sérios que acreditavam na filosofia grega evitassem totalmente o envolvimento com os rituais dos templos e as iniciações da religião pagã. Tendiam, no entanto, a demitizá-los e a considerar essas seitas como organizações fraternais para a diversão e confraternização (ou para satisfação sensual). Assim como Celso, a maioria das pessoas cultas e sérias do império considerava que a "verdadeira doutrina" incluía a crença numa única divindade cuja identidade exata está além do entendimento humano, mas que formou o universo e reina sobre ele como uma espécie de déspota benevolente e justo. Os que tendiam mais para o estoicismo do que o platonismo costumavam identificar o divino com a natureza e com a ordem natural das coisas. Seja como for, a filosofia grega era, até certo ponto, monoteísta, não politeísta, e defendia veementemente a natureza espiritual suprema da realidade por trás das coisas visíveis. Afirmava, também, a imortalidade da alma e a importância de se ter uma "vida virtuosa" e ética que busque o equilíbrio entre os extremos e evite a pura sensualidade e o egocentrismo.

O deus da filosofia grega era considerado a *arché,* ou fonte e origem última, de todas as coisas, embora não tenha criado o universo *ex nihilo* (do nada). Pelo contrário, era considerado a fonte da qual fluem todas as coisas do universo pela emanação, como os raios solares, e como a origem da ordem e do desígnio de tudo. Deus é substância pura, completamente livre do corpo, membros ou paixões, é

---

[2] Essa filosofia greco-helênica do Império Romano no século II é bem descrita e explicada por Christopher Stead (*Philosophy in Christian antiquity*, Cambridge, U.K., Cambridge University Press, 1994).

imutável e eterno. Ele é tudo quanto a criação finita não é: o epítome da perfeição metafísica e moral, intocada pela finitude, limitação, dependência, emoção, paixão, mudança ou decadência.

Fica evidente a influência que tal teologia filosófica teve sobre Filo no judaísmo do século I. Ele e outros "filósofos judaicos [do mundo helenístico] estavam muito desejosos de explicar as ideias do Antigo Testamento em relação aos níveis mais altos da teologia grega, notavelmente o platonismo médio".[3] Filo enxergava muitas semelhanças entre o deus da filosofia grega, que era um só, metafísica e moralmente perfeito, criador e juiz de todas as almas e o Iavé da tradição hebraica, que era o criador, legislador e juiz de todos. Moisés e Platão se encaixam bem na versão que Filo ofereceu do platonismo médio judaico. Esse foi o precedente judaico para a tarefa dos apologistas cristãos de transmitir as ideias cristãs aos romanos cultos e pensadores. Estavam simplesmente se apoiando em Filo e criando uma supraestrutura helenístico-cristã sobre sua base helenístico-judaica.

A classificação dos apologistas

Quem eram esses apologistas cristãos e como exatamente contribuíram para a história do pensamento cristão? Qual foi o valor dessa contribuição?

Assim como no caso dos pais apostólicos, não há concordância universal a respeito do grupo dos apologistas. A própria classificação é, naturalmente, uma invenção posterior dos historiadores e teólogos da igreja. As listas de apologistas variam e boa parte da diversidade surge das tentativas de incluir ou excluir o autor da obra anônima *Epístola a Diogneto,* bem como Orígenes e Tertuliano.

Esses últimos viveram e trabalharam no século III e de muitas maneiras destacam-se dos demais apologistas por apresentar abordagens e contribuições teológicas mais bem desenvolvidas e sofisticadas. Por terem escrito teologias cristãs essencialmente especulativas e originais (especialmente Orígenes) e obras anti-heréticas (especialmente Tertuliano) e por causa das suas produções literárias maciças, são frequentemente classificados mais como "mestres da igreja" do que como apologistas. Entretanto, os dois realmente escreveram apologias (defesas da fé cristã). Orígenes e Tertuliano receberão tratamento diferenciado dos apologistas no presente relato da história da teologia cristã, a despeito de serem normalmente classificados nessa categoria.

A *Epístola a Diogneto* é geralmente alistada com os pais apostólicos. Pelo fato de o autor ser completamente desconhecido e o propósito e conteúdo serem claramente apologéticos, aqui será incluída com os apologistas, embora sua natureza não seja muito filosófica.

---

[3] Robert M. GRANT, *Gods and the one God*, Philadelphia, Westminster Press, 1986, p. 84.

Os apologistas eram escritores cristãos do século II que procuravam influenciar imperadores mais preocupados com a condição humana, como Marco Aurélio e Antonino, o Piedoso (Pio), para levarem o cristianismo a sério, senão aceitarem-no como verdade. A maioria deles escreveu cartas abertas a esses e a outros imperadores, nas quais procuravam explicar a verdade a respeito da crença e comportamento cristãos, frequentemente de maneira filosófica. O historiador eclesiástico Robert Grant explica bem o propósito e as contribuições deles: "Esses escritores eram contemporâneos dos gnósticos [e dos pais apostólicos], mas seguiram um caminho bem diferente. Em lugar do espiritualismo esotérico, os apologistas empregavam com confiança a razão filosófica e, embora atacassem os filósofos, empregavam a mesma linguagem deles sempre que podiam. Assim, criaram o método básico da teologia cristã tradicional".[4] A afirmação de Grant sobre o "método básico" da teologia cristã tradicional talvez seja controversa. Certamente, ela é inteiramente tão filosófica como muitos dos escritos dos apologistas. No decurso da história da teologia cristã, o emprego da filosofia tem sido calorosamente debatido e muitos culpam os apologistas de irem longe demais ao permitirem que ideias gregas moldem seu modo de pensar a respeito de Deus. Mas Grant tem razão ao dizer que "os principais apologistas, bem ou mal, deram ao cristianismo uma teologia associada à filosofia".[5]

Além da *Epístola a Diogneto,* os apologistas cristãos do século II foram: Aristides, Justino Mártir, Melitão de Sardes, Atenágoras de Atenas, Taciano e Teófilo de Antioquia. Embora sejam frequentemente desconhecidas as datas exatas de nascimento e morte e outros pormenores de suas vidas, é bem provável que todos tenham vivido no século II e dentro das fronteiras do Império Romano. Alguns foram bispos e outros, leigos. Alguns morreram como mártires e outros não se sabe como morreram. Todos, individualmente e juntos, moldaram a história do cristianismo sobretudo ao impedirem que a forte crítica não relegasse o cristianismo a uma existência marginal, a ser apenas mais uma religião de mistério. Eles contribuíram para transformar o pensamento cristão em uma teologia propriamente dita: uma análise e apologia racional e coerente da mensagem cristã.

Dentre os apologistas, três destacam-se como os principais personagens da história da teologia cristã em virtude da natureza altamente elaborada de seu pensamento em relação a Deus e da influência que exerceram sobre pensadores cristãos posteriores como Ireneu, Orígenes e até mesmo Atanásio. São eles: Justino Mártir, Atenágoras e Teófilo.

Justino Mártir

---

[4] *Greek apologists of the second century,* Philadelphia, Westminster Press, 1988, p. 11.

[5] Ibid., p. 110.

Sem dúvida alguma, Justino Mártir merece a reputação de "o apologista mais importante do século II"[6] por causa das ideias criativas a respeito de Cristo como Logos cósmico e de o cristianismo ser a filosofia verdadeira. Muitos pensadores cristãos posteriores simplesmente aceitaram a veracidade das sugestões e argumentos de Justino nessas áreas e os aproveitaram para desenvolver as próprias teologias. Justino nasceu em uma família grega na Palestina na primeira metade do século II. Muito pouco se sabe a respeito da sua vida pré-cristã, a não ser que se tornou filósofo da escola platônica e mais tarde deixou-a para seguir o cristianismo, após ter conversado com um misterioso homem idoso. A tradição (registrada em Eusébio) diz que Justino continuou a usar sua toga ou túnica filosófica depois de converter-se ao cristianismo — sem dúvida, motivo de alguns comentários e controvérsias entre os cristãos de Roma quando Justino chegou ali e começou a ensinar o cristianismo por volta de 150. Fica claro ao ler os escritos de Justino que ele se considerava um filósofo cristão — um filósofo de Cristo — assim como fora um filósofo de Platão. É evidente, também, que considerava os dois compatíveis em muitos aspectos. Referia-se a Sócrates, mestre de Platão, como um "cristão antes de Cristo". Pode ter sido contra Justino que Tertuliano cunhou sua famosa pergunta retórica: "O que Atenas tem que ver com Jerusalém?".

Alguns dos escritos de Justino foram perdidos, mas três obras apologéticas bastante breves, embora profundas, subsistiram. A *Primeira apologia de Justino* (*Apologia I*) foi provavelmente escrita em 155 na ocasião do martírio de Policarpo. É dirigida, com linguagem contundente e corajosa, ao imperador Antonino Pio, conclamando-o a um tratamento mais justo dos cristãos. Justino desmascarou a injusta prática iníqua de perseguir cristãos meramente por causa da afiliação religiosa à parte de qualquer exame do comportamento. Contradisse os boatos que então corriam contra os cristãos, argumentando que são bons cidadãos, embora ocasionalmente achem necessário praticar a desobediência cívica, que adoram a Deus com discrição. Justino conclamou o imperador a revogar os decretos de perseguição contra os cristãos, ainda que, escreveu: "Acreditamos que nenhum mal poderá nos ser feito, a menos que sejamos sentenciados como mal--feitores ou comprovadamente iníquos; e tu podes até nos matar, mas não nos ferir".[7]

Contidas em suas petições por justiça, havia exposições das crenças cristãs e defesas. Ele argumentava que Platão — quase certamente o filósofo predileto do imperador — devia agradecer a Moisés! Explicava a adoração cristã, os sacramentos e por que os cristãos rejeitam os ídolos.

No fim da *Primeira apologia*, Justino corajosamente dirigiu-se ao imperador: "Se essas coisas lhe parecerem razoáveis e verdadeiras, honre-as; mas, se parecem insensatez, desprezem-nas como tal e não decrete a morte dos que nenhum mal fizeram, conforme faria contra os seus inimigos. Nós, pois, advertimos de que não escapará

---

[6] Ibid. p. 50.
[7] 2, *ANF* 1.

ao juízo divino vindouro, se continuares com essa injustiça; e nós mesmos o convidamos a fazer o que é agradável a Deus".⁸

Por motivos desconhecidos, o próprio Justino foi executado em Roma pelas autoridades romanas em 162. Suas *Apologias* revelam alguns indícios de que previa tal destino para si — pelo menos, como possibilidade muito real. É discutível se os imperadores realmente liam suas cartas abertas, mas é quase certeza que foram lidas por alguns oficiais romanos. Embora a ousadia dogmática possa ter contribuído para sua morte, é bem provável que as *Apologias* tenham dado aos cristãos mais coragem para continuar pressionando as autoridades romanas, que se consideravam razoáveis e justas, pedindo justiça.

A *Segunda apologia* (*Apologia II*) de Justino foi dirigida ao senado romano por volta de 160. Seu tom mostra certo desespero quando Justino cita exemplos do tratamento injusto e irracional dispensado aos cristãos pelo imperador e por outros oficiais romanos. Nela, o apologista usou toda a sua retórica e argumentou que o tratamento dos cristãos pelos romanos era fruto da ignorância e do preconceito e que era apenas por amor aos cristãos que Deus ainda não havia destruído o mundo inteiro. Comparou Cristo favoravelmente com Sócrates (um grande herói da maioria dos senadores romanos e de outros romanos cultos da classe alta) e concluiu dizendo, a respeito dos cristãos, que "nossas doutrinas não são vergonhosas, de acordo com o bom senso, mas são muito mais sublimes do que toda a filosofia humana" e dizendo aos seus leitores romanos que se apressassem a julgar com bons olhos essa devoção e filosofia "para o seu próprio bem".⁹ Justino provavelmente quis dizer que o juízo divino era iminente porque eles perseguiam os cristãos.

A terceira e última obra de Justino que sobreviveu é o *Diálogo com o judeu Trifão*. Ela contém reflexões autobiográficas a respeito de sua jornada filosófica, de sua conversão ao platonismo e, mais tarde, ao cristianismo e explicações teológicas de como a crença cristã na encarnação, que o filósofo judeu Trifão considerava absurda, é compatível com o monoteísmo.

Em seus escritos, Justino explorou e explicou o conceito de Cristo como o Logos de Deus a fim de esclarecer as crenças cristãs. Para ele, essa ideia arraigada tanto no pensamento grego como no hebraico — era a chave para desvendar os mistérios do evangelho cristão. Na sua explicação da doutrina, o Logos é o Espírito preexistente de Deus — um segundo Deus — que encarnou em Jesus Cristo. Justino foi um dos primeiros cristãos a explicar o conceito do Logos e do Espírito em relação ao Pai por meio da analogia do fogo. Ele disse a Trifão que a geração do Filho (do Logos) do Pai não diminui o Pai de modo algum, porque, assim como fogo que se propaga, "o que inflama muitos corações, não é menor, mas

---

⁸ Ibid., 68.
⁹ 15, *ANF* 1.

permanece o mesmo".¹⁰ Embora Justino não tenha explicado de forma clara nem definitiva a distinção entre o Logos e o Espírito como duas entidades da Trindade — tarefa esta que seria cumprida pelos teólogos cristãos posteriores —, estava começando o processo de reflexão trinitária em resposta à acusação de Trifão: "Vocês se esforçam para provar algo inacreditável e quase impossível: que Deus se deu ao trabalho de nascer e se tornar um homem".¹¹

Justino identificou Jesus Cristo com o "Logos cósmico", que é o rebento e agente de Deus na Criação. Ele estava claramente interpretando os primeiros versículos do evangelho segundo João, além de aproveitar ideias helenísticas a respeito do Logos. Quase todas as filosofias gregas — além da teologia judaico-helenística de Filo — tinham uma função para um ser chamado o Logos. Em todos os casos, o Logos era considerado um mediador entre o Deus único e a criação. Justino estava dizendo: "É a ele que nós, cristãos, nos referimos ao falarmos em Cristo, é ele o Logos cósmico conhecido dos gregos".

Esse Logos (Cristo) estava no mundo antes de Jesus Cristo. Falava tanto através dos profetas judeus como através dos filósofos gregos. Justino chamou-o *Logos spermatikos*, a "semente do Logos" presente em cada ser humano e a fonte de toda a verdade quando é compreendida e enunciada. Uma das passagens mais famosas na literatura cristã primitiva está na *Apologia II* de Justino e expressa sua visão do Logos universal e cósmico que é Cristo:

> Confesso que me orgulho e que, com todas as minhas forças, procuro ser considerado cristão; não porque os ensinos de Platão sejam diferentes dos de Cristo, mas porque não são semelhantes em todos os aspectos, assim como também não o são os de outros, estoicos, poetas e historiadores. Pois cada um falou bem conforme a participação que tinha na palavra espermática *[Logos spermatikos]*, de acordo com o que se relacionava a ela. [...] Tudo o que já se disse de correto entre todos os homens é de autoria nossa, dos cristãos. Pois, além de Deus, adoramos e amamos ao Verbo que provém do Deus ingênito e inefável, posto que também se tornou homem por amor a nós, para que, tornando-se participante de nossos sofrimentos, também nos trouxesse a cura.¹²

Foi assim que Justino empregou o conceito do Logos cósmico para explicar por que os cristãos podem abraçar toda a verdade como a verdade de Deus — seja qual for a sua origem humana — e por que os cristãos podem crer em Jesus Cristo e

---

¹⁰ Dialogue with Trypho, a Jew 128, ANF 1.
¹¹ Ibid., 68.
¹² 13.

adorá-lo como Deus (um "segundo Deus") sem rejeitar o monoteísmo. Cristo, como o Logos universal, preexistiu a Jesus como Filho de Deus, assim como o fogo que se propaga, um pouco menos do que o próprio Deus, mas feito da mesma natureza e substância. O mesmo Cristo, como o Logos universal, é a fonte de toda a verdade, beleza e bondade. Justino, no entanto, argumentou que somente os cristãos conhecem plenamente o Logos, porque este se tornou carne em Jesus Cristo. Dessa maneira, Justino estabeleceu uma tradição cristã da cristologia do Logos que substituiu a cristologia do Espírito e se desenvolveu até chegar à doutrina da Trindade, expressando ao mesmo tempo uma apreciação cristã da filosofia e cultura por se arraigar na atividade do Logos antes que este encarnasse como Jesus Cristo.

Atenágoras de Atenas

Assim como Justino, Atenágoras, o ateniense, era tanto filósofo como cristão. Entre outros documentos, escreveu *Petição a favor dos cristãos* em forma de carta aberta ao imperador Marco Aurélio quando este estava para visitar Atenas. Também como Justino e outros apologistas, procurou persuadir o imperador a parar de perseguir os cristãos e uma de suas estratégias principais foi refutar as falsas acusações e boatos mais comuns a respeito deles. Mais pertinentes para a história da teologia cristã, porém, são as reflexões de Atenágoras sobre a crença cristã em Deus e no seu Filho, Jesus Cristo.

Ao que parece, Atenágoras acreditava que o imperador pararia de perseguir os cristãos se compreendesse que eles acreditavam em um Deus muito semelhante àquele em que o próprio imperador cria. Marco Aurélio foi um filósofo muito influenciado pelo estoicismo, cujo deus era praticamente equiparado com a ordem imutável e perfeita do universo. Certamente os estoicos afirmavam existir um só deus e rejeitavam o politeísmo, embora quase abraçassem um conceito panteísta de deus e do mundo. Seja como for, as partes mais relevantes da *Petição* de Atenágoras se relacionam com a doutrina cristã de Deus.

Primeiramente, Atenágoras citou vários poetas e filósofos gregos a fim de relembrar ao imperador que o melhor do pensamento helenístico era monoteísta. Passou, depois, a garantir ao imperador que os cristãos não eram "ateus" como alegava um sofisma popular:

> Que não somos ateus, portanto, visto que reconhecemos um só Deus, não criado, eterno, invisível, impassível, incompreensível, ilimitado, que é apreendido somente pelo entendimento e pela razão, abarcada de luz, e beleza, e espírito, e poder inefável, por quem o universo foi criado mediante o seu Logos, e estabelecido na ordem, e mantido em existência, já o demonstrei de modo suficiente.[13]

---

[13] *A plea for the Christians* 10, *ANF* 2.

É interessante notar a forma como Atenágoras descreveu o Deus em que os cristãos creem. Embora não haja dúvida a respeito da base bíblica de atributos divinos como "não criado" e "eterno" e poucos duvidariam que Deus seja "invisível" (à parte da encarnação em Jesus Cristo), muitos estudiosos cristãos perguntam-se se Atenágoras foi indevidamente influenciado pelas ideias gregas da divindade quando caracterizou Deus como "impassível" (incapaz de sofrer ou ter sentimentos emocionais) e "incompreensível" (além do entendimento humano). Especialmente quando afirma que o Deus em que os cristãos creem é "apreendido somente pelo entendimento e pela razão", surgem dúvidas a respeito do relativo peso do pensamento hebraico contra o grego na sua doutrina de Deus.

Atenágoras descreveu Deus basicamente com atributos negativos. Isto é, explicou o que Deus *não é* em vez do que ele *é*. Teólogos cristãos posteriores rotularam essa abordagem de "teologia apofática", que se tornou parte importante da história da teologia cristã. Ao que parece, Atenágoras e pensadores apofáticos posteriores admitiam que a perfeição de Deus significa ser diferente de qualquer coisa criada. Deus, portanto, só poderia ser descrito pelo que *não* é em vez do que *é*. Ele não é imperfeito e passar por mudança ou sofrer ou até mesmo ser compreendido pela mente humana é ser manchado pela imperfeição das criaturas. O resultado foi, é claro, uma diminuição paulatina da natureza pessoal de Deus na Bíblia. É claro que nem Atenágoras nem qualquer outro pensador cristão rejeitava a existência de Deus como personalidade, mas a forma como começaram a descrever Deus assemelhava-se mais à origem transcendente e fundamento de todas as coisas (*arché*) da filosofia grega, que é bastante abstrata, do que ao Deus bastante concreto, pessoal e interativo da Bíblia hebraica e dos escritos apostólicos.

Prosseguindo em sua *Petição*, Atenágoras responde ao imperador à acusação de que é ridícula a ideia de Deus ter um Filho. Esse era um tema comum para ridicularizar a crença cristã. Os cristãos falavam com frequência e em tom de adoração a respeito do Filho de Deus, Jesus Cristo. Por que pagãos cultos e contemplativos, como Celso e Marco Aurélio, achariam isso ofensivo e uma mostra de ignorância e superstição? Em primeiro lugar, a doutrina cristã plena da Trindade ainda não havia sido desenvolvida. Estava apenas latente ou incipiente dentro do pensamento cristão. Aos pagãos parecia que os cristãos estavam apenas se contradizendo ao afirmarem que Deus é um só e que tem um Filho que deve ser adorado. A ideia de Deus ter gerado um Filho parecia, também, conferir-lhe alguma imperfeição. Como se tornara pai? Deus pode "se tornar" alguma coisa? Como alguém pode ser pai de um filho eternamente? Essas perguntas e muitas outras ficavam, na maioria, sem resposta pelos cristãos da época em que Atenágoras e outros apologistas escreveram. Para muitos oponentes pagãos do cristianismo, a ideia inteira de Deus dar à luz ou ter um Filho soava mitológica.

Atenágoras apresentou uma das primeiras explicações teológicas da doutrina da Trindade a fim de esclarecer a má interpretação e a oposição à crença cristã: "Reconhecemos um Deus, e um Filho que é seu Logos, e um Espírito Santo, unidos em essência: o Pai, o Filho, o Espírito, porque o Filho é a Inteligência, Razão e Sabedoria do Pai e o Espírito é uma emanação, como a luz é do fogo".[14] Essa talvez seja a primeira declaração relativamente clara da doutrina da Trindade na teologia cristã. Nesse mesmo contexto, Atenágoras afirmou também que o Logos é o "primeiro rebento" de Deus, embora não tenha sido trazido à existência, pois sempre existiu em Deus como seu Logos. Atenágoras não se aprofundou na questão polêmica de como o Logos (Filho de Deus) é encarnado em Jesus Cristo. Ele simplesmente supôs que o imperador e outros leitores soubessem que esse Logos é exatamente o mesmo Cristo adorado pelos cristãos, que creem que ele está eternamente no Pai e que mesmo assim "procede" dele. Os pormenores são deixados sem solução formal.

Tanto Justino quanto Atenágoras aproveitaram uma ideia grega conhecida que também pode ser encontrada nos escritos apostólicos, o Logos, para solucionar certos problemas inerentes da fé e do culto cristãos. Suas intenções eram boas. Algumas das consequências involuntárias são inquietantes. Pensadores cristãos posteriores, dos séculos III e IV debateram-se com questões da relação entre Logos e Deus Pai. Entretanto, os pais apostólicos não podem ser criticados por usar a ideia como ponte ligando o ensinamento cristão a respeito de Deus com a teologia filosófica grega.

Teófilo de Antioquia

O último apologista a ser considerado aqui é Teófilo de Antioquia que escreveu três livros *A Autólico* por volta de 180. Pouco se sabe a respeito de Teófilo além de que foi bispo dos cristãos em Antioquia, uma das cidades mais importantes do império para os pagãos assim como os cristãos. Sucedeu como bispo ao homem que sucedeu a Inácio no seu martírio em 115, provavelmente o ano em que Teófilo nasceu. Teófilo morreu, de causa não historiada, na década de 180.

Autólico foi um amigo pagão de Teófilo e este escreveu três livros a fim de responder aos comentários depreciativos que o amigo fizera em relação ao cristianismo. O tradutor moderno de Teófilo diz a respeito dos seus livros apologéticos que "o tratado inteiro é bem apropriado para levar um pagão inteligente à aceitação cordial do cristianismo".[15] Os escritos apologéticos de Teófilo são menos filosóficos do que os de Justino ou Atenágoras. Ele até criticou a literatura e a filosofia grega.

---

[14] Ibid., 24.

[15] Marcus Dods, Introductory note to Theophilus of Antioch, *ANF* 2.88.

Ele próprio parece ter sido influenciado principalmente pelo judaísmo helenístico, mas sem o método fortemente alegorista de interpretar as Escrituras. Teófilo representa muito bem a abordagem antioquena à interpretação bíblica, que tendia a ser mais histórica e literal do que o método alegórico alexandrino.

Teófilo é notado na história da teologia cristã por introduzir pela primeira vez o conceito de *creatio ex nihilo*: a criação do nada. Não queremos dizer com isso que outros pais da igreja, até mesmo de tempos anteriores, não acreditavam nisso. Teófilo, no entanto, contradisse explicitamente a tendência grega de considerar o universo como eterno. Depois de citar os primeiros versículos de Gênesis, declarou que "isso, segundo as Sagradas Escrituras nos ensinam logo no princípio, é para demonstrar que a matéria, da qual Deus fez e formou o mundo, foi de alguma forma criada, sendo produzida por Deus".[16]

A despeito da influência do pensamento grego sobre os apologistas em geral, Teófilo, neste único aspecto, conseguiu dirigir o pensamento cristão para longe do consenso grego. Afinal, até que ponto é perfeito um Deus que tem parceira finita como a matéria com a qual terá de lutar por toda a eternidade? A matéria eterna limitaria Deus. Se Deus é realmente infinito e perfeito, então o universo deve ser criado livremente e a partir de absolutamente nada.

Assim como os demais apologistas, Teófilo empregava o conceito do Logos para explicar o relacionamento de Deus com o mundo. O Logos é o agente de Deus na criação e ao falar através dos profetas. Ele está eternamente dentro de Deus e é emitido (literalmente: "expelido") à existência pelo Pai para que o Pai perfeito, Deus, possa se relacionar com o mundo do tempo e da criação e falar pelo Logos através dos profetas:

> Deus, portanto, tendo seu Verbo interno em suas entranhas, gerou-o, emitindo-o com sua sabedoria antes de todas as coisas. Tinha esse Verbo como auxiliador nas coisas que foram criadas por ele e por meio dele criou todas as coisas. Ele é chamado "princípio governante" [*arché*], porque governa e é o Senhor de todas as coisas que criou. Ele, pois, sendo Espírito de Deus, e o princípio governante, e a sabedoria, e o poder do altíssimo, desceu sobre os profetas, e através deles falou da criação do mundo e de todas as outras coisas. Porque os profetas não existiam quando o mundo foi criado, mas, sim, a sabedoria de Deus que estava nele e seu santo Verbo que sempre esteve presente com ele.[17]

O pensamento de Teófilo a respeito da Trindade era um pouco confuso. Ele não conseguiu fazer distinção clara do Verbo (Logos) de Deus e do Espírito de Deus.

---

[16] *To Autolycus* 10, *ANF* 2.
[17] Ibid.

Outros teólogos cristãos primitivos simplesmente consertaram isso, de modo que o Espírito de Deus é sua eterna Sabedoria e o Filho é seu Verbo (Logos) eterno. É interessante notar, no entanto, que Teófilo claramente interpretava o Filho de Deus (Verbo, Logos) como eterno em Deus. A ortodoxia posterior, porém, rejeitou a ideia de que Deus o tenha "emitido" imediatamente antes da Criação, porque isso significaria uma mudança tanto em Deus Pai como no seu Verbo.

Teófilo tinha pouco ou nada a dizer a respeito de Jesus Cristo. Assim como outros apologistas do século II, ele se interessava mais pelo estado do Logos que ficou encarnado em Jesus Cristo do que pelo próprio homem histórico Jesus. É compreensível, visto que todos os apologistas estavam tentando responder a perguntas e preocupações postuladas pelos pagãos gregos e romanos, e suas preocupações mais prementes no tocante à teologia cristã tratavam da condição de Cristo em relação a Deus. A solução encontra-se no Logos celestial preexistente e não na vida histórica do homem Jesus.

O legado ambíguo dos apologistas

Qual foi a contribuição de apologistas como Justino, Atenágoras e Teófilo à história da teologia cristã? Foi mesmo muito grande. Mas, assim como os pais apostólicos, eles deixaram um legado ambíguo. Não fossem os apologistas e a sua obra, o cristianismo poderia facilmente ter sido reduzido a uma religião esotérica de mistério ou, talvez, a uma mera religião folclórica sem qualquer influência na esfera pública mais ampla da cultura. Os apologistas levaram a mensagem cristã a público e defenderam-na, com vigor e rigor, dos mal-entendidos e das falsas acusações. Com isso, colocaram a teologia cristã além das pequenas e simples reflexões dos pais apostólicos, em um novo plano de pensamento formal e racional a respeito das implicações da mensagem apostólica para a crença cristã de Deus, de Cristo, da salvação e de outras crenças importantes. Além disso, esforçaram-se para correlacionar e comunicar essas ideias ao mundo mais amplo da cultura pagã — de modo muito semelhante ao esforço de Paulo em Atenas. Com os apologistas, a teologia cristã oficial se tornaria pública e não apenas um sistema particular de crença para poucos iniciados.

Os apologistas também contribuíram muito para a história da teologia cristã na forma de uma reflexão inicial sobre as crenças mais importantes a respeito de Deus e de Jesus Cristo e, ao fazerem isso, começaram a criar a base para a doutrina plenamente desenvolvida da Trindade, que ainda seria construída. Infelizmente, a maioria tinha pouco a dizer a respeito do Jesus histórico, que todos acreditavam ser a encarnação no tempo e na existência material do eterno Filho de Deus. Sua preocupação principal, no entanto, era explicar o significado da crença cristã em Jesus Cristo como Deus encarnado. Para explicarem isso aos gregos e romanos não cristãos, apelaram para o conceito bem conhecido do Logos cósmico — um mediador espiritual entre o mundo divino e o mundo material. Embora frequentemente confundissem o Logos preexistente com o Espírito Santo — ou pelo menos deixassem de fazer uma distinção apropriada deles —, os apologistas explicaram o monoteísmo cristão como a crença num só Deus, o Pai de todos, sua emanação, o Logos (Filho de Deus), que é eterno nele e que dele sai para o mundo e o Espírito Santo, que é a Sabedoria e Poder do Pai.

O uso da filosofia grega pelos apologistas tem sido calorosamente debatido entre os cristãos. O pensador cristão francês do século XVII, Blaise Pascal, declarou: "O Deus dos filósofos não é o Deus de Abraão, Isaque e Jacó!". Muitos críticos acusam os apologistas de criarem, inconscientemente, uma mistura do pensamento hebraico e cristão a respeito de Deus com as ideias gregas, especialmente platônicas, de deidade. O influente historiador eclesiástico protestante, Adolf Harnack, chamou-a "helenização do cristianismo" e traçou o seu curso desde os apologistas até os pais posteriores da igreja. Outros historiadores eclesiásticos defendem-nos e às suas teologias contra semelhantes acusações. Robert Grant é, talvez, quem chega mais perto da avaliação exata dos apologistas quando escreve que "a despeito da teologia semifilosófica inadequada, os apologistas realmente mantiveram boa parte da doutrina bíblica".[18] Sua tendência de enfatizar demasiadamente a infinidade e perfeição de Deus — definidas em termos filosóficos gregos — contribuiu para a dificuldade de os cristãos, posteriormente, entenderem e explicarem a encarnação — Deus na carne humana, experimentando os sofrimentos, as limitações e até a morte. Apesar disso, descobrimos nos seus escritos muitas joias da verdade cristã e também profundo entendimento do viver cristão.

Até a última quarta parte do século II, o cristianismo não tinha nenhum grande doutrinador. Nenhum pai apostólico ou apologista é superior aos demais. Nenhum foi um grande pensador sistemático que reuniu a crença cristã num conjunto coerente que fosse verdadeiramente bíblico e inteligível às mentes pagãs indagadoras. O primeiro grande teólogo sistemático da história da teologia cristã foi Ireneu, bispo de Lião. Sua contribuição para essa história é descrita a seguir.

---

[18] *Gods and the one God*, p. 87.

4
Ireneu desmascara heresias

Os primeiros teólogos do cristianismo foram os pais apostólicos; eles escreviam basicamente para exortar, encorajar e instruir as igrejas cristãs no período transicional que se seguiu à morte dos apóstolos. Suas cartas eram breves e abordavam problemas específicos. Alguns, como Inácio de Antioquia, começaram a refletir sobre o significado das crenças e práticas cristãs e a acrescentar suas palavras às dos apóstolos. Nenhum apóstolo cristão jamais chamou a ceia do Senhor de "remédio da imortalidade". Esse foi o início, não muito promissor, da teologia cristã. Os apologistas acrescentaram suas vozes ao coral da teologia cristã quando escreveram às autoridades não cristãs a fim de explicar as crenças e práticas do cristianismo. Nessas ocasiões, frequentemente interpretavam-nas usando a filosofia não cristã. Da mesma forma que os pais apostólicos, no entanto, os apologistas foram pouco além da superfície na exploração e explicação da fé cristã como um todo. Os pais apostólicos e os apologistas criaram o alicerce da teologia cristã, mas não a desenvolveram. Ireneu construiu pelo menos o primeiro andar de uma superestrutura sobre esse alicerce.

A vida e o ministério de Ireneu

Ireneu nasceu em Esmirna, ou perto dali, na Ásia Menor por volta de 120. Na juventude, foi instruído na fé cristã pelo grande bispo Policarpo de Esmirna, com quem aprendeu as tradições do apóstolo João, discípulo de Jesus. Em meados desse século, Ireneu foi enviado à outra extremidade do Império Romano para ser presbítero (ancião) entre os emigrantes desde a Ásia Menor até a Gália (França). Ireneu estabeleceu-se no rio Ródano, em Lião, ao sul da Gália e rapidamente subiu de posição como um jovem líder notável entre os cristãos dessa região.

Em 177, o imperador Marco Aurélio iniciou terrível perseguição aos cristãos do vale do Ródano. O bispo Potino foi morto, junto com centenas, ou talvez até milhares, de leigos e presbíteros cristãos. Os relatos dessa perseguição específica são aterrorizantes. Parece que a população local desenvolveu métodos engenhosos e cruéis de matar os cristãos. Um método popular era amontoar cristãos em pequenos quartos sem janelas e fechar as portas para que fossem sufocados lentamente. Outro método de execução era costurá-los em peles frescas de animais e colocá-los ao sol quente para morrerem lentamente por asfixia.

Ireneu escapou da morte durante o ataque violento anticristão na Gália porque tinha sido enviado a Roma a fim de contestar as heresias que de lá chegavam até a região onde era domiciliado. Depois de várias viagens a Roma, conquistou entre os cristãos a reputação de ser um homem versado em diplomacia e mediação. Quando estava em Roma na época da grande perseguição, encontrou um antigo discípulo de Policarpo que havia se convertido do cristianismo apostólico para uma das seitas gnósticas de maior efervescência: a escola de Valentino. Ireneu ficou abalado na ocasião e muito mais quando voltou à própria comunidade cristã na Gália e descobriu que o tipo de gnosticismo de Valentino, bem como outros, estavam tendo boa aceitação entre os cristãos dali.

Ireneu tornou-se bispo dos cristãos de Lião e arredores e dedicou boa parte de seu tempo e energia lutando contra a influência crescente do gnosticismo. Escreveu cinco volumes conhecidos pelo nome *Adversus haereses* — título em latim que significa *Contra heresias*. Embora escrevesse em grego, porque ele e seus companheiros cristãos de Lião provinham principalmente da Ásia Menor, somente as traduções em latim dos escritos de Ireneu sobreviveram. O título mais longo de *Contra heresias* é *Refutação e destruição do que é falsamente chamado conhecimento*. Foi o primeiro exame crítico e refutação válida do gnosticismo feita por um líder cristão influente e, graças à ligação de Ireneu com Policarpo e João, foi amplamente aceita como obra portadora de autoridade e contribuiu significativamente para o posterior declínio do gnosticismo entre os cristãos. Ao desmascarar os gnósticos, Ireneu também desenvolveu uma interpretação cristã da redenção que influenciou profundamente o curso e a direção de toda a teologia cristã, especialmente nas regiões orientais da igreja cristã onde o grego era o idioma principal. Alguns teólogos ortodoxos orientais afirmam que a totalidade da teologia não passa de uma série de notas de rodapé a Ireneu. Seja como for, seria difícil superestimar a influência dele.

Ireneu também escreveu um pequeno manual de doutrina cristã chamado *Demonstração da pregação apostólica,* também conhecido por *Epideixis*, que é um resumo de sua obra mais complexa *Contra heresias*. A prática de fazer breve introdução à doutrina e teologia cristãs para os leigos que pudessem ter dificuldade para ler e entender os livros de maior peso, tornou-se comum nos séculos vindouros. Em latim, esse tipo de livro era chamado *enchiridion,* termo que podia significar tanto "manual" como "punhal". Esses pequenos livros de ensinamentos cristãos eram considerados armas de guerra espiritual.

Ireneu morreu em Lião durante um massacre de cristãos em 202. Nada se sabe com certeza a respeito da maneira como morreu, mas foi considerado mártir e santo tanto pelos cristãos de língua grega do lado oriental do Império Romano como pelos cristãos de língua latina do lado ocidental. Causou maior impacto teológico, no entanto, no Oriente onde havia nascido.

Ireneu é personagem crucial na história da teologia cristã porque foi um agente que contribuiu para a derrota do gnosticismo e porque foi o primeiro pensador cristão que elaborou teorias compreensivas do pecado original e da redenção. Entretanto, estava longe de ser um pensador especulativo. Em Alexandria, no Egito, os contemporâneos mais jovens de Ireneu logo começariam a desenvolver teologias especulativas que tentavam dar respostas cristãs para todos os mistérios da realidade. Ireneu não foi um teólogo filosófico, embora tenha ido além das próprias palavras dos apóstolos para fornecer uma explicação apostólica compreensiva e coerente do pecado e da redenção que fosse uma alternativa poderosa ao gnosticismo. Um dos principais intérpretes modernos de Ireneu escreveu, com razão:

> Assim como os outros autores cristãos da sua época, Ireneu não escreve unicamente por se interessar pelos problemas da teologia. Sua obra é, no sentido mais rigoroso, ocasional, motivada pela solicitude pastoral e não por preocupações puramente intelectuais. Consequentemente, o que tem a dizer e a forma de dizê-lo dependem da situação concreta com a qual lida.[1]

A "situação concreta" foi o gnosticismo e seu crescimento entre os cristãos por todo o Império Romano. Ireneu considerava-o uma ameaça genuína ao evangelho e à sobrevivência do cristianismo autêntico. Mas sua explicação da verdade foi moldada pela necessidade de refutar o falso evangelho do gnosticismo. Isso não significa que o cristianismo foi infectado ou corrompido por ele. É apenas um sinal de que, como geralmente acontece, a heresia contestada indiretamente moldou a forma, senão todo o conteúdo, da ortodoxia que estava sendo gradualmente desenvolvida como alternativa. Portanto, se a teologia da redenção, segundo Ireneu a definia, parece às vezes um pouco especulativa, não é porque ele tinha a intenção de escrever uma teologia abstrata e especulativa, mas porque sentia a necessidade de oferecer aos cristãos atraídos pelo gnosticismo uma versão do cristianismo apostólico que satisfizesse sua busca de respostas a perguntas específicas sobre a origem do pecado e do mal e sobre a esperança da redenção.

---

[1] R. A. NORRIS, *God and the world in early Christian theology*: a study in Justin Martyr, Irenaeus, Tertullian and Origen, New York, Seabury Press, 1965, p. 72.

O ataque de Ireneu ao gnosticismo

O ataque de Ireneu ao gnosticismo não teve nada da abordagem fria e racional que as pessoas da atualidade esperariam de um bispo ou teólogo. Ele considerava o gnosticismo estulto e sinistro e queria desmascará-lo de uma vez por todas como uma corrupção completa do evangelho disfarçado em "sabedoria superior para pessoas espirituais". Para tanto, Ireneu passou meses e anos estudando pelo menos vinte mestres gnósticos distintos e suas respectivas escolas. Descobriu que o mais influente era o gnosticismo valentiniano, que se torna popular entre os cristãos de Roma mediante os ensinos de um líder gnóstico chamado Ptolomeu. Por isso, concentrou sua atenção em expor esse grupo como ridículo e falso na esperança de que todos os outros fossem esmagados com o peso dessa queda.

A abordagem de Ireneu na crítica ao gnosticismo em *Contra heresias* foi tripla. Em primeiro lugar, procurou reduzir ao absurdo a cosmovisão gnóstica, ao demonstrar que boa parte dela era uma mitologia sem qualquer fundamento a não ser a imaginação. Essa primeira estratégia pretendia desmascarar as contradições internas do gnosticismo e sua incoerência básica. As verdades que pregava eram conflitantes entre si. Em segundo lugar, tentou demonstrar que a reivindicação dos gnósticos de ter uma autoridade que remontava a Jesus e aos apóstolos era simplesmente falsa. Finalmente, entrou em debate com a interpretação gnóstica das Escrituras e demonstrou que era irracional e até mesmo impossível.

Há várias suposições que explicam a polêmica tentativa de Ireneu de desmascarar o gnosticismo. Obviamente, ele acreditava que exercia um papel e uma posição especiais, por ter sido instruído no cristianismo por Policarpo que, por sua vez, teve João como mestre. Muitos gnósticos alegavam que João fazia parte de um grupo seleto de discípulos de Jesus que receberam do Salvador "ensinos secretos" não revelados à maioria dos cristãos por não estarem espiritualmente aptos a entendê-los. Embora pudessem enxergar indícios da própria cosmovisão e evangelho nos escritos apostólicos, tinham de confiar em uma tradição oral secreta como a fonte principal de sua autoridade. Ireneu deduziu que, se tivessem existido tais ensinos, Policarpo teria tomado conhecimento deles e lhe contado. O fato de nenhum dos bispos dos cristãos reconhecerem nem aceitarem esses ensinos acabou com as reivindicações dos gnósticos.

Outra suposição básica que subjazia à crítica ao gnosticismo era a de que os gnósticos seriam os responsáveis por romper a unidade da igreja. Eram eles os cismáticos. Ireneu atribuía grande valor à unidade visível da igreja, que consistia na comunhão dos bispos nomeados pelos apóstolos. Os gnósticos estavam fora dela e agiam como parasitas. Para Ireneu e muitos dos seus leitores, esse era um argumento forte contra eles.

Uma dificuldade que frequentemente se acha na leitura de *Contra heresias* é o enorme volume da descrição das crenças dos gnósticos feita por Ireneu. É fácil se atrapalhar com ela e desistir da leitura. Por exemplo, Ireneu explicou o ensino de Valentino a respeito da origem do mundo da seguinte forma:

> Ele sustentou que existe certa Díada (um ser de duplo aspecto), que não pode ser expressa por nenhum nome, da qual uma parte deve ser chamada Arreto (inefável) e outra, Sige (silêncio). Mas dessa Díada foi produzida outra, da qual uma parte ele chama Pater e outra Aleteia. Dessa Tétrade, novamente, surgiram Logos e Zoe, Antropos e Eclésia. Eles constituem a Ogdóade básica. [...] Existe outra, que é um mestre de renome entre eles que, na tentativa de alcançar algo mais sublime e um tipo de conhecimento superior, explicou a Tétrade básica da seguinte forma: Há [diz ele] certo Proarqué que existia antes de todas as coisas, que está além de toda a compreensão e de qualquer palavra ou nome, a quem chamo Monotés (união). Junto com esse Monotés existe um poder, o qual chamo Henotés (unidade). Henotés e Monotés, sendo um, produziram, embora não no sentido de trazer à existência [...] o início de todas as coisas, um ser inteligente, não gerado e invisível, que a linguagem de iniciante chama "Mônada". Na Mônada coexiste um poder de mesma essência, que chamo Hen (Um). Esses poderes, portanto, Monotés, Henotés, Monas e Hen, produziram os demais membros do Éon.[2]

Ireneu interrompeu a essas alturas sua exposição laboriosa da metafísica gnóstica e respondeu, com paixão, com uma paródia dessa visão dita cristã da criação com base em um conhecimento e sabedoria supostamente superiores:

> Oh! Nossa! Podemos muito bem fazer essas exclamações trágicas diante de tamanha audácia em criar nomes que ele apresentou sem enrubescer, em arquitetar uma nomenclatura para seu sistema de falsidades. Pois quando declara: "Há certo Proarqué que existia antes de todas as coisas, que está além de toda a compreensão, a quem chamo Monotés; e com esse Monotés coexiste um poder, o qual chamo Henotés" está mais do que evidente que ele confessa que as coisas que acabou de dizer são invenções suas e que ele próprio atribuiu nomes a esse conjunto de coisas jamais sugeridos por qualquer outra pessoa. Está claro também que foi ele mesmo quem teve audácia suficiente para criar esses nomes; de modo que, se *ele* não tivesse aparecido no mundo, a verdade seria desprovida de nome. Mas, nesse caso, nada impede que qualquer outro, ao tratar do mesmo assunto, atribua nomes de uma forma semelhante à seguinte: Existe certo Proarqué, real, que está além de toda a compreensão, um poder que existia antes de qualquer matéria e se estendia

---

[2] 1.11 (seleções) *ANF* 1.

> no espaço em todas as direções. Mas junto com ele existe um poder que chamo *Abóbora*; e junto dela existe um poder que chamo *Vazio Total*. A Abóbora e o Vazio Total, sendo um, produziram (porém não produziram simplesmente no sentido de existir separadamente deles) uma fruta, visível em todos os lugares, comestível e deliciosa, que a linguagem das frutas chama *Pepino*. Junto com o Pepino existe um poder da mesma essência, que chamo *Melão*. Esses poderes, a Abóbora, o Vazio Total, o Pepino e o Melão, produziram o restante da multidão dos melões delirantes de Valentino. [...] Se qualquer um pode atribuir nomes a seu bel-prazer, o que nos impedirá de adotar esses nomes, por serem muito mais críveis [do que os outros], além de serem de uso geral e compreendidos por todos? [3]

Se o leitor moderno de Ireneu perseverar pelas muitas páginas de explicação dos sistemas e terminologia gnóstica, sua recompensa será o prazer ocasional da ironia e do sarcasmo que revelam um pouco da personalidade de Ireneu e de seu repúdio à cosmovisão evidentemente absurda do gnosticismo.

Todas as principais seitas e escolas do gnosticismo desprezavam a criação física e negavam sua origem no Deus supremo da bondade e da luz. A maioria, incluindo-se a escola de Valentino, apresentava níveis de emanações do Deus de puro espírito e luz que gradualmente se desviavam e, de alguma forma, acabavam criando o universo material, inclusive os corpos humanos nos quais as centelhas do divino (almas, espíritos) se encontram enredadas e presas. Para rebater essa teoria da criação, Ireneu afirmou a doutrina cristã de Deus como criador e redentor da existência material e da espiritual. Contra os gnósticos, citou João 1.3 e outras passagens do AT e dos apóstolos (que posteriormente seriam incluídos no NT) que tratam de Deus como o criador de todas as coisas mediante o seu Verbo e o seu Espírito e desacreditou as interpretações que fizeram das referências bíblicas aos anjos, aos poderes espirituais e aos principados, atribuindo-lhes um caráter fantasioso e absurdo.

A teoria de Ireneu sobre a redenção

Embora a crítica de Ireneu ao gnosticismo desempenhasse um papel relevante na história da teologia cristã, ao desmascarar esse sistema de crenças como herético segundo os padrões bíblicos e apostólicos, sua real contribuição à história da teologia encontra-se na cosmovisão alternativa ao gnosticismo. Os teólogos históricos rotularam a contribuição de Ireneu de "teoria da recapitulação", proveniente do termo latino *capitus*, que significa "cabeça". Sem dúvida, o próprio Ireneu usava

---

[3] Ibid.

o termo grego *anakephalaiosis*, que provém da raiz *kephalé*, que significa "cabeça". *Anakephalaiosis* e *recapulatio* significam, literalmente, "re-encabeçar" ou "fornecer uma nova cabeça". É óbvio que Ireneu não estava pensando, de modo algum, na cabeça no sentido literal, a parte superior do corpo, mas na "cabeça" como a fonte ou origem de alguma coisa, como a cabeça de um rio ou córrego. Em *Contra heresias* e em *Demonstração da pregação apostólica,* Ireneu expôs o que acreditava ser o ensino apostólico cristão a respeito da obra de Cristo na redenção de prover uma nova "cabeça" para a humanidade, a recapitulação.

Os gnósticos pensavam na obra de Cristo sob um prisma puramente espiritual e negavam a encarnação. Para eles, Cristo, o redentor celestial, nunca teve uma existência em um corpo humano. Ele veio pelos níveis dos éons e arcontes e apareceu na forma humana sem assumir a natureza física ou entrou no corpo de um ser humano chamado Jesus de Nazaré a fim de usá-lo como instrumento para falar a respeito da origem espiritual da alma humana. Em qualquer dessas versões da cristologia gnóstica, a obra de Cristo não requeria a encarnação. Sua missão era simplesmente revelar uma mensagem aos espíritos. A dimensão material e física não se relacionava com isso e, quando Jesus foi crucificado, Cristo não estava nele, nem com ele. A vida e a morte do homem Jesus, portanto, não desempenhou nenhum papel na redenção. Os gnósticos excluíam da sua soteriologia (doutrina da salvação) a vida e a morte histórica e física de Jesus.

Ireneu procurou demonstrar que o evangelho da salvação ensinado pelos apóstolos e transmitido por eles centralizava-se na encarnação, a existência humana do Verbo, o Filho de Deus, em carne e osso. Por isso, enfatizava todos os aspectos da vida de Jesus como necessários para a salvação. A obra de Cristo em nosso favor foi muito além de seus ensinamentos e estendeu-se à própria encarnação. Para Ireneu (e para a maioria dos pais da igreja depois dele) a própria encarnação é redentora e não meramente um passo necessário em direção aos ensinos de Cristo ou ao evento da cruz. Pelo contrário, a humanização do Filho de Deus — o Verbo (Logos) eterno de Deus experimentando a existência humana — é o que redime e restaura a humanidade caída se ela se permitir. Essa ideia ficou conhecida como a encarnação salvífica e foi crucial para o curso de toda a teologia depois de Ireneu. É por isso que, sempre que surgia uma teologia que de alguma forma ameaçava a encarnação de Deus em Jesus, os pais da igreja reagiam tão fortemente. Qualquer ameaça à encarnação, por menor que fosse, era vista como uma ameaça à salvação. Se Jesus Cristo não fosse verdadeiramente humano bem como verdadeiramente divino, a salvação seria incompleta e impossível. A redenção, na sua inteireza, repousa na realidade do nascimento de Cristo em carne e osso, de sua vida, seu sofrimento e sua ressurreição, além do seu eterno poder e divindade.

Para Ireneu, portanto, a encarnação era a chave da história inteira da redenção e da salvação pessoal. A encarnação era, em si, transformadora. Ela iniciou o processo de inverter a corrupção do pecado que causa a alienação de Deus e a morte. A *anakephalaiosis*, ou recapitulação, era a expressão teológica de Ireneu que define o modo como a encarnação física do Verbo em Jesus Cristo opera para transformar a humanidade. Estritamente falando, a raça humana inteira "nasce de novo" na encarnação. Ela recebe uma nova "cabeça", uma nova fonte, origem ou base de existência, que não é caída, mas pura e saudável, vitoriosa e imortal. Está "plenamente viva", tanto física quanto espiritualmente.

Os gnósticos não ofereceram esperança alguma para a raça humana como um todo e nem para os seres humanos individualmente. Somente os espíritos — e assim mesmo, poucos — tinham alguma esperança de serem transformados e somente mediante a *gnosis* (conhecimento). Ireneu implantou profundamente na consciência cristã a crença e esperança em Jesus Cristo como transformador de toda a raça humana mediante sua fusão com a humanidade na encarnação.

Como exatamente funciona a teoria antignóstica proposta por Ireneu, a recapitulação? Quer dizer, qual é o mecanismo pelo qual a própria encarnação transforma e salva a humanidade? Em primeiro lugar, deve ficar claro que Ireneu acreditava na solidariedade da humanidade tanto no pecado como na redenção. Essa suposição é desconhecida de muitos cristãos modernos, que tendem a pensar e a viver de modo muito mais individualista, senão atomista. Ireneu e seus colegas da igreja primitiva não eram cristãos do tipo "Jesus e eu". Ele cria e ensinava que o que Adão fez no Jardim do Éden (Gn 3) e o que Jesus Cristo fez durante sua vida inteira (até mesmo na morte) afetou automaticamente os outros seres humanos porque Adão e Jesus Cristo (o "segundo Adão") não são simplesmente indivíduos, mas nascentes da humanidade.

Por trás dessa ideia, naturalmente, estão as reflexões de Paulo sobre Adão e Cristo em Romanos 5. Se não compreendermos essa passagem bíblica tão importante, fica impossível entender o que Ireneu está ensinando. Sua teoria da recapitulação era uma interpretação extensa e sistemática de Romanos 5. Cristo, no sentido estritamente literal, é o segundo Adão da raça humana e nele "Deus recapitulou em si a formação antiga do homem [Adão], para que pudesse eliminar o pecado, destituir o poder da morte e vivificar o homem, e, portanto, todas as suas obras são verdadeiras".[4]

Quando Ireneu escreveu que em Jesus Cristo Deus "recapitulou em si a formação antiga do homem", queria dizer que, na encarnação, o Verbo (Logos) assumiu

---

[4] IRENEU, *Against heresies* 3.17.7.

o próprio "protoplasta" (fonte física) da humanidade — o corpo de Adão — e viveu o inverso do curso da vida de Adão que resultou na corrupção. Toda a humanidade descende desse protoplasta, o primeiro Adão. Portanto, para inverter a Queda e renovar a raça que caiu por causa de Adão, o Verbo teve que viver nela para transformar tanto ela como sua posteridade. A partir de Maria, então, o Verbo assumiu "exatamente a mesma formação" que Adão e não apenas uma forma semelhante. Adão, de alguma maneira misteriosa, renasceu de Maria na humanidade de Jesus Cristo. Segundo Ireneu,

> para o homem ser salvo, é preciso que o primeiro homem, Adão, seja trazido de volta à vida, não simplesmente que um novo e perfeito homem, sem nenhuma relação com Adão, apareça na Terra. Deus, que tem vida, precisa permitir que sua vida entre em "Adão", o homem que realmente sente fome e sede, come e bebe, fica cansado e precisa de repouso, que conhece a ansiedade, a tristeza e a alegria, e que sente dor quando é confrontado com o fato da morte. [5]

Essa é a "comprovação" que Ireneu oferece da encarnação contra os gnósticos que a negavam. Sem a encarnação, Cristo não poderia ter invertido a queda de Adão, e a redenção não seria levada a efeito. O pecado e a morte continuariam sendo, para sempre, características básicas da condição humana.

Para Ireneu, Jesus Cristo proveu a redenção passando pelo escopo inteiro da vida humana e, em cada conjuntura, invertendo a desobediência de Adão. Enquanto o primeiro Adão desobedeceu a Deus e caiu, introduzindo na existência humana a corrupção e a morte, o segundo Adão obedeceu a Deus e elevou a humanidade a um estado mais sublime do que o próprio Adão tinha experimentado antes da Queda.

O ponto crucial da redenção de Cristo aconteceu no momento da tentação de Satanás no deserto. Quando Satanás abordou Eva e Adão, eles foram conquistados e caíram. Quando Satanás aproximou-se de Adão, de novo, em Cristo, Satanás foi vencido e abatido, e a humanidade mediante aliança com Cristo conquistou uma grande vitória e recuperou a vida.

Se a tentação foi o ponto crucial, a cruz e a ressurreição foram o ponto culminante da obra de Cristo na recapitulação. Ao morrer em obediência a Deus, Jesus Cristo fez o sacrifício supremo e conquistou a morte. O que participa voluntariamente da nova humanidade de Cristo escolhendo ele, não ao primeiro Adão, como

---

[5] Gustaf WINGREN, *Man and the incarnation*: a study in the biblical theology of Irenaeus, trad. Ross Mackenzie, Philadelphia, Muhlenberg, 1959, p. 95-6.

sua "cabeça", pelo arrependimento, pela fé e pelos sacramentos, recebe a transformação que se tornou possível pela encarnação do Filho de Deus. Ele entra para uma nova humanidade — de uma nova raça — com a esperança de compartilhar da própria natureza divina e imortal de Deus.

Para Ireneu, portanto, a redenção foi uma restauração da criação, não uma evasão da criação, como na soteriologia dos gnósticos. Foi o processo de inversão da corrupção que invadiu a criação por meio da queda de Adão e "o fim desse processo é a entrada do homem em uma vida não mais sujeita às limitações da existência gerada; uma vida na qual, de fato, as responsabilidades da condição de criatura são sobrepujadas pela graça de Deus. Essa vida é caracterizada pela incorruptibilidade originada e causada pela visão de Deus e pelo reflexo da glória de Deus no próprio homem".[6] Ireneu claramente concebia a salvação como a transformação dos seres humanos em participantes da natureza divina (2Pe 1.4). Essa ideia da redenção — conhecida pelos pais posteriores da igreja como "divinização" ou "deificação" (*theosis*) — encontra-se na base da visão de Ireneu da obra de Cristo como uma recapitulação.

O propósito e objetivo de Deus na redenção é inverter o pecado, a corrupção e a morte introduzidos na humanidade por Adão e levar a humanidade à vida e à imortalidade. A encarnação oferece essa possibilidade ao fundir a humanidade com a divindade. Os seres humanos podem ser "divinizados" pela solidariedade com Cristo, sem deixarem de ser humanos e sem se tornarem o próprio Deus. A estrutura básica dessa ideia de salvação é aceita pela maioria dos pais posteriores da igreja. Durante a Reforma do século XVI, no entanto, a maioria dos teólogos protestantes rejeitaram-na ou negligenciaram-na em favor do conceito mais forense (jurídico) e individualista da salvação de uma reconciliação pessoal com Deus.

No fim do século II, a história da teologia cristã havia feito grandes progressos desde seu início e ainda tinha um longo caminho a percorrer. A teoria de Ireneu da redenção como recapitulação representou um salto quântico da reflexão intelectual para além do moralismo simples dos pais apostólicos. Mesmo assim, deixou muitas perguntas sem resposta no tocante ao relacionamento entre o Verbo e Deus Pai, ao Espírito Santo e à unidade dos três. Também não explicou como a redenção é aplicada aos indivíduos e por que alguns são incluídos na nova humanidade de Cristo e outros não. Essas e muitas outras perguntas passaram a ocupar um lugar de destaque e forneceram matéria para debates e controvérsias teológicas posteriores.

No fim do século II e início do século III (200/201), o gnosticismo e o montanismo começaram a perder sua importância e influência. Estavam surgindo novas

---

[6] NORRIS, *God and the world*, p. 94.

heresias que seriam enfrentadas por Tertuliano, Cipriano e outros pais eclesiásticos do século III. Os bispos na sucessão apostólica estavam conseguindo o monopólio na autoridade das igrejas, de modo que cada vez mais pessoas, de dentro e de fora das igrejas, reconheciam uma igreja ortodoxa e católica de Cristo, relativamente unida, representada pelos bispos. Isso tornou muito fácil derrotar as várias heresias emergentes, embora, conforme veremos, essa luta não deixasse de representar um desafio. A ideia da salvação sendo recebida primariamente por meio dos sacramentos, incluindo-se o batismo infantil e o da eucaristia, estava se tornando normativa, embora algumas vozes se levantassem em protesto. A igreja e sua estrutura e teologia estavam paulatinamente se formalizando e padronizando. Certa linha de ortodoxia, representada especialmente por Inácio, Justino Mártir e Ireneu, estava sendo amplamente reconhecida e aceita.

Quando o século II chegou ao fim e o século III começou a despontar, havia ainda uma importante pergunta sem resposta no horizonte. Qual era exatamente a relação entre a filosofia grega e o pensamento cristão? Os apologistas não tinham resolvido esse complexo problema. Na verdade, tinham contribuído para complicá-lo. Perto do início do século III, dois grandes pais da igreja, provenientes da África do Norte, surgiram na história da teologia cristã para resolver essa e outras questões correlatas. Ambos criaram as bases para a reflexão teológica posterior em suas regiões da África do Norte. Clemente de Alexandria fundou a "Escola de Alexandria" no Egito, onde se falava grego, e influenciou profundamente toda a região oriental do cristianismo no Império Romano. Tertuliano, de Cartago, encaminhou a região ocidental do cristianismo, onde se falava latim, para outra direção. As diferenças entre eles ajudam a explicar por que a Grande Igreja, tanto ortodoxa como católica, acabou se dividindo e seguindo caminhos diferentes até a Igreja Ortodoxa Oriental e a Igreja Católica Romana.

Segunda Parte

A trama se complica:

Tensões e transformações do século III

O século II testemunhou grandes mudanças no pensamento cristão a respeito de Deus e da salvação. Elas podem ser consideradas um desvio e digressão da mensagem de Jesus e dos apóstolos ou como um desdobrar e desenvolvimento do significado dessa mensagem em novos contextos. Talvez o melhor seja ver a tendência global da teologia cristã no decurso do século como uma mistura de digressão e desenvolvimento. Os primeiros teólogos cristãos foram os pais apostólicos e, embora tenham procurado manter alguma semelhança e união na igreja e começado a luta contra heresias como o gnosticismo, também apresentavam o evangelho cristão como uma mensagem de moralidade. Alguns introduziram ideias a respeito dos bispos e dos sacramentos que muitos cristãos consideram bastante estranhas ao espírito do NT.

O segundo grupo de teólogos cristãos foram os apologistas. Esses escritores voltaram sua atenção ao mundo hostil fora da igreja e tentaram explicar a cosmovisão e o estilo de vida cristãos aos sofisticados e poderosos líderes do Império Romano de maneira inteligível e atraente. Ao fazerem isso, impediram que o cristianismo se tornasse apenas mais uma religião de mistério secreta do império, abriram espaço para o pensamento cristão de modo bem distinto da teologia e adoração judaicas e associaram a fé cristã ao universo mais amplo da filosofia grega. Alguns deles começaram a fazer especulações sobre a misteriosa crença cristã na trindade de um só Deus e a sua compatibilidade com o monoteísmo do judaísmo e do platonismo. Por isso, criaram e desenvolveram o conceito do Logos e, embora tenham respondido a algumas questões a respeito da relação do Salvador Jesus Cristo com Deus, deixaram muitas outras perguntas sem resposta e um legado um tanto confuso. Os apologistas também costumavam adotar o modo grego de pensar e de falar a respeito de Deus e de sua relação com o mundo que a eles parecia se encaixar muito bem nos ensinos bíblicos e apostólicos. Alguns pensadores cristãos do século III e séculos posteriores, no entanto, protestariam contra essa amálgama de pensamentos bíblicos e gregos, acusando-a de sincretismo ilegítimo — a mistura de elementos estranhos em um composto instável.

Finalmente, o fim do século II testemunhou a ascensão da verdadeira teologia construtiva com o grande Ireneu. Ele criou o primeiro sistema de ensino doutrinário cristão em meio ao calor de controvérsias com heresias, especialmente as várias escolas gnósticas. Seu conceito da salvação vista como recapitulação foi um passo além de qualquer coisa claramente delineada nas Escrituras ou nos escritos dos apóstolos, quando a intenção era ser nada mais do que sua interpretação. As ideias de Ireneu a respeito da encarnação salvífica, da solidariedade da humanidade em Adão e em Cristo e da obra de Cristo como a inversão da desobediência de Adão tornaram-se um padrão do pensamento, pregação e ensino cristãos tanto das igrejas orientais como das ocidentais nas eras seguintes. De muitas maneiras, a interpretação básica do evangelho feita por Ireneu estabeleceu uma espécie de base na teologia ortodoxa. Foi somente com a Reforma protestante do século VI que o pensamento de Ireneu se tornou um tanto controvertido, quando os reformadores e os seus herdeiros examinaram a história da teologia cristã para encontrar os desvios do que consideravam a verdadeira base e autoridade absoluta: a Bíblia Sagrada. Havia conceitos de Ireneu que pareciam alheios das Escrituras e alguns pensadores protestantes acusaram a teoria da recapitulação de ser uma ideia "excessivamente fisiológica" da salvação que se desviava da ênfase de Paulo ao perdão e à reconciliação.

Quando o século II chegava ao fim, surgia uma nova era na história da teologia. A localização central geográfica e cultural da história mudou-se para a África do Norte. A filosofia grega e sua relação com o evangelho cristão e os ensinos apostólicos tornaram-se grandes temas de discussão entre os pensadores cristãos dessa região. Das cidades da África do Norte, como Alexandria e Cartago (na região hoje chamada Tunísia) surgiram os grandes defensores, intérpretes e organizadores do pensamento e da vida cristãos do século III.

Muitos cristãos ocidentais da atualidade surpreendem-se ao descobrir que foi a África, não a Europa, que produziu a maioria dos grandes pensadores e líderes cristãos dos primeiros séculos. Um melhor entendimento do Império Romano, no entanto, explicaria por que isso era verdadeiro e natural. Alexandria, no Egito, era a segunda maior cidade do império e, de muitas maneiras, o centro cultural e intelectual. A cidade que recebeu o nome de Alexandre, o Grande era um cadinho de filosofias, religiões e tradições étnicas que contribuíam para o ambiente cosmopolita. O grande filósofo e comentarista bíblico judeu Filo viveu e trabalhou ali nos tempos de Jesus e deixou sua marca no judaísmo helenístico, que por sua vez influenciou o pensamento cristão dessa cidade. Uma rica tradição de platonismo floresceu em Alexandria nos primeiros séculos do cristianismo e influenciou inevitavelmente o modo que os cristãos pensavam e ensinavam a respeito de Deus e da espiritualidade, conforme veremos especialmente no caso de Clemente e de Orígenes, os dois maiores pensadores cristãos alexandrinos do século III. O gnosticismo exibia presença poderosa em Alexandria e arredores, assim como muitas outras religiões de mistério. Finalmente, emissários de religiões e espiritualidades orientais, como várias formas do hinduísmo, estavam atuando em Alexandria. O gnosticismo e algumas religiões orientais costumavam enfatizar o aspecto espiritual mais do que o físico, e consideravam a existência no corpo como uma espécie de encarceramento. Também costumavam enfatizar o aspecto eterno (intemporal) mais do que o histórico, e consideravam o tempo e a história fatores limitantes, ou até mesmo ilusórios. Alguns críticos diriam que eles "pensavam tanto no céu que de nada prestavam na terra", embora talvez isso seja um exagero. Seja como for, a presença influente dos gnósticos e dos missionários das religiões orientais em Alexandria ajuda a explicar o sabor especial do pensamento cristão alexandrino, com ênfase para os significados espirituais ocultos nas Escrituras hebraicas e nos escritos apostólicos e a especulação a respeito da natureza da alma, da vida além da morte e do mundo espiritual. Ajuda, também, a explicar por que surgiu naquele ambiente cultural a tradição ascética cristã da espiritualidade mediante o repúdio aos confortos, desejos e prazeres.

Já no fim do século II e início do século III, o cristianismo florescia em Alexandria e imediações. Uma das primeiras escolas catequéticas cristãs (semelhante a um seminário) foi fundada ali naquela época e dela surgiu uma série de grandes pensadores e teólogos especulativos cristãos que foram influenciados pela cultura daquela cidade e religião e que, por sua vez, tentaram influenciá-las. Conforme nota o historiador da igreja primitiva, H. Kraft, em seu estudo da escola cristã de Alexandria: "Em Alexandria as diferentes religiões e filosofias estavam dispostas a entrar em contato mútuo para aprenderem umas com as outras e exercerem influência mútua. Mas junto com tal sincretismo, encontramos também uma missão e apologética; isso significa que cada conjunto de convicções procurava se estabelecer como superior aos demais".[1] Essa era a dupla missão dos grandes mestres cristãos alexandrinos, Clemente e Orígenes: demonstrar a compatibilidade básica do melhor do pensamento grego com as crenças cristãs e demonstrar a superioridade do cristianismo, como o pináculo da verdade acima do pensamento grego e de todas as demais filosofias e cosmovisões alternativas. A tarefa deles era muito semelhante à dos apologistas de outrora e por vezes aparecem entre os apologistas nas listas dos teólogos da igreja primitiva. Uma grande diferença, no entanto, encontra-se no fato de que

---

[1] *Early Christian thinkers*: an introduction to Clement of Alexandria and Origen, New York, Association Press, 1964, p. 9.

escreviam, em geral, aos outros cristãos e em favor deles, não aos filósofos gregos e aos líderes do império.

Uma abordagem completamente diferente do pensamento e vida cristãos desenvolveu-se a várias centenas de quilômetros da África do Norte, na cidade de Cartago e arredores. Cartago ficava no lado do mar Mediterrâneo oposto a Roma e vivia de um intercâmbio ativo comercial e cultural com a capital do império. Embora a filosofia dificilmente ficasse ausente de seu ambiente, a atmosfera cultural de Cartago e daquela parte da África do Norte era muito mais pragmática do que especulativa. Cartago tinha uma rica tradição no direito e na virtude cívica, bem como no comércio. O platonismo e outras filosofias especulativas e espirituais não eram desconhecidos, mas o estoicismo — uma filosofia grega que enfatizava a moralidade e a justiça — costumava chamar a atenção e povoar a mente dos cartagineses. Os cristãos em Cartago estavam interessados em desenvolver um sistema sadio de vida eclesiástica que resistisse às tempestades vindouras do império e fornecesse uma base para a comunhão e vida moral cristãs. Certamente, interessavam-se também pelas questões doutrinárias e pesquisavam profundamente as controvérsias que surgiam entre os vários mestres cristãos em Roma, por exemplo; mas, de modo geral, a sua atenção voltava-se mais para a vida prática e judicial da igreja do que para as especulações a respeito das realidades espirituais e invisíveis além da vida cotidiana das pessoas comuns.

Embora seja reconhecidamente uma generalização, não seria errado dizer que a cultura e o cristianismo alexandrinos costumavam fixar sua atenção no mundo espiritual, enquanto a cultura e o cristianismo cartagineses fixavam sua atenção mais nesse mundo. São considerações difíceis de serem explicadas e defendidas, mas um estudo cuidadoso dos principais pensadores das duas regiões da África do Norte revela uma sutil diferença entre ênfase e atenção. Na sua maioria, os cristãos de Cartago tinham profundas reservas em relação à mentalidade especulativa dos alexandrinos. Os alexandrinos, se prestassem qualquer atenção em seus irmãos de fé de Cartago, certamente devolveriam essa observação em sentido inverso, considerando a falta de interesse dos cartagineses pela especulação filosófica uma manifestação de anti-intelectualismo cristão.

Os principais pensadores cristãos da parte ocidental da África do Norte (a região que tinha Cartago no centro) foram Tertuliano e Cipriano. Nenhum outro líder ou pensador cristão de Roma ou de qualquer outra parte da Europa destaca-se desses dois em igual profundidade de pensamento e influência nesse período transicional e transformativo da teologia cristã primitiva. Ambos eram lidos e debatidos em grande escala em Roma e em outras partes do império, e seu impacto era sentido em todos os lugares entre os cristãos, especialmente na metade ocidental do império onde se falava o latim.

Durante o século III, a teologia cristã avançou a passos largos, mas também sofreu grandes reveses. A perseguição na escala do império inteiro paralisou por várias décadas a reflexão e interações cristãs. Os pensadores e líderes cristãos tiveram de fugir temendo por suas vidas; seus livros foram recolhidos e queimados. Isso aconteceu especialmente na segunda metade do século quando, então, os imperadores Décio e Diocleciano instituíram perseguições aos cristãos por todo o império que os forçaram a viver na proscrição e silenciaram muitas das principais vozes cristãs. Surgiram diversas heresias que foram refutadas pelos líderes cristãos, mas que conseguiram subsistir vigorosamente. Vários cismas importantes continuaram ou surgiram no século III. O montanismo floresceu em Cartago — longe do local de origem na Ásia Menor. Alguns cristãos na liderança, incluindo-se o próprio Tertuliano, desviaram-se para ele algumas vezes. Outras seitas cristãs surgiram durante o século III. Em Roma, o cisma novaciano provocou um rompimento na igreja e, na África do Norte, os donatistas, durante algum tempo, tornaram-se mais numerosos do que os adeptos da própria Grande Igreja[2] (católica e ortodoxa). A despeito das grandes perseguições e dos martírios de grandes líderes cristãos como Cipriano, a igreja cresceu e floresceu. Tertuliano escreveu asperamente contra a perseguição dos imperadores, mas ao mesmo tempo encorajou-os com a declaração de que "o sangue dos mártires é a semente [da igreja]". Isso parecia ser verdade. Quanto mais os líderes romanos tentavam reprimir a "seita" do cristianismo, mais ele crescia em número e determinação.

Durante o século III, as primeiras construções eclesiásticas — chamadas "basílicas" — foram levantadas para a adoração cristã. O cânon das Escrituras cristãs foi praticamente solidificado, embora seu reconhecimento oficial e sua aceitação universal tenham vindo apenas quase um século mais tarde. A organização institucional do cristianismo desenvolveu-se nos moldes da ordem imperial de Roma, com os bispos paulatinamente tornando-se arcebispos das "sés" metropolitanas, os grandes centros urbanos que formavam os eixos do comércio e da cultura. Sem total liberdade de movimento e de comunicação, todo esse desenvolvimento aconteceu em breves momentos isolados e sofreu sérios reveses em determinadas ocasiões.

---

[2] O termo *Grande Igreja* aqui se refere à igreja indivisa do Oriente e do Ocidente (grega e latina) no Império Romano nos primeiros séculos do cristianismo. Trata-se da igreja universal, cujos bispos se declaravam os verdadeiros herdeiros dos apóstolos. É um conceito absoluto e não se refere a nenhum templo eclesiástico em especial ou a uma congregação específica. Essa família de congregações e seus líderes (presbíteros, bispos) alegava ser "ortodoxa" (teologicamente correta), "apostólica" (descendente dos apóstolos, pelo ensino e pela ordenação) e "católica" (unida no mundo inteiro). Posteriormente, o termo *Grande Igreja* também passou a designar a grande catedral no centro de Constantinopla (Bizâncio), também conhecida como Santa Sofia. Os dois empregos do termo não devem ser confundidos aqui.

No entanto, no fim do século (300), a igreja ortodoxa e católica cristã do Império Romano — a única igreja cristã da qual se sabe alguma coisa nessa época — estava fortemente entrincheirada em quase todas as cidades e regiões e em condições de se tornar a força religiosa dominante nos cem anos que se seguiriam. Isso se deve, em grande medida, aos esforços de homens como Clemente e Orígenes no Oriente e Tertuliano e Cipriano no Ocidente.

5
Pensadores norte-africanos examinam a filosofia

A relação entre a filosofia e a teologia cristã tem sido uma questão extremamente controvertida do pensamento cristão no decurso de sua história. Clemente de Alexandria e Tertuliano de Cartago representam extremidades opostas do espectro cristão a respeito dessa questão. Embora muitos pensadores cristãos posteriores tenham procurado mediar entre esses dois polos, sempre surgiram pessoas que se alinharam a um ou outro. Clemente seguiu os passos de Justino, o grande apologista e mártir do século II, e considerava o cristianismo a verdadeira filosofia que não contradiz nem anula a filosofia grega, mas a completa. Ele enxergava o melhor do pensamento grego, como as filosofias de Sócrates e de Platão, como preparação para o evangelho e como ferramenta útil nas mãos de pensadores cristãos habilidosos. Por causa desse grande apreço e do uso construtivo do pensamento não cristão, Clemente é rotulado por alguns de "quase o protótipo de um teólogo liberal".[1]

Tertuliano (quase contemporâneo de Clemente) adotou a atitude oposta em relação à filosofia pagã e sua relação com o pensamento cristão. Embora não se saiba se ele se referia à teologia de Clemente, é quase certo que pensava nessa abordagem da filosofia e da teologia quando perguntou exasperado: "O que Atenas tem que ver com Jerusalém?". Porém, a verdade dessa questão é que nem Clemente nem Tertuliano eram tão extremos nessa questão quanto muitos têm sugerido.

Clemente certamente *não* tentou reduzir o cristianismo a uma filosofia grega genérica revestida do evangelho para torná-lo mais agradável e aceitável às mentes alexandrinas sofisticadas. Ele *não* tentou resolver todos os conflitos entre eles conciliando-os em uma síntese. Esse fato fica claro em sua rejeição à ideia grega de que o universo é eterno e de que sua criação foi meramente o plasmar e moldar da matéria por um demiurgo ou semideus. Ele insistia na doutrina da *creatio*

---

[1] Hans von Campenhausen, *The fathers of the Greek church*, trad. Stanley Godman, New York, Pantheon, 1959, p. 34.

ex nihilo (criação a partir do nada) como o conceito cristão de Deus e do mundo, embora ela fosse uma afronta a todos os grandes pensadores e sistemas de pensamento gregos. Apesar disso, Clemente realmente fez de tudo para encontrar e demonstrar todas as possíveis semelhanças entre a filosofia de Platão (por exemplo) e os ensinos dos apóstolos.

Tertuliano, em sua teologia, não evitou inteiramente a influência da filosofia grega. Embora procurasse apresentar um conjunto de doutrinas puramente bíblicas e apostólicas, permitiu que determinadas ideias estoicas, como a natureza essencialmente material de toda a existência, se insinuassem sem serem notadas. Para Tertuliano, assim como para os estoicos, até o "espírito" não passava de uma forma refinada de matéria.

É tradicional enfatizar, no entanto, a extrema polaridade entre Clemente e Tertuliano nesse aspecto e os leitores devem saber que eles realmente estabeleceram trajetórias opostas do pensamento cristão que ainda hoje existem. Clemente é o protótipo do teólogo cristão intelectual e filosófico liberal, que procura fazer, na medida do possível, uma síntese entre a fé cristã e a cultura. Um "Clemente" do século XX seria Paul Tillich (1886-1965), teólogo e filósofo alemão que tentou harmonizar as várias filosofias com a revelação divina usando um "método de correlação". Um "Tertuliano" do século XX seria o teólogo suíço Karl Barth (1886-1968), que não conseguiu, apesar de todos os esforços, evitar inteiramente qualquer indício de filosofia até mesmo em sua teologia madura. Barth, assim como Tertuliano, tentou criar um sistema de crenças puramente cristão sem qualquer influência dos modos pagãos ou seculares de pensar. No decurso dos séculos da teologia cristã, o papel da filosofia no pensamento cristão tornou-se um grande pomo de discórdia e assim permanece até hoje.

A vida e a carreira de Clemente

Os pormenores da vida de Clemente da Alexandria são cercados de mistério. Tudo o que se sabe é que se tornou chefe da escola cristã de catequese de Alexandria quando seu fundador, Panteno, morreu por volta de 200 e que fugiu de Alexandria para evitar a perseguição e o possível martírio em 202. Morreu em alguma data entre 211 e 216. Sua ligação com a hierarquia formal da igreja de Alexandria é uma incógnita. Não parece ter sido ordenado como ministro ou sacerdote e seus escritos rejeitam notoriamente as considerações sobre a comunidade dos cristãos e, em vez disso, evidenciam a espiritualidade e a vida intelectual do crente. Sem dúvida alguma, estava contaminado pelo platonismo médio que formava a filosofia genérica da maioria dos alexandrinos cultos e pode ter contribuído para o surgimento de um novo tipo de filosofia platônica conhecido como neoplatonismo. Não existe nada de concreto sobre a vida, educação ou contribuição de Clemente, afora os poucos manuscritos que sobreviveram até hoje. Mas é válido dizer que foi fortemente influenciado por Justino Mártir. De muitas formas, sua filosofia cristã parece ser uma extensão da de Justino.

Cinco livros de Clemente existem ainda hoje: *Exortações aos pagãos*, *O instrutor*, *Stromata*, *Quem é o rico que será salvo?* e *Seleções de Teodócio*. É muito provável que todas essas obras tenham sido escritas quando Clemente era diretor da escola cristã em Alexandria e visavam a instrução de homens (e talvez de algumas mulheres) jovens que pretendiam se tornar líderes cristãos.

Exortação aos pagãos é uma polêmica contra o paganismo, especialmente contra as crenças e cultos considerados supersticiosos e idólatras por Clemente. O livro apresenta um quadro mais positivo da filosofia grega, especialmente em relação ao que era consistente com a verdade cristã. Porém, mesmo assim, Clemente sugere veementemente que, se existe qualquer verdade na filosofia grega — e ele encontrou muitas verdades ali — é porque os gregos emprestaram-na de outras culturas e religiões como as do Egito, da Babilônia e do povo hebreu. Tudo o que gregos como Sócrates e Platão falaram de verdade tiraram de fontes divinamente inspiradas como Moisés ou receberam diretamente pela inspiração de Deus e do seu Verbo (Logos).

O instrutor, também conhecido pelo título grego *Paidagogos,* trata do divino Verbo de Deus, o Logos. Nesse pequeno livro Clemente faz considerações sobre Jesus como o Verbo cósmico e a Sabedoria de Deus cujo papel principal na salvação é ensinar pela exortação a vencer as paixões desnaturais e ter uma vida puramente espiritual de obediência, de contemplação e de ação racional. Acima de tudo, Clemente ressalta que a vida cristã de obediência é uma vida consistente com a razão: "Pois a vida dos cristãos, na qual agora somos treinados, é um sistema de ações coerentes — ou seja, das coisas ensinadas pela Palavra —, uma energia inesgotável que chamamos fé".[2]

Stromata, também chamado *Miscelâneas,* é uma tentativa de Clemente de criar uma filosofia cristã abrangente. Nessa obra, encontramos uma filosofia eclética e pouco sistemática na qual Clemente mistura muitas fontes e tira inspiração de muitos poços. O autor expressa bem a abordagem: "Nosso livro não hesitará em tirar provcito do que há de melhor na filosofia e em outras instruções preparatórias".[3]

Clemente e a filosofia grega

Mais do que qualquer outro escritor cristão antigo, Clemente de Alexandria dava valor à integração da fé cristã com a melhor cultura dos seus dias. Seu lema era: "toda a verdade é a verdade de Deus, venha de onde vier". E ele procurou reunir os raios de verdade divina que encontrou que, segundo acreditava, encontravam-se espalhados em diversos sistemas filosóficos e religiosos e submetê-los à autoridade

---

[2] 1.13, *ANF* 2.
[3] 1.1, *ANF* 2.

suprema das Escrituras hebraicas (interpretadas alegoricamente, é claro) e da tradição apostólica. Certo teólogo e historiador contemporâneo resume o alvo global de Clemente da seguinte maneira:

> com base na Bíblia e com a ajuda de métodos científicos para levantar um edifício de pensamento especulativo que pudesse resistir à crítica, tanto como uma interpretação da Bíblia quanto como filosofia. [...] Não é exagero dizer que Clemente foi o primeiro que, de fato e não apenas de intenção, estabeleceu uma estreita relação entre a filosofia e a teologia.[4]

Quando Clemente escreveu sobre a filosofia e a empregou, referia-se à filosofia grega genérica conhecida por platonismo tão difundida e influente em Alexandria, em Atenas e em todo o Império Romano. Seus pensamentos estavam no limite entre o chamado platonismo médio e o neoplatonismo e provavelmente tendiam para o último. Clemente tratou especificamente da questão da atitude negativa do apóstolo para com a filosofia nas suas Epístolas e argumentou que Paulo tinha em mente apenas alguns sistemas específicos de pensamento, como o epicurismo e parte do estoicismo, mas não a filosofia em geral. Clemente acreditava que o tipo certo de filosofia — aquele que é exemplificado em Sócrates e Platão e seus herdeiros em seu próprio tempo — era, de certa forma, "uma obra da Providência Divina".[5] Ele considerava-a o modo de Deus preparar os gregos para Cristo, assim como a Lei de Moisés era o modo de Deus preparar o povo hebreu para a vinda de Cristo como o Messias. Frequentemente, fazia referências a "Platão, o amigo da verdade" em seus escritos e chamava-o imitador de Moisés.

O que Clemente enxergava no platonismo de tão extraordinariamente conducente ao entendimento e à transmissão da verdade cristã? Entre outras coisas, o platonismo rejeitava o panteão imoral e caprichoso dos deuses e deusas dos gregos e romanos e focalizava uma única realidade espiritual ulterior, da qual derivavam a existência e a virtude de todas as coisas. Clemente rejeitava a ideia da criação do platonismo como um processo impessoal e eterno de origem divina e insistia na doutrina de uma criação temporal "a partir do nada" pelo Deus das Escrituras. Entretanto, comparado aos deuses e deusas da mitologia grega, que eram arbitrários e destituídos de ética e moralidade, e às superstições das religiões de mistério, o platonismo parecia um aliado viável para o cristianismo do mundo pagão. Além disso, ele tinha um conceito da vida além da morte e de uma dimensão espiritual para tudo e desviava a atenção das pessoas dos prazeres físicos e corporais para as

---

[4] H. KRAFT, *Early Christian thinkers*: an introduction to Clement of Alexandria and Origen, New York, Association Press, 1964, p. 33.

[5] *Stromata* 1.1.

realidades espirituais e superiores. Por tudo isso, e muito mais, Clemente encontrou reflexos e paralelismos da verdade cristã no melhor da filosofia grega.

Clemente acreditava que a filosofia ajudaria na luta do cristianismo contra as heresias. Os falsos ensinos frequentemente surgem do mau entendimento; a filosofia procura ser lógica e emprega a dialética (o exame crucial) para testar as alegações da verdade e as crenças. Se a revelação de Deus for inteligível, então o emprego da lógica e da dialética para estudar suas interpretações certamente produzirá um conjunto de crenças e morais mais saudável do que a ignorância. A respeito desse papel da filosofia, Clemente escreveu: "A perspicuidade, portanto, serve para a transmissão da verdade e a lógica serve para impedir que caiamos nas heresias que nos assolam".[6] Isso é irônico, tendo em vista a censura de Tertuliano à filosofia como a *causa* das heresias entre os cristãos! Para Clemente, a filosofia poderia servir de *cura* para essas heresias.

O "gnosticismo verdadeiro"

Uma das áreas mais controvertidas da teologia de Clemente é o seu ideal do cristão como "o verdadeiro gnóstico" ou "o gnóstico perfeito". Por se encontrar suaves reflexos do gnosticismo nos escritos de Clemente (assim como ocorrem no neoplatonismo), há quem acredite que Clemente era aliado dos gnósticos do século II e dos remanescentes no século III. Isso é pouco provável. Por "verdadeiro gnóstico", Clemente referia-se a uma pessoa de sabedoria, que vive da mente e repudia a vida mais mundana, de busca dos desejos e prazeres da carne. Essa pessoa, segundo o conceito de Clemente, era uma espécie de Sócrates ou Platão, uma pessoa que resiste à tendência geral de "ir com a maré" da turba confusa que se deleita nas bebedeiras e na busca do ganho material. Ela quer dominar todos os tipos de sabedoria, ficar acima das paixões carnais e se tornar semelhante a Deus em virtude e sabedoria. Clemente chegou a ponto de declarar que o verdadeiro gnóstico cristão pode "se tornar Deus" nesta vida, despindo-se do "desejo" e tornando-se "impassível, livre da ira".[7] Obviamente, ele deixou claro que *não* queria dizer que o verdadeiro gnóstico realmente se torna perfeito da mesma forma que Deus é perfeito. Pelo contrário, queria dizer que essa pessoa se reveste da imagem de Deus e se torna realmente boa, embora somente sob a forma de um ser criado e dependente de Deus. Ele tinha em mente a ideia da divinização, a ideia de que o alvo da salvação é compartilhar da natureza divina refletindo a imagem de Deus e alcançando a imortalidade.

---

[6] Ibid., 1.20.

[7] Ibid., 1.22.

Para Clemente, qualquer realização da perfeição era obra de Deus, levada a efeito pela pessoa humana que se entrega a Deus ao repudiar a vida mais mundana da carne e ao buscar a vida mais elevada da mente pela contemplação e pelo estudo. O "mestre" no decurso desse processo inteiro é o próprio Jesus Cristo, o Verbo do Pai que "cura as paixões desnaturadas da alma por meio de exortações".[8] Clemente enxergava Jesus Cristo não apenas como um homem que ensinava coisas boas e que teve a morte de um mártir como Sócrates, mas como a encarnação da Sabedoria divina e, de certo modo, o próprio Deus. Se alguém afirmar que nenhum cristão antes do século IV pensava em Jesus Cristo como Deus, é porque não leu Clemente. Quando escreveu sobre Cristo como nosso instrutor, certamente não quis dizer apenas que ele era um "grande mestre humano". Não, segundo Clemente, Jesus Cristo era o Logos divino, o Espírito cósmico da Sabedoria e da Verdade que emanou do Pai e assumiu a forma humana de Jesus Cristo. Ele era o complemento de todas as verdades parciais anteriores que apontavam para ele e ensina seu povo por diversos meios. A alta cristologia de Clemente é expressa claramente em *O instrutor*:

> Prestem atenção, meus filhos, o nosso instrutor é como Deus, seu Pai, de quem é Filho, impecável, inculpável e com a alma destituída de paixões; Deus na forma de homem, imaculado, o ministro da vontade de seu Pai, o Verbo que é Deus, que está no Pai, que está à direita do Pai e que, tendo a forma de Deus, é Deus.[9]

A influência da filosofia grega sobre o pensamento de Clemente manifestou-se de várias maneiras. Em primeiro lugar, ele tratava o corpo e a matéria como uma "natureza inferior" e os contrastava nitidamente com a natureza "superior e melhor" da alma, que descrevia como a parte racional do indivíduo. Nesse ponto ele difere do gnosticismo, pois nega expressamente que a matéria ou o corpo são iníquos. São apenas inferiores ao espírito e à alma. Essa ideia da humanidade e da criação é, naturalmente, mais platônica do que bíblica. Platão e seus herdeiros enfatizavam o lado espiritual da pessoa como superior e melhor do que o lado físico e equiparavam-no com a razão. Embora talvez possamos encontrar reflexos de semelhante dualismo nos ensinos bíblicos, a Bíblia não ensina, em lugar algum, que a alma ou espírito é a parte racional da pessoa ou que o corpo é "a natureza inferior". A tendência de Clemente de equiparar a salvação com a perfeição semelhante à de Deus alcançada pela contemplação racional e pelo abandono de todos os desejos e paixões do corpo é um verdadeiro grito: "Filosofia grega!".

---

[8] *Instructor* 1.2.
[9] Ibid., 1.2.

Finalmente, as ideias de Clemente a respeito de Deus e da imagem de Deus no ser humano revelam sua instrução grega. Repetidas vezes, Clemente reitera a opinião de que Deus não tem paixões e que é assim que o verdadeiro gnóstico deve ser. "Imitar a Deus" pela "instrução do Verbo" (Jesus Cristo) significa esforçar-se para atingir um estado perfeitamente livre de paixões por meio do autocontrole. As paixões e os desejos são limitantes por natureza e Deus, de acordo com Clemente e com a filosofia grega predominante naquele tempo, é livre por natureza de todas as limitações das criaturas, inclusive de paixões (desejos e emoções). O Deus de Clemente era semelhante ao deus da filosofia grega, uma unidade simples sem partes nem paixões, que não pode nem mesmo ser descrita a não ser por comparação e que só se relaciona com o mundo da natureza e da história por intermédio de um ser intermediário chamado Logos. A pessoa ideal de Clemente — o verdadeiro gnóstico — é um ser humano tão semelhante a Deus quanto possível: controlado, sereno, inalterável e impassível, racional e calmo. É difícil não pensar nos "reis-filósofos" de Platão descritos no livro *A república*. A doutrina de Clemente sobre Deus é um reflexo e reformulação no século III dos ensinos de Atenágoras, apologista do século II. Ambos pertencem à linha do pensamento cristão que inteligentemente formulou um conceito cristão de Deus compatível com a especulação filosófica grega.

Uma pergunta óbvia para a interpretação de Clemente a respeito da natureza divina é: como se explica a ira de Iavé? Se Deus não tem partes nem paixões, por que as Escrituras hebraicas descrevem-no como irado, zangado e vingativo? Clemente respondeu: "Antropomorfismos!". Isto é, ele considerava as referências bíblicas à ira e vingança de Deus meras figuras de linguagem ou formas como os seres humanos percebiam e sentiam Deus. E como se explica a ira de Jesus no templo ao ver diante de si os cambistas ladrões? E seu clamor de medo e agonia durante a "paixão"? Clemente não respondeu expressamente a esses desafios ao seu conceito, inspirado pelo pensamento grego, de Deus e da pessoa perfeita. Podemos somente deduzir que ele diria que essas experiências e sentimentos faziam parte da humanidade do Filho de Deus e que não eram próprios de sua divindade. Essa é certamente a resposta dada pelos teólogos posteriores que aceitaram o quadro que Clemente pintou da natureza essencial de Deus. Toda narrativa bíblica que descresse Deus ou Jesus Cristo de modo impróprio ao ser divino, Clemente interpretava como uma alegoria ou linguagem antropomórfica ou relegava-a ao lado humano do Filho de Deus na sua encarnação de Jesus Cristo.

A vida e a carreira de Tertuliano

Tertuliano ficou horrorizado com toda a abordagem de Clemente à teologia cristã. Dedicou boa parte das energias combatendo-a. Esta, porém, não foi sua única contribuição à teologia cristã. Tertuliano também lutou contra várias heresias a respeito de Deus e de Jesus Cristo que pouco ou nada se relacionavam com a filosofia grega, embora ele acreditasse que sempre se poderia encontrar essa influência maligna agindo secretamente em algum lugar como a causa de todas as heresias.

Tertuliano nasceu por volta de 150 d.C. em Cartago, e provavelmente passou toda a sua vida ali, embora tenha visitado Roma com frequência. Alguns estudiosos acreditam que morasse em Roma durante algum tempo. Por profissão, era advogado. Quando se converteu ao cristianismo por volta de 190, dedicou seus conhecimentos e habilidades jurídicas ao esclarecimento e defesa da fé cristã ortodoxa. Nunca foi ordenado ao sacerdócio, nem chegou a ser canonizado pela igreja católica e ortodoxa, a qual abandonou por volta de 207, poucos anos antes da sua morte. É provável que tenha morrido de causas naturais por volta de 212.

Uma das grandes controvérsias a respeito da vida de Tertuliano é a deserção, se é que foi deserção, da Grande Igreja dos bispos na sucessão apostólica. A tradição diz que se afiliou à igreja montanista da "Nova Profecia" em Cartago devido à insatisfação com o declínio da forte igreja para a decadência moral e teológica. Não há provas disso, mas é uma tradição bem atestada que ajudaria a explicar por que esse grande escritor da igreja primitiva, que era tão ortodoxo na maioria dos aspectos, nunca foi canonizado.

Os escritos de Tertuliano têm um espírito diferente dos de Clemente e dos de toda a escola cristã de Alexandria. Realmente, ao compará-los e contrastá-los, é admirável que essas duas abordagens à teologia cristã pudessem coexistir na mesma igreja unida. No entanto, depois do lapso de Tertuliano para o montanismo, seu legado dentro da igreja católica do Ocidente continuou vivo nos pensadores cristãos que seguiram a abordagem de contrastar a revelação divina com a especulação humana. Clemente e seus seguidores no Oriente (especialmente seu aluno Orígenes) costumavam procurar correlações entre revelação e a especulação humana. A atitude e mentalidade teológicas de Tertuliano podem ser descritas como mais intolerantes diante da possibilidade de existir verdades genuinamente úteis para a vida e o pensamento cristãos além da revelação divina. Embora não rejeitasse a ideia, extremamente crucial para o empreendimento de Clemente, de que toda a verdade era a verdade de Deus, encontrou poucas verdades úteis ao cristianismo, exceto a revelação bíblica que Deus deu a Israel e aos apóstolos que considerava inspirada e incomparável.

Embora os termos *liberal* e *conservador* descrevam os tipos modernos e não antigos[10] de teologia, talvez não seja completamente inadequado dizer que Tertuliano é o protótipo do pensador cristão conservador, ou até mesmo fundamentalista, ao passo

---

[10] Para definições e descrições dessas duas abordagens modernas à teologia cristã, v. *20th-Century theology*: God & the world in a transitional age, de Stanley J. Grenz & Roger E. Olson (Downers Grove, InterVarsity Press, 1992).

que Clemente é o protótipo do pensador cristão liberal. Ambos concordariam que toda a verdade é a verdade de Deus, onde ser que se encontre, mas Clemente era muito mais otimista a respeito da capacidade da mente humana de colocar-se acima das alegações aparentemente conflitantes a respeito da verdade e descobrir uma síntese da verdade que transcendesse o pensamento bíblico tradicional e o pensamento grego. Tertuliano era pessimista a respeito da capacidade da mente humana de evitar a idolatria e o sincretismo perigoso de tal esforço e advertia os cristãos a se guardarem do estudo demasiado da filosofia para não serem seduzidos pela heresia.

O legado escrito de Tertuliano que ainda existe inclui cerca de trinta obras. Na maioria, são tratados anti-heréticos que visam desmascarar os erros de vários mestres cristãos de Roma. *Contra Marcião*, sua obra maior que, em muitos aspectos, é a mais importante, consiste em cinco tomos. Marcião foi um mestre entre os cristãos de Roma no século II que tentou forçar uma separação permanente entre o cristianismo e tudo quanto era hebraico, inclusive o Deus de Israel (Iavé) e o Pai de Jesus Cristo. Marcião também tentou definir um cânon de Escrituras cristãs, limitado a escritos gentios. Alguns dos seus pensamentos a respeito da humanidade e da criação tinham uma pitada de gnosticismo e Tertuliano nada poupou no seu ataque fulminante contra os ensinos de Marcião. Ao fazer isso, Tertuliano expôs de maneira nova muitas crenças cristãs fundamentais, investigando a fundo os verdadeiros significados e traçando as implicações.

Outro objeto da ira anti-herética de Tertuliano foi o mestre cristão romano Práxeas. A crítica maciça *Contra Práxeas* foi escrita depois de Tertuliano passou para o montanismo, mas sua influência em todas as igrejas cristãs ocidentais foi "imediata e permanente".[11]

Práxeas foi, talvez, o primeiro teólogo cristão que tentou explicar a doutrina da Trindade com detalhes sistemáticos. Ao fazê-lo, porém, parece que obliterou com suas explicações a verdade ontológica da trindade das pessoas Divinas. Isto é, Práxeas negou que os cristãos cressem em três identidades, ou até mesmo relações, dentro do único ser divino. A teoria de Práxeas posteriormente veio a ser chamada "modalismo" e foi revivificada por outro mestre posterior do cristianismo em Roma chamado Sabélio. Por isso, o modalismo é também conhecido, às vezes, pelo nome de sabelianismo.

Tertuliano percebeu que essa explicação modalista da Trindade e unidade de Deus era uma heresia perigosa e declarou isso de modo característico: "Práxeas serviu ao diabo em Roma de dois modos: expulsando a profecia e introduzindo a

---

[11] Timothy David BARNES, *Tertullian*: a historical and literary study, Oxford, U.K., Clarendon, 1971, p. 142.

heresia, expulsando ao Espírito [Santo] e crucificando ao Pai".[12] Segundo parece, Práxeas era antimontanista e por isso Tertuliano acusou-o de expulsar a profecia. A heresia que Práxeas é acusado de importar é o modalismo. Se o modalismo está correto, o Espírito Santo não é uma pessoa distinta dentro da Deidade, mas simplesmente outro nome do Pai e Filho ou outra manifestação dele e, além disso, não somente o Filho de Deus foi crucificado, mas também o Pai.

A teologia de Tertuliano

Tertuliano elaborou pormenores minuciosos da doutrina da Trindade por contraste com a heresia de Práxeas. Talvez por se desviar para o montanismo, a contribuição de Tertuliano nessa área foi deixada de lado ou foi quase toda esquecida. Os cristãos orientais posteriores tiveram que caminhar lentamente na mesma direção por conta própria, em ignorância quase total da realização de Tertuliano. O resultado final da doutrina formal da Trindade nos concílios e pelos credos dos séculos IV e V chegaram muito perto das formulações que Tertuliano havia feito quase 100 ou 150 anos antes. Conforme observa certo historiador: "O tratado de Tertuliano *Contra Práxeas* é significativo porque algumas de suas frases e terminologias parecem prenunciar as fórmulas que viriam a ser amplamente aceitas séculos mais tarde. Isso acontece na doutrina trinitária da mesma forma que na cristologia".[13] Em certo sentido, portanto, Tertuliano foi o pai das doutrinas ortodoxas da Trindade e pessoa de Jesus Cristo, embora tenha morrido fora da Grande Igreja católica e ortodoxa.

Além de *Contra Marcião* e *Contra Práxeas*, Tertuliano também escreveu uma *Apologia* por volta de 200 e um tratado sistemático sobre a fé cristã, chamado *Prescrição contra os hereges*, de data incerta. Tertuliano, às vezes, é citado entre os apologistas por causa de sua *Apologia* que é dirigida aos "governantes do Império Romano" e contém argumentos de linguagem extremamente jurídica contra os perseguidores do cristianismo e em favor da inocência do cristianismo. Entretanto, além de denunciar a injustiça do tratamento dos oficiais romanos aos cristãos, a *Apologia* também explica a vida, adoração e crença cristãs de uma forma que, por vezes, vai muito além de tudo já que havia sido escrito por outros e que antecipava a ortodoxia posterior conforme foi proposta pelos grandes concílios cristãos.

Tertuliano esforçou-se para explicar por que os cristãos adoram a Jesus Cristo e não a César ou a qualquer outro suposto deus e, ao mesmo tempo, insistem que

---

[12] Apud Justo González, *A history of Christian thought*, rev. ed. Nashville, Abington, 1992, p. 178. V. 1: From the beginnings to the council of Chalcedon.

[13] GONZÁLEZ, *History of Christian thought*, 1:178.

Deus seja único e celestial. Para tanto, apelou ao conceito frequentemente usado do Logos de Deus e apropriou-se de uma analogia que viria a se tornar uma das prediletas dos pensadores cristãos que debateram essa questão. O Logos, conforme Tertuliano explicou cuidadosamente, é tanto Deus como o rebento de Deus mediante o qual ele se relaciona com a criação. Esse Logos, obviamente, é Cristo, o Filho do Pai. Tertuliano usou o sol como analogia para explicar essa relação: "Este raio de Deus, portanto, como sempre foi profetizado nos tempos antigos, que desceu em determinada virgem e fez carne em seu útero, é por nascimento Deus e o homem unidos em um".[14]

É em *Prescrição contra os hereges* que a atitude negativa de Tertuliano para com a filosofia aparece pela primeira vez. Sua "prescrição" contra todos os tipos de heresia que apareciam em Roma e arredores era que os cristãos deviam evitar terminantemente a tentativa de racionalizar as crenças cristãs pelo uso de categorias e conceitos filosóficos gregos estranhos à verdade bíblica. A maioria dos estudiosos concorda que a intenção dele era advertir contra o tipo de abordagem à teologia e à filosofia adotada anteriormente por Justino Mártir, e por Clemente de Alexandria em sua época. Sua famosa (ou infame) pergunta retórica aparece no capítulo sete: "O que Atenas tem de fato que ver com Jerusalém?".[15] *Atenas* refere-se à Academia Platônica e, por extensão, a toda a filosofia grega. *Jerusalém* refere-se aos ensinos de Jesus e dos apóstolos. Embora Tertuliano não condenasse questionamentos e buscas *dentro* da fé e crença cristãs, isto é, dentro dos limites da sucessão apostólica e da "regra da fé apostólica", rejeitava, sem dúvida, qualquer estudo de fontes não bíblicas e não apostólicas para complementar, ou até mesmo interpretar, o testemunho da verdade que transcende toda a pesquisa e investigação humanas.

Algumas declarações de Tertuliano a respeito da fé e crença cristãs sem base filosófica parecem bastante extremadas. Ele escreveu, por exemplo: "Não saber nada que se oponha à regra (da fé) é saber todas as coisas",[16] Aparentemente, pelo menos, essa declaração faz pouco ou talvez nenhum sentido. No contexto global da *Prescrição*, no entanto, Tertuliano usou uma hipérbole para reforçar sua tese de que o conhecimento mais importante é o que é consistente e que está em conformidade com a mensagem apostólica. Mais controversa é sua observação a respeito da crença cristã na encarnação e morte do Filho de Deus. Contradizendo as tentativas de outros teólogos de explicá-la de modo especulativo e filosófico, Tertuliano

---

[14] *Apology* 21, *ANF* 3.

[15] 7, *ANF* 3.

[16] Ibid., 13.

irrompeu com "Ela deve ser crida exatamente porque é absurda!" e "O fato está correto porque é impossível".[17]

A despeito dessas explosões de fideísmo (crença pela fé cega), Tertuliano não era totalmente anti-intelectual e, sem dúvida, não acreditava nas coisas pela fé cega, sem nenhuma consideração ou exame. O teólogo e historiador Justo González tem razão ao abrandar a dura crítica do pai latino da África do Norte:

> Mas a verdade é que Tertuliano não é partidário do irracionalismo cego. Mas ele crê que existem coisas que são simplesmente maravilhosas demais para serem compreendidas, como a crucificação ou o poder do batismo. Mas não se trata de uma declaração genérica de que a fé precisa se basear na impossibilidade racional. Na realidade, ele crê que a especulação desenfreada pode conduzir para fora do caminho e que o que realmente importa para o cristão é a verdadeira revelação de Deus.[18]

Outrossim, Tertuliano rejeitaria veementemente o ideal do cristão maduro como o "verdadeiro gnóstico" exposto por seu contemporâneo, Clemente de Alexandria. Para Tertuliano, o cristão maduro era uma pessoa que não tinha o menor interesse na especulação mental além das Escrituras, dos ensinos dos apóstolos e da regra da fé da igreja (a tradição na transmissão dos ensinos dos apóstolos). Ele é imune a heresias, porque todas nascem da mera curiosidade intelectual além do que a igreja ensina e os cristãos sempre creram. Além disso, o cristão maduro tem uma vida moralmente rígida.

Tertuliano também é acusado de ser o primeiro puritano cristão devido aos seus volumosos escritos sobre a moralidade, a obediência e o rigor no comportamento, dentre os quais no vestir e na aparência apropriados. Aceitava a ideia promulgada em O pastor de Hermas, livro que particularmente gostava muito e pelo qual foi influenciado, de que aos cristãos são perdoados somente por um pecado grave e deliberado depois do batismo. Por esse motivo, argumentava com veemência que o batismo devia ser adiado até quando o crente tivesse certeza de possuir forças para não mais pecar.[19]

Tertuliano a respeito da Trindade
Embora Tertuliano fosse mais conhecido por sua rejeição da teologia instruída pela filosofia, sua contribuição mais importante ao pensamento cristão acha-se na

---

[17] *On the flesh of Christ* 5, ANF 3.
[18] Op. cit., 1.175.
[19] *On baptism*, ANF 3.

descrição cuidadosa e bastante exata da doutrina da Trindade contra a de Práxeas. Com poucas exceções, as exposições por Tertuliano tanto da doutrina da Trindade como da humanidade e divindade de Cristo formaram os alicerces da ortodoxia eclesiástica oficial no Oriente e no Ocidente. Não se sabe até que ponto e como seu pensamento influenciou os líderes eclesiásticos e os teólogos em data posterior, mas os paralelos conceituais são fantásticos. Não seria exagero dizer que Tertuliano parece ter resolvido essas doutrinas séculos antes que o restante da igreja as solucionasse, e se os líderes eclesiásticos e teólogos posteriores tivessem dado ao menos um pouco mais de atenção a Tertuliano, muitas disputas e controvérsias teológicas poderiam ter sido evitadas. No Ocidente latino, as formulações de Tertuliano talvez tenham sido negligenciadas por causa de sua deserção para o montanismo. E as igrejas orientais podem ter ficado simplesmente inconscientes da existência dos escritos de Tertuliano porque ele escrevia em latim, um idioma cada vez menos estudado no Oriente, e porque ele era tão veementemente antifilosófico, ao passo que a maioria das principais vozes da teologia oriental atribuíam grande valor à filosofia como ferramenta conceitual para a teologia.

As doutrinas de Tertuliano a respeito da Trindade e da pessoa de Cristo foram forjadas no calor da controvérsia com Práxeas, que, segundo Tertuliano, "sustenta que existe um só Senhor, o Todo-Poderoso criador do mundo, apenas para poder elaborar uma heresia com a doutrina da unidade. Ele afirma que o próprio Pai desceu para dentro da Virgem, que ele mesmo nasceu dela, que ele mesmo sofreu e que, realmente, era o próprio Jesus Cristo".[20] Tertuliano cunhou o rótulo de *patripassianismo* para essa heresia, que significa "o sofrimento (e a morte) do Pai". Essa palavra se tornou por fim sinônimo teológico para a teoria modalista da Trindade, proposta por Práxeas e por Sabélio no decorrer das eras da história da igreja.

Segundo parece, Práxeas ensinava que existe uma só identidade pessoal em Deus e que essa identidade singular podia ser manifestada como o Pai, ou como o Filho, ou como o Espírito Santo. Modalistas posteriores empregariam as figuras e a linguagem do teatro grego e romano para ilustrar sua ideia da doutrina cristã correta da Trindade: um único ator ou atriz podia desempenhar três papéis na mesma peça de teatro, ao vestir máscaras diferentes. A palavra usada para designar a máscara das peças de teatro é a mesma frequentemente usada para "pessoa". Assim os modalistas podiam dizer que, quando os cristãos confessaram a fé em "um só Deus em três pessoas" (ou linguagem semelhante) não estavam violando o monoteísmo judaico e grego porque as "três pessoas" são apenas máscaras que o único Deus usa no "palco" da história.

---

[20] *Against Praxeas* 1, *ANF* 3.

Tertuliano foi o primeiro teólogo cristão a confrontar e rejeitar com grande vigor e clareza intelectual essa visão aparentemente singela da trindade e unidade de Deus. Ele declarou que se esse conceito fosse verdade, então o Pai tinha morrido na cruz e isso, além de ser impróprio para o Pai, é absurdo. O testemunho apostólico diz claramente que somente o Filho morreu na cruz. Contra o modalismo de Práxeas, Tertuliano desenvolveu o conceito um pouco mais complexo do "monoteísmo orgânico", isto é, a "unicidade" de Deus não impede nem exclui qualquer tipo de multiplicidade, assim como os organismos biológicos podem ser "um" e, ao mesmo tempo, consistir em partes interligadas e mútuas.

Em *Contra Práxeas* Tertuliano forneceu uma declaração bastante clara do monoteísmo orgânico:

> Todos [os três: o Pai, o Filho e o Espírito Santo] provêm de Um, pela unidade (procedente) da substância; mas o mistério da dispensação ainda deve ser guardado, que distribui a Unidade em uma Trindade, colocando na devida ordem as três Pessoas: o Pai, o Filho, e o Espírito Santo; três, porém, não em condição, mas em grau; não na substância, mas na forma; não no poder, mas no aspecto e, não obstante, de uma só substância, uma só condição e um só poder.[21]

Em outras palavras, de acordo com Tertuliano, o Deus no qual os cristãos acreditam está em *uma só substância e três pessoas* (*una substantia, tres personae*), sendo que por *substância* ele se referia à existência ontológica fundamental que faz com que uma coisa seja o que é e por *pessoa* se referia à identidade de ação que fornece a qualidade de ser distinto. A ideia básica subjacente é a "distinção sem divisão".

Tertuliano não media esforços para demonstrar, com base nas Escrituras, que as três pessoas divinas são distintas entre si. Nessa demonstração pormenorizada, fica claro que Tertuliano aceitava como inspirados e autorizados a maioria dos livros que posteriormente vieram a se tornar o NT cristão e que pelo menos alguns dos seus oponentes consideravam-nos da mesma forma.

Segundo argumentava Tertuliano, embora o Pai fosse de certo modo "maior" do que o Filho e o Espírito, ele nunca existiu sem eles. O Verbo e o Espírito existiam em Deus Pai antes do mundo passar a existir e "surgiram" dele sem de forma alguma ficarem perdidos ou separados da origem da sua existência em Deus Pai. Eles são inseparáveis, indivisos e, no entanto, pessoas distintas do Pai, que permanece o "monarca" sobre tudo.

Assim como outros pais da igreja primitiva, Tertuliano gostava de empregar analogias tiradas da criação a fim de ilustrar ideias e princípios teológicos abstratos:

---

[21] Ibid., 2.

> Ora, o Espírito é realmente o terceiro a partir de Deus e do Filho; assim como a fruta da árvore é terceira a partir da raiz, o afluente do rio é o terceiro a partir da nascente e o vértice do raio é terceiro a partir do sol. Nada, porém, é diferente da fonte original da qual derivam suas propriedades específicas. Da mesma forma, a Trindade, que flui do Pai em passos entrelaçados e conexos, não perturba, de modo algum, a monarquia [do Pai], ao passo que ao mesmo tempo guarda o estado da economia [da criação].[22]

Por "o estado da economia" Tertuliano referia-se à trindade da atividade de Deus na história da salvação. O Pai fala no céu; o Filho está no rio sendo batizado; o Espírito, em forma de pomba, desce do céu sobre Jesus. Jesus exclama ao Pai: "Não seja feita a minha vontade, mas a tua" e, mais tarde, oferece o seu espírito ao Pai na submissão da morte solitária. O Espírito é "enviado" pelo Filho para a igreja como "outro consolador (Paracleto)". Mas, de modo contrário à alegação dos modalistas, essa ênfase sobre a distinção das pessoas não diminui, de modo algum, a "monarquia" do monoteísmo, em que há uma só fonte divina suprema da totalidade da existência: Deus Pai. De acordo com Tertuliano, o Pai continua sendo a fonte suprema e governante sobre tudo, embora sempre tenha consigo o Verbo e o Espírito e os envie para o mundo como seus agentes, sem perdê-los pela divisão ou separação. Eles continuam sendo da mesma substância divina.

Quando Tertuliano começou a explicar a humanidade e a divindade de Cristo, empregou os mesmos conceitos básicos da substância e da pessoa: Jesus Cristo era tanto substância divina como substância humana (que Tertuliano às vezes confusamente chama "espírito" e "carne"), mas sendo também uma só pessoa e não duas pessoas ou duas identidades. É interessante notar que uma das razões de ele enfatizar a distinção entre as duas naturezas ou substâncias de Jesus Cristo é que seria impróprio para Deus sofrer. Deus é impassível, incapaz de sofrer.[23] Logo, para Jesus Cristo sofrer e ser divino, precisava ter duas naturezas ou substâncias distintas, e somente uma delas, a humana, poderia ter sofrido e morrido. Tertuliano afirmou que as duas naturezas de Cristo "agiam distintamente" e, embora as duas naturezas sejam "unidas" em Jesus, não devem ser confundidas de modo que as duas sejam capazes das mesmas atividades e experiências. Obtemos, portanto, o retrato de um ser duplo de Cristo, uma conclusão a que os teólogos e concílios cristãos posteriores demorariam a chegar. O raciocínio por trás disso é garantir que a divindade em

---

[22] Ibid., 8.
[23] Ibid., 30.

Jesus Cristo não experimente o que é impróprio para o ser divino: a limitação, a imperfeição e o sofrimento.

Isso é muito irônico, é claro. Depois de levantar objeções furiosas contra a especulação filosófica da teologia, Tertuliano acabou adotando uma ideia filosófica bastante grega a respeito da existência divina, muito semelhante à de Clemente de Alexandria! Na realidade, seus conceitos básicos da natureza de Deus como singela, imutável e impassível são marcantemente semelhantes e derivam mais da cultura grega e da teologia filosófica do que dos ensinos hebreus ou apostólicos a respeito de Deus. O Deus de Israel, sem dúvida, tinha paixões. E se Deus não sofreu de alguma maneira em Jesus Cristo, a própria encarnação seria quimera, mera ilusão ou charada. Isso não significa que defendemos o patripassianismo; estamos apenas observando que *algumas* suposições e argumentos de Tertuliano parecem ter se fundamentado mais na filosofia grega do que na revelação divina.

Nem Clemente nem Tertuliano deram muita atenção à salvação. Estavam mais preocupados em descobrir a relação apropriada entre filosofia e teologia e em descrever a natureza de Deus e do seu relacionamento com o mundo. O que se pode dizer com razoável grau de certeza, porém, é que ambos acreditavam no livre--arbítrio e na capacidade humana de cooperar com a graça de Deus na salvação.[24] A salvação proposta por Clemente girava em torno da ideia de se tornar um "verdadeiro gnóstico", uma pessoa humana madura e divinizada, na qual a imagem de Deus é restaurada, e que leva uma vida de serenidade, moralidade e racionalidade. A salvação apresentada por Tertuliano girava em torno da ideia do batismo, que ele considerou um sacramento legítimo, embora não tenha definido com detalhes a sua função, e de se ter uma vida de rigorosa obediência à vontade de Deus. A visão que Tertuliano tinha da salvação retomou o fio da meada que os pais apostólicos tinham deixado e estendeu a influência do seu rigorismo moral para a África do Norte e para o cristianismo latino centralizado em Roma. A visão da salvação adotada por Clemente recomeçou do ponto em que os apologistas tinham parado e estendeu seu intelectualismo para o cristianismo ortodoxo grego.

O grande mérito de Clemente na história da teologia cristã foi sua influência sobre Orígenes, o maior pai da igreja em Alexandria e teólogo especulativo da igreja primitiva. O grande mérito de Tertuliano foi sua influência sobre Cipriano, o bispo norte-africano mais influente do século III, que deixou sua marca indelével sobre a tradição latina do cristianismo.

---

[24] O "verdadeiro gnóstico", para Clemente, devia ser uma opção diferente do seguidor do gnosticismo que floresceu no Egito do século II como uma heresia.

6
Orígenes de Alexandria deixa um legado perturbador

Orígenes de Alexandria é o primeiro pai da igreja primitiva e teólogo cuja biografia é amplamente conhecida. Os pormenores da vida dos pais anteriores a ele e até mesmo dos contemporâneos de Orígenes estão envoltos em mistério, ao passo que a vida de Orígenes é quase tão controversa quanto o seu sistema de pensamento. Como seu mentor, Clemente de Alexandria, ele apreciava muito a especulação e superou Clemente na tentativa de construir uma síntese da filosofia grega e da sabedoria bíblica em um grandioso sistema de pensamento cristão. Foi um grande gênio e estudioso de renome que produziu aproximadamente oitocentos tratados durante a carreira e atraiu até mesmo aristocratas e estudiosos pagãos da filosofia para sua escola cristã de catequese. Da mesma forma que Tertuliano, foi um dissidente que desafiou os líderes eclesiásticos e, embora exaltasse a grande tradição dos ensinos proféticos e apostólicos como a medida para toda a verdade, foi acusado de separar-se da igreja de Alexandria e de desviar-se dos ensinos ortodoxos geralmente aceitos.

Embora seja considerado um dos teólogos mais importantes da história do cristianismo, Orígenes nunca foi canonizado e sua memória, em todas as principais ramificações do cristianismo, é maculada por suspeitas de heresia e pela condenação póstuma por um concílio geral da igreja em 553. Foi acusado de ensinar que a alma existia antes de assumir um corpo e é quase certo que fosse culpado disso. Os modernos adeptos do movimento da Nova Era e do cristianismo esotérico acreditam que Orígenes pregava a reencarnação, mas dificilmente isso é verdade. Eles estão indevidamente extrapolando o ensino de Orígenes a respeito da preexistência das almas. Ele acreditava em uma única existência corpórea mortal para cada alma e acreditava firmemente na ressurreição corpórea dos mortos para a vida imortal, e assim ensinava. Orígenes também foi acusado de ensinar a doutrina da *apokatastasis*, a reconciliação ulterior e universal com Deus de toda a criação, incluindo-se Satanás. Certamente ofereceu a esperança de algum tipo de salvação universal de todas as criaturas, mas é muito questionável se ele incluía Satanás nessa esperança. Finalmente, foi acusado de ser o responsável e causador de muitos tipos de heresias posteriores. Os teólogos que alegavam ser seus seguidores, os origenistas, realmente caíram em muitas heresias depois da morte de Orígenes e, no fim, praticamente todas as heresias condenadas pela igreja católica ortodoxa acabaram sendo atribuídas a Orígenes, quer tivessem alguma conexão com ele ou não.

Ao condenar Orígenes, a igreja esqueceu-se de que não somente os hereges, mas também muitos dos grandes heróis da ortodoxia tinham sido profundamente influenciados por Orígenes e seus ensinos e lhe deviam muita coisa. O firme defensor da doutrina da Trindade, Atanásio (século IV), era tão origenista quanto qualquer herege. Os pais capadócios Basílio e os dois Gregórios (também do século IV) foram, de muitas maneiras, os herdeiros teológicos de Orígenes, assim como o foram muitos outros grandes pensadores do Oriente. As igrejas latinas ocidentais, no entanto, não ficaram tão impressionadas com Orígenes, nem se deixaram influenciar tanto por ele por razões óbvias. Ele escrevia somente em grego e era um pensador especulativo, como Justino Mártir e Clemente de Alexandria. Tertuliano foi um "Orígenes para o Ocidente" e Orígenes foi um "Tertuliano para o Oriente".

A vida e a carreira de Orígenes

Orígenes nasceu em 185 ou 186 em Alexandria, no Egito. Morreu em 254 ou 255 em Cesareia, na Palestina, onde passou boa parte da vida. Seu pai foi martirizado pelas autoridades romanas num massacre contra os cristãos. A tradição conta que, quando o pai de Orígenes estava na cadeia, aguardando a execução, o filho quis se entregar às autoridades e morrer junto com ele. Alega-se que a mãe de Orígenes escondeu as roupas do moço de 16 anos de idade para que não pudesse sair da casa e com isso salvou a vida do filho. Talvez Orígenes tivesse vontade de morrer por Cristo, o que os cristãos posteriores chamariam "dom do martírio", e sentiu-se frustrado por não morrer junto com o pai. Leu nos evangelhos as palavras de Jesus a respeito de alguns homens se tornarem "eunucos por causa do Reino dos céus" e castrou-se ainda jovem. Tal ato era altamente controvertido, mesmo naqueles tempos, e foi usado como motivo pelo bispo de Alexandria para não ordenar Orígenes ao ministério.

Orígenes foi aluno da escola catequética de Alexandria e, provavelmente, aluno de Clemente de Alexandria. Existe certa especulação quanto a ele também ter estudado na escola pagã de filosofia platônica dessa cidade e ter convivido com os principais fundadores da filosofia neoplatônica que começou a se tornar popular naquela época. Alguns estudiosos sugerem até mesmo que o próprio Orígenes tenha sido um dos fundadores do neoplatonismo. Embora seja altamente improvável, é possível que ele tenha conhecido e estudado com Amônio Sacas e Porfírio, professores de Plotino; mas foi atribuído a Plotino o crédito de ter transformado o neoplatonismo em uma filosofia respeitada e profundamente influente do final do Império Romano.

Orígenes demonstrou tanto brilhantismo desde jovem que, quando Clemente fugiu de Alexandria sob perseguição e a escola cristã precisou de um novo diretor, ele foi convidado a assumir esse importante cargo aos dezoito anos de idade. Enquanto dirigia a escola, Orígenes também iniciou a carreira prolífica de escritor que incluiu obras intelectuais e eruditas de todos os tipos.

Enfrentou o filósofo romano Celso, que estava atacando o cristianismo acusando-o de ignorante e supersticioso, com uma resposta devastadora à *Da verdadeira doutrina* intitulada *Contra Celso*. Mais do que qualquer outra apologia cristã, essa obra de Orígenes derrotou um Golias da oposição ao cristianismo e introduziu a jovem religião em uma nova era de respeitabilidade, a despeito da contínua perseguição.

O objetivo de Orígenes em sua carreira de escritor era "fornecer respostas aos cristãos que levantam questões intelectuais em conformidade com as Escrituras, para que não as busquem nas grandes seitas gnósticas".[1] Ao que parece, foi muito bem-sucedido. Um homem de posses chamado Ambrósio, que se converteu do gnosticismo valentiniano para o cristianismo ortodoxo, ficou tão impressionado com o trabalho de Orígenes que lhe ofereceu uma casa, secretário, sete estenógrafos e copistas e calígrafos, e pagou a publicação de seus manuscritos. Esse patrocínio deu a Orígenes condições para escrever aproximadamente oitocentos manuscritos. Segundo um historiador, Orígenes pode ter sido o escritor mais prolífico do mundo antigo.[2] Tornou-se tão famoso como filósofo que Júlia Mamea, mãe do imperador romano Alexandre Severo, pediu-lhe que fosse seu professor particular. Obviamente, ela não era cristã, mas nem por isso deixou de procurar o grande Orígenes porque tinha ouvido falar de sua capacidade intelectual e de sua habilidade didática.

Apesar da grande popularidade e fama, ou talvez por causa delas, Orígenes entrou em conflito com seu bispo, Demétrio de Alexandria. Orígenes queria ser ordenado ao sacerdócio pleno, mas Demétrio não permitiu por causa da autocastração. Essa, pelo menos, foi uma das desculpas apresentadas pelo bispo. A verdadeira razão pode ter sido ciúme profissional e medo de que, se Orígenes fosse ordenado, iria se tornar um rival na hierarquia cristã de Alexandria. Finalmente, Orígenes perdeu a paciência e pediu que o bispo de Cesareia na Palestina o ordenasse e este não hesitou em fazê-lo. O incidente provocou o rompimento com o bispo de sua cidade natal e Orígenes nunca mais voltou a Alexandria. Mudou o

---

[1] Henri CROUZEL, *Origen*, trad. A. S. Worral, São Francisco, Harper & Row, 1989, p. 14.
[2] Ibid., p. 37.

centro de ensinos e de escritos para Cesareia em 233. Ali, Orígenes transformou a escola catequética em um "tipo de escola missionária voltada aos jovens pagãos que demonstravam interesse pelo cristianismo, mas que ainda não estavam prontos [...] para pedir o batismo. Orígenes, portanto, apresentava-lhes a doutrina cristã em um curso de filosofia inspirado principalmente no platonismo médio do qual lhes oferecia uma versão cristã".[3]

Orígenes, afinal, realizou o desejo de morrer como mártir. Durante a grande perseguição deciana dos cristãos em todas as partes do império em meados do século III, Orígenes foi preso e torturado pelas autoridades romanas. Morreu em consequência da tortura. Deixou um legado ambíguo de grandeza intelectual e de confusão, que os pensadores cristãos de tempos posteriores tiveram que pesquisar. Por um lado, seus argumentos profundos e suas ideias deram às classes cultas do Império Romano um conceito do cristianismo diferente do desenvolvido por Celso. Elas começaram a considerar o cristianismo uma alternativa filosófica e religiosa viável às numerosas visões concorrentes da realidade e da espiritualidade do império. Por outro lado, as explicações de Orígenes para doutrinas cristãs como a Trindade e a pessoa de Jesus Cristo montaram o palco para as grandes controvérsias que surgiriam um século depois da sua morte.

As obras teológicas mais importantes de Orígenes foram *Contra Celso* e *De principiis* ou *Dos princípios fundamentais*. A última contém o grande sistema da filosofia cristã de Orígenes, no qual expôs as reflexões teológicas sobre a natureza de Deus e do seu Logos, sobre a criação e sobre muitos outros assuntos. Obviamente, Orígenes escreveu muitos outros tratados, mas *Dos princípios fundamentais* é um dos grandes clássicos do pensamento cristão que afetou profundamente o curso da teologia posteriormente.

É a Orígenes que devemos o texto da polêmica de Celso contra o cristianismo. Em *Contra Celso*, Orígenes citou o livro de Celso *Da verdadeira doutrina* quase inteiro e refutou-o ponto por ponto. Orígenes chamou de "levianas e totalmente desprezíveis"[4] as objeções de Celso ao cristianismo e procurou demonstrar a superioridade da sabedoria das Escrituras em relação à filosofia grega. Contra Celso, Orígenes asseverou que "para os que têm olhos para contemplar o caráter venerável das Escrituras, os escritos sagrados dos profetas contêm coisas muito mais dignas de reverência do que as citações de Platão que Celso admira".[5] Naturalmente, assim como Clemente, Orígenes encontrou muita coisa de valor na filosofia grega e

---

[3] Ibid., p. 27-8.
[4] 68 *ANF* 4.
[5] Ibid., 6.18.

também admirava a filosofia de Platão. Entretanto, especialmente quando argumentou contra Celso, Orígenes quis enfatizar que a filosofia grega e Platão eram apenas prenúncios da verdade maior e mais plena que se encontra na revelação divina.

Segundo Orígenes, a filosofia é incapaz de produzir um conhecimento salvífico de Deus, porque "nela a falsidade está inextricavelmente misturada à verdade".[6] Apesar disso, concordou que a própria teologia cristã é um tipo de "filosofia divina" que supera e substitui todas as demais filosofias e que pode usá-las como servas da tarefa de levar às pessoas um conhecimento verdadeiro de Deus e da salvação.

Orígenes empregou uma analogia do AT para ilustrar a atitude cristã correta diante da filosofia grega. Como o povo hebreu que levou consigo bens dos egípcios no Êxodo, o povo de Deus sempre teve permissão de usar os "despojos egípcios", tomando emprestada a verdade de fontes pagãs, quando era útil para esclarecer o significado das Escrituras e transmitir o evangelho a pagãos interessados. Desde Orígenes, "despojar os egípcios" tornou-se lugar-comum na teologia para o emprego cristão de ideias pagãs ou seculares.

Contra Celso, portanto, Orígenes alegava que a verdade cristã não está em conflito total com a filosofia grega em todos os aspectos, mas vai muito além dela nos seus conceitos e especialmente na sua capacidade de identificar uma manifestação histórica específica da bondade divina: Jesus Cristo. Um exemplo típico da refutação de Orígenes é a resposta à alegação de Celso de que Jesus Cristo era apenas um mágico, como muitos outros, não Deus, como os cristãos alegavam. A Celso, Orígenes respondeu:

> Haveria realmente uma semelhança entre eles, se Jesus, como os praticantes das artes mágicas, tivesse realizado suas obras apenas para se mostrar; mas não existe um único prestidigitador que, em seus procedimentos, convida os espectadores a mudar seu comportamento, que treina no temor a Deus os que ficam atônitos diante do que veem ou que procura persuadi-los a viver como homens justificados por Deus.[7]

Em sua última análise, como prova da verdade do cristianismo, Orígenes apelou ao fato histórico da ressurreição de Jesus, à vida e à morte dos apóstolos e, acima de tudo, à "manifestação do Espírito e do poder" em toda a história do povo de Deus. Fica evidente que para Orígenes não havia uma prova ou argumento que sozinho pudesse vencer as objeções e o ceticismo de Celso. Mas havia uma série de ideias e fatos que, entremeados, se constituía num argumento sólido em favor

---

[6] CROUZEL, *Origen*, p. 158.

[7] *Against Celsus* 68.

da veracidade do cristianismo e da sua superioridade em relação às filosofias e mitologias gregas e romanas. No fim de *Contra Celso*, ficamos com a impressão de que Orígenes, no mínimo, elevou o cristianismo a um nível intelectual confrontando a "verdadeira doutrina" (filosofia grega) de Celso e tornou impossível, a partir de então, a qualquer pessoa declarar o cristianismo uma religião folclórica que só servia para os ignorantes e supersticiosos.

Orígenes trata da fé e da razão

Orígenes é, frequentemente, interpretado erroneamente como um cristão racionalista ou intelectual que colocou a razão e a filosofia antes da fé. Esperamos já ter escrito o suficiente aqui para dissipar essa falsa noção. Orígenes pode ter sido um intelectual, mas quando se tratava da teologia, enfatizava os papéis da revelação divina e da fé pelo menos tanto quanto os papéis da filosofia e da razão. Para o cristão, o arrazoamento a respeito de Deus e da salvação deve ocorrer dentro do compromisso de fé e isso inclui a aceitação da veracidade da tradição da igreja e principalmente dos ensinos dos apóstolos. Como Clemente, Orígenes reconhecia e aceitava verdades fora das Escrituras, mas rejeitava a possibilidade de que uma verdade entrasse em conflito com a revelação divina. Como Tertuliano e quase todos os teólogos da igreja primitiva, inconscientemente, acabou aceitando e ensinando algumas ideias que parecem mais consistentes com a filosofia e cultura pagãs do que com os ensinos de Moisés e de outros profetas e de Paulo e de outros apóstolos. A igreja como um todo, posteriormente, julgou que esse era realmente o caso e condenou Orígenes como herege. Entretanto, em sua descrição propriamente dita da "filosofia divina" da teologia cristã, Orígenes promovia rigorosa lealdade às Escrituras e à tradição apostólica e argumentava que a especulação além delas só é permitida quando mantém a consistência com elas.

O problema é que Orígenes estava profundamente envolvido em especulações que, por vezes, o levaram a conclusões abertamente antibíblicas. Por exemplo, Orígenes especulou por que Paulo escreveu em Romanos que Deus "odiava Esaú" antes de este ter nascido ou feito qualquer coisa boa ou má. Em vez de optar por explicá-lo em termos de preordenação e eleição divina (Orígenes acreditava firmemente no livre-arbítrio), apelou para a ideia grega da preexistência da alma.[8] De acordo com Orígenes, todas as almas vêm para o mundo a partir de um estado espiritual preexistente no qual fizeram escolhas livres de obediência ou desobediência a Deus. Somente a alma humana de Jesus sobreviveu com inocência a esse período preexistente de provação e por isso o Jesus humano na terra foi

---

[8] *De principiis* 3.1, *ANF* 4.

impecável: não porque era divino, mas porque não pecou na sua preexistência. Esaú deve ter cometido um pecado especialmente grave e essa falha antes de seu nascimento explica por que Deus o "odiava" antes que nascesse ou fizesse qualquer coisa boa ou má. A consequência natural é, logicamente, que Jacó deve ter vivido virtuosamente e obedecido a Deus antes do nascimento. Segundo Orígenes, tal provação pré-mortal e espiritual explica por que os seres humanos vêm ao mundo em condições tão desiguais. É a visão dele para o que algumas religiões orientais chamam de "carma". Essa especulação parecia inocente e até mesmo útil a Orígenes, mas ela explica por que alguns cristãos o consideravam herege.

A mesma tendência para a especulação além da revelação aparece na grande esperança de Orígenes na *apokatastasis* (reconciliação final). Como sempre, ele começou a explicação e defesa de sua ideia fazendo uma referência às Escrituras. Neste caso, estava tentando explorar e explicar o que Paulo quis dizer quando escreveu, em 1Coríntios, que no fim Deus será "tudo em todos" (15.28). Influenciado em parte pelas ideias filosóficas gregas da existência e da unidade como coisas inseparáveis, Orígenes interpretou essa afirmação como implicação da perfeição e bem-aventurança final de toda a criação, que repousará em Deus sem o menor indício do pecado, do mal ou até mesmo da tentação. Embora não chegasse ao panteísmo escatológico (a criação unificada ao próprio Deus), Orígenes confirmou a união de Deus com toda a criação na consumação do plano de Deus. Não está totalmente claro se Satanás estaria incluído nela. Durante séculos, os críticos argumentam que Orígenes acreditava na salvação do próprio Satanás e dos demônios e na inclusão deles na grande restauração e assim ensinava. Entretanto, alguns estudiosos asseveram que o próprio Orígenes, em algumas de suas cartas, negou ser dessa opinião e declarou que se tratava de um boato espalhado contra ele por seus inimigos.[9] Seja qual for a verdade no tocante à esperança de Orígenes em favor de Satanás, parece que ele realmente aceitava e ensinava um universalismo da salvação das "almas racionais" humanas no fim do mundo. Numa declaração clássica dessa grande esperança, Orígenes escreveu que, no fim da história,

> Deus será "tudo", porque já não haverá mais distinção entre o bem e o mal, posto que o mal não existe em nenhum lugar; pois Deus é todas as coisas e dele o mal não se aproxima. Também não haverá nenhum desejo de comer da árvore do conhecimento do bem e do mal por parte daquele que sempre está de posse do bem e para quem Deus é tudo. Quando, portanto, o fim for restaurado ao princípio, será restabelecida a condição das coisas na

---

[9] CROUZEL, *Origen*, p. 257ss.

qual foi colocada a natureza racional, quando não havia necessidade de comer da árvore do conhecimento do bem e do mal; de modo que, quando todo sentimento de iniquidade for eliminado e o indivíduo for purificado e ficar limpo, aquele que é, somente ele, o único Deus bom se torna para ele "tudo", e não se trata de alguns indivíduos ou de vários, mas ele mesmo é "o todo". E quando a morte já não existir em nenhum lugar, nem o aguilhão da morte, nem qualquer mal, então verdadeiramente Deus será "o todo".[10]

Aqui, como em tudo o mais, Orígenes baseou a sua interpretação tanto na especulação tirada da filosofia grega como na exegese bíblica. O neoplatonismo, por exemplo, enfatizava a unicidade da existência, de modo que o ser último — Deus — teria de ser o Uno absolutamente indiferenciado. Parece que Orígenes acreditava que, para que Deus fosse Deus, ele precisava reconciliar tudo em si. Não poderia haver um dualismo ulterior da realidade — o bem e o mal. Seria um desafio eterno à existência de Deus como criador e unificador de tudo. Essa lógica parecia impulsionar Orígenes para a salvação até mesmo de Satanás, embora talvez não tenha afirmado isso realmente.

As reflexões teológicas de Orígenes começaram com os papéis apropriados da fé e da filosofia que, como já foi visto, segundo ele, estariam intimamente ligados, embora a revelação divina e a fé tivessem a primazia. Pelo menos era essa a intenção e o método de Orígenes. Quando se voltou às Escrituras e à interpretação delas, Orígenes demonstrou suas verdadeiras características alexandrinas ao enfatizar o significado espiritual de boa parte delas e o método alegórico da sua interpretação. Sem imitar cegamente Filo ou Platão, Orígenes recriou fielmente as abordagens hermenêuticas deles e deu pouco valor ao significado literal histórico do AT embora tenha encontrado ali riquezas de verdades evangélicas ocultas em símbolos e alegorias.

A interpretação alegórica das Escrituras segundo Orígenes

Assim como Filo, seu antecessor, Orígenes identificou três níveis de significado nas Escrituras e três maneiras de compreendê-las e de interpretá-las. Os três níveis correspondem aos três aspectos da pessoa humana: do corpo (físico), da alma (racional e ético) e do espírito (relacionado à salvação no sentido mais sublime).

O significado corpóreo de um texto é sua referência literal e Orígenes admitia que existiam coisas úteis nesse nível. Por exemplo, uma parte da legislação dada por Deus por intermédio dos profetas é instrutiva e útil para os cristãos. Um exemplo disso, logicamente, são os Dez Mandamentos.

---

[10] *De principiis* 3.6.

O significado da alma de um texto é a sua relevância moral. Orígenes argumentava que, em muitos casos, a história bíblica oferece um princípio ético e moral subjacente ao significado literal e histórico. As proibições no AT de comer determinados alimentos realmente se referem à prática moral de não se associar a pessoas malignas.

Finalmente, para Orígenes, o nível mais importante de significado das Escrituras é o do espírito, que também é místico e quase sempre se refere, de modo enigmático, a Cristo e ao relacionamento do cristão com Deus. O significado místico espiritual está sempre presente, ainda que não seja explorado e reconhecido, e a tarefa do exegeta cristão é esforçar-se para descobri-lo. Na maioria das vezes, ele revela alguma coisa a respeito da *theosis*, ou divinização, como o alvo final da salvação e do viver cristão.

Um dos propósitos de Orígenes na interpretação alegórica era aliviar a pressão insuportável imposta aos cristãos por céticos como o escritor pagão Celso, que ridicularizou muitas histórias do AT por considerá-las absurdas e impróprias de Deus. As qualidades e especialmente a ira de Deus retratadas de maneira semelhante às dos seres humanos foram fortemente criticadas e ironizadas. Muito tempo antes de Orígenes, ou até mesmo de Clemente, é claro, o estudioso judaico Filo já tinha estabelecido a tendência em Alexandria de aliviar essa pressão. As passagens desse tipo, que pareciam descrever Deus em termos impróprios ao Ser Divino, não devem ser entendidas literalmente. São, por exemplo, antropomorfismos nos quais Deus é descrito, em figuras de linguagem humanas, como tendo mãos e pés. Ou são alegorias nas quais Deus é descrito em linguagem figurada como tendo certas emoções humanas que os gregos consideravam totalmente contrárias à *apátheia* (serenidade e autossuficiência divinas). Orígenes juntou-se a Celso ao ridicularizar e considerar absurdas e impossíveis as interpretações literais de muitas passagens desse tipo.

Um exemplo da interpretação figurada usada por Orígenes para aliviar a tensão relacionada à doutrina cristã de Deus encontra-se no seu tratamento de linguagem bíblica a respeito da ira divina. Celso e outros críticos gregos de tradição bíblica (judaica e cristã) argumentaram que a ira é imprópria ao ser divino, visto que a divindade é absoluta e não pode ser forçada, pelas criaturas, a ter explosões emocionais. Semelhante deidade seria por demais semelhante aos deuses do Olimpo, caprichosos, imprevisíveis e cheios de defeitos humanos. Orígenes concordou. Em *Contra Celso* escreveu: "Falamos, de fato, da 'ira' de Deus. Não asseveramos, porém, que isso indica alguma 'paixão' da parte dele, mas que é alguma coisa adotada a fim de disciplinar por meios severos os pecadores que cometeram pecados numerosos e graves".[11] Ele continua, comparando declarações bíblicas a respeito de narrativas

---

[11] 4.72.

que retratam a ira de Deus com a linguagem bíblica sobre Deus dormindo. Se uma é figurativa, por que a outra não seria? Segundo Orígenes, então, qualquer declaração bíblica que entrasse em conflito com o que é apropriado para Deus deveria ser interpretada figuradamente e (caso fossem narrativas) alegoricamente. Se Deus não pode realmente dormir, também não pode experimentar paixões como a ira.

Esse pressuposto parecia óbvio para Orígenes e só poderia ser assim porque, como a maioria dos demais pais da igreja e teólogos do Império Romano, ele foi indevidamente influenciado pelo teísmo filosófico grego da tradição platônica que tentava remover da deidade tudo que fosse considerado imperfeito ou próprio das criaturas. Em muitas questões, Orígenes queria tomar uma posição firme contra a cultura e a filosofia gregas,[12] mas na doutrina dos atributos parecia capitular prontamente às suposições metafísicas gregas a respeito da emoção como prova da imperfeição.

Apesar de um método de interpretação bíblica que hoje muitos considerariam um tratamento leviano das Escrituras, Orígenes realmente tinha no mais alto conceito os escritos proféticos e apostólicos. Embora quase certamente não acreditasse na "inerrância" das Escrituras e embora as interpretasse livre e figuradamente, também afirmou inequivocamente que Deus é o autor das Escrituras e até mesmo tratava os autores humanos como porta-vozes ou secretários do Espírito Santo. Ele considerou sua própria interpretação alegórica do AT justificada devido ao emprego pelos apóstolos da Bíblia hebraica. Paulo, por exemplo, interpretou a proibição no Pentateuco de amordaçar os bois enquanto trilhavam os grãos como uma referência à própria liberdade para receber dádivas e ofertas para o sustento do seu ministério. Além disso, em Gálatas, Paulo interpretou a história de Abraão, Sara e Hagar de modo alegórico. Orígenes não tinha a menor intenção de tratar as Escrituras como algo que não fosse totalmente confiável. Sua preocupação era apenas remover, por meio da interpretação alegórica ou figurada, o que considerava um falso obstáculo colocado no caminho dos pagãos cultos pela interpretação literalista.

A doutrina de Deus segundo Orígenes

A doutrina de Deus segundo Orígenes é uma das mais plenamente desenvolvidas e complexas da história da teologia cristã. É tão profunda quanto desconcertante. Como nas Escrituras, Deus era o estopim das controvérsias entre intelectuais

---

[12] Por exemplo, Orígenes acreditava na criação do mundo a partir do nada (*creatio ex nihilo*) contra a preponderância do pensamento grego e na ressurreição dos corpos, que também era anátema para a maioria dos gregos cultos.

cristãos, como Orígenes, e intelectuais gregos e romanos, como Celso. Este e muitos outros consideravam os ensinos cristãos a respeito da deidade irremediavelmente primitivos e contraditórios. Perguntaram como alguém podia acreditar que o único Deus do universo, que criou e sustenta todas as coisas, nasceu bebê. Quem dirigiu o universo durante a infância de Deus? É claro que Orígenes não foi o primeiro a tentar dar uma resposta. Foi, porém, um dos primeiros a oferecer uma explicação sistemática da crença cristã a respeito de Deus e de Jesus Cristo e do relacionamento entre eles, com o propósito de derrotar tais objeções. Nesse processo, turvou e clareou as águas da doutrina cristã tanto que, décadas após a sua morte, seu legado perturbador nessa área irrompeu na maior controvérsia da história da teologia cristã.

Muitas coisas parecem óbvias e resolvidas para os cristãos dezesseis ou dezessete séculos depois da era de Orígenes. Ficamos tentados a perguntar como era possível que tantas ideias luminosas e tantos sinais confusos a respeito de Deus e de Jesus Cristo emanassem da mesma mente. Um ou dois séculos após a morte de Orígenes, tanto os arqui-hereges quanto os campeões da ortodoxia apelaram a ele como mentor e encontraram nos seus escritos declarações em seu favor. Por mais rigoroso e sistemático que fosse a sua forma de tratar dos temas doutrinários, Orígenes conseguia, às vezes, cair em contradições tão frustrantes, que só nos resta sacudir a cabeça, desnorteados. Por um lado, Orígenes nunca se cansou de afirmar e asseverar, em termos bem claros, a divindade absoluta do Logos que se tornou Jesus Cristo como eterna e igual à do Deus Pai. Por outro lado, ele repetidamente também caiu na armadilha do subordinacionismo, a tendência de reduzir o Logos a algo inferior ao Pai. O Espírito Santo foi negligenciado, e quase que totalmente desconsiderado, nas cogitações trinitárias de Orígenes.

O ponto de partida para tentar compreender a doutrina de Deus proposta por Orígenes e por que ela se tornou um legado perturbador para a igreja são suas opiniões a respeito da natureza e dos atributos de Deus. Para ele, Deus é Espírito e Mente, simples (destituído de partes), incorpóreo, imutável e incompreensível. Deus é "substância simples": sem corpo, partes ou paixões.[13] Obviamente, Orígenes tinha muito mais para dizer a respeito de Deus, mas essa declaração é suficiente para mostrar a influência do platonismo médio ou até mesmo do neoplatonismo sobre seu modo de pensar.

Um dos principais argumentos de Celso contra o cristianismo era que a encarnação necessariamente atribuiria a imperfeição a Deus. Se Deus "veio" aos seres humanos, então necessariamente mudou, para pior! Mas Deus não pode passar

---

[13] *De principiis* 1.

por nenhuma transformação, seja para melhor ou para pior, de acordo com Celso e com todos os demais pensadores gregos (especialmente os platônicos). Orígenes recusou-se a abrir mão das duas afirmações cruciais da doutrina cristã: que Deus é uno e perfeito de todas as maneiras (e Orígenes até mesmo reforçou essa declaração usando a filosofia platônica) e que Jesus Cristo é Deus. Os poucos intérpretes incultos de Orígenes que alegam que ele não ensinava a plena e verdadeira divindade do Filho, Jesus Cristo, simplesmente estão errados. Orígenes, em todas as obras, frequentemente se referia a Jesus Cristo como o "Verbo Divino, que é Deus". O que poderia ser mais claro do que esta declaração em *Dos princípios fundamentais*: "O que faz parte da natureza da deidade é comum ao Pai e ao Filho".[14] Então, como ele respondeu às perguntas e acusações de Celso e da sua laia?

O conceito do Logos segundo Orígenes

Em primeiro lugar, Orígenes procurou solucionar os enigmas das doutrinas de Deus e da encarnação explorando ao máximo o conceito do Logos. Em segundo lugar, Orígenes rejeitou qualquer mudança ontológica real na deidade, e até mesmo no Logos, no processo da encarnação: "Pois, permanecendo imutável em essência, ele condescende aos assuntos humanos pela economia da providência".[15] As duas afirmações tornaram-se patrimônio do pensamento cristão, especialmente no Oriente, a partir de então. Porém, ao mesmo tempo, ambas foram expressas por Orígenes de uma forma que gerou interpretações muito diferentes e até mesmo heresias e cismas.

Para Orígenes, o Logos era a chave para tornar inteligível a crença cristã em Deus e, ao mesmo tempo, a crença na encarnação de Deus na forma humana de Jesus Cristo. O Logos é o "espelho imaculado" (a imagem perfeita) de Deus e seu "rebento" (como um raio do sol), que sempre esteve com o Pai e no Pai como seu Verbo (expressão). O Logos é eternamente gerado ou criado pelo Pai e, segundo Orígenes, não existe absolutamente nenhuma dessemelhança entre o Pai e o Verbo.

Orígenes nunca se cansou de enfatizar que o Logos/Verbo é o próprio Filho de Deus e que ele não foi, de modo algum, criado ou gerado no tempo. Isso é irônico visto que Ário, o arqui-inimigo da doutrina da Trindade no século IV, atribuiu a Orígenes a origem da sua ideia de subordinacionismo do Filho na qual declarou que "havia tempo quando o Filho não existia". Qualquer pessoa que leia com cuidado os escritos de Orígenes não pode deixar de notar suas declarações contundentes a respeito da eternidade do Logos, o Filho, com o Pai. Referindo-se à "geração"

---

[14] Ibid.
[15] *Against Celsus* 4.14.

ou "criação" do Filho pelo Pai, escreveu que o Filho é igual a Deus Pai porque "essa geração é tão eterna e perpétua quanto o brilho que é produzido pelo sol. Não é, pois, pelo sopro de vida que ele é feito Filho, nem por qualquer ato externo, mas por sua própria natureza".[16] E Orígenes declarou a respeito do Logos que "não havia [tempo] quando ele (o Filho) não existia".[17] No tocante à Trindade inteira e a todas as três pessoas que ela contém, Orígenes escreveu que "nada na Trindade pode ser chamado maior ou menor, posto que a fonte da deidade, por si só, contém todas as coisas pelo seu verbo e razão, e pelo Espírito da sua boca santifica todas as coisas que são dignas de santificação".[18]

Outrossim, Orígenes viu um propósito importante em explorar e esclarecer a ideia do Logos porque servia para demonstrar como Deus, que transcende o mundo, podia se relacionar ao tempo e à história pela encarnação. Pois que o Logos, embora eterno e igualmente divino, deve de alguma maneira estar subordinado a Deus Pai. Orígenes atribuiu forte caráter de subordinação à segunda e terceira pessoas da Trindade, até mesmo na "Trindade imanente" antes da criação, afirmando que o Pai é a fonte de toda a deidade e que eles derivam do Pai toda a sua existência e virtudes divinas. Um ótimo exemplo dessa subordinação eterna do Logos e do Espírito aparece quando Orígenes disse: "Dizemos que o Salvador e o Espírito Santo superam todas as criaturas incomparavelmente, de uma maneira totalmente transcendente, mas que são superados pelo Pai da mesma forma ou ainda mais do que superam os outros seres".[19]

Segundo parece, somente o Logos, não o Pai, podia se tornar encarnado, porque embora de certa forma seja apropriado ao Logos entrar no tempo e na história, não o é para o Pai. Entretanto, nem mesmo o Logos sofreu uma transformação real ao se tornar humano em Jesus Cristo. Parte da solução de Orígenes para essa questão encontra-se na especulação a respeito da alma humana preexistente de Jesus.

Embora seja muito difícil interpretar Orígenes nessa questão, ao que parece, ele acreditava que Deus preparou uma substância-alma que se encontra entre a deidade e a carne humana, e conferiu-lhe o Logos antes do nascimento de Jesus em Belém, de modo que a "encarnação" realmente começou na preexistência. A razão e o propósito dessa especulação é explicar como um ser divino, mesmo que estivesse de alguma maneira subordinado a Deus, era capaz de se unir à carne e ao sangue sem ser maculado pela imperfeição. A introdução de realidades intermediárias

---

[16] *De principiis* 1.
[17] Apud Crouzel, *Origen*, p. 187.
[18] *De principiis* 1.
[19] Apud Crouzel: *Origen*, p. 203.

preexistentes servia para tornar essa ideia inteligível dentro do arcabouço do pensamento grego. O Logos uniu-se à alma humana, ambos cresceram no estado preexistente e, então, essa união se tornou o Deus-homem em Jesus Cristo através da virgem Maria:

> Essa substância da alma, então, tornando-se intermediária entre Deus e a carne — visto que era impossível para a natureza de Deus misturar-se a um corpo sem um instrumento intermediário —, o Deus-homem nasce, como dissemos, na substância sendo um intermediário cuja natureza não era contrária à tomar para si um corpo.[20]

O "instrumento intermediário" que encarnou, portanto, era a realidade composta pelo Logos divino (uma coisa ou pessoa eterna, mas, de certa forma, inferior ao Deus Pai) e pela alma racional e preexistente de Jesus. A alma preexistente de Jesus era tão unida ao Logos quanto o ferro à brasa. Era divinizada, embora criatura e, por esse motivo, o instrumento perfeito para a vinda do Verbo sem mudança à existência humana.

A segunda consideração de Orígenes é que, até mesmo na encarnação — durante toda a existência humana terrestre de Jesus Cristo —, o Logos divino em si nunca experimentou uma alteração real. Somente o corpo e a alma humana de Jesus sofreram e morreram. O Logos divino assumiu a existência humana, mas não foi maculado pela imperfeição da criatura. Orígenes disse a respeito de Jesus Cristo: "Nós o consideramos um homem distinto de todos os outros por sua comunhão íntima com o Verbo Eterno".[21]

Muitas perguntas surgem no tocante à teologia de Orígenes. Uma das mais importantes é: ele realmente tratou a encarnação adequadamente? Jesus Cristo é tratado como "verdadeiro Deus e verdadeiro homem" na teologia de Orígenes? Por um lado, não há dúvida de que Orígenes considerava divino o Logos, o Filho de Deus, que encarnou em Jesus Cristo, mesmo que de certa forma subordinado ao Pai desde a eternidade. Por outro lado, não está claro se, e até que ponto, ele realmente considerava que Jesus Cristo era "Deus" na sua existência terrestre. Era um homem em "comunhão íntima com o Verbo Eterno [Logos]", mas era Deus?

O que parece ter impedido Orígenes de afirmar absoluta e inequivocadamente a divindade de Jesus Cristo foi seu compromisso anterior à ideia grega de a natureza divina ser simples, imutável, impassível e imperturbável pelo tempo ou pela emoção (*apátheia*). Essa ideia de Deus propagou-se e praticamente tornou-se um

---

[20] *De principiis* 2.
[21] Against Celsus 7.16.

sinônimo do "teísmo cristão" no cristianismo ortodoxo e católico, mas as soluções específicas de Orígenes para torná-la inteligível bem como a afirmação da encarnação (da divindade de Jesus) foram rejeitadas. Isso parece um pouco injusto. Um pai da igreja posterior, que pessoalmente tinha pouco a oferecer no que se refere a explicações coerentes de crenças cristãs, acusou Orígenes de ser a origem de praticamente todas as heresias que apareceram para atormentar a igreja nos séculos IV e V. Um dos defensores modernos de Orígenes observa que "foi o progresso da teologia que fez Orígenes parecer um herege", porque ele não foi capaz de prever as heresias que surgiram e nem de respondê-las antecipadamente e porque ingenuamente usou algumas expressões às quais, posteriormente, os teólogos dariam um sentido herético.[22]

A salvação segundo Orígenes e o seu legado

Até o momento, pouco se disse a respeito da doutrina da salvação de Orígenes e isso porque nela não aparece nada de especificamente novo. Assim como outros pais eclesiásticos de seu tempo, Orígenes enfatizava a salvação como um processo de transformação na imagem de Deus e, finalmente, na participação parcial da própria natureza de Deus, chamada *theosis*, ou divinização. Também de modo semelhante a todos os demais pais da igreja e teólogos de sua época e de antes, Orígenes considerava esse processo sinérgico. Isto é, enfatizava a livre participação da pessoa humana e *também* a total necessidade da graça de Deus, fosse qual fosse sua predestinação ou as decisões de sua livre-escolha.

Toda a ala oriental da cristandade tendia a seguir a descrição da salvação oferecida por Orígenes, aceitando o sinergismo e a divinização como conceitos fundamentais da sua soteriologia. Na teologia ortodoxa oriental, a graça de Deus permite ao ser humano dar uma resposta, mas esta deve ser espontânea e não coagida. Além disso, a salvação é considerada um processo vitalício de transformação gradual, no qual a vontade e a energia humanas cooperam livremente com a graça divina na esperança de que um dia a pessoa reflita a glória e participe da natureza imortal de Deus.

Na história da teologia cristã, Orígenes é vilão ou herói? Na realidade, há bem poucas personagens tão bem resolutas quanto ele. A maioria dos participantes é mais apagada; e determinar exatamente seu papel depende muito da percepção e do julgamento teológico.

O simples fato de Orígenes ter sido condenado como herege por um concílio no século VI, envolvido em todos os tipos de rixas político-teológicas, pouco ou nada diz a respeito da verdadeira ortodoxia cristã do próprio Orígenes. Os protestantes,

---

[22] CROUZEL, *Origen*, p. 171, 174.

em especial, devem evitar rejeitá-lo unicamente por essa razão. Muitos heróis protestantes foram condenados como hereges em vida e depois da morte.

A contribuição de Orígenes, assim como a de tantos outros nessa história, é uma mistura de características positivas e negativas. Em termos de influência em geral, ele vem depois de Ireneu e antes de Agostinho. Foi, de muitas formas, o modelo de um grande intelectual cristão e sacrificou sua vida a serviço da fé. Em contraposição, seus ensinos ambíguos a respeito de Deus, da Trindade e de Jesus Cristo deixaram um legado perturbador que acabou irrompendo numa guerra civil dentro da igreja. Embora não deva ser culpado por isso, é passível de crítica por não ter enxergado as inconsistências evidentes de seu sistema, causadas em grande parte pela aceitação cega das ideias gregas sobre a existência divina e a imperfeição das criaturas.

7
Cipriano de Cartago promove a unidade

Quem é Cipriano? Muitos leitores, até certo ponto familiarizados com a história da teologia cristã, podem muito bem estar se perguntando por que um capítulo inteiro da versão desta história está sendo dedicado a uma pessoa geralmente ignorada ou apenas citada rapidamente nos estudos da história eclesiástica e da teologia histórica. Embora Cipriano de Cartago não tenha sido um dos grandes pensadores originais da teologia cristã e nem um gênio da teologia especulativa ou polêmica — e por isso não se pode compará-lo com Orígenes ou Tertuliano —, seu papel no desenvolvimento do cristianismo organizado é marcante.

Cipriano viveu, trabalhou e escreveu num momento crucial da vida do cristianismo. Sua contribuição encontra-se não em uma ideia ou síntese da filosofia e da revelação divina completamente nova, mas em suas ideias a respeito da liderança e em sua própria liderança na igreja em um período de grande perseguição, rixas, cisma e heresia dentro do cristianismo. Em um período no qual os líderes cristãos em geral procuravam não se colocar em evidência a fim de evitar a perseguição e quando os hereges e cismáticos dividiram a igreja, Cipriano subiu ao palco e exerceu e ensinou um estilo de liderança cristã que se tornou normativo na igreja católica e ortodoxa por mil anos e que continua sendo a visão básica da estrutura e liderança eclesiásticas no ramo católico romano do cristianismo, embora a maioria dos protestantes a rejeite.

A relevância de Cipriano

Em linhas gerais, Cipriano padronizou o papel do bispo dentro da Grande Igreja e tornou-o absolutamente essencial para a eclesiologia (doutrina e vida da igreja) do cristianismo católico e ortodoxo. A vida e o pensamento de Cipriano é, de muitas maneiras, a resposta à pergunta frequentemente feita: "Como a igreja cristã tornou-se católica?". Ou seja, as ideias de Cipriano a respeito do cargo de bispo contribuíram grandemente para fazer do cristianismo, tanto o oriental como o ocidental, uma hierarquia espiritual altamente estruturada.

Obviamente, como já foi dito, Cipriano não inventou essa eclesiologia (que seria mais bem descrita como episcopal, segundo a palavra grega *episkopos,* que significa "bispo" ou "superintendente"). Ela foi desenvolvida muito tempo antes de Cipriano ter aparecido em cena. Aliás, Cipriano tem sido frequentemente chamado "o Inácio do Ocidente" por causa de sua ênfase em relação aos bispos e à obediência dos cristãos a eles. O que existe de relativamente novo em Cipriano é a real equiparação da igreja em si com a comunidade dos bispos. Para ele, qualquer pessoa que tentasse viver, adorar ou ensinar como cristão sem a sanção de um bispo devidamente ordenado na sucessão apostólica estaria criando o próprio cisma e deixando para trás a igreja de Jesus Cristo. E, para Cipriano e todos quantos com ele concordassem, isso seria gravíssimo porque, como ele nunca se cansava de dizer: "Quem não tem a igreja como mãe não pode ter Deus como pai" e "fora da igreja não existe salvação".

A relevância de Cipriano na história da teologia encontra-se, portanto, no vínculo inovador que estabeleceu entre a eclesiologia e a soteriologia — entre a doutrina da igreja e a doutrina da salvação. Esse vínculo girava inteiramente em torno do ofício do bispo. Já nas décadas posteriores do século II e nas primeiras décadas do século III, o ofício de bispo foi crucial para a vida das congregações cristãs em geral de todo o Império Romano. Os primeiros bispos cristãos eram apenas pastores oficiais das congregações cristãs. O termo *episkopos,* que geralmente é traduzido por "bispo", significa "superintendente". Os primeiros bispos foram homens semelhantes a Timóteo, nomeados pelos apóstolos ou pelas congregações cristãs para fornecerem uma liderança espiritual. Quando irrompiam conflitos nas comunidades cristãs em Corinto e em outras cidades romanas, os bispos tidos em alta estima, como Clemente de Roma e Inácio de Antioquia, escreviam cartas conclamando os cristãos leigos a respeitar e obedecer aos bispos. No decorrer século II, no entanto, o cargo de bispo paulatinamente tornou-se um cargo administrativo no qual o ministro cristão supervisionava as necessidades espirituais e administrativas de congregações em determinada área rural ou administrativa. Frequentemente, essas "sés" (posteriormente chamadas "dioceses") ficavam nos territórios civis romanos e, por isso, em cada província ou cidade, um bispo cristão supervisionava as igrejas assim como um governador ou procônsul romano supervisiona a burocracia secular e impunha a paz e a ordem.

Especialmente durante o século III, surgiram problemas que precisavam de soluções urgentes. O que aconteceria se um bispo caísse em heresia? E se abusasse de sua autoridade? E se dois homens alegassem ser bispos do mesmo grupo de congregações cristãs e de seus respectivos ministros? Quem decidiria quem era o bispo legítimo e sob quais critérios? Na mente da maioria dos cristãos do Império Romano no século III, era tão inviável ter mais de um bispo reconhecido em uma única região para um grupo de igrejas como ter dois governadores romanos competindo para governar a mesma província. A união do império com a igreja parecia natural para muitos líderes cristãos — muito antes de se pensar em um imperador cristão.

Constantino, o primeiro imperador romano a se considerar cristão, era algo inimaginável no século III. Ao contrário, em geral, os imperadores romanos eram extremamente hostis ao cristianismo e dois em especial — Décio e Diocleciano — perseguiram os cristãos implacavelmente. Apesar disso, a união das igrejas era um ideal tão inquestionável quanto a união do império. Nem sequer passava pela cabeça dos cristãos a ideia de que as congregações ou aos pastores cristãos pudessem "cuidar dos próprios assuntos".

O que tornava a situação preocupante e exigia uma solução radical era que muitos líderes cristãos e congregações que os seguiam estavam começando a cuidar dos próprios assuntos. Em grande parte por causa da perseguição a mando de Décio em todo o Império Romano na metade do século III, alguns cristãos de Roma e da África do Norte agiram como se os bispos fossem dispensáveis e como se certos homens e mulheres espirituais ("confessores da fé") que tinham sofrido perseguição e até mesmo tortura sem negarem a Cristo pudessem simplesmente absolver outros cristãos de seus pecados e readmiti-los à comunhão plena sem qualquer permissão de um bispo. Outros cristãos alegavam que os bispos e sacerdotes que se "desviaram" (que negaram Cristo sob tortura ou ameaça da morte) não eram líderes cristãos legítimos e que seus ritos sacramentais da ordenação e do batismo eram inválidos. Ocasionalmente, sacerdotes ordenados por bispos que se desviaram, eram rejeitados pelas congregações por essa simples razão. A perseguição e a consequente confusão ameaçaram produzir o caos total no cristianismo.

Cipriano entrou em cena para acabar com a confusão e fornecer um conjunto de diretrizes que unisse todas as congregações, ministros e cada crente cristão em volta dos bispos. O resultado foi a formação da eclesiologia católica. Essa mesma eclesiologia é aceita pela Igreja Ortodoxa Oriental. É a eclesiologia básica da cristandade, comum desde os tempos de Cipriano até à Reforma protestante do século XVI. O historiador eclesiástico Hans von Campenhausen resume a relevância de Cipriano nesse respeito: "Com Cipriano, começou a linhagem de bispos 'curiais' que tentavam desempenhar seu cargo eclesiástico no estilo magisterial dos cônsules e procônsules [do império], com quem não se importava em ser comparado".[1]

A vida e o ministério de Cipriano

Cipriano nasceu com o nome de Tácio Cipriano em uma família rica de Cartago por volta do ano 200. Recebeu a melhor educação possível e alcançou uma classe

---

1 *The fathers of the Latin church*, trad. Manfred Hoffman, Stanford, Calif., Stanford University Press, 1964, p. 37.

mais alta na sociedade da África do Norte. Não se sabe exatamente qual era a sua profissão antes da sua conversão, mas é bem provável que tenha passado boa parte de seu tempo administrando as vastas propriedades da família e aproveitando a boa vida da classe alta. Sob a influência de um presbítero (sacerdote) cristão chamado Cecílio, Cipriano converteu-se ao cristianismo e abandonou as crenças e práticas religiosas pagãs tradicionais de sua família. Essa conversão aconteceu quando estava com quarenta e seis anos de idade e Tácio imediatamente mudou seu nome para Cecílio. Apesar disso, ficou marcado nos anais da história eclesiástica por seu nome de família, Cipriano.

Pouco depois da conversão, Cipriano começou a distribuir suas riquezas aos pobres — o que o tornou querido das massas oprimidas de cristãos perseguidos em Cartago e arredores. Segundo Pôncio, o Diácono (que escreveu uma hagiografia de Cipriano com o título *A vida e a paixão de Cipriano* logo após a morte do bispo), depois que Cipriano se converteu,

> abriu sua casa a todos os visitantes. Nenhuma viúva saía de lá sem receber presentes, nenhum cego ficava sem um companheiro que o guiasse, ninguém que mancasse ficava sem uma bengala, ninguém que fosse desamparado pelos poderosos deixava de encontrar um defensor que o protegesse. Essas coisas, costumava dizer Cipriano, eram um dever de todo aquele que quisesse agradar a Deus. E assim, seguindo o exemplo de qualquer bom homem e sempre imitando os mais virtuosos, tornou-se também digno de imitação.[2]

Além disso, pouco depois da conversão de Cipriano, o povo cristão de Cartago pediu a sua ordenação ao sacerdócio e, posteriormente, sua elevação à posição de bispo das igrejas da região. Cipriano serviu como bispo de Cartago de 248 até a sua execução pública pelas autoridades romanas em 258.

Essa foi uma década turbulenta na vida das igrejas de todas as partes do Império Romano, especialmente na África do Norte e na região de Cartago onde a perseguição era intensa. Em geral, as perseguições visavam aos líderes das comunidades cristãs. Assim, para evitar uma morte intempestiva e manter a liderança à distância, Cipriano refugiou-se no deserto da África do Norte por algum tempo. Embora alguns cristãos tenham-no criticado por isso, outros o defenderam justificando seu "afastamento" temporário como uma forma de não deixar os cristãos sem liderança quando a perseguição acabasse. Durante o exílio, Cipriano comunicava-se invariavelmente com suas congregações e sacerdotes por meio de cartas que secretamente entravam e saíam Cartago por um fluxo contínuo de mensageiros. Foi também

---

[2] *The life and passion of Cyprian, bishop and martyr*, 1.3, *ANF* 5.

Cipriano de Cartago promove a unidade

durante o exílio que Cipriano escreveu numerosas epístolas a bispos de todas as partes do império e trabalhou incansavelmente para manter unidas as igrejas e incitar a fidelidade e a perseverança sob grande tribulação.

Quando pareceu ter passado a pior parte da perseguição ordenada pelo imperador Décio, Cipriano voltou a Cartago e reassumiu a função pública de líder dos cristãos daquela importante cidade e região. Convidou outros bispos a frequentarem sínodos (concílios) em Cartago para dirimirem discussões sérias envolvendo a alegação dos confessores de terem o poder de perdoar pecados e as questões doutrinárias com respeito a pessoa de Cristo. Empenhou-se ativamente em uma correspondência tratando dessas e de outras controvérsias e gradualmente assumiu a posição de um importante mestre dos cristãos em todas as partes do império. Cipriano era tão honrado e respeitado que os bispos de Roma se sentiam ameaçados por ele e, ocasionalmente, criticavam-no ou até mesmo cortavam relações com ele.

Surgiu uma disputa pública entre Cipriano e Estêvão, bispo de Roma, que muitos historiadores consideram o primeiro papa, propriamente dito. O argumento questionava se um bispo deve ser destacado como supremo sobre todos os demais. Um cisma formal entre ele e Cipriano tornou-se iminente quando, então, uma nova perseguição paralisou a controvérsia. Finalmente, morreram tanto Estação quanto Cipriano, e a questão teve de ser adiada.

Além das numerosas epístolas de Cipriano, duas de suas maiores obras destacam-se por sua importância especial: *Dos desviados* e *Da unidade da igreja*. A primeira trata da questão dos cristãos que tinham negado a Cristo de alguma maneira durante a perseguição, questionando se devem ser admitidos de volta à comunhão com a igreja e, caso afirmativo, de que maneira. Essa era uma questão extremamente delicada e complexa, e Cipriano trata precisamente do ponto central dessa grande controvérsia. *Da unidade da igreja* trata da crença veemente de Cipriano de que a união visível entre os cristãos — especialmente entre os bispos — e a verdade e a salvação são coisas inseparáveis. Num período em que a igreja de Jesus Cristo estava sob ameaça de extinção, ou pelo menos de dissolução completa pela perseguição, e por causa da discórdia e da dissensão, Cipriano argumentou veementemente que, sem uma união manifesta, a igreja não existe e a salvação não é possível. Embora seus argumentos talvez pareçam forçados e um pouco estranhos para as mentes modernas e individualistas, fizeram muito sentido naquele tempo e ajudaram a criar o sentimento de que a salvação está ligada inextricavelmente à união da igreja e a união da igreja é inseparável da comunhão dos bispos.

Segundo seu biógrafo, Cipriano teve uma visão da própria morte, pouco antes de ser detido pelas autoridades romanas. A fuga de Cipriano foi planejada por seus seguidores devotos, mas assim como Sócrates da Atenas antiga e Inácio a caminho de Roma para morrer, o bispo não quis cooperar com eles e morreu de modo nobre nas mãos de um espadachim, em plena vista dos pagãos e dos cristãos igualmente. Foi imediatamente aclamado mártir pelos cristãos de toda a África do Norte e acabou reverenciado como um grande santo em todas as igrejas do império.

Naturalmente, Cipriano teve seus críticos durante a vida e também depois da morte. O bispo Estêvão de Roma vivia às turras com Cipriano porque este se recusava a reconhecer sua supremacia. Muitos dos confessores sentiam grande aversão a Cipriano porque ele criticava severamente a prática deles de declarar perdoados os cristãos relapsos e de readmiti-los à plena comunhão sem consultar qualquer bispo da igreja e nem sequer um sacerdote. Na controvérsia a respeito da questão dos relapsos, alguns consideravam Cipriano por demais brando e outros, severo demais nas suas exigências de penitência. No entanto, de modo geral, a autoridade e influência de Cipriano foi praticamente sem igual entre os cristãos no decurso do século III.

A doutrina da salvação, segundo Cipriano

Um dos aspectos mais interessantes e influentes da teologia de Cipriano é a sua doutrina da salvação. Cipriano não era um pensador especulativo do tipo de Orígenes. Escreveu bem pouco a respeito da Trindade imanente e das relações entre as três pessoas ou de sua unidade. Sua atenção voltava-se para o lado prático da teologia cristã e trabalhou incansavelmente para vincular a salvação à igreja — a soteriologia e a eclesiologia. Para ele, a salvação é um processo que começa no seio da igreja, com a conversão no batismo, e continua na igreja até à morte.

Cipriano foi um dos primeiros pais da igreja a afirmar, de modo claro e inequívoco, a regeneração batismal, a ideia de que a salvação ocorre na ocasião e por meio do batismo na água, quando é devidamente administrado por um bispo ordenado ou por seu agente autorizado, o sacerdote. O testemunho de sua conversão torna claro que considerava o batismo o ato que o despiu da sua vida antiga e lhe trouxe nova vida em Cristo. Embora atribuísse à graça de Deus toda a energia salvífica, considerava a "lavagem da água salvífica" o instrumento de Deus que o tornou "renascido" para que recebesse uma nova vida e se livrasse do que tinha sido antes. A "água do renascimento" animou-o para a nova vida com o Espírito da santidade que nela opera.[3]

Numa epístola sobre o batismo infantil, Cipriano afirmou enfaticamente que todos nascem culpados do pecado de Adão e que a culpa é limpa somente com a água do batismo. Argumentava contra seus contemporâneos que ainda rejeitavam o batismo das crianças. As crianças, ele dizia, "contraíram o contágio da morte

---
[3] *Epistle 1, To Donatus* 3, 4, *ANF* 5.

antiga, já no nascimento", e pelo batismo "recebem a remissão, não dos próprios pecados, mas dos pecados de outro [Adão]".[4]

Numa epístola a respeito de batismos conduzidos por hereges e cismáticos, Cipriano declarou que o sacerdote que batiza transmite à pessoa batizada a "remissão dos pecados" e o revestimento do Espírito Santo, mas que, se o sacerdote que batizar for herege, o efeito do batismo fica espiritualmente nulo: "Como poderia, portanto, alguém que é batizado por eles [hereges] obter a remissão dos pecados e a graça da misericórdia divina, pela fé, se não possui a verdade da própria fé?".[5] A lógica do conceito que Cipriano tinha da regeneração batismal é fornecida de modo resumido na mesma carta:

> Mas fica manifesto onde e por quem a remissão dos pecados pode ser concedida; a saber, ela é dada no batismo. Pois em primeiro lugar, o Senhor outorgou a Pedro esse poder, ele sobre quem edificou a Igreja e a partir de quem determinou e demonstrou a origem da unidade — exatamente o poder que libertava no céu tudo quanto Pedro libertava na terra. E depois da ressurreição, também, ele fala aos apóstolos, dizendo: "Assim como o Pai me enviou, eu também vos envio. E, havendo dito isto, soprou sobre eles e disse-lhes: Recebei o Espírito Santo. Se de alguns perdoardes os pecados, são-lhes perdoados; se lhos retiverdes, são retidos". Percebemos, daí, que somente aqueles que são colocados sobre a Igreja e firmados na lei do Evangelho, e na ordenança do Senhor, são autorizados a batizar e a dar remissão dos pecados; mas que sem isso nada pode ser preso ou libertado, quando não há ninguém que tenha poder para amarrar ou soltar coisa alguma.[6]

As outras reflexões de Cipriano a respeito da salvação deixam claro que ele a considerava um processo vitalício que apenas começa na ocasião do batismo. Mediante o batismo, os pecados são perdoados e o Espírito Santo é outorgado. A partir daí, o crente regenerado deve permanecer firme no caminho da fidelidade à única igreja verdadeira e às suas doutrinas, numa vida de arrependimento que se torna visível com os atos de penitência, de dar esmolas aos pobres e de jejum. A ideia de Cipriano sobre a salvação é a de rigorosa obediência aos mandamentos de Cristo. A imortalidade — o grande objetivo da salvação — depende do autocontrole e da abnegação: "Como podemos alcançar a imortalidade, senão guardando os mandamentos de

---

[4] *Epistle 58, To Fidus, on the baptism of infants* 5, ANF 5.
[5] *Epistle 71, To Jubaianus, concerning the baptism of heretics* 5, ANF 5.
[6] Ibid., 7.

Cristo mediante os quais a morte é subjugada e vencida, se ele mesmo nos adverte, dizendo: "Se quiseres entrar na vida, guarda os mandamentos?".[7]

Especialmente para o caso de o crente cometer um pecado grave, Cipriano preceituava penitências severas antes da restauração à plena comunhão da igreja e dos sacramentos. Diferentemente dos que seriam demasiadamente brandos, propunha períodos de jejum e oração e a distribuição dos bens aos pobres para receber o perdão e a restauração. Diferentemente dos que seriam demasiadamente rigorosos, preceituava a misericórdia e a renovação da comunhão, mas somente depois que o pecador provasse arrependimento e transformação interior e mudasse de vida. Na teologia de Cipriano quanto à salvação, vemos o início de um "sistema penitencial" plenamente formado. Séculos mais tarde, manuais inteiros de penitência que detalhavam atos específicos de penitência para todo tipo de pecado passariam a ser padronizados dentro das igrejas ocidentais (católicas romanas).

O que está absolutamente claro na definição de Cipriano sobre a salvação é que, se o pecador alcança a visão celestial e a imortalidade, é unicamente pela misericórdia e graça de Deus. Os seres humanos não podem obrigar a Deus, nem exigir que sua graça opere dentro deles ou em seu benefício. A despeito da polêmica posterior dos protestantes contra o sistema penitencial que se desenvolveu a partir da teologia de Cipriano, o próprio Cipriano não pode ser acusado de ensinar a justiça segundo as obras, nem a salvação mediante o próprio esforço humano. Em nenhum momento, ele sugere que uma pessoa pode merecer a salvação como recompensa pelas boas obras; apenas enfatiza que o pecador realmente arrependido, que está sendo salvo pela graça de Deus, necessariamente demonstrará o verdadeiro arrependimento por meio de seus atos. A recusa de praticá-los levaria à apostasia — a perda da graça. A cooperação com a graça de Deus no processo da salvação é, para Cipriano, simplesmente o "cristianismo prático" que evita a heresia do antinomismo, que rejeita toda a lei e o viver com moralidade, favorece a licenciosidade e tira proveito da liberdade da graça.

Outrossim, a suspeita de que Cipriano, involuntariamente, contribuiu para a tendência crescente da igreja para o moralismo e a justiça segundo as obras, não é totalmente infundada. Embora atribuísse à misericórdia e à graça de Deus toda a eficácia da salvação, vinculava totalmente a sua preservação à fidelidade ao caminho da perfeição: "Conquistar alguma coisa não é nada; o difícil é manter o que se conquistou; assim como a própria fé e o nascimento salvífico vivificam, não por serem recebidos, mas por serem preservados. Na verdade, não é o recebimento, mas o aperfeiçoamento, que preserva o homem para Deus".[8]

---

[7] *Treatise 1: on the unity of the church* 2, ANF 5.
[8] *Epistle 1, To "Confessors"* 2, ANF 5.

Se esse conceito da salvação subentende necessariamente nada menos do que a graça como um dom gratuito e a correção pelas obras, é questão de discórdia entre os protestantes e as igrejas antigas do Oriente e do Ocidente, que tendem a seguir a linha de Cipriano, em menor ou maior grau. Os protestantes do século XVI e os que vieram posteriormente chegaram a condenar qualquer sinergismo (esforço de cooperação) desse tipo na salvação e argumentam que fazer a preservação da justificação declarada por Deus depender em "conservar a fé" em termos moralistas é igual ao legalismo, e nega a salvação somente pela graça. Os que defendem a teologia de Cipriano argumentam que qualquer outra opinião que não seja a dele, leva ao antinomismo e à "graça barata".

O conceito de Cipriano sobre a unidade da igreja

Conforme foi mencionado anteriormente, uma das contribuições mais notáveis de Cipriano encontra-se na ligação inabalável que faz entre a salvação e a unidade da igreja. Como entendia que a igreja era a "indispensável arca da salvação"[9] e o "ventre materno sem o qual ninguém pode viver e respirar espiritualmente",[10] procurou estabelecer uma igreja unificada e visível como a base da salvação. Qualquer pessoa que deixa a igreja, ou a divide, não pode ser salva, pois "não pode ter as vestes de Cristo aquele que separa e divide a igreja de Cristo" e "não pode ter Deus como Pai aquele que não tem a igreja como mãe".[11]

Para Cipriano, a unidade da igreja e, portanto, a própria possibilidade da salvação reside no cargo do bispo. Assim como Pedro recebeu de Cristo o poder de redimir pecados e passou-o para seus sucessores na ordenação da sucessão apostólica, também recebeu a autoridade para ser o primeiro bispo e para manter a igreja unida, pois sem ela não há verdade, nem salvação: "Desde então, com as mudanças dos tempos e das sucessões, a ordenação dos bispos e o plano da igreja continuam progredindo, para que a igreja seja edificada com os bispos e cada ato dela seja controlado por esses mesmos governantes".[12]

Segundo Cipriano, o verdadeiro bispo é aquele que assim é reconhecido pela maioria ou totalidade dos demais bispos da cristandade na sucessão apostólica e que ensina a verdade fielmente. Não existe bispo autoproclamado. Qualquer um que se separe, de modo cismático, da comunhão e da fraternidade de outros bispos, será um falso bispo.

---

[9] Justo González, *A history of Christian thought* rev. ed., Nashville, Abingdon, 1992, p. 242. V. 1: From the beginnings to the council of Chalcedon.

[10] *On the unity of the church*, 23.

[11] Ibid., 7; 6.

[12] *Epistle 26, Ciprian to the lapsed* 1, *ANF* 5.

Ao mesmo tempo, porém, Cipriano recusou-se a reconhecer ou aceitar qualquer bispo individual como o líder de todos. Ocasionalmente, reconhecia, com certa relutância, que o bispo de Roma poderia ser o "o primeiro entre iguais", mas para ele isso não passava de um título honorífico. Quando Estevão, bispo de Roma, tentou cancelar as decisões de um sínodo de bispos convocado por Cipriano em Cartago, Cipriano simplesmente recusou-se a reconhecer sua proclamação.

A opinião do próprio Cipriano é o que González se refere como "um conceito federativo do episcopado".[13] Isto é, cada bispo funciona em harmonia com todos os demais e não existe um que esteja acima dos outros. São interdependentes e toda decisão deve ser tomada no consenso. Naturalmente, embora isso tenha funcionado relativamente bem durante a vida de Cipriano, no Ocidente Latino a tradição católica romana acabou elevando o bispo de Roma à autoridade suprema e posteriormente proclamou-o infalível. A igreja oriental, no entanto, adotou o episcopado confederado. González resume bem a opinião mantida por Cipriano e pelas Igrejas Ortodoxas a respeito da ordem e do governo da igreja:

> A unidade da igreja está no episcopado, do qual todos os bispos partilham como se fosse um bem comum. Essa unidade não é algo que deva ser acrescentado à verdade, mas, pelo contrário, é uma parte essencial da verdade cristã, de modo que, onde não há unidade, não há verdade tampouco. Sem a unidade, não há salvação. Sem ela, não existe batismo, nem eucaristia, nem martírio genuíno. No entanto, essa unidade não consiste da sujeição a um "bispo dos bispos", mas da fé, do amor e da comunhão entre todos os bispos.[14]

Isso significava em termos práticos que, segundo o modelo de Cipriano, nenhuma pessoa podia realizar de forma eficaz qualquer ato salvífico sem a autoridade de um bispo legítimo. Os "atos salvíficos" incluem o batismo, a eucaristia (a ceia do Senhor), o perdão e a restauração à igreja e outras cerimônias e proclamações importantes para a salvação eterna de um indivíduo. Quem tentar restaurar uma pessoa à plena comunhão na igreja sem a aprovação (direta ou indireta) de um bispo estará cometendo um ato contra o bispo, e a restauração é anulada. Assim declarou um sínodo sob a liderança de Cipriano em Cartago pouco antes da sua morte. Os confessores já não podiam agir sem os bispos. Foi uma grande vitória para Cipriano e para a unidade hierárquica da igreja visível, e uma derrota terrível para o sacerdócio de todos os crentes.

---

[13] Op. cit., 1.244.
[14] Ibid., p. 245.

Embora a eclesiologia de Cipriano, e sua vinculação com a salvação, tenha sofrido muitas substituições e modificações em todos os ramos da cristandade — e tenha sido inteiramente rejeitada por alguns —, ela existe até hoje. Enquanto este capítulo estava sendo escrito, foi publicada a notícia de que os cristãos luteranos e episcopais nos Estados Unidos não conseguiram encontrar uma fórmula de concórdia que permitisse a seus ministros atender paróquias de outra denominação, o que traria mais união entre eles em muitos aspectos. O problema se relacionava basicamente com a exigência dos episcopais de que os bispos na sucessão apostólica fossem imediatamente envolvidos nas ordenações luteranas e em outras funções eclesiásticas importantes. A maioria dos luteranos que votaram sobre a concordata rejeitou essa eclesiologia por ser muito católica. Para eles, o que está em jogo é o princípio protestante do "sacerdócio de todos os crentes". Embora os episcopais afirmem esse mesmo princípio, os luteranos temem que a eclesiologia que realmente praticam subverta-o. As raízes dessa eclesiologia datam de Cipriano.

O legado de Cipriano

Qual é a relevância de Cipriano na história da teologia cristã? Afirmando em poucas palavras, ele ajudou a criar a eclesiologia episcopal ortodoxo-católica que gira em torno dos bispos. É uma eclesiologia aceita pelas igrejas ortodoxas orientais e também por algumas igrejas protestantes. Ela ajudou a unificar a igreja num período de grande tribulação e cisma, mas, ao mesmo tempo, ajudou a desvirtuar o relacionamento direto do crente comum com Deus e sua capacidade de divergir e falar profeticamente com a hierarquia da igreja. Com Cipriano, o ofício de bispo na cristandade se tornaria tanto uma maldição como uma bênção. A bênção está no poder de unificar e a maldição, no poder de subjugar a iniciativa individual de divergir dentro da igreja.

O legado de Cipriano ainda é controvertido entre os cristãos. Alguns historiadores e teólogos cristãos modernos sustentam que o tipo de eclesiologia hierárquica que ajudou a levar a efeito, e que defendia em seus escritos, era necessário. Sem ele, o cristianismo corria o perigo de se dissolver em "conventículos de caráter mais ou menos sincretista".[15] Em outras palavras, heresias, cismas, fanatismos, bem como crenças e práticas estranhas ao cristianismo apostólico, predominavam de tal forma no cristianismo apostólico, que era necessário estabelecer a ordem a fim de evitar o caos e a confusão completa. Até mesmo alguns dos críticos de Cipriano dizem que é mais fácil criticar o que aconteceu por causa da influência

---

[15] Hans Leitzmann: *A history of the early church*, vol. 2, *The founding of the Church Universal* (Cleveland e Nova York: World, 1950), p. 57.

dele do que explicar o teria acontecido de outra forma. Sem a autoridade dominante dos bispos, e sem seus sínodos (reuniões oficiais) para dirimir disputas, a religião cristã teria perdido a identidade.

Outros historiadores e teólogos cristãos modernos argumentam que a solução oferecida por Cipriano para unificar a igreja foi extrema demais e que o resultado foi algo que dificilmente se reconheceria como o cristianismo apostólico. Um desses críticos diz: "No âmago desse pensamento oficial [a eclesiologia de Cipriano] a igreja se encontra como uma totalidade sacro-social, uma comunidade de ideias cristãs e do modo de vida cristão, que impõe a seus líderes um padrão de conduta 'eclesiástico' e quase político."[16] Por outras palavras, a igreja tornou-se fortemente institucionalizada segundo os padrões do Império Romano. Nesse processo, não importa o quanto tenha sido necessário, a igreja mudou para o pior. Perdeu-se a ideia do sacerdócio dos crentes, o papel dos profetas e a liberdade e a espontaneidade na adoração e na vida religiosa em geral. A verdadeira igreja, que era o local *onde o Espírito está*, tornou-se *onde o bispo está*. Nessa transição, porém, pelo menos surgiu um corpo identificável de ensinos e práticas inextricavelmente vinculado ao cristianismo e deixou de ser grande o perigo de o cristianismo se tornar compatível com toda e qualquer coisa, o que lhe teria abstraído todo o sentido.

---

[16] Hans von CAMPENHAUSEN, *Ecclesiastical authority and spiritual power in the church of the first three centuries*, trad. J. A. Baker, Stanford, Calif., Stanford University Press, 1969, p. 290.

8
O cristianismo se organiza

Um episódio importante na história da teologia cristã é a transformação da religião cristã, de uma seita relativamente desunida, pneumático-espiritual (carismática), praticamente clandestina do Império Romano, em uma instituição altamente organizada, hierárquica e visível que, no fim do século III, era um objeto que já fazia parte da paisagem do império. E logo se tornaria a religião oficial do império. A transformação aconteceu quase que inteiramente no século III, embora cada uma de suas etapas tenha raízes mais antigas. Como e por que a transformação aconteceu é o que iremos tratar agora.

Três acontecimentos importantes, juntos, foram responsáveis pela transformação do cristianismo primitivo: a formalização da estrutura organizacional hierárquica centralizada nos bispos, a formulação dos credos que resumem os princípios do que se deve crer para ser cristão e a identificação de um cânon de Escrituras cristãs. Nenhum desses acontecimentos começou e terminou no século III, mas foi nessa era que os resultados finais se tornaram praticamente inevitáveis, não em todos os pormenores, mas na forma e em linhas gerais.

As razões desses três acontecimentos e da transformação geral da igreja já foram aludidas. Agora, examinaremos a questão com mais detalhes. Em primeiro lugar, o desaparecimento dos apóstolos levou a igreja a uma crise de autoridade. Todos os cristãos concordavam que os apóstolos tinham posição e autoridade especiais para ensinar, corrigir e dirimir disputas. Até mesmo os gnósticos apelaram a uma tradição secreta transmitida por um grupo seleto de discípulos de Jesus. A igreja precisava encontrar uma forma de se governar sem os apóstolos. Essa necessidade surgiu especialmente por causa do surgimento de heresias e seitas cismáticas dentro do cristianismo do século II. Na falta de uma estrutura organizacional, qualquer pessoa podia corromper os ensinos da igreja pela persuasão e carisma. O gnosticismo, em especial, foi uma ameaça às doutrinas do cristianismo e forçou os cristãos do século II a procurar líderes poderosos para abafá-lo.

Em segundo lugar, a perseguição forçou a igreja a lidar com algumas questões que exigiam liderança forte. Quem falaria em nome dos cristãos em cada região?

Quem negociaria com o procônsul romano em cada território? Quando a perseguição terminasse, quem decidiria quais cristãos teriam licença para voltar aos cargos de liderança, como ministros e professores, e quais seriam excluídos por terem se tornado traidores da fé ao negarem a Cristo ou colaborado com as autoridades pagãs? Seriam os chamados confessores que tinham passado por cadeias e torturas? Ou uma autoridade mais formal, os bispos?

Em terceiro e último lugar, por causa do problema dos bispos que caíram em erro, a igreja foi forçada a criar uma hierarquia forte, credos e confissões de fé e um cânon de Escrituras cristãs. Se o bispo representa e dirige a igreja, e se muita autoridade espiritual está investida nesse cargo, o que se deve fazer com um bispo que comete um pecado vil ou uma heresia e que se torna traidor durante a perseguição? Esse problema, em especial, obrigou a igreja do século III a fortalecer a comunidade de bispos e levou a um governo eclesiástico regido por sínodos, ou reuniões oficiais de bispos.

Por essas e outras razões, a igreja cristã do Império Romano "organizou-se" no sentido de estruturar-se formalmente. O primeiro e, de muitas maneiras, o mais importante passo nesse sentido foi o fortalecimento da autoridade dos bispos e as reuniões de bispos chamadas "sínodos".

O papel dos bispos

No início da história cristã (fim do século I até o início do século II), cada congregação tinha um presbítero ou grupo de presbíteros e dirigia os próprios assuntos sob a sua liderança. Posteriormente, mas ainda no início da história da igreja, a maior das igrejas selecionava um só presbítero para servir como bispo — uma espécie de "superpresbítero" — e orientar e dirigir os presbíteros sob sua autoridade. Os bispos foram conquistando cada vez mais autoridade e controle à medida que as congregações individuais davam origem a novas igrejas e, em muitos casos, o bispo da igreja-mãe permanecia o bispo delas também. No final do século III, a cidade de Roma possuía quarenta congregações individuais, divididas em paróquias, todas dirigidas por um único bispo.[1] Já vimos na teologia de Cipriano a justificação teórica dessa teologia episcopal e alguns dos seus resultados. Os bispos adquiriam paulatinamente uma posição espiritual especial mediante a qual somente eles eram capacitados a declarar quem pertencia verdadeiramente à igreja cristã católica e ortodoxa — a Grande Igreja — e quem era herege ou pecador e ficava fora do alcance do perdão. Assim, os bispos ganharam realmente o poder de excomungar pessoas da igreja. A aquisição e monopólio do poder pelos bispos no século III representaram um avanço quântico na eclesiologia formal e hierárquica.

---

[1] W. H. C. Frend, *The rise of Christianity*, Philadelphia, Fortress, 1984, p. 401-2.

Essa evolução, às vezes, é chamada "clericalização da vida eclesiástica"[2] e teve grandes consequências, além de meramente estabelecer um fluxograma para a administração eclesiástica. No nível mais alto da escalada hierárquica, estava o bispo e, "uma vez eleito, sua autoridade era praticamente incontestável. Ele era o sumo sacerdote, [...] descendente dos apóstolos e investido de poderes apostólicos".[3] Abaixo do bispo, vinham clérigos de vários tipos, dispostos numa teia complexa de relacionamentos de autoridade e poder, todos governados por um conjunto crescente de "leis canônicas". Elas formavam um documento escrito, oficial, de regras e regulamentos eclesiásticos. Muitos bispos tinham departamentos inteiros trabalhando sob suas ordens, na supervisão dos assuntos diocesanos. O bispo Cornélio de Roma, que se autoproclamou papa em meados do século III, tinha 155 clérigos trabalhando sob suas ordens em Roma.[4] Alguns deles eram presbíteros (idênticos aos anciãos) e serviam como ministros e sacerdotes das congregações e como servidores do bispo na administração. Os diáconos também eram clérigos ordenados, mas, em vez de servirem como sacerdotes sacramentais, trabalhavam como supervisores das obras de caridade e também realizavam tarefas administrativas para o bispo. Alguns clérigos eram simplesmente administradores que trabalhavam para o bispo cuidando da correspondência, transmitindo mensagens para outros bispos e mantendo a organização da sé ou diocese.

À medida que a igreja se tornou mais clerical, o papel dos leigos começou a diminuir. No início do século III, era comum que cristãos leigos — crentes comuns que não tinham nenhuma função oficial de ministro — oficiassem os batismos e dirigissem os cultos, inclusive a ceia do Senhor. Muitas congregações cristãs permitiam alguma participação espontânea dos leigos. Os crentes leigos que sofreram por amor a Cristo durante a perseguição eram geralmente considerados capacitados a declarar perdoados os pecados dos outros, após a penitência apropriada. Tudo isso mudou no processo rumo ao clericalismo:

> A liturgia tornava-se cada vez mais formal e o sistema penitencial, mais específico. A administração de ambos tornou-se exclusiva dos clérigos. No início do século [III], os leigos da igreja em Cartago ainda podiam esperar ter alguma participação direta no culto, "profetizar" ou cantar alguma coisa de composição própria. Os leigos também podiam batizar e essa parece ter sido uma tradição também em Roma. Já em meados do século, a situação mudou. Cipriano não fala de leigos realizarem batismos em nenhuma das

---

[2] Ibid., p. 405-7.
[3] Ibid., p. 403.
[4] Ibid., p. 405.

muitas referências ao assunto. A celebração dos mistérios [sacramentos] era prerrogativa exclusiva dos sacerdotes.⁵

No nível mais alto do clericalismo estava o bispo: o "super-sacerdote" e o principal administrador e juiz de todos os cristãos de sua sé. Normalmente, um bispo não interferia nos assuntos dos demais. Portanto, no início do século III, o cristianismo era uma colcha de retalhos de sés e episcopados espalhados por todo o império, sem nenhuma organização visível maior. Embora um dos bispos — o bispo de Roma — alegasse certa supremacia sobre os demais, nenhum outro reconhecia a legitimidade dessa reivindicação, o que só aconteceria posteriormente. Cipriano argumentava que a unidade da igreja estava na comunhão dos bispos. Mas o que se deveria fazer se um bispo — o oficial mais alto na administração eclesiástica — cometesse um pecado vil ou heresia, ou traísse a Cristo e à sua igreja durante a perseguição? Surgiu a necessidade dos sínodos de bispos que tomassem decisões importantes em questões que afetassem mais do que uma sé e que examinassem as credenciais de bispos sob suspeita de ter cometido pecado, heresia ou traição.

O precedente para os bispos interferirem nos assuntos de outros pode ser visto na carta de Clemente de Roma aos coríntios. Em *1Clemente*, o bispo de Roma adverte severamente os membros da igreja em Corinto a cessarem e desistirem da rebelião contra os líderes nomeados. Durante o século II e no início do século III, outros bispos escreveram cartas a bispos e congregações fora de suas sés, na tentativa de corrigi-los no tocante a várias questões. Ocasionalmente, os bispos até nomeavam outros bispos quando os presbíteros de sés vizinhas eram incapazes ou se indispunham a eleger seus líderes espirituais. Um dos primeiros sínodos de bispos foi realizado em meados do século II a fim de examinar o movimento montanista e o resultado foi a expulsão formal da Grande Igreja de Montano e de todos os seus seguidores.

A primeira vez em que um sínodo de bispos excomungou um bispo aconteceu em Antioquia, no ano de 268. Pode ter ocorrido no primeiro edifício eclesiástico, ou basílica, já construído em uma cidade romana importante. A basílica em Antioquia foi edificada por volta de 256. Um grupo de bispos de sés vizinhas reuniu-se ali a fim de examinar os ensinos de um bispo chamado Paulo de Samosata. Segundo parece, Paulo ensinava uma versão da doutrina de Cristo que veio a ser chamada "adocionismo" porque explica a divindade de Jesus em seu relacionamento com Deus Pai a partir do seu batismo no rio Jordão.

Segundo o bispo Paulo, os cristãos são monoteístas rigorosos e não devem nunca insinuar a existência de mais de um Deus. Ele acreditava que a doutrina da Trindade, ainda em desenvolvimento, inclusive a eterna divindade do Filho, ameaçava o monoteísmo do cristianismo. Por isso, dizia que Jesus Cristo era um

---

⁵ Ibid., p. 407.

homem adotado por Deus como seu filho humano especial. Jesus ocupava uma posição incomparável no relacionamento com Deus, sem realmente se tornar Deus. Paulo de Samosata colocava Jesus acima dos outros seres humanos devido à sua elevação à condição de filho feita pelo Pai e abaixo de Deus devido à sua humanidade e à unicidade absoluta de Deus. A consequência, é lógico, foi a negação total da Trindade e Jesus Cristo ficou reduzido a um grande profeta. O sínodo dos bispos reunido em Antioquia em 268 condenou o ensino de Paulo e o depôs de sua condição de bispo de Samosata, uma província de Antioquia.

Obviamente, o sínodo de Antioquia não tinha "poderes" oficiais para fazer valer as suas decisões. Nenhum outro bispo ou sínodo os tinha. Os cristãos não deixavam de ser uma minoria perseguida, apesar de prosperarem, construírem basílicas e até mesmo planejarem uma grande catedral perto do palácio do imperador. Semelhantes sínodos só tinham a autoridade que lhes era outorgada pelos grupos de cristãos. Ocasionalmente, um bispo ou um sínodo apelava às autoridades romanas para que ajudassem a impor suas decisões. Era uma prática comum em todos os tipos de sociedade, inclusive nos grupos religiosos. As autoridades romanas preferiam, na maioria das vezes, ficar fora das disputas religiosas, a menos que a paz cívica estivesse em jogo. Apesar disso, em geral, os sínodos tinham grande sucesso em persuadir os cristãos comuns e seus ministros e diáconos a acolher suas decisões. A unidade da igreja estava em jogo e a maioria dos cristãos acolhia a autoridade dos bispos e dos sínodos. Paulo de Samosata foi deposto pelos próprios congregados, na ocasião da declaração de sua condenação pelo sínodo de 268. Foi uma grande vitória, não somente para a ortodoxia, mas também para a catolicidade. Felizmente, também foi uma vitória para o evangelho!

Já no fim do século III, a clericalização do cristianismo estava quase completa. A igreja, para todos os efeitos, era idêntica à comunhão dos bispos na sucessão apostólica. Embora vários grupos cismáticos, como os montanistas, gnósticos e outros, ainda existissem, a Grande Igreja, tanto ortodoxa como católica, emergia de forma cada vez mais evidente. Tudo o que faltava para consolidar sua unidade e seu poder hierárquico e livrá-la para sempre de hereges e cismas perturbadores era um único bispo supremo com autoridade absoluta sobre todos os demais e um imperador cristão que apoiaria com o peso da "espada" (força, coerção) os bispos da Grande Igreja. Esses dois avanços aconteceram nos séculos IV e V, de modo que, já em 455, no grande Concílio de Calcedônia, as influências cruciais na decisão quanto a verdadeira doutrina e o verdadeiro governo da igreja foram o imperador e o papa — o bispo de Roma.

As regras da fé

Quando os bispos julgavam, individualmente ou em sínodos, o que era teologicamente correto, que padrões ou critérios empregavam? Conforme foi observado, até essa época ainda não havia nenhuma Bíblia cristã aceita por unanimidade. A decisão de que os ensinos de Paulo de Samosata a respeito de Cristo eram heréticos não foi uma simples questão de conferir as principais passagens das Escrituras e comprovar como eles as violavam. Não estamos dizendo com isso que os bispos no século II e III nunca apelavam às Escrituras. Certamente o faziam. Apelavam à Bíblia hebraica — normalmente interpretada de forma um tanto simbólica e alegórica — e a vários documentos e manuscritos considerados apostólicos em algum sentido. Entretanto, o que um bispo considerava como a Escritura inspirada não era necessariamente a mesma coisa que outro considerava. Na ausência de um cânon formalmente reconhecido como Escritura cristã, os bispos apelavam à "tradição" amorfa. Um teólogo posterior definiu a tradição como "aquilo que todas as pessoas, de todos os lugares, de todos os tempos acreditam".[6]

Naturalmente, não há *nada* "que todas as pessoas, de todos os lugares, de todos os tempos acreditam"! A regra em si deve ser aplicada somente aos verdadeiros crentes em Cristo. Eles são "todas as pessoas". Mas a regra, ou "cânon", tem várias falhas enormes, inclusive a dificuldade de identificar exatamente quem é um "verdadeiro cristão", que é exatamente a questão que ela deveria ajudar a solucionar. Usar essa regra para solucionar o problema requer muita circularidade. No entanto, os bispos e demais líderes e teólogos do cristianismo no século III tinham uma ideia de tradição apostólica e procuraram identificá-la e formalizá-la em um credo que pudesse servir a todas as igrejas em todos os lugares. Os fundamentos para esse resumo oficial, em forma de credo, da doutrina apostólica achavam-se em uma fórmula batismal antiga usada nas igrejas de Roma.

Em algum momento do final do século II ou início do século III, alguém formulou a partir dessas declarações cristãs romanas o que veio a ser conhecido por *Credo dos apóstolos*. Anteriormente, foi chamado *Antigo credo romano*. Uma de suas versões diz o seguinte:

>Creio em Deus, Pai onipotente,
>>*criador* do céu e da terra.
>
>*Creio* em Jesus Cristo, seu único Filho, nosso Senhor.
>>*Ele* foi concebido pelo *poder* do *Espírito* Santo
>>e nasceu da Virgem Maria.
>>Padeceu sob o poder de Pôncio Pilatos,
>>foi crucificado, morto e sepultado.
>>Desceu *aos mortos*.
>>Ressuscitou no terceiro dia.
>>Subiu ao céu,
>>e está sentado ao lado do Pai.
>>Voltará para julgar os *vivos* e os mortos.
>
>Creio no *Espírito* Santo,
>>na santa Igreja católica,

---

[6] É conhecido como "Cânon Vincentiniano" em homenagem ao seu autor, Vincente de Leríns, teólogo da França dos séculos V e VI.

na comunhão dos santos,
no perdão dos pecados,
na ressurreição do corpo,
e na vida eterna. Amém.[7]

É desconhecida a linhagem exata desse credo. Embora suas raízes remontem à igreja de Roma no século II, sua formulação plena e sua aceitação oficial como o "símbolo" ou "regra de fé" (credo) unificadora só surgiu muito mais tarde. Uma forma rudimentar encontra-se na obra de Tertuliano *O uso do véu pelas virgens*, de cerca de 200, e o líder e escritor eclesiástico de Roma, Hipólito, incluiu-o, sob a forma de perguntas e respostas, em *Tradição apostólica* aproximadamente na mesma época. Rufino, tradutor de Orígenes para o latim que também era teólogo, incluiu um texto quase completo desse credo por volta de 404. A íntegra desse credo e sua aceitação oficial veio sob a autoridade do imperador Carlos Magno do Sacro Império Romano (ou o Reino Latino dos Francos) cerca de 813. Alguns estudiosos elevaram-no à condição de credo autorizado para todos os cristãos de todos os lugares muito mais tarde, em 1014.[8]

A história da aceitação oficial de um credo, no entanto, não deveria desviar a nossa atenção. O fato é que alguma forma do *Credo dos apóstolos* ou do *Símbolo romano antigo* foi amplamente aceita como o resumo autorizado da tradição apostólica no século III. Seu propósito era fornecer um critério de afiliação na igreja católica e ortodoxa. Sua linguagem excluiu deliberadamente os gnósticos e outros hereges. A longo prazo, no entanto, esse credo ficou demasiadamente pequeno para seu propósito. No século IV, conforme veremos, os bispos acharam necessário formular e promulgar outro credo que preenchesse com mais pormenores o arcabouço oferecido pelo *Credo dos apóstolos*. O *Credo de Niceia*, ou *niceno-constantinopolitano*, (325 e 381), deixou claras as interpretações corretas de certas passagens ambíguas no *Credo dos apóstolos* e enfatizou a doutrina trinitária implícita ali. Juntos, o *Credo dos apóstolos* e o *Credo de Niceia* formam as declarações autorizadas unificantes gêmeas da fé apostólica para boa parte da cristandade. Mesmo durante a Reforma protestante do século XVI, a maioria das ramificações do protestantismo e dos seus líderes (Lutero, Zwinglio, Calvino) abraçava-os e até mesmo considerava hereges quaisquer reformadores que não quisessem adotá-los.

É interessante notar que essas "regras da fé", ou credos, são de data anterior ao acordo final e oficial a respeito do cânon das Escrituras cristãs. O fato é que, em certo sentido, nunca houve concordância universal no tocante ao cânon cristão! A questão em pauta aqui, no entanto, é que a existência de alguma forma do *Credo*

---

[7] Gerald BRAY, *Creeds, councils & Christ*, Leicester, U.K. & Downers Grove, InterVarsity Press, 1984, p. 204-5. As palavras em itálico indicam alterações de uma forma antiga do credo no *Livro de oração comum* da Igreja da Inglaterra.

[8] Ibid., p. 101.

dos apóstolos reconhecida pela maioria das igrejas cristãs no Império Romano remonta, com quase certeza, a uma data anterior ao "fechamento do cânon" nas suas várias formas aqui e ali. As igrejas Ortodoxa Oriental e Católica Romana — que reivindicam ser as formas modernas da Grande Igreja indivisa do Império Romano — ainda enfatizam a autoridade da tradição acima da autoridade do cânon. Isto é, acreditam que o cânon das Escrituras — sua identificação exata como determinado conjunto de escritos inspirados e santos — é um produto da tradição apostólica que anteriormente dera origem à eclesiologia episcopal da igreja e das regras da fé. Isto não significa que subordinam a verdade das Escrituras a outra coisa que não seja o próprio Deus. Pelo contrário, nas suas teologias, a tradição que provinha dos próprios apóstolos tem prioridade histórica e eclesiástica sobre o cânon. É a tradição viva incorporada na comunhão dos bispos e expressa nas regras da fé que acabou dando origem ao *reconhecimento* de certos escritos como inspirados. Conforme veremos nos capítulos a respeito da Reforma protestante, os protestantes, de modo geral, tratam a questão de modo diferente. Colocam o texto inspirado acima da tradição oral. Em certo sentido, tanto a ortodoxia oriental como o catolicismo romano fazem o inverso.

O desenvolvimento do cânon cristão

Como, então, o cânon cristão das Escrituras — a Bíblia cristã — surgiu? Essa história é extremamente complicada e não poderá ser narrada com muitos pormenores aqui. É, na verdade, uma história controvertida e discutível. Qualquer tentativa de recontá-la será forçosamente alvo de críticas de pessoas comprometidas com uma versão diferente. Apesar disso, o esboço e os acontecimentos básicos dessa história serão o tópico do restante do presente capítulo.

Os próprios apóstolos usavam a Bíblia hebraica e certamente consideravam--na autorizada. Embora muitos escritos judaicos existissem nos tempos de Jesus e dos apóstolos, o cânon das Escrituras hebraicas era relativamente fixo e claro. O partido dos fariseus dominava as sinagogas judaicas e, depois da destruição do templo em Jerusalém em 70, procurou reformar o judaísmo de modo que pudesse existir por tempo ilimitado na diáspora (no exílio da Palestina) sem um templo. Uma parte desse processo foi a definição formal das Escrituras inspiradas do judaísmo. Embora exista certa divergência no tocante ao Concílio de Jâmnia, onde os rabinos se encontraram em 90, parece que foram dados ali alguns passos importantes em direção ao processo oficial da canonização. A Bíblia hebraica ficou definida com vinte e dois livros inspirados: desde o Pentateuco até aos Profetas Menores. Nas Bíblias cristãs posteriores, alguns livros do cânon judaico foram subdivididos, perfazendo um total de trinta e nove livros individuais. A versão grega das Escrituras hebraicas, que é chamada *Septuaginta*, ou LXX, contina todos eles, bem como alguns livros escritos depois de Malaquias, que são principalmente de relevância histórica. Estes incluem os livros dos Macabeus e outros livros chamados (pelos cristãos) de interbíblicos ou apócrifos. A maioria dos primeiros pais da igreja no século II empregava a Septuaginta, assim como Paulo e outros apóstolos.

Mas, para fazer suas citações, quase sempre usavam os vinte e dois livros canônicos e raramente os livros históricos e apócrifos posteriores.

De modo geral, portanto, podemos dizer com segurança que a maioria dos primeiros pais da igreja nos séculos II e III aceitavam a decisão dos líderes judaicos de ampliar o conteúdo das Escrituras inspiradas para além do Pentateuco (Gênesis até Deuteronômio) e restringi-lo aos vinte e dois (ou trinta e nove) livros da Lei e dos Profetas. Esta, portanto, era "a Bíblia" das primeiras igrejas cristãs depois dos apóstolos.[9] Na época de Clemente de Roma e dos demais pais apostólicos, as cartas dos apóstolos e os Evangelhos considerados de autoria dos apóstolos, ou de seus colegas mais íntimos, foram reunidos e chamados "Apóstolos", justapondo-os com os "Profetas" da Bíblia hebraica. Sendo assim, já antes do ano 200, vários pais e bispos da igreja estavam se referindo a uma coletânea de escritos inspirados e autorizados conhecidos por "os Profetas e os Apóstolos" e tratando essa massa amorfa como um critério e norma de verdade para a fé e prática cristãs. No entanto, ainda não existia nenhum equivalente cristão da Bíblia hebraica que tivesse o reconhecimento oficial ou fosse unanimemente aceito.

Os estudiosos em geral concordam, mais uma vez, que a igreja deve muita coisa a um herege. Segundo um grande historiador eclesiástico: "A ideia e a realidade de uma Bíblia cristã foram obra de Marcião e a Igreja, que rejeitou a sua obra, longe de estar adiante dele nesse campo, do ponto de vista formal, simplesmente seguiu o seu exemplo".[10] Marcião foi um mestre cristão de grande influência em Roma em meados do século II. Apesar da longa distância que os separava geograficamente, Marcião e Montano eram contemporâneos e tinham certas características em comum. Embora a teologia de Marcião estivesse mais próxima a algumas formas do gnosticismo, ele, da mesma forma que Montano, considerava que a igreja necessitava urgentemente de uma reforma e pôs mãos à obra para reformá-la, tentando redescobrir e promover o que considerava o ensino verdadeiro e original de Jesus. Para tanto (segundo Marcião acreditava), seria necessário remover do cristianismo todos os vestígios do judaísmo, inclusive a Bíblia hebraica e seu Deus, Iavé. Para ele, o AT não tinha a mínima validade para os cristãos e o Deus descrito nele era um semideus tribal sanguinário que não merecia a adoração ou culto dos cristãos. As semelhanças entre Marcião e o gnosticismo aparecem na sua ideia de que o

---

[9] Posteriormente, os chamados apócrifos de treze ou quatorze livros interbíblicos que havia na *Septuaginta* foram incluídos na Bíblia cristã pelas igrejas ocidentais latinas (católicas romanas). As igrejas orientais gregas, com o passar do tempo, chegaram a respeitá-los como fontes secundárias de informação histórica e de inspiração, embora os rejeitassem por não terem a mesma autoridade dos outros livros do Antigo e do Novo Testamento. Na Reforma protestante, a maioria dos reformadores seguiu o padrão das igrejas orientais e acabou desprezando totalmente os apócrifos porque eles estavam muito ligados à teologia católica romana.

[10] Hans von CAMPENHAUSEN, *The formation of the Christian Bible*, trad. J. A. Baker, Philadelphia, Fortress, 1972, p. 148.

Deus do AT criou, erradamente, a matéria, e que a matéria é a origem do mal. Para Marcião, o Iavé do AT era mais demoníaco do que divino.

Marcião foi, talvez, o primeiro cristão que tentou definir um cânon cristão das Escrituras inspiradas e quis limitá-lo exclusivamente aos escritos dos apóstolos que considerava livres de qualquer vestígio do judaísmo. A Bíblia de Marcião constituía--se de duas partes: uma versão editada do evangelho segundo Lucas e dez epístolas de Paulo. Até mesmo o "apóstolo" foi editado por Marcião para livrar as dez epístolas de todos dos "elementos judaizantes".

Marcião e sua versão antijudaica das Escrituras cristãs tiveram rápida aceitação entre alguns cristãos, e igrejas marcionitas foram surgindo de repente em Roma, Cartago, e em outras cidades. Os pais e bispos principais da igreja atacaram com severidade Marcião e seus seguidores. A obra de Tertuliano *Contra Marcião* é um excelente exemplo da polêmica cristã antimarcionita na época da virada do século (201). Ireneu, também, criticou Marcião e os seus ensinos, em *Contra heresias,* e outros pais da igreja dos séculos II e III fizeram o mesmo. Alguns cristãos da antiguidade claramente consideravam Marcião como o arqui-herege e principal inimigo do cristianismo ortodoxo e católico. Apesar disso, igrejas marcionitas sobreviveram em cidades de todas as partes do império, até serem fechadas pelos primeiros imperadores cristãos.

Uma das reações ao cânon das Escrituras cristãs truncado por Marcião foi criar o cânon correto e a primeira tentativa semioficial aconteceu em Roma. Por volta de 170, a igreja cristã de Roma criou o *Cânon muratório* para rebater o de Marcião e fornecer aos cristãos uma lista completa de "Profetas e Apóstolos" autorizados. O *Cânon muratório* alistava os quatro evangelhos, Atos e os demais livros contidos no NT (conforme a definição que existe ainda hoje), à exceção de Hebreus, Tiago e 1 e 2Pedro. Incluía, ainda, *A sabedoria de Salomão*, mas notavelmente excluía o sempre popular e influente *O pastor de Hermas*. O *Cânon muratório* representa um passo crucial no desenvolvimento da vida organizacional oficial da igreja cristã: foi a primeira tentativa de identificar uma lista definitiva de escritos cristãos com o mesmo nível da Bíblia hebraica. Embora essa lista não seja a da versão definitiva, certamente contribuiu para o pensamento cristão ficar tomado pela ideia de uma Bíblia cristã e deixou claro que não excluiria as Escrituras hebraicas, nem estaria aberta para incluir toda e qualquer nova profecia ou escrito supostamente inspirado.

Os critérios exatos usados pelos que compuseram o *Cânon muratório* não são conhecidos com clareza. Na verdade, sempre houve debates a respeito dos principais critérios nos quais a igreja poderia se basear para reconhecer certos escritos como autorizados e inspirados. O historiador eclesiástico von Campenhausen está mais perto da verdade ao chamar o critério principal de "princípio profético-apostólico".[11]

---

[11] Ibid., p. 254.

Essa não é uma regra rígida, mas uma medida flexível mediante a qual os escritos eram julgados pelos cristãos primitivos envolvidos nesse processo. O princípio profético-apostólico significa simplesmente que os livros e as cartas precisavam ser amplamente reconhecidos por todas as igrejas cristãs como uma reflexão da autoridade apostólica (se não tiverem sido escritos por um apóstolo) e como uma apresentação de verdades importantes para a salvação e o viver cristão. Isto é, qualquer obra que entrasse no cânon, tinha de ser produto do "cristianismo primitivo" e ser amplamente usada como guia útil para ensinar e viver o cristianismo.

Os pais da igreja, como Ireneu, Tertuliano e Orígenes, criaram suas listas de Escrituras cristãs que, de certa forma, variavam um pouco do *Cânon muratório* e entre si. Ireneu alistou os quatro evangelhos e a maioria das epístolas posteriormente canonizadas, que tratava claramente como Escrituras inspiradas e autorizadas. Rejeitou os evangelhos dos gnósticos e o cânon truncado de Marcião. Pouco depois de Ireneu, Tertuliano seguiu os mesmos moldes, assim como Orígenes. Tanto Tertuliano como Orígenes consideravam certos escritos cristãos verbalmente inspirados como as Escrituras hebraicas e usavam-nos para dirimir controvérsias doutrinárias. Nos escritos deles, vemos o conceito implícito de um NT ao lado das Escrituras hebraicas — o AT — na forma de tratarem os escritos que consideravam profético-apostólicos e autorizados. Existia, no entanto, certa diferença entre eles, pois Tertuliano tratava o cânon de forma categórica, enquanto Orígenes reconhecia um conjunto de escritos cristãos como duvidosos, porém úteis.

De acordo com von Campenhausen: "É inegável que, tanto o Antigo Testamento como o Novo, já tinham em essência chegado à sua forma e ao seu propósito finais por volta do ano 200".[12] Essa declaração talvez pareça um pouco otimista diante das discrepâncias entre as listas de Escrituras cristãs fornecidas por Tertuliano e Orígenes, escritas aproximadamente naquela data e pouco depois. Entretanto, não deixa de ser verdade a afirmação de von Campenhausen, mormente em relação aos que relegariam a uma data muito posterior toda a ideia de um NT e Bíblia cristãos. Não se pode ler Ireneu, Tertuliano ou Orígenes sem notar sua devoção e submissão aos escritos que consideravam especialmente inspirados e autorizados para os cristãos. E, apesar de algumas diferenças, as listas apresentavam muitas coincidências.

Os principais debates a respeito de quais escritas deviam ser incluídas no cânon cristão das Escrituras giravam em torno de Hebreus, 1 e 2Pedro, Judas, 3João, Apocalipse, Tiago e o *Didaquê, O pastor de Hermas* e a *Epístola de Barnabé*. Alguns pais da igreja primitiva, bem como algumas congregações, tratavam até mesmo *1Clemente* como parte das Escrituras. Paulatinamente, no entanto, foi-se chegando ao consenso de que todos os escritos da primeira lista — de Hebreus a Tiago — deviam ser

---

[12] Ibid., p. 327.

incluídos por causa do seu amplo uso em todas as igrejas cristãs (embora alguns fossem totalmente desconhecidos em algumas igrejas) e por causa da sua ligação com os apóstolos. Judas foi aceito finalmente, segundo parece, somente por causa da tradição amplamente aceita de que o autor era irmão de Jesus. As obras da segunda lista mencionada (de *Didaquê* à *Epístola de Barnabé*) foram rejeitadas, a despeito de algumas igrejas e pais da igreja que as consideravam inspiradas, porque careciam da qualidade profético-apostólica essencial e de ligação com o cristianismo primitivo.

Os passos finais do processo formal de canonização e criação do NT foram dados, posteriormente, no século IV. A primeira lista contendo somente os vinte e sete livros, de Mateus ao Apocalipse, e mais nenhuma foi criada por Atanásio, bispo de Alexandria e principal defensor da ortodoxia, na sua carta pascal às congregações cristãs do Egito em 367. O texto de Atanásio não dá a menor impressão de que apresentava qualquer ideia nova. Pelo contrário, parece querer estabelecer a tradição normalmente aceita. Dois sínodos foram convocados na África do Norte, em Hipona e em Cartago, em 393 e 397 respectivamente. Os dois declararam a lista de Atanásio como definitiva e autorizada. A partir de então, a questão do NT estava resolvida. Em parte porque, naturalmente, os sínodos recebiam o apoio imperial e porque a igreja do fim do século IV tinha o poder do imperador para reprimir dissensões e impor a conformidade. Não obstante, o NT, conforme foi identificado e oficializado nos sínodos, resistiu às vicissitudes do tempo e é acolhido com júbilo como definitivo e final por todas as ramificações do cristianismo desde então. A única grande controvérsia gira em torno do AT e de se ele deve incluir os apócrifos e, nesse caso, que autoridade os livros ali incluídos devem ter para os cristãos.

A igreja cristã "organizou-se" por volta do ano 300. Naquela época, já existia uma catedral cristã próxima ao palácio imperial em Nicomédia e a paisagem do império estava marcada por basílicas. Os bispos governavam com autoridade sobre as igrejas, a liturgia cristã padronizava-se, existia um credo para avaliar a ortodoxia e, para todos os fins práticos, a igreja tinha sua Bíblia autorizada. Sínodos de bispos reuniam-se ocasionalmente para dirimir disputas. Um sistema penitencial estava sendo desenvolvido para determinar como deveria ser avaliado o arrependimento de cristãos desobedientes. A Grande Igreja estava crescendo, altamente estruturada e formalizada. Só lhe faltava poder político para impor sua ortodoxia aos cismáticos que alegavam ser cristãos, mas que não seguiam o cristianismo católico e ortodoxo. Esse poder não demoraria a aparecer, na pessoa do imperador Constantino, o Grande, que se "converteu" ao cristianismo católico em Roma entre os anos de 311 e 313.

Entretanto, a maior ameaça à unidade cristã e talvez ao próprio evangelho viria, não da parte das seitas heréticas e cismáticas, nem dos inimigos fora da Grande Igreja, mas de *dentro* da própria igreja. O cristianismo suportou muitas tempestades nos dois séculos após a morte do último dos apóstolos, mas ainda estava para enfrentar o maior furacão doutrinário de todos.

Terceira Parte

Uma grande crise abala a igreja:

A controvérsia a respeito da Trindade

A história da teologia cristã sofreu muitas reviravoltas surpreendentes durante o século IV. Talvez nenhum evento na história da teologia cristã tenha sido mais surpreendente e influente do que a "conversão" do Império Romano ao cristianismo. A partir desse evento momentoso, o relacionamento entre a teologia cristã e a política secular tornou-se íntimo. Bem ou mal, as duas permaneceram inextricavelmente ligadas por, pelo menos, mil anos. A história da teologia no século IV é inseparável da história do Império Romano. À medida que esta história se desdobra, fica cada vez mais claro quão surpreendente e significante é esse fato.

No fim do século III e início do século IV — cerca de 301 — a perseguição dos cristãos, que tinha começado em escala imperial sob as ordens de Décio em meados do século III e continuado posteriormente com Diocleciano, começou a diminuir. O cristianismo sobreviveu às perseguições e execuções em massa e conseguiu edificar templos, desenvolver uma eclesiologia hierárquica, consolidar suas crenças e alcançar todas as cidades importantes no império inteiro. Ninguém sabe dizer exatamente quantos cidadãos e súditos do império eram cristãos já naqueles tempos, mas uma estimativa razoável giraria em torno de 5%. Essa devia ser a situação especialmente nas principais cidades e arredores. A presença cristã foi significativa e permanente em Roma, Cartago, Alexandria, Antioquia e Lião na Gália. Mesmo assim, os cristãos viviam sob suspeita. Um imperador após outro tentou erradicar do império a religião cristã, principalmente da casa imperial, dos tribunais, do exército e das burocracias. Por volta de 310, o cristianismo era forte, a despeito da perseguição, mas ninguém esperava o que aconteceria em seguida e o modo que a igreja reagiu só pode ser entendido à luz da terrível perseguição sangrenta de mais de meio século que acabara de sofrer.

Em outubro de 312, um destacado general do exército romano, chamado Constantino, atacou Roma para depor Maxêncio, o homem que alegava ser o imperador, e tomar o trono do império. Constantino foi o general-comandante das legiões romanas na Bretanha e na Europa ao norte dos Alpes durante vários anos e acreditava ter mais direito de ser imperador do que qualquer de seus rivais. Provavelmente, tinha bons conhecimentos do cristianismo, mas não existem provas de sua conversão à fé, nem mesmo de uma forte simpatia por ela antes de sitiar Roma em 312. Segundo seu biógrafo, o bispo cristão Eusébio, Constantino fez um apelo a qualquer deus que pudesse ajudá-lo a derrotar seu rival e teve a visão de um símbolo cristão com as palavras "Sob este símbolo vencerás". Segundo se declara, entrou na batalha no dia seguinte com o símbolo de Cristo exibido em suas bandeiras e escudos de guerra e seu inimigo Maxêncio foi jogado da Ponte Mílvia (perto da periferia de Roma) no rio Pó, onde se afogou. Eusébio, que considerava Constantino um grande herói, comparou Maxêncio com Faraó e Constantino com Moisés e declarou que a vitória foi uma intervenção divina.

Depois de se tornar imperador, Constantino promulgou o *Édito de Milão*, que declarou oficialmente a tolerância imperial do cristianismo (313). A partir de então, promulgou uma série de éditos que restauravam aos cristãos os seus bens e, paulatinamente, começou a favorecer os cristãos e o cristianismo mais do que as demais religiões. No entanto, nunca chegou a fazer do cristianismo a religião oficial do império e permaneceu o *pontifex maximus*, ou sumo sacerdote, da religião pagã oficial do império, até ser batizado pouco antes de sua morte em 337.

Durante todo o seu reinado, o relacionamento entre Constantino e os líderes cristãos foi tempestuoso. Chegou a se considerar o "bispo de todos os bispos" e o "décimo terceiro apóstolo" embora fosse pagão e recusasse o batismo até chegar praticamente no leito de morte. Aparentemente, a unificação da igreja foi uma de suas obsessões e o domínio da liderança eclesiástica, o meio de atingir o seu objetivo. As igrejas cristãs do império estavam seriamente divididas na ocasião da sua ascensão e Constantino queria usar o cristianismo como uma "cola" para reunificar o império. Para tanto, precisava extirpar os cismas, as heresias e as dissensões onde quer que estivessem. Na ocasião da sua morte, Constantino não tinha resolvido totalmente esse assunto e muitos historiadores eclesiásticos argumentariam que, na realidade, ele apoiava tanto as heresias como a ortodoxia.

No reinado de Constantino aconteceram vários eventos importantes para o cristianismo e para a teologia. Em primeiro lugar, conforme já foi observado, a perseguição oficial dissipou-se e ser cristão, pelo menos de nome, passou a ser popular e prudente. Hordas de pagãos não convertidos entraram como uma inundação para as igrejas cristãs simplesmente para ganhar posição aos olhos da corte imperial e da burocracia dirigida por Constantino.

Em segundo lugar, Constantino saiu de Roma e edificou uma "Nova Roma" no Oriente como a nova capital imperial. Escolheu a cidade de Bizâncio (hoje chamada Istambul, na Turquia) e deu-lhe um novo nome em homenagem a si mesmo: Constantinopla. Em vida, um dos seus principais empreendimentos foi edificar a mais bela cidade que o mundo já vira e colocar no centro dela seu enorme palácio e catedral.

Em terceiro lugar, o cisma mais divisor que a igreja cristã já havia experimentado ocorreu no reinado de Constantino. Começou em Alexandria e se propagou por todo o império, causando maior impacto na metade que falava grego. Ficou conhecido por controvérsia ariana e passou por várias etapas durante quase todo o século. Constantino e seus herdeiros envolveram-se nessa controvérsia e tomaram partidos diferentes em ocasiões diferentes.

Em quarto lugar, a igreja celebrou seu primeiro concílio ecumênico (universal) a fim de dirimir conflitos doutrinários e eclesiásticos: o Concílio de Niceia em 325. Foi Constantino quem o convocou e o presidiu. A doutrina formal e oficial ortodoxa da Trindade foi elaborada, em meio a fortes críticas, e expressa no credo normalmente conhecido *Credo de Niceia*, mas oficialmente chamado *Credo niceno--constantinopolitano* (sua versão definitiva foi escrita no Concílio de Constantinopla em 381). Acabou se tornando a declaração universal da fé da cristandade e assim permanece para a maior parte dos ramos do cristianismo.

Nestes capítulos, concentraremos a nossa atenção no desenvolvimento do dogma cristão formal e oficial da Trindade no século IV. As cenas iniciais da história se passam em Alexandria, no Egito. O pano de fundo é o legado perturbador de Orígenes, que foi tratado na Parte II. As cenas seguintes acontecem em Constantinopla e na cidade vizinha, Niceia, onde o imperador morava e adorava ao longo do projeto da construção da nova capital. Depois, a história nos leva de volta a Alexandria e, a partir daí, para todas as partes do império. Surge um herói identificável, Atanásio, o jovem bispo de Alexandria e defensor da doutrina ortodoxa trinitária de Niceia. Os episódios finais dessa parte da história da teologia cristã se passa na Ásia Menor (moderna Turquia) e arredores e especialmente em Constantinopla, onde três amigos (dois deles eram irmãos) conhecidos por "pais capadócios" trabalharam com grande empenho para explicar a Trindade de uma maneira que a maioria dos líderes cristãos pudesse aceitar e endossar numa formulação final do grande credo da Grande Igreja no segundo concílio ecumênico. Já no fim do século (400), o cristianismo ortodoxo niceno (trinitário) se tornaria a religião oficial do Império Romano e começaria a perseguir os rivais, especialmente os que se chamavam cristãos e entretanto rejeitavam a teologia e eclesiologia oficiais do imperador e dos bispos da Grande Igreja.

9
Os alexandrinos discutem a respeito do Filho de Deus

Uma coisa realmente espantosa aconteceu em Alexandria em 318. Cristãos saíram às ruas em protesto por causa de uma questão teológica. Tudo começou com uma discussão entre o bispo Alexandre e um presbítero popular e ambicioso chamado Ário. Os bispos de Alexandria eram usualmente eleitos pelos presbíteros da cidade e uma maneira de se tornar bispo era promover-se entre eles como um defensor da verdade e da retidão. Não estão claros os motivos exatos de Ário para desafiar a autoridade do bispo Alexandre, mas podem estar relacionados ao desejo de suceder--lhe como bispo na ocasião de sua morte ou até mesmo antes. Seja como for, Ário liderou uma pequena rebelião de cristãos contra o bispo depois de ouvi-lo pregar um sermão que considerava muito próximo à heresia do sabelianismo. Quer dizer, Ário pensava ter detectado na teologia do bispo um pequeno vestígio da antiga heresia modalista de Práxeas e Sabélio que reduzia o Pai, o Filho e o Espírito Santo a meros nomes ou aspectos de uma única pessoa divina: Deus. Ário começou a pregar sermões, dar preleções e escrever cartas criticando a teologia e a liderança de Alexandre e, paulatinamente, o conflito entre os dois líderes cristãos transformou-se numa guerra campal teológica e eclesiástica entre seus seguidores devotos.

Ário de Alexandria

Os pormenores da vida de Ário são desconhecidos. Talvez tenha nascido na região da África do Norte onde atualmente está a Líbia. Certamente estudou teologia na escola catequética cristã em Antioquia e foi aluno do teólogo influente Luciano de Antioquia (morto em 312) que, por sua vez, tinha sido influenciado pelo bispo herético Paulo de Samosata. Embora nenhum de seus escritos tenha sobrevivido, muitos estudiosos modernos consideram Luciano fonte de numerosas heresias na igreja primitiva. Assim como muitos em Antioquia, ele tendia a enfatizar a humanidade de Jesus Cristo mais do que a divindade e esforçou-se para encontrar uma maneira de explicar a encarnação de Deus em Cristo sem fazer de Jesus o próprio Deus e sem recair na heresia adocionista de Paulo de Samosata.

Enquanto Ário era aluno de Luciano em Antioquia, tornou-se amigo íntimo de outro aluno de teologia de Luciano, um homem chamado Eusébio de Nicomédia, que posteriormente se tornaria um bispo importante e influente. Os dois continuaram amigos e colegas durante a vida inteira e pensavam da mesma maneira a respeito da pessoa de Jesus Cristo, da salvação e da natureza de Deus. É quase certo que suas crenças e formulações teológicas derivavam do mentor que tinham em comum, Luciano. Como ele, Ário e Eusébio odiavam e temiam a heresia do sabelianismo (modalismo) mais do que a heresia do adocionismo, que talvez não parecesse tão perigosa quanto a ideia implícita no sabelianismo de que Deus Pai foi literalmente crucificado e morreu na cruz porque Jesus Cristo (segundo o modo modalista de pensar) realmente *era* o Pai encarnado!

Naturalmente, nem Luciano, nem Ário, nem Eusébio podiam aceitar e ensinar abertamente o adocionismo. Essa doutrina já tinha sido declarada herética pelo Sínodo de Antioquia em 268. Após a conversão de Constantino, semelhantes declarações por grupos grandes de bispos tinham força jurídica e qualquer pessoa que ousasse alegar que Jesus Cristo não era, de forma alguma, Deus, mas um simples profeta humano adotado por Deus em um relacionamento especial correria o risco de perder a sua posição na igreja e possivelmente até mesmo de ser exilado pelo imperador. É pouco provável que qualquer antioqueno, inclusive Luciano e seus alunos, acreditasse, mesmo que secretamente, na heresia adocionista, mas certamente muitos deles devem ter chegado a pensar em Jesus Cristo como a encarnação, não de Deus, mas de uma grandiosa criatura de Deus, o Logos, que tinha um começo no tempo e permanecia para sempre subordinado ao Pai, não somente quanto à função, mas também quanto ao próprio ser.

Além disso, por trás dos ensinos de Ário estava Orígenes, que provavelmente tinha influenciado Luciano. No começo do século IV, Orígenes ainda era considerado por muitos cristãos o maior mestre da igreja. Ainda não era considerado herege por todos. Isso aconteceria somente no século VI, em parte por causa da suposta influência sobre hereges como Luciano, Ário e outros. Conforme já vimos na história de Orígenes, ele tinha duas opiniões no tocante à natureza do Logos: que era o Filho de Deus e que se tornou humano em Jesus Cristo. Por um lado, Orígenes afirmava enfaticamente a igualdade entre o Logos e Deus Pai. Sem dúvida alguma, acreditava que o Logos era a emanação eterna de Deus, que partia dele como um raio solar e compartilhando eternamente de sua natureza gloriosa. Por outro lado, Orígenes também afirmava a subordinação do Logos ao Pai para explicar sua posição de mediador entre a natureza divina e imutável de Deus e o mundo corrupto da natureza e da história. O Logos, segundo Orígenes, era de algum modo inferior ao Pai, mas ele nunca explicou exatamente o que queria dizer com isso.

Os cristãos treinados na erudição bíblica e na teologia em Alexandria tendiam a ressaltar um dos lados da cristologia de Orígenes: a eterna igualdade entre o Logos e o Pai (talvez por medo do montanismo, o Espírito Santo seja negligenciado nessas considerações, embora não haja dúvida de que todas as partes acreditavam no Espírito Santo). Os alexandrinos alegavam que Orígenes era um deles, embora tivesse saído de Alexandria e ensinado, durante a parte final da sua vida, em Cesareia, na Palestina. Declaravam que conheciam Orígenes como ninguém e eram peritos em descobrir nos seus escritos as passagens que ressaltavam Jesus como o eterno Filho de Deus. Os antioquenos também estudavam a teologia de Orígenes e encontraram ali a ênfase sobre a "monarquia do Pai" bem como a humanidade de Jesus Cristo e o Logos como um ser intermediário entre Deus e a criação. Encontraram uma ênfase à subordinação do Logos ao Pai e frases enigmáticas que pareciam se referir a ele como uma criatura que era de algum modo inferior ao Pai.

Também por trás do conflito entre Ário e Alexandre a respeito do Logos estava a filosofia grega. Era algo que ambos tinham em comum, embora a interpretassem e aplicassem de modo diferente. As duas partes do conflito simplesmente acreditavam que a deidade é ontologicamente perfeita de tal modo que seria impossível para ela sofrer qualquer mudança e, assim, impróprio atribuir-lhe tal coisa. Por isso, Deus, sendo divino e, portanto, absolutamente perfeito, não poderia experimentar uma mudança, pois mudar implica sempre numa alteração para o melhor ou o pior e, em qualquer dessas hipóteses, Deus não seria Deus.

A perfeição absoluta e estática — inclusive *apátheia*, ou impassibilidade (não ser sujeito a paixões) — é a natureza de Deus segundo o pensamento grego, ideia com a qual quase todos os teólogos cristãos tendiam a concordar. Naturalmente, encontraram nas Escrituras várias passagens que negavam a mutabilidade e variabilidade de Deus. A imutabilidade e impassibilidade, portanto, tornaram-se os principais atributos de Deus na teologia cristã. Assim, Ário e seus seguidores exploraram o argumento de que, se Jesus Cristo é a encarnação do Logos e se o Logos é divino no mesmo sentido que Deus Pai é divino, a natureza de Deus seria alterada pela vida humana de Jesus no tempo e Deus teria sofrido através dele. Mas isso era impossível. Portanto, o Logos que encarnou em Jesus Cristo não era totalmente divino, mas uma criatura grandiosa e glorificada.

Os oponentes de Ário também acreditavam que o ser divino não pode sofrer nenhum tipo de mudança, por isso, não foi fácil responder ao seu argumento. Sustentaram com tenacidade a crença cristã tradicional de que o Logos é divino e compartilha da própria natureza de Deus por toda a eternidade, mas não souberam explicar exatamente a encarnação do Logos na humanidade. Ário forçou a igreja a fazê-lo dentro dos limites da compreensão humana.

Talvez o conflito entre Ário e o bispo alexandrino Alexandre fosse inevitável porque Ário tinha sido treinado em Antioquia antes de chegar na cidade egípcia para ser ordenado sacerdote em 311. Um dos seus deveres como presbítero foi dirigir a escola exegética, que era uma escola de interpretação bíblica para sacerdotes e leigos cristãos que quisessem ensinar. Aparentemente, Ário era uma pessoa carismática e atraiu tantos seguidores devotos que, quando desafiou abertamente o bispo Alexandre a respeito da sua teologia sobre Cristo e a Trindade, muitos cristãos alexandrinos tomaram o seu partido. Ário acusou Alexandre de negar a verdadeira humanidade de Jesus Cristo e de promover a heresia sabeliana. Levando a questão mais adiante, começou a ensinar aos cristãos alexandrinos que o Logos (ou Filho de Deus) era uma criatura e não um ser igual ao Pai. Disse que a diferença entre o Filho e o Pai estava no fato de que este era eterno e imutável e aquele — o Logos — fora criado antes do mundo e era passível de mudança e de sofrimento. Ele apelou às passagens bíblicas nos Profetas e Apóstolos que dizem que o Verbo de Deus (Logos) está sujeito a Deus e que Jesus Cristo é submisso ao Pai.

Alexandre de Alexandria

O bispo Alexandre era, segundo tudo que se relata a seu respeito, um bispo meigo e tolerante que não tinha prazer nos conflitos, mas que finalmente resolveu responder às críticas de Ário e de seus ensinos a respeito de Deus e de Jesus Cristo, tentando corrigi-lo por meio de correspondências e de sermões e, quando essas soluções mais brandas não surtiram efeito, convocando um sínodo de bispos em Alexandria a fim de examinar as opiniões de Ário e de tomar uma decisão sobre sua ortodoxia ou a falta dela. Antes de o sínodo poder reunir-se, porém, Ário convocou seus seguidores cristãos e juntos começaram a marchar pelas ruas de Alexandria, passando pela grande igreja e pela casa do bispo, levando cartazes e entoando lemas como: "Tempo houve em que o Filho não existia". E conforme notou certo historiador: "A disseminação das ideias de Ário entre as classes operárias [de Alexandria] foi estimulada pela composição de cânticos populares 'para o mar, para o moinho e para a estrada', musicados de modo apropriado".[1] O grupo de seguidores de Ário foi motivado pelos cânticos e lemas, bem como pela personalidade de Ário, embora essas pessoas não compreendessem plenamente as questões teológicas que estavam em jogo. Por fim, houve alguns motins nas ruas da cidade. Os que apoiavam Alexandre marcharam contra Ário e os dois grupos se encontraram na frente da catedral.

Quando o sínodo convocado por Alexandre reuniu-se em 318, cerca de cem bispos de várias sés do lado oriental do império compareceram e ouviram a crítica que Alexandre fez à teologia de Ário. Alexandre acusou Ário de ensinar que o Logos era caído da mesma forma que Satanás. Além disso, acusou Ário de repetir a heresia adocionista de Paulo de Samosata de forma um pouco mais sofisticada. A cristologia de Paulo foi condenada em um sínodo em 268 porque negava a divindade de Jesus Cristo e rejeitava a Trindade. A cristologia de Ário fazia o mesmo, embora afirmasse

---

[1] Frances YOUNG, *From Nicea to Chalcedon*, Philadelphia, Fortress, 1983, p. 59.

a preexistência do Logos como um grandioso ser celestial, coisa que o bispo de Samosata não afirmava. Segundo Alexandre, a diferença era pouca. Nas duas hipóteses, Deus em si não havia se unido à humanidade e, portanto, não fomos salvos (divinizados) pela união. Alexandre argumentou que a nossa salvação estava em jogo.

O arianismo

A ironia é que Ário e seus seguidores responderam no mesmo tom, isto é, que nossa salvação estava em jogo e que se prevalecesse a opinião de Alexandre, Jesus Cristo não poderia ter sido realmente humano (posto que a humanidade e a divindade são coisas totalmente diferentes por natureza) e, portanto, seu ato de salvação em nosso favor não era uma vitória genuína da qual podíamos participar. Para Ário e seus seguidores, a salvação significava seguir espontaneamente o exemplo de Cristo de submissão a Deus. Se Cristo não optou, de modo humano, por seguir a vontade de Deus, seu exemplo não tinha utilidade.

Portanto, a diferença entre Ário e Alexandre a respeito da natureza de Jesus Cristo, e do Logos que encarnou nele, relacionava-se com a soteriologia, a doutrina da salvação. Alexandre adotava o conceito ortodoxo da salvação que existia desde Ireneu; Ário adotava um conceito da salvação que enfatizava a conformidade voluntária com os padrões morais de Deus. Portanto, uma diferença importante entre os dois alexandrinos era que "a salvação, para a ortodoxia, é levada a efeito pela identidade essencial do Filho com o Pai — o que associa Deus e Cristo à criação é a pressuposição da natureza divina da carne. A salvação para o arianismo é levada a efeito pela identificação do Filho com as criaturas — o que liga Cristo e as criaturas a Deus é a conformidade da vontade".[2]

Os cento e tantos bispos reunidos no sínodo em Alexandria em 318 condenaram Ário e seus ensinos a respeito de Cristo como heréticos e o depuseram de sua condição de presbítero. Ele foi obrigado a deixar a cidade. Alexandre, com seu conceito tradicional do Logos plenamente divino, foi vindicado temporariamente. Ário, porém, não considerou o assunto encerrado. Fugiu para o encontro de seu antigo amigo Eusébio de Nicomédia, que a essa altura já era um bispo importante e foi aceito por ele. Ário e Eusébio começaram, em Nicomédia, uma campanha de escrever cartas aos bispos que não compareceram ao sínodo de Alexandria.

As únicas obras escritas de Ário que se conhece são essas e outras cartas posteriores e um livro chamado *Thaleia*, que significa "banquete". Todas se perderam e a única maneira de reconstruir uns fragmentos das obras de Ário é aproveitar citações que se encontram nos escritos dos seus oponentes. Uma das suas declarações típicas a respeito do relacionamento entre o Filho e o Pai é a seguinte:

---

[2] Robert C. Gregg & Dennis E. Groh, *Early Arianism*: A view of salvation, Philadelphia, Fortress, 1981, p. 8.

> E Cristo não é o vero Deus, mas por participação [...] até ele foi feito Deus. [...] O Filho não conhece o Pai com exatidão e o Logos não vê o Pai com perfeição, e ele não percebe o Pai com exatidão e nem o Logos o compreende; isso porque ele não é o verdadeiro e único Logos do Pai, mas somente em nome ele é chamado Logos e Sabedoria, e pela graça é chamado Filho e Poder.[3]

Ário também explorava a palavra apostólica *gerado* (em gr., *gennetos*) usada para descrever Jesus Cristo como Filho de Deus. Se, portanto, o Filho de Deus que veio a ser Jesus Cristo foi "gerado", deve ter tido um início no tempo e, uma vez que é da essência de Deus ser eterno — sem começo nem fim —, o Filho de Deus deve, portanto, ser uma criatura grandiosa, mas não o próprio Deus. Foi essa distinção — entre Deus não gerado (*agennetos*) e o Filho de Deus (Logos, Jesus Cristo) gerado — que Ário enfatizou na sua profissão de fé escrita em 320 no exílio, sob a proteção e patrocínio do seu amigo, Eusébio de Nicomédia. A carta foi assinada por dois bispos, seis sacerdotes e seis diáconos e enviada a Alexandre, bem como a vários outros oponentes destacados de Ário. Nela, Ário escreveu:

> Reconhecemos um só Deus, sendo somente ele não gerado, somente ele eterno, somente ele sem princípio, somente ele verdadeiro, somente ele imortal, somente ele sábio, somente ele bom, somente ele cheio de poder; é ele quem julga todos, quem controla todas as coisas, quem provê todas as coisas; e ele não está sujeito a nenhuma mudança ou alteração; ele é justo e bom; ele é o Deus da Lei e dos Profetas e da Nova Aliança. Esse único Deus, antes de todo o tempo, gerou seu Filho unigênito, por meio de quem fez as eras e o universo. Ele o gerou, não apenas na aparência, mas, de fato; por vontade própria fez subsistir seu Filho e o tornou imutável e inalterável. Sendo a criatura perfeita de Deus, ele é diferente de qualquer outra criatura; gerado, sim, mas incomparável no modo de ser gerado [...]. Mas dizemos que foi criado pela vontade de Deus, antes de todas as eras; do Pai recebeu existência e vida e, ao criá-lo, o Pai conferiu-lhe a própria glória. O Pai, porém, ao entregar todas as coisas em seu poder, não se despojou delas: o Pai contém todas as coisas em si mesmo de modo não gerado, pois ele é a fonte de todas as coisas. Existem, portanto, três substâncias (hipóstases).[4]

Por isso, Ário e seus colegas — os arianos — afirmaram um tipo de Trindade composta de três seres "divinos" (o Pai, o Filho e o Espírito Santo), sendo que

---

[3] Ibid., p. 9.

[4] Bernard LONERGAN, *The way to Nicea*, trad. Conn O'Donovan, Philadelphia, Westminster Press, 1976, p. 70-1.

somente um deles é verdadeiramente Deus. Continuou, na sua profissão de fé, a afirmar de modo inequívoco que somente o Pai é "sem princípio" e que o Filho, embora seja uma criatura grandiosa que compartilha de muitos dos atributos de Deus, não existia antes de ser gerado pelo Pai.

O pensamento de Ário a respeito de Deus e do Logos tem dois elementos fundamentais. Em primeiro lugar, Deus, pela própria natureza, é isento das características da criatura e, se o Logos se humanou em Jesus Cristo, ele é necessariamente uma criatura. Em segundo lugar, a salvação é um processo de união com Deus mediante a graça e o livre-arbítrio e, se Jesus nos comunica a salvação, isso é necessariamente algo que ele realizou mediante a graça e o livre-arbítrio, de modo que pudéssemos seguir seu exemplo. Se Jesus fosse Deus, a salvação não seria algo que ele poderia levar a cabo. Sob essas duas pressões conceptuais, Ário e seus seguidores separavam cada vez mais a relação entre Deus Pai e Jesus Cristo, de modo que, para muitos dos seus oponentes, pareceu que negavam qualquer sentido real da divindade de Cristo e rejeitavam totalmente a Trindade.

A resposta de Alexandre ao arianismo

Alexandre respondeu à campanha de correspondência de Ário com uma obra que enviou a numerosos bispos e líderes eclesiásticos. Trata-se da *Deposição de Ário* e, conforme o título deixa subentendido, foi uma tentativa de explicar a condenação e deposição de Ário em Alexandria. Nessa carta encíclica, o arcebispo de Alexandria faz um resumo sucinto da heresia de Ário e dos arianos a respeito de Deus e do Filho de Deus e pede que seus colegas, bispos e ministros do império, não acolham os hereges, nem aceitem o pedido do bispo Eusébio para tratá-los bem, "pois nos convém, a nós que somos cristãos, repudiar todos os que falarem ou pensarem qualquer coisa contra Cristo, como a inimigos de Deus e destruidores de almas e nem sequer saúdá-los, para não nos tornarmos participantes dos pecados deles, conforme o bendito João nos tem exortado".[5] O resumo feito por Alexandre da heresia ariana soa como uma descrição da principal doutrina distintiva da Sociedade Torre de Vigia de Bíblias e Tratados, mais popularmente conhecida por Testemunhas de Jeová:[6]

---

[5] Atanásio: *Deposition of Arius* 6 NPNF 4.

[6] A seita Testemunhas de Jeová ensina que Jesus Cristo é a encarnação do arcanjo Miguel, que é a primeira e maior criatura de Deus, por meio de quem Deus criou o mundo e ofereceu um sacrifício pelos pecados. Ário e seus seguidores no século IV não entendiam dessa forma o Logos ou Filho de Deus. Entretanto, a estrutura básica de sua crença a respeito do Filho de Deus é quase idêntica à das Testemunhas de Jeová: o Filho de Deus é uma criatura grandiosa, mas não tem mesma natureza de Deus Pai, o único que é verdadeira e plenamente "Deus". Conheça mais sobre os ensinos das Testemunhas de Jeová na brochura *Deve-se crer na Trindade?* (Sociedade Torre de Vigia de Bíblias e Tratados, 1989) e a resposta evangélica de Robert Bowman, *Por que devo crer na Trindade* (trad. Gordon Chown, São Paulo, Candeia, 1996).

> E as novidades que inventaram e publicaram contra as Escrituras são as seguintes: — Deus não foi sempre Pai, mas houve tempo em que Deus não foi Pai. O Verbo de Deus não existiu sempre, mas se originou de coisas que não existiam; porque o Deus que existe, fez aquele que não existia, a partir daquilo que não existia; portanto, houve tempo quando ele não existia; pois o Filho é uma criatura e uma obra. Ele não é igual ao Pai em essência, não é o verdadeiro e natural Logos do Pai e nem é a sua verdadeira Sabedoria; mas ele é uma das coisas feitas e criadas e é chamado Verbo e Sabedoria por um abuso de termos, pois ele mesmo originou-se do verdadeiro Verbo de Deus, e pela Sabedoria que existe em Deus, mediante a qual Deus, não apenas criou todas as coisas, mas ele também. Portanto, ele é, por natureza, sujeito a mudanças e variações, assim como o são todas as criaturas racionais.[7]

Note o modo de argumento de Alexandre nessa declaração resumida. Embora seja apresentada como um resumo singelo dos ensinos de Ário, sua forma contém um argumento polêmico sutil contra eles. Uma das acusações principais de Ário e dos seus seguidores contra a crença na igualdade do Filho e do Pai era que ela subverte a imutabilidade de Deus. Se o Filho de Deus é verdadeiramente Deus, logo, Deus não pode ser imutável, conforme todos creem que ele é, porque o Filho passou por mudanças ao entrar na história e sofrer na carne de Jesus Cristo. Alexandre virou a mesa contra Ário e acusou-o de negar, com efeito, a imutabilidade do Pai ao declarar que ele nem sempre foi Pai, mas somente se tornou Pai com a criação de um filho. Após a publicação da carta, esse argumento tornou-se uma das armas principais dos bispos ortodoxos contra o arianismo em todas as suas formas: se o arianismo está certo, o Pai nem sempre teria sido Pai, mas passado a sê-lo ao gerar (criar) o Verbo e isso contradiz a imutabilidade de Deus.

Alexandre acrescentou à sua resumida declaração da heresia de Ário uma exegese bastante detalhada do primeiro capítulo do Evangelho segundo João, onde é declarado que o Logos estava "com Deus no princípio" e foi o agente de Deus em toda a criação. Mencionou, também, outras passagens apostólicas que se referem à igualdade do Filho e do Pai, mas curiosamente esqueceu-se de mencionar a afirmação extremamente importante de João 1.1 de que "o Verbo era Deus". Alexandre encerra a carta encíclica com a sua assinatura e a de numerosos presbíteros e diáconos, mencionando que Ário e seus ensinos já tinham sido condenados por um sínodo com mais de cem bispos.

O imperador Constantino ficou sabendo da controvérsia. Seu capelão pessoal, o bispo Ósio, informou-o a respeito e relatou que os bispos do Oriente estavam

---

[7] ATANÁSIO, *Deposition of Arius* 2.

se dividindo por causa da rixa entre Ário e Alexandre. Muito provavelmente, a maioria dos bispos do império não compreendia do que essa controvérsia tratava. Receberam uma carta de efeito moral do bispo Eusébio de Nicomédia, defensor de Ário, que expunha os ensinos de Ário sob o melhor aspecto. É bem possível que quase todos os bispos acreditaram em algum tipo de subordinação do Filho ao Pai, ou seja, na monarquia do Pai. Outrossim, receberam a carta encíclica comovente e com estilo oficial do bispo Alexandre. O bispo mediano ficava, sem dúvida, bastante confuso. A maioria dos bispos, sem dúvida, ficou bastante perplexa. Um cisma formal ameaçava dividir a igreja e poucos, ou talvez ninguém, queria isso. Constantino seria o último a desejar tal coisa. Tinha a esperança de que o cristianismo pudesse ser o "elo" religioso extremamente necessário que manteria firme o seu império instável e não lhe agradou descobrir que os líderes cristãos estavam envolvidos em uma disputa, aparentemente esotérica, sobre a metafísica divina.

Veremos, à medida que nossa história continuar, que o imperador Constantino tomou uma atitude extrema ao ordenar que todos os bispos cristãos, de todas as partes do império, comparecessem a uma reunião convocada para dirimir essa disputa doutrinária e decidir exatamente o que os cristãos deveriam crer para serem considerados cristãos autênticos. O que aconteceu no primeiro concílio ecumênico de Niceia em 325 será relatado com mais detalhes, mas, primeiro, faremos uma breve pausa para considerar até que ponto a controvérsia entre Ário e Alexandre realmente foi importante.

Por que Alexandre, seus presbíteros e outros reagiram com tanta veemência contra os ensinos de Ário? A resposta é que simplesmente eles perceberam que isso ameaçava a salvação em si. Os cristãos da atualidade tendem a separar a salvação, como perdão e "um relacionamento pessoal com Deus", da crença doutrinária. Essa diferenciação ficou completamente desconhecida da maioria dos cristãos da história da igreja. O que a pessoa acreditava tinha muita importância. *Heresia* era ter uma crença e doutrina a respeito de Deus, de Jesus Cristo e da salvação que ameaçasse distorcer a mensagem do evangelho e a vida cristã de modo tão sério que pudesse se tornar um "evangelho" e religião diferente dos ensinados pelos apóstolos.

A posição de Jesus Cristo em relação a Deus sempre foi uma certeza entre os líderes e pensadores cristãos. Jesus Cristo é, em certo sentido, Deus e é isso que distingue o cristianismo e seu evangelho das outras religiões monoteístas, como o judaísmo, e das filosofias monoteístas, como o platonismo e o estoicismo. Alexandre ficou extremamente chocado ao descobrir que um presbítero e mestre cristão de destaque, bem na vista do próprio bispo, negava qualquer identidade ontológica (igualdade de existência) entre Jesus Cristo e Deus. Tal conceito já fora rejeitado como heresia pelo Sínodo de Antioquia que havia condenado Paulo de Samosata e seus ensinos — pelo menos assim pensava Alexandre. Mas o arianismo, ao contrário do adocionismo, era uma forma mais sutil de negar a divindade de Jesus. Afirmava uma preexistência do Filho de Deus e o colocava numa posição superior a qualquer outra criatura. Jesus Cristo, portanto, não era um homem elevado à divindade — como Paulo de Samosata ensinava — mas um "ser divino" encarnado em um ser humano. Mesmo assim, o "ser divino" em Jesus Cristo não era igual a Deus Pai.

Alexandre tinha toda razão de ficar chocado e alarmado, especialmente porque os ensinos de Ário haviam se tornado muito atraentes às massas de cristãos alexandrinos. Embora a organização das Testemunhas de Jeová e seus ensinos ainda não existissem no século IV, a situação era como se ela estivesse a ponto de se tornar a crença da totalidade da igreja cristã. A consequência, conforme corretamente supunha Alexandre, seria o fim do evangelho segundo o conhecemos e nele cremos. Pois só seremos salvos se Jesus Cristo for Deus. Alexandre intuitivamente compreendeu isso. Seu jovem assistente, Atanásio, se tornaria a pessoa a expor esse fato e convencer toda a igreja, inclusive os principais imperadores e bispos, da veracidade dessa doutrina da salvação. Mesmo antes de existir um NT ao qual se pudesse recorrer como autoridade escrita da fé e da prática cristãs, a fé apostólica implícita do cristianismo girava em torno do escândalo da divindade de Cristo. A razão por que os cristãos a defendiam com tanta tenacidade, enfrentando a ridicularização dos pagãos, a perseguição dos romanos e todos os tipos de tentativas de diluí-la é que ela era o eixo central do evangelho. Se fosse removida de uma ou de outra maneira, a esperança da participação eterna na vida do próprio Deus e do seu perdão e da nossa restauração à imagem de Deus deixaria de existir. O evangelho em si estaria destruído.

Com Ário e seu desafio, a igreja chegou a uma encruzilhada. Não poderia haver uma questão mais importante para a teologia cristã solucionar. Nessa questão, não poderia haver a tolerância do pluralismo. Até mesmo hoje, com a ascensão da teologia liberal e do pluralismo doutrinário, o Conselho Mundial de Igrejas — a organização mundial para a cooperação cristã globalizada — exige que todas as denominações afiliadas confessem: "Jesus Cristo é Deus e Salvador". Essa também era a crença dos cristãos primitivos. Alexandre estava com a razão ao estabelecer um limite e realmente exigir que outros bispos recusassem abrigo e ajuda a Ário.

Mas como faria valer aquela exigência? Não tinha poderes sobre os demais bispos. Só podia apelar a eles por meio de cartas. Enquanto isso, outros bispos, como Eusébio de Nicomédia, apoiavam Ário. Somente uma autoridade superior poderia intervir e resolver qual evangelho se tornaria doutrina cristã oficial do império. Quem poderia dirimir a controvérsia senão o próprio imperador, o poderoso Constantino? No entanto, a intervenção dele nesse debate de suprema importância criou tanto problemas quanto soluções.

10

A igreja responde no Concílio de Niceia

O imperador Constantino viveu e adorou em vários locais durante a construção da nova capital. Um de seus locais prediletos de residência e de governo era a pequena cidade de Niceia, perto de Constantinopla. Ali, o imperador, sua corte e capelão administraram os assuntos da igreja e do império no Oriente. Quando estava no Ocidente, Constantino morou em Milão, no norte da Itália. Roma ficou praticamente abandonada pela corte imperial na época de Constantino. Foi em Niceia, portanto, que Constantino convocou todos os bispos da igreja para resolver o debate a respeito da pessoa de Cristo e da Trindade.

O bispo de Niceia, Teogno, era ariano, pois apoiou Eusébio de Nicomédia e Ário alegando que a forte ênfase que Alexandre dava à unicidade ontológica do Pai e do Filho na Deidade levaria inevitavelmente ao sabelianismo. Outros bispos concordaram. O primeiro concílio ecumênico, mesmo antes de ser oficialmente inaugurado, estava fadado a ser divisor.

O Concílio de Niceia

Para entendermos a relevância do Concílio de Niceia, é preciso fazer uma pausa e relembrar a situação em que a igreja cristã se encontrava pouco antes de 325. Bispos e outros líderes cristãos foram perseguidos com ferocidade e, por vezes, executados pelas autoridades romanas. Os templos das igrejas foram confiscados e transformados em templos de deuses e deusas ou locais de adoração ao imperador. A igreja cristã era, em geral, considerada uma seita religiosa estranha e uma ameaça em potencial ao império por estar cheia de subversivos que se recusavam a honrar o imperador venerando seu "gênio". De repente, tudo mudou. O mundo pareceu simplesmente virar de cabeça para baixo. Agora, um imperador romano, um dos mais fortes que já havia aparecido depois de muitos anos, ordenava que todos os bispos cristãos comparecessem para deliberar em uma reunião que ele presidiria.

Alguns cristãos perceberam a ameaça inerente da prepotência imperial no lugar da perseguição imperial. A maioria, não. O imperador convocou os bispos, e prometeu que pagaria as despesas e forneceria proteção. A maioria dos bispos do Oriente compareceu. As condições impróprias para a viagem e as dificuldades com o idioma impediram o comparecimento de muitos bispos do Ocidente. Mesmo assim, os ramos Oriental e Ocidental do cristianismo — Ortodoxo e Católico — vieram a reconhecer essa reunião em Niceia em 325 como o primeiro concílio ecumênico da igreja. Outros se seguiriam, mas nenhum seria tão importante.

Trezentos e dezoito bispos estavam presentes nas cerimônias da abertura. Infelizmente, não sobreviveram registros contemporâneos das sessões do concílio em si. O biógrafo de Constantino, o bispo Eusébio de Cesareia, fez um relato do concílio, mas as atas propriamente ditas e os relatórios testemunhais detalhados não se encontram à disposição. Ao que parece, Constantino sentou-se num trono que ficava acima da sala de reuniões onde os bispos ficaram. O imperador tinha ao seu lado Ósio, que frequentemente sussurrava em seus ouvidos e servia de mediador e mensageiro entre o imperador e os principais participantes. Alguns dos bispos reunidos tentaram levantar objeções contra essa conduta imperial, mas o imperador e seus guardas os silenciaram. Constantino deixou absolutamente claro nas suas observações preliminares que pretendia agir como o "bispo dos bispos" e guiar e orientar as deliberações até que chegassem a uma conclusão satisfatória.

O concílio durou dois meses e tratou de muitas questões que confrontavam a igreja. Aproximadamente vinte "cânones" ou decretos distintos foram promulgados pelo imperador e pelos bispos a respeito de assuntos que variavam desde a deposição de bispos relapsos até à ordenação de eunucos. No tocante a essa última questão, ficou estabelecido que eunucos poderiam ser ordenados ao sacerdócio, se sua castração não fosse voluntária. Além disso, o bispo de Alexandria foi declarado "patriarca" dos bispos das regiões da África do Norte e arredores e o bispo de Roma, o legítimo líder emérito dos bispos do Ocidente. O concílio ofereceu a oportunidade de esclarecer muitas dúvidas que atormentavam as igrejas, inclusive a maneira exata de fixar a data da Páscoa e a situação de bispos que se mudavam de uma sé para outra. Todos esses assuntos, no entanto, eram de importância secundária à razão principal do concílio. O imperador conclamara o concílio para dirimir a controvérsia ariana e era a respeito dela que os bispos mais queriam falar.

Dos 318 bispos presentes na abertura do concílio, somente 28 eram declaradamente arianos desde o início. O próprio Ário não teve licença para participar do concílio por não ser bispo. Foi representado por Eusébio de Nicomédia e Teogno de Niceia. Alexandre de Alexandria dirigiu o processo jurídico contra Ário e o arianismo e foi auxiliado por seu jovem assistente Atanásio, que viria a sucedê-lo no bispado de Alexandria poucos anos depois. Grande parte dos bispos, talvez a maioria, pouco entendia das questões envolvidas na controvérsia. Conforme observa o historiador eclesiástico Justo González:

> A vasta maioria [dos bispos] parece não ter entendido a importância da questão em pauta e o receio do sabelianismo deixou todos relutantes para condenarem o subordinacionismo de forma contundente. Além disso, o imperador, que se interessava mais pela unidade do Império do que pela unidade de Deus, mostrou-se disposto a encontrar uma fórmula que fosse aceitável ao maior número possível de bispos.[1]

O modalismo nunca fora oficialmente condenado e ainda pairava como uma grande ameaça à doutrina ortodoxa a respeito da Trindade. Reduzia o Pai, o Filho e o Espírito Santo a três modos ou aspectos de Deus e sugeria o patripassianismo — a ideia de que o Pai sofreu na cruz. Para a maioria dos bispos, essa crença popular era uma heresia viva entre o povo e os sacerdotes e precisava de correção enérgica e cuidadosa. Se o subordinacionismo ariano era um antídoto útil contra o veneno do modalismo, muitos dos bispos hesitariam em condená-lo. Condenariam prontamente o adocionismo, mas o subordinacionismo sutil do Filho de Deus nos ensinos de Ário era mais difícil de definir em termos específicos. Os 28 bispos arianos acreditavam que tinham boas possibilidades de convencer a maioria e, quem sabe, até mesmo o imperador da razão de sua posição.

Conforme um relato, logo após a abertura do sínodo, alguém solicitou a leitura da posição ariana para que todos pudessem saber exatamente o que seria debatido. Nesse momento, os arianos, ou pelo menos alguns deles, cometeram um grave erro estratégico. Alexandre e seus bispos devem ter ficado muito satisfeitos. O bispo Eusébio de Nicomédia levantou-se diante do concílio e leu uma negação clara e direta da divindade do Filho de Deus, enfatizando que ele era uma criatura e de nenhum modo igual ao Pai. A declaração deve ter sido semelhante à citação da carta de Ário apresentada do capítulo anterior. Antes que Eusébio terminasse a leitura, alguns bispos já tampavam os ouvidos com as mãos e gritavam para que alguém pusesse fim às blasfêmias. Um bispo que estava perto de Eusébio deu um passo à frente, arrancou-lhe o manuscrito das mãos, jogou-o no chão e pisoteou-o. Houve comoção entre os bispos que só foi interrompida por ordem do imperador.

Aparentemente, a despeito das cartas circulares escritas por Ário e Alexandre antes do concílio, a maioria dos bispos não fazia ideia de quão decisiva a questão realmente era. Tinham comparecido ao concílio na esperança de ouvir palavras

---

[1] *A history of Christian thought*, ed. rev., Nashville, Abingdon, 1992, p. 266-7. V. 1: From the beginnings to the council of Chalcedon.

moderadas, uma posição mediadora entre as duas posições contrárias. Quando um bispo como eles expressou o lado ariano de forma tão aberta, deixando claro que considerava o Filho de Deus mera criatura, ficaram convencidos de que se tratava de heresia, ainda que a forte oposição de Alexandre não fosse a única saída. Depois que a balbúrdia diminuiu um pouco e o imperador restaurou a ordem, o concílio voltou a atenção na busca de uma solução.

O Credo de Niceia

Paulatinamente, a ideia de escrever um credo unificante e compulsório que resumisse "a fé antiga da igreja" em tão poucas palavras quanto possível foi surgindo e ganhando popularidade. O imperador foi a favor dessa ideia e pediu que seu capelão, Ósio, começasse a elaborar os pormenores com vários bispos. Os arianos e seus simpatizantes argumentaram veementemente em favor do emprego exclusivo de linguagem bíblica. Alexandre e seu assistente Atanásio perceberam que isso não passava de ardil. Os arianos haviam se tornado hábeis em "torcer as Escrituras" de modo que qualquer terminologia bíblica pudesse ser interpretada em favor deles. A única maneira de encerrar o debate e esclarecer de uma vez por todas que o subordinacionismo ariano era herético era empregar uma terminologia extra-bíblica que definisse claramente a unidade de Pai e Filho como iguais dentro da Deidade.

Depois de algumas discussões e pouca concordância, o próprio Constantino propôs que o novo credo incluísse a afirmação de que o Filho é *homoousios* — consubstancial — com o Pai. É possível que Ósio tivesse recomendado essa linguagem e que tivesse sido influenciado nesse sentido por Alexandre e Atanásio. Outra origem possível era o bispo Eusébio de Cesareia. Seja como for, a palavra composta *homoousios* — produto de duas palavras gregas que significam "uma" e "substância" — foi aceita pela maioria dos bispos para descrever o relacionamento entre o Filho de Deus e o Pai. São "uma só substância" ou "um só ser". A linguagem relembra a frase latina anterior de Tertuliano: *una substantia*.

Os arianos ficaram horrorizados. Alguns não arianos ficaram perplexos e preocupados. Os trinitários antiarianos, Alexandre, Atanásio e seus amigos, ficaram jubilosos.

Os bispos arianos e seus simpatizantes ressaltaram que, uma vez que a palavra grega *ousia* podia significar uma coisa subsistente individual, como uma pessoa, dizer que o Pai e o Filho são *homoousios* podia ser interpretado como uma declaração de que eram idênticos em todos os sentidos, inclusive de serem a mesma pessoa em disfarces diferentes. E assim estaria de acordo com o modalismo e o sabelianismo. O significado mais comum de *ousia*, no entanto, era "substância" ou "existência" e afirmar que o Pai e o Filho são *homoousios* simplesmente significava para a maioria dos bispos que todos compartilham dos mesmos atributos essenciais da deidade. Se o Pai é eterno, assim também o é o Filho. Se o Filho é onipotente, assim também o é o Pai e assim por diante. O imperador e a maioria dos bispos não se preocuparam muito em definir nesse momento as suas distinções.

Posteriormente, alguns bispos indecisos, que relutaram em condenar o arianismo, se lembrariam de que um dos proponentes principais da fórmula *homoousios* foi o bispo Marcelo de Ancira — um criptosabeliano de renome. Isto é, ele acreditava secretamente na heresia modalista. Ser um modalista não era necessariamente "ilegal", mas era preciso tomar cuidado ao declarar essa opinião. O apoio de Marcelo à fórmula acabou trazendo obstáculos a ela posteriormente. Mesmo antes do encerramento do Concílio de Niceia, muitos bispos estavam receosos de que ele estivesse, inadvertidamente, tornando o sabelianismo ortodoxo e católico. Marcelo sentia-se triunfante. Alexandre e seus seguidores permaneceram impassíveis. Para eles, o sabelianismo era uma heresia muito menos perigosa que o arianismo. A intenção deles era tratar disso mais tarde.

Finalmente, o imperador nomeou uma comissão de bispos para redigir o texto do credo que seria assinado por todos os bispos, inclusive os que não conseguiram comparecer ao concílio. O resultado foi o primeiro *Credo de Niceia*, que não incluiu o terceiro artigo, a respeito do Espírito Santo e da igreja. O referido artigo seria acrescentado posteriormente pelo segundo concílio ecumênico de Constantinopla, em 381. O *Credo de Niceia* (também conhecido simplesmente por "Niceia") seguiu o modelo do *Credo dos apóstolos*, mas seu texto deixava claro que o arianismo era errado:

> Cremos em um só Deus Pai onipotente, criador de todas as coisas visíveis e invisíveis; em um só Senhor Jesus Cristo, o Filho de Deus, gerado de seu Pai, unigênito, isto é, da substância do Pai, Deus de Deus, luz de luz, Deus verdadeiro do verdadeiro Deus, gerado, não feito, consubstancial [*homoousios*] com o Pai, por quem todas as coisas vieram a existir, tanto no céu como na terra, que por nós homens e pela nossa salvação desceu e encarnou, tornou-se humano, padeceu e ao terceiro dia ressuscitou e subiu ao céu e virá para julgar os vivos e os mortos; e no Espírito Santo.[2]

A frase "gerado, não feito" é um exemplo excelente da linguagem extra-bíblica que, segundo insistia Alexandre, era necessária para excluir o arianismo. *Gerado* é uma palavra bíblica a respeito do Filho de Deus. O Evangelho segundo João emprega-a frequentemente. Mas *não feito* nunca apareceu nas Escrituras como atributo do Filho de Deus. A distinção, no entanto, é da máxima importância. Se o Filho de Deus é "feito" ou "criado", não é verdadeiramente Deus. As Escrituras afirmam que ele é divino e que, para a salvação, é necessário que ele seja divino. Os bispos

---

[2] Ibid., p. 267.

reunidos em Niceia reconheciam que estavam afirmando um profundo mistério, mas estavam mais dispostos a afirmar um mistério do que a permitir uma heresia. Também se encontra no meio do credo a frase "consubstancial com o Pai" para descrever o Filho de Deus que se tornou Jesus Cristo. A palavra "consubstancial" é uma tradução de *homoousios* e é simplesmente uma versão atualizada da palavra inglesa arcaica *consubstancial*, encontrada nas versões inglesas do credo. De modo geral, o credo estabeleceu a ortodoxia da Grande Igreja contra o arianismo, embora tivesse deixado a porta aberta para o sabelianismo.

Foi acrescentado ao fim do próprio credo um "anátema", uma breve declaração da heresia que estava sendo repudiada: "Mas quanto aos que dizem: Houve [um tempo] em que ele [o Filho de Deus] não existia, que, antes de nascer, não existia, que veio a existir a partir do nada ou que asseveram que o Filho de Deus é de hipóstase ou substância diferente, ou que é criado, ou que é sujeito à alteração ou mudança, esses a Igreja Católica anatematiza".[3] O imperador deixou absolutamente claro que isso significava que Ário estava deposto e condenado como herege. Ele devia ser exilado junto com os bispos que o apoiavam. Pela primeira vez, um herege cristão foi condenado e castigado por um governante secular simplesmente por crer e ensinar a doutrina errada.

O imperador exigiu que todos os bispos assinassem o novo credo, sob a pena de serem depostos das suas sés e mandados ao exílio. Vários bispos arianos assinaram-no com relutância. Somente dois se recusaram a assiná-lo: Eusébio de Nicomédia e Teogno de Niceia. Sua recusa foi uma grande perda para o imperador e os demais bispos, pois eram considerados extremamente influentes e todos sabiam que, a não ser que assinassem o credo, a questão não seria resolvida tão facilmente. Quando o concílio se encerrou, o assunto ficou sem resolução. Fora escrito um credo que claramente condenava como herética a doutrina sustentada por dois dos principais bispos do Oriente. Além disso, a porta ficava aberta para outra heresia, o sabelianismo, que tinha como um dos defensores um bispo que realmente sustentava essa heresia. Um governante pagão tinha conclamado, presidido e fornecido o conteúdo teológico a bispos cristãos, ordenando que assinassem um documento teológico altamente ambíguo. González tem razão em dizer que

> Havia muita ambiguidade na fórmula de Niceia. O credo, cujo propósito principal era afirmar a divindade do Filho, podia também ser interpretado como uma afirmação da unidade divina. Esse fato, juntamente com o fato de que a fórmula de Niceia se omitia a respeito da distinção entre o Pai, o Filho e o Espírito Santo, não demorou a tornar esse credo suspeito por fazer

[3] Ibid., p. 267-8.

concessão ao sabelianismo. É por isso, a despeito da condenação do arianismo em Niceia, a condenação não foi suficiente para expulsá-lo da igreja e por mais de cinquenta anos a controvérsia continuou até a igreja, finalmente, condenar de forma definitiva o arianismo.[4]

A condenação final e definitiva do arianismo que realmente "funcionou" aconteceu no Concílio de Constantinopla em 381. Ao longo do meio século interveniente, vários bispos e imperadores arianos e semiarianos ajudaram o subordinacionismo a se recuperar e, por vezes, a igreja cristã inteira parecia estar a ponto de rejeitar totalmente a Trindade e de estabelecer como doutrina ortodoxa algo semelhante ao que as Testemunhas de Jeová acreditam em nossos dias. A história de como isso foi impedido e de como a doutrina da Trindade foi finalmente interpretada e estabelecida, ocupará os dois capítulos a seguir.

Concílios ecumênicos

Vejamos rapidamente o conceito e a natureza dos concílios ecumênicos, dos quais Niceia foi o primeiro. Na ocasião do Concílio de Niceia, não estava muito clara a distinção entre um sínodo local de bispos e um concílio ecumênico. No entanto, quando a Grande Igreja relembrou esse concílio de uma perspectiva posterior, a diferença saltava aos olhos, devido a dois fatores principais. Primeiro, o Concílio de Niceia foi convocado e presidido por um imperador. Havia uma autoridade central, revestida de poderes reais, que presidia as sessões. Os concílios (sínodos) anteriores tinham sido convocados por um bispo, e a única autoridade que suas declarações respeitavam era a autoridade da persuasão. Em segundo lugar, o Concílio de Niceia foi um concílio universal no sentido de que todos os demais bispos na sucessão apostólica e em comunhão com os demais bispos da Grande Igreja foram convidados a participar. O fato de que somente 318 de aproximadamente 500 bispos compareceram não invalidava a universalidade do concílio. Todos eram bem-vindos e o imperador lhes garantiu despesas pagas e proteção. Relembrando, pois, nessa reunião pioneira, os ramos principais da Cristandade, um, dois e treze séculos depois, todos reconheceram um avanço quântico da autoridade eclesiástica desde o concílio ou sínodo local de bispos até esse concílio universal e ecumênico.

Nos cinquenta anos que se seguiram ao Concílio de Niceia, mais alguns concílios ecumênicos foram convocados pelos imperadores, mas posteriormente foram repudiados por imperadores e líderes eclesiásticos igualmente, porque eram,

---

[4] Ibid., p. 271.

de modo geral, antitrinitários. Em outras palavras, resolver quais concílios eram partes autênticas da Grande Tradição da igreja passou a ser, por si só, uma questão teológica. Foi só em 451 que um concílio universal em Calcedônia resolveu, de modo decisivo, que o Concílio de Niceia e o Concílio de Constantinopla (381) foram, na realidade, os dois primeiros concílios verdadeiramente ecumênicos da igreja, de modo que os vários outros estavam excluídos. Também declarou um concílio de todos os bispos, pouco tempo antes de Calcedônia, como um "Sínodo de Ladrões" e não um concílio genuíno. O Concílio de Calcedônia decidiu que era o quarto concílio ecumênico e declarou a versão do *Credo de Niceia* escrita no segundo concílio ecumênico, em Constantinopla, autorizado e obrigatório para todos os clérigos no império inteiro. Embora seja comumente chamado *Credo de Niceia*, é mais exatamente o *Credo niceno-constantinopolitano*. Conforme veremos, o terceiro concílio ecumênico acabou sendo o realizado em Éfeso em 431. Não chegou a promulgar um credo, mas tomou algumas decisões importantes a respeito de heresias sobre a pessoa de Jesus Cristo.

A Grande Igreja chegou à conclusão de que foram realizados quatro concílios ecumênicos da igreja primitiva e que suas decisões e ações deviam ser consideradas obrigatórias para todos os clérigos cristãos. Geralmente, os imperadores faziam vigorar essa decisão com os conselhos e a orientação dos principais bispos das sés maiores chamados "patriarcas". Esse processo inteiro de governar a igreja no assunto da doutrina era, naturalmente, uma extensão lógica da eclesiologia de Cipriano. Cipriano tinha vislumbrado sínodos de bispos governando os assuntos da igreja, mas assim que um imperador cristão assumiu o poder, coisa que Cipriano jamais havia imaginado, era lógico que os bispos cristãos esperassem que o imperador fizesse valer as decisões tomadas nos concílios ecumênicos. Os quatro concílios ecumênicos que até mesmo os protestantes consideram dotados de autoridade especial para a doutrina cristã são: Niceia I (325), Constantinopla I (381), Éfeso I (431) e Calcedônia (451).

O processo de convocar concílios ecumênicos para tomar decisões teológicas importantes continuou depois de Calcedônia, mas há pouco acordo bilateral na cristandade a respeito dos concílios posteriores. As igrejas Ortodoxas Orientais reconhecem sete concílios ecumênicos, embora haja certa polêmica entre seus líderes a respeito do sétimo. A Igreja Católica Romana reconhece vinte e um concílios ecumênicos, sendo que o mais recente é o Vaticano II, realizado nos anos de 1962 a 1965. As denominações protestantes magisteriais, como as principais denominações luteranas, reformadas e anglicanas (Igreja da Inglaterra, Episcopal) reconhecem que somente os quatro primeiros são dotados de certa autoridade especial e mesmo esses são considerados inferiores às Escrituras.

Muitas denominações e tradições protestantes não magisteriais prestam bem pouca, ou nenhuma, atenção aos concílios ecumênicos. Numerosas denominações sem credos a não ser a "Bíblia somente", rejeitam completamente a ideia de concílios ecumênicos convocados e presididos por imperadores, considerando-os um sintoma do constantinismo, a doença de permitir que governantes seculares e pagãos dominem a vida da igreja e se intrometam na interpretação bíblica e teológica. Essas denominações, inclusive muitas batistas, pentecostais, menonitas, Igrejas de Cristo e muitas outras da chamada tradição das igrejas livres, consideram que a igreja se desviou de sua verdadeira natureza em algum momento dos primeiros séculos depois dos apóstolos. Para elas, a deferência mostrada ao imperador pagão, Constantino, por bispos cristãos no século IV foi a gota d'água no processo de involução da cristandade, que, de cristianismo apostólico, passou a ser uma religião romana quase paganizada. Essa atitude para com a Grande Igreja no reinado de Constantino e posteriormente aparece de diversas formas e expressões, mas, de modo geral, os protestantes das igrejas livres desconsideram os concílios e credos do século IV e séculos posteriores e defendem o princípio de "volta à Bíblia" e da separação da igreja e do estado.

Podemos visualizar as atitudes para com os grandes concílios ecumênicos montadas ao longo de um espectro, tendo a ortodoxia oriental numa extremidade e a maioria dos pentecostais na outra. A atitude da maioria dos cristãos encontra-se em algum ponto entre as duas extremidades, embora os pentecostais não sejam os únicos que desconsideram ou rejeitam a autoridade especial dos concílios e suas decisões. Muitos batistas, Igrejas de Cristo, igrejas Holiness (movimento de santidade), anabatistas e outros ficam juntos na mesma extremidade do espectro que os pentecostais. Os bispos ortodoxos orientais consideram sua família de igrejas uma continuação, no mundo moderno, da Grande Igreja do Império Romano governado por Constantino. Acreditam, também, que a Grande Igreja sob a direção de Constantino era a continuação autêntica no século IV da igreja dos apóstolos no século I. Para os bispos ortodoxos orientais, todos os demais ramos da cristandade são cismáticos. Até mesmo a Igreja Católica Romana é um cisma da ortodoxia, cisma este que foi oficializado em 1054. Os ortodoxos consideram que os sete concílios ecumênicos têm verdadeiramente a mesma autoridade que as próprias Escrituras. Tanto as Escrituras quanto os concílios fazem parte da "Tradição", que é a revelação autorizada que Deus deu ao seu povo na história.

Na outra extremidade do espectro de posições em relação aos concílios e credos ecumênicos, os pentecostais e algumas outras igrejas livres tendem a considerá-los como desprovidos de qualquer autoridade sobre os cristãos por estarem muito distantes da igreja do NT, tanto na cronologia como na cultura. Não estamos dizendo, com isso, que os pentecostais e outros cristãos das igrejas livres rejeitam todas as doutrinas dos concílios e os seus credos. Longe disso. Muitos deles concordam sinceramente com a doutrina da Trindade, mas argumentam que, como ela pode ser achada nas Escrituras, não é necessário confessar a linguagem metafísica dos credos. Para os que rejeitam a doutrina da Trindade, as igrejas livres apelam simplesmente ao NT e à experiência do Pai, Filho e Espírito Santo na vida cristã. Naturalmente, a maioria das igrejas livres (inclusive as pentecostais) acha necessário formular suas declarações de fé que resumam as doutrinas essenciais do NT para se guardar contra heresias. Em geral, elas contêm as doutrinas do *Credo de Niceia*. Mesmo assim, os protestantes das igrejas livres argumentam que todas as declarações de fé elaboradas por seres humanos podem ser revisadas à luz das Escrituras e que não possuem nenhuma autoridade em si mesmas, à parte das Escrituras. Poucas denominações e tradições das igrejas livres se recusam a aceitar qualquer declaração formal de fé. O resultado muitas vezes é, obviamente, confusão e caos doutrinários.

Quanto às posições da Igreja Ortodoxa Oriental e dos protestantes das igrejas livres para com os concílios e credos da igreja primitiva, há diversas variações e graduações. Muitos cristãos evangélicos da era moderna chegaram a considerar os quatro primeiros concílios e o *Credo de Niceia* (*niceno-constantinopolitano*) como marcos da verdade cristã, que devem ser respeitados, mas não venerados como se possuíssem a mesma autoridade das Escrituras. Até mesmo muitos teólogos evangélicos das igrejas livres expressam grande apreço e respeito pelo *Credo de Niceia* e pelas decisões marcantes dos quatro primeiros concílios, comparando-as com as decisões do Supremo Tribunal da União — interpretações autorizadas da constituição. Aos olhos deles, a Bíblia é uma espécie de Constituição da República. Os primeiros concílios e especialmente o *Credo de Niceia* recebem das Escrituras sua autoridade. Usando outra analogia, eles são como a luz da lua que reflete a do sol, mas não deixa de ter sua utilidade na noite escura da ignorância e do erro.

Seja como for, o imperador Constantino presidiu um concílio ecumênico e tornou obrigatórias as suas decisões doutrinárias. Mas isso foi apenas o início da grande controvérsia a respeito do Filho de Deus e da Trindade. Seu propósito era terminar a controvérsia ariana, mas, ao contrário, serviu realmente como um catalisador dela. A explosão aconteceu depois de os bispos deixarem o concílio em 325. Eles começaram a refletir sobre o que se realizara ali e a se corresponder falando a respeito. Não demoraram a descobrir que a linguagem do credo que promulgaram era ambígua e, assim como as próprias Escrituras, podia ser interpretada de vários modos, sendo alguns deles heréticos. Constantino estava convicto de que o concílio não tinha concluído a sua obra e que, na realidade, tinha acrescentado o conteúdo errado ao credo. Queria retomar tudo e reescrevê-lo. Mas um homem se colocou em seu caminho. Por algum tempo, era Atanásio contra o mundo.

11
Atanásio sustenta irredutivelmente a fé

Quando Alexandre, bispo de Alexandria, foi ao Concílio de Niceia para defender a causa trinitária contra Ário e os seus seguidores, levou consigo um jovem assistente chamado Atanásio, que tinha apenas vinte e poucos anos, mas prometia muito como teólogo. É improvável que Atanásio tenha desempenhado qualquer papel relevante no concílio, mas posteriormente foi preparado por Alexandre para ser seu herdeiro na liderança da sé de Alexandria. Quando Alexandre morreu em 328, Atanásio, com trinta anos de idade, sucedeu-lhe nesse estratégico cargo eclesiástico. Sem dúvida, muitos críticos desprezavam sua juventude e duvidavam que o "Anão Negro", com era conhecido, daria conta de ser patriarca da igreja em idade de tenra juventude. Pouco depois, no entanto, até mesmo seus inimigos tiveram de admirar sua grande perspicácia, sabedoria e coragem.

A vida e a carreira de Atanásio

Atanásio atuou como arcebispo e patriarca de Alexandria durante quarenta e cinco anos, até sua morte em 373. Passou aproximadamente um terço desse período em exílio forçado, por causa da defesa resoluta da terminologia essencial do *Credo de Niceia* diante da oposição imperial. Com toda razão, passou a ser conhecido por o "santo da teimosia" por causa de sua oposição resoluta a qualquer coisa que tivesse o menor sinal de arianismo, mesmo quando imperadores ameaçaram sua vida. Talvez não seja um exagero muito grande dizer que a teologia das Testemunhas de Jeová só não é a "ortodoxia" da maior parte da cristandade graças a Atanásio. "Ele é realmente um dos grandes heróis da fé, mas, assim como Orígenes antes dele, deixou um legado perturbador. Diferentemente de Orígenes, a reputação de Atanásio é tida como imaculada em todos os ramos principais da cristandade. Embora algumas de suas ideias acabaram sendo consideradas como heréticas segundo os padrões da ortodoxia, ele nunca foi condenado e nem sequer duramente criticado. É considerado um santo pelas igrejas ortodoxas orientais, bem como pela tradição católica romana.

Os protestantes, em geral, também o consideram um dos grandes mestres da igreja primitiva. González expressa o consenso da maioria dos teólogos cristãos ao dizer: "Atanásio foi, sem dúvida alguma, o bispo mais notável que chegou a ocupar a antiga sé de Alexandria e [...] foi também o maior teólogo de seu tempo".[1]

No seu século, e durante toda sua vida, Atanásio foi extremamente controverso. Muitos bispos e imperadores consideravam-no um controversista inflexível que se recusava a ceder teologicamente em prol da unidade eclesiástica. Um historiador eclesiástico moderno de destaque que escreveu a respeito de Atanásio fala que "no seu episcopado de quarenta e cinco anos (328-373), ele provocou um grau de oposição incomum nas mais variadas fontes. Pior do que isso, parecia deleitar-se na controvérsia. Dificilmente poupava um oponente. Como panfletista, superou o próprio imperador Juliano".[2] Outro historiador eclesiástico moderno registra que Atanásio "tendia a ser tirano e atos violentos foram cometidos em seu nome", mas, ao mesmo tempo, coloca-o em um pedestal como "o pilar da igreja; ele limpou o templo, a exemplo de Cristo, não com chicotes, mas com argumentos persuasivos".[3]

A fim de até mesmo começarmos a compreender Atanásio e a controvérsia nele centralizada, é preciso conhecer do contexto da igreja e do estado onde ele vivia e trabalhava. "Durante as décadas de meados desse século, de 340 a 380, a história da doutrina parece mais a história das intrigas da corte e da igreja e da agitação social".[4] Cada imperador que assumia o trono mudava do arianismo para a ortodoxia, para o semiarianismo e de volta à ortodoxia. Um deles, Juliano, converteu-se do cristianismo para o paganismo e procurou, sem sucesso, levar o império de volta às suas raízes pagãs. Mas para Atanásio, Juliano era uma ameaça menor do que os imperadores que falavam, sem conhecimento de causa, a respeito da doutrina da Trindade e tentavam estabelecer um compromisso com os arianos, tratados por ele como forças do anticristo. Atanásio nos faz imaginar um Martinho Lutero da antiguidade. Como o reformador protestante do século XVI, ele avançou na direção contrária aos conflitos e tumultos sociais e tomou uma posição firme em favor da verdade. O axioma de Lutero: "Paz, se for possível, mas verdade, a qualquer custo!" poderia também ter sido o de Atanásio.

Quando Atanásio sucedeu Alexandre no bispado com a tenra idade de trinta anos, os problemas começavam a surgir na igreja e no império. Depois do Concílio

---

[1] *A history of Christian thought*, ed. rev., Nashville, Abingdon, 1992, p. 291. V. 1: From the beginnings to the council of Chalcedon.

[2] W. H. FREND, *The rise of Christianity*, Philadelphia, Fortress Press, 1984, p. 524.

[3] Frances YOUNG, *From Nicea to Chalcedon*, Philadelphia, Fortress, 1983, p. 82-3.

[4] Harold O. J. BROWN, *Heresies*: the image of Christ in the mirror of heresy and orthodoxy from the apostles to the present, Garden City, N.Y., Doubleday, 1984, p. 119.

de Niceia, o bispo sabeliano Marcelo de Ancira proclamou que o concílio e seu credo, foram um grande triunfo para o modalismo. Ele e seus colegas sabelianos declararam que o termo *homoousios* (consubstancial) identificava o Pai e o Filho tão intimamente que deveriam ser considerados um e a mesma substância ou identidade pessoal. A única diferença entre eles estava na aparência ou manifestação. O credo e o concílio tinham deixado de explicar a distinção correta entre o Pai e o Filho e tinham negligenciado quase totalmente o Espírito Santo. Esse fato concedeu uma vantagem tanto aos sabelianos como aos arianos. Os sabelianos podiam declarar que o evento inteiro tinha sido uma vitória para a interpretação deles sobre a Trindade e os arianos podiam dizer que servia para condenar o sabelianismo.

Entre os anos de 325 e 332, exatamente quando Atanásio estava assumindo seus deveres como bispo de Alexandria, o imperador Constantino começou a mudar de partido no assunto, sob a pressão de bispos e conselheiros que secretamente simpatizavam com Ário e dos dois bispos que o apoiaram e foram depostos e exilados. A força da animosidade que se seguiu ao concílio foi intensa. As discussões e o tumulto não tinham cessado. Alguns que tinham assinado o credo e os anátemas contra os arianos ficaram horrorizados com a interpretação sabeliana distorcida aplicada ao credo por Marcelo e outros. Conseguiram conquistar a confiança do imperador e este começou paulatinamente a pensar em mudar o credo e até mesmo a restaurar Ário e os bispos de Nicomédia e Niceia.

Em 332, Constantino declarou Ário restaurado como presbítero em Alexandria e ordenou que o novo bispo o aceitasse de volta à comunhão da igreja naquele local. Atanásio recusou-se, a não ser que Ário afirmasse *homoousios* como descrição do relacionamento entre o Pai e o Filho. Ário não quis. Atanásio rejeitou-o e desconsiderou as exortações e ameaças do imperador. Como resultado, Constantino exilou Atanásio para o posto avançado mais afastado do Império Romano no Ocidente: a cidade alemã de Tréveris. Seu exílio começou em novembro de 335 e durou até à morte de Constantino em 337. Durante esse período de ausência da sua sé, no entanto, Atanásio permaneceu como único bispo reconhecido de Alexandria. Os bispos do Egito, os presbíteros e o povo de Alexandria recusaram-se a substituí-lo e Atanásio continuou sendo o bispo amado deles, mesmo no exílio.

Nas viagens de ida e volta para Tréveris, Atanásio fez muitos contatos com líderes cristãos no Ocidente que passaram a simpatizar com ele. Afinal, Constantino não era universalmente considerado um herói no Ocidente Latino por ter transferido a sede do império mais para o Oriente, para Constantinopla. Não era só porque Atanásio estava sendo exilado pelo imperador que eles iriam repudiá-lo. Foi recebido de braços abertos por muitos bispos ocidentais e sua influência sobre eles em favor da ortodoxia trinitária (a fórmula de Niceia) foi profunda. Atanásio também lhes apresentou o fenômeno dos monges eremitas cristãos nos desertos do Egito. Um dos heróis pessoais de Atanásio era Antão, o Ermitão, um dos primeiros ascetas do deserto que operou milagres. Atanásio escreveu um livro intitulado *A vida de Antão* e essa obra tornou-se a base para a aceitação do monasticismo entre cristãos de todas as partes do império.

Enquanto Atanásio estava no exílio em Tréveris, Ário morreu, na véspera do dia em que seria restaurado como um presbítero cristão numa cerimônia especial em Constantinopla. Alguns estudiosos especulam que tenha sido envenenado pelos seus inimigos. Seja como for, sua morte em 336 ocorreu poucos meses antes da morte do próprio Constantino em 22 de maio de 337. Constantino viveu como pagão e morreu como ariano. Semelhante currículo para "o primeiro imperador cristão" não é muito admirável! Mesmo assim, a sua morte foi o término de um grandioso capítulo na história cristã. A partir de então, com apenas uma breve exceção, os imperadores romanos se considerariam cristãos em certo sentido e interfeririam constantemente nas questões eclesiásticas e teológicas.

O sucessor de Constantino foi seu filho Constâncio, que permitiu que Atanásio retornasse à sua sé em Alexandria. Porém, sua restauração não seria permanente. O relacionamento entre Atanásio e o imperador Constâncio era tempestuoso. O imperador, que governou até a sua morte em 362, constantemente acossava o bispo, que parecia ser o último e principal baluarte de resistência da ortodoxia trinitária ante o arianismo e o semiarianismo.

O imperador queria paz e a uniformidade era o caminho para ela. Chegou a achar que o termo *homoousios*, ironicamente, sugerido e imposto por seu pai, Constantino, deveria ser substituído no *Credo de Niceia* por *homoiousios*, que significa "de substância semelhante" e era aceitável para os semiarianos e até mesmo para muitos trinitários. A nova terminologia teria tornado ortodoxa, se aceita, a crença de que o Pai e o Filho compartilham de "substância semelhante" ou de "existência semelhante" em vez de se crer que são da mesma substância ou existência.

Os que faziam pressão em favor dessa mudança são geralmente considerados "semiarianos" e suas estrelas brilharam na igreja e no império por volta de 360, quando Constâncio passou a apoia-los. A mudança teria excluído a interpretação sabeliana da Trindade, deixando claro que o Filho e o Pai não são idênticos. Mas também teria aberto a porta para uma interpretação ariana subordinacionista ao subentender que talvez o Filho não seja Deus da mesma maneira que o Pai é Deus.

Atanásio resistiu com teimosia à mudança e até mesmo a condenou como heresia e equiparou com o anticristo os que a apoiavam. Conforme veremos, sua preocupação não era simplesmente defender uma linguagem sacrossanta, mas defender o próprio evangelho. Para Atanásio e seus partidários, a própria salvação depende de o Filho de Deus ser o próprio Deus e não meramente uma grandiosa criatura "semelhante a Deus". Para ele, "a questão fundamental é que somente o verdadeiro Deus pode unir uma criatura a Deus"⁵ e "a salvação não é [...] possível mediante uma corrente hierárquica, do Pai através de um Filho intermediário até às criaturas. Um intermediário, portanto, tanto separa como une as criaturas com o Pai".⁶ Por mais que repudiasse o sabelianismo, Atanásio repudiava ainda mais o subordinacionismo ariano, bem como o "meio-termo" semiariano (que não necessariamente explicitava que "tempo houve em que o Filho não existia"), que lhe era inaceitável porque o evangelho inteiro dependia de Jesus Cristo ser verdadeiro Deus bem como verdadeiro homem.

Certo crítico moderno da ortodoxia cristã primitiva concluiu que Atanásio desempenhou algum papel na queda do Império Romano por causa da sua obstinação quanto a uma letra minúscula em grego, que não passa de uma marca diacrítica sobre uma vogal. Edward Gibbon argumentou que *homoousios* e *homoiousios* são tão próximos, tanto na aparência como no significado, que Atanásio deveria ter aceitado esta última forma em vez de provocar tanta contenda e dissensão quanto à diferença. Em resposta a essa opinião, o teólogo evangélico, Millard Erickson, relata a história (de exatidão não confirmada) de uma senhora rica da era vitoriana que, em viagem para a Europa, achou um colar caríssimo de pedras preciosas, que queria comprar. Para obter o consentimento do marido (lá nos tempos vitorianos!), telegrafou para ele e lhe contou o preço. O recado do marido de volta para ela provocou o rompimento do casamento. Escrevera: "Não! é muito caro", mas, por omissão do ponto de exclamação pelo operador do telégrafo, ficou: "Não é muito caro". A esposa gastou o dinheiro, causando a ruína financeira da família e o fim do casamento.

Embora seja reconhecidamente uma parábola e não um fato histórico, essa história ensina a lição de que, em muitos casos, uma única letra minúscula ou sinal de pontuação pode provocar uma grande diferença no significado de uma mensagem. Contrariando Gibbon e o Imperador Constâncio, a diferença entre *homoousios* e *homoiousios* é a diferença entre a Divindade e a criatura. O primeiro diz que o Filho *é* Deus. O segundo diz que o Filho é *semelhante* a Deus. Se um ser é Deus, dizer que é semelhante a Deus está totalmente errado. Se um ser é apenas *semelhante* a Deus, declarar que ele *é* Deus seria uma heresia ou até mesmo uma blasfêmia. Atanásio percebeu isso e resistiu à sedução de ceder.

Por causa de sua recusa em ceder, acusações falsas a seu respeito foram feitas no tribunal de Alexandria e ele teve de fugir para Roma em 339. Posteriormente, foi inocentado das acusações de desonestidade financeira e de abuso do poder e teve permissão para voltar a Alexandria. Em outro episódio do conflito, o imperador chegou a Alexandria em negócios de estado e decidiu passar defronte à casa de Atanásio sem cumprimentá-lo. Este, segundo se conta, saiu resolutamente da

---

[5] Alvyn Pettersen, *Athanasius*, Harrrisburg, Morehouse, 1995, p. 188.
[6] Ibid., p. 175.

casa e confrontou o imperador segurando o freio do cavalo imperial na procissão e pregando-lhe a teologia certa. Esta história pode ser lendária. Em outro episódio bem testemunhado, no entanto, Atanásio foi publicamente atacado por guardas romanos enquanto dirigia o culto na catedral em Alexandria. Quando as tropas irromperam na igreja, com a óbvia intenção de prender e possivelmente matar Atanásio, a congregação aglomerou-se a redor dele e o protegeu. Conseguiu sair despercebido da cidade e conviveu com os monges no deserto durante cinco ou seis anos, até a situação se acalmar na cidade.

Ao todo, Atanásio enfrentou cinco exílios: "Dezessete dos seus quarenta e seis anos de bispado, Atanásio passou no exílio. A política e a teologia sempre se misturaram. Assim viveu Atanásio, defendendo seu modo de entender a fé católica, como declarou em Niceia".[7]

No meio de tudo isso, Atanásio conseguiu convocar um concílio em Alexandria. Nem todos os bispos compareceram, naturalmente, portanto, não é considerado um concílio ecumênico. Não teve o apoio, nem do imperador, nem de muitos bispos de destaque na igreja. Mesmo assim, preparou o caminho para o segundo concílio ecumênico, o Concílio de Constantinopla, que seria realizado depois da morte de Atanásio e, em grande medida, como resultado da obra deste. Seu sínodo em Alexandria reuniu-se em 362. Os bispos ali reunidos reafirmaram *homoousios* como a única descrição apropriada do relacionamento entre o Filho e o Pai e rejeitaram explicitamente como heresias tanto o *homoiousios* semiariano como o sabelianismo.

O sínodo deu um passo novo que seria crucial para o sucesso da doutrina nicena da Trindade no Concílio de Constantinopla em 381. Com a ajuda dos seus amigos, os pais capadócios (Basílio e os dois Gregórios), Atanásio propôs, e o sínodo aceitou, uma declaração explicativa no sentido de o Pai, o Filho e o Espírito Santo serem três *hypostases* distintos, mas não separados, do único Deus. Esse avanço conceitual, totalmente crucial, só pode ser compreendido no contexto das contribuições teológicas dos três pais capadócios que serão examinadas no próximo capítulo. Basta dizer, por enquanto, que *hypostasis* (da qual *hypostases* é o plural) é uma palavra grega que pode significar ou "subsistência individual" (como uma pessoa) ou "substância comum" (como a natureza humana). Em outras palavras, podia ser sinônimo de *ousia* (substância) ou não. Se não, geralmente significava uma coisa específica ou um exemplar (subsistência) individual de uma substância ou espécie em comum. Esse era claramente o significado pretendido no sínodo de Atanásio em Alexandria em 362.

O propósito de propor essa nova ideia era contradizer o modalismo sabeliano ao tornar claro que o Pai, o Filho e o Espírito Santo, embora sejam de substância una (*homoousios*), não eram a mesma pessoa ou subsistência idêntica. São três pessoas (*hypostases*) distintas e não meramente três máscaras ou manifestações ou aspectos

---

[7] Ibid., p. 18.

do único Deus pessoal — sendo isso o que o sabelianismo asseverava. Parece que no sínodo de Atanásio em Alexandria, ele e os bispos trinitários ali reunidos tinham finalmente retornado à fórmula trinitária latina de Tertuliano, apresentada contra Práxeas um século e meio antes — *una substantia, tres personae*. Mas, em 362, ela estava longe de ser universalmente aceita.

Os tratados teológicos principais de Atanásio incluem *De incarnatione,* traduzido como *Da encarnação do Verbo,* e *Quatro discursos contra os arianos*. É óbvio que também escreveu numerosas cartas, panfletos teológicos e livros pequenos. Mas essas são as obras principais a respeito da Divindade e da salvação. Entre outras obras de menor importância está *A vida de Antão* e *Contra os pagãos*.

Da encarnação do Verbo continua sendo um grande clássico cristão e ainda é publicado dezessete séculos mais tarde. É uma obra clássica da teologia construtiva cristã primitiva. É provável que Atanásio a tenha escrito no primeiro exílio em Tréveris. É um livro a respeito da necessidade de uma encarnação genuína de Deus na humanidade, para a salvação dos humanos e ressalta a divindade de Jesus Cristo. Ele admite o modelo tradicional da salvação de deificação ou divinização, que remonta, no mínimo, a Ireneu ou talvez até a um momento anterior da história da teologia. Mas o livro também contém reflexões exegéticas sobre passagens bíblicas que se relacionam com Jesus Cristo e sua divindade e profundos esforços mentais no tocante ao relacionamento entre o Pai, o Filho e o Espírito Santo. Um dos alvos principais de Atanásio nesse livro era deixar claro que o Filho é gerado, mas não feito. A cristologia do livro relembra nitidamente a de Orígenes e, de fato, Atanásio tem sido frequentemente considerado como um "Orígenes da ala direita" por estudiosos da teologia histórica. Isto é, sua interpretação de Orígenes é tradicional e conservadora, ao passo que a dos arianos era radical e "da ala esquerda".

Contra os arianos é a obra mais polêmica de Atanásio, e é dirigida contra os arianos e semiarianos. Foi escrita entre 356 e 360 quando, então, a heresia ariana, na forma do semiarianismo, estava para se tornar a ortodoxia obrigatória da igreja inteira. A mensagem é a mesma contida em *Da encarnação do Verbo,* mas é expressa de modo negativo, ao desmontar o subordinacionismo radical. A mensagem principal é que "o Logos não é uma criatura, mas uma só substância com o Pai, [...] porque é somente assim que a nossa salvação é plenamente realizada e garantida".[8]

Atanásio morreu em 373 em Alexandria. Passou os últimos sete anos de vida na sua cidade natal como seu bispo, em relativa paz e quietude. O imperador era Valente, que tinha fortes inclinações para o arianismo, mas, depois de forçar Atanásio uma vez para o exílio, teve compaixão dele e permitiu que voltasse para casa. O próprio Valente morreu pouco depois e o imperador seguinte, Teodósio, apoiava fortemente a fé ortodoxa e trinitária da qual Atanásio e seus amigos capadócios

---

[8] YOUNG, op. cit., p. 72.

eram defensores. Foi Teodósio quem convocou o segundo concílio ecumênico em Constantinopla onde o Credo de Niceia foi fortalecido e finalmente adotado como o credo universal obrigatório para todos os cristãos. Foi também Teodósio que declarou o cristianismo ortodoxo e católico a religião oficial única e exclusiva do Império Romano. Atanásio não viveu até ver esse fruto da obra da sua vida.

A teologia de Atanásio

Em todas as suas obras teológicas principais, Atanásio seguiu três linhas de raciocínio teológico no tocante ao relacionamento entre o Filho de Deus e o Pai. Todas as três têm a intenção de apoiar e até mesmo comprovar a unidade ontológica da substância (*homoousios*) do Pai e do Filho. Em algumas poucas ocasiões, Atanásio incluiu explicitamente o Espírito Santo nessa unidade, mas sua preocupação principal era refutar o arianismo e, assim, concentrou a sua atenção na pessoa de Cristo e na questão da sua condição diante do Pai. Seus amigos capadócios defenderiam a causa do Espírito Santo.

A primeira linha de raciocínio que Atanásio empregou a fim de apoiar a igualdade do Filho com o Pai é metafísica. O âmago do argumento é que se o Pai é Deus, o Filho deve forçosamente também ser Deus, pois, de outra forma, o Pai teria passado por uma mudança ao se tornar Pai. Se houve um tempo em que o Filho não existia, consequentemente houve um tempo em que o Pai não era pai. Para ele, o Filho faz parte da definição de Deus como Pai e "o Filho de Deus é eterno, pois a sua natureza é sempre perfeita. [...] Não se pode deixar de dizer que, ao sustentarem que 'houve tempo em que o Filho não existia', despojam, como assaltantes, Deus do seu Verbo e abertamente dizem a respeito de Deus que houve tempo em que não tinha seu Verbo e Sabedoria e que a Luz em tempos passados não irradiava luz e que a Fonte tinha sido estéril e seca".[9] Para Atanásio, negar a divindade eterna do Filho de Deus era um ultraje grave contra o Pai: "Esse ataque contra o Filho faz a blasfêmia recair contra o Pai".[10]

Atanásio compartilhava com os arianos e quase todos os que se chamavam cristãos uma forte crença na imutabilidade de Deus e a explorava contra o subordinacionismo radical. Se Deus "se tornou" Pai, passou por uma modificação e alteração. Se o Filho de Deus é a imagem expressa do Pai e de sua radiância e luz, sendo que as Escrituras ensinam claramente todas essas coisas, então ele sempre existiu com o Pai, mesmo que tenha sido "gerado" dele: "Mas Deus não é como o homem, conforme a Escritura tem dito; mas é existente e é eterno; por isso, também o seu Verbo é existente e eterno com o Pai como a radiância da luz. [...] Portanto, ele também é Deus, por ser a Imagem de Deus, pois 'o Verbo era Deus,' diz a Escritura".[11]

Esse argumento metafísico da igualdade entre o Filho de Deus e o próprio Deus apresentou um problema para Atanásio quando passou a descrever a natureza da

---

[9] *Four discourses against the Arians* 1.14, *NPNF* 2.4.
[10] Ibid., 1.25.
[11] Ibid., 2.35.

humanidade e divindade de Jesus Cristo em *Da encarnação do Verbo*. Afinal, se a divindade é rigorosamente imutável, como poderia unir-se, de forma genuína, à existência humana? A solução ariana e semiariana foi dizer que o Logos, ou Filho de Deus, *não* é verdadeiramente divino. Atanásio recorreria a Orígenes e outros teólogos anteriores ao seu tempo em busca de uma solução. Para ele, o Filho de Deus não mudou ao entrar na existência humana em Jesus Cristo. Até que ponto isso é compatível com a encarnação genuína é contestável, mas foi a solução que Atanásio ofereceu.

Na realidade, Atanásio foi muito longe nessa direção. A fim de preservar a verdadeira divindade do Filho com igualdade ao Pai, achava que precisava salvaguardá-lo de qualquer mácula de criatura na encarnação. Frequentemente se referia à encarnação como o *emprego* pelo Logos de um corpo humano. Em *Da encarnação do Verbo*, disse que até mesmo durante a vida terrestre de Jesus Cristo, o Logos (ou Filho de Deus) "não estava preso ao seu corpo, mas, sim, ele mesmo fazia uso dele, de modo que não somente estava nele, como realmente estava em todas as coisas e, embora fosse externo ao universo, permanecia somente no seu Pai".[12] Cristológicos heréticos posteriores apelariam à teologia de Atanásio nessa exata questão e a igreja teria que deixar despercebido o fato de que o venerável bispo de Alexandria parecia desvincular a divindade de Cristo da sua humanidade.

A segunda linha de raciocínio que Atanásio usou para defender a plena divindade de Cristo era soteriológica. Para ele, toda a razão de ser da teologia era proteger o evangelho e o evangelho diz respeito à salvação. O âmago do raciocínio atanasiano é que se o Filho de Deus não é "verdadeiramente Deus" no mesmo sentido que o Pai, fica impossível a salvação como uma nova criação. Somente Deus pode desfazer o pecado e fazer com que uma criatura compartilhe da natureza divina:

> Pois se, sendo criatura, ele [o Verbo] se tornou homem, o homem teria permanecido exatamente o que era antes, não ligado a Deus; pois como uma obra teria se ligado ao Criador por uma obra? Ou qual socorro teria vindo de um semelhante para outro, quando tanto um deles como outro precisava de socorro? E como teria o Verbo poder, se fosse uma criatura, para desfazer a sentença de Deus e remir o pecado, em contraste com o que está escrito nos Profetas, que essa é obra de Deus?[13]

No fundo desse pensamento e argumento de Atanásio estava a ideia tradicional da salvação como deificação (*theosis*), embora seu modo de raciocínio não dependesse necessariamente dela. Para ele, da mesma maneira que para Ireneu e Orígenes e outros teólogos cristãos primitivos, o problema humano era a morte por causa do pecado e a solução era a deificação por meio da união entre a humanidade

---

[12] 17.4, *NPNF* 2.4.

[13] *Against the Arians* 2.67.

e a divindade na encarnação. Foi Atanásio que criou a expressão mais famosa dessa "maravilhosa troca" da teoria da salvação: "Pois ele foi feito homem a fim de que nós fôssemos feitos Deus; e ele se manifestou por meio de um corpo, a fim de que nós recebêssemos a ideia do Pai que não é visto; e ele suportou a insolência dos homens a fim de que nós herdássemos a imortalidade".[14]

Ireneu tinha desenvolvido e explorado o conceito da salvação como deificação (participação parcial da própria energia e vida imortal de Deus) a fim de comprovar, contra os gnósticos, a necessidade da humanidade de Cristo. Atanásio explorou a ideia a fim de comprovar a divindade de Cristo, em debate contra os arianos e semiarianos. Ireneu, Atanásio e muitos teólogos cristãos, a partir de então, compartilham de uma ideia comum: a não ser que Jesus Cristo fosse tanto "verdadeiramente Deus" como "verdadeiramente homem", a salvação simplesmente não poderia ocorrer. Fica claro que Atanásio também examinou profundamente as Escrituras a fim de refutar as interpretações dos arianos e de outros subordinacionistas e de comprovar com textos tirados dos escritos dos próprios apóstolos que eles consideravam que Jesus Cristo era tanto divino como humano. Mas Atanásio também sabia muito bem que as Escrituras podiam significar muitas coisas. O argumento final devia voltar até à realidade do próprio evangelho. O evangelho diz respeito à salvação mediante Jesus Cristo e, se Jesus Cristo não fosse *tanto* Deus *como* humano, não poderia unir Deus e os homens. A salvação acabaria, então, sendo reduzida a ter uma vida moral virtuosa (o moralismo cristão), a obter algum conhecimento secreto (gnosticismo) ou a meramente receber o perdão dos pecados, mas ser deixado na mesma condição caída e corrupta de antes.

Agora, vejamos algumas citações do grande texto clássico de Atanásio *Da encarnação do Verbo* a fim de ilustrar seu conceito da conexão entre a salvação e a encarnação:

> Ele [o Logos] teve pena de nossa raça, compaixão de nossa enfermidade e condescendência com a nossa corrupção e, incapaz de conceber que a morte tivesse supremacia — para que a criatura não perecesse e a obra do Pai entre os homens não fosse em vão —, tomou para si um corpo, um corpo igual ao nosso. [...] E assim, assumindo dentre os corpos um de mesma natureza, porque todos estávamos sob o jugo da corrupção da morte, entregou-se à morte em favor de todos e ofereceu-se ao Pai, fazendo isso, ademais, por suprema bondade, a fim de que, primeiramente, todos sendo considerados mortos nele, a lei que determinava a ruína dos homens pudesse ser desfeita (já que o poder dela tinha se esgotado totalmente no corpo do Senhor e não tinha mais provas contra os homens, seus semelhantes) e a fim de que, em segundo lugar, embora os homens tivessem se voltado para a corrupção, ele lhes resgatasse a incorruptibilidade e os ressuscitasse da morte mediante a

---

[14] *On the incarnation of the Word* 54.3.

apropriação do seu corpo e a graça da Ressurreição, banindo deles a morte, assim como a palha é arrancada do fogo.[15]

Por um lado, essa bela descrição teológica da obra de Cristo em nosso favor ilustra bem por que Atanásio considerava tão essencial que o Salvador fosse divino, além de humano. Se ele não fosse verdadeiramente Deus, sua vida dificilmente poderia banir a morte do nosso corpo mortal. Por outro lado, a declaração também ilustra um problema na cristologia de Atanásio. Deixa sem resposta uma pergunta e nela se encontra o "legado perturbador" que Atanásio deixou para os teólogos posteriores debaterem. A pergunta é: como Jesus Cristo podia realizar a obra da salvação se somente seu corpo, ou carne, era verdadeiramente humano e o Logos divino — o Filho de Deus — permanecia imutável e até mesmo fora do corpo durante a vida e morte de Jesus? Era, pois, uma encarnação genuína? O Filho de Deus realmente experimentou o nascimento, o sofrimento e a morte? A resposta de Atanásio é que ele somente experimentou tais coisas, próprias da criatura, mediante o corpo humano que assumiu. O Filho de Deus não ficou, de modo algum, diminuído, impedido ou sujeito à mudança ou ao sofrimento através da encarnação.

"Que tipo de 'encarnação' é essa?", alguém poderia perguntar com toda razão. Na mesma época em que Atanásio era vivo, outro teólogo, chamado Apolinário, ensinou um conceito da pessoa de Jesus Cristo quase idêntico ao de Atanásio, conceito esse que foi declarado herético no Concílio de Constantinopla em 381. Parece que Atanásio, por mais grandioso que fosse, era um "apolinarista antes de Apolinário".[16]

A terceira linha de raciocínio que Atanásio adotou a fim de defender a plena e verdadeira divindade do Filho de Deus era relativa à revelação. Para Jesus Cristo ser a verdadeira revelação de Deus, não meramente uma imagem ou profeta, conforme tantos já tinham sido, precisava ser Deus. O raciocínio de Atanásio, no caso, é que somente Deus pode realmente revelar Deus: "Se o Filho não é Deus da mesma forma que o Pai é Deus, não pode revelar o Pai de modo verdadeiro e genuíno".[17] Muitos eventos e pessoas já tinham revelado mensagens a respeito de Deus e da parte dele, mas Jesus Cristo é a autorrevelação de Deus e não meramente outro mensageiro. Até os arianos e semiarianos concordavam com isso. Atanásio baseou seu argumento nesse denominador comum. Se Jesus Cristo não é Deus na carne humana, Deus não é verdadeiramente revelado nele: "Porque Deus já não deseja, como desejava antigamente, ser conhecido por alguma imagem e sombra da sabedoria que sejam das criaturas, mas fez que a verdadeira e própria sabedoria se

---

[15] Ibid., 8.2 e 4.
[16] YOUNG, op. cit., p. 74-5.
[17] PETTERSEN, op. cit., p. 157.

revestisse de carne, tornando-se homem, e sofresse a morte na cruz; para que, a partir de então, mediante a fé nele, todos os que cressem obtivessem a salvação".[18]

Portanto, segundo o argumento de Atanásio, se o Filho de Deus que veio a ser Jesus Cristo não fosse realmente Deus da mesma forma que o Pai é Deus, nós, humanos, não seríamos salvos por ele e pela nossa ligação a ele *e* ele não nos revelaria verdadeiramente o Pai. Além disso, o Pai sofreria uma mudança ao gerar um filho, mas a mudança é imprópria da natureza divina. Tudo isso serve para fundamentar a acusação de que o arianismo e o semiarianismo constituem um "outro evangelho" que não é, de modo algum, o cristianismo autêntico. O cristianismo baseia-se em Jesus Cristo como a genuína encarnação de Deus na natureza humana.

Nas suas reflexões trinitárias, Atanásio agarrou-se a um vestígio de subordinacionismo ao afirmar a "monarquia do Pai". Com isso revelou verdadeira influência de Orígenes. O Filho de Deus é gerado pelo Pai, embora não seja criado no tempo, afirmou Atanásio. Somente o Pai é completamente não gerado e sem nenhuma origem ou fonte em outro ser. Mas a condição de gerado, aplicada ao Filho, é uma geração eterna da parte do Pai, assim como a radiância do sol. Para Atanásio, portanto, o Pai era o princípio da unidade de toda a Trindade. Ele era a fonte e origem de toda a divindade e tanto o Filho como o Espírito Santo fluíam dele e a ele deviam sua existência e condição divinas. O Pai em si não devia nada a ninguém. Atanásio, no entanto, não considerava essa monarquia do Pai um tipo de concessão ao arianismo, nem sequer admitia que ela fosse chamada algum subordinacionismo. Tudo quanto o Pai tinha de atributo, pertencia também ao Filho, por essência. A única diferença é que a essência divina do Pai não seria causada, mas a do Filho e do Espírito seriam eternamente provindas do Pai e, portanto, em certo sentido, causadas pelo Pai mediante um processo de "geração eterna".

Deve ficar claro, portanto, por que Atanásio se recusava terminantemente aceitar a terminologia do relacionamento do Filho com o Pai. "O que está em jogo não é apenas uma teoria teológica, mas a salvação das pessoas".[19] *Homoiousios* significava que Jesus Cristo não era verdadeiramente Deus e, nesse caso, ao confessar o termo como o modo correto de expressar o relacionamento do Filho com o Pai, estaríamos rejeitando a salvação e ensinando um falso evangelho. No entanto, a formulação plena da doutrina da Trindade, incluindo o papel do Espírito Santo, a natureza das três pessoas e sua unidade na Divindade, não foi feita por Atanásio. Ele lançou o alicerce e outros — a saber, os pais capadócios — desenvolveram-na.

---

[18] *Against the Arians* 2.81.
[19] PETTERSEN, op. cit., p. 187.

12
Os pais capadócios resolvem a questão

Para todos os efeitos, a grande controvérsia trinitária em torno das heresias ariana e sabeliana que durou boa parte do século IV terminou no Concílio de Constantinopla em 381. Este se tornou o segundo concílio ecumênico da igreja cristã e ficou marcado por ter dado os retoques finais no *Credo de Niceia*, ter anatematizado (condenado e excluído) várias heresias e ter estabelecido a doutrina formal da Trindade elaborada por Atanásio e seus amigos, os pais capadócios, como o dogma ortodoxo e católico obrigatório para todos os clérigos da Grande Igreja. Desse concílio em diante, negar a doutrina ortodoxa da Trindade conforme definida no *Credo de Niceia* passou a ser considerado por todos os ramos principais do cristianismo (inclusive a maioria dos protestantes) como heresia e, às vezes, apostasia (a perda da condição de cristão ou a perda do estado de graça).

Um engano comum da era moderna a respeito do processo pelo qual a doutrina da Trindade foi definida e a respeito da fórmula da doutrina em si é que tudo isso representa um tipo de especulação teórica de teólogos profissionais que não tinham nada melhor para fazer e que simplesmente queriam desconsiderar o mistério e racionalizar a crença cristã. Nada poderia estar mais longe da verdade. Na realidade, o cristão comum importava-se profundamente com essas questões e constantemente envolvia-se nos debates e discussões a respeito do que era teologicamente correto. Um dos pais capadócios, Gregório de Nissa, escreveu que, em Constantinopla, na época do segundo concílio ecumênico, "se a gente pedir um trocado, alguém irá filosofar sobre o Gerado e o Não gerado. Se perguntar o preço do pão, dirão: 'O Pai é maior e o Filho é inferior'. Se perguntar: 'O banho está pronto?', dirão: 'O Filho foi criado do nada' ".[1]

---

[1] *On the deity of the Son and of the Holy Spirit*, apud em Harold O. J. Brown, *Heresies*: the image of Christ in the mirror of heresy and orthodoxy from the apostles to the present, Garden City, N.Y., Doubleday, 1984, p. 104.

Os bispos e teólogos da igreja primitiva estavam profundamente preocupados com o consenso e o consentimento do fiel povo de Deus. Boa parte da teologia era fundada em sermões e levava em conta a reação do povo. Ao mesmo tempo, é claro, teólogos treinados na filosofia e na interpretação bíblica realizavam conferências e se correspondiam em um nível de debate mais filosófico. Mas estavam preocupados com as crenças, adoração e vida cristã dos leigos, mas os leigos interessados nos debates dos teólogos. A situação mudou completamente no cristianismo moderno, para seu empobrecimento e prejuízo.

A impressão de que os teólogos do século IV, como Atanásio e os pais capadócios, tentavam racionalizar os mistérios de Deus, também é totalmente errada. Na realidade, tentavam proteger o evangelho e o seu Deus, da falsa racionalização. O emprego de linguagem extrabíblica e um pouco filosófica do tipo de *homoousios* não muda em nada esse fato. Para eles, *homoousios* e outros termos semelhantes são expressões de mistério, não racionalizações que menosprezam do mistério da Divindade. Eram os arianos, sabelianos e outros hereges que tentavam tornar a fé cristã simples demais e inteligível para o raciocínio humano, ao rejeitarem o mistério de Deus como uma só substância (existência) e três subsistências (pessoas) distintas. Exatamente como isso acontece não pode ser completamente apreendido pela mente humana e, assim, as heresias reduziram o mistério a uma coisa corriqueira e compreensível. Ao fazerem isso, destituíram-no de sua majestade e glória. Os defensores ortodoxos da doutrina da Trindade sabiam que estavam na presença de um mistério quando examinaram o Deus três-em-um e a igualdade de Jesus Cristo com o Pai. Se, por vezes, usaram fórmulas e terminologia complexas e de difícil entendimento foi apenas para preservar o mistério.

A contribuição dos capadócios

O Concílio de Constantinopla, com o apoio total da doutrina nicena da Trindade e a condenação das heresias irmãs, porém diferentes, do arianismo e do sabelianismo, não aconteceria sem a obra dos três grandes pais capadócios: Basílio de Cesareia, Gregório Nazianzeno e Gregório de Nissa. Eles são conhecidos por pais capadócios porque vieram da região da Capadócia na Ásia Menor central (Turquia) e ali exerceram seus cargos eclesiásticos. Essa região foi uma fortaleza do cristianismo desde o início do cristianismo gentílico. Todos eram amigos íntimos de Atanásio e desenvolveram seu pensamento teológico. Na realidade, conforme nota certo teólogo de história: "Sem ele, a obra dos capadócios seria impossível. Sem os capadócios, sua obra não teria chegado à realização final".[2]

---

[2] Justo GONZÁLEZ, *A history of Christian thought*, ed. rev., Nashville, Abingdon, 1992, p. 300. V. 1: From the beginnings to the Council of Chalcedon.

Quando Atanásio morreu em 373, um imperador ariano ocupava o trono e várias formas de arianismo — algumas moderadas e outras extremadas — gozavam de influência entre os bispos. Pelo menos doze credos diferentes que expressavam vários tipos de arianismo foram escritos e promulgados desde o Concílio de Niceia, desde quando Constantino deixou de executá-lo. Nenhum dos credos rivais prevaleceu, mas, sem os argumentos e explicações dos pais capadócios, é possível que, no fim, um credo ariano ou semiariano fosse aceito pela maioria dos bispos e por um imperador poderoso e o cristianismo fosse uma religião diferente do que atualmente é.

A obra dos três grandes pais capadócios, pois, "consistiu em esclarecer, definir e defender a doutrina trinitária"[3] e em "sistematizar a fé da igreja e fazer dela uma exposição com a maior clareza lógica possível"[4] de modo que as heresias pudessem ser desmascaradas e a igreja inteira pudesse compreender e aceitar a fé ortodoxa e se unir em torno dela.

Uma forma especialmente violenta e agressiva de arianismo, chamada eunomismo (segundo o nome do principal proponente, Eunômio) ganhou terreno a partir de meados do século IV. A despeito dos esforços heroicos de Atanásio, e de suas profundas explicações teológicas, o eunomismo afirmou, com certo sucesso de persuasão, que o trinitarismo pleno negava a unidade e imutabilidade de Deus e era uma forma disfarçada de paganismo — os mesmos argumentos das Testemunhas de Jeová atualmente. O sabelianismo permaneceu vivo e ativo durante boa parte dos tempos dos capadócios (década de 370) e muitos bispos e outros cristãos não conseguiam distinguir o modalismo do trinitarismo niceno ortodoxo. A tarefa e a realização dos capadócios foi explicar a Trindade de uma maneira que a distinguia completamente dessas heresias e preservava o mistério de sua essência, sem deixá--la simplesmente como uma contradição.

Outra maneira de exprimir a tarefa que tinham em comum é que "a teologia capadócia é uma tentativa de interpretar o termo central *homoousios* insistindo na plena divindade do Filho e na sua eterna distinção do Pai".[5] Seus esforços nesse sentido divergiam em detalhes, mas convergiam na questão essencial e central: Deus é uma só *ousia* e três *hypostases*. O significado dessa fórmula e das duas palavras gregas será revelado neste capítulo. Elas tornaram-se a essência da crença trinitária da Grande Igreja a partir o Concílio de Constantinopla.

Basílio de Cesareia

Quem eram esses pais capadócios? Basílio nasceu por volta de 330 — apenas cinco anos depois do Concílio de Niceia —, numa família cristã abastada da Capadócia.

---

[3] Ibid., p. 322.

[4] Ibid., p. 324.

[5] Anthony MEREDITH, *The Cappadocians*, Crestwood, N.Y., St. Vladimir's Seminary Press, 1995, p. 103.

Foi educado principalmente por sua avó piedosa, Macrina, cujo nome também foi dado à sua irmã influente. Essa irmã de Basílio, Macrina, adotou, desde jovem, a vida monástica e exortou Basílio e seu irmão mais jovem, Gregório, a tomar os votos monásticos. Tanto Basílio como Gregório atribuíram à irmã muito crédito pela influência espiritual que ela tinha sobre eles.

Antes de entrar no mosteiro, porém, Basílio frequentou a melhor escola de cultura e filosofia gregas que existia no mundo, em Atenas. Ali conheceu e tornou-se eterno amigo de Gregório Nazianzeno, que era da mesma idade que ele e também vinha de uma família abastada da Capadócia. Com eles, na academia platônica, havia um futuro imperador, Juliano, que virou as costas ao cristianismo e, durante seu breve reinado (361-363) tentou reconduzir o império ao paganismo.

Basílio foi batizado e ordenado em 357 e, pouco depois, começou a visitar os monges e freiras eremitas nas cavernas e pequenos mosteiros do ermo da Capadócia. Influenciado pela irmã, renunciou à riqueza da família e à herança a que tinha direito como primogênito e fundou o próprio mosteiro. A vida de ascetismo extremo contribuiu tanto para sua fraca saúde quanto para sua reputação pela grandeza espiritual.

Em 370, o grande bispo Eusébio de Cesareia (na Capadócia) morreu e Basílio foi nomeado seu sucessor. Cesareia era um centro importante da vida eclesiástica do império oriental, de modo que Basílio se tornou arcebispo de várias sés menores. Uma de suas principais preocupações como bispo era frustrar as influências do arianismo — especialmente sua forma eunomianista — e do sabelianismo. Antes mesmo de se tornar arcebispo, Basílio escreveu uma obra importante de crítica ao arianismo, em cinco volumes, intitulada *Contra Eunômio*. Além dos esforços teológicos em favor da ortodoxia nicena, Basílio conquistou uma grande reputação de administrador eclesiástico, líder monástico e conselheiro espiritual capaz. Viajou grandes distâncias no império do oriente e escreveu numerosas epístolas a bispos, imperadores e presbíteros de igrejas, tentando persuadi-los, ou até mesmo coagi-los, a rejeitarem a heresia e aceitarem a ortodoxia conforme ele a entendia. Trabalhou incansavelmente a fim de levar a efeito um novo concílio ecumênico que ratificasse os atos de Niceia e colocasse um ponto final na heresia ariana e nas rixas que ela causara. Com esse propósito, nomeou bispos de sua confiança para ajudarem-no. Dois do convocados para esse serviço foram seu amigo, Gregório Nazianzeno, e seu próprio irmão caçula, Gregório de Nissa. Nenhum deles se distinguiu como um grande bispo da mesma forma que Basílio, mas ambos ajudaram a influenciar a cristandade em direção à adoção final e formal da ortodoxia trinitária.

Uma das obras teológicas mais importantes de Basílio é *Do Espírito Santo*, que escreveu por volta de 375. Foi o primeiro tratado inteiro sobre a pessoa do Espírito Santo escrito por um líder ou teólogo cristão e influenciou grandemente a posterior revisão do *Credo de Niceia* para incluir mais a respeito da terceira pessoa da Trindade.

Basílio estava preocupado porque, em toda a controvérsia a respeito do relacionamento do Filho de Deus com o Pai, o Espírito Santo foi desconsiderado, ou mesmo esquecido, pelos teólogos e bispos envolvidos nos debates a respeito da Trindade. Além disso, certos bispos adotaram um ensino a respeito do Espírito Santo chamado pneumatomaquismo que negava ao Espírito a igualdade com o Pai e o Filho. Era um tipo de subordinacionismo do Espírito e resultou numa "duidade"[6] em vez de uma Trindade, para os que o adotaram. Eles adoravam o Pai e o Filho, mas rejeitavam a adoração do Espírito como Deus. Para eles, o Espírito Santo era simplesmente uma força criada, ou poder do Deus Pai, enviado ao mundo por meio do Filho. Para responder aos pneumatômacos, Basílio estudou a fundo as Escrituras e a adoração para estabelecer a terceira pessoa distinta (ou *hypostasis*) da Divindade como "verdadeiramente Deus" e tendo igualdade com o Pai e o Filho.

Por causa do labor em favor do Espírito Santo, Basílio passou a ser conhecido na igreja por "teólogo do Espírito Santo" e por causa do teor de suas obras em vida, veio a ser chamado, na história eclesiástica, de Basílio, o Grande. Morreu em 377 ou 379. Da mesma forma que Atanásio, no entanto, não viveu para ver o fruto de seus esforços no grande Concílio de Constantinopla em 381. Muito provavelmente previu-o quando o imperador Teodósio sucedeu a Valente. Ainda que Teodósio não fosse nenhum modelo da virtude cristã, favorecia abertamente a ortodoxia nicena e se opunha ao arianismo.

Gregório Nazianzeno

Gregório Nazianzeno não era parente de Basílio, mas tinha a mesma idade e era seu melhor amigo. Nasceu em 329 ou 330 e morreu bem depois de Basílio, por volta de 391. Assim como os outros amigos, Basílio e Gregório de Nissa, Nazianzeno cresceu numa família cristã próspera da Capadócia. Seu pai era bispo de Nazianzo e sua mãe, Nona, influenciou-o na sua conversão ao cristianismo. Depois dos estudos em Atenas com Basílio, Gregório foi ordenado ao sacerdócio em 364. A despeito da insistência de Basílio e até de algumas tentativas de manipulá-lo, Gregório resistiu ao apelo do monasticismo — possivelmente por causa de alguma atração romântica, embora não se saiba se chegou a casar-se. Naquela época e lugar da história da igreja, os sacerdotes e bispos podiam casar-se; os monges, não. Essa continua sendo a regra no cristianismo ortodoxo oriental.

No fim, Basílio conseguiu persuadir Gregório a aceitar o cargo de bispo na pequena sé de Sásima, na Capadócia, sob suas ordens. Esse relacionamento quase arruinou a amizade entre eles, porque Gregório não gostava dos trabalhos administrativos exigidos de um bispo e ansiava pela vida mais singela de sacerdote de uma

---

[6] *Duidade* é a palavra mais conveniente para descrever a doutrina pneumatômaca da divindade consistente somente no Pai e no Filho.

paróquia local e por estudar e escrever. Era completamente ascético, embora nunca tivesse tomado os votos monásticos e quase tivesse morrido por negligenciar as necessidades do corpo de alimento, exercícios e repouso. Apesar de tudo, Gregório Nazianzeno conquistou a reputação de grande defensor e explanador da ortodoxia trinitária contra todos os tipos de heresias, por causa de escritos como *Discursos teológicos*. Esses foram pregados pela primeira vez em forma de sermão na Igreja da Ressurreição em Constantinopla, depois de o novo imperador, Teodósio, enviar Gregório para lá em 380. Segundo um historiador, os sermões constituíam-se em "um resumo brilhante à congregação na cidade da ortodoxia trinitária que estava começando a ser aceita. Essas declarações foram o auge da realização de Gregório".[7] Os sermões, e cinco livros baseados neles, argumentavam contra os arianos e abriram caminho para o Concílio de Constantinopla, que estava para acontecer.

Quando o imperador Teodósio convocou formalmente o segundo concílio ecumênico de Constantinopla em 381, nomeou Gregório Nazianzeno o patriarca da cidade — uma das posições mais altas de toda a igreja e praticamente igual, em honra, ao bispo de Roma — e pediu que presidisse o próprio concílio. Essas honrarias imediatamente lançaram Gregório, que era relativamente acanhado e humilde, a uma posição de destaque que não desejava e com a qual não soube lidar. Depois de uma breve tentativa de servir da melhor maneira possível, Gregório pediu demissão dos dois cargos e retirou-se para sua cidade natal, Nazianzo, onde permaneceu na obscuridade até a morte. Não se conhece a causa de sua aposentadoria precoce e inesperada, mas provavelmente teve que ver com as grandes rixas políticas por causa da sua nomeação para o patriarcado de Constantinopla e para a presidência do concílio ecumênico. É possível que sua vida tenha sido ameaçada. É certo que bispos arianos e outros oponentes da ortodoxia acusaram-no falsamente de atos ilegais e de improbidades. Um eclesiástico menos sensível poderia ter resistido pacientemente. Gregório encolheu-se sob as críticas até desvanecer.

Por causa da obra *Discursos teológicos* e de suas contribuições ao Concílio de Constantinopla, Gregório Nazianzeno tornou-se conhecido na história da igreja simplesmente por "O Teólogo". Certo comentarista refere-se a esse título, comentando sobre os sermões que Gregório pregou: "Em poucas páginas e poucas horas, Gregório resumiu e encerrou a controvérsia de um século inteiro".[8] Mesmo assim, ele não é considerado o maior nem o mais brilhante dos capadócios. Tampouco Basílio. Essa reputação é atribuída ao mais jovem e menos culto dos três amigos: o irmão de Basílio, Gregório de Nissa.

---

[7] Frances YOUNG, *From Nicea to Chalcedon*, Philadelphia, Fortress, 1983, p. 114.

[8] Introdução do organizador, *The select orations of Saint Gregory of Nazianzen*: the "theological orations", *NPNF* 27, p. 280.

Gregório de Nissa

Gregório de Nissa foi o terceiro filho dos pais de Basílio e seu irmão caçula. Não se sabe o ano exato de seu nascimento e nem de sua morte. Provavelmente, nascem em 340 e morreu em 393. Ao que parece, não recebeu os benefícios de uma educação grandiosa como a que Basílio e o amigo comum Gregório Nazianzeno desfrutaram em Atenas. Juliano, colega de escola desses dois, proibiu os cristãos de receberem a melhor educação pagã possível durante seu breve reinado como imperador, que provavelmente coincidiu com a juventude de Gregório de Nissa. Por isso, foi ensinado em casa por Basílio e por Macrina, irmã deles. No entanto "onde quer que tenha recebido sua educação, dificilmente ele foi inferior aos dos outros dois [Basílio e Gregório Nazianzeno] na habilidade retórica admirada naquele período, e sua capacidade filosófica era superior à do irmão e do amigo".[9] De certa maneira, Gregório conseguiu acumular conhecimentos e entendimentos astronômicos da filosofia grega e tornou-se extremamente articulado e agudo nas habilidade de raciocinar e se comunicar. Alguns estudiosos diriam que sua genialidade rivalizou apenas com a de Orígenes em toda a história eclesiástica primitiva.

Gregório tinha uma forte inclinação mística e sonhos, visões e experiências espirituais que transcendiam a explicação intelectual. Uma dessas visões ou sonhos levou-o à conversão e batismo em tenra idade; depois disso, decidiu retirar-se da vida ativa do mundo e seguir uma vida ascética e monástica com Macrina e Basílio. Gregório dedicou boa parte de seu tempo à leitura e ao estudo das Escrituras, bem como dos escritos dos platonistas e neoplatonistas — filósofos pagãos místicos cujas crenças pareciam muito compatíveis com o cristianismo na opinião de muitos pais da igreja nos séculos IV e V. Gregório absorveu a mensagem deles a respeito da unidade, espiritualidade e transcendência absolutas de Deus e procurou combinar o melhor dela com reflexões cristãs sobre a Trindade e os atributos de Deus.

Em 372, Basílio tinha precedência sobre seu irmão mais jovem para se tornar bispo da problemática sé de Nissa, na Capadócia. Essa é a origem da sua identificação como "Gregório *de* Nissa" na história eclesiástica. Sua vida de bispo foi muito infeliz e ele foi constantemente envolvido em conflitos e controvérsias, sofrendo uma série de perseguições por sua perseverança ao defender a ortodoxia trinitária. Quando Basílio morreu em 379, Gregório assumiu seu manto teológico de líder vivo da causa antiariana e atraiu a atenção do imperador Teodósio, que admirava muito a inclinação mística de Gregório, bem como seu pensamento teológico. Ele participou do Concílio de Constantinopla, fez o discurso inaugural e influenciou a conclusão final em favor da ortodoxia trinitária. Quando Placídia, esposa do

---

[9] YOUNG, op. cit., p. 95.

imperador, morreu, Gregório de Nissa foi convidado a fazer a oração fúnebre. Não se conhece com detalhes os anos finais da sua vida.

Os escritos teológicos de Gregório de Nissa fazem mais uso da filosofia grega e de forma mais profunda do que o fazem os outros dois pais capadócios. Eles demonstram um pouco do espírito especulativo de Orígenes, mas sem os devaneios finais em assuntos digressivos, como a preexistência das almas e a *apokatastasis* (reconciliação universal). Assim como Orígenes, Gregório considerava Deus totalmente incompreensível e inefável por essência — estando além da compreensão humana, a não ser pela experiência mística. Ao mesmo tempo, porém, Gregório, assim como Orígenes, não hesitou em aproveitar a metafísica grega ("despojando os egípcios") para ajudar a explicar a unidade da existência de Deus em harmonia com a trindade das pessoas. Para ele, a "natureza" (*ousia*) era como a "forma" platônica, uma proposição universal genuína que une muitas coisas diferentes. A natureza ou essência de Deus, portanto, era semelhante à forma da natureza humana, e a forma da natureza humana, semelhante à substância do próprio Deus. Muitos indivíduos humanos têm qualidades distintas, embora compartilhem da coisa mais importante que têm em comum: uma natureza, ou essência, universal. Sendo assim, o Pai, o Filho e o Espírito Santo têm uma *ousia* em comum, embora sejam pessoas distintas, mas não separadas. A base para a explicação de Nissa contra os hereges encontra-se na filosofia platônica, com a ênfase para a realidade das proposições universais.

Gregório de Nissa escreveu muitos livros e cartas e realizou muitos sermões e orações, mas três escritos seus foram especialmente importantes para o resultado da grande controvérsia trinitária: *Da santa Trindade, não três deuses* e *Contra Eunômio*. Em todos os escritos, a preocupação foi a mesma de Basílio e de Nazianzeno: fornecer uma base sólida e uma explicação inteligível para o mistério da Trindade que acabasse totalmente com as objeções de seus inimigos e mantivesse o mistério de sua essência. Isso ele fez, com sucesso sem paralelos.

A teologia de Basílio, o Grande

Tudo quanto achamos de notável na teologia de um pai capadócio tem a probabilidade de também se repetir nos demais. Fica claro que cooperavam muito entre si e aproveitavam a mesma fonte de inspiração: as Escrituras, Platão, Orígenes e Atanásio. Suas mensagens e seus propósitos eram um só: estabelecer definitivamente o grande mistério da trindade e unidade de Deus na ortodoxia cristã. Mais especificamente, a missão e alvo que tinham em comum era destruir o arianismo e o sabelianismo e estabelecer a fé ortodoxa de que Deus é uma essência (*ousia*) única, infinita e incompreensível, compartilhada igualmente por três identidades ou pessoas (*hypostases*) distintas, mas inseparáveis. No intuito de alcançar essa meta comum, os três capadócios traçaram ênfases um pouco distintas e, por vezes, saíram por tangentes que afinal se revelaram importantes. Nosso método será considerar um dos pais de cada vez, na ordem em que se apresentaram, descrever suas principais ideias teológicas e, ao mesmo tempo, identificar semelhanças e diferenças em suas ideias. Na conclusão, consideraremos a realização conjunta dos três e o grande Concílio de Constantinopla que a coroou.

Os principais oponentes de Basílio de Cesareia foram os eunomianos e os pneumatômacos, dois grupos de subordinacionistas radicais. Os eunomianos subordinavam o Filho de Deus ao Pai e argumentavam que a própria essência do Pai é a condição de "não gerado". Por ser gerado, o Filho não poderia ser equiparado ao Pai e nem considerado Deus. Os eunomianos eram arianos radicais. Os pneumatômacos (também chamados macedonianos) subordinavam o Espírito Santo ao Pai e ao Filho e argumentavam que o Espírito é um ser criado, uma força de Deus enviada pelo Pai por meio do Filho, Jesus Cristo. Diferentemente dos dois tipos de subordinacionismo, Basílio tentava demonstrar, com base nas Escrituras e na razão, que Deus pode ser, e de fato é, um único ser uno, não três deuses, eternamente interligado a três pessoas distintas.

A principal asseveração dos eunomianos contra a Trindade era que a essência de Deus é não gerada e por isso o Filho não poderia ser *homoousios* com o Pai porque ele era gerado. Em *Contra Eunômio*, Basílio de Cesareia respondeu com quatro argumentos principais. Em primeiro lugar, desprezou a alegação de Eunômio no sentido de este ter captado a própria essência de Deus. Basílio declarou que a essência de Deus é incompreensível, porque Deus é santo e seus caminhos não são os nossos caminhos e os seus pensamentos não são os nossos pensamentos. Nesse ponto, Basílio baseou-se tanto das Escrituras como na filosofia grega, pois esta última enfatizava a incapacidade da mente humana de conhecer a divindade como ela conhece a si mesma. Basílio acusou os eunomianos (e, por extensão, todos os arianos) de arrogância, ou seja, de orgulho das próprias capacidades. Alegar conhecer a essência de Deus como não gerado é a epítome da soberba pecaminosa, assim argumentou Basílio. Podemos conhecer o ser de Deus e suas propriedades, segundo a revelação que ele fez, mas sua essência infinita e eterna está além da nossa compreensão finita. Esse conceito da essência incompreensível de Deus encontra-se também nos dois Gregórios e tornou-se um axioma teológico importante para o pensamento cristão oriental.

O segundo argumento que Basílio apresentou contra Eunômio foi que este negou a analogia subordinacionista entre o gerar divino e o gerar humano. Isto é, o fato de que o gerar humano sempre existe no tempo e no espaço e sempre subentende um tipo de inferioridade do gerado diante de quem o gerou (do filho em relação ao pai) não é motivo para concluir que Deus gerar um Filho implica necessariamente inferioridade do Filho em relação ao Pai.

Essa declaração leva diretamente à terceira linha de argumentação de Basílio, que era refutar a alegação de Eunômio de que a "qualidade de não gerado" sempre acompanha a "eternidade" de tal maneira que ser gerado equivale a ser temporal, não eterno. Basílio não poupou esforços para demonstrar logicamente que uma geração (o processo de ser gerado) pode ser eterna, e para isso apelou para analogias como os raios solares — uma das analogias prediletas dos pais trinitários da igreja. Os raios do sol são tão antigos quanto o próprio sol. Nunca houve um tempo em que o sol tivesse existido sem seus raios (radiância). Sempre o sol gerou a sua radiância. Assim também o Pai gera eternamente o Filho de Deus, e o Filho de Deus é eternamente gerado pelo Pai.

Basílio apelou expressamente a essa analogia numa carta ao seu irmão Gregório, na qual explicou a unidade-em-distinção entre o Pai e o Filho, mediante a figura do sol e do brilho:

> Pois assim como a claridade é emitida pela chama, não vem depois dela, mas no exato momento em que ela reluz e a luz brilha com intensidade, também o apóstolo quer que consideremos que o Filho obteve existência do Pai, sem que o Unigênito fosse separado da existência do Pai por qualquer extensão interveniente no espaço, mas que o causado fosse concebido junto com a causa.[10]

Finalmente, Basílio argumentou que se o Filho de Deus é meramente uma criatura, conforme alegava Eunômio, a humanidade continua destituída de uma revelação genuína da divindade. No caso de um ser pessoal, como Deus, somente ele próprio pode se revelar. Se Jesus Cristo não é Deus, então Deus ainda não se autorrevelou. Se Jesus Cristo é meramente uma criatura, por mais exaltado que seja, a humanidade ainda não presenciou a verdadeira revelação da face de Deus. Apesar disso, Eunômio e todos os subordinacionistas cristãos declaravam que Jesus Cristo é o Salvador do mundo e a revelação genuína de Deus. Basílio demonstrou o absurdo dessa alegação, pois, se Jesus Cristo nada mais era do que uma grandiosa criatura (semelhante a um arcanjo), estava mais para um profeta do que para o Deus autorrevelado para nós.

A principal obra de Basílio contra os pneumatômacos, ou macedonianos, que negavam a divindade e a personalidade do Espírito Santo, é *Do Espírito Santo*. Basílio explicou a heresia deles: "Não é possível, asseveram, que o Espírito Santo seja considerado da mesma forma que o Pai e o Filho, devido à diferença de sua natureza e à inferioridade de sua dignidade".[11] Contra esse argumento Basílio apelou às Escrituras, especialmente à ordem de Cristo sobre a prática do batismo, no fim

---

[10] *Letter 38, to his brother Gregory* 7, NPNF 2, 8.

[11] *De Spiritu Sancto* 10.24, NPNF 2, 8.

do Evangelho segundo Mateus: "Se [...] o Espírito está associado ao Pai e ao Filho, e ninguém pode honestamente afirmar o contrário, então não podem nos culpar por seguirmos as palavras das Escrituras".[12] Apelou, também, a exemplos em Atos dos Apóstolos onde é declarado que somente o Espírito Santo conhece as coisas de Deus (At 5.9). Ressaltou que até mesmo os pneumatômacos adoravam o Espírito Santo nas suas liturgias divinas junto com o Pai e o Filho, o que seria blasfêmia se o Espírito Santo não fosse Deus.

De modo exclusivo, Basílio apelou à experiência cristã da salvação e argumentou contra os subordinacionistas do Espírito que, como o Espírito Santo opera a nossa salvação, ele só pode ser Deus, e nada menos. Somente Deus pode salvar:

> Pelo Espírito Santo vem a restauração ao paraíso, a ascensão ao reino do céu, a volta à adoção como filhos, a liberdade de chamar Deus de Pai, sermos feitos participantes da graça de Cristo, sermos chamados filhos da luz, compartilharmos da glória eterna e, em poucas palavras, sermos levados a um estado de toda a "plenitude da bênção", tanto neste mundo como no mundo do porvir.[13]

Em todas as coisas, pois o Espírito Santo não é passível de ser separado do Pai e do Filho. É o Espírito quem aplica à nossa vida a salvação de Deus. Como se pode concebê-lo como uma criatura e não como o próprio Deus? Naturalmente, Basílio estava mais do que disposto a reconhecer certo tipo de subordinacionismo do Espírito diante do Pai, pois o Pai é a fonte eterna de toda a divindade, sendo dele que o Filho é gerado e que o Espírito procede. A analogia fala do sol, da sua luz e do seu calor. A luz e o calor têm sua origem no sol, mas não são inferiores ou "posteriores" a ele. Assim também o Filho de Deus e o Espírito de Deus são partes iguais e eternas de Deus e compartilham de sua essência e glória, embora estejam subordinados (quanto à posição, mas não quanto à essência) a Deus Pai.

Basílio considerava apóstatas os pneumatômacos porque rejeitavam a divindade do Espírito, da mesma forma que considerava apóstatas os eunomianos e outros arianos porque rejeitavam a divindade do Filho de Deus. Em *Do Espírito Santo* declarou guerra teológica contra os que de alguma forma negavam o Espírito: "Nós, porém, não seremos relapsos na defesa da verdade. Não abandonaremos covardemente a causa. O Senhor nos entregou como doutrina necessária e salvífica que o Espírito Santo deve ser colocado na mesma categoria com o Pai".[14] Por que

---

[12] Ibid.
[13] Ibid., 15.36.
[14] Ibid., 10.25.

a divindade do Espírito Santo era tão importante para Basílio? Muitos cristãos da atualidade recusam-se a aceitar o Espírito Santo como uma pessoa distinta do Deus Pai e do Filho ou como semelhante a eles. A esses cristãos, bem como aos seus inimigos na antiguidade, Basílio diria que negar a divindade do Espírito é lançar em dúvida a divindade do Pai e do Filho. Nas Escrituras, bem como na adoração e na experiência cristã pessoal, o Espírito Santo está sempre associado a eles, compartilhando da mesma honra e dignidade, sendo que a igualdade na honra e dignidade importam na igualdade de natureza. Nenhum membro da Trindade pode ser ontologicamente subordinado aos outros sem esse fato infringir a honra, dignidade e glória de todas as pessoas da Divindade.

Uma das acusações feitas pelos oponentes era que o conceito trinitário de Deus que Basílio defendia subentende, necessariamente, o triteísmo — a crença em três deuses. Os subordinacionistas e os sabelianos argumentavam que toda a ideia de três pessoas iguais *(hypostases)* implicava, necessariamente, três naturezas ou substâncias *(ousia)* diferentes. Em resposta a tudo isso, Basílio declarou: "Contra os que nos acusam de triteístas, respondemos que confessamos um só Deus, não quanto ao número, mas quanto à natureza".[15]

A explicação oferecida por Basílio se reflete nos escritos dos dois Gregórios e ninguém sabe ao certo qual pai capadócio influenciou os demais. Alguns estudiosos argumentam que foi Basílio quem primeiramente expressou a distinção, de magna importância, entre *ousia* (substância) e *hypostasis* (subsistência, pessoa) numa carta ao seu irmão Gregório de Nissa. Outros estudiosos sustentam que a carta foi na verdade escrita por Gregório e que, de alguma maneira, acabou sendo atribuída a Basílio. A verdade parece ser que tanto Basílio como Gregório, por volta de 375, estavam estudando simultaneamente essa distinção a fim de corrigir a impressão de que a ortodoxia trinitária nicena subentendia três deuses.

Seja como for, Basílio argumentou contra seus acusadores, dizendo que existem dois tipos de substantivos que predicam: geral e limitado. Os substantivos gerais indicam "a natureza comum" de mais de uma coisa. Em relação aos debates teológicos e filosóficos posteriores, Basílio tem em mente proposições universais, como "natureza humana", "circularidade", "vermelhidão" e "bondade". Os substantivos limitados denotam peculiaridades de coisas específicas, como "alto", "alongado", "escuro" e "o menor de dois males".

Tendo por base a distinção entre os substantivos gerais e limitados, Basílio passou a refutar a acusação do triteísmo na doutrina trinitária. Assim fez ao empregar

---

[15] *Letter 8, to the Caesareans* 2, NPNF 2, 8.

duas palavras que em grego eram frequentemente usadas como sinônimos, mas que podiam ser diferentes: *ousia* e *hypostasis*.

> Declaro, portanto, o seguinte: o que é referido de modo especial e peculiar é indicado pelo nome de hipóstase. [...] Essa, portanto, é a hipóstase, ou "subqualidade"; não o conceito indefinido da essência ou da substância [*ousia*], que, sendo geral no seu significado, não encontra nenhuma "qualidade", mas o conceito que, por meio das peculiaridades expressas, confere *qualidade* e circunscrição ao geral e ao não circunscrito.[16]

Sem dúvida, trata-se de uma declaração profunda. Basílio empregou duas analogias para ajudar a traduzir o sentido. Primeiramente ilustrou a distinção entre *ousia* e *hypostasis* — substância e subsistência — ao referir-se à qualidade humana de três homens hipotéticos distintos: Pedro, Tiago e João. Todos os três são seres humanos e compartilham da mesma natureza universal, ou essência (*ousia*), da humanidade. Ao mesmo tempo, cada um apresenta características peculiares. Pedro é mais alto que Tiago e João. Isso nada tem que ver com uma desigualdade essencial da sua qualidade humana. O mesmo acontece com as *hypostasis* do Pai, do Filho e do Espírito Santo: o Pai é não gerado, o Filho é gerado e o Espírito é procedente do Pai. A diferença não deprecia de modo algum sua participação igualitária na substância divina, argumentou Basílio.

Outra analogia que ofereceu ao seu irmão (e, por extensão, a qualquer um que lesse a carta) é a do arco-íris: "As propriedades peculiares das hipóstases [da Trindade], assim como as cores vistas no arco-íris, refletem seu brilho em cada uma das pessoas que, segundo cremos, existem na Santíssima Trindade; mas, quanto à própria natureza, não se pode conceber nenhuma diferença entre uma ou outra, sendo que as características peculiares brilham, na comunidade da essência, em cada uma delas".[17] Em outras palavras, somente um tolo diria que o arco-íris é feito de várias coisas ou substâncias diferentes. Também, somente um tolo diria que não há distinção entre as cores do arco-íris. As cores não são partes iguais que podem ser tiradas separadamente deixando o arco-íris intacto. Da mesma forma, Deus é um único ser ou substância divina, formado de três subsistências distintas, porém inseparáveis. Os outros pais capadócios ofereceram analogias diferentes, mas todos defendiam o mesmo argumento básico.

Duas coisas precisam ser ditas a respeito da distinção feita por Basílio entre *ousia* e *hypostasis* no que se refere à doutrina cristã da Trindade. A primeira é que

---

[16] *Letter 38, to his brother Gregory* 3.
[17] Ibid., 5.

até mesmo Basílio e os demais pais capadócios sabiam que ela tinha problemas inerentes. Entre outros, os dois termos podiam ser entendidos como sinônimos. *Hypostasis* era usada, às vezes, no lugar de *ousia* na cultura grega para significar "substância". Foi por isso que Basílio e os Gregórios tomaram o máximo cuidado ao explicar o que queriam dizer com *hypostasis*. Outro problema era que a única maneira de usar essa distinção para reforçar o argumento deles seria fazer todos pensarem como eles, como platonistas. Para eles, a substância era um tipo de forma platônica — uma proposição universal verdadeira que, em certo sentido, estava "acima" das coisas individuais. O "vermelho" como forma platônica ou proposição universal de "vermelho", por exemplo, era concebido como verdadeiro e, em certo sentido, "superior" e "mais importante" que cada coisa vermelha. Basílio e os dois Gregórios pensavam nesses termos a respeito da *ousia*, ou substância. A natureza humana é uma coisa real — uma proposição universal real da qual participam as pessoas humanas reais e é isso que as torna humanas. Pai, Filho e Espírito Santo, além de não serem três deuses (triteísmo) ao se levar em conta sua substância comum — a divindade —, são, de alguma maneira, mais reais e "superiores" a cada uma de suas pessoas consideradas individualmente. Nem todos concordam com a teoria platônica das formas. Mas, naquela época, os capadócios concluíram que fazia sentido para a maioria das pessoas.

A segunda coisa que precisa ser dita a respeito da distinção feita por Basílio entre a substância e a subsistência, ou "pessoa" (*hypostasis*), é que as pessoas atualmente precisam entender que nem Basílio nem os dois Gregórios pensavam a respeito desse último conceito de forma individualista. Esse dado é muito importante. Se um leitor moderno abordar essa distinção com a mentalidade moderna e ocidental de que uma "pessoa" é um "ser" individual no sentido de que ela se percebe em oposição a outras pessoas, não poderá evitar as implicações triteístas. Embora a palavra *pessoa* em português seja normalmente usada para traduzir *hypostasis* nesse contexto, não é uma tradução exata, por causa do contexto cultural que traz consigo. Para os antigos, assim como para muitas pessoas de culturas não ocidentais de hoje, *pessoa* não significava "núcleo individual e autoconsciente de livre-arbítrio e atividade voluntária". A *pessoa* tinha um significado individual, mas sempre fazia parte da comunidade. Quando Basílio se referia ao Pai, Filho e Espírito Santo como "três pessoas" (três *hypostases*), era no sentido de estarem ligadas em uma única Divindade que é um ser infinito, transcendente e perfeitamente singelo (uno). A sua comunidade é considerada, de certo modo, mais real do que sua individualidade. Essa linha de raciocínio é geralmente incomum para os ocidentais modernos que tendem a colocar a individualidade acima da comunidade.

Para Basílio, portanto, Pai, Filho e Espírito Santo não são três deuses, porque compartilham igualmente da substância divina e essa substância é mais real do que suas individualidades, sem em nada diminuir das suas características distintivas. Para Basílio (assim como para os Gregórios), as *hypostases,* ou pessoas de Deus, são inseparáveis e indivisíveis, mas não idênticas em todos os aspectos. A diferença principal está na origem. O Pai não tem origem. O Filho e o Espírito encontram, de várias formas, a sua origem no Pai.

A teologia dos dois Gregórios

A grandiosa obra de Basílio foi retomada por Gregório Nazianzeno e Gregório de Nissa, sendo que cada um acrescentou a sua interpretação particular.[18] A explicação oferecida por Gregório Nazianzeno a respeito da trindade e unidade de Deus segue a mesma linha de Basílio. Assim como esse pai capadócio, Nazianzeno opôs-se fortemente a todas as heresias que negavam ou distorciam a unidade essencial ou trindade pessoal do Pai, do Filho e do Espírito Santo: o subordinacionismo (ariano, semiariano, eunomiano, pneumatômaco), o triteísmo e o sabelianismo. Da mesma forma que Basílio, argumentou que a própria salvação depende de haver uma só essência ou substância *(ousia)* divina e três participantes dela, distintos, mas iguais entre si *(hypostases)*. Ressaltou zelosamente, mais do que Basílio, a ideia de que um ser é sempre Deus ou criatura; não pode haver estágios intermediários já que Deus criou todas as coisas do nada. Além disso, se um ser é eterno, deve ser divino (Deus). Todo ser que tem um início no tempo é criatura e, nesse caso, diferente das outras criaturas somente no grau. Portanto, se o Filho ou o Espírito começou a existir no tempo, é do tipo criatura; portanto, encontra-se na mesma "categoria" dos seres humanos (mesmo existindo antes deles) e, por isso mesmo, é incapaz de salvar, pois "se ele está na mesma categoria que eu", perguntou Gregório, "como pode me tornar Deus ou me unir à Divindade?".[19]

Gregório Nazianzeno. Junto com Basílio, Gregório Nazianzeno explicou a qualidade trina e una de Deus mediante o emprego dos conceitos *ousia* (substância) e *hypostasis* (subsistência ou pessoa). Embora todas as três *hypostases* sejam consubstanciais *(homoousios)*, não são idênticas. Gregório empregou uma analogia social para explicar esse fato: assim como Adão, Eva e Sete (os três primeiros seres humanos)

---

[18] Conforme já foi observado, alguns estudiosos acreditam que a prioridade de Basílio, em termos de influência em relação aos três pais capadócios, não fica bem clara. Argumentariam em defesa de uma maior interdependência entre os três. Contudo, é tradicional na teologia histórica tratar Basílio, o Grande, entre os três amigos, como o "primeiro entre iguais". Embora seu gênio talvez não fosse tão grande quanto o de seu irmão, ele era bem mais velho e provavelmente foi o mentor inspirador de Gregório de Nissa. Gregório Nazianzeno aparentemente não foi um pensador tão original quanto os demais.

[19] Gregório Nazianzeno, *Fourth theological oration* 4, NPNF 2, 7.

eram uma só família humana que compartilhava da mesma natureza, sem deixar de ser três identidades distintas, também o Pai, o Filho e o Espírito Santo constituem uma só família divina, que compartilham da mesma glória e essência, mas são pessoas distintas entre si. Gregório terminou essa ilustração de sermão assim: "Pois bem, aqui temos um fato reconhecido de que pessoas diferentes podem ter a mesma substância".[20] Obviamente, essa analogia social — que Basílio e Gregório de Nissa também empregaram cada um à sua maneira — é severamente criticada igualmente por hereges e teólogos ortodoxos. Os teólogos ocidentais (católicos e protestantes) em especial tendem a recuar diante dela. Os capadócios responderiam que, afinal de contas, não passa de uma analogia e também ressaltariam que, a sua validez conceitual depende de um modo platônico de entender a realidade de proposições universais como "humanidade" e "divindade".

Mas a verdadeira contribuição de Gregório Nazianzeno ao pensamento trinitário acha-se, não na analogia social, nem no uso de *ousia* e *hypostases*, mas na interpretação da última palavra, usualmente traduzida por "pessoas", como relacionamento. Dentro da própria Trindade, explicou Gregório, não existem "três seres", mas "três relacionamentos" e os relacionamentos não são nem substâncias (seres) nem meramente ações (modos de atividade).

Os eunomianos e outros hereges colocaram o seguinte dilema diante dos trinitários: a realidade é uma substância (um ser) ou uma ação (evento, modo de atividade). Se os três em Deus são substâncias, o triteísmo está certo; se os três em Deus são ações, o sabelianismo está certo. Os capadócios rejeitaram esse dilema e especialmente Gregório Nazianzeno procurou fornecer uma saída tentando explicar que a *hypostasis* (substância, pessoa) não é necessariamente uma substância, nem meramente uma atividade. Em Deus, designa um relacionamento. Dessa maneira, Gregório atribuiu uma condição ontológica aos relacionamentos. A identidade única do Pai dentro do ser uno divino está na relação de gerador que ele possui com o Filho e na relação de fonte de procedência que possui com o Espírito Santo. A identidade única do Filho é a de quem é eternamente gerado pelo Pai, como sua imagem expressa e seu agente. A identidade única do Espírito Santo é a de quem procede eternamente do Pai como sua sabedoria e poder.

Aos oponentes que objetaram alegando que esses relacionamentos não eram plenamente compreensíveis, Gregório respondeu, exasperado: "Então o que é processão? Se vocês me disserem o que significa a qualidade de não gerado do Pai, explicarei a fisiologia da geração do Filho e da processão do Espírito e, então, seremos

---

[20] Idem, *Fifth theological oration* 11, NPNF 2, 7.

castigados por nos intrometermos nos mistérios de Deus!".[21] Em outras palavras, Gregório estava dizendo: "É um mistério, seu tolo!". E estava dando a entender que nem sequer os hereges podiam explicar todos os mistérios de Deus, por isso, não deviam culpar a ele, ou aos demais trinitários, por não conseguirem explicar exatamente os relacionamentos existentes na Divindade.

O conceito de Gregório, que definia *hypostasis* como um relacionamento, passou a fazer parte da bagagem comum de ideias da teologia da Trindade na Igreja Oriental e também aparecia ocasionalmente no ocidente latino. Embora talvez não seja possível conceber plenamente um relacionamento como uma realidade no mesmo nível que um ser (substância) ou até mesmo que uma ação (evento), a grande contribuição de Gregório foi introduzir na corrente do pensamento cristão exatamente essa ideia: a realidade ontológica dos relacionamentos. As três pessoas de Deus, portanto, não devem ser entendidas como *seres* individuais, como núcleos independentes de consciência e vontade (o que levaria à "analogia do comitê"), mas como verdadeiros relacionamentos interdependentes dentro de uma única comunidade de existência e substância. Portanto, para Gregório, "a característica do Pai é a de não ser gerado; [...] a do Filho é a de ser gerado; [...] e a do Espírito é a de processão. [...] Com esses termos, Gregório acrescenta um novo sentido à fórmula característica dos três capadócios: uma *ousia* e três *hypostases*".[22]

Outra importante contribuição de Gregório Nazianzeno à teologia encontra-se na oposição aos novos ensinos a respeito de Jesus Cristo apresentados por outro teólogo trinitário, chamado Apolinário. Apolinário, que era bispo de Laodiceia, foi extremamente influenciado por Atanásio e, assim como ele, rejeitou veementemente todas as formas de subordinacionismo, especialmente do Filho. Procurou traçar todas as formas de arianismo desde a heresia antioquena do adocionismo e, por comparação, procurou enfatizar a verdadeira divindade de Jesus Cristo e do Filho de Deus que nele se encarnou. Apolinário tentou explicar a seus contemporâneos, pouco depois do Concílio de Constantinopla, como Jesus Cristo podia ser, ao mesmo tempo, *verdadeiramente humano* e *verdadeiramente divino*: consubstancial (*homoousios*) tanto com Deus como com os seres humanos. Sua explicação baseou-se intensamente na obra de Atanásio *Da encarnação do Verbo* e evocou-a muito. Os oponentes de Apolinário, como Gregório Nazianzeno, ao que parece, não perceberam essa ligação.

A opinião de Apolinário a respeito da encarnação do Filho de Deus em Jesus Cristo é chamada apolinarismo, mas também poderia ser chamada atanasianismo. Provavelmente tenha surgido de fato na cristologia de Orígenes. A ideia básica é

---

[21] Ibid., 8.
[22] GONZALEZ, op. cit., 1.316.

que os seres humanos são compostos de três aspectos distintos e separáveis: o corpo, a alma e a alma racional, ou espírito. Essa composição tripartite da humanidade é basicamente uma ideia emprestada da filosofia platônica e não das Escrituras, embora o NT realmente faça referência aos três aspectos.

A natureza especialmente platônica da antropologia de Apolinário aparece na identificação do corpo, ou natureza física, como natureza inferior e na identificação da alma racional, ou espírito, como natureza superior. A alma é a força vital animadora existente nas criaturas não humanas e nos seres humanos. Faz parte da natureza inferior. Segundo Apolinário, Jesus Cristo era divino neste sentido: o Logos eterno — o Filho de Deus — assumiu o lugar da alma racional de Jesus. Seu corpo e sua alma animadora (força vital) eram humanos, mas seu espírito (mente, consciência) não o era. Obviamente, a impressão que se tem dessa cristologia é de "Deus em um corpo", um ser onisciente que habita um corpo de criatura, usando-o como um veículo, sem realmente se tornar humano e nem experimentar as limitações e sofrimentos humanos. Realmente, essa era uma das motivações de Apolinário: mostrar que Jesus Cristo podia ser Deus (imutável, impassível, onisciente) e humano (limitado, finito, passível de sofrimento, mortal) ao mesmo tempo. Ele não imaginava, no entanto, que estava criando uma ideia nova. Simplesmente pensou estar agrupando as cristologias de Orígenes e de Atanásio de uma forma melhor. Talvez tivesse razão.

Seja como for, a cristologia de Apolinário estava ganhando popularidade, tanto entre os trinitários como entre hereges de todos os tipos. Podia "funcionar" se a pessoa acreditasse que o Filho de Deus que habitava em Jesus Cristo com sua alma racional era o Deus eterno ou um semideus criado. Gregório Nazianzeno fez uma campanha de cartas e sermões contra Apolinário e a doutrina apolinariana. Pretendia que fosse condenada como heresia no Concílio de Constantinopla e conseguiu o que queria. A razão de se opor a ela com tanto vigor e determinação foi achar que ela subvertia a salvação. Gregório frequentemente empregava o termo *theosis* (divinização ou deificação) em relação ao processo da salvação e, como Atanásio, considerava a salvação o caminho da graça que transformava os seres humanos em participantes parciais da natureza divina através da "troca maravilhosa" da encarnação. Em outras palavras, para Gregório, o Filho de Deus veio "para que eu também fosse feito Deus, assim como ele foi feito homem".[23]

Naturalmente, conforme foi explicado anteriormente, a ideia da salvação como *theosis,* ou divinização, no pensamento cristão oriental nunca significou que os seres humanos pudessem realmente atravessar o abismo entre o divino e as criaturas. Nem sequer Gregório pensava que os seres humanos possam realmente "se tornar

---

[23] *Third theological oration* 19, *NPNF* 2, 7.

Deus" exatamente como o Logos (ou Filho de Deus) é Deus. No entanto, parece mesmo que acreditava que o grande objetivo da nossa salvação, e a razão da encarnação, é trazer os seres humanos à mesma condição de *humanidade* de Jesus Cristo. A sua humanidade, conforme Ireneu explicou muito tempo antes de Gregório, é exatamente igual à humanidade de Adão que refletia a imagem de Deus e era destinada a compartilhar, como criatura, da glória de Deus. Cristo restaurou esse potencial perdido e é isso o que as Escrituras querem dizer quando o descrevem como o "primogênito entre muitos irmãos" e o nosso exemplo e quando Paulo explica em 1Coríntios 15 que seremos iguais a ele na ressurreição.

Para Gregório, portanto, se a humanidade de Jesus Cristo não era completa, então a nossa natureza humana não será totalmente salva através dela. Para expressar esse conceito, Gregório usou a seguinte fórmula: "O que não foi assumido não foi sanado".[24] Em outras palavras, se a humanidade de Jesus não tivesse uma natureza humana completa — corpo, alma e espírito —, a "troca maravilhosa" não funcionaria. A natureza divina do divino Filho de Deus teria de se unir à natureza humana completa — tudo o que era essencial ao ser humano — a fim de curá-la ou restaurá-la. A parte que não fosse humana nele, não seria curada em nós. Para Gregório, pois o apolinarismo subvertia a própria salvação e tinha de ser rejeitado. O que não percebeu, ao que parece, é que, ao rejeitá-lo, estaria implicitamente rejeitando a cristologia de Atanásio.

A cristologia de Gregório venceu, no Concílio de Constantinopla, a opinião apolinariana. A opinião ortodoxa é bem expressa por Nazianzeno no *Quarto sermão teológico*:

> Assim, ele [Jesus Cristo] é chamado homem, não somente para que, mediante seu corpo, possa ser apreendido por criaturas corporificadas, pois de outra forma isso seria impossível dada a sua incompreensível natureza, mas também para que ele, por si só, possa santificar a humanidade e ser, por assim dizer, como levedura para toda a massa; e, ao unir-se com o que era condenado, possa livrar toda a condenação e se tornar para todos os homens aquilo que somos, à exceção do pecado — corpo, alma, mente e tudo o que a morte alcança —, e assim se tornar homem, que é a combinação de tudo isso.[25]

A fim de salvar a humanidade, portanto, Jesus Cristo tinha de ser verdadeiramente humano e possuir todos os aspectos essenciais de um ser humano, inclusive uma mente humana e uma alma humana, e também de ser verdadeiramente

---

[24] *Letter 101*, apud Meredith, op. cit., p. 44.
[25] *Fourth theological oration* 21.

divino e possuir uma natureza divina semelhante à própria existência do Deus Pai. Até mesmo os cristãos que não aceitam o conceito da divinização na salvação ou o conceito da "troca maravilhosa" na encarnação (ou seja, a maioria dos protestantes) simpatizam com a afirmação contundente de Gregório da completa humanidade e verdadeira divindade de Jesus. De que outra maneira poderia sacrificar-se pelos pecados e, ao mesmo tempo, ser nosso exemplo na identificação conosco?

Gregório de Nissa. A teologia de Gregório de Nissa é toda permeada por uma noção mística da total incompreensibilidade de Deus. Mais do que qualquer outro pai capadócio, Gregório ficou cativado pela majestade e pela qualidade sobrenatural da essência divina. Alguns estudiosos veem nessa ênfase certa influência do neoplatonismo, a filosofia popular e altamente abstrata que partiu da Alexandria e ressaltava a unicidade absoluta e insondabilidade infinita da fonte e origem divina e eterna de todas as coisas.

Essa influência do neoplatonismo aparece em vários dos ensinos diferentes de Gregório. Por exemplo, Gregório argumentou que a essência de Deus é tão transcendente e incompreensível que a única maneira de os seres humanos tentarem descrevê-la é de forma negativa, declarando o que ela *não* é, pois a natureza ou essência de Deus é totalmente misteriosa, e pelo menos descrevê-la eliminando todas as características impróprias, pertencentes às criaturas. Desse modo, a essênciade Deus é infinita (ilimitada), impassível (imune ao sofrimento), incompreensível (impossível de ser definida).

Na história da teologia, tal conceito é chamado "teologia negativa" e chegou a exercer considerável influência sobre os teólogos posteriores, tanto do Oriente como do Ocidente. Os místicos, em especial, costumavam celebrá-la. Os outros, em geral, não a apreciavam, porque parecia insinuar um Deus distante com quem seria difícil ter um bom relacionamento. Para conhecer realmente Deus, a pessoa teria de passar pela experiência mística. Gregório, no entanto, não rejeitava o argumento racional a respeito de Deus fundamentado na revelação, contanto que ele não acabasse com o mistério.

Outro aspecto da teologia de Gregório que talvez reflita a influência do neoplatonismo é a explicação do mal como a privação de todo o bem. Segundo Gregório e a filosofia neoplatônica, a origem de todo o mal do mundo não é Deus (ou, no neoplatonismo, "o Um"), mas o abuso que os seres humanos fazem do livre-arbítrio ao se desviarem das coisas espirituais e buscarem as materiais. Mas o mal não é uma substância, nem sequer é matéria. É a ausência ou falta da bondade, sendo esta um aspecto da própria existência. Deus é a plenitude da existência e, por isso, perfeitamente bom. Deus é perfeitamente bom e, portanto, a plenitude da existência. A existência e a bondade são inseparáveis. Para Gregório, o mal era simplesmente o "nada", a completa ausência da existência e do bem do lugar em que deveriam estar. O mal está para o bem, assim como a escuridão está para a luz. A influência do neoplatonismo sobre esse conceito do mal fica bastante clara quando Gregório começa a associar a ausência do bem com a atração para a materialidade e o consequente distanciamento da espiritualidade e com o obstáculo que a matéria, a multiplicidade, a mudança e o tempo impõem contra a ascensão do espírito em direção a Deus, que é o inverso de todas essas coisas.

Gregório, no entanto, absteve-se de acompanhar o neoplatonismo integralmente. Os neoplatonistas pagãos, como Plotino e seus seguidores, enxergavam a totalidade do mundo físico, inclusive os corpos, como emanações inconscientes do Um (o conceito que tinham de Deus) que se afastavam tanto de sua origem que se transformavam em prisões para o espírito. Gregório não tinha uma ideia tão negativa da realidade física ou dos corpos humanos.

A contribuição de Gregório de Nissa ao pensamento trinitário está na tentativa de refutar a acusação de triteísmo feita por seus inimigos — tanto arianos (como Eunômio) como sabelianos. Do mesmo modo Basílio e Gregório Nazianzeno, Gregório de Nissa usou o exemplo das coisas físicas que compartilham da mesma natureza para ilustrar o mistério da Trindade. Uma de suas analogias não parece ajudar muito sua causa. Trata-se do famoso (ou infame) exemplo das moedas de ouro.

No seu livro *Não três deuses: para Ablábio*, Gregório pede ao leitor que imagine uma pilha de moedas de ouro. Todas as moedas compartilham da mesma substância, mas diferem entre si em um único aspecto: são representações diferentes (coisas subsistentes) dessa substância. "Assim como são muitos os estáteres [um tipo de moeda] de ouro, mas um só o ouro, também são muitos os que se exibem para nós individualmente na natureza humana, como Pedro, Tiago e João, mas um só o homem [humanidade] neles."[26] Em seguida, Gregório define a verdade a respeito de Deus segundo o exemplo das moedas: "O Pai é Deus, o Filho é Deus; porém, pela mesma proclamação, Deus é Um, porque nenhuma diferença de natureza ou funcionamento é contemplada na Divindade".[27]

Gregório, no entanto, era suficientemente perceptivo para saber que seu inquiridor, um homem chamado Ablábio que entrevia o triteísmo na doutrina trinitária ortodoxa, levantaria objeções contra essa representação e interpretação. Gregório mencionou claramente a objeção e vale a pena citá-la por extenso aqui, para que os leitores saibam exatamente o tipo de pergunta que Gregório tentava responder:

> O argumento que você [Ablábio] apresenta é mais ou menos o seguinte: — Pedro, Tiago e João, pertencendo a uma só natureza humana, são chamados

---

[26] *On "not three gods"*: to Ablabius, NPNF 2, 5.
[27] Ibid.

> três homens, não é nenhum absurdo descrever os que estão unidos pela natureza, se forem mais de um, pelo número plural do nome derivado de sua natureza. Se, portanto, no caso supra, o costume admite tal coisa [...] como é que no caso das nossas declarações a respeito dos mistérios da fé, embora confessemos as Três Pessoas e não reconheçamos nenhuma diferença de natureza entre elas, estaríamos de alguma forma em conflito com a nossa confissão, quando dizemos que a Divindade do Pai e do Filho e do Espírito Santo é uma só, mas não permitimos que os homens digam "há três deuses?". A questão, como já disse, é muito difícil.[28]

A resposta de Gregório também depende, pelo menos em parte, da conceituação neoplatônica da unicidade sobre a natureza da existência. Não somente a existência é boa, e a bondade é existência, como também a existência é a unicidade de operação e atividade. Se Deus é uma só existência — uma só substância — e não três deuses, as três pessoas (*hypostases*) devem sempre agir juntas em todas as coisas e, para Gregório, é nessa ideia que se encontra a chave para a doutrina da Trindade.

Segundo Gregório, três seres humanos compartilham da mesma natureza, ou essência, mas, ao mesmo tempo, são geralmente considerados três seres por causa de suas operações ou ações separadas. Pedro, Tiago e João são três seres diferentes, não porque um seja mais humano do que o outro (a humanidade deles tem a mesma forma platônica), mas porque cada um age de modo distinto e independente. Em Deus, porém, toda a atividade é uma só. Gregório definiu a regra ou máxima que a teologia trinitária ortodoxa deve seguir para não cair no triteísmo: toda operação é comum às três pessoas da Divindade.

> No caso da natureza divina, não somos informados que, de modo semelhante, o Pai faça alguma coisa por conta própria sem que o Filho opere conjuntamente, nem, tampouco, que o Filho tenha qualquer operação especial à parte do Espírito Santo; pelo contrário, toda operação que se estenda de Deus até a criação e que receba um nome conforme a ideia que fazemos dela, tem a sua origem no Pai, prossegue pelo Filho e é aperfeiçoada no Espírito Santo.[29]

Portanto, já que toda atividade ou operação de Deus é comum a todas as três pessoas, não podemos chamar de três deuses esse "poder divino e superintendente".

A regra de Gregório tem sido adotada pela maioria dos teólogos ortodoxos da igreja antiga e medieval e recebeu a tradução em latim de *opera trinitatis ad extra indivisa*

---

[28] Ibid.
[29] Ibid.

sunt (as operações externas da Trindade são indivisíveis). Gregório reconheceu que os modos exatos da operação podem diferir. Assim, somente o Filho de Deus, a segunda pessoa da Trindade, verdadeiramente assumiu corpo e natureza humanos na encarnação, mas nessa operação não era, de modo algum, independente ou separado do Pai e do Espírito Santo. Os três sempre agem juntos e nunca de modo independente. É por isso que não são três deuses, a despeito de serem três pessoas distintas.

Assim como Gregório Nazianzeno, Nissa enfatizava as pessoas como *relacionamentos* dentro da comunidade de existência que honramos e adoramos como Deus. É aqui que entra em jogo a distinção (e não a diferença ou a separação) entre os três. Embora não sejam três deuses, são três relacionamentos distintos entre si. O Pai é a causa, o fundamento e a origem eterna do Filho e do Espírito Santo. O Filho é aquele que é eternamente gerado pelo Pai e o Espírito procede eternamente do Pai.

O legado dos capadócios

Embora as ideias básicas dos pais capadócios tenham ajudado a vencer as várias heresias antitrinitárias, formado a ortodoxia (pelo menos semioficial) adotada pela maior parte da igreja e exercido grande influência no Concílio de Constantinopla em 381, também levantaram muitas perguntas e provocaram algumas controvérsias até mesmo entre os crentes ortodoxos. Por exemplo, no Ocidente latino não se reconhecia nenhuma distinção entre *ousia* e *hypostasis* — as duas palavras eram traduzidas por "substância" no latim. Para muitos no Ocidente, portanto, pareceu que os teólogos e bispos orientais se deleitavam numa contradição quando afirmavam uma *ousia* e três *hypostases*. O significado e a explicação cuidadosas dos termos e sua tradução flexível tinham de acontecer antes de a metade do império que falava latim poder aceitar a contribuição dos capadócios. Quando se tornou claro para os bispos e teólogos em Roma e Cartago que, por exemplo, os orientais estavam dizendo basicamente a mesma coisa que Tertuliano dissera muito tempo antes, ficaram mais propensos e dispostos a aceitá-la.

Um outro problema com a teologia trinitária dos capadócios é de cunho mais geral. No decurso de séculos de teologia, muitos críticos acharam-na muito ambígua para ser aceita sem esclarecimentos adicionais. Quando examinada mais de perto, fica a impressão de que os capadócios afirmavam a unicidade de deus a ponto de excluir a verdadeira triplicidade, ou, senão, que afirmavam a triplicidade de Deus a ponto de excluir a verdadeira unicidade. Suas analogias procuram enfatizar a triplicidade. Por isso, são frequentemente tratados como a origem da moderna "analogia social" da Trindade que às vezes parece se aproximar do triteísmo. Em contraposição, suas explicações abstratas procuram enfatizar a unicidade. Como o Pai, o Filho e o Espírito Santo podem ser pessoas verdadeiramente distintas se não é possível distinguir suas operações e atividades? Os teólogos posteriores que seguem a linha de pensamento dos capadócios procuram melhorar um pouco a questão, apresentando da ideia de "atribuições", de modo que nós, seres humanos, possamos atribuir corretamente certas operações a uma pessoa mais do que a outra. Isto, no entanto, dificilmente soluciona o problema.

A crítica principal feita contra os capadócios, especialmente pelos teólogos cristãos da atualidade, é que eles se prenderam demais às especulações a respeito da Trindade imanente (os relacionamentos intratrinitários na eternidade), ao passo que o NT se restringe à Trindade econômica (as três pessoas ativas na história da salvação). Há certa verdade nessa acusação, mas o enfoque exclusivo na Trindade econômica pode também ser um problema. Deixa sem resposta a importante questão dos antecedentes divinos na eternidade dessa atividade salvífica das três pessoas divinas. A mudança da reflexão sobre a Trindade econômica para a Trindade imanente, com alguma especulação a respeito, é justificada somente se se mantiver a ligação entre as duas e finalmente voltar à atividade tríplice de Deus no tempo e na história como relevante tanto para Deus e para os seres humanos.

O que significa tudo isso? A doutrina da Trindade, da forma confusa e especulativa que foi desenvolvida no decurso do século IV e declarada no Concílio de Constantinopla, pode se tornar de alguma maneira inteligível para as pessoas comuns e leigas? Sim. A ideia básica é fazer uma distinção entre "algo" e "alguém" — substância e pessoa —, mas evitar com todo cuidado as distorcidas ideias culturais e do bom senso a respeito do assunto. No seu estudo dos pais capadócios, Anthony Meredith expõe o caso da seguinte forma: "Uma paráfrase grosseira dessa expressão elegante [a doutrina capadócia da Trindade] poderia ser: em Cristo há dois "algo" e um "alguém"; em Deus há três "algo" e um "alguém"".[30] Em outras palavras, a chave que fornece acesso ao mistério, sem destruí-lo, da Trindade e da pessoa de Jesus Cristo é a distinção entre "algo" e "alguém". Três "alguém" podem ser um único "algo", se forem inseparáveis e agirem juntos. Dois "algo" podem existir em um único "alguém" (Jesus Cristo), se estiverem intimamente unidos a ele, de maneira completa e inseparável. Mas isso já é assunto para a Parte IV.

O Concílio de Constantinopla

O Concílio de Constantinopla coroou os esforços de Atanásio e dos capadócios de uma vez por todas ao condenar todos os tipos de subordinacionismo e sabelianismo (modalismo) e ao reescrever o *Credo de Niceia* a fim de incluir um "terceiro artigo" a respeito do Espírito Santo e da igreja. O *Credo niceno-constantinopolitano*, conhecido simplesmente por *Credo de Niceia*, diz:

---

[30] MEREDITH, op. cit., p. 44.

Creio em um só Deus
 Pai, *todo-poderoso*,
 Criador do céu e da terra,
 de *todas as coisas* visíveis e invisíveis.
Creio em um só Senhor, Jesus Cristo,
 Filho *unigênito* de Deus,
 gerado do Pai *antes de todos os séculos*:
 Deus de Deus, Luz da Luz,
 Deus verdadeiro de Deus verdadeiro;
 gerado, não criado,
 consubstancial ao Pai.
 Por ele todas as coisas foram feitas.
 E por nós, homens, e para nossa salvação,
 desceu dos céus:
 e se encarnou pelo Espírito Santo,
 no seio da virgem Maria,
 e se fez homem.
 Também por nós foi crucificado sob Pôncio Pilatos;
 padeceu e foi sepultado.
 Ressuscitou ao terceiro dia,
 conforme as Escrituras,
 e subiu aos céus,
 onde *está sentado* à direita do Pai.
 E de novo há de vir, em sua glória, para julgar os vivos e os mortos;
 e seu reino terá fim.
Creio no Espírito Santo,
 Senhor, que dá a vida,
 e procede do Pai (*e do Filho*);
 e com o Pai e o Filho é adorado e glorificado:
 ele que falou pelos Profetas.
Creio na Igreja, una, santa, católica e apostólica.
 Professo um só batismo para remissão dos pecados.
 E *espero* a ressurreição dos mortos
 e a vida do mundo que há de vir. Amém.[31]

---

[31] Gerald BRAY, *Creeds, councils & Christ*, Leicester, U.K. & Downers Grove, InterVarsity Press, 1984, p. 206-7.

O *Credo de Niceia* tornou-se a declaração universal de fé, obrigatória para todos os clérigos cristãos segundo o decreto do imperador Teodósio e foi reafirmado pelo quarto concílio ecumênico em Calcedônia, em 451. Outros credos e profissões de fé foram escritos posteriormente, nas tradições ortodoxas, católicas e protestantes —, mas todos constituem elaborações e interpretações desse. É o credo universal da cristandade.

Quarta Parte

Outra crise abala a igreja:
O conflito sobre a pessoa de Cristo

O Concílio de Constantinopla declarou em 381 que a verdadeira ortodoxia cristã necessariamente inclui a crença de que Jesus Cristo era e é verdadeiramente Deus tanto quanto verdadeiramente humano — consubstancial com Deus-Pai e com os seres humanos. Para todos os fins, o debate a respeito da Trindade terminou ali. Depois desse concílio ecumênico, esperava-se que todos os cristãos cressem em Deus e o professassem como um único ser divino existente eternamente como três subsistências ou pessoas distintas. Embora vários tipos de arianos e sabelianos permaneceriam às margens da cristandade por muito tempo ainda, a Grande Igreja católica e ortodoxa considerou a questão encerrada. Quem ousasse questionar a dignidade e a glória divina iguais das três pessoas como um único ser não teria a menor possibilidade de se tornar líder eclesiástico ou mesmo sacerdote ou diácono dentro de sua hierarquia. Vários missionários arianos viajaram para as tribos chamadas bárbaras da Europa central e os evangelizaram para o cristianismo ariano e quando algumas dessas tribos contribuíram para a queda do Império Romano, o arianismo reapareceu nos centros de governo, especialmente em Roma e em outros locais do Ocidente. No entanto, os bárbaros vitoriosos acabaram se convertendo ao cristianismo ortodoxo e católico e o arianismo desapareceu até reaparecer nos tempos modernos.

A solução do grande debate trinitário e a confirmação da igualdade das três pessoas não resolveram, no entanto, certas outras questões e problemas doutrinários. Conforme vimos no capítulo anterior, mesmo no Concílio de Constantinopla havia rumores de uma nova controvérsia que surgia entre bispos e teólogos de destaque nas igrejas orientais. O ensino de Apolinário a respeito da encarnação foi condenado, embora ele claramente acreditasse na Trindade e muitos cristãos dentro da esfera de influência de Alexandria achassem injusta a sua condenação. Nascido e criado em Alexandria, o pai do bispo de Laodiceia considerava que tinha fortes raízes na cidade, embora o próprio Apolinário morasse perto de Antioquia e ensinasse teologia naquela cidade. Muitos em Antioquia ficaram tão horrorizados com o modo de ele explicar a encarnação que começaram a investigar os teólogos alexandrinos para ver se outros acreditavam e ensinavam de modo semelhante. Os alexandrinos, por sua vez, começaram a vigiar e a escutar os teólogos antioquenos a fim de verificar se a antiga heresia do adocionismo ensinada por Paulo de Samosata em meados do século III estava ressurgindo.

Não demorou muito para que os bispos e teólogos de Alexandria e Antioquia, e seus seguidores de todas as partes do Império, começassem numa discussão teológica a respeito da natureza do Deus-homem, Jesus Cristo. Todos concordavam que Jesus Cristo era Deus encarnado. Não estava em debate a profissão propriamente dita. Depois do Concílio de Constantinopla, a questão passou a ser: como os cristãos devem explicar e expressar a humanidade e a divindade de Cristo? Existe alguma forma de explicá-las que seja herética por realmente subverter a verdade? Em outras palavras, o problema nesse mistério era um pouco semelhante ao problema no mistério da Trindade, sendo que os sabelianos, por exemplo, alegavam crer na Trindade, mas expressavam essa crença por meio da linguagem figurada do modalismo. A igreja resolveu que não bastava apenas a pessoa *dizer* que acreditava na Trindade, se a forma de a explicar à congregação ou aos alunos era equivalesse à sua negação.

Hoje em dia, nos perguntamos por que os líderes do cristianismo em fins do século IV e no início de século V não pararam e recuaram quando se viram à beira de uma guerra teológica e por que simplesmente não permitiram que cada lado explicasse à sua maneira o mistério da humanidade e divindade de Jesus. Mas a dificuldade de responder a essa pergunta e à crítica implícita nela era que uma das maneiras de até mesmo os mais importantes bispos e patriarcas explicarem a encarnação de Deus em Cristo era negando o mistério. Mais uma vez, assim como aconteceu com os principais defensores e promotores da doutrina ortodoxa da Trindade, os grandes bispos e teólogos ortodoxos envolvidos na controvérsia cristológica estavam preocupados em proteger e preservar o mistério da pessoa de Jesus Cristo e evitavam explicações que o racionalizassem demais e o esclarecessem. Os defensores da doutrina chamada "união hipostática", que se tornou a doutrina ortodoxa da pessoa de Cristo no Concílio de Calcedônia em 451, eram a favor do mistério e não racionalistas que tentavam perscrutar mistérios que deveriam ser deixados fora do nosso alcance para desvendá-los e torná-los inteligíveis ao pensamento humano. Seria transformá-lo numa caricatura popular e estaria totalmente errado.

Em certas ocasiões, a grande controvérsia sobre a pessoa de Jesus Cristo realmente se tornou extremamente técnica e minuciosa. Era inevitável, considerando a complexidade do problema. Será mais fácil ter paciência com a terminologia e os conceitos da discussão se nos lembrarmos de que, na verdade, tudo dizia respeito à salvação. Como no caso da grande controvérsia trinitária, todos entendiam que o que estava em jogo era a própria salvação dos seres humanos. Se Jesus Cristo não era verdadeiramente Deus (igual ao Pai) e também verdadeiramente humano (igual a nós), como poderia nos salvar? Como alguém que não fosse divino, e diferente dos seres humanos, poderia fechar o abismo entre os dois lados e uni-los na reconciliação e na união salvífica? Essa era a maior preocupação de todos os pais envolvidos nessa controvérsia. Às vezes, suas formulações e argumentos pareciam muito obscuros e especulativos, até mesmo com discussões detalhistas sobre semântica, mas suas intenções eram louváveis e sadias. Queriam explicar às mentes humanas, dentro do possível, o que os cristãos querem dizer ao confessarem que o homem Jesus é, ao mesmo tempo, tanto Deus quanto humano, a fim de protegerem o evangelho da salvação.

O que é lastimável nesse grande conflito e controvérsia é que por vezes ele resultou em intrigas desonestas, com espionagem entre bispos, ameaças entre monges e fofocas e mentiras entre eclesiásticos. O aspecto realmente perturbador desse episódio da história da teologia não é a agudeza. Podemos aprender a conviver com a ambiguidade e com a linguagem abstrata. Difícil é aceitar que bispos e teólogos cristãos usassem a teologia como meio de manobra no jogo de poder e influência, empregando meios antiéticos. Nem todos os envolvidos na controvérsia cristológica foram responsáveis por isso, mas talvez, pela primeira vez, todas as partes envolvidas tivessem um pouco de culpa. Política e teologia misturaram-se de uma forma nunca antes vista e nem sequer imaginada. Deus, porém, opera por caminhos misteriosos e a maioria dos cristãos, de todas as classes, acredita que o resultado final da controvérsia foi uma vitória da verdade, embora ela mantivesse certo mistério.

Como na controvérsia trinitária, a controvérsia cristológica teve dois concílios ecumênicos delimitando-a cronologicamente: um marcando seu início e outro o término. Mas, diferentemente da outra controvérsia, essa teve, ainda, um terceiro concílio ecumênico no meio tempo. Três grandes concílios ecumênicos constam como transições nessa parte da nossa história: o Concílio de Constantinopla em 381, onde começou esse episódio, o Concílio de Éfeso em 431 (o terceiro concílio ecumênico), onde o episódio sofreu uma reviravolta, e o Concílio de Calcedônia em 451, onde ele chegou à conclusão final.

Calcedônia é considerada o quarto concílio ecumênico da Cristandade e produziu uma "definição" doutrinária — às vezes considerada como outro credo — que declarou o dogma oficial da pessoa de Jesus Cristo. Esse dogma é chamado "união hipostática". Este capítulo é a história de como a igreja chegou a lavrar e a declarar esse dogma e como a Definição de Calcedônia o declarou obrigatório para todos os cristãos. No fim desta seção, veremos que, embora a Grande Igreja considerasse a questão encerrada em Calcedônia em 451, vários grupos de cristãos se recusaram aceitar essa solução e continuaram a protestar e argumentar contra ela. A resposta da igreja católica e ortodoxa para esse protesto arrastou-a cada vez mais para as especulações teológicas a respeito da pessoa de Cristo e, embora muitos protestantes possam seguir, e realmente sigam, o pensamento da igreja até Calcedônia e sua doutrina da união hipostática, ali eles se detêm e não consideram obrigatórios os pronunciamentos feitos depois dela. Isto é, quando até mesmo os protestantes conservadores relembram os processos que definiram a verdadeira doutrina nos primeiros séculos do cristianismo, a maioria não se espanta com o que foi chamado de *ortodoxo* depois de Calcedônia. Veremos por que é assim no fim desta seção e na seção seguinte.

Como acontece com todos os grandes conflitos e controvérsias, é muito difícil encontrar as raízes e causas exatas da controvérsia cristológica no final do século IV e início do século V. Podemos continuar apontando causas e influências no passado, em uma regressão quase infinita. A fim de explicá-las, teremos simplesmente que "tomar o bonde andando" e começar com um fator importante: longas e profundas diferenças teológicas entre duas grandes cidades do cristianismo oriental e teólogos que as enxergavam como fontes de sabedoria. Trata-se de Alexandria e Antioquia. A primeira parte do presente episódio da teologia cristã começará com a rivalidade entre essas cidades e demonstrará como ela criou a base para o debate cristológico.

13
As escolas de Antioquia e de Alexandria divergem sobre Cristo

Tanto Antioquia como Alexandria eram centros antigos e veneráveis da cultura grega e romana, bem como da teologia e da vida eclesiástica cristã. Alexandria recebeu seu nome em homenagem a Alexandre, o Grande e, nos tempos de Cristo, foi um próspero centro cosmopolita de educação, cultura, negócios e comércio. Suas reservas de ouro e de cereais eram maiores do que as de Roma e sua grandiosa biblioteca e museu serviam de núcleo para uma universidade da Antiguidade, onde conviviam filósofos e estudiosos religiosos provenientes dos confins mais distantes do mundo. Alexandria era invejada por muitas outras cidades e, por sua vez, invejava Constantinopla, a nova capital do império de Constantino e seus herdeiros. Alexandria queria dominar Constantinopla, porque foi ali que o imperador e sua corte se instalaram. Fosse quem fosse o bispo de Constantinopla (às vezes conhecida pelo nome antigo, Bizâncio), automaticamente teria influência especial sobre o restante da cristandade em virtude da proximidade com a corte imperial. Os líderes alexandrinos sabiam que seus rivais na outra importante cidade oriental, Antioquia, queriam dominar a igreja de Constantinopla. Muito tempo antes de a controvérsia cristológica chegar a um embate entre os líderes cristãos das duas cidades, eles já se olhavam com desconfiança por razões políticas.

Antioquia, no plano geral, estava longe de ter o tamanho ou a influência de Alexandria. Entretanto, também tinha uma tradição antiga e venerável, tanto cultural como teológica. Foi fundada por um dos generais de Alexandre, Antíoco Epifânio, e nos tempos de Cristo e dos apóstolos foi um grande centro de negócios e de comércio. O governador romano de Antioquia governava a totalidade da Síria, o território romano que incluía a Palestina. Foi em Antioquia que os cristãos receberam essa denominação e, dentro da comunidade cristã primitiva, se deu início e prosseguimento à missão de Paulo aos gentios. Para os cristãos do século I, Antioquia era muito mais importante do que Alexandria. O foco de brilhantismo e criatividade teológica passou para a outra cidade nos séculos II e III.

Antioquia também enxergava na nova cidade imperial de Constantinopla, a "nova Roma", um lugar no qual poderia reconquistar influência e poder. Constantinopla não tinha nenhuma tradição antiga importante e sua igreja cristã era relativamente nova e fraca antes de Constantino começar a trazer líderes cristãos para lá no século IV. Em certo sentido, representava um "campo missionário" para outras igrejas, não tanto em termos do evangelismo, mas em termos de um vácuo no poder a ser preenchido.

Pode ser grosseira a forma de expressar a situação, mas não há como ignorar o fato de que tanto Antioquia como Alexandria olhavam com cobiça para Constantinopla e procuravam fazer com que seus "filhos prediletos" subissem a altos cargos, como capelães, presbíteros, diáconos ou até mesmo a bispo, o patriarca de Constantinopla, a fim de melhorar a reputação e ampliar a influência da cidade e de promover seu estilo de teologia. E os dois tipos de teologia diferiam significativamente.

Hermenêuticas bíblicas diferentes

Uma das principais diferenças entre as teologias alexandrina e antioquena girava em torno da hermenêutica (interpretação bíblica). O padrão alexandrino foi estabelecido nos tempos de Cristo por Filo, o teólogo e estudioso bíblico judaico, que acreditava que as referências literais e históricas das Escrituras hebraicas tinham pouca importância. Procurou descobrir e explicar o significado alegórico ou espiritual das narrativas bíblicas. Em outras palavras, muitos trechos da Bíblia hebraica pareciam tratar de uma coisa, mas, para Filo, tratavam de outra. Como tentava integrar a religião hebraica com a filosofia grega (especialmente a platônica), Filo não podia interpretar conforme à letra boa parte do que lia nos Profetas. Acreditava que, mediante a interpretação alegórica, poderia demonstrar a união subjacente entre o pensamento ético e filosófico grego e a religião hebraica. Muitos pensadores cristãos primitivos aproveitaram as estratégias hermenêuticas de Filo e foi na própria Alexandria onde isso mais aconteceu. Tanto Clemente como Orígenes remexeram nos diversos níveis de significado da Bíblia a fim de descobrir as preciosidades de verdade espiritual ocultas nas narrativas e retratos históricos reais.

Quando os estudiosos cristãos alexandrinos que moravam em Alexandria ou outro lugar leram os Profetas e os Apóstolos, procuraram encontrar em todos os lugares referências ocultas ao Logos e à existência celestial e espiritual. Justificaram esse método de interpretação apelando ao próprio apóstolo Paulo. Paulo empregou interpretação alegórica em Gálatas ao falar da lei e do evangelho (Gl 4.21-31). Hagar, escrava de Abraão, é equiparada com a outorga da lei no monte Sião e com o judaísmo sob o domínio dessa lei. O evangelho aos gentios é equiparado com Sara, esposa de Abraão — e uma mulher livre — que lhe deu um filho (Isaque) conforme a promessa. A forma de Paulo descrever tudo isso é claramente alegórica. Uma personagem do AT corresponde a uma realidade espiritual e teológica de modo bastante direto, sendo que ficamos com a impressão de que tal correspondência, e a verdade que ela revela, é o grande propósito da história no AT. Os estudiosos bíblicos alexandrinos, tanto judaicos como cristãos, aprofundaram-se em semelhantes métodos de interpretação.

Antioquia destacou-se por ter um método hermenêutico mais literal e histórico. Naturalmente, os teólogos e estudiosos bíblicos da Antioquia também reconheciam na alegoria uma maneira legítima de comunicar a verdade, mas procuraram não buscar significados espirituais, alegando que as histórias bíblicas não eram alegorias, a não ser quando havia um bom motivo para sê-lo. Um exemplo notável desse método hermenêutico antioqueno é o grande estudioso cristão Teodoro de Mopsuéstia (morreu em 428), que foi o principal comentarista bíblico e teólogo de Antioquia. Teodoro escreveu muitos comentários sobre as Escrituras e sempre evitou a interpretação alegórica, exceto quando evidências claras no próprio texto o dirigissem a ela. Até mesmo o livro hebraico Cântico dos Cânticos (popularmente conhecido como Cântico de Salomão), que é frequentemente tratado como uma alegoria do amor de Cristo pela igreja também por protestantes conservadores modernos, foi considerado por Teodoro como verdadeira poesia de amor. Não se viu nenhum motivo para interpretá-lo alegoricamente. Teodoro reconheceu que muitas personagens e eventos no AT podiam ser interpretados pelos cristãos como tipos de Cristo e da igreja, mas se recusou a impor significados do NT ou da filosofia grega como principais referências sobre narrativas que claramente descreviam eventos históricos.

Assim, as teologias de Alexandria e de Antioquia divergiam na própria raiz: a interpretação bíblica. O método antioqueno histórico-literal-gramatical é o mais influente no cristianismo moderno e ocidental, ao passo que o método alexandrino alegórico espiritual dominou boa parte do pensamento cristão primitivo e continuou uma influência poderosa durante a Idade Média, tanto no Oriente como no Ocidente. As linhas de raciocínio diferentes no tocante às Escrituras e ao seu significado armaram o palco para o conflito cristológico, conforme veremos. Alexandria enfatizava a divindade de Jesus como uma joia espiritual oculta por trás do véu de sua humanidade. O docetismo, a negação da verdadeira humanidade de Cristo, espreitava por trás da teologia alexandrina e era um perigo constante de seu estudo bíblico e cristologia. As dimensões físicas, históricas e relativas à criatura das Escrituras e da encarnação escandalizavam muitos alexandrinos, por isso, eles procuraram minimizá-las, sem as demonizar da maneira que os gnósticos tinham feito.

Os antioquenos enfrentaram seus perigos. Ficaram tão cativados pelas realidades históricas e literais, das Escrituras e da pessoa de Jesus Cristo, que não conseguiram tratar com o devido respeito a divindade de ambas. É lógico que *confessaram* a inspiração divina das Escrituras e a divindade de Cristo. Mas minimizaram os aspectos espirituais e divinos desses mistérios, sem os negar, como tinha feito Paulo de Samosata. A influência que a abordagem da interpretação bíblica de cada uma dessas cidades teve sobre as diferentes cristologias ficará mais claro quando explorarmos o assunto de modo mais direto.

Soteriologias divergentes

Uma segunda diferença entre as teologias alexandrina e antioquena tinha que ver com a soteriologia, a ideia da salvação. A soteriologia alexandrina apegava-se especialmente ao conceito oriental tradicional da deificação no decurso da salvação e no seu alvo final. Não que os antioquenos o rejeitassem, mas os teólogos alexandrinos colocavam esse conceito em primeiro plano e no centro de todas as meditações teológicas. Sua abordagem básica à pessoa de Jesus Cristo era afetada por esse compromisso prévio, conforme já vimos nos casos de Orígenes e de Atanásio. Segundo um destacado estudioso moderno do pensamento alexandrino: "Seu pensamento fundamental, à medida que suas ideias sobre a soteriologia são transportadas para a cristologia, é que se a nossa natureza deve ser tomada pela vida divina, o Logos divino deve então unir-se a ela e tomá-la para si, pois nele acontece a verdadeira unificação [...] entre a Divindade e a humanidade".[1] Desse modo, o pensamento alexandrino a respeito da salvação enfatizava a necessidade da união íntima entre o divino e o humano em Cristo, para que a natureza humana seja transformada pela natureza divina. Ao mesmo tempo, a ênfase alexandrina sobre a transcendência (qualidade sobrenatural) de Deus, e especialmente a sua imutabilidade e impassibilidade, exigia que essa união entre divindade e humanidade não transmitissem para a natureza divina as corrupções próprias das criaturas. É nesse ponto que se encontrava o problema. A abordagem típica alexandrina consistia em dizer que em Jesus Cristo ocorreu "uma troca maravilhosa" pela qual a nossa natureza divina pecadora foi curada pela natureza divina perfeita do Logos sem que a natureza divina do Logos fosse tocada pelas limitações ou imperfeições das criaturas.

A abordagem antioquena da soteriologia não era totalmente diferente da abordagem alexandrina. Ambas concordavam que um dos grandes aspectos da salvação envolve a deificação ou divinização: curar a natureza humana para que ela compartilhe alguns aspectos ou características divinas, como a imortalidade. Concordavam também sobre a diferença essencial entre as naturezas humana e divina. Tanto os alexandrinos como os antioquenos rejeitavam veementemente a ideia de uma "metamorfose" do humano para o divino ou do divino para o humano. Entretanto, os

---

[1] R. V. SELLERS, *The Council of Chalcedon*: a historical and doctrinal survey, Londres, SPCK, 1961, p. 136.

antioquenos estavam muito mais preocupados que os alexandrinos com o papel humano da salvação. Enquanto os alexandrinos afirmavam que a pessoa precisa receber o poder terapêutico de Deus através dos sacramentos por sua livre-escolha, os antioquenos traçavam até à própria encarnação esse papel tão importante do livre-arbítrio humano. A humanidade de Jesus precisava ter livre atuação moral para conseguir a nossa salvação.

Uma maneira de descrever essa diferença é dizer que a soteriologia alexandrina era mais metafísica e a soteriologia antioquena mais moral e ética. Cada uma delas fez valer uma dessas ênfases, mas também se tornou obsessiva com a própria distinção e acusou a outra escola de teologia de ignorá-la. Os alexandrinos viam na salvação um mistério metafísico maravilhoso levado a efeito pelo Logos mediante a união com a humanidade em Jesus Cristo. Os antioquenos viam na salvação uma realização moral e ética maravilhosa levada a efeito por um ser humano em nosso favor, ao unir sua vontade à do Logos divino. É claro que, pelo menos depois do adocionismo de Paulo de Samosata ter sido declarado herético, todos os antioquenos afirmariam com todo vigor que a própria realização da nossa salvação era obra do Filho de Deus no homem Jesus e através dele. Mas queriam deixar claro especialmente que isso não poderia ter acontecido se a vontade e a mente do homem não fossem plenamente humanas e exercessem um papel nesse processo. A humanidade de Jesus Cristo não podia ser concebida como um instrumento passivo, argumentavam os antioquenos. Se fosse realmente um instrumento passivo, nossa mente e vontade humanas não teriam um modelo para nos mostrar como agradar a Deus e entrar na união salvífica com ele pela qual somos curados.

Duas variantes cristológicas

Esses dois modos de pensar a respeito das Escrituras e da salvação produziram formas extremamente diferentes de conceber a pessoa de Jesus Cristo. Já vimos como Atanásio entendia a divindade e a humanidade de Cristo. Para ele, assim como para muitos outros alexandrinos, a natureza (*ousia, physis*) humana de Cristo era passiva e impessoal. Era um veículo, pouco mais do que um invólucro, por assim dizer, para o uso do Filho de Deus. Precisava ser real, mas não precisava ter seu núcleo de consciência e de vontade distinto do Filho de Deus. O modo típico de Atanásio e de outros alexandrinos falarem a respeito da encarnação e da união entre Deus e a humanidade em Cristo é chamado, às vezes, cristologia da Palavra-carne. Isto é, o Logos (Palavra/Verbo) de Deus assumiu a carne humana sem realmente entrar na existência humana em toda a sua plenitude. A humanidade de Jesus Cristo era a "carne": corpo e alma. Apolinário colocou os retoques finais nessa cristologia ao negar que Jesus Cristo possuísse qualquer intelecto ou vontade humana ativos.

Os antioquenos ficaram horrorizados com a cristologia da Palavra-carne de Alexandria e consideraram-na uma heresia tão grave quanto o adocionismo de Paulo de Samosata, que já tinha sido completamente condenado. Os principais teólogos antioquenos, contemporâneos de Atanásio e Apolinário, eram Eustáquio de Antioquia, Diodoro de Tarso e Teodoro de Mopsuéstia. Os três enfatizavam a humanidade de Jesus Cristo e acusavam os alexandrinos de truncá-la. Contra a cristologia alexandrina da Palavra-carne, desenvolveram a cristologia que se tornou conhecida como a cristologia da Palavra-homem, na qual a humanidade de Jesus Cristo não era passiva, mas ativa, como uma pessoa integral e completa. Em vez de enfatizarem a união entre o divino e o humano em Jesus Cristo, os antioquenos enfatizavam a distinção entre as duas naturezas (*physeis*) nele. Com isso visavam tanto proteger a sobrenaturalidade santa da natureza divina do Logos contra tudo o pertencesse à natureza das criaturas, como enfatizar a integridade da natureza humana, que tinha a capacidade de obedecer a Deus ativamente, não passivamente como mero instrumento. Diodoro de Tarso chegou a falar em Jesus Cristo como "dois filhos": o Filho de Deus e o Filho de Davi.[2]

Os alexandrinos ficaram chocados com a cristologia de Diodoro porque, para eles, era bastante semelhante à antiga heresia adocionista que se espalhou em Antioquia muitos anos antes. Parecia uma franca negação da união real e ontológica entre Deus e a raça humana em Jesus Cristo. Como seríamos salvos se as naturezas humana e divina não se tornassem uma só natureza nele?, questionavam. Os antioquenos retrucavam dizendo que, se Jesus Cristo tinha uma só natureza e não duas, como poderia ser "verdadeiramente divino" e "verdadeiramente humano", consubstancial tanto com Deus como com a humanidade? A existência de Deus Pai é um assunto à parte, completamente diferente de qualquer ser criado. É eterna e não temporal. Imutável e não sujeita a alterações. O ser humano é uma forma de existência criada. Mesmo depois de redimido, não é divino. Compartilha da divindade ao se tornar imortal. A ferida mortal do pecado e da morte é curada, mas até mesmo os santos completamente redimidos no céu continuam sendo criaturas e não Deus. Portanto, argumentavam os antioquenos, como a humanidade e a divindade poderiam se tornar "uma só natureza"? Isso não somente seria um mistério, mas também a negação das crenças cristãs fundamentais a respeito de Deus e da salvação.

Na base dessa divergência a respeito das cristologias da Palavra-carne *versus* da Palavra-homem havia ideias diferentes a respeito da salvação. Segundo o conceito alexandrino, a salvação plena dependia de uma encarnação genuína, mas não de uma natureza plena e genuína exatamente como a nossa. Acima de tudo, não precisava ter seu centro independente de intelecto, de ação e de vontade. A humanidade

---

[2] Justo GONZÁLEZ, *A history of Christian thought*, ed. rev., Nashville, Abingdon, 1992, p. 340. V. 1: From the beginnings to the Council of Chalcedon.

de Jesus Cristo podia ser, e era, uma natureza humana impessoal. Segundo o conceito antioqueno, a salvação plena dependia de uma encarnação genuína, mas não de uma união íntima entre a humanidade e a divindade que ameaçaria a verdadeira distinção entre elas, e a encarnação verdadeira devia incluir uma natureza humana totalmente individual. Jesus Cristo tinha de ser um homem exatamente igual a qualquer outro homem — exatamente como Adão! — embora sem pecado.

> Apolinário e Cirilo, que consideraremos representantes da escola alexandrina de pensamento e que sustentam que a salvação do homem equivale à sua deificação, entendem que somente o próprio Deus pode salvar os pecadores e, consequentemente, enfatizam a confissão cristã de que em Jesus Cristo o Logos divino uniu a natureza humana a si mesmo e se apropriou dela: Jesus Cristo, portanto, é uma só pessoa, o próprio Logos no seu estado encarnado. Os antioquenos entendem a mensagem do Evangelho de outro ponto de vista. Entendem que se é para o homem ser renovado naquele estado de obediência à vontade de Deus que é envolvido na sua salvação, o Logos divino deve unir-se à humanidade [de Cristo] que, embora tentado até o fim, vencerá onde o primeiro Adão fracassou.[3]

A heresia de Apolinário: "Deus em um corpo"

Um exemplo excelente da antiga cristologia alexandrina da Palavra-carne é o de Apolinário de Laodiceia, o infeliz bispo e teólogo cristão amplamente criticado e condenado por Gregório Nazianzeno e pelo Concílio de Constantinopla. Seu único erro, segundo os alexandrinos ortodoxos e até mesmo o próprio Gregório, foi negar a alma racional (*nous*) humana de Jesus Cristo e substituí-la pelo Logos. Contra a opinião antioquena, como a que era sustentada por Diodoro de Tarso, Apolinário "buscava garantir uma encarnação verdadeira, contrariando a ideia de uma mera conexão entre o Logos e o homem Jesus". O problema foi que "garantiu essa união orgânica entre o humano e o divino somente pela mutilação da parte humana".[4] A razão pela qual Apolinário "mutilou" a parte humana em Jesus Cristo era soteriológica, é claro. Para ele, assim como para a maioria dos alexandrinos, a salvação como deificação é possível somente se Cristo for totalmente controlado pela vontade e poder divinos. Se ele tivesse uma alma, ou mente/espírito, racional, *poderia* ter pecado e resistido ao chamado do Logos em sua vida, e isso implicaria

---

[3] SELLERS, op. cit., p. xv.
[4] H. Maurice RELTON, *A study in Christology*: the problem of the relation of the two natures in the person of Christ, New York, Macmillan, 1934, p. 11.

que a encarnação não teria acontecido. Além disso, se sua alma fosse racional, ou mente/espírito, haveria dois centros de consciência, de ação e de vontade em Jesus Cristo: um divino e outro humano, e essa seria uma união falsa ou incompleta da divindade e da humanidade. Somente uma verdadeira união natural — duas naturezas reunidas em uma só pessoa formando uma única natureza — pode equivaler a uma encarnação na qual o divino permeia e cura o humano.

A cristologia de Apolinário foi condenada no Concílio de Constantinopla, não porque incluía a ideia de "uma só natureza do Deus-homem depois da união" — uma ideia alexandrina comum — mas porque negava a humanidade integral e completa do Salvador. Gregório Nazianzeno simpatizava com a abordagem alexandrina, mas não podia permitir que fosse levada ao extremo ao qual Apolinário a levou. Portanto, na famosa passagem contra Apolinário, Gregório escreveu:

> Quem que acredita que ele [Jesus] é um homem sem uma mente humana, realmente não tem uma mente e é totalmente indigno da salvação. Pois tudo aquilo que ele não assumiu, não curou; mas o que se unir à sua divindade também será salvo. Se somente a metade de Adão pecou, então o que Cristo assume e salva também pode ser a metade; mas, se toda a sua natureza pecou, precisa se unir à natureza integral do que foi criado e, assim, ser salva na sua integridade.[5]

O Concílio de Constantinopla condenou como herética a cristologia de Apolinário, sem solucionar o problema que ela levantou. Depois desse concílio, foi necessário que os cristãos concordassem com o conceito antioqueno de que Jesus Cristo tinha uma natureza humana integral — corpo, alma e espírito — e até mesmo uma mente humana. Os antioquenos (como Teodoro de Mopsuéstia) consideraram a decisão uma grande vitória e os alexandrinos, uma derrota. Mantiveram-se atentos a Constantinopla, observando e esperando que os teólogos antioquenos repetissem a heresia de Paulo de Samosata para surpreendê-los.

A cristologia dualista de Teodoro de Mopsuéstia

O maior defensor na antiguidade da cristologia antioquena do Deus-homem foi Teodoro de Mopsuéstia. Ele também foi condenado como herege, mas somente depois do século VI e porque foi considerado precursor de outra heresia. Seu destino foi semelhante ao de Orígenes. Em vida, foi saudado como grande estudioso bíblico e teólogo ortodoxo, especialmente em Antioquia e arredores. Mas, por seu

---

[5] GREGÓRIO NAZIANZENO, *Epistle* 101, NPNF 2, 7.

pensamento ter dado margem a uma heresia, foi condenado como herege por um concílio mais de cem anos depois de sua morte.

A cristologia de Teodoro era dominada por três questões principais: a imutabilidade do Logos, o livre-arbítrio de Jesus Cristo e a realidade da vida humana de Jesus de lutas e de realizações. Se o Logos é verdadeiramente Deus — como ensina a ortodoxia e conforme afirmaram os concílios de Niceia e de Constantinopla —, então a sua união a um ser humano deve provocar uma mudança no humano e não no Filho de Deus. Não pode ser uma "união natural" (uma única natureza) porque nesse caso o Filho de Deus teria mudado junto com a natureza humana para formar uma "terceira coisa". Além disso, se a humanidade de Jesus Cristo não incluía uma mente e vontade *(nous)* humanas, então ele não tinha livre-arbítrio e a consumação de sua união à Deus não seria nada semelhante à nossa — seria uma coisa estática, automática e, portanto, não seria uma consumação. Finalmente, se não fosse uma pessoa totalmente humana, não poderia identificar-se com nossas lutas e nem se sentir tentado, como obviamente aconteceu. Para Teodoro, tudo isso resulta em um forte argumento em favor da cristologia Deus-homem ou Palavra-homem:

> Ele [Cristo] não é exclusivamente Deus, nem exclusivamente homem, mas verdadeiramente ambos por natureza, ou seja, Deus e homem: Deus, o Verbo, que assumiu e o homem que foi assumido. O que assumiu não é igual ao que foi assumido, nem o que foi assumido é igual ao que assumiu, mas quem assumiu é Deus, ao passo que quem foi assumido é homem. Quem assumiu é por natureza aquilo que Deus-Pai é por natureza [...] ao passo que quem foi assumido é por natureza aquilo que Davi e Abraão, cujo filho e descendente ele é, são por natureza. Essa é a razão pela qual ele é tanto Senhor como Filho de Davi: Filho de Davi por causa da sua natureza e Senhor por causa da veneração a ele. E ele está muito acima de Davi, seu pai, por causa da natureza que o assumiu.[6]

Para Teodoro, portanto, devemos fazer distinção entre o "homem com que Deus se vestiu" na encarnação e o Logos que se revestiu do homem. A encarnação é o processo de o Logos assumir uma pessoa humana e a recíproca obediência da pessoa humana ao Logos. É uma união de "aprazimento" e "disposição de vontade", não de natureza ou consequência. Teodoro prolongou-se muito para enfatizar a intimidade dessa união, argumentando que não se poderia conceber uma união mais íntima do que a encarnação. Empregou até mesmo a expressão *uma só pessoa*

---

[6] *Commentary of Theodore of Mopsuestia on the Nicene Creed*, org. A. Mingana, Cambridge, U.K., Heffer, 1932, p. 82.

(prosopon) para descrever a união. O Filho de Deus e a pessoa cooperam tanto entre si, que sua atividade conjunta em Jesus Cristo não pode de fato ser separada.

Naturalmente, os alexandrinos acharam que a explicação da encarnação oferecida por Teodoro era semelhante ao adocionismo. Falava da divindade de Cristo como uma "habitação" do Logos no homem e da liberdade do ser humano como uma pessoa integral em relação ao Logos. Diferentemente de seu antecessor Diodoro, Teodoro não falava em "dois filhos", mas realmente parecia conceber Jesus Cristo como uma espécie de pessoa composta. Os alexandrinos argumentaram que a única diferença entre essa cristologia e a de Paulo de Samosata era que este entendia que o ser humano, Jesus, foi assumido como Filho num relacionamento especial com Deus Pai, na ocasião de seu batismo. Teodoro simplesmente acreditava que a união entre a pessoa humana e a divina começava na concepção de Jesus e aumentava no decurso da vida. Em ambos os casos, segundo os alexandrinos argumentaram, a encarnação era a adoção de um ser humano por Deus e não uma pessoa divina que realmente "se tornava carne".

Quando o Concílio de Constantinopla encerrou as atividades e os bispos regressaram para as respectivas sés, as diferenças e os ressentimentos entre Alexandria e Antioquia estavam apenas no início. Um herói alexandrino, Apolinário, fora condenado, mas a cristologia básica da Palavra-carne, não. Não se sabia como ela seria desenvolvida sem cair na heresia de Apolinário, de "Deus em um corpo", mas em breve alguns alexandrinos fariam uma tentativa. Teodoro tinha se estabelecido firmemente como um grande teólogo perto de Antioquia, mas sua cristologia da Palavra-homem era silenciosamente subvertida e atacada pelos alexandrinos como adocionismo mascarado.

O Concílio de Constantinopla oficializou o emprego de termos como *natureza* e *pessoa* a fim de explicar a Trindade. Tanto os alexandrinos como os antioquenos estavam dispostos a empregar esses conceitos e termos em suas cristologias. Os alexandrinos argumentavam com cada vez mais veemência que, assim como a Trindade é uma só substância, ou natureza, e três pessoas, também Jesus Cristo é uma só natureza e uma só pessoa. Nele, a natureza de Deus e a natureza humana unem-se tão completamente que formam um composto ou um híbrido. Os antioquenos argumentavam que Jesus Cristo é duas naturezas e duas pessoas (embora o próprio Teodoro nunca fosse tão longe) que também podem ser consideradas uma só pessoa, assim como muitas comunidades ou sociedades com mais de uma pessoa são consideradas pessoas jurídicas aos olhos da lei. Com respeito à individualidade, os antioquenos afirmavam que as duas podiam se tornar uma enquanto permaneciam duas.

O palco estava montado para uma guerra teológica. Os alexandrinos estavam ressentidos por Apolinário ter sido condenado. Achavam que tal decisão poderia acabar resultando em críticas ou até mesmo na condenação de seu grande herói, Atanásio. Os antioquenos estavam confiantes e dispostos a tomar o poder eclesiástico de Constantinopla. Além disso, confiavam totalmente na segurança de seu maior teólogo, Teodoro de Mopsuéstia, e em sua cristologia do Deus-homem. Mas mantinham os olhos abertos e atentos em Alexandria.

A guerra teológica aconteceu em 428. O patriarca ortodoxo de Constantinopla, um homem de Antioquia chamado Nestório, subiu os degraus do grande púlpito da catedral e pregou um sermão contra o título de *Theotokos* atribuído a Maria. Isso deu início a uma das maiores controvérsias teológicas e conflitos da história do cristianismo.

14

Nestório e Cirilo levam a controvérsia a uma decisão

Ao participarem da liturgia (adoração) divina de uma igreja ortodoxa oriental celebrada em seu idioma, algumas pessoas ficam surpresas e perplexas ao lerem e ouvirem palavras em grego. Uma palavra grega frequentemente pronunciada em toda a liturgia de todas as igrejas ortodoxas orientais é *Theotokos* e obviamente refere-se a um título da Virgem Maria. O que ela significa e por que não é traduzida nas igrejas ortodoxas que procuram se adaptar às culturas não gregas?

Theotokos é a relíquia altamente simbólica de um debate do cristianismo antigo e da fórmula doutrinária que dele resultou. Seu uso continuado, mil e quinhentos anos depois do debate ter consumido a atenção e as energias de cristãos de todas as partes do Império Romano, lembra os cristãos ortodoxos de que Cristo é Deus. O título em si significa "portadora de Deus". Às vezes, *Theotokos* é traduzida como "mãe de Deus", mas essa não é a tradução preferida. Embora as duas tradições (a ortodoxa oriental e a católica romana) prestem grande reverência a Maria, o título *Theotokos* na verdade serve como indicador da verdadeira divindade de Jesus. Quando Maria deu à luz o seu Filho, deu à luz Deus.

Esse tipo de expressão a respeito de Maria e Jesus era lugar-comum em Constantinopla no início do século V. O povo devoto da cidade frequentemente se referia a Maria como *Theotokos* nos hinos e nas orações. Por isso, foi uma grande surpresa para muitos deles quando o recém-nomeado patriarca Nestório se colocou de pé na catedral e ordenou que cessasse esse uso popular. Os cristãos da cidade ficaram surpresos e preocupados e os espiões alexandrinos, chocados e contentes ao mesmo tempo. Ali estava a oportunidade de pagar a Antioquia na mesma moeda por ter ajudado na condenação de Apolinário. Fariam Nestório pagar por todos os pecados de Antioquia!

Pouco se sabe a respeito da vida de Nestório, só que nasceu em Antioquia ou arredores no fim do século IV e morreu exilado no deserto da África do Norte por volta de 450. Foi provavelmente aluno do grande teólogo antioqueno, Teodoro de Mopsuéstia. No mínimo, foi influenciado por ele. Em 428, o imperador Teodósio II, que defendia a teologia antioquena e era contra a alexandrina, elevou Nestório ao cargo cobiçado de bispo de Constantinopla, o que automaticamente o tornou patriarca da região e papa emérito do Oriente (assim como o bispo de Roma era honrado, em muitos círculos, como papa do Ocidente). A nomeação de Nestório foi um grande golpe para os sonhos alexandrinos de domínio. Além disso, tanto o imperador como o patriarca perseguiram todo e qualquer cristão em Constantinopla que favorecesse a teologia alexandrina. Tratavam os clérigos e teólogos alexandrinos como se fossem apolinaristas secretos que esperavam uma oportunidade de revivificar essa heresia.

Talvez houvesse motivo para tanto. Todos os alexandrinos insistiam em preservar e promover a fórmula apolinária de Jesus Cristo como "uma só natureza [*mia physis*] depois da união". Isto é, os alexandrinos prontamente reconheciam que o Filho de Deus era um tipo de ser, divino, diferente do homem Jesus Cristo que era humano. Mas insistiam que, pela encarnação, desde a concepção no ventre de Maria, a união do Filho de Deus com a humanidade resultava na criação de um Deus-homem com uma só natureza. Reconheciam, com relutância, que ele tinha mente e alma humanas, mas não davam muita importância a isso, preferindo enfatizar que ele era o Logos na carne humana.

A cristologia antioquena estava em alta em 428 quando o filho predileto de Antioquia, Nestório, ocupou a posição eclesiástica mais poderosa do lado oriental do Império Romano. Em Alexandria, o bispo, também um patriarca dada a importância da cidade, era um homem chamado Cirilo. Pouco se sabe sobre seu nascimento ou sua juventude, mas se tornou bispo da cidade egípcia em 412 e presidiu as igrejas cristãs dali e de todo o Egito até a morte, em 444. Cirilo não é considerado um dos grandes santos da história cristã, embora tampouco tenha sido condenado. Sua reputação é maculada por dois fatores. Primeiro, porque quase certamente enviou espiões a Constantinopla para espreitarem a grande catedral e apanharem Nestório (e qualquer outro eclesiástico proveniente de Antioquia) em alguma heresia. Estava com os olhos fixos no centro de poder ocupado pelo teólogo antioqueno. Segundo, porque se suspeita que Cirilo serviu de ponte para duas heresias, embora sua cristologia em si fosse basicamente confiável e tivesse recebido a sanção de dois grandes concílios ecumênicos. As duas heresias às quais Cirilo serviu de ponte são: o apolinarismo, que veio antes de sua época, e o monofisismo, que veio depois. Essa última heresia surgiu depois da morte de Cirilo e apresentou uma versão radical e inflexível de sua teologia, especialmente da fórmula de Cristo como "uma só natureza".

Na manhã de Natal de 428, pouco depois da sua chegada em Constantinopla, Nestório pregou seu sermão infame que condenava o título de Maria: *Theotokos*.

Disse à congregação, que incluía muitos clérigos visitantes e membros da corte imperial, que os cristãos não deviam se referir a Maria como "portadora de Deus", porque é errado dar o nome de "Deus" a quem tem dois ou três meses de idade. A veneração a Maria não era o problema. O problema era, segundo Nestório, a confusão entre as naturezas diferentes de Jesus Cristo. Seguindo fielmente a cristologia dualista de Teodoro de Mopsuéstia até sua conclusão lógica, Nestório argumentou que a natureza divina não pode nascer, da mesma maneira que não pode morrer. A natureza divina é imutável, impassível, perfeita e incorruptível. Portanto, embora a natureza humana de Jesus tenha nascido de Maria, isso não se aplica à natureza divina. Nestório deu à congregação licença para chamar Maria de *Christotokos,* que significa "portadora de Cristo". Embora seja teologicante correto dizer que "Cristo nasceu de uma mulher", não é ortodoxo, conforme declarou Nestório, dizer que "Deus nasceu de uma mulher".

É importante entender precisamente o que Nestório quis dizer. Ele não estava negando a divindade do Filho de Deus. Não era, de forma alguma, ariano ou subordinacionista. Concordava sinceramente com a teologia trinitária nicena da igual divindade e glória do Pai, do Filho e do Espírito Santo. O problema é que ele acreditava tão enfaticamente na divindade do Logos, ou Filho de Deus, que negava qualquer atribuição a ele de características ou experiências próprias à criatura. (Ário teria pulado de alegria e gritado: "Vejam! Eu sabia que isso aconteceria ao negar a condição de criatura do Logos!".) Nestório também não estava negando o nascimento virginal de Jesus Cristo. Para Nestório, a Virgem Maria deu à luz o homem Jesus Cristo que, desde o momento da sua concepção, estava intimamente unido ao eterno Logos de Deus. Pelo menos no início, ele estava simplesmente interpretando e aplicando a clássica cristologia antioquena de seu mentor, Teodoro de Mopsuéstia.

Parece que Nestório, que também não foi um dos cristãos mais amados da história, estava usando o título *Theotokos* a fim de castigar os alexandrinos em Constantinopla. Estes, em especial, amavam o título. Mas Nestório o considerava cripto apolinarista. Na mente de Nestório, um único ser não pode ser plenamente humano e ao mesmo tempo plenamente divino. Da mesma forma que muitos antioquenos, ele achava que essas realidades eram mutuamente exclusivas e que Jesus Cristo sem dúvida era e tinha de ser completamente humano. Portanto, dizer que Maria deu à luz Deus é negar que Jesus Cristo era um ser humano, assim como nós somos seres humanos. Os motivos de Nestório para condenar o título eram provavelmente tão complexos quanto os de Cirilo ao enviar espiões a Constantinopla para apanhá-lo em heresia. Provavelmente, ambos tinham convicção de que as abordagens das suas respectivas cidades à doutrina de Cristo estavam corretas e que faziam parte do próprio evangelho. Para eles e para seus seguidores, tratava-se de uma batalha em defesa do evangelho e da doutrina verdadeira de Jesus Cristo. Mas talvez os dois se sentissem culpados de misturar um motivo puramente teológico com motivos políticos impuros. Nestório queria desarraigar de Constantinopla todos os vestígios e lembranças da influência alexandrina. Cirilo queria vindicar a teologia alexandrina desferindo um golpe ao prestígio antioqueno tão forte quanto o golpe que a reputação da sua cidade sofreu quando Apolinário foi condenado.

Nestório escreveu seus argumentos contra *Theotokos* na sua encíclica pascal em 429. Assim, tornou oficiais suas declarações. O patriarca de Constantinopla agora considerava uma heresia a referência de *Theotokos* a Maria. A sombra do imperador por detrás de Nestório tornou essa definição especialmente ameaçadora para os alexandrinos e para outros, e Cirilo viu sua oportunidade de "desferir o golpe". Duas coisas começaram a acontecer nesse sentido.

Primeira, alguns alexandrinos em Constantinopla começaram a pregar cartazes anônimos em diferentes partes da cidade e perto das igrejas, colocando lado a lado frases de Nestório com ditos do herege antioquena Paulo de Samosata, cuja heresia adocionista fora condenada quase duzentos anos antes. Cirilo considerava a cristologia de Nestório uma forma sofisticada de adocionismo, assim como Nestório considerava a cristologia de Alexandria uma forma sofisticada de apolinarismo. Os cartazes chamaram atenção e os habitantes de Constantinopla começavam a comentar a respeito da ortodoxia falha de Nestório.

A segunda coisa que aconteceu foi uma troca de correspondência vigorosa entre Cirilo e Nestório e outros bispos do Império Romano. Cirilo escreveu várias cartas a Nestório, e ele respondia, explicando incisivamente sua abordagem antioquena à pessoa de Jesus Cristo. As cartas de Cirilo a Nestório eram mais cautelosas e evitavam cuidadosamente expressões radicais da cristologia apolinariana. Cirilo reconhecia a existência de uma alma humana racional em Jesus Cristo, mas, ao mesmo tempo, continuava a afirmar e defender a união entre Deus e a humanidade em Cristo como "uma só natureza". Nestório insistia que a união tinha "duas naturezas".

Nem Cirilo nem Nestório produziram grandes clássicos da teologia cristã. A maior parte dos escritos deles consistia em longas epístolas e sua linguagem escrita e seus argumentos são bastante confusos. Suas formulações estão eivadas de ambiguidade e os estudiosos dessa disputa não cansam de debater o que cada um quis dizer com palavras-chave ou se, na realidade, estavam dizendo a mesma coisa com palavras e locuções diferentes. Tratava-se apenas de um grande equívoco? De uma rixa semântica? Sem dúvida, havia um pouco disso. Nestório e Cirilo poderiam ter chegado a um acordo em suas ideias se lhes fosse dado tempo suficiente, embora seus seguidores provavelmente fossem mais extremados. A doutrina oficial ortodoxa da pessoa de Cristo é um tipo de meio-termo entre os conceitos deles e ela foi lavrada depois da morte desses antagonistas. Não se pode, no entanto, negar que pensavam de modo diferente a respeito de certos aspectos absolutamente cruciais da encarnação. A diferença entre eles não é passível de ser reduzida inteiramente a uma confusão nas palavras.

O que complica a interpretação de Cirilo e de Nestório é o fato de que o modo de pensar de cada um foi desenvolvendo e mudando com o tempo. O único livro conhecido de Nestório — *O livro de Heráclides* — era uma defesa da sua teologia, escrita depois de ele ter sido deposto e exilado. Ao que parece, algumas de suas opiniões foram alteradas a fim de colocá-las de forma mais favorável. Alguns estudiosos argumentam que o livro comprova que, na verdade, ele nem sequer sustentava ou ensinava a heresia que recebeu o seu nome — o nestorianismo. O mais provável é que tenha alterado a sua posição a fim de reconquistar sua reputação. As obras principais de Cirilo no tocante à cristologia consistem nas cartas dirigidas a Nestório e, nelas, pode-se perceber certa mudança e desenvolvimento. Por isso, é difícil estabelecer exatamente o que cada um desses patriarcas acreditava e ensinava. Apesar disso, e a despeito de toda incerteza e ambiguidade, existem certos temas geralmente reconhecidos que podem ser taxados como típicos de Cirilo ou de Nestório. Neles concentraremos a atenção, sem nos deter na discussão de detalhes.

A cristologia de Nestório pode ser mais bem considerada como uma tentativa de levar a cristologia de Teodoro de Mopsuéstia a uma conclusão lógica. A partir de Paulo de Samosata e do mais ortodoxo Luciano de Antioquia, os teólogos antioquenos enfatizaram a humanidade de Jesus Cristo e, ao mesmo tempo, tentaram dar também o devido valor à sua divindade. Nestório tinha diante de si o desafio de Cirilo e seus seguidores: "Como vocês podem dizer que Jesus Cristo é consubstancial *(homoousios)* com Deus e com os seres humanos, se declararam que ele era completamente humano?". O desafio que o próprio Nestório fez a Cirilo e aos alexandrinos foi: "Como vocês podem dizer que Jesus Cristo é verdadeiramente Deus e verdadeiramente homem, se vocês negam que ele era uma união de duas naturezas diferentes?". Nestório procurou elaborar uma maneira de explicar a verdadeira humanidade de Jesus e sua verdadeira divindade que preservasse a integridade natural das duas realidades na sua pessoa. Não podia conceber uma natureza *(physis)* humana sem uma pessoa *(prosopon)* ligada a ela. Um axioma básico do pensamento de Nestório era que a verdadeira humanidade não pode existir de modo algum sem uma pessoa humana individual que seja o centro da natureza humana. *Prosopon* (pessoa) e *physis* (natureza) estão juntos, tanto na humanidade como na divindade.

Isto significava, naturalmente, que Nestório tinha de afirmar que Jesus Cristo era duas pessoas. Teodoro não chegou a esse ponto, embora sua conceituação sugerisse isso. Tendo como ponto de partida a ideia de Teodoro de que a encarnação é o Logos "assumindo um homem" e um homem sendo "assumido pelo Logos",

Nestório argumentou que a encarnação é a habitação mútua de duas pessoas, uma na outra: o eterno Filho de Deus e o ser humano mortal, Jesus. A essa união atribuímos o nome de Jesus Cristo, ou simplesmente Jesus, e consideramos a própria união uma "pessoa" no sentido composto ou coletivo. Portanto, para Nestório, "em Jesus Cristo, Deus uniu o *prosopon* divino com uma natureza humana, mas isso não destrói, de modo algum, as duas *prosopa* [pessoas] naturais, que correspondem a cada uma das duas "naturezas completas" ou *hypostases* que estão unidas em Cristo".[1]

Como duas pessoas podem ser uma só? Esse era o dilema que Nestório tinha diante de si. A fim de evitar o adocionismo (no qual o homem Jesus Cristo é meramente "um objeto de aproveitamento divino"), Nestório teve que explicar a verdadeira união entre o divino e o humano em Jesus Cristo. Tinha de haver uma maneira de dizer que, embora Jesus Cristo fosse humano, também era verdadeiramente divino. A solução de Nestório foi postular um tipo especial de união que chamou de *synapheia*. Em latim, a palavra é traduzida por *conjunctio* e, por isso, a ideia de Nestório é tradicionalmente chamada de "conjunção". Jesus Cristo era uma conjunção da natureza-pessoa divina com a natureza-pessoa humana: o Logos divino eterno e a pessoa humana de Jesus em íntima união. De acordo com Nestório, essa conjunção pode ser tão íntima e forte a ponto de formar um novo tipo de entidade, assim como a totalidade que é maior do que a soma de suas partes. Segundo ele, "a unidade de *prosopon* baseia-se no fato de que o *prosopon* do Logos faz uso do *prosopon* da humanidade de Cristo como um instrumento, um *organon*. A totalidade é a união das duas naturezas, de um elemento visível e outro invisível".[2]

Nestório começou a encontrar problemas quando, respondendo a algumas das perguntas de Cirilo, procurou aprofundar-se na explicação da ideia da conjunção na encarnação. Cirilo sabia que, se pudesse fazer Nestório continuar sua explicação, este acabaria revelando do que se tratava: uma forma sofisticada de adocionismo. A única diferença estava na pessoa que tinha adotado o homem e no momento da adoção. A semelhança principal era o fato de que, tanto no adocionismo como no nestorianismo, o Filho de Deus nunca realmente entrava na existência humana. A pessoa humana na conjunção nestoriana permanece não apenas distinta em sua natureza, mas também uma pessoa diferente do Filho de Deus. Nestório provou ter essa opinião quando (segundo Cirilo) empregou a analogia do casamento. Aparentemente, ele

---

[1] Justo GONZÁLEZ, *A history of Christian thought*, ed. rev., Nashville, Abingdon, 1992, p. 361. V. 1: From the beginnings to the Council of Chalcedon.

[2] Aloys GRILLMEIER, *Christ in Christian tradition*, 2 ed. rev., trad. John Bowden, Atlanta, John Knox Press, 1975, p. 462. V. 1: From the beginnings to the Council of Chalcedon.

argumentou que, assim como no casamento duas pessoas independentes se juntam em uma união que transcende as diferenças, também na encarnação o Filho de Deus e o Filho de Davi formam uma união (sob a iniciativa do Filho de Deus) que transcende as naturezas diferentes. Essa união é um vínculo de companheirismo e de cooperação de vontades, mais forte do que qualquer amizade ou casamento humanos. Esses laços fornecem apenas uma vaga ideia do que significa essa união.

Nestório também caiu na armadilha de Cirilo quando chegou a negar um dos princípios cristológicos mais queridos de Cirilo: a *communicatio idiomatum* ou "comunicação de atributos". Segundo Cirilo, se Jesus Cristo era realmente o Verbo encarnado — Deus na carne —, seria teologicamente correto atribuir a ele toda a glória, majestade e poder da divindade e, ao mesmo tempo, atribuir ao Filho de Deus que se tornou humano toda a fraqueza e mortalidade e sofrimento da humanidade.

Nestório rejeitou ferozmente esse conceito. Para ele, essa era uma das vantagens principais da sua ideia de conjunção na encarnação. Ela permitia dizer que Jesus Cristo é tanto verdadeiramente Deus quanto verdadeiramente humano, sem misturar os dois. Ele queria poder dizer que a pessoa divina da união operava os milagres e que a pessoa sofria. A divindade não pode sofrer e a humanidade é incapaz de alterar o decurso da natureza. Obviamente, duas pessoas diferentes existiam nele e faziam essas coisas. Mas sempre as faziam juntas.

Ele ficou horrorizado com a ideia da *communicatio idiomatum* de Cirilo e automaticamente rejeitou-a como apolinariana. Cirilo queria dizer que o Filho de Deus sofreu e morreu (por causa da união com a natureza humana) e que o homem Jesus andou sobre as águas e leu os pensamentos das pessoas (por causa da divindade). Para Nestório, esse conceito provava que Cirilo não distinguia corretamente o humano do divino, uma heresia que, segundo ele, corrompia toda a cosmovisão cristã.

Devemos tentar simpatizar com Nestório até certo ponto. Afinal, a Grande Igreja tinha acabado de definir, meio século antes, que a Trindade significava uma só substância e três pessoas e aceitado a opinião de Gregório de Nissa de que as três pessoas, embora fossem distintas, nunca estavam separadas e faziam tudo em comum. Por que o mesmo sistema de conceitos não podia ser aplicado à encarnação? A opinião de Nestório parece coerente, pelo menos superficialmente, tendo em vista a doutrina ortodoxa da Trindade. A diferença, porém, é que as *hypostases* (pessoas) da Trindade compartilham de uma *ousia* (natureza) em comum, ao passo que as duas *physeis* (naturezas) do Cristo nestoriano têm diferentes *prosopa* (pessoas) ligadas a elas. Esse fato faz uma grande diferença na equação. No caso da união contida em Cristo, o lado divino é eterno e onipotente, ao passo que o lado humano é mortal e fraco. A "união" não poderia ser tão forte como a das pessoas da Divindade.

Não há dúvida de que a intenção de Nestório era boa. Ele queria preservar a integridade da natureza de Deus e da natureza humana, mesmo na encarnação, postulando uma "união de naturezas". Queria, também, dar o devido valor à humanidade de Jesus Cristo e impedir que ela fosse absorvida na divindade, truncada ou de alguma forma diferenciada da nossa. Afinal, Nestório argumentaria, as próprias Escrituras não dizem que Jesus Cristo "ia crescendo em sabedoria, estatura e graça diante de Deus e dos homens" (Lc 2.52)? No entanto, apesar de suas intenções louváveis — muitas das quais eram compartilhadas por cristãos mais ortodoxos —, Nestório não conseguiu explicar a unidade de Cristo. No fim, a despeito de sua tentativa heroica de explicar como a conjunção de duas pessoas equivalia a uma única pessoa *(prosopon)*, seu Cristo tornou-se dois indivíduos e não um. O Filho de Deus não experimentou verdadeiramente a existência humana "na carne", mas somente "através da associação com o homem". Cirilo tinha razão ao criticar a cristologia de Nestório como um adocionismo revestido e disfarçado.

A cristologia de Cirilo de Alexandria

O que se pode dizer a respeito da cristologia de Cirilo? É correta a acusação de Nestório de que ela é um apolinarismo revestido e disfarçado? É difícil dizer. Todo estudioso que pesquisa a cristologia de Cirilo e escreve a respeito, chega à mesma conclusão: ela é ambígua. Nada mais podemos fazer senão explicar seu conteúdo conforme a igreja tradicionalmente o tem interpretado e ressaltar que muitos estudiosos identificam tensões e conflitos nos escritos de Cirilo.

De modo geral, segundo consta, a contribuição original de Cirilo à cristologia é a doutrina da *união hipostática* — ou pelo menos suas ideias básicas. Ela tornou-se o alicerce da Grande Igreja na explicação e interpretação do mistério da encarnação de Deus em Cristo. Em poucas palavras, ela significa que o sujeito da vida de Jesus Cristo era o Filho de Deus que assumiu uma natureza e existência humana, sem deixar de ser verdadeiramente divino. Por outras palavras, segundo Cirilo, não havia nenhum sujeito pessoal humano na encarnação. A *hypostasis* (subsistência pessoal) de Jesus Cristo era o eterno Filho de Deus que condescendeu em assumir a carne humana através de Maria. Segundo o argumento de Cirilo, Maria deu à luz a Deus em carne. Essa é a essência da encarnação.

Como isso difere do apolinarismo? É aqui que aparece a ambiguidade do pensamento de Cirilo. Por um lado, Cirilo e seus colegas alexandrinos admitiam a existência da alma humana de Jesus. Diferentemente do apolinarismo, a cristologia deles reconhece a psicologia humana de Jesus, de modo que este realmente cresceu em sabedoria e graça diante de Deus e dos seres humanos e não somente em "estatura" (corpo): "O Cirilo da controvérsia nestoriana reconhece uma psicologia humana real em Jesus Cristo. O sofrimento é transferido à alma, bem como ao corpo e, acima de tudo, vê-se a relevância da obediência humana e do ato sacrificial de Cristo. Para os alexandrinos também, a alma de Cristo torna-se um fator teológico".[3] No entanto, para não "dividir a pessoa" do modo nestoriano, Cirilo também enfatizou a unidade do sujeito ou pessoa em Cristo, de modo que somente o Logos divino é verdadeiramente pessoal e ativo nele. O resultado é que para Cirilo, ou Cristo não tinha um centro pessoal humano de consciência e de vontade ou este era inativo.

O que é uma alma racional sem uma personalidade livre? Esse é o dilema enfrentado pela cristologia de Cirilo. Para ele, o Filho de Deus formou a personalidade de Jesus Cristo. Ele era essa personalidade. A humanidade aparece *anhypostasia* — impessoal. Mas ela é mais do que um mero corpo e força animal vital. A natureza humana de Jesus Cristo incluía todos os aspectos da verdadeira humanidade: corpo, alma, espírito, mente, vontade. Só que não tinha nenhuma existência pessoal independente do Logos.

A fórmula predileta de Cirilo para expressar a encarnação era: "Deus, o Logos, não entrou em um homem, mas ele 'verdadeiramente' se tornou homem sem deixar de ser Deus".[4] Ele rejeitou totalmente a ideia de "conjunção" da união e substituiu-a pela união hipostática, a união de duas realidades em uma só *hypostasis* ou sujeito pessoal: o Logos. Para ele, a ideia da conjunção nestoriana se resumia em nada mais do que a cooperação entre duas pessoas, uma humana e outra divina. Trata-se de um tipo de adocionismo. O mesmo podia-se dizer a respeito de qualquer profeta. Segundo Cirilo, a união entre a humanidade e a divindade na única *hypostasis* do Logos era tão forte que devíamos falar de "uma só natureza depois da união". Em outras palavras, embora seja possível falar conceitualmente da humanidade e divindade de Cristo como duas *physeis* ou naturezas divinas, na realidade, a união na encarnação torna-as "uma só natureza".

Por Jesus Cristo ser o Deus-homem de uma só natureza, Cirilo podia justificar seu princípio de *communicatio idiomatum* para falar a respeito da encarnação. Por meio da encarnação, o único sujeito pessoal do Filho de Deus era tanto divino quanto humano (embora a natureza humana não fosse pessoal); portanto, é correto dizer que o Filho de Deus nasceu, cresceu, sofreu e morreu e que o ser humano, Jesus, operou milagres, perdoou pecados e derrotou a morte. Eles são uma única pessoa com dois modos de ser. Naturalmente, os nestorianos e outros antioquenos não conseguiam ver nisso nada mais do que uma mistura da divindade com a humanidade e até o próprio Cirilo negou que isso significava que Deus havia sofrido realmente.

---

[3] Ibid., p. 576.
[4] Ibid., p. 477.

Ele sofreu apenas por meio da humanidade que tomou para si como um instrumento na encarnação. Ambíguo.

Cirilo escreveu várias cartas a Nestório, conclamando-o a perceber o erro dos seus pensamentos e mudar sua cristologia. Nestório recusou-se. Suas respostas só serviram para aumentar as divergências. Em consequência disso, Cirilo apelou ao bispo de Roma — para a maior alegria deste! — e pediu um concílio ecumênico plenário para dirimir a controvérsia. O bispo de Roma investigou o caso e escreveu uma resposta a Cirilo, condenando Nestório e sua heresia e recomendando que ele fosse deposto de seu cargo de patriarca de Constantinopla. Cirilo imediatamente usou a carta do papa para pressionar o imperador a convocar um concílio para investigar e condenar Nestório. O imperador hesitou, mas concordou porque tinha certeza de que semelhante concílio vindicaria Nestório e toda a tradição antioquena. O concílio devia reunir-se em Éfeso em 413, tão logo todos os bispos chegassem.

O Concílio de Éfeso

Cirilo e seus leais bispos foram os primeiros a chegar e tiveram de esperar alguns dias. Quando ninguém mais apareceu, Cirilo, o único patriarca presente, abriu a sessão do concílio e deu início aos trabalhos na ausência de Nestório ou de qualquer outro bispo leal a Antioquia. Primeiramente, os bispos reunidos leram em voz alta o *Credo niceno* de Constantinopla I e o reafirmaram, declarando que era suficiente como credo e que continha a verdade essencial da cristologia ortodoxa. Em seguida, foi lida a segunda carta de Cirilo a Nestório. Continha suas declarações a respeito do Filho de Deus como o sujeito da vida humana de Jesus Cristo e criticava severamente o dualismo cristológico de Nestório. Os bispos votaram em favor dela como a interpretação verdadeira e autorizada do *Credo niceno* no que dizia respeito à pessoa de Jesus Cristo. Finalmente, o concílio condenou Nestório e sua cristologia como heresia. A declaração oficial contra o patriarca de Constantinopla dizia:

> O Santo Sínodo que, pela graça de Deus, em conformidade com a ordenança [...] dos nossos reis piedosos que amam a Cristo, está reunido em Éfeso, por causa de Nestório, o novo Judas! Saiba que, por causa de seus ensinos ímpios [...] e desobediência aos cânones, de acordo com o decreto dos estatutos da igreja, no dia 22 do mês de junho, está condenado pelo Santo Sínodo e destituído de qualquer dignidade na igreja.[5]

---

[5] Ibid., p. 486.

O Concílio de Éfeso, em geral considerado o terceiro concílio ecumênico da Cristandade, não promulgou qualquer credo novo, mas endossou uma crença e a declarou obrigatória para todos os cristãos. É uma fórmula dogmática tirada quase que palavra por palavra das cartas de Cirilo a Nestório: "O eterno Filho do Pai é um e exatamente a mesma pessoa que o Filho da Virgem Maria, nascido no tempo e na carne; por isso, ela pode ser corretamente chamada Mãe de Deus".[6]

Pouco depois de o Concílio de Éfeso, dirigido por Cirilo, ter completado os seus trabalhos, o bispo de Antioquia chegou com os seus colegas. Imediatamente, separaram-se dos bispos já reunidos e fizeram um Concílio rival de Éfeso. Começaram a condenar Cirilo e suas fórmulas e a confirmar Nestório como patriarca de Constantinopla. Antes de acabarem, os bispos do Ocidente e os delegados papais chegaram de Roma e se reuniram com Cirilo e seu concílio, que prontamente ratificou os atos anteriores, de condenar e depor Nestório. Tudo foi muito confuso e, em última análise, dependia de uma decisão do imperador.

De modo típico, o imperador não gostou do cisma e pressionou todas as partes a chegarem a um acordo. No entanto, apoiou a decisão do concílio de depor Nestório e este foi mandado ao exílio depois que João, bispo de Antioquia, concordou com a solução sob a condição de Cirilo concordar em afirmar a fórmula das duas naturezas para a cristologia ortodoxa. Cirilo concordou relutantemente, contanto que as duas naturezas de Cristo não fossem divididas. Para ele: "Uma *distinção* entre as naturezas é necessária, uma *divisão* é repreensível. Falar de *duo physeis* (duas naturezas) é fazer uma distinção, mas em si não significa dividir; só terá este efeito se a intenção repreensível de dividir for associada a ela".[7]

Sabia-se que Cirilo preferia a fórmula de "uma só natureza depois da união" e muitos dos seus colegas e seguidores alexandrinos ficaram surpresos com esse acordo. Acharam que ele tinha traído a causa, por assim dizer, ao permitir qualquer argumento de duas naturezas em Cristo. Afinal, disseram, duas naturezas não subentendem duas pessoas? Cirilo defendeu seu acordo com Antioquia em um documento conhecido na história da igreja por Fórmula de Reunião (433), no qual insiste que as duas naturezas são distintas somente no pensamento e não de fato. É altamente improvável que os antioquenos concordassem com isso. Para eles, a distinção entre as duas naturezas de Cristo era ontológica e não meramente mental.

A Fórmula de Reunião de 433 foi assinada por Cirilo de Alexandria e por João de Antioquia e ratificada pelo imperador. Ela evitou o cisma total das duas grandes cidades. Cada lado obteve um pouco do que queria. Alexandria conseguiu

---

[6] Ibid.
[7] Ibid., p. 479.

que Nestório fosse condenado, deposto e mandado ao exílio, de onde nunca voltou, a despeito dos vários esforços feitos em seu favor. Antioquia conseguiu fazer Alexandria reconhecer na encarnação a união de duas naturezas, embora os alexandrinos secretamente rejeitassem a ideia. Obviamente, Cirilo não quis dizer com isso nada do que muitos antioquenos pretendiam. Porém, vários dos próprios seguidores de Cirilo ficaram ressentidos por ele ter feito esse acordo e esperavam ter uma oportunidade de repudiá-lo e de reafirmar a fórmula de uma só natureza, que tanto prezavam. Enquanto Cirilo estivesse vivo, isso seria impossível.

Depois do Concílio de Éfeso e da Fórmula de Reunião, ficou claro que não havia se decidido muita coisa positiva. Duas grandes heresias cristológicas tinham sido anatematizadas (condenadas): o apolinarismo e o nestorianismo. Se alguém quisesse ser membro da Grande Igreja católica e ortodoxa, não poderia negar a humanidade da alma racional de Cristo e nem dividir as suas duas naturezas em duas pessoas. Isso significava que, em 440, para ser um cristão católico e ortodoxo era necessário crer que o Salvador tinha uma mente humana e uma mente divina, mas que não era duas pessoas! Não é de admirar que muitas pessoas continuassem confusas e que a controvérsia fosse ressurgir em nova forma e precisar de mais um concílio ecumênico para solucionar o caso definitivamente.

15
Calcedônia protege o mistério

Os cristãos que viveram em 450 e que conseguiram se lembrar dos eventos da controvérsia ariana que levou ao Concílio de Constantinopla em 381 devem ter sentido uma espécie de *déjà vu*. Obviamente, não restaram muitos deles. Mas, sem dúvida, alguns dos monges, sacerdotes e leigos cristãos mais velhos de Constantinopla podiam lembrar do rancor e das rixas que aconteceram setenta anos antes, quando os últimos vestígios da heresia mais daninha foram erradicados das listas de doutrinas oficiais da igreja. Agora, em meados do século V, tudo parecia estar se repetindo só que, dessa vez, as partes envolvidas na disputa concordavam em uma coisa: a doutrina da Trindade.

Essa divergência, tão intensa e divisora quanto a outra, dizia respeito à natureza do Deus-homem, Jesus Cristo. Como sempre, essa questão era apenas uma fachada. Por trás dela, discutindo sobre a terminologia apropriada para descrever a pessoa e existência de Jesus, encontravam-se ideias inteiramente diferentes sobre a salvação. A importância de Jesus Cristo era como Salvador do mundo. Todos concordavam que, a fim de levar a efeito a salvação, Jesus tinha que ser verdadeiramente Deus e verdadeiramente homem. Os representantes de Antioquia e de Alexandria achavam que a outra parte estava continuando a expressar a doutrina da encarnação de modo que subvertia ou até mesmo destruía sutilmente a capacidade de Jesus Cristo de salvar. A convicção era que se a doutrina errada fosse estabelecida e se tornasse universal, o próprio evangelho seria alterado.

Por exemplo, embora o nestorianismo manifesto tivesse sido condenado em Éfeso I em 431, os teólogos antioquenos em Constantinopla e em outros lugares continuavam a enfatizar as duas naturezas de Cristo de uma maneira que transformava sua humanidade em uma individualidade distinta e separada de sua natureza divina. Na sua forma mais extrema, essa cristologia antioquena cripto-nestoriana poderia facilmente dar a impressão de que Jesus Cristo levou a efeito a salvação por ser uma pessoa humana piedosa e cooperar perfeitamente com o Logos divino que o assumiu.

Um herege do Ocidente chamado Pelágio, que será descrito com mais detalhes posteriormente nesta história, recebeu abrigo dos antioquenos da Síria e da Palestina pouco antes do Concílio de Éfeso. Pelágio acreditava que a salvação era, pelo menos em parte, uma questão de realização humana, não inteiramente da graça, ou pelo menos assim alegaram seus inimigos. Os inimigos alexandrinos de Antioquia apresentaram essa situação aos seus aliados ocidentais em Roma e argumentaram que a simpatia dos antioquenos por Pelágio comprovava que a cristologia deles estava intimamente ligada a um falso evangelho da salvação mediante as boas obras. Por outras palavras, a suspeita era de que os antioquenos, ao enfatizarem a humanidade autônoma do Salvador, estavam sutilmente retratando-o como nosso exemplo humano em vez de nosso salvador divino. Supostamente, Pelágio reconheceu essa semelhança entre seus ensinos e a cristologia antioquena e por isso buscou abrigo e o recebeu dos teólogos daquela parte. Os alexandrinos se questionaram por que os cristãos antioquenos ofereceriam refúgio a um herege como Pelágio se não simpatizassem, pelo menos, com suas opiniões sobre a salvação. O refúgio que Pelágio encontrou entre os antioquenos no Oriente foi prejudicial tanto para um como para outro. Serviu para Alexandria convencer Roma e os bispos ocidentais de que a cristologia de Antioquia estava no caminho errado.

No Concílio de Éfeso em 431, uma das condições que Roma e os bispos do Ocidente impuseram para serem aliados de Alexandria (quando os alexandrinos finalmente chegaram) foi que o concílio deveria condenar Pelágio. Em troca, Roma prometeu votar em favor da condenação de Nestório e de sua deposição do cargo de bispo de Constantinopla. Cirilo concordou prontamente e na fase final do concílio tanto Pelágio como Nestório foram condenados como hereges e exilados em uma região desértica. Segundo o modo de entender dos alexandrinos, eles se mereciam porque suas heresias estavam relacionadas. Ambos enfatizavam tanto o papel humano na salvação que a graça se tornava uma recompensa contingente da realização humana. O nestorianismo e o pelagianismo (a justiça segundo as obras) ficaram perpetuamente ligados nas mentes dos teólogos cristãos ortodoxos e católicos.

A cristologia alexandrina manifestava uma ideia subjacente diferente da salvação. Jesus Cristo era o Salvador divino como o Logos de Deus e não como pessoa humana. Decerto, tinha de possuir tanto a divindade quanto a humanidade a fim de realizar a salvação como o mediador das duas. Mas a operação salvífica nele e por meio dele era uma ação do Logos de curar as feridas do pecado e da morte na humanidade que passa a ser a nova humanidade para todos os que participam dele pela fé e pelos sacramentos. A ênfase soteriológica alexandrina recaía na graça mais do que na realização humana. Esse fato não deve, porém, ser entendido erroneamente sob a ótica dos debates teológicos posteriores.

Todas as partes da grande controvérsia cristológica acreditavam no papel do livre-arbítrio dos pecadores que se beneficiavam da obra salvífica de Cristo. A questão de se o próprio Jesus Cristo tinha o livre-arbítrio *humano*, no entanto, ainda não estava resolvida. Para a maioria dos alexandrinos, e até para Cirilo, ele não tinha. Embora Cirilo tivesse feito relutantemente um acordo com os antioquenos depois de Éfeso I na Fórmula de Reunião e permitido que se falasse em duas naturezas de Cristo, continuou a defender a fórmula de "uma só natureza depois da união" e estava claro para todos que essa natureza única de Jesus Cristo era mais divina do que humana. Essa foi a única explicação que Cirilo e seus seguidores alexandrinos conseguiram encontrar para preservar a pura graciosidade da salvação como obra de Deus em Cristo. É um "trato" da encarnação. Tudo o que nós, seres humanos, precisamos fazer é aceitá-la, sendo fiéis e leais seguidores de Cristo pelo arrependimento e pelos sacramentos.

A controvérsia continua depois de Éfeso

O Concílio de Éfeso e a Fórmula de Reunião foram soluções temporárias. Cada parte conseguiu um pouco do que queria. Roma conseguiu a condenação de Pelágio por um concílio ecumênico e conquistou certo prestígio no Oriente quando Cirilo apelou ao bispo de Roma à revelia do imperador. Cirilo e Alexandria conseguiram a condenação de Nestório e de sua cristologia antioquena extremada e também a canonização, como doutrina verdadeira, da explicação da encarnação proposta por Cirilo contra o nestorianismo. Antioquia conseguiu que sua bem-amada fórmula das duas naturezas fosse aceita como ortodoxa por Cirilo, com o devido apoio do imperador. Mas as questões estavam longe de serem resolvidas. De muitas formas, o que aconteceu entre Niceia I em 325 e Constantinopla I em 381 parecia se repetir. O concílio que supostamente resolveria a disputa e estabeleceria a ortodoxia universal a respeito da trindade e unidade de Deus iniciou um conflito maior e obrigou a convocação de mais um concílio para encerrar o assunto.

Depois do Concílio de Éfeso e da Fórmula de Reunião, os teólogos antioquenos começaram a admitir que o conceito de Jesus Cristo com duas naturezas era a única fórmula ortodoxa. Aparentemente, acreditavam que Cirilo tinha dado um salto quântico na cristologia alexandrina e que, doravante, sempre se falaria e se escreveria que Jesus Cristo tinha duas naturezas — divina e humana — depois da união. Além disso, Antioquia ficou sabendo pelo Concílio de Éfeso e depois por troca de correspondência que Roma, e boa parte do Ocidente, considerava que Jesus Cristo consistia em duas substâncias. Embora não houvesse uma tradução exata dos termos gregos e latinos, uma comparação podia indicar que a fórmula latina a respeito de Cristo desde Tertuliano era de muitas maneiras mais parecida com a fórmula de Antioquia do que de Alexandria. Os líderes antioquenos simplesmente começaram a agir como se a antiga fórmula alexandrina "uma só natureza depois da união" tivesse sido banida para o deserto junto com Nestório. Ele e a fórmula eram considerados extremos iguais e opostos que mereciam um ao outro.

Está claro, no entanto, que os líderes alexandrinos não enxergavam as coisas dessa forma. Cirilo achava que tinha apenas permitido que os cristãos falassem que Cristo possuía duas naturezas, contanto que não as dividissem. Ele continuou, tranquilamente, a pregar e ensinar "a única natureza encarnada do Verbo" em Alexandria e nunca chegou a explicar ou a resolver a ambiguidade implícita na sua cristologia, onde Cristo aparece como verdadeiramente humano e verdadeiramente divino, embora tenha uma só natureza.

Cirilo morreu em 444, em plena comunhão com os bispos de Antioquia, Roma e Constantinopla. A Grande Igreja parecia estar em paz, apesar das tensões aumentarem pouco abaixo da superfície. Cirilo estava disposto a conviver com o mistério e a ambiguidade por amor à paz. O mesmo pensava João, bispo de Antioquia. Roma tinha outras coisas com que se preocupar, como os invasores bárbaros que vinham da Europa Central para a Itália. Mas havia uma pessoa que não estava disposta a deixar as coisas como estavam.

O sucessor de Cirilo como bispo e patriarca de Alexandria era um mau-caráter chamado Dióscoro. Poucos homens na história da igreja foram tão menosprezados e escarnecidos como essa pessoa. Logo depois de se tornar o principal eclesiástico de Alexandria, tratou de desfazer a paz que Cirilo tinha ajudado a estabelecer com Antioquia. Um historiador eclesiástico de renome relata que

> a política do sucessor de Cirilo, Dióscoro, que estava disposto a acabar com a moderação, era destruir radicalmente a doutrina das "duas naturezas" e proclamar à cristandade que o caminho da crença verdadeira encontrava-se na aceitação da doutrina alexandrina de "uma só natureza", conforme proposta pelos pais e pelo próprio Cirilo, antes de sua infeliz decisão de entrar em comunhão com os orientais [antioquenos] com base no formulário "nestoriante" do ano 433.[8]

Dióscoro não é conhecido por nenhuma outra contribuição à história da teologia cristã, senão a de renovar a guerra doutrinária entre Alexandria e Antioquia. É bem provável que suas motivações fossem eliminar a influência antioquena sobre Constantinopla de modo permanente e descobrir e defender a verdade. Nas questões teológicas, ele era um ciriliano radical. Isto é, da mesma forma que rejeitava a cristologia apolinariana e afirmava uma alma e mente humana para Cristo, Dióscoro também rejeitava totalmente a ideia de duas naturezas de Cristo como inevitavelmente nestoriana e insistia nas fórmulas "uma só natureza encarnada do Logos divino" e "depois da união, uma só natureza".[9]

---

[8] R. V. SELLERS, *The Council of Chalcedon*: a historical and doctrinal survey, Londres, SPCK, 1961, p. 29.
[9] Ibid., p. 33.

A pessoa na mesma posição de Dióscoro em Antioquia era um teólogo chamado Teodoreto de Ciro, o filho predileto da cidade e um provável candidato a se tornar o próximo patriarca de Constantinopla. Teodoreto estava entre os eclesiásticos que admitiam que a Fórmula de Reunião em 433 significava uma vitória somente para Antioquia e tratou a doutrina das duas naturezas de Cristo como ortodoxa para impedir qualquer menção a uma só natureza depois da união. Está claro que Dióscoro e Teodoreto seguiriam direções que resultariam em um confronto. Bastava uma pequena centelha para começar uma grande conflagração teológica. E ela apareceu na pessoa de um humilde monge de Constantinopla chamado Eutiques.

Eutiques e a controvérsia eutiquiana

Eutiques era um velho monge de Constantinopla, pouco inteligente, mas influente. Assim como no caso de tantas outras personagens da história da igreja antiga, Eutiques apareceu em cena, desempenhou seu papel no drama e retirou-se do palco e nunca mais se ouviu falar dele. Quase nada se sabe de sua vida, a não ser esse episódio durante o qual, por um breve período, ocupou o centro do palco. Eutiques apoiava fervorosamente a causa de Alexandria e, depois da morte de Cirilo, tomou o partido de Dióscoro no tocante à única natureza de Cristo. Embora seja difícil averiguar exatamente qual era o ensino de Eutiques a respeito de Cristo, não há dúvida de que foi um passo além da linguagem de Cirilo e, sobre o processo da encarnação, afirmou que se tratava de "duas naturezas *antes* da união (de Deus com a humanidade), mas uma só natureza *depois* ou como resultado da união". Por si só, essa fórmula não despertaria muita atenção, já que o próprio Cirilo poderia ter dito o mesmo e a maioria dos alexandrinos a aprovava. Certamente, ela se encaixava na cristologia de Alexandria. O que provocou ira contra Eutiques e tornou-o alvo de uma rajada de fogo foi sua recusa a afirmar que Cristo era consubstancial conosco, os seres humanos, e para os antioquenos isso pareceu uma nítida rejeição da fé de Niceia, que declarava que Jesus Cristo era verdadeiramente humano e verdadeiramente divino. A resposta dos antioquenos foi: "Vejam! Nós bem que avisamos que a cristologia alexandrina iria resultar nisso, na rejeição da própria humanidade de Cristo".

Parecia mesmo que Eutiques rejeitava a plena e verdadeira humanidade de Jesus Cristo. Embora não repetisse exatamente a heresia de Apolinário, certamente reduziu a humanidade de Cristo a uma "gota de vinho no oceano de sua divindade". Conforme alguns teólogos historiadores, "provavelmente o que Eutiques ensinava era que, por causa da encarnação, o corpo de Cristo foi deificado de tal maneira que já não era 'consubstancial conosco'".[1] Parece que Eutiques levou o princípio cristológico de Cirilo, *communicatio idiomatum*, ao extremo de forma parcial. Embora permitisse o reconhecimento de que as características e atributos divinos permeavam

---

[1] Justo GONZÁLEZ, *A history of Christian thought*, ed. rev., Nashville, Abingdon, 1992, p. 371. V. 1: From the beginnings to the Council of Chalcedon.

e transformavam a humanidade de Cristo, não permitiria o reconhecimento do processo inverso. Segundo a teologia de Eutiques, a realidade humana de Jesus não fazia diferença ao Logos e até mesmo era absorvida na união da encarnação. É realmente difícil enxergar como o Jesus da teologia de Eutiques pode ser real ou verdadeiramente humano. O espectro do docetismo descarado avultou-se em Constantinopla quando ele ensinou a essa cristologia.

Assim como Nestório e seus ensinos a respeito de Cristo tinham confirmado os piores temores dos alexandrinos a respeito da teologia antioquena, também Eutiques e seus ensinos confirmaram os piores temores dos antioquenos a respeito da teologia alexandrina. Nestório era implicitamente culpado de defender um tipo de adocionismo, embora essa não fosse sua intenção. Sua linguagem, conceitos e expressões figuradas a respeito de Jesus Cristo avançavam inexoravelmente nessa direção, remontando à antiga heresia de Paulo de Samosata. Era por isso que Nestório e sua doutrina da pessoa de Jesus Cristo tinham sido condenados. Eutiques, porém era implicitamente culpado de algo muito próximo ao apolinarismo, senão do docetismo absoluto, embora essa não fosse sua intenção. Ele foi muito além da ideia de Cirilo, da união hipostática da encarnação de Deus em Cristo, e chegou a negar a verdadeira humanidade de Cristo quando rejeitou a consubstancialidade dele conosco. Para Eutiques, Cristo não tinha uma personalidade humana ou existência humana individual e nem sequer uma natureza humana como a nossa.

Talvez a cristologia de Eutiques não fosse tão inaceitável para muitas pessoas teologicamente neutras, que não pendiam nem para Alexandria nem para Antioquia, se Eutiques e seus seguidores tivessem apenas declarado que a humanidade de Cristo tornou-se divinizada, assim como a nossa se tornará se recebermos sua graça. Mas, segundo parece, não era isso que Eutiques ensinava. Pelo contrário, ele ensinava que, desde o momento da concepção em Maria, Jesus Cristo era um ser híbrido entre a humanidade e a divindade — uma única natureza divina-humana —, que juntava e misturava as duas naturezas de tal maneira que a natureza humana era subjugada e absorvida pela divina. "Se isso era a verdade, como ele podia realmente ser o nosso mediador?", questionaram os críticos. Como Jesus Cristo poderia passar pelo processo de desfazer a queda de Adão e de recapitular a raça humana, a respeito do qual Ireneu falava com tanta eloquência? Como a sua morte na cruz poderia representar a humanidade? Essas perguntas soteriológicas surgiram de vários lugares diferentes tão logo que os ensinos de Eutiques se tornaram amplamente conhecidos.

O Sínodo dos Ladrões

O maquiavélico Dióscoro entra em cena pelo outro lado. Em 448, Dióscoro manipulou um sínodo de bispos em Constantinopla para condenar Eutiques. Os métodos de Dióscoro demonstram o significado do famigerado adjetivo *bizantino* que é frequentemente usado para descrever a manipulação política maquiavélica, ardilosa e secreta.

Quando uma pessoa no poder demonstra apoiar um partido, mas na verdade pertence ao partido contrário, e tenta oportunamente tirar vantagem de seus inimigos políticos mediante tramas sutis e complicadas, isso é chamado comportamento bizantino. Bizâncio, como se sabe, era o antigo nome da cidade que passou a ser chamada Constantinopla no reinado de Constantino e permaneceu um termo comum para designar a cidade e todo o Império Oriental até a Idade Média. Dióscoro era a personificação do comportamento bizantino. O motivo de ter causado a condenação de Eutiques era oferecer ao monge de Constantinopla refúgio e comunhão com Alexandria e depois usar sua condenação e subsequente comunhão para forçar uma confrontação com os líderes de Antioquia e até mesmo com o próprio patriarca de Constantinopla.

Nos meses entre sua condenação no sínodo em Constantinopla e o concílio ecumênico que seria realizado em Éfeso em 449, Eutiques apelou a Leão, bispo de Roma, pedindo apoio e ajuda. Entrementes, Dióscoro estava muito ocupado, empregando as riquezas de Alexandria para atrair o imperador inclinado para o seu lado. O patriarca de Constantinopla, um homem chamado Flaviano, foi apanhado no meio da intriga. Viu-se obrigado a apoiar o sínodo que condenou Eutiques e seus ensinos, já que foi realizado em sua sé e sob sua supervisão. Mensageiros correram apressados de lugar para outro, entre Roma, Alexandria, Constantinopla, Antioquia e Éfeso antes de o quarto concílio ecumênico, já marcado, reunir-se em 449. Perto de iniciar o concílio, Dióscoro já tinha tudo planejado. Mas, só para garantir, levou para a reunião um bando de capangas, que por acaso eram monges egípcios. Caso as manobras políticas não conseguissem influenciar o concílio, talvez as ameaças de violência surtissem efeito!

O que aconteceu no suposto concílio levou à sua posterior condenação e cancelamento. O que era para ser o quarto concílio ecumênico da Cristandade ficou conhecido por Sínodo dos Ladrões. Dióscoro chegou com sua quadrilha de monges pesadamente armados e rapidamente assumiu o controle do concílio inteiro. A fórmula de Eutiques de "duas naturezas antes da união; uma só natureza depois da união" foi aprovada como ortodoxa e o principal representante antioqueno, Teodoreto de Ciro, e os chamados nestorianos foram condenados como "oponentes de Deus" e depostos de seus cargos de líderes eclesiásticos. Alguns alexandrinos e muitos monges presentes exigiram que fossem queimados. Pior do que isso, talvez tenha sido o patriarca Flaviano de Constantinopla que chegou ao concílio levando um documento da parte do bispo Leão de Roma contra Eutiques. Essa epístola ficou conhecida, na história da igreja, por *Tomo de Leão* e posteriormente desempenhou um papel muito importante na solução e pacificação desse conflito doutrinário bastante lastimável. O papa Leão I — talvez o primeiro bispo de Roma que realmente funcionou como papa no sentido de simplesmente governar boa parte da Itália e toda a igreja ocidental — enviou uma epístola doutrinária a Flaviano, condenando Eutiques e delineando a cristologia ortodoxa.

Flaviano tentou ler a carta do papa no sínodo, mas os monges de Dióscoro atacaram-no e espancaram-no tão violentamente que acabou morrendo pouco tempo depois.

No fim do Sínodo dos Ladrões em Éfeso, "o bispo de Alexandria tinha todos os motivos para se sentir satisfeito com os resultados do seu ataque contra a doutrina da escola de Antioquia".[2] O imperador Teodósio II, que tinha deixado de apoiar Antioquia para apoiar Alexandria, concordou totalmente com os atos do sínodo. Por algum tempo, o sínodo constou como o quarto concílio ecumênico — Éfeso II. A vitória alexandrina parecia completa. Triunfara o eutiquismo. A doutrina ortodoxa e católica oficial da pessoa de Jesus Cristo dizia que ele era o "Deus-homem de uma só natureza" cuja humanidade tinha sido absorvida pela divindade. Não se podia culpar ninguém que dissesse que essa era uma vitória para o docetismo, pois, se alguém tentasse imaginar esse conceito, naturalmente veria Jesus Cristo como o eterno Filho de Deus fingindo ser um homem. A Fórmula de Reunião de 433, que até mesmo Cirilo tinha assinado e apoiado, foi desfeita. Pior do que isso, no entanto, era que a própria fé de Niceia estava em jogo. Eutiques negou a consubstancialidade de Jesus Cristo conosco e conseguiu oficializar sua ideia.

Pouco depois do encerramento do Sínodo dos Ladrões, as vítimas começaram a apelar ao imperador e ao bispo de Roma. O papa Leão ficou horrorizado com as notícias que recebeu e mandou uma carta ao imperador em Constantinopla, exigindo que fossem revogadas as decisões do concílio, que Eutiques fosse condenado e Teodoreto de Ciro reconduzido ao cargo de líder da igreja em Antioquia. Leão também protestou contra a morte de Flaviano e pediu que o papa o vingasse e prendesse seus assassinos. Teodósio finalmente respondeu ao apelo de Leão em 450. Recusou todas as exigências de Leão e, em especial, recusou-se a convocar um novo concílio para substituir o Sínodo dos Ladrões por um quarto concílio ecumênico.

A reação de Leão foi começar o processo de convocar um concílio ecumênico que se reuniria no Ocidente sem o apoio do imperador. Já a essa altura, as duas metades do Império Romano estavam tão divididas, que o bispo de Roma no Ocidente nem sequer precisou se preocupar muito com o imperador romano, que permaneceu no Oriente e permitiu que as várias tribos bárbaras invadissem o império do Ocidente. Os bispos de Roma, a partir de Leão I, foram paulatinamente ocupando o vácuo político e cultural no Ocidente Latino e assumiram o trono imperial na tentativa de manter alguma semelhança com a antiga ordem romana.

Em julho de 450, a igreja estava a ponto de dividir-se, da mesma forma que o próprio império se desfazia. O bispo de Roma — o papa — ameaçava convocar um concílio ecumênico sem a aprovação do imperador e o imperador defendia os atos de um sínodo violento que ratificara a heresia como se fosse ortodoxia.

---

[2] SELLERS, op. cit., p. 87.

Assim como a igreja quase tornou ortodoxo o arianismo em meados do século IV, em meados do século V, ela quase tornou ortodoxo o docetismo. Então Deus interveio. Em 28 de julho de 450, o imperador Teodósio II morreu em um acidente totalmente inesperado. Foi jogado do seu cavalo. O poder principal que protegia a heresia e impedia a união foi rapidamente removido e a sucessora passou a ser sua irmã, Pulquéria, ao lado de seu consorte, Marciano, que favorecia a total independência de Constantinopla, livre do domínio de Alexandria ou de Antioquia.

Pulquéria e Marciano começaram o processo de desfazer os atos terríveis do Sínodo dos Ladrões em 449. Mandaram trazer o cadáver de Flaviano de Éfeso para Constantinopla, onde foi sepultado com honrarias plenas na grande catedral da "Santa Sabedoria" que ficava no centro da capital. Um novo concílio para substituir Éfeso II como quarto concílio ecumênico foi convocado para reunir-se em Calcedônia em maio de 451. Todos os bispos de Grande Igreja da cristandade foram convocados a comparecer e o *Tomo de Leão* foi distribuído entre eles antes da reunião. O próprio Leão inventou uma desculpa para não comparecer ao Concílio de Calcedônia porque estava desgostoso por não ser realizado no Ocidente o quarto concílio ecumênico. Mesmo assim enviou delegados para representá-lo. Dióscoro foi convocado a comparecer e, durante sua viagem ao novo concílio, enviou uma carta que excomungava Leão de Roma: "Embora soubesse muito bem o que estava reservado para ele, a luta tinha de seguir até ao fim, assim entendia o bispo de Alexandria".[3]

O Concílio de Calcedônia e a Definição de Calcedônia

O grande Concílio ecumênico de Calcedônia foi aberto com um pomposo cerimonial em 8 de outubro de 451, com a presença de quinhentos bispos, dezoito oficiais de estado do alto escalão, inclusive o casal imperial. Os seguidores de Leão e dos antioquenos sentaram-se de um lado do grande salão e Dióscoro e seus seguidores do outro. Somente o poder imperial era capaz de colocá-los no mesmo recinto e mantê-los juntos. Um dos primeiros eventos da primeira sessão do concílio foi a entrada de Teodoreto de Ciro, que tinha sido condenado, deposto e quase queimado pelo Sínodo dos Ladrões. Houve o princípio de um tumulto, mas a imperatriz e seus guardas impuseram a ordem entre os bispos e Teodoreto foi conduzido a um assento de honra. Depois, as atas do Sínodo dos Ladrões em Éfeso foram lidas em voz alta e debatidas. Paulatinamente, os partidários de Dióscoro abandonaram-no e ao Sínodo dos Ladrões e expressaram remorso pela participação na perseguição de Teodoreto a na morte de Flaviano. Somente Dióscoro sustentou, em atitude de desafio, a validez do que havia acontecido em Éfeso em 449 e defendeu suas ações. Ao cair da noite, os bispos votaram em favor de depor

---

[3] Ibid., p. 103.

Dióscoro do seu cargo de patriarca de Alexandria e de exilá-lo, junto com os líderes do infame Sínodo de Éfeso. A imperatriz e o imperador ratificaram a decisão. Dióscoro foi imediatamente exilado para o deserto.

Todos os participantes do Concílio de Calcedônia sabiam que a Grande Igreja precisava de uma nova declaração da crença ortodoxa a respeito da pessoa de Jesus Cristo e que, de alguma maneira, essa declaração teria de eliminar o abismo entre os cristãos sinceros e fiéis de Alexandria e de Antioquia. As verdades que existiam em ambos os lados teriam de ser preservadas e expressas, ao passo que os exageros teriam de ser evitados e até mesmo abolidos. A imperatriz, o imperador e seus comissários ordenaram aos bispos que ainda estavam em boas condições que passassem dois dias refletindo individualmente a respeito das suas crenças em Cristo e, em 10 de outubro, se reunissem para resolverem de uma vez por todas qual seria a "fé correta":

> Os bispos foram orientados a lavrar cada um a sua declaração de fé, sem temor e tendo somente Deus em mente. Para ajudá-los nessa tarefa, foi ressaltado que o imperador apoiava os decretos de Niceia e de Constantinopla, além dos escritos dos santos pais, Gregório, Basílio, Hilário, Ambrósio e duas cartas de Cirilo que foram aprovadas no primeiro Sínodo de Éfeso. Foi ressaltado, também, que os bispos agora possuíam a carta que Leão escrevera a Flaviano, de santa memória, contra o erro de Eutiques. "Nós a lemos", responderam.[4]

Quando os bispos voltaram a se encontrar em 10 de outubro, o *Tomo de Leão* foi lido diante deles e debatido durante várias sessões. Depois de muita controvérsia, chegou-se a um acordo sobre a nova fórmula da fé, que aproveitava consideravelmente a linguagem e os conceitos do *Tomo de Leão* e das cartas de Cirilo a Nestório e a João de Antioquia. Os escritos de Tertuliano sobre a pessoa de Cristo serviram de pano de fundo do debate e da nova declaração de fé. Os bispos queriam deixar absolutamente claro que a nova *Fórmula de Calcedônia* (também conhecida por *Definição de Calcedônia*) não era um credo novo, mas, sim, uma interpretação e elaboração do *Credo de Niceia* de 381. Foi finalmente aprovada e assinada pelo imperador e pelos bispos em 25 de outubro de 451. A parte principal da declaração diz:

> Em concordância, portanto, com os santos pais, todos nós ensinamos unanimemente que devemos confessar que nosso Senhor Jesus Cristo é um só mesmo Filho, igualmente perfeito na Divindade e igualmente perfeito na humanidade, verdadeiramente Deus e verdadeiramente homem, que consiste de alma e corpo racionais, consubstancial com o Pai na Divindade e igualmente consubstancial conosco na humanidade, semelhante a nós em todas as coisas, à exceção do pecado, gerado pelo Pai antes de todos os séculos no

---

[4] Ibid., p. 109.

tocante à sua Divindade e assim também nestes últimos dias por nós e por nossa salvação, foi gerado pela Virgem Maria, *Theotokos,* no que diz respeito à sua humanidade; um só e o mesmo Cristo, Filho, Senhor, Unigênito, revelado em duas naturezas sem confusão, sem mudança, sem divisão, sem separação; a diferença de naturezas não pode ser eliminada de modo algum por causa da união, mas as propriedades de cada natureza são preservadas e reunidas em uma só pessoa *(prosopon)* e uma só *hypostasis,* não separada ou dividida em duas pessoas, mas um só e o mesmo Filho, Unigênito, Verbo divino, o Senhor Jesus Cristo, conforme os profetas do passado e o próprio Jesus Cristo nos ensinaram a seu respeito e o credo dos nossos pais nos foi transmitiu.[5]

Os bispos passaram, então, a condenar tanto Nestório (que já estava morto) como Eutiques. O tom do Concílio de Calcedônia foi decididamente antialexandrino e, quando chegou ao fim, as pretensões e sonhos de domínio acalentados por aquela sé tinham sofrido um grave golpe. O concílio também elevou o título de patriarca de Constantinopla à mesma importância de Roma para que os dois grandes patriarcados ficassem no mesmo nível sobre os demais. No entanto, prejudicou o bispo de Roma, inutilizando o título de "primeiro entre os iguais" conferido ao cargo. Quando Leão I soube disso, rejeitou a declaração por completo e continuou a argumentar em favor da preeminência de Roma sobre todos os bispos cristãos.

No encerramento do concílio em 7 de fevereiro de 452, a imperatriz e seu consorte decretaram que nenhuma controvérsia adicional a respeito das "questões de fé" seria permitida e que doravante todos os cristãos teriam de adotar os ensinos de Niceia, Constantinopla e Calcedônia. Leão de Roma aceitou a essência do concílio — a *Definição de Calcedônia* —, pois expressava basicamente o que ele mesmo escrevera em seu *Tomo.* A fé antiga de Tertuliano foi aceita no Oriente: Jesus Cristo era uma só pessoa com duas naturezas ou substâncias. Assim como Niceia e Constantinopla declararam que Deus era três "alguém" e um único "algo", também Calcedônia declarou que Jesus Cristo era um único "alguém" e dois "algo". Muitos teólogos antioquenos, consideraram a *Definição de Calcedônia* uma vitória para a cristologia alexandrina, porque afirmava categoricamente *um só Filho* e rejeitava qualquer separação ou divisão das duas naturezas. Os alexandrinos consideraram que era uma vitória para a cristologia antioquena, porque afirmava categoricamente *duas naturezas* e proibia a confusão ou mudança na sua união.

Conforme veremos, o resultado do Concílio de Calcedônia e da definição cristológica foi um cisma permanente dentro da igreja oriental. Uma parte significativa das igrejas da Síria e das regiões ao leste da Síria (Pérsia e Arábia) não quiseram aceitar a nova declaração e se separaram da Grande Igreja para formar as igrejas nestorianas. Elas desenvolveram suas tradições e crenças e se isolaram da cristandade

---

[5] Gerald BRAY, *Creeds, councils & Christ,* Leicester, U.K. & Downers Grove, InterVarsity Press, 1984, p. 162.

ortodoxa e católica. A maioria das igrejas do Egito também se recusou a aceitar a nova declaração de fé e se separou da Grande Igreja para formar as igrejas monofisistas independentes (*monofisista* significa "que crê em uma só natureza"). A Igreja Copta do Egito é o remanescente moderno desse cisma.

A *Fórmula de Calcedônia*, ou *Definição de Calcedônia*, tornou-se um dos pontos de referência da fé católica e ortodoxa, a despeito dos cismas que dele resultaram. A família das igrejas ortodoxas orientais aceita-o, da mesma forma que a Igreja Católica Romana. A maioria das denominações protestantes principais aceita-o em essência, embora não considere obrigatória sua linguagem. A doutrina que ele encerra e expressa é a união hipostática, segundo a descrição de Cirilo, mas com pequenas alterações. Em nenhum momento é mencionada a *communicatio idiomatum* de Cirilo, embora Leão a tenha defendido e integrado ao *Tomo*. Em contraposição, em nenhum momento também Calcedônia a rejeita ou critica. Talvez a principal razão para não incluir a afirmação da *communicatio idiomatum* na declaração de fé tenha sido atrair tantos antioquenos quanto possível. Eles não aceitariam esse princípio.

A *Definição de Calcedônia* talvez soe esotérica ou extremamente abstrata ou filosófica, mas na realidade é simplesmente uma tentativa de expressar e proteger o mistério da encarnação de qualquer distorção:

> Pode-se reconhecer de imediato que a *Definição* não é uma explicação do mistério da encarnação. O próprio fato de ela não conseguir solucionar o insolúvel é sua melhor recomendação para nossa cuidadosa consideração. Os que elaboraram a Definição não se preocuparam tanto em formular uma teoria como em salvaguardar a verdade de duas soluções propostas com caráter errôneo e em preservar para nós a verdade oculta sob esses dois erros.[6]

Um estudo cuidadoso da redação da *Fórmula de Calcedônia* revela por que ela era tanto um acordo entre dois extremos como uma tentativa de preservar o mistério da encarnação. Ela afirma claramente, seguindo uma teologia antioquena moderada, a verdadeira humanidade de Jesus Cristo e suas duas naturezas. Mas declara que as duas naturezas não devem ser divididas nem separadas e que cada uma delas, na sua plena integridade, permanecem juntas em uma só pessoa. A cristologia antioquena está certa no que afirma — duas naturezas do Deus-homem —, mas errada no que Nestório negou — a unidade e integridade da pessoa de Jesus Cristo. Calcedônia também afirma com clareza, contra a cristologia alexandrina radical, que as duas naturezas de Cristo não devem ser confundidas (ligadas ou misturadas), nem se deve pensar que foram alteradas mediante a união hipostática no Logos. A cristologia alexandrina está certa no que afirma — uma só pessoa de Cristo, que é o Filho de Deus —,

---

[6] H. Maurice Relton, *A study in Christology*: the problem of the relation of the two natures in the person of Christ, New York, Macmillan, 1934, p. 36.

mas errada no que Eutiques negou — a plenitude e a integridade das naturezas distintas da humanidade e da divindade, mesmo em sua união em Jesus Cristo.

A verdadeira essência da *Definição de Calcedônia* é conhecida como os quatro limites de Calcedônia — "sem confusão, sem mudança, sem divisão, sem separação". Essas quatros expressões são "limites" em torno do mistério da união hipostática — as duas naturezas plenas e completas de Cristo numa só pessoa. "Sem confusão, sem mudança" protegem o mistério da heresia do eutiquismo e do monofisismo, que tentam preservar a unidade da pessoa ao criar um híbrido, *tertium quid* (um terceiro algo), com a divindade e a humanidade. "Sem divisão, sem separação" protegem o mistério da heresia do nestorianismo, que procura enfatizar a distinção entre a humanidade e a divindade dividindo-as em duas pessoas diferentes. A *Definição* está dizendo: contanto que não ultrapasse nenhum desses limites, você pode expressar de várias maneiras diferentes o mistério da encarnação. Tudo o que ela realmente faz é expressar e proteger um mistério. E não explica coisa nenhuma.

Os dois principais mentores da *Definição de Calcedônia* foram Leão de Roma (que foi fortemente influenciado por Tertuliano) e Cirilo (que foi fortemente influenciado por Atanásio). Ao lermos com cuidado suas cartas, descobrimos que ambos concebiam da pessoa de Jesus Cristo como o Logos eterno de Deus que condescende em assumir uma natureza humana que não tem nenhuma espécie de existência própria (portanto, *não* é uma pessoa humana). É uma natureza humana *impessoal*. O centro pessoal de consciência, vontade e ação é o Logos, o eterno Filho de Deus.

A crença católico-ortodoxa, portanto, estabelece que Jesus Cristo era e é Deus, com uma natureza humana, não um homem elevado a um relacionamento especial com Deus ou um híbrido de existência divina e humana. O mistério está no fato de que esse é o único caso real em que um ser pessoal individual que é humano e divino possui em sua essência todos os atributos necessários às duas naturezas. Muitos teólogos cristãos tentam encontrar uma forma de conceber tal coisa e explicá-la de forma inteligível. Calcedônia permite a especulação, contanto que não se ultrapasse os limites e caia no nestorianismo ou eutiquismo.

Leão e Cirilo também parecem ter considerado a pessoa e natureza divinas do Logos não afetadas pela natureza humana que ele assumiu na sua existência como Jesus Cristo. É nesse ponto que muitos protestantes, especialmente os mais modernos (e também não poucos católicos) relutam em aceitar a cristologia calcedônia, já que ela reflete o antigo princípio da imutabilidade e impassibilidade do divino. Em sua obra-prima, *A study in Christology*, o teólogo e historiador britânico Maurice Relton afirma que esse era o calcanhar de Aquiles da interpretação clássica de Calcedônia pelo menos: "Tanto para Leão como para Cirilo, o Logos ilimitado é o cerne do Deus-homem. Logo, no Cristo encarnado, sua natureza divina, não tendo passado por nenhuma mudança, é incapaz de sofrer e permanece imutável e inalterável no decurso de todas as experiências pelas quais ele passa em sua vida encarnada".[9] Segundo Relton e muitos outros teólogos protestantes modernos que aceitam a fórmula básica de Calcedônia, esse aspecto da cristologia clássica é mais do que um mistério, é um completo disparate. Em outras palavras, qual seria o propósito de uma encarnação na qual o Filho de Deus é a única pessoa envolvida e que toma para si uma natureza humana plena e completa, mas permanece inteira e completamente intocado e impassível em sua humanidade? Seria isso realmente uma encarnação? A vitória da doutrina da união hipostática não seria totalmente nula se interpretada nesse sentido clássico?

Por outras palavras, parece ter restado certa ambiguidade e tensão não resolvidas na própria Calcedônia — ou pelo menos na maneira como seus principais proponentes e intérpretes a entenderam e explicaram. Quem entende que o sujeito da união — o Logos divino, o Filho de Deus — não foi afetado pela união com a humanidade, está subvertendo a união entre as duas naturezas ou tratando a natureza humana como passiva e abstrata. Não há dúvida de que Jesus Cristo sofreu tentações e temores e que teve muitas experiências mentais e espirituais, não somente físicas. Segundo a doutrina da união hipostática promulgada em Calcedônia, quem foi tentado? Quem experimentou o medo e a agonia mental e espiritual? O único sujeito presente é o Logos divino, mas, de acordo com Leão e Cirilo e com a maioria de seus seguidores ortodoxos, a divindade não pode sofrer qualquer tipo de mudança. Poderá uma "natureza humana impessoal" ser tentada, sentir medo e gonia?

A cristologia clássica de Calcedônia segue o *Tomo* de Leão e as *Cartas* de Cirilo ao negar qualquer mudança ou sofrimento por parte do sujeito pessoal da encarnação, o Filho de Deus. Mas a própria Calcedônia faz isso? Não está muito claro. Durante a Reforma protestante no século XVI, Martinho Lutero aceitou Niceia e Calcedônia como pontos de referência respeitados da doutrina cristã e ao mesmo tempo rejeitou a crença na impassibilidade divina e atribuiu experiências de criatura ao Filho de Deus no seu estado encarnado. Para Lutero, não é nenhum escândalo dizer "Deus nasceu", "Deus sofreu e morreu" e "Deus foi crucificado", usando essas palavras no seu sentido *real* e não como meras figuras de linguagem. Lutero deu a *communicatio idiomatum* uma conclusão lógica, coisa que nem Leão, nem Cirilo, nem seus intérpretes ortodoxos e católicos fizeram. Eles continuaram prisioneiros da antiga concepção grega da impassibilidade divina. Essa concepção impediu-os de desvendar o grande mistério da encarnação e fez com que a doutrina calcedônia de Cristo fosse interpretada cada vez mais em um sentido nestoriano depois de encerrado o concílio.

Embora a imperatriz e o seu consorte tivessem decretado que o Concílio de Calcedônia e sua definição cristológica significavam um ponto-final em todos os debates e controvérsias a respeito de questões importantes da fé, não demoraram a irromper debates sobre detalhes bastante minuciosos da interpretação cristológica. Os bispos logo começaram a questionar: Cristo teria duas vontades ou uma? Ao que parece, o que era bom para alguns não satisfez a todos.

16
Continuam os efeitos do conflito

Embora o Concílio de Calcedônia encerrasse a grande controvérsia entre Antioquia e Alexandria a respeito da pessoa de Jesus Cristo, não encerrou definitivamente todos os debates e as controvérsias sobre a doutrina. Conforme veremos no presente capítulo, o concílio e sua fórmula da crença ortodoxa em Cristo causou um longo e paulatino efeito de debates sobre seu significado exato. Mais uma vez, assim como antes, os imperadores se envolveram e novos concílios foram convocados para definir, de uma vez por todas, uma crença uniforme a respeito da encarnação de Deus em Cristo. A maior parte da controvérsia pós-Calcedônia acontecia no Oriente e a igreja ocidental não tomava conhecimento a não ser quando era forçava a tanto por algum imperador, como acontecia de tempos em tempos. Conforme observa Maurice Relton:

> Embora o Ocidente, com seu amor à ortodoxia eclesiástica, estivesse satisfeito em deixar o problema conforme a resolução da Definição de Calcedônia, o espírito especulativo dos teólogos orientais incitou-os a se esforçar mais em sua tentativa de desvendar o mistério.[1]

Parte do debate no Oriente foi realmente especulativa e, por isso, é difícil entender tudo o que foi incluído ou excluído. Os bispos e teólogos que frequentemente se reuniam em Constantinopla, provenientes de todas as partes do Império Oriental, discutiam incansavelmente se a *Definição de Calcedônia* favorecia Antioquia ou Alexandria, se exigia a crença em duas ou em uma vontade de Cristo e qual seria a melhor maneira de explicar e expressar o mistério que existia no seu âmago. A ambiguidade da doutrina da união hipostática perturbava muitos líderes eclesiásticos orientais que buscavam completa inteligibilidade da teologia ou que defendiam interesses particulares ao promover a interpretação alexandrina ou antioquena.

---

[1] H. Maurice RELTON, *A study in Christology*: the problem of the relation of the two natures in the person of Christ, New York, Macmillan, 1934, p. 66.

A teologia ocidental durante a controvérsia cristológica no Oriente

Antes de nos aprofundarmos na controvérsia pós-Calcedônia no Oriente, faremos uma pausa para oferecer uma visão geral do que acontecia na teologia no Ocidente durante esse período. O Ocidente latino ficou totalmente ocupado com seus próprios problemas teológicos durante a grande controvérsia cristológica que durou aproximadamente de Constantinopla I em 381 a Constantinopla III em 680/681. O período mais intenso dos debates teológicos ocidentais, por outro lado, foi nas décadas entre Constantinopla I e Calcedônia em 451. Enquanto os bispos e teólogos do Oriente debatiam as delicadas distinções da cristologia, os líderes eclesiásticos do Ocidente se envolveram profundamente na grande controvérsia a respeito da natureza da salvação e, especialmente, se a pessoa que está sendo salva desempenha algum papel nesse processo ou se a realização é exclusivamente obra de Deus. Conforme veremos no próximo capítulo, esse debate no Ocidente foi provocado pelos ensinos do grande bispo e teólogo da África do Norte, Agostinho (354-430), e do seu rival, o monge britânico, Pelágio (c. 350-418). Ele levou a debates intensos entre os defensores de Agostinho e os simpatizantes moderados de Pelágio, na chamada Controvérsia semipelagiana que continuou durante parte do século VI. Obviamente, o bispo de Roma, Leão I (Leão, o Grande) envolveu-se na controvérsia oriental a respeito da cristologia, mas, para a maioria dos teólogos ocidentais, o conflito e a controvérsia que no Oriente consumiam todas as atenções eram de pouco interesse. Eles acreditavam que Tertuliano tinha solucionado o problema há muito tempo e ficaram satisfeitos ao verem a igreja oriental reconhecer esse fato no Concílio de Calcedônia.

Da mesma forma, os bispos e teólogos orientais estavam menos preocupados com o grande debate a respeito da graça e do livre-arbítrio no Ocidente do que com suas próprias questões cristológicas. Conforme já vimos, os dois grupos realmente concordavam em certos aspectos. O herege Pelágio fugiu de Roma para o Oriente, na esperança de encontrar refúgio ali e foi temporariamente aceito e protegido na Síria e Palestina. Muitos líderes eclesiásticos orientais achavam que seus ensinos sobre o pecado e a salvação não era tão ruins quanto Agostinho e outros teólogos ocidentais alegavam. Mesmo assim estavam dispostos a sacrificá-lo no Concílio de Éfeso em 431, a fim de agradar ao bispo de Roma e de obter o seu apoio para a condenação de Nestório. No desenrolar da história da teologia, o Oriente e o Ocidente concordaram que tanto Nestório como Pelágio eram hereges e que seus ensinos, além de heterodoxos, eram erros execráveis que subvertiam o próprio evangelho. Mesmo assim, o Ocidente nunca considerou Nestório e o nestorianismo tão prejudiciais quanto o Oriente os considerava e o Oriente nunca considerou Pelágio e o pelagianismo tão nocivos quanto o Ocidente os considerava.

A igreja do Ocidente também se envolveu em batalhas por causa do cisma conhecido por donatismo, cujas igrejas eram numerosas e poderosas na África do Norte no fim do século IV e início do século V. Os donatistas insistiam que a

Grande Igreja católica e ortodoxa representada pelo papa em Roma e pelos patriarcas do Oriente, vinculada ao poder imperial, era apóstata, porque muitos de seus principais bispos que tinham sido alvo das perseguições anteriores a Constantino e foram restaurados no governo deste. Os donatistas queriam uma igreja pura e sem máculas, livre de traidores e líderes imorais, inclusive os que tinham se arrependido e sido restaurados mediante a penitência. Os donatistas eram rigoristas morais e eclesiásticos que existiam desde Tertuliano e Cipriano. Eles tinham seus próprios bispos, catedrais e escolas no início do século V e, por mais que os bispos do Ocidente se esforçassem, não conseguiam destruí-los e nem trazê-los para dentro da Grande Igreja sem a ajuda dos imperadores. No fim, aconteceu o seguinte: A igreja ocidental forçou os donatistas à marginalidade e muitos se tornaram "guerrilheiros de Deus" nos desertos da África do Norte. Por causa deles, as viagens entre as cidades se tornaram extremamente arriscadas para os líderes da Grande Igreja.

Enquanto a igreja do Oriente estava totalmente ocupada na controvérsia cristológica, a igreja do Ocidente ficou absorvida em debates e conflitos a respeito da salvação e da verdadeira natureza da igreja. Os contextos diferentes de conflito contribuíram para a posterior separação entre o Oriente e o Ocidente. Mas surgiu outro modelo que também contribuiu para a divisão. No Oriente, os imperadores romanos, a partir de Constantino, dominavam os bispos e patriarcas. Esse método de governo eclesiástico tornou-se conhecido por cesaropapismo, ou seja: "César é o papa". A igreja oriental rejeitou esse rótulo e a alegação de que, na realidade, tinha permitido que os imperadores se tornassem chefes tanto da igreja como do estado. No entanto, alguns imperadores de fato dominavam a igreja e até mesmo a sua teologia. O modelo foi estabelecido por Constantino, que se declarou "bispo de todos os bispos" no Concílio de Niceia em 325. Ele chegou ao auge na pessoa do imperador Justiniano, que governou Constantinopla de 527 até 565 e reincorporou às fronteiras do Império Romano boa parte do império ocidental que tinha sido tomada pelos reis bárbaros (que viria a ser conhecido como Império Bizantino depois da queda de Roma no século V).

O Ocidente ficou sem nenhum imperador entre aproximadamente 410 até Justiniano e depois foi dividido entre os reis bárbaros novamente após uma breve invasão e conquista do Ocidente. Durante o longo período de declínio e divisão culturais e políticos no Ocidente latino, o bispo de Roma tomou a dianteira para preencher a vaga do poder e fornecer certa ideia de união. Esse processo, iniciado por Leão I por volta de 410 e mantido com mais sucesso ainda por papas posteriores como Gregório I (590-604), estabeleceu um precedente inteiramente novo para os relacionamentos entre a igreja e o estado no Ocidente. Esses dois bispos foram registrados nos anais da história eclesiástica sob o título de "Magno" também porque exerciam poder sobre a igreja tanto quanto sobre o estado. De muitas maneiras, funcionavam como imperadores quando nenhum cargo ou pessoa individual se destacava acima da desordem das batalhas entre bárbaros e a dissolução cultural do Ocidente. Com o passar do tempo, os papas se tornaram tão poderosos que coroaram novos imperadores ocidentais, como Carlos Magno em 800. Os embates entre os governantes seculares e os papas sempre atormentaram a igreja e o império do Ocidente, mas nunca os papas ou bispos das grandes sés ocidentais reconheceram que governantes seculares teriam poderes para determinar a doutrina certa. Sempre tentaram afirmar a independência da igreja e sua superioridade nas questões doutrinárias eclesiásticas, mesmo quando isso significava perseguição.

Os debates cristológicos que continuaram no Oriente após Calcedônia foram praticamente desconsiderados pelo Ocidente, que já tinha que lidar com seus próprios problemas. Os debates orientais a respeito da natureza de Cristo também chegaram a envolver profundamente os imperadores bizantinos, especialmente o maior de todos eles: Justiniano. Infelizmente, muitos cristãos ocidentais, tanto católicos romanos como protestantes, sabem muito pouco ou nada a respeito das controvérsias cristológicas pós-Calcedônia no Oriente, ao passo que os cristãos ortodoxos orientais estão imersos nos conceitos e na terminologia desses debates. Sem dúvida, poderia ter havido mais entendimento entre os cristãos ocidentais e orientais se cada lado conhecesse melhor a teologia do outro. Uma marca importante do pensamento cristão oriental é a sua luta contra as ameaças do monofisismo e do iconoclasmo. O iconoclasmo será considerado em um capítulo posterior. Agora, examinaremos a controvérsia monofisista e os vários debates e as resoluções a esse respeito no Oriente.

A controvérsia a respeito de Cristo continua no Oriente

Certo historiador eclesiástico escreveu que "em vez de solução, Calcedônia provou ser mais a definição clássica do problema que exige mais explicações".[2] Embora tenha proposto uma doutrina teologicamente correta a respeito de Jesus Cristo, e sua fórmula sobrevivido ao tempo, "do ponto de vista político, o Concílio de Calcedônia foi um fracasso" porque "tão logo os bispos partiram de Calcedônia, os dissidentes começaram a expressar sua indignação".[3] Conforme já foi dito, alguns alexandrinos (até mesmo fora do Egito) se separaram, negando-se a fingir que apoiavam a *Definição de Calcedônia*, sendo chamados "monofisistas radicais" porque recusaram qualquer tipo de acordo com uma igreja que não declararia que Cristo tem "uma só natureza depois da união". Eles rejeitaram Eutiques e seu erro de negar que a humanidade de Cristo era consubstancial com a nossa, mas não queriam nenhuma aliança com quem alegasse que Cristo tinha duas naturezas. Certos antioquenos radicais — realmente nestorianos — também se separaram da Grande Igreja porque a *Definição de Calcedônia* anatematizava qualquer divisão das duas

---

[2] Frances YOUNG, *From Nicea to Chalcedon*, Philadelphia, Fortress, 1983, p. 178.
[3] R. V. SELLERS, *The Council of Chalcedon*: a historical and doctrinal survey, Londres, SPCK, 1961, p. 254.

naturezas e soava como o eutiquismo e o monofisismo ao enfatizar a única pessoa de Cristo (*prosopon* e *hypostasis*).

Mas, posteriormente, muitos bispos que tinham assinado a *Definição de Calcedônia* ficaram inquietos e insatisfeitos. Queriam permanecer na Grande Igreja, ligados ao imperador e os patriarcas, mas achavam que a cristologia de Calcedônia estava sendo interpretada erroneamente. Naturalmente, os antioquenos acreditavam que sua interpretação favorecia os alexandrinos e vice-versa. A situação ficou bastante semelhante à que surgiu depois do Concílio de Niceia em 325. Naquela ocasião, os bispos que tinham assinado o *Credo de Niceia* reconsideraram a fórmula *homoousios* para descrever a igualdade entre o Pai e o Filho, porque ela poderia ser interpretada de modo sabeliano ou modalista. Depois de Calcedônia, muitos bispos arrependeram-se de assinar a *Definição*, porque ela podia ser interpretada de modo nestoriano ou eutiquiano. Receavam que seria uma vitória para uma dessas heresias. Portanto, "seria necessária uma obra que correspondesse à que os pais capadócios tinham feito em favor da teologia nicena para recomendar a *Definição de Calcedônia* e conquistar sua plena aceitação".[4]

Uma pergunta que ficou sem resposta para muitos líderes eclesiásticos era: "O que constitui a varonilidade [humanidade] completa? Qual é o mínimo que ela precisa ter para ser chamada de completa? Se o Logos tornou-se o ego da humanidade, em que sentido se diz que a humanidade manteve todos os seus aspectos?".[5] Essa pergunta era, naturalmente, a grande preocupação dos bispos que tendiam para o lado antioqueno com forte ênfase para a dualidade de naturezas e humanidade genuína do Salvador. Os bispos alexandrinos tinham uma preocupação diferente. Estavam satisfeitos com a principal interpretação da *Definição de Calcedônia* dizer que a única pessoa da união hipostática era o divino Filho de Deus e queriam impor a ideia de que a natureza humana era *anipostasia* — impessoal. Mas sua dúvida era: como a integridade e a unidade da pessoa de Cristo com o Logos divino podiam ser preservadas a longo prazo se as duas naturezas se mantinham tão completas e distintas mesmo depois da união. "Acreditavam que havia uma contradição e uma brecha para o nestorianismo em uma fórmula como a de Calcedônia que distinguia as duas naturezas, mas, ao mesmo tempo, declarava que subsistiam em uma única hipóstase."[6]

Na realidade, os bispos e teólogos do Oriente foram classificados em três grupos principais depois de Calcedônia. No primeiro estavam os *diofisistas* rigorosos (diofisista é quem acredita que as duas naturezas são realmente distintas e rejeita o conceito oferecido por Nestório, de duas pessoas depois da união). Eles eram antioquenos moderados que consideravam Calcedônia uma vitória para a antiga

---

[4] RELTON, op. cit., p. 66.

[5] Ibid., p. 67.

[6] Justo GONZÁLEZ, *A history of Christian thought*, ed. rev., Nashville, Abingdon, 1992, p. 78. V. 1: From the beginnings to the Council of Chalcedon.

cristologia de Teodoro de Mopsuéstia, o herói teológico de Antioquia. Esperavam que Calcedônia se tornasse uma espécie de repúdio a Cirilo e sua cristologia, mesmo endossando o princípio de "uma só pessoa e hipóstase". Os diofisistas não deixaram a Grande Igreja, como fizeram os nestorianos radicais. Permaneceram nela a fim de lutar em favor da interpretação antioquena da união hipostática. Acima de tudo, queriam impedir que o princípio de Cirilo, da *communicatio idiomatum,* se tornasse a interpretação oficial de Calcedônia. Seu herói depois de Calcedônia era Teodoreto de Ciro, que tinha sido vindicado em Calcedônia.

No segundo grupo dentro da Grande Igreja depois de Calcedônia estavam os monofisistas moderados, que consideravam Cirilo seu grande herói morto (embora este tenha cometido um deslize ao permitir que se falasse em duas naturezas no seu acordo com Antioquia em 433) e Severo de Antioquia seu herói vivo e principal teólogo. Nem todos os monofisistas moravam em Antioquia e arredores. O monofisismo invadiu o centro da região nestoriana — a própria Antioquia! Severo e seus aliados monofisistas (a maioria concentrava-se nos arredores de Alexandria ou morava em Constantinopla) desejavam promover a ideia de Cirilo da encarnação como *communicatio idiomatum* e até mesmo tentaram reinterpretar Calcedônia de tal maneira que a encarnação pudesse ser considerada "uma só natureza depois da união". No início, trabalharam secretamente para conseguir uma revisão da *Definição de Calcedônia,* assim como os semiarianos fizeram depois de Niceia para conseguirem uma revisão do Credo Niceno de *homoousios* para *homoiousios.* "O ponto de partida da cristologia deles era a contemplação da identidade entre o Verbo preexistente e o Verbo encarnado; essa identidade era uma necessidade soteriológica asseverada pelo *Credo de Niceia* e por Cirilo contra Nestório. Para os monofisistas, era expressa como uma identidade de natureza ou de hipóstase, já que esses dois termos eram sinônimos".[7] Um líder monofisista chamado Timóteo Eluro declarou: "se houver duas naturezas [em Cristo], haverá também, necessariamente, duas pessoas; mas, se houver duas pessoas, haverá também dois Cristos".[8] Mas os monofisistas moderados rejeitaram a mistura entre a divindade e a humanidade em Cristo e argumentaram em favor de "uma só natureza composta" da divindade e da humanidade mediante a união hipostática. A distinção entre as naturezas devia ser mantida, ao mesmo tempo em que se devia enfatizar a união. Sua teologia não diferia muito, talvez mesmo em nada, daquela de Cirilo.

O terceiro partido pós-Calcedônia era o dos neocalcedônios e seu herói e vencedor era um homem chamado Leôncio. Há muita discussão na história eclesiástica a respeito de sua identidade. Alguns consideram que Leôncio de Bizâncio foi

---

[7] John MEYENDORFF, *Christ in Eastern Christian thought,* Crestwood, St. Vladimir's Seminary Press, 1987, p. 38.

[8] Ibid.

o mesmo que excogitou a interpretação oficialmente aprovada de Calcedônia chamada de princípio de *enipostasia*. Outros dizem que quem a fez foi outro Leôncio, de Jerusalém. Aqui, seguiremos a tradição de considerar Leôncio de Bizâncio a pessoa que conduziu a Grande Igreja em direção à solução no Segundo Concílio de Constantinopla em 553. Os neocalcedônios queriam encontrar um acordo para os antioquenos moderados (diofisistas) e os alexandrinos moderados (monofisistas) e, ao mesmo tempo, rejeitar as alas radicais dos dois partidos. O caminho para a solução dessa controvérsia, aparentemente interminável, para eles, era reafirmar a linguagem de Calcedônia como se fosse "talhada em pedra" e, ao mesmo tempo, interpretá-la de tal maneira que a natureza humana de Cristo fosse encarada como real e genuína sem lhe atribuir qualquer existência independente do Logos. Em outras palavras, todas as categorias conhecidas da existência *(physis, ousia)* e personalidade *(prosopon, hypostasis)* precisavam transcender em um salto conceitual para uma nova categoria.

Todas as partes envolvidas nos grandes debates cristológicos pareciam unidas na crença de que a natureza e a pessoa necessariamente se complementam de tal maneira que, para uma natureza ser real e completa, precisava ter uma pessoa que lhe desse existência real em oposição à abstrata. Pelo menos, isso era quase universalmente aceito sobre os seres humanos. Uma natureza humana individual sem uma pessoa humana era simplesmente inconcebível como real e completa por qualquer pessoa do debate. Era por isso que os antioquenos sacrificavam a unicidade da personalidade pela dualidade das naturezas e os alexandrinos sacrificavam a dualidade das naturezas pela unicidade da personalidade. Nenhuma das partes conseguia enxergar uma natureza humana completamente real e realmente completa sem uma pessoa humana distinta e individual. Esse era um assunto para os neocalcedônios pensarem e para Leôncio de Bizâncio solucionar, assim como os pais capadócios tinham solucionado o dilema trinitário um século e meio antes.

A controvérsia monofisista

No geral, o partido monofisista provocou muito mais problemas dentro da igreja e do império do que o partido diofisista ou antioqueno moderado. Esse último grupo de teólogos e bispos acreditava que Calcedônia, de modo geral, representava uma vitória para o seu lado e que a sua causa poderia ser melhor defendida pela luta contra o monofisismo, que era muito forte, política e eclesiasticamente. Os dois principais monofisistas no período pós-calcedônio foram Severo de Antioquia e o bispo de Antioquia, Timóteo Eluro. Eles e suas coortes conseguiram persuadir o imperador Zenão (476-491) a favorecer o monofisismo por algum tempo. Severo escreveu o livro teológico mais importante do monofisismo, *O amor à verdade*, e nele afirmou com veemência a verdadeira humanidade e divindade de Cristo e argumentou que elas se fundem em uma única natureza composta por causa de sua união na pessoa do Verbo ou Filho de Deus:

> Ele, que era eternamente consubstancial com aquele que o gerou, é aquele que voluntariamente veio e tornou-se consubstancial com essa mãe [Maria].

Portanto, tornou-se homem, sendo Deus; ele se tornou o que não era embora, ao mesmo tempo, tenha permanecido o que era, sem qualquer mudança. Não perdeu, portanto, a sua divindade na encarnação e o corpo não perdeu o caráter tangível da sua natureza.⁹

Mas, embora Severo afirmasse as realidades duais da divindade e da humanidade em Jesus Cristo, está claro qual delas domina: a divindade na pessoa do Logos domina a humanidade de Jesus. Severo só mencionou o "caráter tangível" do corpo humano para dar um exemplo de como Jesus era humano. Apolinário poderia ter dito a mesma coisa.

Os principais monofisistas argumentavam contra a interpretação clássica de Calcedônia, que era cada vez mais diofisita. Começaram a criticar não somente a interpretação, mas também a própria *Definição* por três motivos. Primeiro, porque a *Definição* excluiu a única fórmula que poderia prevalecer sobre o nestorianismo: "uma única natureza encarnada do Logos divino". Segundo porque ela não mencionou a união hipostática ou *communicatio idiomatum*. Terceiro porque excluiu a confissão "de dois [...] um só". Finalmente, quando falharam suas tentativas moderadas de influenciar a opinião em direção à sua própria interpretação de Calcedônia, os principais monofisistas a repudiaram abertamente e Timóteo Eluro pronunciou um anátema contra ela: "Quanto a nós, conformamo-nos com a doutrina das Escrituras divinas e dos santos doutores da igreja. Anatematizamos os que falam em duas naturezas ou em duas *ousiai* [substâncias] no tocante a Cristo".¹⁰

Embora fosse uma coisa o imperador e os patriarcas principais da Cristandade permitir que algumas igrejas nestorianas e monofisistas radicais (eutiquianas) na Síria e no Egito se separarem da Grande Igreja em um cisma, outra inteiramente diferente era permitir que o poderoso patriarca de Alexandria e uma parte inteira do corpo de Cristo se afastassem por causa apenas de algumas palavras, quando repudiavam abertamente todas as heresias e estavam apenas pedindo a reconsideração de alguns trechos e da interpretação da *Definição de Calcedônia*. Afinal, a própria *Definição* não era um credo como a declaração de fé de Niceia. Seus próprios formuladores consideravam-na uma simples interpretação da fé nicena. Na primeira metade do século VI, as forças monofisistas cresceram dentro da igreja oriental a ponto de ameaçarem se tornar mais numerosas e poderosas do que os demais partidos. Para deixarem claro que não eram hereges, proclamaram insistentemente seu desacordo com Eutiques e seus seguidores monofisistas radicais e recapitularam o grande pai Cirilo, tão respeitado por todos.

Em 527, foi coroado em Constantinopla um poderoso novo imperador: Justiniano I ou Justiniano, o Grande. Justiniano é conhecido por ter feito muitas

---

⁹ Severo, apud González, op. cit., 2.77-8.
¹⁰ Timóteo Eluro, apud Sellers, op. cit., p. 260.

reformas e inovações na lei e no governo, bem como por ter construído a grande catedral de Hagia Sofia que atualmente encontra-se no centro de Istambul, transformada em mesquita, mas na teologia destaca-se por ter resolvido a controvérsia monofisista. Como o primeiro imperador bizantino, Constantino, considerava que era seu dever manter a igreja unida na doutrina e no governo eclesiástico. Portanto, uma de suas primeiras medidas foi exigir que todos os bispos cristãos fossem rigorosamente leais a Calcedônia. Isso soou como um golpe, até mesmo para o monofisismo moderado. No entanto, para trazer pelo menos os mais moderados dos moderados de volta ao redil ortodoxo e católico da Grande Igreja, Jutiniano concordou em convocar outro concílio e esclarecer de uma vez qual era a interpretação correta de Calcedônia. Prometeu que os monofisistas seriam levados em consideração se permanecessem dentro da igreja.

Leôncio de Bizâncio e a cristologia ortodoxa
Da mesma forma que a imperatriz Pulquéria e seu consorte e regente, Marciano, distribuíram o *Tomo de Leão* a todos os bispos antes do Concílio de Calcedônia a fim de garantir determinado resultado ali, também Justiniano adotou os escritos de um teólogo para serem defendidos entre os bispos como preparação para o novo concílio que seria realizado em Constantinopla em 553 como o quinto concílio ecumênico da Cristandade. O teólogo escolhido foi Leôncio de Bizâncio, que tinha uma presença discreta em Jerusalém e em Constantinopla entre 529 e 536. Justiniano encarregou-o de convocar e presidir as conferências dos teólogos ortodoxos de destaque, para lavrar um novo conceito da união hipostática que fosse plenamente consistente com a *Definição de Calcedônia*, mas, ao mesmo tempo, preenchesse a lacuna entre os monofisistas moderados e os diofisitas.

Não se conhecem os detalhes da vida de Leôncio. Na realidade, conforme foi dito antes, alguns estudiosos discutem se a pessoa que realizou o evento foi mesmo Leôncio de Bizâncio! Seja como for, a tradição reza que nasceu por volta de 485 em Bizâncio, que era filho de pais nobres — o que explica como Justiniano o conhecia — e que morreu em 543, provavelmente em Jerusalém. É possível que existisse algum grau de parentesco entre Justiniano e Leôncio. Ainda jovem, Leôncio deixou suas riquezas e sua vida confortável em Constantinopla e viajou para a Síria, para morar em um mosteiro onde recebeu a influência nestoriana. Conseguiu libertar-se dessa heresia e tornou-se um ardoroso defensor de Calcedônia, mas sob uma interpretação decididamente alexandrina.

As principais obras ainda existentes de Leôncio de Bizâncio nunca foram traduzidas. São comumente conhecidas no Ocidente por seus títulos em latim: *Contra nestorianos et eutychianos* [Contra nestorianos e eutiquianos], *Capita triginta contra Severum* [Trinta capítulos contra Severo] e *Epilysis* [Soluções — aos argumentos de Severo]. Além de apresentar argumentos profundos contra as várias heresias cristológicas e em favor da cristologia calcedônia, Leôncio conseguiu dar um salto conceitual que Justiniano achou extremamente útil para defender Calcedônia de seus críticos: o princípio da *enipostasia* da natureza humana de Cristo no Verbo divino. Essa ideia, que será descrita logo a seguir, representou um "avanço claro em relação ao que existia antes no pensamento cristológico alexandrino"[11] e pareceu satisfazer às exigências dos dois partidos moderados: os antioquenos e os alexandrinos. O problema para o qual *enipostasia* é a solução encontra-se na seguinte pergunta: "Se, conforme todos concordam, uma natureza deve ter sua [própria] *hypostasis* [existência pessoal], como se pode confessar "duas naturezas em uma única *hypostasis*"?".[12] Essa parece ser a essência de todo o debate: o dilema não resolvido e aparentemente insolúvel, que afastou e separou Antioquia de Alexandria.

Leôncio concordou com os alexandrinos, em primeiro lugar, que o Logos/Verbo eterno, o Filho de Deus, é o sujeito da encarnação. Essa única personalidade de Jesus é Deus Filho. Mas contra a cristologia alexandrina, rejeitou a ideia da impersonalidade da humanidade de Cristo — a *anipostasia* da natureza, segundo Cirilo — porque "uma natureza sem hipóstase seria uma abstração".[13] Duas naturezas não devem, portanto, incluir duas pessoas? Não! Leôncio argumentou que, embora uma natureza — até mesmo humana — não possa existir sem uma hipóstase, não precisa ter sua própria hipóstase. Ela pode ser "hipostatizada" em outra. Ou seja, para Leôncio, "a natureza humana de Cristo não ficou sem hipóstase, mas se tornou hipostática [personalizada] na Pessoa do Logos".[14] A natureza humana de Cristo — a natureza humana plena e completa — não era *anipostática* (impessoal), nem propriamente pessoal, mas *enipostática,* que significa "personalizada na pessoa de outrem".

De acordo com Leôncio, existem três maneiras nas quais dois seres ou realidades podem se unir. Primeira, eles podem estar justapostos, lado a lado, e intimamente relacionados um ao outro, como na amizade ou no casamento. Era assim que os nestorianos concebiam da encarnação — a humanidade e a divindade como duas naturezas e duas pessoas cooperando entre si. Segunda, eles podem se fundir em um "terceiro algo" — um híbrido — de modo que dessa união surja uma nova natureza que seja uma mistura dos dois. Era assim que os eutiquianos e os monofisistas radicais concebiam a encarnação — a humanidade e a divindade em uma só entidade pessoal que é uma mistura das duas naturezas, mas nenhuma é plena. Finalmente, "duas coisas podem se unir de tal maneira que suas naturezas distintas

---

[11] SELLERS, op. cit., p. 316.
[12] Ibid.
[13] RELTON, op. cit., p. 77.
[14] Ibid.

subsistam em uma única hipóstase".[15] Essa era a ideia de Leôncio sobre a encarnação e ele forneceu ilustrações para reforçá-la. Por exemplo, uma tocha é lenha e chama — duas naturezas — completamente unidas pelo fogo. Da mesma forma, em um ser humano, o corpo e a alma são duas naturezas distintas unidas durante a vida na pessoa do ser humano. Cada natureza nesse terceiro tipo de união *pode* ter sua própria existência independente, mas não tem. Elas se interpenetram sem formar um terceiro algo, porque estão juntas pela hipóstase ou subsistência de uma delas.

Para Leôncio, a encarnação é o terceiro tipo de união. Na união hipostática a natureza humana de Cristo subsiste, é personalizada e recebe sua existência concreta, na hipóstase de sua natureza divina. "Portanto, a hipóstase em Cristo é a do Verbo eterno e nela subsistem o divino bem como o humano. É por isso que podemos dizer que há, em Cristo, uma 'união *enipostática*'".[16] Em outras palavras, para Leôncio a natureza humana de Cristo possuía tudo que qualquer outro ser humano possui na sua condição não pecadora (inocência pristina), exceto uma existência pessoal independente da pessoa do Verbo divino. Jesus Cristo era e é a eterna segunda pessoa da Trindade — o Verbo, o Filho de Deus —, com uma natureza humana e sua própria natureza divina, e é a "pessoa" das duas naturezas. Por que não pensaram nisso antes?

A solução proposta por Leôncio não era uma contribuição para a fé nicena conforme interpretada em Calcedônia. Tudo o que envolve *enipostasia* é uma interpretação da cristologia calcedônia que ajuda a vencer as fortes objeções levantadas pelos alexandrinos e pelos antioquenos, embora os defensores mais obstinados dos dois partidos tenham se recusado a ceder e a aceitá-la. O mais importante é que nem Leôncio, nem Justiniano, nem o Segundo Concílio de Constantinopla em 553 considerou que essa solução iria além de Calcedônia, em qualquer detalhe. Pelo contrário, com o princípio da *enhypostasia*

> Leôncio [...] está apenas levando adiante a obra dos pais calcedônios no esforço de formular a fé verdadeira de tal maneira que não sobre espaço para as heresias nestoriana ou eutiquiana. "Duas naturezas devem ser confessadas, posto que em Jesus Cristo a divindade e a humanidade estão ligadas em uma união pessoal. Mas a humanidade não existe independentemente, como se fosse de 'outro além do Logos'". Pelo contrário, tem a sua existência, mas existe na *hypostasis* do Logos, a quem se uniu. E, como cada uma dessas naturezas permanece com suas propriedades e qualidades essenciais, e

---

[15] GONZÁLEZ, op. cit., 2.97.
[16] Ibid., p. 97-8.

a "diferença de existência" é conservada, o conceito de que em Jesus Cristo existe uma só natureza *(una substantia)* é impossível.[17]

A Cristologia de Leôncio pode acomodar a *communicatio idiomatum* de tal maneira que as características divinas e humanas podem ser atribuídas ao Logos divino que formaram o cerne pessoal de Jesus Cristo. Como Jesus Cristo, ele — o Verbo — sofreu a morte e a subjugou. Entretanto, nesse esquema ainda é possível dizer que a divindade é incapaz de sofrer (impassível) dizendo que Jesus Cristo só sofreu "na sua humanidade". Também é possível dizer que a humanidade é total e completa e que está sendo curada pela encarnação salvífica, porque a natureza humana de Jesus Cristo possuía tudo o que era essencial para uma natureza humana.

Em Constantinopla II em 553, a interpretação de Leôncio de Bizâncio para Calcedônia foi explicada a todos e todos os bispos tiveram de reafirmar a *Definição de Calcedônia*. O imperador lhes disse: "Se essa nova interpretação não acabar totalmente com suas objeções, sejam alexandrinas ou antioquenas, é porque são obstinados e indignos de serem bispos da Grande Igreja". Para levar os monofisistas a reafirmar Calcedônia com essa nova interpretação, Justiniano e o concílio condenaram postumamente o herói de Antioquia, Teodoro de Mopsuéstia. Além de seu propósito principal, o concílio condenou Orígenes — um alexandrino. Obviamente, a principal razão de ser do quinto concílio ecumênico, dominado por Justiniano, foi aplacar e acomodar os monofisistas alexandrinos moderados para manter e reafirmar a ortodoxia de Calcedônia. Nesse sentido, os antioquenos saíram perdendo. "Resumindo, a cristologia antioquena foi condenada em todas as suas formas, ao passo que a cristologia alexandrina foi rejeitada somente na sua forma mais extrema".[18]

Qual é a moral da história? Depois de tudo que se disse e fez, no que o cristão deve crer sobre Jesus Cristo? Deixando de lado os pormenores e indo direto ao assunto, é o seguinte: segundo a doutrina da união hipostática conforme interpretada e afirmada pelo quinto concílio ecumênico: "embora possamos nos aventurar no processo mental de ver as duas naturezas de Cristo na sua realidade, sempre devemos voltar à verdade fundamental de que ele é uma só Pessoa, o Logos que se fez homem, a quem pertencem propriedades tanto divinas como humanas e de quem são as ações e palavras, divinas e humanas, relatadas nas Escrituras".[19]

Com muita paciência, pode-se entender a linha de raciocínio da igreja até, e durante, as decisões cristológicas do quinto concílio em Constantinopla em 553. A partir dali, pelo menos alguns cristãos protestantes modernos conseguem, felizmente e sem grande frustração, avançar com a igreja oriental até as decisões cristológicas do sexto concílio ecumênico, que é conhecido na história eclesiástica

---

[17] SELLERS, op. cit., p. 320.
[18] GONZÁLEZ, op. cit., 2.86.
[19] SELLERS, op. cit., p. 341.

por Constantinopla III. Ele foi realizado na capital bizantina em 681 para resolver uma controvérsia de grande importância para os cristãos ortodoxos orientais, mas praticamente desconsiderada pelos cristãos ocidentais. A Igreja Católica Romana realmente reconhece Constantinopla III como um dos concílios verdadeiramente ecumênicos da igreja indivisa, mas poucos católicos prestam atenção aos seus atos ou decisões. Entre Constantinopla II e 681 surgiu um ensino a respeito de Cristo dentro das classes ortodoxas, que pretendia trazer os monofisistas cismáticos da Síria e do Egito de volta ao redil da Grande Igreja. Ficou conhecido como monotelismo, a crença em uma única vontade em Cristo. A questão, posteriormente discutida, era se Cristo tinha duas vontades — uma divina, e uma humana — ou só uma vontade, divina.

Um dos grandes heróis da teologia ortodoxa oriental foi o homem que derrotou, quase sem nenhuma ajuda, o monotelismo: Máximo, o Confessor (580-662). Sua história será contada em um capítulo posterior. Por causa de sua defesa teológica do duotelismo (a crença em duas vontades em Cristo) e do seu martírio heroico em defesa dessa crença, o sexto concílio ecumênico condenou o monotelismo e impôs como doutrina ortodoxa a crença em duas vontades. Essa foi uma derrota terrível para o monofisismo, que se separou permanentemente da Grande Igreja a partir de então.

Se, no fim desta seção sobre as grandes controvérsias cristológicas e os concílios que elas debatiam, alguns leitores ficarem com a impressão de que aconteceu alguma coisa terrivelmente errada a caminho para o quinto e, especialmente, para o sexto concílio ecumênico, não serão os únicos. Muitos protestantes, não poucos católicos modernos, questionam se tudo isso era realmente necessário. O evangelho de Jesus Cristo como Salvador e Senhor estava realmente em jogo nesses debates tão abstratos e, às vezes, detalhistas? Talvez, a melhor resposta seja "sim" e "não". O historiador eclesiástico, Justo González, resume melhor a questão:

> Assim terminou o longo processo de desenvolvimento e esclarecimento teológicos que havia começado pelo menos três séculos antes. O resultado foi a rejeição de todas as posições extremas, a reafirmação categórica de que Jesus Cristo era total e verdadeiramente humano e divino e, ainda, a declaração de que essas duas naturezas estavam estritamente vinculadas em uma única hipóstase. Durante esses debates, o Jesus histórico e amoroso do NT ficava de lado e o Salvador tornava-se objeto de especulação e de controvérsia; agora era descrito em termos totalmente estranhos para o vocabulário do NT: "hipóstase", "natureza", "energia" etc.; tornava-se o alvo de debates, em vez de ser o Senhor dos crentes e da história. Poderíamos, no entanto, perguntar se havia alguma alternativa para a igreja quando os crentes começaram a dedicar suas melhores faculdades intelectuais ao grande mistério da fé cristã. O caminho tomado no decurso de seis concílios [...] conseguiu, de certa

forma, rejeitar todas as tentativas simplistas de racionalizar a fé e realmente levou ao mistério inescrutável da encarnação.[20]

A cortina desce no fim desse grande ato do drama da teologia cristã. Para todos os efeitos, a ortodoxia cristã estava completa com o quinto ou sexto concílio ecumênico. Os cristãos ortodoxos orientais tentarão incluir o sétimo antes de encerrar o desenvolvimento da doutrina ortodoxa. Os cristãos católicos romanos talvez apontem para concílios posteriores e decisões papais, mas alguns protestantes, certamente, argumentarão que tudo isso era desnecessário porque a ortodoxia cristã tinha sido totalmente estabelecida muito antes, talvez desde 325 no Concílio de Niceia, senão antes, nos escritos dos apóstolos e de alguns dos pais da igreja. No entanto, as grandes heresias do gnosticismo, do adocionismo, do arianismo, do sabelianismo (modalismo), do apolinarismo, do nestorianismo e do eutiquianismo (monofisismo) precisavam ser vencidas e esse foi um longo e tumultuado processo teológico. Quem dera tivesse sido mais simples! Alguns teólogos sistemáticos argumentam que quase todas as heresias de dois mil anos de cristianismo podem ser reduzidas a uma das que foram mencionadas acima. Se isso for verdade, então a derrota delas era essencial, mesmo que significasse muita confusão, escândalos e debates e fórmulas doutrinárias altamente técnicas. Se alguma das heresias mencionadas tivesse vencido e se tornado o consenso entre os cristãos no mundo inteiro, seria uma grave perda para o evangelho. Deus opera de forma misteriosa, até mesmo através de imperadores como Ciro na era do AT e Constantino e Justiniano na igreja primitiva, a fim de preservar a verdade.

É hora de voltarmos à história dos acontecimentos teológicos no Ocidente do mesmo período que a grande controvérsia cristológica do Oriente. Um nome destaca-se acima de todos os demais pensadores do cristianismo ocidental. Talvez não seja exagero sugerir que Agostinho foi o teólogo cristão ocidental mais importante desde os dias dos apóstolos. É à sua história e, depois, a de outros, que dedicaremos a nossa atenção.

---

[20] GONZÁLEZ, op. cit., 2.91.

QUINTA PARTE

A saga de duas igrejas:

A Grande Tradição divide-se entre o Oriente e o Ocidente

Neste momento, a história da teologia cristã é a história de uma Grande Igreja, católica e ortodoxa, relativamente unida. Já vimos que heresias e cismas temporários ameaçaram a união da igreja primitiva e que às vezes a igreja usou poder coercivo para impor, à força, a união ou mesmo a uniformidade. A despeito dessas tensões, no entanto, a igreja dos bispos em sucessão apostólica conseguiu permanecer uma só igreja. Em meados do século V, na ocasião do Concílio de Calcedônia (451), os bispos das grandes sés da cristandade ainda estavam em comunhão uns com os outros, embora essa comunhão estivesse sob tensão e a ponto de terminar. Depois do concílio, a Grande Igreja foi identificada pelos bispos em comunhão com o imperador e patriarca no Oriente e pelo bispo de Roma (também considerado um patriarca) no Ocidente, e os três usualmente mantiveram comunhão e fraternidade entre si.

Já vimos, também, que a Grande Igreja sofreu várias deserções de vulto nos séculos IV e V. No Ocidente, o cisma donatista na África do Norte criou sua própria comunhão de bispos e congregações e só foi superado pelo poder do estado, ao forçar seus seguidores a retornar ao redil da Grande Igreja ou ir para o exílio e a ilegalidade. No Ocidente, os cismas nestorianos e monofisistas foram mais permanentes nas fímbrias do império. No entanto, pelo menos como um ideal no papel, a Grande Igreja e sua Grande Tradição de fé e de comunhão permaneceram relativamente intactas. Mas isso não duraria para sempre. Por muitas razões, as tensões entre as igrejas do Ocidente, que respeitavam cada vez mais o bispo de Roma como patriarca supremo de toda a cristandade, e as do Oriente, que respeitavam Constantinopla (o imperador e patriarca) como o centro da cristandade, agravaram-se cada vez mais nos séculos que se seguiram ao Concílio de Calcedônia.

O grande cisma entre o Oriente e o Ocidente oficializou-se definitivamente em 1054 quando, então, os patriarcas de Roma e de Constantinopla se excomungaram mutuamente. Na verdade, porém, isso já tinha acontecido antes. Depois de 1054, no entanto, o rompimento nunca foi sanado. Desde então, durante quase um milênio, houve duas ramificações principais da Cristandade, sendo que cada uma alegava ser a única igreja apostólica verdadeira, tanto católica quanto ortodoxa. Muitos leitores reconhecerão essas duas grandes tradições pelos seus nomes: ortodoxia oriental e catolicismo romano. Entretanto, cada uma dessas tradições considera-se a continuação da igreja apostólica que nasceu no dia do Pentecostes (Atos 2). Cada uma considera a outra cismática, que se separou da única igreja verdadeira, santa, católica e ortodoxa.

Um sinal claro dessa atitude é a recusa da comunhão eucarística. Membros das igrejas de Roma que respeitam o bispo de Roma como papa e "vigário de Cristo" não devem participar da eucaristia, ou ceia do Senhor, com membros da família das igrejas ortodoxas orientais. Membros da família das igrejas ortodoxas orientais (grega, russa, romena etc.) não devem participar dos sacramentos com membros da Igreja de Roma. Embora as partes se reconheçam como cristãs, nenhuma reconhece a outra como a verdadeira igreja de Jesus Cristo. Cada uma das igrejas é cismática aos olhos da rival. Cada uma acusa a outra de ter rompido a paz e a união do corpo de Cristo, pelo menos, em 1054 senão antes.

O que levou ao rompimento? Como a Grande Igreja indivisa dos apóstolos e do Império Romano se dividiu dessa maneira? Por que existem duas grandes e antigas famílias de igrejas e cada uma alega representar hoje a igreja primitiva no mundo? Este capítulo contará essa história em várias etapas. Ele começa com o teólogo mais importante da tradição ocidental, Agostinho de Hipona, que de muitas maneiras é o verdadeiro pai da abordagem teológica ocidental. Embora seja considerado santo e um grande instrutor dos cristãos pelas igrejas orientais, também é tido como aquele que separou a igreja e isso de várias maneiras cruciais. Seu legado incluía vários hábitos de reflexão, profundamente arraigados no Ocidente, que os cristãos orientais não podiam aceitar. Nossa história do grande cisma entre o Oriente e o Ocidente continuará com a consideração de vários importantes e destacados teólogos do Oriente bem como do Ocidente, que contribuíram para o rompimento, mas em menor escala que Agostinho. Terminaremos essa parte da história da teologia cristã com a consideração dos fatores imediatos que provocaram a divisão, como a alteração ocidental do Credo de Niceia que o Oriente interpretou como heresia. No fim da seção, os leitores saberão por que a Grande Igreja e sua Grande Tradição se dividiram em duas ramificações conhecidas hoje como a ortodoxia oriental e o catolicismo romano.

Para contar corretamente essa parte da história, devemos voltar no tempo para o fim da Parte IV. Embora as raízes da divisão entre o Oriente e o Ocidente estejam na linguagem e na cultura, o divórcio entre Roma e Constantinopla parece ter se tornado inevitável quando certo teólogo se tornou o padrão e a norma para o pensamento teológico do Ocidente. Seu nome era Aurélio Agostinho e ele não sabia grego.

Lia tanto a Bíblia como os pais anteriores da igreja em traduções latinas de baixa qualidade. Estava impregnado das tradições do pensamento latino e passou toda a sua vida sob a esfera da influência de Roma. Por algum motivo, sua influência permeou o cristianismo ocidental ainda em vida e se tornou semioficial poucas décadas após sua morte.

Agostinho pode ser comparado com Orígenes em termos de genialidade, produtividade e influência. O que Orígenes era para o Oriente (até sua condenação imerecida em 553), Agostinho é para o Ocidente. Até os grandes reformadores protestantes do século XVI consideravam-se seguidores e intérpretes de Agostinho. Seria quase impossível exagerar a influência do pensamento desse homem sobre o cristianismo ocidental, tanto católico romano quanto protestante. A aceitação dele no Oriente, porém, é menos efusiva. Os teólogos ortodoxos orientais em geral acreditam que as interpretações da teologia de Agostinho ou mesmo o próprio pensamento desse pai norte-africano da igreja desviaram as igrejas ocidentais para o caminho do cisma e talvez até da heresia.

É apropriado, portanto, começar nossa história do grande cisma entre o Oriente e do Ocidente com cuidadosa consideração sobre Agostinho e seu legado. Embora Agostinho tenha escrito livros e cartas a respeito de quase toda questão teológica, filosófica e ética que se possa imaginar, nosso enfoque será sobre sua soteriologia. Suas opiniões a respeito do pecado e da salvação ocupam a posição central de sua controvertida contribuição à história da teologia. Seus conceitos da Trindade e da pessoa de Jesus Cristo têm aspectos distintos, mas, em geral, ele aceitava o consenso da igreja em Niceia e Constantinopla e seus escritos sobre esses assuntos não são em nada conflitantes com a ortodoxia declarada em Éfeso e Calcedônia. Muita importância tem sido atribuída ao modelo psicológico da Trindade oferecido por Agostinho e muitos o têm contrastado com o modo dominante de pensar sobre a Trindade no Oriente. Entretanto, é certo que a teologia global de Agostinho a respeito da Trindade ou da encarnação não era heterodoxa e nem estava em desacordo com a linha geral de pensamento do Oriente. Aqui, portanto, focalizaremos os aspectos da teologia agostinista que contribuíram mais diretamente para o cisma entre o Oriente e o Ocidente e que deram forma à teologia distinta do Ocidente sobre a salvação que os cristãos orientais consideram perturbadora.

17

Agostinho confessa a glória de Deus e a depravação humana

Agostinho, pai da igreja, teólogo e bispo, encontrou-se numa encruzilhada importante da teologia e encaminhou todo o Ocidente para determinada direção:

> Agostinho marca o fim de uma era e o início de outra. É o último dos escritores cristãos da Antiguidade e o precursor da teologia medieval. As principais correntes da teologia da Antiguidade convergiram para ele e dele fluíram as correntes, não somente do escolasticismo medieval, mas também da teologia protestante do século XVI.[1]

Alguns rotularam a corrente teológica iniciada por Agostinho e que se estendeu durante os séculos da teologia ocidental de agostinismo e identificaram corretamente sua característica principal como sendo "a ênfase na supremacia absoluta de Deus e a consequente fragilidade e dependência absoluta da alma da graça de Deus".[2]

Esse ponto central da teologia de Agostinho, obviamente, não era uma ideia completamente nova apresentada por ele. Pais da igreja anteriores a ele também acreditavam na supremacia de Deus e na dependência da alma humana na graça e assim ensinavam. Agostinho, no entanto, deu um novo enfoque a essas ideias e reuniu-as em uma nova forma. Conforme veremos, o agostinismo introduziu na corrente do pensamento cristão o que é chamado monergismo: a ideia e a crença de que a agência humana é inteiramente passiva e a de Deus é totalmente determinante, tanto na História universal quanto na salvação individual. Muitas pessoas já conhecem parte disso como "predestinação" e automaticamente associam-na ao reformador protestante do século XVI João Calvino. No entanto, a perspectiva mais ampla consiste nas

---

[1] Justo GONZÁLEZ, *A History of Christian thought*, ed. rev., Nashville, Abingdon, 1987, p. 15. V. 2: From Augustine to the eve of the Reformation.
[2] T. Kermit SCOTT, *Augustine*: his thought in context, Mahwah, Paulist, 1995, p. 153.

ideias monergísticas de Agostinho a respeito da providência e da salvação, nas quais Deus é o único agente e energia ativa, ao passo que os seres humanos, tanto coletiva como individualmente, são ferramentas e instrumentos da graça ou ira de Deus.

A teologia cristã antes de Agostinho admitia o conceito do relacionamento entre Deus e o mundo chamado de sinergismo: a ideia e crença de que a agência de Deus e a agência humana cooperam mutuamente de algum modo para produzir a história e a salvação. Os cristãos ortodoxos sempre creram, é claro, que o poder e a graça de Deus são supremos, mas quase todos os teólogos pré-agostinianos admitiam que Deus concede aos seres humanos certo grau de liberdade para tomar determinadas decisões cruciais. Embora Agostinho nunca tenha rejeitado totalmente a liberdade humana, o teor global do seu pensamento milita contra qualquer liberdade genuína dos seres humanos de frustrar a vontade perfeita de Deus. Deus sempre consegue impor sua vontade, mesmo quando os seres humanos pecam e realizam ações iníquas. O Deus de Agostinho é a "realidade que tudo determina", cujo poder é a característica principal:

> Embora Agostinho faça um esforço enorme para preservar tanto a liberdade humana quanto a bondade de Deus, está claro que o seu Deus é, acima de tudo, o governante imperial do universo e a única coisa que não pode ser sacrificada a nenhum preço é o seu *poder* absoluto. Essa é a base do pensamento de Agostinho, que compõe as doutrinas mais associadas ao seu nome.[3]

A vida e o ministério de Agostinho

A vida de Agostinho é a mais conhecida de todos os pais da igreja primitiva. Na realidade, sabemos mais a respeito dele do que de quase qualquer outra pessoa da Antiguidade. Isso porque ele escreveu uma das primeiras autobiografias razoavelmente fidedignas e pormenorizadas chamada *Confissões*. Embora esteja escrita em forma de oração para relatar sua jornada espiritual e dar graças a Deus, as *Confissões* de Agostinho revelam muita coisa a respeito de sua infância, família, juventude, de suas lutas naqueles tempos, de sua saúde física e mental, de sua conversão, do seu desenvolvimento teológico e da sua vida como clérigo de destaque na África do Norte. Agostinho omitiu pouca coisa ou quase nada de seus leitores. Fez uma exposição, com detalhes íntimos, dos seus pecados da infância à vida adulta e enfatizou, em cada momento, sua própria depravação total bem como o poder da graça de Deus para curar e transformar. As *Confissões* revelam que Agostinho era um pessimista a respeito da humanidade, inclusive de sua própria, e um otimista a respeito da graça.

Em 354, Agostinho nasceu com o nome de Aurelius Augustinus em Tagaste, uma pequena cidade na África do Norte não muito longe de Cartago. Sua mãe, Mônica,

---

[3] Ibid., p. 13.

era cristã, e nas *Confissões* Agostinho atribuiu-lhe muito crédito por o ter levado ao arrependimento e à fé pelas orações constantes em seu favor. O pai de Agostinho era um funcionário público romano de classe média, que desfrutava de certo respeito na comunidade. Mas também era pagão e pouco se interessava pelo cristianismo de Mônica. Embora tenha sido criado como cristão, Agostinho desviou-se da prática da fé na adolescência e, especialmente, quando jovem estudante da academia de Cartago, onde alternava sua atenção entre "cutucar a ferida da concupiscência" e tentar descobrir a significado da vida pelo estudo da filosofia e da religião.

Em Cartago, foi influenciado por uma religião relativamente nova, uma das seitas da época, chamada maniqueísmo. Os maniqueístas eram seguidores de um profeta persa chamado Mani, que tinha sido martirizado pelos romanos de modo muito semelhante a Jesus Cristo. Agostinho sentiu-se, por algum tempo, atraído por eles porque pareciam intelectuais e ofereciam respostas às questões mais importantes da vida, respostas que pareciam ao jovem estudante superiores às respostas do cristianismo ou do paganismo tradicional. Por exemplo, os maniqueístas acreditavam em duas forças eternas e igualmente poderosas, do bem e do mal, engajadas em uma luta perpétua. Assim como os gnósticos, eles atribuíam o mal à matéria, que teria sido criada pelo princípio do mal, e o bem ao espírito, criado pelo bom Deus do céu. Essa parecia ser uma solução para o enigma do mal. Posteriormente, Agostinho ficou desiludido com essa teologia e espiritualidade dualista e partiu da África do Norte em direção a Roma e a Milão.

Vivendo como pagão em Milão, a sede da corte imperial no Ocidente, Agostinho foi afetado por duas influências que transformaram sua vida. Enquanto ensinava retórica (oratória) na Academia de Artes em Milão, Agostinho começou a ler livros sobre o neoplatonismo. Estes o convenceram de que podia existir uma realidade espiritual infinita que não era material e era exatamente essa ideia que o tinha impedido de aceitar o cristianismo. O neoplatonismo também lhe forneceu um esclarecimento a respeito do mal semelhante ao que o pai capadócio Gregório de Nissa tinha descoberto e ensinado: o mal não é uma substância, mas a ausência do bem. Agostinho chegou a acreditar, antes disso, que o cristianismo e a religião bíblica em geral não tinham resposta para o problema do mal. Se Deus é onipotente e perfeitamente bom, por que existia tanta maldade no mundo que Deus criou a partir do nada? Então, Deus não tinha de criar o mal? Nesse caso, Deus não é o autor do mal? O neoplatonismo, uma filosofia pagã, forneceu-lhe uma das pistas mais importantes para entender a fé religiosa de sua mãe.

Agostinho, também enquanto morava e ensinava em Milão, começou a estudar o estilo retórico do maior pregador e bispo cristão da Itália do Norte: o virtuoso Ambrósio. Ambrósio ficou famoso pela grande coragem em confrontar o imperador depois de este ter ordenado à morte de milhares de gregos em um massacre vingativo e absurdo. Também era famoso por suas impressionantes habilidades homiléticas e Agostinho escondia-se na parte dos fundos da catedral cristã de Milão para ouvi-lo pregar. Com o tempo, a mensagem pregada por Ambrósio começou a penetrar na mente de Agostinho e a convencê-lo de que sua ideia do cristianismo estava errada. Considerou-o precipitadamente uma religião para pessoas fracas, estultas e sem refinamento. Ambrósio provava que era possível ser intelectual, eloquente, corajoso e cristão.

Já no início de 386, Agostinho convenceu-se da veracidade da cosmovisão cristã, mas ainda não estava disposto a se converter à fé de sua mãe. Sabia que o cristianismo autêntico transcende o aspecto meramente intelectual e suas *Confissões* revelam a profunda relutância em dar o passo do arrependimento e da fé em Jesus Cristo. Uma das orações irônicas de Agostinho em tempos passados era: "Ó Deus, dá-me o dom da castidade [...], mas ainda não". Agora, em Milão, estava realmente chegando ao ponto de tomar a decisão, mas ainda não completamente disposto a abandonar seu estilo de vida pecaminoso e egocêntrico.

A conversão de Agostinho é uma das mais famosas da história da igreja. Essa narrativa é o ponto alto de suas *Confissões* e revela que o evento significou o rompimento radical com seu passado e uma transformação que o deixou completamente diferente da pessoa que era. Certo dia, em agosto de 386, Agostinho sentou-se no jardim de uma quinta que alugava junto com alguns amigos. Sua própria narrativa do que aconteceu é a melhor descrição da sua conversão. Ele lia, com um amigo chamado Alípio, um pergaminho da epístola de Paulo aos romanos e conversava sobre o evangelho pregado e ensinado pelo apóstolo aos gentios. Agostinho estava cheio de convicção:

> Quando essas profundas reflexões extraíram do mais íntimo do meu ser toda a minha miséria e as expuseram perante meu coração, fez-se enorme tempestade desencadeando uma copiosa torrente de lágrimas. Para dar-lhes vazão com espontaneidade, afastei-me de Alípio, pois a solidão se apresentava a mim apropriada ao choro. Assim, retirei-me o suficiente para que sua presença não me constrangesse. Eis o estado em que me encontrava e Alípio bem o adivinhou, porque lhe disse, julgo eu, qualquer coisa num tom de voz embargado pelo choro e, então, me levantei. Completamente atônito, Alípio permaneceu imóvel no local onde estávamos. Corri, não sei como, para debaixo de uma figueira e dei livre curso às lágrimas, que irromperam como rios de meus olhos em um agradável sacrifício a ti. E muitas perguntas te fiz, não com estas mesmas palavras, mas com outras de mesmo teor: "E tu, Senhor, até quando? Até quando continuarás irritado? Não te lembres de nossas iniquidades passadas". Sentia-me, ainda, prisioneiro delas. E estes tristes lamentos vieram à tona: "Por quanto tempo, por quanto tempo? Amanhã, amanhã? Por que não agora? Por que minha torpeza não encontra fim?".

Assim falava e chorava, com o coração oprimido pela mais amarga dor. Eis que, de repente, ouvi uma voz, não sei bem se de menino ou menina, vinda de uma casa vizinha, que cantava e repetia continuamente: "Toma e lê; toma e lê". Imediatamente, meu semblante mudou e comecei a considerar seriamente se as crianças normalmente entoavam essa canção em alguma brincadeira, pois não me recordava de tê-la ouvido em parte alguma. Então, reprimi o ímpeto de minhas lágrimas e levantei-me, convencido de que se tratava de uma mensagem do céu que me ordenava a abrir o livro e ler o primeiro capítulo que encontrasse. [...] Apressado, voltei aonde Alípio estava sentado, pois lá tinha deixado o livro dos apóstolos quando me levantei. Peguei-o, abri e, em silêncio, li o primeiro capítulo em que deitei os olhos: "... não em orgias e bebedeiras, não em imoralidade sexual e depravação, não em desavença e inveja. Ao contrário, revistam-se do Senhor Jesus Cristo e não fiquem premeditando como satisfazer os desejos da carne [Rm 13.13-14]". Não quis ler mais, nem era necessário; pois mal acabara de ler essas palavras e, como se uma luz de certeza tomasse meu coração, todas as trevas da dúvida se dissiparam.[4]

Pouco depois da conversão, Agostinho foi batizado pelo bispo Ambrósio na igreja católica e ortodoxa em Milão. No início, procurou levar a vida de monge ao converter a quinta em mosteiro para a oração, o estudo e a reflexão. Acabou voltando ao seu lar na África do Norte e estabeleceu um mosteiro ali. Sua mãe, que tinha se juntado a ele em Milão, morreu na viagem de volta. Depois de sua chegada na África do Norte, Agostinho tornou-se famoso por suas grandes habilidades intelectuais e retóricas entre os cristãos na área agora conhecida como Tunísia. A Grande Igreja ali ainda estava sendo atormentada pelos cristãos donatistas cismáticos que continuavam a atrair convertidos que abandonavam o cristianismo católico e ortodoxo e entravam para suas igrejas. Os maniqueístas continuavam a crescer e a ameaçar o cristianismo. O paganismo permanecia relativamente forte. A própria Grande Igreja se via envolvida em muitos problemas internos. A despeito de sua própria vontade, Agostinho não tinha a possibilidade de levar a vida que desejava, a de um estudioso cristão recluso e reflexivo, imerso na meditação, no estudo e na oração.

Em 391 Agostinho foi praticamente obrigado a receber ordenação pela congregação cristã em Hipona. Certo domingo, quando estava no culto com eles, literalmente o pegaram e arrastaram para frente para ser ordenado pelo bispo, a despeito de suas lágrimas e protestos. Depois, quando o velho bispo de Hipona quis mais um bispo ao seu lado, Agostinho novamente foi obrigado a aceitar. Contra sua própria vontade, foi consagrado bispo de Hipona em 395 e sucedeu ao outro bispo

---

[4] *The confessions*, 8.12

quando este morreu no ano seguinte. Agostinho tornou-se bispo de uma sé importantíssima da África do Norte, aos 42 anos de idade, e permaneceu no cargo durante mais de 30 anos, até a sua morte em 430. Durante o exercício do cargo, envolveu-se profundamente nos negócios da vida e da política da igreja, e conquistou a reputação de um dos líderes mais sábios da cristandade. Além disso, entrou em debate com os maniqueístas, e através dos seus escritos, demonstrou que se tratava de uma religião baseada em mitos e cheia de contradições. Lutou contra a influência crescente do donatismo e forneceu uma teologia da vida eclesiástica e dos sacramentos que acabou pondo fim às objeções deles contra a validez da hierarquia e sacramentos católicos. Ainda mais importante para a nossa história, o bispo de Hipona ocupou-se em uma controvérsia e debate prolongados com um monge britânico em Roma, Pelágio, e seus seguidores. Uma biblioteca inteira dos escritos de Agostinho surgiu como resultado desses conflitos e controvérsias. Somente Orígenes superou-o no volume de palavras escritas. Um teólogo espanhol, chamado Isidoro de Sevilha, supostamente colocou na entrada do escritório onde guardava todas as obras de Agostinho a seguinte inscrição: "Aquele que alega ter lido tudo isso é mentiroso".[5]

A produção literária de Agostinho foi tão vasta que é possível encontrar em seus escritos praticamente qualquer tema que se imagine. Ele escreveu a respeito de muitos assuntos e, não raro, antecipou alguns desdobramentos da filosofia, da psicologia e da teologia que surgiriam em eras posteriores. Alguns comentaristas consideram-no o primeiro psicólogo por ter explorado o plano subconsciente da mente humana. Suas reflexões sobre a criação antecipam, em linhas gerais, a evolução já que ele rejeitava a interpretação literal dos sete dias da criação e entendia os "dias" da criação como épocas ou eras de duração indefinida, durante as quais Deus operou na natureza para criar os seres vivos. Pertinente para a nossa história é que, infelizmente, os escritos de Agostinho contêm muitas contradições aparentes. Seus pensamentos a respeito de muitos assuntos teológicos foram se desenvolvendo e alterando no decurso do tempo, portanto, é importante notar transições dentro de seu pensamento. Por exemplo, em sua teologia inicial, defendia uma ideia não determinista da liberdade humana, contra os maniqueístas deterministas. Isto é, Agostinho começou argumentando que o pecado e o mal não são, de modo algum, determinados por Deus, mas são produtos do mau uso do livre-arbítrio humano. Posteriormente, em debate com Pelágio e os pelagianos (e os chamados semipelagianos), mudou de opinião e começou a interpretar a liberdade humana como a capacidade somente de pecar e de praticar a iniquidade, desconsiderando a graça divina de transformação. Colocou a liberdade e a soberania de Deus acima

---

[5] SCOTT, op. cit., p. 153.

de toda a liberdade humana e qualificou o arbítrio humano, quando deixado por conta própria, de iníquo. Também no início de sua carreira teológica, Agostinho considerava que a fé era a contribuição humana à salvação — uma ideia sinergística. Posteriormente, em reação a Pelágio, considerou que a fé era uma dádiva de Deus — uma ideia mais compatível com o monergismo.

A teologia de Agostinho é mais evolucionária do que inconsistente. É preciso ter cuidado para não interpretá-la de maneira errada. Embora tenha deixado tensões não resolvidas em sua teologia, Agostinho sempre lutou pelo ideal da total consistência sistemática. Da mesma forma que os pais capadócios, reconhecia a existência do mistério. Supostamente, Agostinho comentou que a doutrina da Trindade era misteriosa e perigosa, pois "se você a negar, perderá a salvação, mas, se tentar compreendê-la, perderá a cabeça!". Claro que isso não o impediu de escrever centenas de páginas explorando o mistério e tentando torná-lo tão inteligível quanto possível. Mas em sua carreira de bispo e teólogo, Agostinho constantemente permitia que seus pensamentos fossem moldados pelas necessidades do momento, sob a autoridade da Palavra de Deus. Portanto, ao ser confrontado com uma nova heresia, dispunha-se a repensar sua teologia anterior para combatê-la. Reconheceu abertamente que tinha escrito coisas no início da carreira que eram inconsistentes com seu pensamento maduro porque Pelágio e o pelagianismo surgiram no seu caminho. Quando analisou mais profundamente essa heresia, percebeu que algumas das opiniões que expressou na ocasião podiam ser interpretadas de uma forma que a reforçaria e por isso as reformulou. De fato, conforme consideraram muitos cristãos mesmo naquela época, ele passou de um extremo ao outro.

No presente, estudaremos apenas algumas partes da teologia global de Agostinho e focalizaremos primariamente seu pensamento maduro, que se desenvolveu paulatinamente no decurso de três etapas importantes da controvérsia. Na primeira, seu pensamento foi moldado pela necessidade de combater o maniqueísmo. Contra essa seita, lançou um ataque totalmente apologético, no qual usou o neoplatonismo como aliado e arma. O neoplatonismo, por sua vez, formou seus pensamentos subsequentes a respeito de Deus e do relacionamento entre Deus e o mundo. Na segunda, Agostinho procurou combater o cisma donatista em sua própria região. Contra ele, desenvolveu ideias a respeito da igreja, do sacerdócio e dos sacramentos que se tornaram marcos da teologia católica. Na terceira e última etapa, Agostinho rebateu as ideias de Pelágio e de seus simpatizantes e com isso desenvolveu suas próprias ideias distintas a respeito da depravação humana e da soberania de Deus. A Igreja Católica nunca aceitou completamente as opiniões de Agostinho, mas rejeitou com firmeza os ensinos de Pelágio e de seus seguidores, em grande parte, graças à influência dele. Os conceitos antipelagianos de Agostinho tornaram-se uma fonte constante de criatividade bem como de controvérsia, tanto no pensamento católico como no protestante. As igrejas orientais nunca os aceitaram.

Agostinho fala sobre o bem e o mal

Quando Agostinho voltou para a África do Norte como cristão, descobriu que a religião que antes admirava, o maniqueísmo, estava em plena atividade. Como jovem bispo, descobriu que essa religião crescia entre a juventude de Cartago e em outras áreas urbanas por causa do seu apelo intelectual. Existem muitos paralelos interessantes entre essa situação e a ascensão das seitas e das novas religiões nas Américas de outras partes do mundo atualmente. Muitas seitas em rápido crescimento atraem os estudantes universitários porque alegam fornecer respostas melhores sobre as grandes questões da vida do que as da "religião organizada tradicional".

Embora o maniqueísmo alegasse ser intelectualmente sofisticado, deve "ser entendido como uma das fantasias mais estranhas e grotescas que a mente humana já concebeu".[6] Sua cosmovisão assemelha-se, de certa maneira, ao gnosticismo e seus primeiros convertidos, provavelmente, eram gnósticos cristãos. O maniqueísmo forneceu uma superabundância de mitos fantásticos sobre a origem do mundo físico, com um pecado original no início dos tempos e um combate cósmico entre as forças do bem e do mal. A alma ou espírito do homem, segundo declarava, era uma centelha do poder benigno, que tinha sido roubada pelas forças malignas e aprisionada na matéria. O mal era produto de uma força maligna eterna que tinha criado a matéria. Estava perpetuado pela existência da realidade física e pela ligação da alma a ela.

O próprio Agostinho havia abandonado a religião maniqueísta depois de várias tentativas de descobrir as respostas que ela oferecia a algumas dúvidas que sua cosmovisão mítica levantavam, mas não solucionavam. Por exemplo, o maniqueísmo ensinava que a matéria é maligna ou é a origem do mal, mas, por outro lado, não oferecia nenhuma ideia do que seria a realidade espiritual, não material. Agostinho achava isso inconsistente, posto que essa religião acreditava na existência de um único Deus no céu que era totalmente bom. Quando finalmente teve a oportunidade de entrevistar o filósofo principal do maniqueísmo, um homem chamado Fausto, Agostinho abandonou o movimento, revoltado, convicto de que não possuía as respostas que prometia. Encontrou-as, no entanto, nos "livros dos platonistas" (o neoplatonismo) e, mais tarde, no cristianismo. Como bispo, anos depois, usou suas faculdades críticas formidáveis para desmascarar as falsas reivindicações dos maniqueístas.

O principal livro de Agostinho contra os maniqueístas é *Da natureza do bem*, que escreveu por volta de 405. Nele, aproveitou as ideias neoplatônicas a respeito da união ontológica entre a existência e o bem e a respeito do mal como a privação de ambos para explicar o conceito cristão de Deus como Criador,

---

[6] Gerald BONNER, *St. Augustine of Hippo*: life and controversies, Norwich, Canterbury, 1986, p. 157.

demonstrando como isso é consistente com a existência do mal. Em outras palavras, mostrou que não é preciso postular a existência de duas forças ou princípios iguais no universo (o dualismo) — uma boa e outra má — para explicar o mal. Segundo Agostinho, o mal não é uma natureza ou substância, mas a corrupção da natureza boa criada por Deus:

> Quando, então, se pergunta de onde vem o mal, deve-se primeiro indagar o que é o mal e este não é outra coisa senão a corrupção, seja da medida, da forma ou da ordem que pertence à natureza. A natureza que, portanto, foi corrompida é tida como má, porquanto certamente é boa quando não é corrompida; mas, mesmo corrompida, é boa enquanto natureza e é má enquanto corrompida.[1]

Mas como a natureza boa criada por Deus pode desviar-se e tornar-se má? A isso, Agostinho respondeu com dois argumentos, um metafísico e outro moral. Explicou que qualquer natureza criada *ex nihilo* — do nada — é automaticamente inferior a Deus; portanto, não é absoluta e metafisicamente perfeita e é passível de corrupção. Somente a natureza de Deus é absolutamente incorruptível. Além disso, a natureza humana possui o dom da liberdade, que pode ser usado erroneamente para um bem menor do que aquele que Deus pretendia originariamente. Essa é a verdadeira fonte e origem da corrupção e da ausência do bem, ou seja, do que chamamos de mal — o mau uso do livre-arbítrio: "O pecado não é a busca da natureza má, mas o abandono da melhor, de modo que o ato em si é mau, mas não a natureza que o pecador usa erroneamente. O mal é, pois empregar erroneamente o que é bom".[2]

A conclusão da resposta de Agostinho aos maniqueístas e do seu argumento contra eles é: a única coisa má que realmente existe é o mau arbítrio, que não é uma "coisa" de forma alguma. O mal é, na verdade, a falta de alguma coisa. O livre-arbítrio não é o mal. A ocasião para ele pecar não é o mal. O mal é o mau uso do arbítrio que na prática o torna mau. Para isso, não há explicação nem causa. Se houvesse, então, não seria realmente o mal. Para Agostinho, existe um "mistério da iniquidade" que não pode ser plenamente explicado. Mas isso não é desculpa para apelar para a irracionalidade ou para "bravatas sacrílegas", como chamava os mitos maniqueístas.

O emprego do neoplatonismo contra os maniqueístas é o exemplo clássico de um pai da igreja cristã a "despojar os egípcios". Assim como os hebreus levaram consigo no Êxodo os bens de seus senhores, os teólogos cristãos devem ter a liberdade de fazer uso das ideias pagãs, na medida em que sejam compatíveis com o evangelho e úteis para a sua promoção, porque toda verdade é a verdade de Deus.

---

[1] *Concerning the nature of good*, 4.

[2] Ibid., 36.

Novamente, há uma analogia entre Agostinho e Orígenes. Embora Orígenes fosse um pensador mais especulativo, Agostinho, como ele, encontrou muita coisa de valor na filosofia pagã. Empunhou o neoplatonismo como uma espada contra o maniqueísmo, mas o manejou com muito cuidado:

> Agostinho, portanto, tomou dos neoplatonistas certo conceito do mal, que ele mesmo modificou e desenvolveu à luz do dogma cristão a fim de providenciar uma arma eficaz para demolir os argumentos dos maniqueístas. As coisas criadas são boas; pode existir uma hierarquia de coisas criadas, algumas muito boas, outras menos boas, sem necessariamente envolver qualquer existência do mal. O mal surge da corrupção da natureza que é essencialmente boa. O que é chamado mal é o bem corrompido; se não fosse corrompido, seria totalmente bom; mas mesmo corrompido, é bom no que permanece uma coisa natural e é mau no que é corrompido.[3]

Obviamente, Agostinho discordava completamente do neoplatonismo a respeito da natureza pessoal de Deus e da criação do mundo. Segundo a referida filosofia, a realidade final é uma unidade impessoal — o Uno — além de toda existência e essência, do qual fluem todas as coisas por emanação de modo inconsciente e automático. Não existe o conceito no neoplatonismo de um Deus pessoal, nem da criação deliberada a partir do nada. Mesmo assim, Agostinho considerou-o menos perigoso e mais útil para o evangelho do que o maniqueísmo.

É interessante notar que Agostinho defendeu o livre-arbítrio humano na polêmica contra os maniqueístas. Devemos nos lembrar, no entanto, que nesse caso ele estava apenas procurando refutar a teologia deles a respeito da natureza e da origem do mal. Imputavam a ele um princípio eterno maligno e a criação da matéria. Essa ideia, portanto, absolvia os seres humanos da responsabilidade pelo pecado, limitava Deus e tirava seu monopólio sobre a criação. Assim, Agostinho concentrou seus argumentos em um plano maior e mais amplo da natureza humana antes da queda pelo pecado. Naquele tempo, segundo Agostinho, os seres humanos realmente tinham livre-arbítrio. Eles podiam ter feito o contrário do que fizeram. Mas, desde a queda do jardim do Éden, o arbítrio humano ficou tão corrompido que a liberdade de não pecar tornou-se impossível. Agostinho só concluiu todos os detalhes da doutrina da depravação humana e da impossibilidade do arbítrio em seus debates posteriores com Pelágio.

Agostinho demonstrou racionalmente, com a ajuda da filosofia grega, a superioridade do cristianismo em relação ao maniqueísmo. Ao mesmo tempo, conseguiu fornecer alguns padrões para o pensamento cristão a respeito de Deus, da criação, do pecado e do mal, que se tornaram profundamente arraigados, a partir de então,

---

[3] Bonner, op. cit., p. 204.

pelo menos no pensamento cristão ocidental. Deus é infinito, absolutamente onipotente, perfeitamente espiritual e livre de todo e qualquer defeito metafísico ou moral. Mas o mal, sendo a privação do bem, é inevitavelmente uma possibilidade em qualquer criação e especialmente no universo que inclui agentes criados, moralmente livres e responsáveis, como os anjos e os seres humanos. Segundo Agostinho, o pecado e o mal não eram inevitáveis e certamente não eram necessários, mas eram possíveis e essa possibilidade concretizou-se com o primeiro casal humano e com seres celestiais antes deles.

Foi assim que Agostinho começou a compor um quadro inteligível de toda a realidade, a partir de elementos bíblicos e filosóficos. Nesse ponto, boa parte do que ele expôs não é novo nem original. Encontramos as mesmas ideias ou elementos básicos em Orígenes, Gregório de Nissa e em outros pais da igreja oriental anteriores e contemporâneos de Agostinho. Mas o bispo norte-africano pintou o quadro de uma forma nova e mais atraente que ajudou a anuviar o brilho do maniqueísmo e atrair muitas pessoas ao cristianismo.

Agostinho fala sobre a igreja e os sacramentos

Depois de contestar e derrotar os maniqueístas, Agostinho voltou sua atenção para o grande problema do donatismo. Era grande porque, naquela época, tinha mais partidários do que a Grande Igreja em algumas partes da África do Norte. Quanto mais pressão os imperadores faziam contra o donatismo, mais ele se tornava violento e, durante algum tempo, quadrilhas de donatistas radicais tornaram as viagens na África do Norte quase impossíveis. Assim como no maniqueísmo, muitas pessoas consideraram o donatismo melhor do que o cristianismo católico e ortodoxo. As pessoas que se deixavam atrair pelo donatismo e por suas igrejas, que eram mais moralistas do que intelectuais. Eram cristãos profundamente arraigados na tradição de *O pastor de Hermas* e de Tertuliano e acreditavam que os bispos que tinham pecado ou cooperado com as autoridades romanas perseguidoras não eram bispos cristãos legítimos e que os homens que eles tinham ordenado ao sacerdócio não eram sacerdotes cristãos. O cisma tinha começado muito antes, com as perseguições aos cristãos nos reinados dos imperadores Décio e Diocleciano em fins do século III. Mas ele foi perpetuado pelos donatistas que acreditavam que os bispos católicos eram homens imorais e corruptos, sem nenhuma autoridade. Eles rejeitaram os sacramentos deles, considerando-os inválidos por causa de seu estilo de vida e seus antecedentes.

Quando Agostinho fez sua investida contra o donatismo na África do Norte, três questões importantes vieram imediatamente à tona, sendo as mais cruciais da controvérsia: a natureza da igreja, os sacramentos e sua validade e o relacionamento entre a igreja e o estado. A essência da visão donatista que os levou ao cisma tratava da pureza da igreja: "Qual é a natureza da igreja de Cristo? Segundo os donatistas, era a congregação dos santos, tanto na terra como no céu, e por esse motivo seria sempre um pequeno remanescente".[4] Agostinho rejeitou com veemência essa eclesiologia. Argumentou em numerosas cartas que os donatistas eram os "impuros" por destruir a união da igreja e cair no pecado do cisma. "Contra esse sonho donatista da igreja dos santos, Agostinho ofereceu outro: a igreja universal, disseminada pelo mundo inteiro e contendo dentro de si tanto o bem como o mal até a separação definitiva no dia final".[5]

Uma das maiores desavenças entre os donatistas e os católicos dizia respeito aos sacramentos. Os donatistas rejeitavam todos os sacramentos celebrados por ministros, indignos ou dignos, sob a autoridade de bispos indignos. Um líder donatista escreveu:

> O que estamos procurando é a consciência do doador, dando em santidade, a fim de purificar a consciência do receptor. Porque aquele que conscientemente recebe a fé do ímpio, recebe, não a fé, mas a culpa. Pois tudo consiste em uma origem e uma raiz e, se não tiver algo como origem, nada é e nada adianta receber um segundo nascimento, a menos que nasça de novo de boa semente.[6]

Fundamentados nessa teologia para o ministério e os sacramentos, os donatistas rejeitavam o batismo celebrado por ministros ou bispos que, de alguma forma, consideravam impuros ou heréticos. Isso levantou uma questão para Agostinho, como bispo e teólogo cristão. Qual é a validade (se houver) de um batismo celebrado por um sacerdote que vive no pecado ou que patrocina uma heresia? Cipriano, cuja autoridade era considerada grande pelas duas partes, rejeitou e considerou inválidos semelhantes batismos e eucaristias. A igreja católica passou a aceitá-los e considera-los válidos, sem uma justificativa teológica aparente.

Agostinho refletiu sobre a natureza dos sacramentos e desenvolveu a ideia que acabou sendo adotada pela Grande Igreja, tanto católica quanto ortodoxa. Segundo o pensamento sacramental de Agostinho, os sacramentos, como o batismo e a eucaristia ou a ceia do Senhor, transmitem graça *ex opere operato*, que é traduzido livremente como "em virtude do próprio ato". Em outras palavras, o poder e a validade do sacramento baseiam-se na santidade de Cristo e o sacerdote que o administra é mero instrumento da graça de Cristo:

> A opinião que Agostinho tinha dos sacramentos baseava-se no seu conceito de Cristo, o sumo sacerdote sem pecado, que é o único doador da graça

---

[4] Ibid., p. 284.
[5] Ibid., p. 287.
[6] Ibid., p. 290.

sacramental porque somente a ele pertence o poder de conferi-la, embora a administre através de agentes humanos. O que estes administram é o batismo de Cristo, cuja santidade não pode ser corrompida por ministros indignos, assim como a luz do sol não é corrompida ao brilhar através de um esgoto.[7]

Sob esse ponto de vista, portanto, o sacerdote e o bispo podem administrar sacramentos que são eficazes para outorgar a graça e transformar vidas, contanto que sejam devidamente ordenados na sucessão apostólica. O batismo administrado por um sacerdote autodenominado, sem ordenação válida, não era sacramento. Mas o batismo administrado por um sacerdote imoral ou herético com ordenação válida e em comunhão com a Grande Igreja era sacramento legítimo. Esse é o significado de *ex opere operato*.

Agostinho tinha os sacramentos em altíssimo conceito. Identificou explicitamente como sacramentos somente o batismo e a eucaristia, mas tratou outros ritos e cerimônias da igreja como uma espécie de via e instrumento da graça regeneradora e santificadora de Deus. Segundo Agostinho, as crianças nascem culpadas do pecado de Adão e Eva e são corruptas por natureza. O batismo é necessário para livrar dessa culpa, curar a corrupção e trazer a pessoa para a vida da salvação dentro da igreja. Essa crença a respeito do batismo é conhecida na teologia como "regeneração batismal". No seu manual de doutrina, *Enchiridion*, Agostinho escreveu que "mesmo os bebês que são batizados em Cristo morrem para o pecado".[8] Escreveu em outro lugar que um bebê que morre sem ser batizado está condenado à perdição, mesmo quando o batismo não é possível: "Com toda a razão, portanto, em virtude da condenação que percorre toda a massa [humanidade], ele não é admitido ao reino do céu, pois, além de não ser cristão, não teve a possibilidade de se tornar um".[9] Posteriormente, Agostinho sugere que as crianças que morrem sem ser batizadas vão para um lugar chamado "limbo", que não é o paraíso nem o *hades* (inferno) — nem bem-aventurança, nem sofrimento —, mas meramente um lugar, à margem do inferno, que abriga os não regenerados sem culpa pessoal. Embora a ideia de Agostinho sobre o limbo tenha se tornado uma explicação popular, ela nunca se tornou a doutrina oficial de nenhuma igreja.

Agostinho fala sobre a graça e o livre-arbítrio

Desde sua conversão, Agostinho deu muita ênfase à graça e ao poder de Deus na salvação. A atuação de Deus na sua própria experiência de conversão foi tão

---

[7] Ibid., p. 292.
[8] *The enchiridion: on faith, hope and love* 52.
[9] *On nature and grace* 9

avassaladora que ele não pôde resistir. Não foi ele quem escolheu a Deus, mas Deus que o escolheu. Ele acreditava que essa ideia se confirmava nos ensinos do apóstolo Paulo e passagens como Romanos 9-11. Nas *Confissões* louvou e agradeceu a Deus por tê-lo transformado de modo soberano e atribuiu-lhe toda a glória, reconhecendo sua própria incapacidade de praticar qualquer bem. Escreveu: "Toda a minha esperança repousa na tua superlativamente grande misericórdia e somente nela. Dá o que ordenas e ordena o que queres. Ordenaste de nossa parte a continência e, quando tomei conhecimento, conforme está dito, de que ninguém pode ser continente a não ser que Deus lho conceda, mesmo isso foi assunto de sabedoria: saber de quem era esse dom".[10]

Quando Pelágio, o monge britânico chegou a Roma, por volta de 405, notou que muitos cristãos viviam de maneira indecente e muitos outros pareciam não se preocupar com a crescente indiferença à pureza moral e obediência na igreja. Ele começou a pesquisar as possíveis causas disso e quando ouviu ou leu a oração de Agostinho acima, ficou horrorizado e imediatamente convencido de que essa era a causa do problema. Se os cristãos acreditavam que não podiam ser continentes (abstendo-se da imoralidade) a menos que Deus lhes desse essa dádiva, era de se esperar que praticassem a incontinência. Esse era o argumento de Pelágio. Em seguida, Pelágio escreveu o livro *Da natureza*, que condenava o ponto de vista de Agostinho e sustentava que os seres humanos podem ter uma vida sem pecado com seus "dons naturais" e que cabe a eles fazer isso. Esse foi o elemento catalisador que deu início à grande controvérsia a respeito do pecado original, do livre-arbítrio e da graça que foi consumindo a igreja ocidental durante mais de cem anos e que continuou ecoando nos séculos subsequentes.

Pelágio e a heresia pelagiana

Pelágio nasceu na Grã-Bretanha por volta de 350. Assim como tantos outros hereges do cristianismo primitivo, sua vida é cheia de mistérios e muitos dos seus escritos são conhecidos somente através das citações e alusões feitas em livros que se opõem a ele e o condenam. Chegou em Roma por volta de 405 e viajou para a África do Norte, onde poderia ter se encontrado com Agostinho, mas não o fez. Depois, continuou a viagem até a Palestina e escreveu dois livros sobre o pecado, o livre-arbítrio e a graça: *Da natureza* e *Do livre-arbítrio*. Suas opiniões foram violentamente criticadas por Agostinho e seu amigo, Jerônimo, tradutor e comentarista bíblico, que morava em Belém. Pelágio foi inocentado da acusação de heresia pelo sínodo de Dióspolis na Palestina em 415, mas condenado como herege pelo bispo de Roma em 417 e 418, e pelo Concílio de Éfeso em 431. Não se sabe o ano

---

[10] Apud Bonner, op. cit., p. 317.

exato de sua morte, mas, provavelmente, foi pouco depois de 423. É provável que sua condenação pelo Concílio de Éfeso tenha sido póstuma.

"Herege relutante" é como um escritor moderno descreve Pelágio.[11] Ele não tinha a intenção de pregar um falso evangelho, nem outro evangelho senão aquele que aprendeu em sua juventude na Grã-Bretanha. Ele nunca chegou a negar qualquer doutrina ou dogma da fé cristã, pelo menos, nada que já fosse declarado ortodoxo. Era essencialmente um cristão moralista, uma pessoa que se interessava pela promoção de atitudes e comportamento de alto valor moral nas igrejas e se opunha a certas crenças e práticas comuns dos seus dias. Aceitava o batismo infantil, mas negava a sua eficácia em remover pela lavagem a culpa herdada. Rejeitava completamente a ideia do pecado original. Certamente não era o único. A maioria dos cristãos orientais também rejeitava a ideia da culpa original ou herdada. Acreditava fervorosamente no livre-arbítrio e na necessidade da graça para a salvação, mas entendia que a graça dependia, em parte, de um atributo natural da pessoa, em parte, da revelação da vontade de Deus através da lei.

Embora nem sempre fosse consistente no que dizia, Pelágio ensinava que os seres humanos podem de fato, simplesmente, decidir obedecer a Deus o tempo todo e nunca pecar deliberada e dolosamente. Se o pecado, no sentido da culpa que condena, é inevitável, argumentava, como podemos ser responsabilizados por isso? E por que não simplesmente relaxar e pecar ainda mais, já que é inevitável? E, se qualquer bem que possamos fazer é sempre dom de Deus, por que culpar as pessoas por pecar enquanto esperam receber o dom da bondade?

Os oponentes de Pelágio, sob a liderança de Agostinho, acusaram-no de três heresias. Primeiro alegaram que ele negava o pecado original. Depois o acusaram de negar que a graça de Deus é essencial para a salvação. Por último, disseram que ele pregava a impecabilidade operada pelo livre-arbítrio sem a graça. Sem dúvida, há muita verdade nas três acusações.

Por outro lado, a questão não é tão simples quanto parece. Ao negar o pecado original, Pelágio estava negando a interpretação de Agostinho a esse respeito, mas não exatamente o conceito do pecado original que predominava nas igrejas orientais. Essa foi uma das razões de ter encontrado certa aceitação e refúgio no Oriente. O que, exatamente, Pelágio ensinava então? É importante respondermos a essa pergunta, dentro do possível, para entendermos a teologia mais madura de Agostinho em relação ao pecado e à salvação, teologia que, em grande parte, foi desenvolvida em meio às disputas com Pelágio.

Sem dúvida, Pelágio realmente negou o pecado original no tocante à culpa herdada. Não acreditava que as crianças nasciam responsáveis diante de Deus por

---

[11] B. R. REES, *Pelagius*: a reluctant heretic, Woodbridge and Rochester, Boydell, 1988.

causa do pecado de seu ancestral, Adão. Em seu livro *Do livre-arbítrio*, escreveu que "o mal não nasce conosco e somos procriados sem culpa".[12] Acreditava, sim, que todos nascemos em um mundo corrompido pelo pecado e que tendemos a pecar por causa dos maus exemplos de nossos pais e amigos. Podemos chamar isso de modelo incubador do pecado original em comparação com os modelos biológico e jurídico propostos por Agostinho. Se pecamos, é porque decidimos deliberada e conscientemente fazê-lo e, se somos responsabilizados por isso, é sempre uma questão de livre-arbítrio. Pelágio chega a negar a inevitabilidade do pecado. Se todo mundo de fato peca, é simplesmente porque decide espontânea e deliberadamente repetir o ato de Adão. Não existe nenhuma tendência ou predisposição inata ao pecado. São os exemplos pecaminosos que seduzem as pessoas ao pecado. Em linguagem metafórica, para Pelágio, o pecado era um mal social e não um mal genético.

No que se referia à necessidade da graça de Deus, Pelágio foi ambivalente e vago. Afirmou que o ser humano necessitava da ajuda de Deus para fazer qualquer coisa boa, mas parece que considerava que a lei e a consciência dadas por ele eram suficientes. Escreveu que "Deus nos ajuda mediante os seus ensinos e sua revelação, abrindo os olhos do nosso coração, indicando-nos o futuro para que não fiquemos preocupados apenas com o presente, desvendando para nós as armadilhas do diabo, iluminando-nos com a incomensurável e inefável dádiva da graça celestial".[13] Em outras palavras, não precisamos de nada além da graça da Palavra de Deus e da nossa própria consciência. Basta a qualquer cristão batizado simplesmente decidir seguir a vontade de Deus o tempo todo e nunca precisará de nenhuma outra capacitação especial de Deus para viver sem pecado. Pelágio não dizia o mesmo em relação aos não cristãos. Defendia a necessidade do batismo para estabelecer o relacionamento correto com Deus. Nesse aspecto, parece mesmo haver certa inconsistência em sua teologia.

Pelágio afirmou claramente que um cristão pode ficar isento do pecado se assim desejar. Uma criança pode e deve de fato viver de tal maneira que nunca precise implorar por perdão a Deus. O perdão existe para o caso de alguém tropeçar e cair no pecado ou mesmo de pecar deliberadamente, mas Pelágio considerava-o desnecessário para a pessoa que vivia com retidão pelo livre-arbítrio, de acordo com a iluminação fornecida pela Palavra de Deus e pela consciência. Quando, no entanto, foi pressionado pelos bispos no Sínodo de Dióspolis em 415, Pelágio afirmou que a possibilidade de viver sem pecado era teórica e não concreta. Isto é, ele declarou que, embora tal obediência seja uma realização possível para qualquer pessoa, talvez ninguém tenha conseguido esse feito a não ser Cristo:

---

[12] Apud Rees, op. cit., p. 91.
[13] Ibid.

> Eu disse de fato que um homem pode ficar isento do pecado e seguir os mandamentos de Deus, se assim desejar; essa capacidade, pois lhe foi outorgada por Deus. No entanto, não declarei que existe um homem que nunca tenha pecado desde a infância até a velhice, mas que, ao ser convertido de seus pecados, pode permanecer isento do pecado por seus próprios esforços e pela graça de Deus, embora, mesmo assim, seja capaz de mudar no futuro.[14]

Nos três casos de acusação de heresia levantados contra ele, é difícil apurar exatamente o que Pelágio acreditava e ensinava. É mais fácil apurar o que ele negava. Ele negava a culpa herdada e a inevitabilidade do pecado. Negava a total necessidade da graça sobrenatural auxiliadora para obedecermos à lei de Deus e admitia a capacidade do livre-arbítrio. Negava que a perfeita obediência à lei de Deus é totalmente impossível para os seres humanos pecadores. Mas, mesmo assim, é possível que essas negações fossem apenas teóricas e que ninguém, senão o próprio Jesus Cristo, realmente levou a vida até ao fim em perfeita conformidade com a vontade e a lei de Deus. Em outras palavras, ele podia alegar que estava apenas dizendo que a impecabilidade operada sem a graça auxiliadora especial tinha de ser possível, caso contrário seria uma injustiça de Deus exigi-la e responsabilizar os seres humanos por não conseguirem ser assim. O renomado filósofo moderno alemão, Immanuel Kant, parafraseou a atitude básica de Pelágio no aforismo: "Dever significa poder".

A resposta de Agostinho a Pelágio

Respondendo ao que entendia dos ensinos de Pelágio a respeito do pecado, do livre--arbítrio e da graça, Agostinho desenvolveu sua própria teologia da depravação humana e da soberania e graça de Deus. Suas principais obras antipelagianas incluem: *Do Espírito e da letra* (412), *Da natureza e da graça* (415), *Da graça de Cristo e do pecado original* (418), *Da graça e do livre-arbítrio* (427) e *Da predestinação dos santos* (429). Além disso, formou suas próprias opiniões sobre essas relevantes questões em muitos outros escritos, incluindo *O Enchiridion: da fé, da esperança e do amor* (421) e sua obra-prima, *A cidade de Deus*, que concluiu pouco antes de sua morte em 440. Alguns desses livros foram escritos depois de Pelágio ser condenado pelo papa (418) e morrer pouco tempo depois e não visavam tanto atingi-lo, mas a certos monges e teólogos que defendiam alguns aspectos dos ensinos de Pelágio contra o monergismo desenvolvido pelo próprio Agostinho. Isto é, Agostinho acabou tentando refutar não apenas a suposta heresia de Pelágio da impecabilidade sem a graça auxiliadora, mas também todas as formas do sinergismo. No fim de sua vida e carreira, Agostinho aceitava somente seu próprio monergismo como fundamento da doutrina ortodoxa

---

[14] Ibid., p. 93.

da salvação. O debate a esse respeito estendeu-se muito além de sua época, entrando no século seguinte, e repercutiu em todos os séculos da teologia cristã.

Toda a soteriologia de Agostinho decorre de duas crenças principais: a absoluta e total depravação dos seres humanos depois da queda e o poder e a soberania absoluta e total de Deus. A interpretação que Agostinho deu a essas doutrinas é um produto e um determinante do debate com Pelágio e com seus defensores moderados, chamados semipelagianos. O conceito de Agostinho no tocante à depravação humana é extremamente drástico. Segundo ele, todos os seres humanos de todas as épocas que já nasceram (à exceção do Deus-homem, Jesus Cristo) fazem parte de uma "massa de perdição" e são totalmente culpados e condenados por Deus pelo pecado original de Adão. Como os puritanos diziam no século XVII: "Como Adão pecou, ninguém escapou". O próprio Agostinho explicou a situação com mais pompa:

> Logo, depois do pecado, ele [Adão] foi levado ao exílio e por causa do pecado, toda a raça a qual ele deu origem foi corrompida nele e, assim, submetida à pena de morte. E tanto é assim que todos os descendentes de sua união com a mulher que o levou ao pecado, que foram condenados ao mesmo tempo com ele — por serem produtos da concupiscência carnal na qual o mesmo castigo de desobediência se inflige —, foram maculados pelo pecado original e levados depois de muitos erros e sofrimentos até o derradeiro e eterno castigo que sofrem em comum com os anjos pecadores, seus corruptores, senhores e coparticipantes da condenação.[15]

Além disso, "a falha em nossa natureza permanece tão impregnada em nossos descendentes que os torna culpados, mesmo que a culpa pela mesma falha seja removida pelos pais através da remissão dos pecados".[16] Portanto, para Agostinho, até mesmos os filhos de pais cristãos nascem culpados e totalmente corrompidos por causa do pecado de Adão e da natureza pecadora herdada dele.

Ao contrário de Pelágio e da maioria dos teólogos das igrejas orientais, portanto, Agostinho acreditava que todos os seres humanos, à exceção do próprio Cristo, não somente nascem corruptos, já que o pecado é inevitável, mas também culpados do pecado de Adão e merecedores da condenação eterna, a não ser quando são batizados para obter a remissão dos pecados e permanecem na graça pela fé e pelo amor. Para explicar a culpa universal herdada de sua doutrina do pecado original, Agostinho baseou-se em um texto comprobatório da epístola de Paulo aos romanos. O texto grego de Romanos 5.12 diz que a morte passou a todos os seres humanos "porque todos pecaram". Agostinho, no entanto, não lia grego e usou uma tradução pouco

---

[15] *The enchiridion*, 26.
[16] *On the grace of Christ and on original sin*, 44.

versada de Romanos que entendia erroneamente a citação mencionada como *in quo omnes pecaverunt* ou "em quem [ou seja, Adão] todos pecaram". Em outras palavras, quando Agostinho leu Romanos 5.12, entendeu que a morte passou a todos os seres humanos porque todos pecaram por intermédio de Adão. Mas não é isso o que o versículo diz na língua original. Naturalmente, Agostinho argumentaria que Romanos 5 e toda a epístola aos romanos e o próprio evangelho ensinam que nós, seres humanos, somos todos da raça de Adão e, por isso, herdamos sua culpa e sua corrupção. Por qual outra razão Jesus Cristo teria que nascer de uma virgem? Para Agostinho, a única explicação era porque a culpa e a corrupção do pecado são transmitidas às gerações seguintes pela procriação sexual e a natureza de Cristo só estaria livre do pecado se ele não fosse concebido pelo processo natural.

A doutrina do pecado original ensinada por Agostinho pode ser apropriadamente considerada "identidade seminal" entre o ser humano e seu ancestral Adão. A criança recém-nascida, bem como a pessoa de meia-idade ou ainda de idade avançada, é corrompida e culpada por causa da sua relação com Adão. Essa relação pode ser temporariamente desfeita pelo batismo, mas é imediatamente restabelecida quando a pessoa peca depois disso e por isso precisa ser desfeita novamente pelo arrependimento e pela graça sacramental. Agostinho acreditava que o processo da graça transformadora podia se dar em um progresso genuíno, de tal maneira que a pessoa pudesse de fato finalmente desfrutar uma vida de comunhão ininterrupta com Deus, praticamente livre da condenação e da corrupção do pecado original, vida que era inteiramente obra da graça de Deus e de forma alguma produto do esforço humano ou do livre-arbítrio sem a graça auxiliadora. Além disso, até um santo como esse geraria filhos culpados, corruptos e dependentes da graça batismal para desfrutar a comunhão com Deus.

Agostinho argumentou que, por causa da depravação e da corrupção herdadas pelo pecado, o ser humano não têm liberdade para não pecar: "O livre-arbítrio do homem", escreveu contra Pelágio, "não serve para nada a não ser para pecar".[17] Antes da desobediência, Adão tinha a capacidade de não pecar. Naqueles tempos, ele estava na condição *posse non peccare*: era possível não pecar. Com a desobediência, Adão e toda sua posteridade, à exceção de Jesus Cristo, passou para a condição *non posse non peccare*: é impossível não pecar.

Agostinho alertou que duas conclusões *não* podiam ser tiradas daí. Primeiro, não se podia dizer que sua teoria subentendia a necessidade absoluta do pecado. O pecado e o mal são produtos do mau uso da liberdade e não são metafisicamente necessários. Mas como o primeiro casal humano foi desobediente, o pecado se tornou inevitável na vida deles e na vida de sua posteridade. Agostinho frisou a

---

[17] *On the grace of Christ and on original sin*, 44.

distinção entre necessidade e inevitabilidade. Mesmo agora, muito tempo depois da transgressão de Adão, o pecado é inevitável, mas não necessário.

Outra conclusão errônea que Agostinho negava era que sua teoria implicava na perda total do livre-arbítrio. Ele argumentava que o ser humano mantém o livre-arbítrio mesmo depois da queda. Mas o livre-arbítrio está tão condicionado ao pecado que ele sempre se volta para a desobediência, a não ser quando há intervenção da graça de Deus para mudar essa vontade. Mesmo ao pecar, o que é inevitável, o ser humano nascido da raça de Adão está decidindo livremente.

Como pode ser isso? Segundo Agostinho, o livre-arbítrio era simplesmente fazer o que se deseja fazer: "Resumindo, portanto, sou livre para praticar qualquer ação (de acordo com minhas possibilidades), pois meu desejo e minha decisão de realizá-la são suficientes para sua realização".[18] Quando a pessoa faz o que deseja, a sua ação é "livre". Certamente, isso não é o mesmo que dizer que o livre-arbítrio é a "capacidade de fazer de outra forma", que é provavelmente o que Pelágio e seus seguidores sustentavam. Segundo Agostinho, as pessoas são livres para pecar, mas não são livres para não pecar. Isso porque desejam pecar. A queda corrompeu de tal maneira as suas motivações e seus desejos que pecar é tudo o que elas querem fazer sem a graça interveniente de Deus. Portanto, estão pecando "livremente". Pelágio e seus seguidores quase certamente rejeitariam essa ideia do livre-arbítrio e argumentariam que uma pessoa só é realmente livre se puder decidir entre pecar ou não.

Dessa maneira, chegamos a uma verdadeira encruzilhada na teologia. Quase todos os teólogos cristãos acreditam no livre-arbítrio, mas alguns seguem Agostinho ao entender que ele é compatível com o determinismo, já que ele está presente sempre fazemos o que desejamos fazer, mesmo que nossos desejos e vontades sejam predeterminados por algo que está além de nós. Outros teólogos cristãos acreditam que o livre-arbítrio é incompatível com o determinismo e que está presente somente quando temos diante de nós alternativas genuínas de decisão e de ação. Ele é a capacidade de fazer algo diferente.

Por que Agostinho definiu o livre-arbítrio de modo tão contrário à intuição? Ele nos ofereceu um forte indício em *Da Graça e do livre-arbítrio* ao tratar da soberania de Deus em relação às decisões e ações humanas: "Pois o [Deus] Todo-Poderoso impele, nas profundezas do ser de cada homem, a sua vontade, de modo que por essa agência concretiza tudo o que deseja operar por meio deles".[19] Em outras palavras, para Agostinho, Deus é a única realidade, que a tudo determina, e tudo que acontece, inclusive os pecados humanos, depende necessariamente

---

[18] *On the Spirit and the* Letter, 5.
[19] *On grace and free will*, 41.

de sua soberana vontade e poder. Para que o ser humano seja responsável, ele precisa ter livre-arbítrio ao pecar. Mas para que Deus seja soberano, todos os eventos precisam estar sob seu controle, pois "se a vontade do ser humano não depende do poder de Deus, mas exclusivamente do indivíduo, então é possível que Deus fique frustrado. E isso é um completo absurdo".[20] A única solução é dizer que livre-arbítrio é fazer o que se deseja fazer. Mas, para Agostinho, Deus é a origem de todos os desejos. Aconteça o que acontecer, será feita a vontade dele.

A graça, portanto, é absolutamente necessária para qualquer decisão ou ação realmente boa de todo ser humano caído. Agostinho usou esse argumento contra Pelágio e seus seguidores, justificando-o de várias formas. Primeiro, os seres humanos estão tão corrompidos que, se Deus não lhes concedesse o dom da fé pela graça, nem sequer pensariam em praticar uma boa ação. Em suas próprias palavras: "O Espírito da graça, portanto, nos conduz à fé para que, com ela e ao orar por ela, possamos adquirir a capacidade de fazer o que somos ordenados a fazer. Por isso, o próprio apóstolo constantemente coloca a fé antes da lei, já que não somos capazes de praticar o que a lei ordena, a não ser quando adquirimos forças para tanto orando pela fé".[21] Qualquer outra teoria, argumentava ele, enfraqueceria a crença na nossa depravação e na exclusiva suficiência da graça de Deus, inclusive na morte de Cristo na cruz. Essa é a segunda razão para insistir que a graça é a única causa de qualquer ação verdadeiramente boa que praticamos. Se fosse possível alcançar a retidão somente pela natureza e pelo livre-arbítrio, sem o auxílio da graça sobrenatural, Cristo teria morrido em vão: "Se, porém, a morte de Cristo não foi em vão, a natureza humana não pode, de modo algum, ser justificada e redimida da ira legítima de Deus — ou seja, do castigo — a não ser pela fé e pelo sacramento do sangue de Cristo".[22]

Se qualquer boa ação que os seres humanos conseguem praticar é dádiva de Deus, se todo desejo da vontade humana é obra de Deus e se Deus é a realidade determinante de tudo, a única conclusão natural que se pode tirar é que Deus predestina, de modo soberano, tudo o que acontece, inclusive o pecado e o mal de um lado e a salvação e a justiça de outro. Agostinho relutava em atribuir a Deus o pecado e o mal, mas a lógica inerente da sua teologia global aponta para essa direção. Em sua derradeira obra, *Da predestinação dos santos*, Agostinho afirmou aquilo que gerações posteriores de teólogos chamariam de "eleição incondicional" e "graça irresistível". Isto é, Deus escolhe alguns do meio da massa humana da perdição para receber a dádiva da fé pela graça e deixa outros em sua perdição merecida.

---

[20] Scott, op. cit., p. 181.

[21] *On grace and free will*, 28.

[22] *On nature and grace*, 2.

Os que são escolhidos por ele para receber os dons da graça não podem resistir. Por que Deus não salva todos? Agostinho disse que "a razão pela qual uma pessoa recebe a graça e outra não pertence ao campo dos juízos insondáveis de Deus".[23] Essa resposta também se aplica à razão pela qual algumas crianças são batizadas e outras não. Depende exclusivamente das "determinações misteriosas de Deus".[24]

A doutrina monergística de Agostinho a respeito de Deus e da salvação

Obviamente, tudo isso leva a questão da bondade de Deus ao extremo. Deus predestinou a queda de Adão e Eva e até mesmo a queda dos anjos que se rebelaram contra ele? Agostinho dificilmente poderia recuar a essas alturas. A sorte estava lançada; ele era obrigado a seguir a lógica. Mesmo assim, nunca atribuiu abertamente a Deus a origem do mal. Deixou o assunto no campo dos mistérios. "Portanto, ao que parece, a resposta para a questão de por que as primeiras vontades criadas [de Satanás e de Adão] estavam voltadas para o pecado é que foi exatamente isso o que aconteceu e não houve nenhuma causa para esse desvio".[25] Mas, em todos os seus escritos posteriores, Agostinho insistia constantemente que Deus, e somente ele, é a causa suprema de todas as coisas. E eliminou qualquer possibilidade de as criaturas terem autonomia para frustrar a vontade de Deus. Em última análise, portanto, fica difícil enxergar uma maneira pela qual ele poderia "livrar Deus dessa situação embaraçosa", por assim dizer. Até mesmo a vontade que levou Satanás e Adão e Eva a se rebelar e desobedecer Deus *deve* ter sido incutida neles.

Nesse caso, Deus seria mau ou o autor do mal? Agostinho absteve-se de tocar nesse assunto. Só declarou que Deus permite o mal e nunca atribuiu o mal em si à causalidade de Deus. Por que Deus permite o mal? Ele explicou: "Embora, pois, o mal não seja um bem à medida que é mal, por outro lado, é um bem o fato de existir tanto o mal como o bem".[26] Mas, se o fato de o mal existir for um bem e se Deus for a origem de todo o bem (o que Agostinho não podia negar), então, inexoravelmente, Deus não seria a origem da existência do mal? Sim. Mas somente no sentido de que ele o consente.

O estudioso agostiniano T. Kermit Scott tem toda a razão ao declarar que, em última análise, a chave para compreendermos Agostinho está em sua obsessão pelo poder absoluto e incondicional de Deus. Já, se Agostinho injustamente tornou-se uma vítima do "mito imperial" de criar Deus à imagem de um imperador romano

---

[23] *On grace and free will*, 45.
[24] Ibid.
[25] Scott, op. cit., p. 224.
[26] *The enchiridion*, 96.

perfeito como ele afirma, é discutível. No entanto, não se pode discordar de Scott quando conclui que "a doutrina da onipotência é o âmago do mito imperial de Agostinho e, "no frigir dos ovos", é essa doutrina que não pode ficar comprometida. Deus é o soberano absoluto do universo que cuja vontade governa tudo o que acontece na criação. Essa certeza fundamental não pode ficar restrita de forma alguma, independentemente das circunstâncias".[27]

Assim, conclui-se que Agostinho afirmava apenas a bondade absoluta e irrestrita de Deus, recusando-se a responder se Deus é a origem e causa da inclinação da vontade para o mal que provocou a queda de Satanás e a desobediência de Adão e Eva. Se Deus não é a origem e causa delas, então, há algo no universo que está fora do controle de Deus. "Consentir" a inclinação para o mal não é o mesmo que governá-la e controlá-la. Mas, se Deus é a origem e causa dessa inclinação, então, ou ela não é de todo má (porque serve para um bem maior) ou o próprio Deus não é de todo bom. Agostinho viu-se diante das perguntas supremas levantadas por seu monergismo e recorreu ao mistério. Segundo parece, não podia conceber a autolimitação do poder de Deus, de tal forma que ele permitiria que criaturas livres agissem de forma contrária à vontade divina perfeita.

Conforme veremos no próximo capítulo, o conceito de Agostinho radicalmente monergístico da salvação nunca foi completamente aceito pela igreja no Ocidente. E foi rejeitado pela igreja oriental. Os reformadores protestantes magisteriais do século XVI tendiam a aceitá-lo. Alguns protestantes, no entanto, especialmente os que seguiam a tradição das igrejas independentes, rejeitaram-no. O grande pastor inglês, John Wesley, rejeitou-o em favor do sinergismo evangélico que Agostinho consideraria semipelagiano, na melhor das hipóteses. Chegaremos, no devido tempo, a esses episódios da história da teologia. Basta dizer, por enquanto, que a teologia de Agostinho causou um impacto profundo sobre a teologia cristã ocidental ao introduzir a ideia do monergismo. Como ele foi aclamado por quase todos os papas e pelos principais reformadores protestantes como o maior dos pais da igreja, quem quisesse promover o monergismo bastava apelar à sua autoridade.

Agostinho também escreveu um magnífico tratado sobre a Trindade, com o título de *De Trinitatis* ou *Da Trindade*. Sua principal contribuição à história da teologia foi introduzir o chamado modelo psicológico no qual a unidade de Deus é comparada com a unidade da pessoa humana e a trindade de Deus é comparada com três aspectos da personalidade humana: a memória, o entendimento e a vontade. Por causa de Agostinho, a teologia ocidental enfatizava a unidade da essência de Deus mais do que a trindade, ao passo que a teologia oriental, sob a influência dos pais capadócios, enfatizava a trindade mais do que a unidade.

---

[27] SCOTT, op. cit., p. 227.

A grande obra de Agostinho, sua obra-prima, foi *A cidade de Deus*, um livro abrangente a respeito da providência divina e da história humana, no qual Agostinho explica que, do ponto de vista cristão, nenhuma civilização humana é o reino de Deus. As civilizações humanas têm sua ascensão e queda, mas o reino de Deus permanece para sempre. O reino de Deus é a igreja e, pela graça e poder de Deus, acabará substituindo os reinos terrestres na cidade celeste na ocasião da segunda vinda de Cristo. Até então, é um reino oculto de natureza fundamentalmente espiritual e existe sempre e onde quer que a vontade de Deus seja praticada entre as pessoas. Essa interpretação da História e das civilizações foi uma grande inspiração e consolo para muitos cristãos que assistiram o Império Romano, antes tão grandioso, esfacelar-se e transformar-se em ruínas. Até mesmo muitos cristãos chegaram a identificar o Império Romano cristianizado com o reino de Deus e sua derrota para as tribos bárbaras foi uma grande desilusão. A eles, Agostinho disse: "Não se preocupem. O reino de Deus não é afetado pelo declínio do Império Romano, porque não é deste mundo".

Pouco depois da morte de Agostinho, as tribos bárbaras invasoras provenientes da Europa central realmente destruíram os últimos vestígios do Império Romano no Ocidente. O bispo de Roma passou cada vez mais a preencher o vácuo da autoridade central e unificou a cultura que foi deixada em seu caminho. Os monges e os mosteiros converteram as tribos pagãs ao cristianismo ortodoxo e católico e preservaram os escritos dos filósofos e pais da igreja, gregos e romanos, durante a chamada Idade das Trevas subsequente à queda de Roma no Ocidente. Agostinho tornou-se o modelo da ortodoxia católica, o grande teólogo católico, cujos ditos e ensinos sempre tinham grande autoridade. Mas, mesmo no fim da vida, alguns monges e teólogos de destaque da região de Marselha, no sul da Gália (França), desafiaram sua autoridade. Essa controvérsia, chamada semipelagiana, afetou profundamente a igreja em Roma e ajudando-a a tornar-se a Igreja Católica Romana. Ao examinarmos a ascensão e desenvolvimento dessa tradição do cristianismo, encontraremos a resposta para a pergunta: como a metade latina e ocidental da Cristandade tornou-se católica *romana*?

18
A igreja ocidental torna-se Católica Romana

Como a Grande Igreja no Ocidente tornou-se a Igreja Católica Romana? Do ponto de vista católico romano, essa pergunta é descabida. Conforme o modo católico romano de narrar a história da teologia cristã, a Grande Igreja, católica e ortodoxa, existe desde os dias dos apóstolos até hoje no Ocidente e todos os bispos que permaneceram em comunhão com o bispo de Roma constituíram sua hierarquia. Não houve nenhuma divisão, por assim dizer, que tenha dado origem à Igreja Católica Romana. Segundo essa maneira de entender e contar a história, os bispos orientais separaram-se da Grande Igreja, gradualmente, no decurso dos séculos subsequentes a Agostinho e, oficialmente, em 1054. Da mesma forma, segundo esse ponto de vista, todas as denominações protestantes não são verdadeiras igrejas de Cristo, mas seitas que precisam voltar à Santa Madre Igreja em Roma. Entretanto, conforme veremos posteriormente, a família ortodoxa oriental de igrejas conta de modo diferente a história da Grande Igreja, colocando-se como a existência contínua da única e verdadeira Grande Igreja de Jesus Cristo desde os apóstolos até os dias de hoje e considerada a Igreja Católica Romana e as várias denominações protestantes seitas cismáticas que precisam voltar à comunhão com o patriarca de Constantinopla e com os demais bispos e patriarcas orientais.

Os protestantes geralmente interpretam a história da teologia cristã como o desaparecimento paulatino do cristianismo verdadeiro e apostólico durante os tempos de Cipriano, de Constantino e posteriormente. Esse declínio acompanhou a ascensão do sistema penitencial, a autoridade dos grandes patriarcas cristãos do Império Romano, e a perda do evangelho da graça gratuita unicamente pela fé e do sacerdócio de todos os crentes. Em outras palavras, somente da perspectiva protestante, a história da teologia inclui um episódio de "ascensão do catolicismo romano". Gostaríamos do relato neutro da história, o que não é possível. Cada grupo conta a história sob determinado ponto de vista. Mas isso não significa que tenhamos de contar a história da forma mais tendenciosa e preconceituosa. Ao usar a expressão "ascensão da Igreja Católica Romana", não estou me referindo (como alguns protestantes) à total apostasia da igreja ocidental. Quero simplesmente dizer que houve um novo desdobramento depois da morte de Agostinho e antes do fim do primeiro milênio, que pode ser corretamente descrito como o aparecimento na Europa do que hoje é geralmente conhecido por tradição e comunhão de igrejas católicas romanas. Muito tempo antes do cisma oficial entre Roma e Constantinopla em 1054, a igreja ocidental adotou algumas características que a distinguiram, tanto do Oriente como da igreja primitiva. Isto equivale a dizer que, neste livro, a Igreja Católica Romana é considerada uma denominação do cristianismo, com início a partir dos apóstolos e até mesmo de Constantino e de Agostinho, embora suas raízes sejam mais antigas.

Entre Agostinho e a ascensão do escolasticismo no século XI, a teologia cristã latina caiu em uma espécie de letargia. Por mais de seiscentos anos, durante a chamada Idade das Trevas, a igreja ocidental produziu poucas inovações teológicas e nenhum grade teólogo surgiu. Boa parte dos debates teológicos no Ocidente girava em torno de interpretações da teologia de Agostinho e os teólogos latinos conseguiam encontrar justificativas para quase tudo que se encontrava ali, quando não concordavam com as conclusões de suas ideias. Em outras palavras, os sinergistas — defensores do livre-arbítrio — podiam apelar para os primeiros escritos de Agostinho contra os maniqueístas. Os defensores do monergismo — a meticulosa providência e predestinação — podiam apelar para os escritos posteriores de Agostinho contra os simpatizantes de Pelágio. Durante seiscentos anos após a morte do grande bispo de Hipona, os papas "batizaram" sua teologia de semioficial, os teólogos orientais questionaram sua ortodoxia e muitos, nos dois lados da cristandade, interpretaram-na erroneamente. Mesmo durante a Idade Média, a Renascença e a Reforma, teólogos cristãos de diversas linhas denominavam-se agostinianos ou apelavam a seus escritos para defender propostas teológicas.

O semipelagianismo

O maior debate a respeito da teologia de Agostinho e de suas ramificações ocorreu no século seguinte a sua morte. Sua conclusão, assim como de tantos outros na história da teologia, foi ambígua. A Igreja Católica Romana decidiu em favor de alguns aspectos do agostinismo, contra outros e neutralidade em certas questões. No fim, durante o Sínodo de Orange (na França atual) em 529, alguns dos mais fervorosos partidários de Agostinho e de seus opositores perderam suas causas. A igreja adotou uma posição intermediária e um tanto inconsistente em relação às grandes questões do pecado, do livre-arbítrio e da graça. A forma de cristianismo conhecida, especialmente pelos que estavam de fora, como o catolicismo romano foi profundamente influenciada por esse debate e seu desfecho. A ironia é que os pronunciamentos oficiais da igreja nem sempre foram colocados em prática por alguns de seus líderes mais influentes. A igreja sempre permaneceu um pouco dividida entre o agostinismo moderado e o semipelagianismo. Esta parte da história da teologia cristã tratará da controvérsia chamada semipelagiana e de seu desfecho, além de outros fatores importantes que contribuíram para a ascensão simultânea do ramo do cristianismo conhecido como catolicismo romano.

Uma das questões mais discutidas na história da teologia é sobre o papel, se houver algum, que os seres humanos desempenham na própria salvação. Todos os cristãos sempre atribuíram a salvação à graça de Deus e colocaram Cristo e a cruz na posição central do evangelho como base do perdão e da transformação. Entretanto, o debate entre Agostinho e Pelágio tornou a questão ainda mais contundente. Com o propósito de preservar a total suficiência da graça, Agostinho acabou transformando a salvação em obra exclusiva de Deus de tal forma que os seres humanos simplesmente não desempenham nenhum papel. Se forem salvos, é somente porque Deus os escolheu e lhes deu o dom da graça — inclusive a própria fé — sem considerar qualquer decisão que pudessem tomar ou ação que pudessem praticar. Naturalmente, o próprio Agostinho insistia no batismo como instrumento da salvação, mas ensinava que, quando alguém é batizado e assim recebe a graça salvífica, é porque estava predestinado por Deus para recebê-la. Nunca é por acaso. Tudo é completamente controlado pela sabedoria, decreto e poder eternos de Deus. Pelágio, por outro lado, reagiu contra o monergismo incipiente de Agostinho revelado em *Confissões* e desenvolveu uma doutrina de salvação que abria as portas para a contribuição humana legítima para a salvação de tal forma que seria desnecessária qualquer graça auxiliadora sobrenatural.

A igreja condenou a negação de Pelágio da necessidade e suficiência da graça auxiliadora sobrenatural, inicialmente em 418 e, depois, no Concílio de Éfeso em 431. Mas a igreja não decidiu a questão em favor de Agostinho, como interpretaram alguns de seus seguidores. Embora o pelagianismo crasso já não fosse uma opção aceitável para os cristãos católicos e ortodoxos depois de 431, muitos teólogos buscaram posições intermediárias entre o monergismo de Agostinho e as obras de justiça defendidas por Pelágio. Certamente, pensavam, há muito espaço entre os dois para lavrar uma doutrina de salvação que faça justiça tanto à soberania da graça quanto à livre decisão e atuação do homem.

O líder do partido de teólogos semipelagianos era um monge de Marselha (França) chamado João Cassiano. Ele nasceu por volta de 360 e ingressou ainda jovem no mosteiro de Belém, na Palestina. Visitou mosteiros no deserto do Egito e em outros lugares do Império Romano durante, pelo menos, sete anos e, finalmente, fundou seu próprio mosteiro em Marselha, em 410. Sua fama na história da igreja é mais de fundador do monasticismo ocidental do que de o principal teólogo da controvérsia semipelagiana. Segundo o tradutor de Cassiano para a língua inglesa:

"Embora sua fama tenha sido ofuscada pelo grande monge ocidental, São Bento de Núrsia, Cassiano realmente merece o crédito por ter sido, não exatamente o fundador, mas o primeiro organizador e sistematizador do monasticismo ocidental".[1] Bento de Núrsia, que formulou a regra oficial para os monges ocidentais em *A regra de são Bento* por volta de 600, foi fortemente influenciado por Cassiano e nele baseou muitas de suas ideias. João Cassiano morreu em 432, apenas dois anos depois de Agostinho, no auge da grande controvérsia semipelagiana. Nunca foi canonizado pela igreja ocidental (católica romana), mas é considerado santo no Oriente (na ortodoxia oriental).

O mosteiro de João Cassiano em Marselha tornou-se um lar para vários estudantes de teologia, relativamente brilhantes e produtivos e, com eles, transformou-se no foco de oposição à teoria da salvação fortemente monergística defendida por Agostinho. Dois monges teólogos que trabalhavam com Cassiano a fim de refutar essa doutrina foram Vicente de Lérins e Fausto de Riez. Os três, juntos, formaram a base da oposição católica leal, especialmente contra a crença na predestinação divina sustentada por Agostinho e seus seguidores. As gerações posteriores chamaram-nos de semipelagianos. Na época da controvérsia (século V e início do século VI), consideravam-se teólogos completamente ortodoxos da Grande Igreja, que queriam apenas combater a inovação agostiniana do monergismo. Sabiam, por exemplo, que toda a igreja oriental mantinha um conceito essencialmente sinergístico do relacionamento entre Deus e os seres humanos na salvação, no qual a graça exercia o papel de destaque, mas a decisão e esforço humanos deviam cooperar com a graça para resultar na salvação. Essa, acreditavam, era a fé antiga da igreja, e estavam quase totalmente certos.

O problema é que o sinergismo tradicional nunca tinha sido claramente definido em contraste com o pelagianismo. E o fato de Pelágio encontrar abrigo no Oriente e ser exonerado por um sínodo de bispos na Palestina, antes de sua posterior condenação no terceiro concílio ecumênico, contribuiu para o argumento dos agostinianos de que o sinergismo era essencialmente falho e conduzia ao pelagianismo. Coube a Cassiano e seus colegas estabelecer as diferenças sutis entre o sinergismo ortodoxo e o pelagianismo, a fim de apresentar à igreja católica uma alternativa viável para o monergismo agostiniano.

As principais obras teológicas de João Cassiano foram escritas em Marselha e incluem: *Da instituição do monasticismo, Discursos espirituais* e *Da encarnação do Senhor contra Nestório*. Além disso, ele escreveu uma série de *Conferências* nas quais criou diálogos entre vários abades dos mosteiros que visitara para tentar, assim, demonstrar as falhas e as novidades dos conceitos de Agostinho a respeito da salvação. Cassiano, no entanto, fez muito mais do que indicar os erros das ideias de Agostinho.

---

[1] Edgar C. S. GIBSON, Prolegomena, in: *The works of John Cassian*, NPNF 2, 11, p. 189.

Ele procurou elaborar uma alternativa, tanto para o monergismo como para o pelagianismo, ao desenvolver um sinergismo católico ortodoxo. Segundo a igreja ocidental, ele fracassou. Apesar disso, seu fracasso tornou-se a teologia popular mais aceita por grande parte do catolicismo romano medieval.

Como era o sinergismo semipelagiano de João Cassiano?

> Eles [os semipelagianos] acreditavam na doutrina da queda; reconheciam a necessidade da graça real para a restauração do ser humano; até mesmo reconheciam que essa graça deve ser, de alguma maneira, "preveniente" aos atos de vontade que resultaram nas boas obras cristãs. Mas alguns deles acreditavam — e isto constitui o erro chamado semipelagianismo — que a natureza [humana], sem auxílio, podia dar o primeiro passo em direção à sua recuperação, ao desejar ser salva pela fé em Cristo. Se não houvesse essa possibilidade — se qualquer bem partisse exclusivamente de um ato divino —, as exortações seriam inúteis, e a censura [pelos pecados] injusta no caso daqueles que não haviam se beneficiado desse ato divino e que, até que isso acontecesse, estavam impotentes e, portanto, eram inculpáveis nessa questão. Do partido que adotou essa posição, Cassiano era reconhecidamente o líder.[2]

Em outras palavras, Cassiano e os outros marselheses ensinavam que o ser humano é salvo exclusivamente por Deus mediante a graça, mas que a salvação partia somente da iniciativa da boa vontade no coração do homem para com Deus. Essa ideia do princípio da salvação pode ser resumida pela expressão "Deus ajuda quem cedo madruga" ou "dê o primeiro passo em direção a Deus, ele virá ao seu encontro". Esse era o calcanhar de Aquiles da teologia deles e a causa da sua condenação no Sínodo de Orange em 529. A igreja julgou que essa ênfase na iniciativa humana estava muito próxima ao pelagianismo puro, embora todos os marselheses afirmassem a total necessidade da graça auxiliadora para a plena salvação e justificação.

Permanece, ainda, a dúvida de se foi o próprio João Cassiano que realmente sustentou o conceito tão amplamente vilipendiado do semipelagianismo. Ninguém questiona se Fausto de Riez o sustentou. Ele argumenta com clareza em *Da graça e do livre-arbítrio* que o *initium fidei* (início da fé) fica a cargo do lado humano e não depende da graça. O próprio Cassiano, no entanto, apresentou uma versão mais ambígua em *Conferências*. Ele poderia ser interpretado como partidário da teoria do seu colega Fausto ou de uma posição mais detalhada. As passagens principais aparecem em *Terceira conferência do abade Caeremon*. Um dos problemas de qualquer diálogo é, naturalmente, determinar qual das partes supostamente representa o ponto de vista

---

[2] Ibid., p. 191.

do autor. As crenças de Cassiano eram expressas pelo abade Caeremon ou pelo abade Cermano — o parceiro de Caeremon no diálogo? Ou Cassiano pretendia simplesmente que esse diálogo estimulasse mais considerações teológicas ao esclarecer as questões? Seja como for, é o Abade Caeremon que postula a questão central de toda a disputa semipelagiana: "Deus tem compaixão de nós porque demonstramos boa vontade ou a boa vontade é uma consequência da compaixão de Deus por nós?".[3] Caeremon continua e responde à pergunta e é por isso que muitos leitores suspeitam que ele representa a opinião do próprio Cassiano.

A resposta do Abade Caeremon — que talvez seja a resposta de Cassiano — é complexa e difícil de interpretar. Certamente não é tão simples como a declaração aberta de Fausto de que a iniciativa na salvação pertence à vontade humana. Ele começa declarando que devemos entender que a graça de Deus e o livre-arbítrio não são opostos. E, no caso, o livre-arbítrio significa, evidentemente, a "capacidade de fazer de outra forma" em vez de meramente "fazer o que se deseja fazer", conforme a postulação de Agostinho. Cassiano disse que tanto a graça como o livre-arbítrio são necessários para a salvação e que estão em harmonia entre si: "porque quando Deus nos vê desejosos de praticar o bem, ele vem ao nosso encontro, nos orienta e nos fortalece. [...] Por outro lado, se descobre que não estamos dispostos ou que ficamos indiferentes, ele aquece nosso coração com exortações saudáveis, de tal forma que a boa vontade é renovada ou despertada em nós".[4] Parece que Cassiano queria deixar uma porta aberta nos dois lados: a possibilidade da iniciativa divina da graça e a iniciativa do livre-arbítrio assistido pela graça. Esse desejo de dupla face é claramente expresso na mais famosa declaração de Cassiano, rebatida por seus oponentes agostinianos: "E quando ele [Deus] vê em nós o princípio da boa vontade, imediatamente a amplia e fortalece e a incita à salvação, aumentando aquilo que ele mesmo implantou ou que percebeu ter nascido de nossos próprios esforços".[5] Se Cassiano tivesse terminado a ideia na frase "aquilo que ele mesmo implantou" (ou seja, a graça), não haveria problema. Sua afirmação do livre-arbítrio e sua negação da predestinação não consistiriam em problema para a maioria dos cristãos católicos. Mas como prosseguiu dizendo "ou que percebeu ter nascido de nossos próprios esforços", deu aos seus oponentes agostinianos, como Próspero de Aquitânia, a corda que precisavam para enforcá-lo. Tratava-se evidentemente da abertura para o pelagianismo. Semipelagianismo é o nome que se dá, na história da teologia cristã, à ideia de que a natureza e esforço humanos por si sós, sem a graça sobrenatural

---

[3] Jonh CASSIAN, *Conference 13, the third conference of Abbot Chaeremon*, 11 NFNF 2, 11.

[4] Ibid.

[5] CASSIAN, *Conference 18, third conference* 8 NPNF 2, 11.

auxiliadora, são capazes de provocar a reação de Deus conceder a graça salvífica. Talvez essa ideia esteja longe do pelagianismo em si, mas é a porta do caminho que segue diretamente para lá.

João Cassiano parece ter reconhecido que suas palavras podiam ser interpretadas sob a perspectiva pelagiana e, por isso, passou a afirmar a preeminência da graça em tudo. Mesmo assim, nada pôde fazer em relação aos danos já provocados. Por causa da pequena abertura dada à iniciativa humana na salvação, Cassiano seria lembrado para sempre como o fundador do semipelagianismo. Devemos, no entanto, ler e levar em conta outras coisas que ele escreveu:

> Mas que ninguém pense que apresentamos esses exemplos na tentativa de alegar que a salvação depende principalmente da nossa fé, segundo a noção profana de alguns que atribuem tudo ao livre-arbítrio e estipulam que a graça de Deus depende do merecimento de cada homem. Por isso declaramos com clareza nossa opinião incondicional de que a graça de Deus é sobeja e mesmo excede o limite estreito da falta de fé do homem.[6]

Enfim, Cassiano ratificou o mistério no âmago da interação divino-humana na salvação. Sem dar nenhuma chance à predestinação, disse que os caminhos de Deus na salvação são muitos e inescrutáveis e que "já que tudo pode ser atribuído ao livre-arbítrio, a forma como Deus opera todas as coisas em nós não pode ser plenamente compreendida pela mente e pelo raciocínio do homem".[7]

Os defensores de Agostinho responderam a Cassiano e aos demais marselheses com um ataque à crença na possibilidade da iniciativa humana na salvação e com o argumento de que tal conceito nega a necessidade absoluta da graça e a destitui da condição de pura dádiva. Os agostinianos, como Próspero da Aquitânia, a fim de refutarem o semipelagianismo, compilaram seleções dos ensinos de Agostinho que ignoravam ou desconsideravam a predestinação. A maioria dos bispos e teólogos católicos só teve conhecimento da soteriologia de Agostinho através das seleções de Próspero e não se deu ao trabalho de ler toda a sua teologia, por isso nunca soube que suas obras incluíam uma versão do monergismo que excluía totalmente o livre-arbítrio como a capacidade de fazer de outra forma.

A controvérsia semipelagiana finalmente terminou em 529, quando houve uma reunião de bispos ocidentais, conhecida como o Sínodo de Orange. Às vezes, é chamada de Concílio de Orange, mas não consta dos concílios ecumênicos da igreja, nem pelo Oriente, nem pelo Ocidente. Em Orange, os bispos católicos

---

[6] Ibid., 16.
[7] Ibid., 17.

condenaram os principais aspectos do semipelagianismo, endossaram o conceito que Agostinho tinha da necessidade e total suficiência da graça e condenaram a crença na predestinação divina para o mal ou para a perdição. Como Agostinho nunca chegou a afirmar especificamente que Deus predestina alguém ao pecado ou ao inferno, seus próprios ensinos passaram pelo Sínodo de Orange sem serem em nada criticados, mas também sem serem plenamente confirmados. O sínodo não defendeu a predestinação de nenhuma forma. Entretanto, exigiu a crença de que qualquer ato de bondade ou retidão dos seres humanos é resultado da graça de Deus que opera neles. A teologia católica ortodoxa, a partir de então, incluiria as ideias de que a graça de Deus é a única origem e causa de todos os atos de retidão humana e que os homens não são capazes de realizar obras merecedoras da salvação sem a graça auxiliadora. Todavia, como o Sínodo de Orange deixou a questão da livre cooperação humana com a graça em aberto, a Igreja Católica passou a incluir e enfatizar um sistema de obras meritórias que são necessárias como credenciais de graça e isso se reverteu a favor de um tipo de sinergismo no qual o livre-arbítrio precisa cooperar com a graça para que a salvação chegue à consumação perfeita.[8]

Embora o semipelagianismo fosse uma heresia desde 529, encontrava-se profundamente arraigado em certas crenças e costumes populares comuns na espiritualidade ocidental. Durante a Era das Trevas, entre os séculos VI e XVI, muitos monges e sacerdotes da Igreja Católica Romana praticavam um tipo de

---

[8] Se essa descrição da teologia oficial católica romana da salvação conforme foi declarada no Sínodo de Orange em 529 parece um pouco confusa e contundente, talvez seja porque as declarações do sínodo e as interpretações da teologia católica não são muito inconsistentes. Por exemplo, a doutrina do Sínodo de Orange sobre a predestinação diz:

> Segundo a fé católica, também cremos que depois de a graça ser recebida pelo batismo, todos os batizados, se estiverem dispostos a labutar com fidelidade, podem e devem realizar, com o auxílio e a cooperação de Cristo, o que diz respeito à salvação de suas almas. Não acreditamos que alguns sejam predestinados ao mal pelo poder divino; e, ainda, se houver pessoas que queiram crer em tamanho descalabro, com grande desprazer, os declaramos anátemas. Também cremos e professamos para a nossa salvação que, em toda boa obra, não somos nós que damos início e com isso recebemos ajuda pela misericórdia de Deus, mas, antes, sem qualquer mérito conquistado por nós, Deus instila em nós a fé e o amor a ele para que possamos fielmente obedecer ao sacramento do batismo e, mais tarde, possamos agradá-lo por meio de nossas ações (*The church teaches: documents of the church in English translation*, [St. Louis & London: Herder, 1955, p. 228]).

De um lado, o sínodo afirmou que a fé é um dom de Deus e não uma livre-escolha da pessoa humana em resposta à graça — que implicaria crença na predestinação — e, de outro, afirmou a necessidade de obras meritórias, assistidas pela graça, para a plena salvação. Trata-se de uma combinação instável do monergismo com o sinergismo, que provoca tensões na teologia católica desde então. Ao que parece, é legítimo para um católico romano acreditar em um monergismo moderado (sem nenhum indício da predestinação ao mal) ou em um sinergismo moderado (sem nenhum indício da iniciativa humana ou das obras meritórias humanas para a salvação sem a graça auxiliadora).

semipelagianismo, embora, em teoria, a igreja se opusesse a ele. Isto é, impôs-se um pesado fardo de esforço e de desempenho religiosos sobre o laicato como condição para a graça operar plenamente em sua vida. O sistema penitencial que remonta ao século III com Cipriano segue na mesma direção. De certa forma, ele é semipelagiano em essência. O ensino oficial da igreja, no entanto, era que, mesmo que a pessoa se convertesse pelo batismo e crescesse como cristão através da santificação (penitência, sacramentos etc.), a graça de Deus era de fato a única causa efetiva de todo o processo. Na melhor das hipóteses, as decisões e esforços humanos eram meras causas instrumentais cuja existência seria impossível, não fosse a graça proveniente de Deus a capacitá-los em primeiro lugar. Não se sabe quantos cristãos medievais conheciam essa doutrina. É provável que poucos a entendessem. Quantos protestantes compreendem as doutrinas da graça ensinadas pelos grandes reformadores? A falácia de que os católicos romanos creem na "justiça pelas obras" e a ensinam, não passa mesmo de uma falácia. Não deve ser levada a sério, a não ser como comentário sobre a falta de entendimento teológico entre muitos católicos e a falta de conhecimento da teologia católica por muitos protestantes.

O papa Gregório, o Grande

Na tentativa de responder à pergunta "como a igreja ocidental se tornou católica romana?", um nome se destaca como parte essencial de qualquer resposta histórica: Gregório I, também conhecido como Gregório, o Grande. Gregório foi um dos papas e teólogos mais importantes na história da tradição católica romana e, involuntariamente, um dos que mais contribuíram para as divisões entre essa tradição e a ortodoxia oriental e o protestantismo. Foi um papa muito influente em um momento crucial da história da igreja ocidental e um dos mais importantes intérpretes da teologia de Agostinho e promotor da piedade e estilo de vida monásticos. Gregório é considerado um dos quatro grandes doutores da igreja, segundo a tradição católica romana. Os outros são: Ambrósio de Milão, Jerônimo e Agostinho. É frequentemente considerado pelos historiadores eclesiásticos como o último pai da igreja e o primeiro papa e teólogo medieval do Ocidente.

Gregório nasceu em uma família aristocrática de Roma por volta de 540 e passou a juventude em um mosteiro, onde recebeu sua educação espiritual. Viajou muito pelo mundo mediterrâneo e permaneceu algum tempo em Constantinopla. No entanto, rejeitava firmemente a alegação bizantina de haver igualdade entre os patriarcas dessa cidade e de Roma e como bispo de Roma promoveu a absoluta superioridade e primazia de sua sé sobre as demais. Gregório queria viver como um monge erudito e ascético em Roma, mas o povo o convocou para ser papa em 3 de setembro de 590. Seus dons de erudição, mediação, administração e aconselhamento espiritual eficaz conquistaram-lhe esse cargo contra a sua vontade.

Tornou-se papa na época em que Roma e o império ocidental estavam em decadência. Os reis bárbaros não conseguiam se unir e estavam sempre guerreando entre si. O imperador bizantino Justiniano não conseguiu concretizar o desejo de reunificar o antigo Império Romano. O senado romano que tentou voltar ao governo dispersou-se e havia grande necessidade de que alguém ocupasse a vaga no poder cultural e político. Assim como Leão I antes dele, Gregório forneceu a autoridade necessária, pelo menos na Itália e talvez até mesmo em toda a Europa:

> No vácuo deixado pela fuga dos senadores, a igreja tornou-se a força motriz em Roma e arredores e garantiu suprimentos e distribuição de alimentos aos pobres da melhor forma que pôde. Como faziam os bispos de Roma desde antes do século V, a distribuição seguia um padrão estabelecido e era aguardada pela população local. Mas a falta de assistência da parte de outras autoridades intensificou-se. Foi para o próprio bispo que os romanos se voltaram em busca de proteção para a cidade e de seu próprio bem-estar.[9]

Durante o cargo de bispo de Roma, o papa Gregório I forneceu uma regra (conjunto de diretrizes) para todos os bispos ocidentais, que é resumida na sua maior obra existente, *Regra pastoral*. Além disso, iniciou um grande esforço missionário para converter os povos pagãos da Grã-Bretanha e as tribos bárbaras arianas da Europa ao cristianismo católico. Fundou comunidades monásticas e deu-lhes escrituras de concessão para controlarem vastos territórios da Europa, com o propósito de estabelecer uma sólida base cristã na região inteira. Além disso, batizou o movimento monástico de Bento de Núrsia e sua *Regra* como oficiais e obrigatórios para a igreja ocidental. A partir de Gregório, todas as ordens monásticas seguiram a forma do monasticismo beneditino. Gregório também procurou estabelecer a acomodação das culturas e religiões pagãs na Europa pelo bem do evangelismo. Também aprovou e promoveu muitas crenças e práticas espirituais tradicionais dos leigos cristãos no Ocidente relacionadas à veneração de santos e às penitências sacrificiais e observâncias de dias festivos. Essas crenças e práticas católicas, e muitas outras que Gregório aprovou, desempenharam um papel importante na Reforma protestante do século XVI. Os protestantes geralmente rejeitavam essas práticas por serem exemplos do sincretismo entre o paganismo e o cristianismo. E, por último, Gregório criou o conceito híbrido da salvação entre o monergismo agostiniano e o sinergismo de João Cassiano e o resultado influenciou profundamente a teologia católica romana a partir de então.

Gregório era um escritor prolífico e preferia comunicar suas ideias através de cartas. Atualmente, conhece-se cerca de 850 delas. Muitas contêm explicações

---

[9] Judith HERRON, *The formation of Christendom*, Princeton, N.J., Princeton University Press, 1987, p. 150.

fascinantes de suas ideias a respeito da espiritualidade, da liderança, do evangelismo e da ordem eclesiástica cristãs. Suas cartas revelam um homem profundamente ascético — quase místico de certa maneira — que também era altamente politizado. Exigiu que seus subordinados eclesiásticos se referissem a ele como "servo dos servos" em vez de usarem os títulos honoríficos apropriados para o quase governante do que restou do antigo Império Romano. Todavia, também promoveu incansavelmente a primazia espiritual e temporal da sé de Roma sobre as demais ordens da igreja e da sociedade. As cartas também revelam seu grande interesse por assuntos práticos do cristianismo e uma nítida aversão pela especulação filosófica na teologia, embora sua própria teologia fosse claramente influenciada por ideias gregas (platônicas).

Gregório reinou como papa sobre a igreja ocidental e como governante de boa parte da Itália durante quatorze anos apenas. Morreu em 604. A herança que deixou à cristandade medieval, no entanto, é incalculável. Deixou, no catolicismo romano, a marca indelével de suas preferências espirituais e teológicas que durou pelo menos um milênio.

Gregório e seu conceito da salvação

Mais pertinente para a nossa história da teologia cristã é a soteriologia de Gregório. Com ele, foram reunidas duas correntes de pensamento, aparentemente divergentes, a respeito da salvação que deram origem à teologia católica medieval. De um lado, ele nitidamente promoveu Agostinho como o maior de todos os pais da igreja. De outro, por mais estranho que pareça, leu e interpretou Agostinho através de João Cassiano. A interpretação e aplicação da teologia de Agostinho feita por Gregório é totalmente sinergística:

> A relevância de Gregório para a história do pensamento cristão não é a sua originalidade, bastante parca por sinal, mas a sua influência na teologia medieval e no modo como essa teologia interpretou a obra de Agostinho. Seu pensamento é agostiniano, pelo menos quanto à fórmula. Porém, quando se lê a obra de Gregório depois de ter lido as de Agostinho, é impossível não perceber o abismo que existe entre os dois.[10]

Os estudiosos católicos consideraram Gregório semiagostiniano, ao passo que os protestantes se referem a ele e a soteriologia que formulou como semipelagianos. A verdade é que Gregório não era escravo da coerência, quer isso significasse

---

[10] Justo GONZÁLEZ, *A history of Christian thought*, ed. rev., Nashville, Abingdon, 1987, p. 71. V. 2: From Augustine to the eve of the Reformation.

alguma coisa ou não. Quando Gregório queria enfatizar a soberania de Deus e de sua graça e depreciar o egotismo dos seres humanos pecadores, falava como Agostinho. Quando queria advertir os cristãos para não acharem que a graça estava garantida e conclamá-los a se empenharem mais para alcançarem a piedade abnegada (que os cristãos modernos chamam de discipulado), Gregório falava como Pelágio. Em *Regra pastoral*, ele diz aos bispos que a pregação tinha dois propósitos: confortar os aflitos e afligir os acomodados. A soteriologia de Gregório está cheia de tensões porque às vezes, de um lado, escrevia para consolar os que achavam que jamais conseguiriam agradar a Deus, por mais boas obras que realizassem, e para enfatizar a total suficiência da graça como uma dádiva de Deus. De outro, Gregório escrevia para afligir os que, segundo acreditava, estavam se deleitando na "graça barata" e para enfatizar a absoluta necessidade de cooperação com a graça pelo esforço humano.

Uma das declarações de Gregório se destaca ao revelar de modo excepcional a dualidade e tensão de sua soteriologia. Depois de enfatizar a graça até um ponto em que *quase* afirma o monergismo de Agostinho, Gregório escreveu: "Mesmo a própria predestinação ao reino eterno é disposta de tal maneira pelo Deus onipotente que os eleitos a alcançam pelos seus próprios esforços".[11] Para Gregório, "as orações, a penitência, as missas, a intercessão e as boas obras são formas de intermediação do esforço humano com o divino".[12] Entretanto, ninguém seria capaz de realizar esses esforços de modo salvífico sem a graça auxiliadora. Mas, quando a vontade e o esforço cooperam com a graça e a pessoa persevera até ao fim e entra para o reino eterno, então, pode-se dizer que ela estava "predestinada à salvação". A graça eletiva precisa estar presente. Segundo Gregório, ela não era automática.

O que, portanto, a pessoa deve fazer a fim de merecer a graça e tornar-se um dos eleitos de Deus? Segundo Gregório, é preciso ser crucificado com Cristo para ser beneficiado por sua cruz e graça: "Na realidade, [...] Cristo não cumpriu tudo por nós. Certamente, ele redimiu a todos na Cruz, mas ainda é necessário que aquele que se esforça para ser redimido e para reinar com ele seja crucificado também".[13] Segundo Gregório, ser crucificado com Cristo significa o arrependimento máximo, inclusive com atos de sacrifícios penitenciais, abnegação racional dos prazeres físicos em geral que prejudicam a espiritualidade, participação ativa

---

[11] Apud Carole Straw, *Gregory the Great*: perfection in imperfection, Berkeley, University of California Press, 1988, p. 140.

[12] Ibid.

[13] Ibid., p. 159.

na vida sacramental da igreja e boas obras de amor, como dar esmola aos pobres. A pessoa que realmente quiser agradar a Deus, garantir a eleição divina e escapar da agonia do purgatório deve viver como um monge, que é a vida do "penitente perfeito". Para Gregório, o prazer físico, em si, é um convite ao pecado ou mesmo o próprio pecado. As relações sexuais são pecado até mesmo dentro do casamento a não ser quando visam o propósito de procriação e, mesmo assim, se o ato tiver alguma concupiscência ou proporcionar prazer carnal, pode implicar culpa.[14] Se a pessoa quiser ser um "penitente perfeito" e ter a "garantia do perdão" e do céu, terá de se filiar a uma ordem monástica e negar ao corpo todos os tipos de prazeres que talvez legalmente sejam permitidos por Deus, mas que contêm sementes da tentação.

Por causa da forte ênfase dada por Gregório ao ascetismo (renúncia) extremo, aos atos de penitência, às obras de amor e à livre cooperação com a graça auxiliadora e pela negação da certeza e garantia da salvação (a não ser em casos excepcionais), os protestantes chegaram a considerar Gregório semipelagiano, embora ele afirmasse a necessidade da graça sobrenatural auxiliadora para a possível obtenção de qualquer virtude que a pessoa alcançasse. Foi claramente sinergista, ou até mesmo legalista, em sua abordagem sobre a salvação e a vida cristã. Sua teologia, talvez involuntariamente, acabou destruindo qualquer ideia de certeza ou garantia da salvação para a maioria dos cristãos medievais.

Quando Lutero se filiou ao mosteiro agostiniano buscando um Deus gracioso, foi-lhe ensinada a versão do agostinismo ensinada por Gregório. Ficou perturbado com a ideia de um Deus irado e impossível de se agradar. Experimentou a autoflagelação para castigar-se pelos próprios pecados e completar a obra de Cristo em seu favor através do autossacrifício. Chegou a odiar, mais do que amar, a Deus. Foi então que teve sua grande "experiência na torre", percebendo que a autossuficiência da graça e a eficácia da fé eram bastantes para se receber o perdão. Deixou de tentar ser o penitente perfeito de Gregório e confiou na graça, encontrando respaldo na declaração bíblica de que o "justo viverá pela fé". Em grande medida, a teologia protestante de Lutero foi uma reação contra a doutrina da salvação ensinada por Gregório.

A igreja oriental não reagiu tanto contra o sinergismo de Gregório quanto contra suas asseverações bastante inflexíveis da superioridade do bispo romano em relação aos bispos orientais e até mesmo ao patriarca de Constantinopla. Além disso, levantou objeções contra muitas de suas inovações no ensino e na prática cristãs. Embora, sem dúvida, não tenha sido Gregório quem criou o abismo entre

---

[14] *The book of pastoral rule of Saint Gregory the Great*, 27, NPNF 2, 12.

o Oriente e o Ocidente, ele pouco fez para estreitá-lo e talvez até tenha contribuído para seu alargamento. Pelo menos, a partir do papado de Gregório, a igreja ocidental seguiu seu caminho, sem se incomodar com a existência do cristianismo oriental e do Império Bizantino. As duas partes da cristandade raramente liam obras escritas pela outra e o relacionamento entre elas tornou-se cada vez mais frio e distante com o passar das décadas.

19

A igreja oriental torna-se Ortodoxa Oriental

A igreja ocidental que se tornou católica romana sempre se considerou, também, ortodoxa romana. A igreja oriental que se tornou o que hoje chamamos de ortodoxa oriental sempre se considerou, também, católica oriental. Foi por mera convenção que as pessoas começaram a chamar uma de "Católica" e a outra de "Ortodoxa". Os membros da igreja de Roma não admitem, de modo algum, que a igreja oriental seja mais ortodoxa do que ela. Em contrapartida, os membros da igreja ortodoxa oriental também não consideram a igreja de Roma mais católica do que ela. Desde 1054, cada uma se considera a única e verdadeira Grande Igreja que é católica e ortodoxa. Uma vê a outra como grupo cismático que não é totalmente católico nem totalmente ortodoxo.

Já vimos alguns fatores que contribuíram para a lenta separação da igreja ocidental da oriental, de tal maneira que, já na baixa Idade Média a ocidental passou a agir por conta própria como se a oriental não existisse. Essa separação não foi, porém, nem formal nem oficial. Se os bispos da igreja ocidental fossem consultados, teriam reconhecido os bispos orientais como cristãos genuínos, mesmo achando suas crenças e práticas um pouco estranhas. O mesmo diriam os bispos orientais, se inquiridos a respeito dos ocidentais. Entretanto, as duas partes da Grande Igreja enfrentaram problemas distintos e encontraram maneiras diferentes de resolvê-los.

Assim como houve personagens e controvérsias importantes que ajudaram a criar o que atualmente chamamos de catolicismo romano, também a igreja oriental experimentou suas próprias controvérsias e teve seus próprios pensadores singularmente bizantinos que a moldaram até formarem a tradição e a família de igrejas ortodoxas orientais. No Ocidente, a figura de destaque por trás de tudo e de todos — de certa forma, o protagonista humano de sua história teológica — foi Agostinho de Hipona. Mesmo quando suas ideias foram interpretadas e aplicadas incorretamente aos problemas, continuou sendo o teólogo no qual todos os pensadores cristãos ocidentais se baseavam. A igreja oriental também teve uma personagem que se impôs da mesma maneira que Agostinho. Nós já o apresentamos. Ele se chamava Orígenes.

A influência permanente de Orígenes

A igreja do Império Bizantino (desde o imperador Justiniano até a alta Idade Média) teve um relacionamento de amor e ódio com Orígenes e sua teologia, chamada origenismo. Embora Orígenes e o origenismo fossem condenados pelo quinto concílio ecumênico em Constantinopla em 553, continuaram poderosamente influentes no pensamento cristão oriental. Segundo um destacado pensador ortodoxo oriental moderno: "O origenismo [...] permaneceu no âmago do pensamento teológico do cristianismo oriental depois de Calcedônia e sua influência sobre a espiritualidade e a terminologia teológica não cessou quando o *sistema* origenista foi condenado em 553 e continuou pelo menos até a crise iconoclasta do século VIII".[1] Entre outras coisas, o origenismo marcou a igreja oriental e sua teologia com um conceito fortemente sinergístico da salvação, que enfatiza o livre-arbítrio em cooperação com a graça, e a doutrina racional-mística de Deus que enfatiza a inefabilidade e imutabilidade de Deus. A soteriologia de Orígenes concentra-se na ideia da encarnação salvífica, na qual o Logos, ao se tornar humano em Cristo, transforma a própria criação, vencendo o pecado e a morte. A influência permanente e penetrante de Orígenes no pensamento ocidental não pode ser negada nem ignorada.

Duas grandes controvérsias e três grandes teólogos desempenharam papéis cruciais especialmente no desenvolvimento da ortodoxia oriental como um ramo da teologia cristã, distinto do catolicismo romano. As controvérsias foram a monotelista e a iconoclasta. Essas disputas e seus desfechos após dois concílios ecumênicos afetaram profundamente a crença e adoração cristã do oriente. Os três teólogos foram João Crisóstomo, que recebeu a alcunha de o Boca de Ouro por sua grande habilidade homilética, Máximo o Confessor, que foi martirizado por um imperador bizantino por causa de sua oposição inflexível ao monotelismo, e João Damasceno, que proveu um grandioso sumário da fé ortodoxa e defendeu o uso de ícones (imagens santas) pela igreja no culto, contra aqueles que tentavam proibi-los.

Liturgia e tradição

É muito difícil para os cristãos ocidentais, tanto católicos romanos como protestantes, contar ou compreender a história da teologia ortodoxa oriental. Mentalidades radicalmente diferentes desenvolveram-se paulatinamente à medida que o Império Romano se dividia ao meio. A teologia no Ocidente depois de Agostinho confiava em autoridades objetivas e documentadas, como a Bíblia, os credos, a lei canônica (o código pelo qual a Igreja Católica Romana governa a si mesma) para dirimir disputas e orientar o seu desenvolvimento. Os cristãos ocidentais cada vez mais passaram a enxergar a teologia como um tipo de filosofia, apesar de reconhecerem o elemento de mistério no relacionamento entre Deus e o mundo. A salvação era considerada cada vez mais em termos jurídicos, como a absolvição ou condenação

---

[1] John MEYENDORFF, *Byzantine theology*: historical trends and doctrinal themes, New York, Fordham University Press, 1974, p. 25-6.

divina das almas. Embora os protestantes tenham procurado reformar o que consideravam abusos da teologia e prática católica romana desenvolvida durante a Idade Média, herdaram totalmente a mentalidade básica da igreja ocidental. Por exemplo, os ramos ocidentais do cristianismo, em geral, consideram a adoração um produto da reflexão sobre as Escrituras e a teologia. A abordagem oriental é bem diferente.

A teologia ortodoxa oriental nunca se separa da liturgia divina, ou seja, da adoração do fiel povo de Deus. De fato, os principais porta-vozes da tradição oriental argumentam que a sua teologia é resultado da tradição de adoração:

> Enquanto o cristão ocidental geralmente determinava sua fé pela autoridade externa (o magistério ou a Bíblia), o cristão bizantino considerava a liturgia fonte e expressão de sua teologia; daí, o conservadorismo exagerado que frequentemente prevalecia, tanto em Bizâncio como nos tempos pós-bizantinos, nas questões de tradição e prática litúrgicas. A liturgia manteve a identidade e continuidade da igreja em meio a um mundo em transformação.[2]

A adoração na igreja é considerada pelos cristãos ortodoxos orientais um (ou o mais) importante aspecto da tradição, que é a origem e norma suprema de toda a teologia. As Escrituras também fazem parte da tradição. Os protestantes, em especial, relutam em compreender e aceitar essa mentalidade divergente no tocante à origem da verdade para a fé e a prática. Para os cristãos orientais, a tradição governa a igreja inteira, bem como a vida de cada cristão individualmente. É o contexto global no qual Deus inclui a vida de cada convertido (inclusive dos bebês convertidos pelo batismo) para que suas histórias de vida se tornem parte da grande história da revelação divina, desde o AT e a igreja primitiva, com seus mártires, heróis, concílios, credos, até a identificação do cânon das Escrituras e da adoração legítima.

Uma pergunta essencial para qualquer teólogo ortodoxo oriental que se confronta com uma questão controvertida é: o que a tradição diz a respeito? E a tradição cristã virtualmente completou-se, para os cristãos ortodoxos por volta de 787, no sétimo e último concílio ecumênico de Niceia II.[3] É por isso que a igreja oriental às vezes chamada Igreja dos Sete Concílios. No âmago da tradição, está a adoração e a regra da teologia ortodoxa oriental é *Lex orandi, lex credendi*, "a lei da adoração é a lei da crença". A adoração realmente se desenvolveu nos primeiros séculos. Nenhum crente ortodoxo oriental argumentaria que a liturgia divina hoje é idêntica à das igrejas cristãs do século I em Roma ou em Antioquia. A ortodoxia oriental

---

[2] Ibid., p. 115.

[3] A Igreja Católica Romana reconhece 21 concílios ecumênicos até o presente, sendo o Vaticano II o mais recente, de 1962 a 1965. Decerto, haverá outros concílios ecumênicos da Igreja Romana. A Igreja Oriental deixou de reconhecer concílios "ecumênicos" depois do sétimo, e sobre este, até mesmo os cristãos ortodoxos orientais discordam de sua natureza. Em geral, no entanto, a tradição ortodoxa oriental não admite mais concílios ecumênicos. Todas as questões realmente importantes da teologia já foram resolvidas.

acredita, isto sim, que o desenvolvimento do seu culto durante os séculos, desde Constantinopla com Constantino até o Segundo Concílio de Niceia e especialmente durante o reinado do imperador Justiniano, foi divinamente inspirado. A "Grande Igreja" da capital oriental — a Hagia Sofia — desempenhou um papel fundamental nesse processo. "A adoção de uma prática ou tradição litúrgica pela 'Grande Igreja' significava uma aprovação final e, em última análise, quase uma garantia da aceitação universal".[4] A teologia ortodoxa oriental é a reflexão sobre a tradição e isso significa a interpretação da adoração, bem como das Escrituras. Ela não assume a forma de grandes sumários sistemáticos de proposições doutrinárias como os que foram desenvolvidos no Ocidente, especialmente a partir do período medieval. Pelo menos segundo os porta-vozes ortodoxos orientais, sua teologia resiste tanto à especulação que ultrapassa a revelação divina na tradição quanto à sistematização racionalista. Ela reconhece o mistério, e até mesmo se deleita nele, e permite que as crenças sejam declaradas antinomias ou paradoxos. Muitas distinções necessárias nas quais insiste estão além da compreensão humana e talvez até pareçam irracionais para o pensamento ocidental. Por exemplo, os cristãos ocidentais em geral não fazem distinção entre a salvação como a deificação e um tipo de união panteísta de Deus com toda a criação. Máximo, o Confessor, em especial, defendeu essa distinção, embora enfatizasse fortemente a deificação derradeira do universo inteiro, não apenas dos seres humanos, através da encarnação. Uma distinção correlata também não aceita pelos ocidentais é a estabelecida entre a "essência" de Deus e as suas "energias". Ela é absolutamente crucial para a teologia ortodoxa oriental, mas dificilmente pode ser expressa de maneira racional.

Para a mentalidade ocidental, a teologia oriental muitas vezes parece mística e até mesmo paradoxal, sem autoridade objetiva e escrita que sirva de referência. É extremamente difícil encontrar uma obra de teologia sistemática ortodoxa oriental como as que enchem as prateleiras das bibliotecas dos seminários católicos romanos e protestantes. O destacado teólogo ortodoxo oriental moderno, John Meyendorff, entende que essa diferença existe pelo menos desde a era bizantina e argumenta que a falta de uma teologia sistemática do cristianismo oriental

> não significa [...] que, por trás das questões debatidas pelos teólogos, não havia uma unidade básica de inspiração ou a ideia de uma única tradição consistente de fé. Naturalmente, o Oriente estava menos disposto a conceituar ou dogmatizar essa unidade de tradição do que o Ocidente. Preferiu manter sua fidelidade à "mente de Cristo" pela liturgia da igreja, pela tradição da santidade, pela *gnosis* viva da Verdade.[5]

---

[4] MEYENDORFF, *Byzantine theology*, p. 116.

[5] Ibid., p. 128.

João Crisóstomo: o Boca de Ouro

Por causa dessa abordagem exclusivamente oriental à teologia, é bom que comecemos a história de seu desenvolvimento durante a era bizantina com o santo e bispo pré--bizantino altamente reverenciado pela tradição da igreja ortodoxa oriental. João Crisóstomo tipifica a preferência pela teologia solidamente arraigada na adoração, inclusive a pregação prática da "mente de Cristo" conforme expressa na tradição (inclusive nas Escrituras). Crisóstomo foi contemporâneo de Agostinho. Nasceu em Antioquia, por volta de 349, em uma família relativamente abastada com certa posição social. Em tenra idade, já era uma grande promessa como líder espiritual e ingressou para a comunidade monástica em Antioquia. Tornou-se notável pregador e mestre das Escrituras e escreveu e pregou numerosos sermões e comentários sobre os livros da Bíblia. A abordagem que adotava era tipicamente antioquina, no sentido de começar com o significado histórico-literal das Escrituras e passar para o significado tipológico, mantendo um firmemente fundamentado no outro. Um notável estudioso ocidental moderno da igreja primitiva diz que "os comentários de João Crisóstomo em seus sermões [...] formam a coletânea mais impressionante, e agradável de se ler, de exposições patrísticas das Escrituras".[6] Embora as massas gostassem muito de suas pregações e ensinamentos, a reputação de Crisóstomo na elite cultural reinante em Antioquia nem sempre foi favorável, porque muitos dos seus sermões atacavam o consumismo exagerado e estilo de vida egoisticamente afluente desse grupo. Mesmo assim, era tão benquisto e respeitado por todos que, em outubro de 397, foi nomeado bispo de Constantinopla pelo imperador Teodósio I.

Uma vez instalado em Constantinopla como patriarca, João Crisóstomo iniciou uma campanha maciça para moralizar e reformar os clérigos e monges da cidade. Acreditava que o favoritismo do imperador e da corte imperial pelo cristianismo tinha ocasionado uma letargia moral e espiritual e que ele era chamado por Deus para moldar a igreja e reconduzi-la ao caminho certo. Começou quase imediatamente a pregar sermões poderosos na grande catedral contra a predominância do imperador sobre a igreja — predominância esta que, no Ocidente, foi chamada de cesaropapismo. Declarou a independência dos bispos em relação à corte imperial e à burocracia dos servidores públicos que surgiu em torno da corte e condenou a prosperidade e opulência que coexistam com a mais abjeta indigência em Constantinopla. Além disso, ordenou aos monges e clérigos trabalhar, cuidar de seus rebanhos e deixar de viver luxuosamente às custas dos ricos que os patrocinavam. Um excelente exemplo de sua pregação é oferecido por seu biógrafo moderno:

> Que insensatez, que loucura esta! A igreja tem tantos pobres a seu redor e, ao mesmo tempo, tantas filhos ricos; no entanto, não é capaz de oferecer alívio

---

[6] J. N. D. KELLY, *Golden mouth: the story of John Chrysostom — ascetic, preacher, bishop*, Ithaca, N.Y., Cornell University Press, 1995, p. 94.

a um único pobre. "Enquanto um fica com fome, outro se embriaga" (1Co 11.21); enquanto um homem defeca em vaso de prata, outro não tem nem sequer uma migalha de pão.[7]

Nem é necessário dizer que Crisóstomo rapidamente se tornou herói das massas indigentes e oprimidas, tanto cristãs quanto pagãs, que corriam para escutá-lo. Recebeu o cognome "Língua de Ouro" ou "Boca de Ouro" porque sua pregação era muito doce aos ouvidos. Em várias ocasiões, Crisóstomo teve que proibir com severidade os aplausos em seus sermões, pois a congregação, cheia de entusiasmo, exigia que ele pregasse mais vezes e por mais tempo. Sua habilidade de pregador foi notada até mesmo por um escritor pagão contemporâneo, chamado Zózimo, que escreveu a seu respeito: "Esse homem era extremamente habilidoso ao sujeitar as massas ignorantes com suas palavras".[8] Depois de algum tempo, naturalmente, o imperador, a imperatriz e a corte começaram a criticar o grande bispo pregador. A última gota que partiu a corcunda do camelo proverbial foi o sermão pregado em 401, no qual Crisóstomo publicamente comparou a imperatriz Eudóxia com Jezabel. Parecia disposto a provocar os governantes, como se fosse um profeta do AT.

A derrocada de Crisóstomo começou com os ataques de um colega, o bispo Epifânio de Chipre (367-403), que começou a campanha para desacreditá-lo como "herege origenista". A campanha contra Crisóstomo tinha notadamente motivação política, visto que sua teologia era completamente ortodoxa. Na realidade, ela consistia basicamente de exposições bíblicas e condenações às acomodações culturais ao paganismo por parte dos cristãos. Em setembro de 403, Crisóstomo foi condenado por uma corte eclesiástica e sua deposição do cargo de bispo ratificada pelo Sínodo de Carvalho no mesmo ano. Seu exílio de Constantinopla foi acompanhado por manifestações públicas nas ruas e dentro da catedral. O imperador teve de mandar tropas para abafar a rebelião. Depois de uma série de restaurações e voltas temporárias, nas quais sempre recomeçava as pregações contra a corrupção do ponto em que tinham sido interrompidas, Crisóstomo morreu em uma marcha forçada para o exílio, longe de Constantinopla em 14 de setembro de 406. Morreu de subnutrição e fraqueza. Foi claramente uma execução ordenada pelo imperador Arcádio, que queria o Boca de Ouro fora do seu caminho para sempre.

João Crisóstomo é lembrado como um dos grandes heróis da ortodoxia oriental, embora sua contribuição à teologia propriamente dita tenha sido mínima. Por sua pregação corajosa, reformas tanto na igreja quanto no estado e seu martírio, é considerado santo e mestre da igreja. Muitas igrejas ortodoxas orientais têm o seu nome. Por que contar sua biografia num livro de história da teologia cristã? Simplesmente por oferecer um retrato da teologia ortodoxa oriental. Um grande e

---

[7] Ibid., p. 135-6.
[8] Ibid., p. 130.

corajoso pregador, reformador do culto e da vida eclesiástica, guia espiritual e profeta para os poderosos, é considerado o paradigma de um bom teólogo, embora nunca tenha escrito um livro de teologia sistemática nem especulado sobre quantos anjos conseguem dançar na cabeça de um alfinete. Segundo a ortodoxia oriental, o bom teólogo é aquele que ora e prega bem.

Dois outros heróis da teologia ortodoxa oriental da era bizantina são Máximo o Confessor, e João Damasceno. Suas histórias estão diretamente ligadas às histórias de duas grandes controvérsias que atraíram toda a atenção da igreja oriental naquele período. A história de Máximo está associada à grande controvérsia monotelista a respeito das vontades de Cristo. A história de João Damasceno faz parte da grande controvérsia iconoclasta a respeito do uso de imagens santas na adoração. Essas histórias estão no âmago da grande história da teologia ortodoxa oriental. Em grande medida, esse ramo do cristianismo é o que é por causa dessas controvérsias e dos teólogos que ajudaram a dirimi-las.

Máximo, o Confessor e o monotelismo

Já fizemos, neste livro, um estudo panorâmico da controvérsia monofisita da era pós-calcedônia. Os monofisistas eram cristãos que, sob a influência de Alexandria, acreditavam que a Definição de Calcedônia realmente violava o espírito da doutrina da união hipostática, defendida por Cirilo de Alexandria. Entendiam que ela favorecia a ideia antioquina de duas naturezas e duas pessoas em Cristo. Em outras palavras, acreditavam que não era suficiente para excluir o nestorianismo. Vários imperadores em Constantinopla procuraram aplacar os monofisistas —, mas sem muito sucesso. Os monofisistas continuaram sendo uma força poderosa a ser levada em conta no Império Bizantino. Durante os séculos V e VI, muitos imperadores e os principais bispos do Oriente esforçaram-se em prol da união entre os cristãos ortodoxos e os monofisistas. Uma proposta aparentemente atraente para acabar com esse hiato foi o *monotelismo*, a ideia de que, embora Jesus Cristo fosse uma só pessoa integral com duas naturezas completas, porém inseparáveis, tinha uma única vontade: a divina. Os monotelistas e seus simpatizantes esperavam que esse acordo fosse reunificar a igreja, afinal, as partes não estavam cedendo tanto assim.

Máximo, assim como João Crisóstomo antes dele, nasceu em uma família de boa reputação. Não se sabe o ano exato do seu nascimento em Constantinopla, mas provavelmente foi por volta de 580. Na vida adulta, tornou-se um servidor público altamente respeitado e bem-sucedido e foi convidado pelo imperador Heráclio para ser seu secretário de Estado pessoal. Depois de um breve período no cargo, no entanto, Máximo deixou o serviço imperial para tornar-se monge e, depois de habitar em vários mosteiros, chegou a Cartago em 632. Foi ali que ouviu falar, pela primeira vez, do monotelismo e começou sua luta contra ele, que durou até ao fim de sua vida, executado por esse motivo. Sua luta contra o monotelismo e em favor do *duotelismo* — a crença em duas vontades naturais de Cristo — levou-o a Roma, onde tentou persuadir papas a tomarem uma posição firme contra os acordos defendidos pelos imperadores bizantinos. Assim como Atanásio antes dele, Máximo acreditava que esse pequeno acordo destruiria sozinho toda a edificação da cristologia ortodoxa. Seria como retornar ao monofisismo e, portanto, negar as duas naturezas de Cristo e a sua verdadeira e plena humanidade e divindade. No fim, segundo Máximo argumentou, isso tornaria ortodoxo o apolinarismo ou o eutiquianismo, porque se Cristo tivesse uma única vontade, esta teria de ser divina e, se assim fosse, a humanidade estaria aniquilada. E conforme declarara Gregório Nazianzeno: "Aquilo que o Filho de Deus não assumiu, não foi curado".

Enquanto estava em Roma, Máximo foi capturado, junto com o papa Martinho I, por soldados bizantinos que invadiam o Ocidente na tentativa de reunificar o Império Romano, antes tão grandioso. Levado a Constantinopla para ser julgado em maio de 655, foi condenado por crimes contra o estado, porque abertamente repudiou a autoridade do imperador sobre a igreja e a teologia. Máximo escreveu: "Não penso na união ou na divisão dos romanos e dos gregos, mas não devo me afastar da fé correta. [...] É a tarefa dos sacerdotes, não dos imperadores, investigar e definir os dogmas salutares da igreja católica".[9] Depois de se recusar a retirar suas opiniões duotelistas e a fazer um acordo com os monotelistas, Máximo foi morto sob tortura por ordem do imperador em 13 de agosto de 661. Posteriormente, foi reconhecido como grande defensor da fé calcedônia por imperadores, bispos e leigos igualmente e recebeu o título honorífico de "o Confessor". Seus escritos sobre teologia também foram reabilitados e se tornaram obras padronizadas para o ensino e a interpretação da fé ortodoxa. Um destacado teólogo ortodoxo oriental moderno diz que

> Máximo pode ser considerado o verdadeiro pai da teologia bizantina. Somente através do sistema dele, no qual as tradições válidas do passado ocuparam seu legítimo lugar, é que as ideias de Orígenes, de Evágrio, dos capadócios, de Cirilo e do Pseudo-Dionísio foram preservadas no cristianismo ocidental. [...] Continua sendo impossível [...] compreender toda a teologia bizantina sem conhecer a síntese de Máximo.[10]

Apesar de sua grande importância para a teologia ortodoxa oriental, a tarefa de interpretar Máximo não é fácil, mesmo para os orientais. Ele não forneceu nenhuma exposição sistemática de sua teologia, mas expressou suas ideias em cartas, discursos, fragmentos de livros que pretendia escrever e em debates escritos contra seus oponentes. Organizar toda a matéria e sumariar todo o conteúdo é uma tarefa desafiadora, isso também porque muitas expressões e conceitos que usa

---

[9] Apud *The Byzantine fathers of the sixth to eighth century*, v. 9: *The collected works of Georges Florovsky*, Richard S. Haugh (org.), trad. Raymond Miller, Anne-Marie Döllinger-Labriolle e Helmut Wilhelm Schmiedel, Vaduz, Liechtenstein, Büchervertriebanstalt, 1987, 211.

[10] MEYENDORFF, *Christ in eastern Christian thought*, Crestwood, N.Y., St. Vladimir's Seminary Press, 1987, p. 132.

são enigmáticos e quase místicos. O propósito dele ia muito além de meramente defender a cristologia de Calcedônia contra as ameaças do monotelismo. Essa é apenas a ponta do iceberg. O alvo maior de Máximo, nunca definido por completo, era uma cosmovisão cristã ortodoxa centralizada inteiramente na encarnação. Para ele, a encarnação de Deus em Jesus Cristo era, e é, o propósito supremo de tudo e não simplesmente a maneira de levar Jesus à cruz a fim de morrer pelos pecados do mundo e nem um meio de recapitular Adão para reverter os efeitos da queda. Para Máximo, a encarnação foi exatamente o ápice da criação e teria acontecido mesmo que os seres humanos nunca tivessem caído no pecado. A ortodoxia oriental admitiu esses conceitos por sua influência.

Máximo e sua visão teândrica da realidade

A visão cristã da realidade, a ontologia, de Máximo começa com a ideia de que tudo na criação é, em algum sentido, uma revelação de Deus porque "o mundo inteiro é a indumentária do Logos".[11] Por causa da criação pelo Logos e especialmente por causa da encarnação do Logos na raça humana, "a essência de tudo neste mundo é espiritual. Podemos reconhecer a urdidura do Logos em todos os lugares".[12] O mundo foi criado por Deus como expressão de si mesmo e veículo de sua presença e se uniria a ele através do Logos — a segunda pessoa da Trindade. Essa união aconteceria numa progressão natural e chegaria ao auge na encarnação, se os primeiros seres humanos não tivessem pecado. Nas palavras do próprio Máximo:

> Aquele que fundou a existência — origem, "gênese" — de toda a criação, visível e invisível, por um único ato de sua vontade tomou, de forma inefável, antes de todas as eras, e antes de qualquer começo do mundo criado, a bom conselho a decisão de que ele mesmo se uniria de modo inalterável à natureza humana pela verdadeira unidade de hipóstases. E uniu-se inalteravelmente à natureza humana, para que se tornasse ele próprio um homem, conforme ele próprio sabe, e para que tornasse o homem um deus pela união consigo.[13]

Ao pecar, os seres humanos trouxeram ao mundo confusão e morte, o que impediu a unificação de todas as coisas com Deus pelo Logos. A raça humana ocuparia, de forma especial, o centro dessa unidade cosmo-divina habitada pelo Logos. Mas, por causa do pecado e da consequente corrupção, a raça humana perdeu sua ligação com Deus e o cosmo inteiro foi afetado. Uma maldição, por assim dizer, caiu sobre a criação. A encarnação do Logos, que era o propósito e o cumprimento natural da criação, tornou-se, em vez disso, operação de sua salvação.

---

[11] Apud *Byzantine fathers*, 9:220.
[12] Ibid., p. 223.
[13] Ibid., p. 216.

Mesmo assim, a encarnação do Logos foi mais do que uma operação de salvamento. Segundo Máximo, ela também foi a retomada do plano e projeto original de Deus de unir-se a toda a criação. De certo modo, através da encarnação específica do Logos em Cristo, Deus visava à encarnação universal do Logos em toda a criação. E por causa da encarnação, ele tem uma base, por assim dizer, em tudo e principalmente na humanidade. Nada possui existência verdadeira sem o Logos. Sem ele, é tudo um vazio a caminho do nada.

No centro dessa visão da realidade no processo de ser divinizado por Deus, está o ser humano. Para Máximo, os seres humanos ocupam um lugar especial na criação entre a natureza e Deus. A tarefa que Deus atribuiu (e ainda atribui) à raça humana é desempenhar o papel crucial de unir e harmonizar todos os aspectos diversos da realidade — físicos e espirituais — de modo que a criação, como um todo, seja um veículo digno da presença de Deus. Isso não acontece automaticamente. A encarnação universal depende da cooperação humana. Para o propósito de Deus na criação ser coroado com o sucesso e a perfeição, a criatura humana deve atender a Deus de modo apropriado, por sua sujeição voluntária à vontade de Deus e sua receptividade à presença dele dentro de si.

Para os seres humanos levarem a efeito seu propósito designado no plano divino, é necessária a encarnação. Máximo considerava a encarnação uma carga que renovava a energia da criatura humana para que atuasse com Deus na deificação cósmica. Esse recarregamento e reenergização da humanidade pelo Logos é o que Máximo chamava de dimensão teândrica da encarnação. Isto é, Deus e a humanidade se pertencem e a encarnação, além de revelar esse fato, o viabiliza. Do ponto de vista de Máximo,

> "teândrico" designa o relacionamento totalmente incomparável e novo estabelecido em Jesus Cristo, por ser plenamente humano e plenamente divino: Deus e o homem interagindo para o benefício de toda a criação; unidos, mas não misturados entre si; distintos, mas em plena harmonia. [...] Máximo é um dos primeiros escritores cristãos a usarem esse termo frequente e livremente. Com ele, introduz toda uma tradição do pensamento cristão oriental, para a qual a realidade por detrás dele é de suprema importância: a própria vida está tão marcada pela encarnação de Deus, que sempre existe uma dimensão teândrica para ela.[14]

Contudo, para a dimensão teândrica funcionar, o ser humano deve cooperar livremente com a "centelha" da graça divina na encarnação energizante. As próprias energias divinas de Deus (não a essência de Deus) estão à disposição para habitar e transformar todas as coisas criadas, se o ser humano desempenhar livremente o seu

---

[14] Lars THUNBERG, *Man and the cosmos*: the vision of St. Maximus the Confessor, Crestwood, N.Y., St. Vladimir's Seminary Press, 1985, p. 71.

papel, mantendo todo pensamento sujeito a Cristo e, pelos sacramentos e adoração, ser habitado por seu Espírito.

Essa visão teândrica da realidade é a base da oposição resoluta de Máximo ao monotelismo: "Toda a polêmica de São Máximo, o Confessor, contra os monotelistas pode ser, em rigor, sumariada na interpretação de que a vontade é um aspecto necessário da natureza humana e de que, sem a vontade e a liberdade, a natureza humana seria incompleta e espúria".[15] Portanto, argumentou Máximo, a dimensão teândrica tão necessária para a consumação suprema do plano divino da criação e da redenção não seria possível se Cristo não tivesse vontade humana. Sua humanidade *tinha* de cooperar livremente com o chamado divino do Logos, para que a raça humana transcendesse a condição de mera criatura e entrasse na existência deificada. Máximo, entretanto, argumentou que a vontade humana de Cristo era uma "vontade natural" e não uma "vontade adâmica" voltada contra Deus. Em todas as ocasiões na vida de Cristo, sua vontade humana optou livremente por cooperar com o Logos. As duas vontades eram totalmente coordenadas de tal forma que o Logos mostrava o caminho e a vontade humana livremente a obedicia e seguia.

Uma tensão possível na cristologia duotelista acha-se na sua definição da *vontade*. Por um lado, assim como Orígenes e toda a tradição cristã oriental, ele admitia que os seres humanos têm livre-arbítrio no sentido de obedecer ou desobedecer a Deus. Mantinha, também, um conceito claramente sinergístico da salvação, segundo o qual os seres humanos podem cooperar com a graça de Deus ou rejeitá-la. Para Máximo, assim como para a tradição oriental, o livre-arbítrio era a "capacidade de fazer de outra forma" e não a "liberdade de fazer o que se deseja", como dizia Agostinho. Não havia nenhuma inevitabilidade da queda. E agora os seres humanos deviam escolher livremente se queriam participar da redenção. Em contrapartida, ao lidar com a questão de como uma só pessoa (Cristo) podia ter duas vontades, Máximo redefiniu *vontade* de tal maneira que não envolve necessariamente a livre-escolha. Certamente não acreditava que Cristo poderia pecar. Cristo tinha a vontade humana — essencial para a natureza humana —, mas não livre-escolha humana. Além disso, sua natureza humana, inclusive sua vontade humana, era deificada pela união com o Logos de tal maneira que sempre optava por aderir ao bem.[16]

Mas, se a livre-escolha (a capacidade de fazer de outra forma) é uma parte essencial da natureza humana — senão, como Adão e Eva poderiam pecar? —, Cristo não precisaria tê-la para ser plenamente humano e alcançar a dimensão teândrica? Precisaria. No entanto, Máximo não estava disposto a afirmar isso. Até que ponto, portanto, a afirmação de duas vontades em Cristo faz sentido, se ela não implica

---

[15] *Byzantine fathers*, 9:206.

[16] Justo González, *A history of Christian thought*, ed. rev., Nashville, Abingdon, 1987, p. 200. V. 2: From Augustine to the eve of the Reformation.

em dois conjuntos de escolhas? Na prática, a cristologia de Máximo não se reduz a uma só vontade ativa e operante? Parece que sim.

A saída para esse dilema, segundo alguns teólogos não ortodoxos orientais, é sugerir que a vontade é uma função da pessoa e não da natureza. Portanto, para quem se fundamenta na ideia *enhypostasia* que Leôncio de Bizâncio tinha da encarnação, Jesus Cristo tinha uma só vontade e esta era a do Filho de Deus que formava sua personalidade unificante. Era uma vontade divina sob as condições da humanidade por causa da encarnação. Era uma vontade que estava aberta à tentação (ou mesmo ao pecado) pelo processo de rebaixamento (*kenose*) associado à descida do Filho de Deus para as condições da vida de criatura.

Mas isso era outra coisa que Máximo e toda a tradição oriental não podiam aceitar. Para Máximo e para a tradição tão profundamente influenciada por ele, o Logos não passou por absolutamente nenhuma mudança ao encarnar. Sofreu "pela humanidade" sem passar por nenhuma alteração ou mudança. Permaneceu imutável e impassível.

É isso que muitos teólogos cristãos ocidentais, especialmente os protestantes modernos, acham inaceitável e desnecessário. Eles acreditam que muitos dilemas da teologia antiga e bizantina seriam esclarecidos se os teólogos se dispusessem a abrandar sua posição em relação à imutabilidade e impassibilidade divinas.

Muito depois do martírio de Máximo, sua cristologia foi vindicada pelo sexto concílio ecumênico, convocado pelo imperador Constantino IV. Conhecido como o Terceiro Concílio de Constantinopla, ou Constantinopla III, ficou reunido de 680 a 681 e condenou o monotelismo e afirmou duas vontades naturais em Cristo. A partir de então, a reputação de Máximo de grande herói da Ortodoxia foi firmemente sustentada. Sua visão da redenção cósmica é, em geral, aceita como válida pelos cristãos ortodoxos orientais.

João Damasceno e a iconoclastia

A história da teologia ortodoxa oriental bizantina chegou ao auge de tensão, conflito e resolução com a grande controvérsia iconoclasta do século VIII. O herói ortodoxo desse episódio histórico é João Damasceno. A resolução acha-se num concílio ecumênico final, que completou o processo da tradição autoritária da ortodoxia oriental em 787, com a declaração de que imagens santas — ícones — não devem ser rejeitadas, mas, de fato, usadas no culto cristão.

Os ícones são simplesmente imagens de Cristo e dos santos usadas como pontos centrais de meditação e oração no culto. No culto e devoção da igreja ortodoxa oriental, eles desempenham papel crucial de "janelas para o céu" que os fiéis usam como ponto de contato ao orar à Trindade ou aos santos. Os santos são considerados simplesmente intercessores acessíveis — parte da grande "nuvem de testemunhas" no céu — que levam a Deus as petições dos cristãos viventes. Os ícones nunca foram considerados ídolos pelos teólogos ortodoxos orientais ou católicos romanos.

Nunca foram adorados, pois tal prática sempre foi rigorosamente proibida por essas tradições. Entretanto, desde os tempos antigos, as imagens são usadas para ajudar na oração, no culto e na devoção. Já no século VI no Oriente, os ícones foram usados como "livros para os analfabetos". Sua função didática e mnemônica era considerada essencial para os que não conseguiam ler as Escrituras ou livros cristãos.

No início do século VIII, Constantinopla e outras cidades cristãs do Império Bizantino estavam repletas de ícones. A iconografia era uma indústria importante, especialmente entre os monges. Cada lar e cada igreja possuía diferentes e talvez muitos ícones esmerados diante dos quais os fiéis da ortodoxia meditavam e adoravam. Alguns líderes, tanto da igreja quanto do estado, temiam que a prática ficasse de controle e um imperador em especial, Leão III (717), ordenou a destruição dos ícones em todas as partes do império.

O conflito gerado durou várias décadas e provocou tumultos entre os monges, o martírio dos principais defensores oponentes dos ícones e um estado de desordem e confusão geral em todo o império e igreja bizantinos. Os iconoclastas argumentavam que imagens de Cristo violavam o espírito da proibição bíblica da idolatria e deturpavam a cristologia:

> Segundo eles, a natureza divina [de Cristo] não pode ser limitada. Portanto, se a humanidade do Salvador for representada pela imagem, obviamente não incluirá sua divindade e isso necessariamente resultará na divisão das duas naturezas, motivo pelo qual o nestorianismo foi condenado. Se, por outro lado, alegamos que, ao representar a humanidade de Cristo, também representamos a sua divindade, estaremos limitando a divindade e misturando as duas naturezas, motivo pelo qual o monofisismo foi condenado.[17]

Durante algum tempo no século VIII, os iconoclastas estiveram no poder e as igrejas de todo o império oriental foram destituídas das imagens; muitos iconófilos defensores de imagens foram perseguidos.

João de Damasceno é citado na história da teologia por várias contribuições, mas acima de tudo por ter fornecido o fundamento lógico e a justificativa teológica para o emprego de ícones na adoração. Por seus escritos em favor dos ícones, a igreja oriental encontrou a maneira de reinstituí-los sem implicar idolatria.

João nasceu em Damasco, na Síria, entre 645 e 675 e morreu por volta de 750. Passou parte da vida adulta no mosteiro chamado São Saba, perto de Jerusalém. Seus "discursos notáveis em defesa dos santos ícones [sic] atraíram a atenção geral" de todo o Império Bizantino.[18] Esses discursos ficaram conhecidos como *Discursos contra os iconoclastas* e foram escritos entre 726 e 730. Neles, o monge enfatizou a

---

[17] *Byzantine fathers*, 9:254.
[18] Apud Meyendorff, *Byzantine theology*, p. 45-6.

mudança radical que ocorreu, pela encarnação, no relacionamento de Deus com o mundo visível e físico. Deus outorgou à existência material uma nova função e dignidade para que objetos pudessem refletir seu divino Ser. De acordo com João, "antes, Deus, sem corpo ou forma, não podia ser representado de modo algum. Mas hoje, depois de ter aparecido em carne e habitado entre os homens, tenho o direito de representar o aspecto visível de Deus. [...] Não venero a matéria, mas venero o Criador da matéria, que se tornou matéria por amor a mim, que se revestiu da vida na carne e que, através da matéria, consumou minha salvação".[19]

João passou a justificar o uso de ícones na adoração ao fazer a distinção sutil, porém importante, entre a adoração propriamente dita de uma pessoa ou objeto e a mera veneração —certo respeito por alguma coisa, por ser dedicada a Deus e permeada por sua energia espiritual. A adoração absoluta, que João designou pela palavra grega *latria*, só pode ser prestada a Deus, ao passo que a *proskynesis*, ou reverência, pode ser prestada às santas imagens porque são canais sacramentais da energia divina. A maneira de João enxergar os ícones afetou profundamente o Segundo Concílio de Niceia em 787, que foi o sétimo e último concílio ecumênico, segundo a ortodoxia oriental. Os bispos ali reunidos decidiram pela condenação dos iconoclastas: "Anátema aos que não saúdam [veneram] as imagens santas e veneráveis. Anátema aos que chamam de ídolos as imagens sagradas".[20]

João Damasceno também é conhecido como o último dos grandes pais da igreja da tradição ortodoxa oriental. Não somente defendeu os ícones e forneceu sua justificação teológica — um ponto crucial para o culto ortodoxo oriental —, mas também escreveu a primeira grande suma da teologia ortodoxa chamada *Exposição da fé ortodoxa*. Nela procurou reunir toda a verdade cristã essencial e expressá-la da forma mais atemporal possível. Embora não contenha nada de original, a *Exposição* continua sendo um manual de teologia ortodoxa oriental que enfatiza a encarnação salvífica, a deificação da humanidade através de Cristo e a essência inefável de Deus, além de toda a compreensão humana.

Embora a igreja ocidental, que considerava Roma seu centro, reconhecesse e aceitasse o sexto e o sétimo concílios ecumênicos e considerasse tanto Máximo quanto João Damasceno grandes expositores da fé, no fim do século VIII, os dois ramos da grande igreja separaram-se definitivamente por causa de diferenças na forma de governo, nos estilos de culto e nos conceitos do credo trinitariano. O episódio final da história da divisão dessas duas grandes igrejas focalizará as últimas e derradeiras causas da separação, especialmente a grande controvérsia a respeito da cláusula *filioque* que acabou sendo incluída no *Credo de Niceia* no Ocidente.

---

[19] The decree of the holy, great, ecumenical synod, the second of Nice, *The seven ecumenical councils of the Undivided Church* NPNF 2, 14.

[20]

20

O Grande Cisma transforma uma tradição em duas

Já no fim do século VIII e no fim do século IX, as duas metades da cristandade desenvolveram suas próprias culturas eclesiásticas e teológicas de tal forma que se tornou quase impossível uma verdadeira comunicação e compreensão entre si. Decerto, bispos e teólogos viajavam de Constantinopla para Roma e vice-versa, mas esses intercâmbios frequentemente agravavam os desentendimentos e até mesmo criavam animosidades. Como de costume, a política desempenhou papel importante nesse rompimento. Os imperadores bizantinos de Constantinopla ainda consideravam seu reino — cada vez mais reduzido pela invasão dos muçulmanos — o único império cristão verdadeiro. Eles e seus bispos entendiam que o Império Romano Cristão de Constantino, Teodósio e Justiniano ainda existia e devia incluir o Ocidente. Os papas de Roma, no entanto, confiavam cada vez mais nas tribos bárbaras cristianizadas, como os francos da Europa Central, para restabelecer o antigo Império Romano no Ocidente. No Natal de 800, um papa coroou o rei dos francos, Carlos Magno, como imperador do novo e revivificado Sacro Império Romano. O imperador bizantino, no mínimo, ficou consternado.

Agora, porém, voltaremos nossa atenção para os aspectos teológicos da história do grande cisma entre o cristianismo ocidental e o oriental.[1] As duas tradições apresentam muitas diferenças que não são especificamente teológicas. Por exemplo, a igreja oriental sempre permitiu que os sacerdotes se casassem. O celibato clerical é exigido somente dos monges. Os bispos ortodoxos orientais são tradicionalmente

---

[1] O termo *Grande Cisma* é usado duas vezes para identificar dois eventos distintos na história do cristianismo. No presente, designa a divisão entre a ortodoxia oriental e o catolicismo romano, que ainda não foi saneada. Posteriormente, será usado de novo para designar uma divisão na Igreja Católica Romana entre dois e, depois, três papas na Idade Média. É importante não confundir os dois eventos completamente distintos, embora o mesmo termo seja tradicionalmente usado para designar ambos.

escolhidos dentre os monges, portanto, celibatários. O sacerdote simples de paróquia, no entanto, tem permissão para se casar antes de ser ordenado. Se for solteiro na ocasião de sua ordenação, deve permanecer assim. A tradição católica romana desenvolveu paulatinamente a prática do celibato clerical universal, de modo que todos os sacerdotes da igreja devem permanecer solteiros e castos. Existem, no entanto, exceções a essa regra. A lei canônica do catolicismo romano admite "dispensações especiais" — exceções à regra — e por isso alguns sacerdotes são casados. A norma, no entanto, é o celibato clerical. Essa não é uma diferença teológica importante entre os dois ramos. Ela desempenhou um papel pouco ou nada relevante no cisma que os separou definitivamente. Da mesma forma, existem várias outras diferenças, de pouca consequência, entre estilo de culto, interpretação e prática dos sacramentos e crença a respeito do cânon das Escrituras, da vida depois da morte e dos santos, diferenças com as quais o Oriente e o Ocidente poderiam ter aprendido a conviver. Os verdadeiros motivos do cisma achavam-se em outro lugar e não nessas diferenças aparentes e bastante superficiais.

Talvez a causa fundamental do cisma fosse a que o historiador eclesiástico Jaroslav Pelikan denominou "alienação intelectual". Isto é, as duas partes simplesmente ficaram tão diferentes em atitudes e formas de pensar que o entendimento se tornou impossível. Cada uma lia e citava somente seus próprios pais da igreja. Agostinho dominou no Ocidente, embora fosse lido e interpretado pela versão bastante distorcida do agostinismo de Gregório, o Grande. O Oriente recorreu a Ireneu, Orígenes, Atanásio, aos pais capadócios, Cirilo, Máximo, o Confessor, e outros pais e teólogos impregnados com um tipo de teologia mística e especulativa. O Ocidente insistiu na soberania exclusiva da graça e admitiu um monergismo modificado. O Oriente insistiu no livre-arbítrio e no conceito sinergista da salvação. Mas, acima disso, conforme observa Pelikan: "Não somente uma ou outra ideia grega, mas seu próprio método de teologizar era estranho aos latinos".[2] E o mesmo podia se dizer dos gregos em relação às ideias latinas. O padrão grego oriental de teologizar era mais místico e especulativo e enfatizava a autoridade da adoração, da piedade popular e do acúmulo informal e verbal da tradição cristã oriental. O padrão latino ocidental de teologizar era mais legalístico e prático e enfatizava a autoridade dos códigos escritos e normas objetivas.

Talvez as causas teológicas imediatas do cisma pudessem ser superadas, não fossem as diferenças mais profundas na cultura, na política e nas mentalidades do Oriente e do Ocidente. As duas partes, no entanto, atribuem o cisma final, no

---

[2] *The Christian tradition: a history of the development of doctrine*, v. 2: The spirit of eastern Christendom (600-1700), Chicago, University of Chicago Press, 1974, p. 179.

qual uma excomungou a outra, a duas controvérsias principais: autoridade papal e *filioque*. Até o presente, os bispos da Igreja Ortodoxa Oriental e os da Igreja Católica Romana não conseguem chegar ao entendimento no tocante a essas questões, embora ambos se refiram duas igrejas como as "duas metades da cristandade". Até a data da escrita do presente livro, no entanto, ainda não alcançaram a comunhão eucarística.

A controvérsia a respeito do papado

Os cristãos ocidentais dos séculos IX e X olhavam para o Oriente e viam um imperador governando a igreja. A isso deram o nome de cesaropapismo: "César é papa". Acreditavam firmemente que o bispo de Roma era o sucessor de Pedro, seguindo a sucessão apostólica, porque Pedro tinha sido o primeiro bispo de Roma, segundo a tradição eclesiástica. Como Jesus entregou a Pedro as chaves do reino do céu (Mt 16.18,19) e prometeu que edificaria sua igreja sobre "esta pedra" (que a igreja de Roma interpretou como sendo Pedro), acreditavam que todos os bispos de Roma teriam primazia sobre toda a igreja de Jesus Cristo até seu retorno. Os bispos ocidentais, portanto, resistiram ao poder imperial sobre a igreja e a teologia e insistiram que mesmo os imperadores como Carlos Magno deviam se curvar diante da autoridade do papa em todas as questões espirituais e talvez mesmo nas questões temporais.

Os cristãos orientais dos séculos IX e X olhavam para o Ocidente e viam o bispo de uma única grande sé da cristandade tentando dominar todas as outras de modo ilegítimo. Acusavam os latinos de tentar forçar toda a cristandade a aceitar a "monarquia papal" e resistiam às tentativas feitas pelo bispo de Roma de dominar o Oriente. A partir de Orígenes, os bispos e teólogos orientais interpretaram "a pedra" da qual Jesus falou como a fé de Pedro e não uma referência ao próprio Pedro, muito menos aos bispos de Roma, mesmo que Pedro tivesse sido o primeiro deles. Segundo o teólogo ortodoxo oriental John Meyendorff: "Todo o debate entre Oriente e Ocidente pode, portanto, ser reduzido à questão: a fé depende de Pedro ou Pedro depende da fé?".[3] A igreja ocidental considerava todo bispo ortodoxo, não apenas o bispo de Roma, verdadeiro sucessor de Pedro e as grandes sés da cristandade — Roma, Constantinopla, Antioquia, Alexandria e Jerusalém — iguais em dignidade, poder e autoridade. O Oriente estava disposto a reconhecer o patriarca de Roma como o "primeiro entre iguais", mas considerava esse título puramente honorífico. O patriarca de Roma rejeitou-o.

---

[3] *Byzantine theology*: historical trends and doctrinal themes, New York, Fordham University Press, 1974, p. 98.

Meyendorff diz que a principal causa do rompimento e a razão por que ele nunca pôde ser desfeito está basicamente nas diferentes posturas em relação ao governo eclesiástico: "O desenvolvimento medieval da primazia romana como referência decisiva nas questões doutrinárias contrastava marcadamente com o conceito da igreja que prevalecia no Oriente. Não poderia, portanto, haver acordo sobre as questões em si e nem na maneira de solucioná-las, enquanto existisse divergência sobre a ideia de autoridade na igreja".⁴

Um exemplo de questão aparentemente secundária, mas que não podia ser resolvida por causa dessa diferença básica no tocante à autoridade eclesiástica é a disputa das igrejas oriental e ocidental, no século IX, a respeito do uso de (pães asmos) na eucaristia. Isso pode parecer um ponto insignificante para os cristãos dos tempos modernos, especialmente para os protestantes, mas naquela ocasião, tratava-se de um assunto sério. As igrejas ocidentais usavam *azymes* na comunhão ou ceia do Senhor, ao passo que as igrejas orientais usavam pães levedados. Cada parte considerava a prática da outra uma inovação dentro da tradição cristã. O Ocidente acusava o Oriente de afastar-se das práticas bíblicas, ao passo que o Oriente acusava o Ocidente de insistir nos pães asmos por estar preso às práticas judaicas e por não ter descoberto a liberdade da Nova Aliança. As duas partes estavam convictas de que essa diferença era suficientemente relevante para necessitar reconciliação, mas o bispo romano insistiu que a decisão seria sua, ao passo que os bispos orientais insistiram que ele não tinha o direito de lhes impor práticas eucarísticas.

A controvérsia filioque

Sem dúvida, a grande discussão teológica entre o Oriente e o Ocidente, que contribuiu para a mútua e definitiva excomunhão, dizia respeito à cláusula *filioque* na versão latina do *Credo niceno*. Praticamente, todas as pessoas concordam que, na versão grega original do *Credo* de 381, não constava a cláusula "e do Filho" *(filioque)* depois do trecho que declara que o Espírito Santo procede "do Pai":

> *Creio* no Espírito Santo,
> Senhor, doador vida,
> e procede do Pai (*e do Filho*);
> e com o Pai e o Filho é adorado e glorificado:
> que falou pelos Profetas.

A frase entre parênteses *e o Filho* é tradução da palavra latina *filioque* e aparece em quase todas as versões ocidentais do *Credo niceno*. Como ela apareceu ali?

---

⁴ Ibid., p. 91.

Isso ninguém sabe com certeza. E, quando os bispos orientais tomaram conhecimento disso em Constantinopla por volta de 850, quiseram remover a frase por duas razões. Em primeiro lugar, protestaram dizendo que o Ocidente não tinha o direito de alterar o credo básico da cristandade sem consultar a igreja oriental. Em segundo lugar, argumentaram que essa frase revelava uma profunda diferença teológica entre as ideias orientais da Trindade, que consideravam as únicas verdadeiramente ortodoxas, e as ocidentais, fundamentadas no pensamento agostiniano, que consideravam heterodoxas (não ortodoxas e próximas da heresia). Meyendorff explica a posição oriental, que permanece a mesma até hoje:

> Os bizantinos consideravam a questão do *filioque* o ponto crítico do desacordo [entre o Oriente e o Ocidente]. Na opinião deles, ao aceitar um credo interpolado, a igreja latina estava se opondo tanto ao texto adotado pelos concílios ecumênicos como à declaração da fé cristã universal e atribuindo autoridade dogmática a um conceito incorreto da Trindade.[5]

Em toda essa controvérsia do *filioque* o que realmente aconteceu, quando, onde e quem participou permanece um mistério. As origens documentárias históricas não são claras. Os historiadores eclesiásticos orientais contam uma história diferente daquela dos historiadores eclesiásticos ocidentais. A única coisa que se pode dizer com certeza é que a frase foi oficialmente acrescentada ao credo, na sua tradução latina, por um sínodo espanhol reunido em Toledo em 589. Antes disso, a frase já era comum entre os monges no Ocidente e alguns argumentam que o próprio Agostinho a promovia, o que é improvável, embora ele realmente tenha declarado, em *Da Trindade*, a processão do Espírito pelo Filho. Seja como for, os bizantinos tomaram conhecimento disso pela primeira vez em Jerusalém quando, então, um grupo de monges latinos chegou ali da Europa em romaria e recitou o credo com a frase interpolada. Já em meados do século IX, notícias a respeito da mudança da versão ocidental chegaram a Constantinopla e enfureceram igualmente o imperador e o patriarca dali. Embora concordassem que, em teologia, é possível dizer que o Espírito procede "do Pai *pelo* Filho", condenaram o acréscimo unilateral de *filioque* ao credo feito pelo Ocidente e argumentaram que é heresia dizer que o Espírito procede "do Pai *e* do Filho".

Em 809, um sínodo em Aachen, na Alemanha, declarou herética a versão grega do Credo Niceno que omitia a frase "e do Filho" e exigiu que os cristãos de todos lugares enunciassem essa declaração e a incluíssem ao credo. Até mesmo o papa dessa época rejeitou essa medida extremada e tentou evitar um cisma aberto com

---

[5] Ibid., p. 91-2.

o Oriente, ao promover o uso do *Credo apostólico*, ou Antigo Símbolo Romano, em vez do *Credo niceno*. Mas era tarde demais para isso. O *Credo de Niceia*, com a cláusula *filioque*, já tinha se disseminado no Ocidente e todos o consideravam ortodoxo. Em reação à condenação feita pela igreja ocidental à omissão dessa cláusula no credo, os bispos e imperadores do Oriente começaram a acusar de heréticos o papa e os bispos do Ocidente. No fim, cada uma das partes declarou que a outra estava excomungada da Grande Igreja. O patriarca de Constantinopla em 1054, Miguel Cerulário, declarou a respeito do bispo de Roma: "O papa é herege!".[6] Os representantes do papa Leão IX em Constantinopla entraram na catedral da Hagia Sofia, colocaram no altar-mor uma declaração que excomungava o patriarca e todos os bispos em comunhão com ele e depois saíram. Esse rompimento nunca foi perdoado.

O que estava realmente em jogo na controvérsia do *filioque*? Certamente havia muito ressentimento no Oriente por causa da alteração unilateral do credo feita pelo Ocidente. E, da parte dos bispos latinos, havia rancor porque o Oriente não estava disposto a reconhecer que o Ocidente tinha o direito de ter suas próprias tradições. No entanto, as causas mais profundas do conflito remontam ao âmago da teologia trinitariana. Paulatinamente, e quase sem perceber, as duas metades da cristandade desenvolveram modos diferentes de pensar e falar a respeito do Deus trino.

A abordagem ocidental fundamentava-se na teologia de Agostinho. A abordagem oriental fundamentava-se na teologia de Orígenes e dos pais capadócios. A teologia ocidental da Trindade começava com a unidade divina da substância e, a partir daí, explicava o aspecto tríplice. A ênfase estava no ser único de Deus por trás das pessoas do Pai, do Filho e do Espírito Santo. As três pessoas eram frequentemente consideradas manifestações da única subsistência divina que todas as três compartilham igualmente. O Espírito Santo era considerado o vínculo de amor entre o Pai e o Filho. Agostinho pôde dizer em *Da Trindade* que o Espírito procede do Pai e do Filho por causa da função unificante da existência do Espírito. Na eterna Deidade, o Espírito é o princípio unificante e, assim, em certo sentido "procede do" Pai para o Filho e do Filho para o Pai. Seria natural, portanto, dizer que o Espírito é enviado ao mundo tanto pelo Pai quanto pelo Filho.

Para o Oriente, que se fundamenta na teologia de Orígenes e dos pais capadócios, o conceito ocidental da Trindade subentendia um subordinacionismo do Espírito. Segundo eles, era como se despersonalizasse o Espírito Santo. Sua própria tradição de pensamento trinitário era enfatizar a monarquia do Pai, para que tanto o Filho como o Espírito encontrem sua origem, princípio e causa eternamente nele. A ideia ocidental do Espírito procedendo do Filho, para eles, significava

---

[6] Pelikan, *Christian tradition*, 2.171.

que o Espírito encontra sua origem, princípio e causa tanto no Filho como no Pai. Esse conceito detrai a monarquia do Pai e subentende que o Espírito é "filho" do Filho de Deus da mesma maneira que o Filho de Deus é o Filho do Pai. O resultado seria uma distorção completa da ordem tradicional da comunidade trina. Do ponto de vista dos orientais, era um ultraje tanto para o Pai como para o Espírito e misturava o Filho com o Pai.

Os bispos e teólogos orientais, portanto, consideraram o acréscimo da cláusula *filioque* ao *Credo niceno* no Ocidente uma evidência da doutrina heterodoxa da Trindade. Para eles, o credo manifestava uma visão quase modalista da Trindade (sabelianismo) porque não tratava com justiça a distinção entre as três pessoas nos seus relacionamentos e procurava identificar a divindade das três pessoas com uma substância abstrata em comum, não com o próprio Pai. Além disso, ele também manifestava um subordinacionismo do Espírito Santo de tal forma que ficava difícil reconhecer o Espírito como uma pessoa distinta, em pé de igualdade com o Filho.

Os bispos e teólogos ocidentais, por sua vez, consideraram a rejeição da cláusula *filioque* do *Credo de Niceia* por parte do Oriente uma evidência da heterodoxia doutrinária oriental quanto à doutrina da Trindade. Ressaltaram textos no Novo Testamento que claramente falam que o Espírito foi enviado à igreja por Jesus e acusaram o Oriente de subordinar tanto o Filho quanto o Espírito ao Pai.

Alguns teólogos modernos, sobretudo os protestantes, sugerem que toda a controvérsia se resume em alguns mal-entendidos básicos e nas tentativas de perscrutar exageradamente a vida interior e eterna da Trindade (Trindade imanente). Eles sugerem que o *filioque* deve ser afirmado quando os cristãos se referirem à Trindade econômica — a relação das pessoas trinas com o mundo na História e para a salvação. Nesse conjunto de declarações a respeito da Trindade, confessa-se o Espírito como enviado pelo Filho, e até a própria Igreja Ortodoxa Oriental afirma que o Espírito procede "do Pai *pelo* Filho". Mas, dizem os pensadores protestantes modernos, quando a referência disser respeito à Trindade imanente — à vida interior da Deidade na eternidade, à parte do mundo — talvez seja melhor ficar com o texto original do Credo de Niceia e simplesmente dizer que o Espírito procede do Pai da mesma forma que o Filho é eternamente gerado pelo Pai. Portanto, o uso da frase *e do Filho* depende do contexto do significado.

Com o cisma entre do Oriente e o Ocidente, termina a história dos pais da igreja. Alguns diriam que terminou muito antes, mas para os propósitos deste estudo, ela só chega ao fim agora. Porém, isso não significa que história da teologia cristã terminou. Ela continua depois de 1054 no Ocidente com o renascimento de da teologia criativa chamada escolasticismo, que durou por todo o período medieval. No entanto, ela é uma fase transitória da história da teologia, já que a doutrina cristã quase não sofreu inovações nesse período. Os teólogos escolásticos não estavam interessados em promover o desenvolvimento da teologia católica, mas apenas em sistematizá-la e sumariá-la e demonstrar como ela era consistente com o que havia de melhor na filosofia. No entanto, o "melhor na filosofia", então, tinha se tornado sinônimo do pensador grego Aristóteles — o aluno de Platão na Atenas antiga. Passaremos para essa fase transicional da história da teologia cristã em nossa viagem até a história dos grandes reformadores da igreja.

Sexta Parte

A saga da rainha das ciências:

Os escolásticos reavivam e entronizam a teologia

Depois de longa seca na criatividade da teologia cristã, começou um novo florescimento da reflexão intelectual a respeito de Deus e da salvação no Ocidente no século XI. A teologia escolástica, como é normalmente chamado o renascimento do pensamento, brotou das grandes ordens monásticas reformadoras fundadas na Europa e floresceu nas novas universidades, como a de Paris e a de Oxford. As universidades eram, de início, simplesmente grupos de estudiosos independentes que ingressavam nas escolas das grandes catedrais e mosteiros. Alguns eram monges, mas boa parte dos estudiosos da era medieval era formada por leigos que tinham recebido educação clássica nas escolas das catedrais ou nos mosteiros sem nunca, entretanto, fazer os votos ou ser ordenados. No entanto, esperava-se que vivessem como sacerdotes e monges. O celibato, assim como a castidade, a pobreza e a obediência à igreja, eram normas até mesmo para eles. Gradualmente, porém, homens de bom nível cultural, de sabedoria e com boa capacidade didática formaram associações para seu sustento e se estabeleceram em lugares próximos para atender aos alunos e se desenvolverem culturalmente. Esses grupos de estudiosos e alunos desenvolveram-se até formarem as universidades da Europa medieval.

Com as escolas de catedrais e os mosteiros surgiu um novo tipo de teologia, conhecido como escolasticismo. Seus intelectuais e mestres são chamados escolásticos. O próprio termo é derivado da palavra latina *schola* (escola) em latim. Naturalmente, é a mesma palavra que dá origem a *escolástico* e *escolado*. Mas o escolasticismo propriamente dito designa uma abordagem específica da teologia cristã que passou paulatinamente a dominar o Ocidente, de 1100 ao seu declínio nos séculos XIV e XV. Os historiadores da igreja e os teólogos históricos não são unânimes a respeito da definição exata do escolasticismo e nem sequer de suas características universais. Mas, na ideia geral, eles são mais categóricos. A maioria concordaria em dizer que "o escolasticismo foi basicamente o movimento que procurou demonstrar metodológica e filosoficamente que a teologia cristã é essencialmente racional e coerente"¹ no contexto da Europa medieval. Conforme já vimos, a racionalidade era um ideal de muitos pais da igreja. Agostinho, sem dúvida, pensava dessa forma e esforçou-se para apresentar em seus escritos uma explicação consistente e racional da fé cristã. A teologia escolástica medieval, no entanto, deu nova dimensão à preocupação com a racionalidade na teologia.

Para muitos teólogos e filósofos escolásticos medievais, o raciocínio humano podia, com a ajuda da graça de Deus, descobrir as respostas para virtualmente todas as perguntas de real importância que se podia imaginar. Sua epistemologia (teoria do conhecimento humano) era otimista. Alguns críticos diriam que era demasiadamente idealista e que, sutilmente, colocava o intelecto no centro de toda a reflexão teológica, de tal forma que a fé, o mistério e até mesmo a revelação divina acabavam ficando de lado ou eram subjugados pela lógica e pela especulação. Essa crítica não se aplica a todos os escolásticos. Alguns procuraram usar a razão para criticar a ela mesma e para demonstrar que a revelação e a fé são necessárias para entendermos Deus, o mundo e a salvação plenamente. No entanto, como generalização, é verdade que "no auge do escolasticismo, quase tudo era considerado acessível à cognição e classificação humanas".² Todos os grandes pensadores escolásticos concordavam que a razão humana só pode funcionar com perfeição dentro do âmbito da fé e tendo por alicerce a revelação divina nas Escrituras e na tradição da igreja. Porém, de formas diferentes, tentaram edificar grandes "catedrais de ideias" — edifícios arquitetônicos de proposições a respeito de Deus, do mundo e da salvação — que ocupassem lugar de destaque nos currículos das universidades medievais. A teologia deveria ser entronizada como a Rainha das ciências para que todas as disciplinas *(scientia)* das universidades fossem guiadas ou mesmo determinadas por ela.

Três características comuns do escolasticismo medieval destacam-se por sua importância na tentativa de contribuir para a história da teologia cristã. Em primeiro lugar, conforme já foi notado, ele abraçou com paixão a razão como o caminho para o conhecimento, mesmo dentro da teologia. O lema da maioria dos escolásticos era "a fé em busca de entendimento" ou "creio para compreender". Agostinho dissera a mesma coisa, mas os escolásticos medievais (que tinham alta consideração por Agostinho) ressaltavam e enfatizavam o "compreender" e interpretavam-no como a atividade racional e intelectual da mente guiada pelas regras rigorosas da lógica.

Uma segunda característica comum do escolasticismo medieval é a grande preocupação em descobrir a relação correta entre as filosofias não cristãs e a revelação divina. No auge do escolasticismo no século XIII, as obras do antigo filósofo

---

[1] B. B. PRICE, *Medieval thought*: an introduction, Oxford, Blackwell, 1992, p. 120.
[2] Ibid., p. 130.

grego, Aristóteles, foram redescobertas e traduzidas para o latim. A maior parte da teologia cristã tinha usado Platão e as várias formas do platonismo como principal interlocutor. O escolasticismo contendeu mais com Aristóteles, que tinha sido aluno de Platão em Atenas e rompido com seu mentor em várias questões filosóficas significativas. À medida que a filosofia de Aristóteles foi redescoberta nas universidades islâmicas e cristãs da Europa, os teólogos escolásticos esforçaram-se para demonstrar a compatibilidade inerente das ideias dos principais dos filósofos com as verdades do cristianismo.

A terceira e última característica comum da teologia escolástica medieval era o emprego de certo estilo de ensinar e escrever cujo enfoque consistia em grandes comentários sobre teólogos e filósofos do passado, que eram analisados por meio da dialética — o método de postular um problema ou questão e, então, debater seus vários aspectos, inclusive objeções às respostas padronizadas, para depois propor a solução. O primeiro grande teólogo escolástico, Anselmo de Cantuária, escrevia na forma de orações e de diálogos. Nas duas formas, incluía muitas perguntas — às vezes dirigidas a Deus, outras vezes, a um interlocutor imaginário — e, em seguida, abria uma discussão sobre todas as respostas possíveis a fim de descobrir as soluções verdadeiras reduzindo as outras ao absurdo lógico. O maior pensador escolástico de todos, Tomás de Aquino, escrevia apresentando uma proposição ou pergunta, postulando objeções e respostas tradicionais de autoridades aceitáveis e, em seguida, argumentando em favor da única verdade lógica possível.

Todos os escolásticos medievais atribuíam altíssimo valor à lógica. Nenhuma afirmação ou proposição ilógica podia ser considerada verdadeira. A lógica era a ferramenta básica da teologia para se chegar às respostas corretas de todas as perguntas concebíveis e eliminar as respostas falsas. Todos os escolásticos admitiam que a lógica era uma dádiva de Deus para a mente que a conectava ao mundo e ao próprio Deus. Todos acreditavam que seria possível à mente construir um sistema abrangente e completamente coerente de proposições sobre toda a realidade — incluindo Deus — que fosse cristão no sentido de ser fiel à revelação e à tradição divinas *e* intelectualmente superior a todas as cosmovisões alternativas e concorrentes. O escolasticismo, então, buscou a grande síntese da verdade para servir de alicerce para a estrutura cultural unificada da Europa católica. Em outras palavras, "o escolasticismo medieval pretendia demonstrar a total harmonia da teologia cristã com os outros pensamentos e opiniões humanas por meio de um reexame de todos os aspectos da teologia cristã à luz da filosofia".[3]

---

[3] Ibid., p. 121.

Não devemos concluir que o escolasticismo era uma abordagem monolítica da verdade. Os teólogos escolásticos não concordavam em muitas questões. Alguns, como Anselmo, queriam usar exclusivamente a lógica como serva e ferramenta da revelação divina ao construir provas e sistemas proposicionais das ideias cristãs. Sob a influência de noções platônicas e agostinianas do conhecimento e da realidade, Anselmo e outros como ele consideravam o mundo físico o inimigo da realidade espiritual e da busca da verdade suprema e suspeitavam dos cinco sentidos por não serem fidedignos e por estarem limitados ao exame do mundo físico. Tomás de Aquino, por sua vez, sob a influência da recém-redescoberta filosofia de Aristóteles, entendia que os cinco sentidos funcionavam no mundo físico como a "matéria" básica da filosofia e da teologia. A lógica era útil somente na interpretação dos dados fornecidos aos cinco sentidos ou à mente através da revelação divina. Sem dados, a lógica não tem o que trabalhar. Para Anselmo, em contrapartida, sem lógica a mente fica irremediavelmente atolada na confusão dos dados.

Outra área de diversidade no escolasticismo medieval era a questão das proposições universais. As proposições universais são conceitos como "vermelhidão" e "humanidade" que transcendem as coisas individuais. A vermelhidão é aquilo que todas as coisas vermelhas têm em comum. A humanidade é a característica que todos os seres humanos partilham. O filósofo grego antigo, Platão, debateu a natureza das proposições universais e desenvolveu a teoria das formas, o que sugere que as proposições universais têm uma existência real além das coisas individuais. Para Platão, a vermelhidão é uma realidade da qual as coisas vermelhas participam. De que outra maneira poderíamos saber se uma coisa é mais vermelha ou menos vermelha? Platão, no entanto, estava mais interessado em formas ou ideais como a verdade, a beleza e a bondade.

Os escolásticos medievais também tinham essa preocupação. Uma de suas grandes preocupações na teologia filosófica era encontrar uma forma de conceber as proposições universais de modo cristão. O que é a verdade, a beleza e a bondade? Como o cristão deve considerar essas proposições universais? A beleza realmente está apenas nos olhos do observador? Ou é uma norma verdadeira de alguma coisa fora da mente humana? Ou será apenas um nome (termo) que os seres humanos atribuem às coisas que lhes são agradáveis? O que se pode dizer da verdade? Existe alguma norma genuína para a verdade ou ela também é relativa? As mesmas perguntas podem ser postuladas no tocante à bondade. Todas essas perguntas são cruciais para a filosofia e, portanto, para a teologia segundo os escolásticos, que se recusavam a dividir e separar as duas disciplinas. Mas eles não conseguiam entrar em acordo sobre a delicada e controvertida questão da natureza das proposições universais, e esse desacordo acabou contribuindo para a derrocada do escolasticismo como método dominante de reflexão teológica.

Nem todos os pensadores cristãos do período medieval podem automaticamente ser chamados de escolásticos. Alguns monges e bispos, especialmente aqueles que tendiam ao misticismo, criticavam duramente os métodos e interesses escolásticos por considerá-los demasiadamente intelectuais, desinteressantes e irrelevantes para a vida espiritual. No fim da era medieval, quando a Renascença despontou no século XV (pouco antes da Reforma protestante), muitos pensadores cristãos católicos se intitularam humanistas, que em geral significava "antiescolásticos". Os humanistas cristãos, como Erasmo de Roterdã, acreditavam que o escolasticismo era uma abordagem estéril e árida da verdade cristã, muito presa à especulação a respeito de questões e perguntas totalmente impraticáveis. Contra o escolasticismo, eles postularam sua própria "filosofia de Cristo" que colocava a ética e a espiritualidade no centro da teologia e da filosofia e tinha os ensinos de Cristo como modelo de reflexão cristã frutífera. Apesar disso, "desde o século XIII, todos os debates eclesiásticos relevantes foram realizados de acordo com o estilo escolástico universitário. [...] Até mesmo aqueles que podiam se dar ao luxo de ridicularizar o escolasticismo tiveram de reconhecer sua presença intelectual e enfrentá-la diretamente".[4] É por isso que o colocamos no centro desse capítulo transicional da história da teologia cristã. Até Martinho Lutero, que gostava de se referir ao escolasticismo medieval como "a grande meretriz" que seduz a teologia cristã para a especulação absurda, foi influenciado por ela e teve de levá-la em conta. A contribuição dele e dos demais reformadores só pode ser compreendida com o conhecimento e entendimento da teologia escolástica medieval.

---

[4] Ibid., p. 142.

21

Anselmo e Abelardo especulam sobre os caminhos de Deus

Alguns historiadores da teologia cristã considerariam Anselmo e Abelardo meros precursores do escolasticismo genuíno. Outros os consideram os primeiros escolásticos. Mas todos concordam que foram os primeiros grandes pensadores cristãos do segundo milênio da história da teologia cristã. Justo González escreve: "Anselmo foi, sem dúvida, o maior teólogo de seu tempo. Preparou o caminho para os grandes escolásticos do século XIII. [...] Com Anselmo, começou uma nova era na história do pensamento cristão".[1] A fama de Anselmo na história da filosofia ocidental se deve à formulação do chamado argumento ontológico da existência de Deus, que já foi tema de muitos livros. Esse argumento é um exemplo maravilhoso do racionalismo escolástico e do gênio de Anselmo. À teologia cristã, ele apresentou um novo padrão de expiação (o sacrifício de Cristo na cruz) e mostrou como ele reconcilia Deus com a humanidade. Embora essa teoria tenha vestígios antigos da teologia patrística, a versão de Anselmo, conhecida como teoria da expiação pela compensação, representa um salto quântico em relação a qualquer doutrina anterior da obra reconciliadora de Cristo em nome de Deus e da humanidade. Anselmo também é conhecido por sua forte oposição ao controle secular ou leigo da igreja pelos reis. Como arcebispo de Cantuária, o mais alto posto da Igreja Católica na Inglaterra abaixo do papa, Anselmo passou pelo exílio em duas ocasiões por recusar a outorgar ao rei normando da Inglaterra autoridade sobre questões eclesiásticas.

A vida e a carreira de Anselmo de Cantuária

Anselmo nasceu em 1033 na cidade alpina de Aosta na Itália. Seu zelo por Deus e pela religião, desde cedo na vida, talvez tenha sido resultado da influência de

---

[1] *A history of Christian thought*, ed. rev., Nashville, Abingdon, 1987, p. 167. V. 2: From Augustine to the eve of the Reformation.

sua piedosa mãe, Ermenberga. Na infância e na juventude, estudou com monges beneditinos e, em 1056, deixou sua casa para sempre para ir estudar no famoso mosteiro de Bec na Normandia (França). Tornou-se monge aos 27 anos e foi nomeado prior do mosteiro, em 1063, aos trinta anos. Por sua reputação de grande pensador, escritor e administrador, Anselmo foi obrigado, contra a sua vontade, a se tornar abade do mosteiro de Bec em 1078. Enquanto ocupava esse cargo, iniciou uma carreira estelar de escritor, com seus dois grandes livros da teologia filosófica: *Monologium* (*Monólogo* ou *Solilóquio*) e *Proslogium* (*Discurso*). Essas obras contêm versões da famosa prova ontológica da existência de Deus e ainda são publicadas, lidas e debatidas com regularidade nos cursos de filosofia secular. Ainda como abade de Bec, escreveu a *Epístola sobre a encarnação do Verbo*.

Em 1093, Anselmo foi elevado, contra a vontade, ao cargo máximo de arcebispo de Cantuária, primaz (clérigo principal) de toda a Inglaterra. Anselmo queria recusar a nomeação, mas foi obrigado a aceitá-la em decorrência de seu voto de obediência como monge. O papa quis que ele exercesse esse papel e Anselmo não pôde recusar. Ele não queria ser arcebispo de Cantuária porque os reis da Inglaterra, a partir de Guilherme, o Conquistador, tentavam controlar a igreja com a nomeação de bispos. Anselmo tentou impedir essa "investidura leiga" e viveu em contínuo conflito com os governantes seculares do reino. Nas duas vezes em que os reis ingleses forçaram-no ao exílio, refugiou-se no mosteiro de Bec e em retiros nos Alpes italianos de sua infância. Durante esses exílios, escreveu vários livros, inclusive a famosa obra sobre a expiação, *Cur Deus homo?* [*Por que Deus se tornou homem?*], além de *Sobre a concepção virginal e o pecado original* e *Da processão do Espírito Santo*. Nos últimos anos de vida, de volta a Cantuária, Anselmo produziu uma grande obra escolástica, *Da concordância entre a presciência, a predestinação e a graça com o livre-arbítrio*, na qual adota uma posição muito semelhante à de Agostinho. Anselmo, na realidade, sempre considerou o grande bispo norte-africano um mentor teológico e herói, e sua teologia geral foi fortemente influenciada por Agostinho.

Anselmo voltou a Cantuária depois de seu último exílio em 1107. Nos últimos dois anos de vida, esforçou-se para impor o celibato clerical e debateu com o arcebispo de York a respeito da primazia de Cantuária. Anselmo morreu em 1109. A grande paixão de sua vida era resolver problemas intelectuais. Embora fosse um líder e administrador eclesiástico talentoso, considerava essas atividades secundárias. Um tradutor moderno dos livros de Anselmo ilustra esse fato contando uma história:

> Em 1109, quando Anselmo foi informado de que estava morrendo, expressou sua submissão à vontade de Deus, mas acrescentou que acolheria com prazer uma prorrogação que lhe desse mais algum tempo de vida, até que pudesse solucionar o problema da origem da alma. Era típico desse homem que seus últimos pensamentos não se relacionassem com a política ou com

a organização da Igreja da Inglaterra, mas com as verdades sobre Deus, suas manifestações e seu relacionamento com as criaturas.²

O argumento ontológico de Anselmo a favor da existência de Deus

Anselmo é mais conhecido na história intelectual secular pelas formulações da prova da existência de Deus conhecidas por argumento ontológico. Existe uma história sobre a origem desse argumento que relata como Anselmo o obteve em uma experiência de iluminação, quando cantava no ofício vespertino com os demais monges em Bec em 1076. Alguém lhe pediu que fornecesse uma explicação e defesa dos ensinos básicos da fé cristã e estava contemplando a existência de Deus e o motivo por que salmista diz no Salmo 14: "Diz o insensato no seu coração: Não há Deus". Não existiam ateus assumidos na época de Anselmo. A negação aberta da existência de Deus traria o castigo rápido e severo a quem se manifestasse. A igreja e o estado cooperavam mutuamente para executar as leis contra a blasfêmia e o ateísmo era considerado blasfêmia. No entanto, como era de seu feitio, Anselmo quis entender por que o ateísmo era tão tolo. E estava curioso para saber se seria possível desenvolver uma prova lógica e irrefutável da realidade de Deus que não dependesse, de modo algum, da fé na revelação divina.

A iluminação que lhe ocorreu deu origem a dois livros chamados *Monologium* e *Proslogium*, escritos em 1076 e 1078 respectivamente. Esses livros constituem o "primeiro tratado sistemático de 'Teologia Natural' ou o estudo filosófico de Deus" da história da teologia cristã.³ O único propósito de Anselmo nesses livros era fornecer um relato e uma defesa inteiramente racionais dos fundamentos da crença cristã sem nenhum apelo à fé ou à revelação divina. Era um novo empreendimento para o pensamento cristão. "O que havia de novo e de relevante no método desse livro [*Monologium*] era o esforço de convencer os leitores da veracidade das conclusões quanto à essência e aos atributos de Deus *com argumentos racionais* e não usando a autoridade das Sagradas Escrituras".⁴ Se qualquer outra pessoa, que não o grande abade de Bec, tomasse essa iniciativa racionalista, sofreria muito mais críticas. No entanto, Anselmo obteve uma reação negativa daqueles que discordavam tanto de sua metodologia quanto da lógica de sua argumentação da existência de Deus.

---

² Joseph M. COLLERAN, Introduction: St. Anselm's life, in: ANSELMO DE CANTUÁRIA, *Why God became man and the virgin conception and original sin*, trad. Joseph M. Colleran, Albany, N.Y., Magi, 1969, p. 21.
³ Ibid., p. 17.
⁴ Ibid., p. 15.

Anselmo evitou mais críticas ao escrever sua teologia natural em forma de oração. Tanto *Monologium* quanto *Proslogium* são endereçados a Deus na forma de perguntas, reflexões sobre possíveis respostas e louvor por sua grande sabedoria e por partilhá-la com os seres humanos mediante a razão. Com eles, Anselmo deixou claro, tanto a Deus como aos seus leitores, que não estava com dúvidas e nem buscava entendimento para poder crer em Deus. Nada disso. Escreveu em *Proslogium*: "Não tento, ó Senhor, penetrar na tua sublimidade, pois de modo algum comparo o meu entendimento com ela; mas anseio para entender até certo ponto a tua verdade, que meu coração crê e ama. Não busco, pois, entender para crer, mas creio para compreender. Pois nisto também creio: que se não cresse, não entenderia".[5] O método teológico básico de Anselmo, portanto, não era racionalismo extremado, conforme alguns consideram, mas uma tentativa de colocar a lógica a serviço da revelação divina para fortalecer a fé.

Está claro que Anselmo também tinha propósitos específicos. Sua teologia natural visava refutar o ceticismo sutil que surgia lentamente em alguns círculos intelectuais da Europa, bem como nas teologias e filosofias alternativas dos judeus e muçulmanos. No tempo de Anselmo, havia na Espanha comunidades muçulmanas e judaicas com suas próprias escolas e comunidades intelectuais. Seus desafios às crenças cristãs começavam a ser sentidos em toda a Europa. Anselmo acreditava que tinha chegado a hora de fornecer uma explicação e defesa amplas e sistemáticas da fé cristã que não dependessem exclusivamente de fontes cristãs. Portanto, em *Monologium* e *Proslogium* Anselmo não apelou em nenhum momento às Escrituras nem à tradição cristã, mas somente à luz da razão. Posteriormente, seguiu um método muito semelhante em *Cur Deus homo?* [*Por que Deus se tornou homem?*], onde tentou comprovar a doutrina da encarnação do ponto de vista da necessidade da salvação e da sua provisão por Jesus Cristo. Em todas as grandes obras teológicas, portanto, Anselmo "esforça-se, com fé, para entender e, com entendimento, para crer".[6]

Em *Monologium* e *Proslogium*, ofereceu pelo menos duas versões distintas da explicação da existência de Deus. A primeira acha-se em *Monologium* e sustenta que a existência de Deus é necessária por causa dos diferentes graus de bondade na criação. À moda essencialmente platônica, Anselmo tentou demonstrar que deve haver obrigatoriamente um ser supremo perfeitamente bom para que os seres humanos sejam capazes de discernir e realmente acreditar em diferentes graus de bondade no mundo que os rodeia. Sem o padrão perfeitamente objetivo de bondade, não haveria maneira de distinguir entre o que é "melhor" e o que é "pior": "Existe,

---

[5] *St. Anselm: basic writings* (Proslogium, Monologium, Cur Deus homo, and the fool by Gaunilon), 2 ed., trad. S. N. Deane, intro. Charles Hartshorne, La Salle, Open Court, 1962, p. 6-7.

[6] Jasper HOPKIN, *A companion to the study of St. Anselm*, Minneapolis, University of Minnesota, 1972, p. 66.

portanto, um ser único que sozinho existe no maior e mais alto grau. Mas o que é o maior de todos e pelo qual tudo de bom ou grandioso existe e, resumindo, tudo tem alguma existência, necessariamente é supremamente bom e grande e o mais sublime de todos os seres existentes".[7] Em outras palavras, Anselmo partia do pressuposto que as pessoas *são* capazes de distinguir o bem maior do menor na vida: "Isto é melhor, aquilo não é tão bom". São julgamentos universais e, em muitos casos, proposições de fatos objetivos e não simples expressões de gosto pessoal. Segundo Anselmo, essas afirmações não poderiam ser fatos objetivos se Deus não existisse. Somente um ser como se acredita que Deus seja poderia fornecer o padrão ou norma suprema para medir as coisas individualmente segundo seu grau de bondade. Uma coisa é boa na medida em que reflete o ser e o caráter de Deus e cumpre a razão de sua existência determinada por Deus. Uma coisa não é tão boa quando não atinge seu propósito de refletir o caráter de Deus e de ser o que ele pretendia que fosse na ordem de sua criação.

Anselmo não ficou inteiramente satisfeito com sua versão do argumento ontológico da existência de Deus. Por isso, em *Proslogium*, apresentou uma segunda versão que se estabeleceu como o argumento definitivo. Quando as pessoas mencionam o argumento ontológico da existência de Deus, referem-se à segunda versão ou a alguma expressão posterior a ela. Ela é um tanto sutil e, em geral, leva-se algum tempo para compreendê-la após a primeira leitura. Anselmo começa, de modo tipicamente escolástico, fazendo a proposição: "Realmente Deus existe, embora o tolo diga em seu coração: não há Deus". Ele continua na forma de oração, explicando por que a proposição é verdadeira. Ele louva a Deus por dar entendimento à fé e então confessa: "cremos que tu és um ser tão grande, que não se pode conceber nada maior".[8] Essa confissão, e a definição de Deus nela contida, é absolutamente crucial para o todo o argumento de Anselmo. Se não concordarmos que Deus, cuja existência Anselmo está tentando comprovar, pode ser considerado "um ser tão grande que não se pode conceber nada maior", o argumento não funcionará. Anselmo, no entanto, simplesmente acreditava que essa era uma definição óbvia de Deus. Não é, naturalmente, uma descrição detalhada de Deus, mas, no mínimo, a palavra *Deus* deve incluir "um ser tão grande, que não se pode conceber nada maior".

Anselmo passou, então, a distinguir a existência unicamente no intelectual da existência real. Ele queria provar que existir na realidade além do entendimento (mente, intelecto) é melhor do que existir apenas na mente como um pensamento. Ele ilustrou essa ideia com o exemplo de um pintor que, primeiro, imagina uma

---

[7] *St. Anselm: basic writings*, p. 42-3.
[8] Ibid., p. 7.

pintura e, depois, a executa. A conclusão é que a pintura concretizada é maior do que a imagem na mente do pintor. Em seguida, Anselmo apresenta o argumento:

> Assim, até mesmo o tolo [ateu] está convicto de que, pelo menos intelectualmente, existe algo tão elevado que não se pode conceber nada maior. Quando, pois, ouve esse argumento, o entende. E tudo o que é inteligível existe no intelecto. E, certamente, aquilo, que é tão elevado que não se pode conceber nada maior, não pode existir somente no entendimento. Pois, se existe apenas no entendimento, também pode ser concebido para existir na realidade, que é mais elevada.
>
> Portanto, se aquilo, que é tão elevado que não se pode conceber nada maior, existe somente no intelecto, o ser em si, que é mais elevado do que qualquer coisa que se possa conceber, seria algo do qual seria possível conceber uma coisa maior. Mas obviamente isso é impossível. Logo, indubitavelmente, existe um ser que é tão elevado que não se pode conceber nada maior e ele existe tanto no intelecto quanto na realidade.[9]

No capítulo seguinte de *Proslogium*, Anselmo continua explicando o ponto principal do argumento: se Deus é tão grande que não se pode conceber nada maior, então não se pode dizer que ele não existe. Portanto, quem nega a existência de Deus é um tolo, porque está tentando negar o próprio ser cuja existência está contida em sua definição. Se alguém puder conceber um ser maior do que qualquer outro que possa ser concebido (e qualquer pessoa pode), então, terá de admitir que esse ser realmente existe, caso contrário, poderia conceber outro ainda maior e que realmente existisse.

Muitos críticos sugerem que Anselmo perdeu-se em meio às palavras. Isso não é verdade. Ele estava preocupado em demonstrar que o Deus que criou toda a realidade, inclusive a mente humana, tornou impossível negar sua existência sem sair do âmbito da lógica. Para Anselmo, a lógica é um "sinal de transcendência", um vínculo entre os nossos pensamentos e os de Deus. Se fosse logicamente possível negar a existência dele, haveria, segundo Anselmo, uma imperfeição na boa criação divina. A lógica, na sua melhor expressão, aponta para Deus. É por isso que a Bíblia declara que somente o tolo pode negar a existência de Deus. O tolo é irracional. Negar a existência de Deus é irracional.

Enquanto Anselmo vivia, alguns críticos tentaram subverter seu argumento. Um monge chamado Gaunilo (ou Gaunilón) escreveu um tratado, chamado *Em favor do tolo*, contra o argumento de Anselmo. Este, por sua vez, respondeu demonstrando

---

[9] Ibid., p. 8.

as falhas nas objeções de Gaunilo e a maioria dos lógicos concorda com Anselmo e não com o crítico, embora não aceite a validade absoluta do seu argumento ontológico. Teólogos e filósofos posteriores debateram sobre o argumento ontológico em favor da existência de Deus sem chegar a um consenso a respeito da sua força lógica. De qualquer forma, parece que Anselmo foi o primeiro teólogo cristão que tentou desenvolver uma exposição das crenças cristãs básicas fundamentadas inteiramente na lógica, sem nenhum apelo à revelação divina ou à fé. Essa foi uma de suas principais contribuições para a história da teologia cristã.

A natureza de Deus segundo Anselmo

Depois de apresentar a prova lógica da existência de Deus, Anselmo passou a explicar quem era esse Deus cuja existência era necessária. Sem apelar às Escrituras ou a qualquer outra revelação especial, tentou demonstrar os atributos que tal ser possuía. Ele tinha de ser "o Bem supremo", argumentou Anselmo, e o Bem supremo tinha de ser tanto compassivo como impassível (imune às paixões). Se Deus não fosse compassivo, não seria supremamente bom, mas, se tivesse paixões (emoções), seria afetado pelas criaturas e, portanto, dependente delas, o que é impróprio para um ser que é tão grande que não se pode conceber nada maior. Assim, em uma passagem famosa a respeito da natureza e do caráter de Deus, Anselmo ofereceu esta solução:

> Mas como tu podes ser compassivo e, ao mesmo tempo, impassível? Pois, se és impassível, não sentes simpatia; e, se não sentes simpatia, teu coração não se aflige pelos desventurados, visto que isso seria compaixão. Mas, se tu não és compassivo, de onde vem tamanho consolo para os desventurados? Como, portanto, podes ser compassivo e não compassivo, ó Senhor, a menos que sejas compassivo em termos da nossa experiência e não da tua existência.
>
> Certamente, és assim em termos da nossa experiência, mas não da tua própria. Pois, quando contemplas a nossa desventura, nós experimentamos o efeito da compaixão, mas tu não experimentas tal sentimento. Logo, tu és tanto compassivo por salvares os desventurados e poupares os que pecam contra ti, quanto impassível por não seres afetado de simpatia pela desventura.[10]

Segundo Anselmo, Deus não sente nenhuma emoção. Além disso, não tem pensamentos discursivos, ideias que lhe "ocorram" pelo processo de dedução ou que sejam alcançadas pelo processo de investigação ou pela informação. Tudo isso implicaria que Deus é finito e dependente. Para Anselmo e para a maioria dos escolásticos,

---
[10] Ibid., p. 13-4.

Deus era uma essência ou substância simples, atemporal, imutável e impassível, sem limites, corpo, partes ou paixões. Deus atua, mas nunca sofre uma ação.

A teoria da expiação pela compensação formulada por Anselmo

A segunda grande contribuição de Anselmo à história da teologia cristã acha-se no seu novo modelo da expiação. *Expiação* simplesmente significa "reconciliação" e, na teologia, usualmente se refere ao ato de Deus em Jesus Cristo ou ao ato de Jesus Cristo como ser humano na cruz pelo qual os seres humanos são reconciliados com Deus e vice-versa. No tempo de Anselmo, a maioria dos cristãos no Ocidente pensava no grande sacrifício de Cristo na cruz sob a perspectiva da chamada teoria do resgate. Ela foi definida de forma mais clara pelo papa Gregório, o Grande, por volta de 600, embora muitos, antes e depois dele, tenham acrescentado seus próprios retoques. Gregório usou muitas imagens para explicar o efeito que a morte de Cristo na cruz causou na humanidade, mas a que ele preferia era a da cruz como "anzol", no qual Deus colocava a "isca" Jesus Cristo, para engodar o Diabo e livrar a humanidade que ele mantinha cativa. Segundo Gregório:

> contrapondo um artifício a outro, Cristo livra o ser humano fazendo o Diabo exceder sua autoridade. Cristo torna-se o "anzol": sua humanidade é a isca, sua divindade, o anzol, e Leviatã [Satanás] é fisgado. Porque o Diabo é orgulhoso, não consegue entender a humildade de Cristo e, assim, acredita estar tentando e matando um simples homem. Mas, ao infligir a um homem inocente a pena de morte, o Diabo perde seus direitos sobre o homem pelo "excesso de presunção", Cristo vence o reino do pecado do Diabo e liberta os cativos da tirania dele. A ordem é restaurada quando o homem volta a servir a Deus, seu verdadeiro senhor.[11]

Anselmo considerava essa teoria da expiação — que se tornou quase universal na pregação da Igreja Católica Romana durante toda a chamada Idade das Trevas — um ultraje contra Deus. Por ser maior do que qualquer ser que se possa conceber, Deus não precisa enganar o Diabo, pois não lhe é devedor. Se o único problema fosse que a raça humana ficou cativa de Satanás e seu reino, Deus poderia simplesmente invadir e conquistar esse reino e libertar toda a humanidade do cativeiro. Não teria de barganhar nem usar truques com Satanás. Outra versão da teoria da expiação pelo resgate dizia que Deus ofereceu Cristo a Satanás como resgate pela humanidade, mas Satanás ignorava que não poderia manter Cristo no inferno.

---

[11] Carol STRAW, *Gregory the Great: perfection in imperfection*, Berkeley, University of California Press, 1988, p. 155.

Qualquer que fosse a versão, Anselmo rejeitou a teoria do resgate por considerá-la imprópria para a grande divindade de Deus, colocando Deus e Satanás quase no mesmo plano.

Anselmo procurava uma explicação para a expiação que respondesse por que Jesus Cristo tinha de ser tanto verdadeiro homem quanto verdadeiro Deus e que fosse tanto racional quanto plenamente consistente com as Escrituras e com a tradição da igreja. O exílio de Cantuária em 1098 ofereceu a Anselmo o tempo necessário e a oportunidade para escrever *Cur Deus Homo?* ou *Por que Deus se tornou homem?*. O livro foi escrito na forma de diálogo entre Anselmo e um amigo chamado Dom Boso. A pergunta fundamental que debatem no livro é: "Por que e para que Deus se tornou homem e redimiu os seres humanos com sua morte, se podia ter cumprido o mesmo propósito por outros meios?".[12] De maneira tipicamente escolástica, a resposta é revelada de forma gradativa e detalhada, com várias tangentes e possíveis objeções levantadas ao longo do caminho. A alternativa que Anselmo ofereceu à teoria do resgate ficou conhecida por teoria da expiação pela compensação, porque parte do conceito medieval de um vassalo pagando com uma "compensação" a um senhor, quando se deu a quebra do contrato feudal. Anselmo achou nesse costume a analogia perfeita para explicar por que Deus enviou seu Filho na forma de homem para sofrer a morte do pecador, apesar de não ser pecador. Em essência, a teoria diz que Cristo pagou a dívida de toda a humanidade para com Deus por causa da desobediência. A justiça divina exige como pagamento a compensação, para que a ordem do universo não seja quebrada. A compensação necessária é uma espécie de dívida que a humanidade tem com a honra divina, mas que é incapaz de pagar sem sofrer a perda total no inferno. Deus, em sua misericórdia, oferece um sacrifício perfeito em troca, que satisfaz sua própria honra e que preserva a ordem moral do universo.

No fim de *Cur Deus Homo?*, por meio das palavras de Boso, Anselmo faz um resumo da teoria da expiação pela compensação:

> O âmago da questão era: por que Deus se tornou homem para salvar os seres humanos com sua morte, quando poderia fazer isso de outra maneira. Ao responder a essa pergunta, você mostrou, por muitos argumentos conclusivos, que a restauração da natureza humana não deve ser esquecida e que não aconteceria se o homem não pagasse a Deus o que lhe devia em razão do pecado. Mas essa dívida era tão grande que, embora fosse exclusivamente do homem, somente Deus podia pagá-la, logo, a mesma pessoa teria de ser tanto homem como Deus. Por isso, era necessário que Deus assumisse a

---

[12] COLLERAN, Introduction, p. 34-5.

natureza humana na unidade de sua pessoa, para que, aquele que por natureza tinha a dívida que não podia pagar, na Pessoa dele, pudesse pagá-la. Em seguida, você me mostrou que o homem que era Deus tinha de provir de uma virgem e vir na pessoa do Filho de Deus e mostrou como poderia provir sem pecado da massa humana pecadora. Além disso, você estabeleceu com muita clareza que a vida desse homem era tão sublime e preciosa, que seria suficiente para pagar a dívida pelos pecados do mundo inteiro e infinitamente mais.[13]

O modelo que Anselmo oferece da expiação retrata a morte de Cristo na cruz como uma transação objetiva entre Deus Pai e o Filho de Deus, Jesus Cristo, em sua humanidade. A morte voluntária do ser humano inocente, que é, ao mesmo tempo, o próprio Deus do universo, reconcilia o amor de Deus e a sua ira porque a justiça é feita de modo misericordioso. A desobediência não é varrida para baixo do tapete, por assim dizer, mas não é necessário, tampouco, que todos os pecadores paguem por isso com a morte eterna. A honra de Deus é plenamente satisfeita, a justiça cósmica é restaurada e os seres humanos que aceitam o sacrifício de Cristo pelo arrependimento, fé e sacramentos colhem seus benefícios integrais e são perdoados por Deus.

Justo González observa que "o tratado de Anselmo marcou época. A maioria dos teólogos medievais posteriores, embora não seguissem todos os pormenores desse tratado, interpretaram a obra de Cristo à luz dele".[14] A teoria da compensação simplesmente substituiu a teoria do resgate na teologia católica romana graças a Anselmo. Além disso, durante a Reforma protestante no século XVI, João Calvino apresentou uma versão completamente bíblica do modelo de Anselmo que ficou conhecida por teoria da expiação pela substituição penal. E vários aspectos, é simplesmente uma versão atualizada da teoria de Anselmo, destituída do simbolismo medieval.

Muitos críticos discordam do pensamento de Anselmo e de Calvino a respeito da morte expiatória de Cristo. Para alguns, a teoria é objetiva demais para incluir qualquer ação humana: nela, os seres humanos parecem peões numa grande transação cósmica entre Deus Pai e Jesus Cristo. Outros a consideram demasiadamente jurídica ou legalista para ressaltar o amor de Deus. Para esses, ela se restringe muito à honra de Deus, retratando Deus Pai como o rei feudal e Jesus Cristo como o amigo compassivo que paga a dívida em nome de todos os seres humanos. Esses mesmos críticos entendem, também, que a formulação divide a Trindade entre Pai e Filho e deixa o Espírito totalmente fora da equação. A teoria de Anselmo, da

---

[13] *Why God became man and the virgin conception and original sin*, trad. Joseph M. Colleran, Albany, N.Y., Magi, 1969, p. 55.

[14] GONZÁLEZ, op. cit., 2.167.

expiação pela compensação, é muito debatida, mas seu impacto global sobre a teologia no Ocidente (católica e protestante) é profundo porque parece tanto bíblica quanto racional, a despeito de suas falhas.

A vida e os infortúnios de Pedro Abelardo

Um dissidente, perto dos tempos do próprio Anselmo na história da teologia, foi o grande gênio escolástico medieval Pedro Abelardo. Provavelmente, sabemos mais a respeito de sua vida pessoal do que de qualquer outro pensador cristão antigo ou medieval, à exceção de Agostinho. Isso porque Abelardo escreveu uma autobiografia — um evento raro antes dos tempos modernos — que continua sendo publicada com o título *A história dos meus infortúnios*. A vida atormentada e torturada de Abelardo tornou-se até destaque de um filme de Hollywood que, infelizmente, preferiu focalizar o lado escandaloso de seu romance com a bela Heloísa. Segundo todos os relatos existentes, Abelardo foi um dos grandes gênios da teologia cristã e também um filósofo eminente. Segundo aparece, também era homem de grande charme e magnetismo pessoal, o que hoje chamaríamos de personalidade carismática. Tais características frequentemente se combinam para criar uma vida de tragédia e esse foi o caso de Abelardo. Ou as pessoas o amavam apaixonadamente e eram extremamente leais a ele e ao seu ensino ou o odiavam e queriam destruí-lo. Quem o conhecia, dificilmente ficava indiferente a ele.

Pedro Abelardo nasceu em 1079 na Bretanha (França) e morreu em 1142 no famoso mosteiro de Cluny, na França, quando estava a caminho de Roma para se defender de acusações de heresia. O período em que viveu coincidiu com a era da edificação das grandes catedrais góticas em todas as partes da Europa. Era, também, o início do florescimento da filosofia e teologia escolásticas. Depois de estudar filosofia e teologia com alguns dos mais renomados mestres da França, Abelardo criou seu próprio método de ensino em Paris. Pelo menos até certo ponto, a boa fama como mestre e a grande reputação como estudioso ajudaram-no a fundar a Universidade de Paris, pois alunos de todas as partes da Europa chegavam para estudar com ele e com outros eruditos da cidade. Em Paris, Abelardo era considerado avançado perto dos escolásticos de ordens monásticas cujas preleções teológicas eram consideradas áridas e monótonas com discursos intermináveis a respeito das tradições dos pais da igreja e de outros pensadores medievais. As preleções de Abelardo desafiavam as tradições reverenciadas e seus alunos eram frequentemente desordeiros, além de desrespeitosos para com as tradições aprovadas pela igreja.

Para manter-se, Abelardo tornou-se tutor da filha adolescente de um dos mais ilustres cidadãos de Paris. Abelardo e Heloísa apaixonaram-se e tiveram um forte caso de amor que resultou no nascimento de um filho. Embora tivessem se casado secretamente para que o menino fosse legítimo, o escândalo espalhou-se e o tio e curador de Heloísa, Fulbert, contratou capangas para invadirem a residência de Abelardo e castrá-lo. Não demorou muito para todos em Paris ficarem sabendo a respeito e, segundo Abelardo, multidões aglomeraram-se na rua em frente ao seu apartamento para expressar sua simpatia por ele e exigir vingança contra Fulbert. Abelardo acabou deixando Paris, humilhado, e tornou-se monge e, posteriormente, abade de um mosteiro na Bretanha onde havia nascido. Passou o resto da vida viajando entre Paris e vários mosteiros e retiros e correspondendo-se com Heloísa, que tomou os votos de freira e enclausurou-se num convento. As cartas que ela escreveu para ele continuam sendo publicadas e consideradas clássicos da poesia amorosa medieval.

O estilo filosófico de Abelardo

Nem é preciso dizer que Abelardo provocou muita controvérsia em sua vida, surpreendentemente, não tanto por causa de seu caso amoroso e do castigo infligido pelo tio da jovem, mas por seu método de ensino e de escrita e por sua grande popularidade entre os estudantes irrequietos e entediados com as linhas tradicionais de raciocínio. Abelardo não hesitou em desafiar as crenças que considerava ilógicas ou antibíblicas, por mais tradicionais que fossem. Seus escritos incluíam a obra altamente controversa *Sic et non* (*Sim e não*), na qual fez proposições contrárias às contidas nas obras oficiais consagradas de teologia e de filosofia cristã para demonstrar que ainda existiam muitos problemas sem solução para ele e outros pensadores cristãos trabalharem. Opôs-se à mentalidade que dizia que a única tarefa da teologia e da filosofia era repetir e interpretar os escritos oficiais e consagrados do passado. Naturalmente, oponentes como o grande abade e místico Bernardo de Claraval (1090-1153) usaram essas declarações contra ele e acusaram--no de tentar sutilmente subverter a tradição cristã oficial.

Abelardo também escreveu um livro chamado *Teologia cristã* logo depois de *Sic et non* (1123-1124), no qual procurou solucionar alguns problemas que a tradição não solucionava. A intenção de Abelardo era demonstrar a compatibilidade entre a verdade cristã e a verdade da filosofia. Acreditava que, embora a razão talvez não conseguisse resolver todo problema teológico que porventura existisse e certamente não tivesse a menor chance de fazê-lo sem a fé, as verdades básicas do cristianismo estavam implícitas na mente humana e podiam ser alcançadas e entendidas com a ajuda do pensamento lógico. Em última análise, para Abelardo não podia haver conflito entre a verdade filosófica e a verdade teológica, embora a reconciliação perfeita entre elas talvez nunca fosse alcançada na História. Por exemplo, em *Teologia cristã*, Abelardo argumentou que embora não fosse possível descobrir ou compreender completamente a Trindade unicamente pela razão humana, não havia nada nessa doutrina que entrasse em conflito com a razão. De fato, ele chegou a dizer que as ideias básicas da crença trinitária estavam implícitas nas palavras dos profetas judaicos e filósofos gregos antes de Cristo.

Em todos os escritos e ensinos de Abelardo, vê-se o modo original de pensar a respeito das proposições universais que rompe radicalmente com o realismo de Anselmo e de Agostinho e que prenuncia a ascensão do que mais tarde veio a ser conhecido, na teologia e filosofia medievais, como nominalismo. Conforme já foi abordado aqui, Anselmo acreditava que as proposições universais continham uma realidade ontológica além da mente humana. Ele certamente as via como mais do que nomes, termos ou mesmo abstrações. Essa é a ideia das proposições universais no realismo. Abelardo foi treinado nesse tipo de filosofia e rompeu decisivamente com ela. Passou a tratar as proposições universais como conceitos que tinham existência real e que não existiam além ou à parte das coisas individuais e nem apenas na mente como termos convencionais. Se a filosofia das formas de Platão está por trás do realismo, a filosofia da forma e da matéria de Aristóteles está por trás do conceitualismo de Abelardo, que é frequentemente encarado como um passo para o nominalismo medieval posterior, que tratou as proposições universais como meros nomes ou termos. Segundo Abelardo,

> a solução [para o problema das proposições universais] está em reconhecer que as proposições universais não são "coisas", isto é, não subsistem em si mesmas se não forem abstraídas. Elas existem da mesma maneira que a forma existe na matéria: é possível abstrair a forma da matéria, mas ela nunca realmente existe sem a matéria. Da mesma maneira, as proposições universais podem ser abstraídas de coisas individuais — e temos de fazê-lo para pensarmos —, mas nunca vêm desacompanhadas de algo específico e concreto.[1]

A teoria das proposições universais de Abelardo pode, portanto, ser considerada uma posição intermediária entre o realismo e o nominalismo radicais que apareceriam posteriormente no pensamento medieval. Mas, no geral, sua opinião foi entendida como próxima ao nominalismo e tornou-se mais um motivo de crítica em sua vida. Muitos teólogos e líderes eclesiásticos consideravam o realismo essencial para a teologia católica e ortodoxa.

A teoria da expiação pela influência moral proposta por Abelardo

A grande contribuição de Abelardo para a teologia foi a doutrina da expiação. Em *Teologia cristã* e muito mais no livro intitulado *Exposição da epístola aos romanos,* ele discordou abertamente da teoria tradicional do resgate e também da teoria da

---
[1] Ibid., p. 170.

compensação mais nova proposta por Anselmo e desenvolveu sua própria teoria, chamada teoria da influência ou do exemplo moral que explica como a morte de Cristo traz a reconciliação da raça humana com Deus. Para muitos críticos seus, essa foi a gota d'água. Bernardo de Claraval, sem dúvida o líder eclesiástico mais influente daquela época, pregou contra Abelardo em Paris e pediu que fosse condenado pelo papa. Um sínodo de bispos em Paris condenou diversas opiniões de Abelardo e o papa Inocêncio III promulgou um edito no qual que concordava com o sínodo. Abelardo esperava conseguir a revogação da condenação ao ficar diante do papa e se defender pessoalmente, mas adoeceu e morreu quando estava a caminho de Roma. Numa carta a Heloísa pouco antes de sua morte, Abelardo escreveu: "Não quero ser filósofo desassociando-me de Paulo, não quero ser um Aristóteles desassociando-me de Cristo, visto que não há outro nome na terra que possa me salvar".[2] Pouco antes de morrer, Abelardo submeteu-se oficialmente ao papa e reconciliou-se com Bernardo de Claraval por carta. Morreu em paz com a igreja que o condenou e perseguiu. O abade Pedro, o Venerável, presenciou os últimos dias de Abelardo e escreveu um relato a respeito, no qual louva a humildade de Abelardo e o chama "o Sócrates dos gálios, o grande Platão do Ocidente, *nosso* Aristóteles".[3]

O modelo de expiação proposto por Abelardo enfatizava o amor acima da honra ou da ira de Deus. Segundo ele, a humanidade necessita de uma nova motivação para agir e não de uma compensação paga a Deus em seu nome. Acreditava que a teoria da compensação e a do resgate deixavam a humanidade totalmente fora do processo de reconciliação e retratava o Deus da cruz como alguém interessado somente por sua própria honra e pela justiça cósmica. Abelardo era fascinado pela parábola de Jesus sobre o filho pródigo cujo pai sempre esperava por seu retorno. Assim, para o teólogo dissidente, a cruz é a prova que Deus oferece aos seres humanos pecaminosos de sua misericórdia *e* a mensagem que seu Filho transmite sobre os méritos que ganhou de Deus por sua total obediência. A cruz afeta a humanidade e não a Deus. Segundo Abelardo, Deus não precisa se reconciliar com a humanidade. Ele já nos ama. O problema é que não temos consciência disso e, por causa do nosso pecado e ignorância, vivemos com tanto medo de Deus que nos afastamos dele. A cruz de Jesus é um ato de amor de Deus que deve inspirar nossas ações com novas motivações, para que vejamos o quanto ele nos ama e comecemos a amá-lo também:

---

[2] Leif Grave, *Peter Abelard: philosophy and Christianity in the Middle Ages*, trad. Frederick e Christine Crowley, New York, Harcourt, Brace & Word, 1964, p. 151.

[3] Ibid., p. 157.

Assim nos parece que fomos absolvidos pelo sangue de Cristo e reconciliados com Deus, pois, pela graça singular que manifestou por nós quando seu Filho assumiu a nossa natureza, ensinou-nos com palavras e exemplos e perseverou até a morte, Jesus nos trouxe para mais perto de dele, de modo que, incitados por tamanha benevolência da graça divina, já não receássemos suportar qualquer coisa por amor a ele.

As pessoas se tornaram mais justas, ou seja, mais devotadas a Deus, depois da paixão de Cristo, porque são mais propensas a amar por causa do benefício que de fato receberam do que um benefício que esperam receber. E assim nossa redenção está no grande amor por nós demonstrado na paixão de Cristo, que não somente nos livra da escravidão do pecado, mas conquista para nós a verdadeira liberdade dos filhos de Deus, para que cumpramos qualquer propósito, não por medo, mas por amor àquele que nos prestou um bem tão grande que, como ele mesmo disse, não se pode encontrar outro maior: "Amor maior não há, que dar a própria vida pelos seus amigos".[4]

Observe que a explicação de Anselmo da expiação a despoja de qualquer conotação de transação jurídica. É por isso que alguns críticos chamam-na "teoria subjetiva". Para eles, na teoria de Abelardo não há, com a morte de Cristo na cruz, nenhuma mudança objetiva na relação de alienação entre Deus e a humanidade por causa do pecado e da culpa. A única mudança verdadeira ocorre somente quando os seres humanos pecadores são afetados pelo exemplo do amor de Deus na morte de Cristo. Mas, exatamente a forma como as pessoas "mortas pelas transgressões e pecados" mudam por causa de um simples exemplo moral é algo que muitos críticos da teoria de Abelardo não percebem. Para eles, a teoria de Abelardo também subentende, necessariamente, a negação pelagiana do pecado original e reforça a ideia de que os seres humanos realmente precisam começar nova vida ao perceberem o quanto Deus os ama para também poderem amar.

Há certa verdade nessa crítica. Por outro lado, Abelardo realmente afirmou a doutrina do pecado original e acrescentou, em seu conceito geral da expiação, que a morte de Cristo conquistou mérito diante de Deus por causa de sua obediência como homem e que esse mérito pode ser comunicado a todos os pecadores que vierem a ele pelo arrependimento, pela fé e pelos sacramentos.[5] Essa ideia confere uma visão um tanto objetiva da cruz à descrição que Abelardo fez da expiação. No entanto, a principal linha de raciocínio de Abelardo é que a cruz foi o evento pelo

---

[4] Apud J. G. Sikes, *Peter Abailard*, Nova York, Russell & Russell, 1965, p. 208.
[5] Ibid., p. 210-1.

qual Deus demonstrou seu grande amor à humanidade e assim transformou nossos corações para que fôssemos movidos pelo amor e não pelo medo. Nesse caso, então, a verdadeira expiação acontece dentro de nós e não na cruz. Ela acontece quando os seres humanos pecadores se arrependem e começam a agir por amor, não quando Cristo morreu. Porque Deus, segundo Abelardo, nunca precisou se reconciliar conosco por um sacrifício cruento. Pelo contrário, somos nós que precisamos nos reconciliar com ele e isso acontece quando a cruz age sobre nós causando-nos uma transformação moral interior. Um comentarista moderno de Abelardo resume sucintamente essa teoria: "O propósito da crucificação, portanto, era encher nossos corações de caridade [amor] através de Cristo, que com isso nos torna filhos de Deus e não seus escravos por medo. Dessa forma, uma nova motivação inspira nossas ações, que por isso se tornam meritórias".[6]

A teoria de Anselmo, da expiação pela compensação, tornou-se padrão em parte da teologia cristã conservadora no Ocidente. Alguns pensadores católicos e protestantes conservadores consideram-na a visão bíblica e ortodoxa da expiação. A teoria de Abelardo foi rejeitada em seu próprio tempo, mas foi redescoberta e aceita por muitos protestantes liberais dos séculos XIX e XX como a teoria cristã "esclarecida" da cruz. Alguns teólogos moderados acreditam que não existe nenhuma teoria da expiação capaz de captar toda a verdade, pois tanto Anselmo quanto Abelardo tinham razão e, na verdade, seus modelos se complementam. A abordagem subjetiva de Abelardo ressalta o efeito moral que a cruz de Cristo causou na História e em cada pessoa que se arrepende e passa a viver no amor. A abordagem objetiva de Anselmo ressalta o efeito legal que a cruz de Cristo causou no cosmos e no próprio Deus, que só pode realmente perdoar os pecadores porque uma grande dívida foi paga. Considerada isoladamente, não está claro como a teoria de Abelardo aprecia a responsabilidade humana pelo pecado ou a santidade de Deus. E, considerada isoladamente, não está claro como a teoria de Anselmo aprecia o envolvimento humano no processo da reconciliação ou explica que a cruz afeta a vida humana. É lastimável que ambas já tenham sido consideradas um dia incompatíveis ou mutuamente exclusivas. Deveriam, pelo contrário, soar como explicações complementares da cruz.

Anselmo e Abelardo representam o primeiro estágio da teologia escolástica da cristandade ocidental medieval. Neles, a maioria dos interesses e métodos do escolasticismo são encontrados ou, no mínimo, prenunciados. A grande controvérsia entre realistas e nominalistas, que contribuiria para a derrocada do escolasticismo na Alta Idade Média, já começava a aparecer com eles. O enfoque à racionalidade da crença cristã e o desejo de demonstrar sua compatibilidade com

---

[6] Ibid., p. 210.

o melhor da filosofia são exemplos da sua inclinação escolástica. Mas o maior dos teólogos e filósofos escolásticos ainda estava por vir. A joia da coroa escolástica e o grande pensador da teologia medieval apareceu em Paris no século XIII. O "Doutor Angélico" do pensamento católico começou a vida como o "burro" da Universidade de Paris e tornou-se o padrão e a norma do pensamento católico romano nos séculos seguintes.

22

Tomás de Aquino resume a verdade cristã

Um nome destaca-se acima de todos os demais como o pensador escolástico por excelência: Tomás de Aquino. É impossível superestimar sua importância para a história da teologia cristã e especialmente da teologia católica romana. Nela, ele continua sendo o padrão, a norma, mesmo em todo o século XX. Não queremos dizer com isso, naturalmente, que todos os teólogos católicos romanos concordam totalmente com toda e qualquer proposição ou opinião que se acha na enorme coleção de escritos de Aquino. No entanto, sua abordagem básica da teologia e suas ideias e métodos fundamentais ainda são o que se espera que todo teólogo católico conheça e reflita a respeito. Discordar abertamente deles pode acabar em certa censura da parte dos vigilantes teológicos do Vaticano. Em 1879, o papa Leão XIII, na sua carta encíclica, *Aeterni patris*, fez da teologia de Aquino a norma para a teologia católica. Mas, assim, apenas oficializou o conceito geral que os líderes católicos mantiveram, informalmente, durante muitos séculos. Aquino já tinha sido canonizado em 1323 e a hierarquia católica outorgou-lhe o título de Doutor Angélico. O papa Pio V outorgou a Tomás de Aquino o título de Doutor Universal da Igreja em 1567, no Concílio de Trento. Com todos esses encômios e afirmações oficiais, Tomás de Aquino só pode ser considerado o maior teólogo da tradição católica desde Agostinho no século V até Karl Rahner, da Áustria, em fins do século XX.

O contexto teológico da obra de Aquino

Antes de examinarmos de perto a história da vida de Aquino, bem como sua contribuição teológica específica, será útil refletirmos um pouco mais a respeito do ambiente teológico no qual trabalhava. Aquino era um teólogo escolástico e isso significava que também era filósofo. A teologia e a filosofia eram inseparáveis especialmente para os teólogos escolásticos dos séculos XIII e XIV de universidades como Oxford e Paris. O objetivo deles era sintetizar as duas disciplinas sem perder a teologia em meio à filosofia. A teologia estava para se tornar a "Rainha das

Ciências" e a filosofia seria a serva ou criada necessária. É absolutamente crucial entendermos a ideia que os escolásticos faziam da relação entre teologia e filosofia para podermos compreender seus propósitos e objetivos:

> Os escolásticos dos séculos XIII e XIV eram essencialmente teólogos e incidentalmente filósofos. Sua lógica se concentrava em desvendar os mistérios da fé cristã; sua filosofia era serva da teologia. No entanto, é um fato histórico notável que esses grandes teólogos fossem igualmente grandes filósofos. Como teólogos, não lhes interessava desenvolver uma filosofia completa. Em vez disso, desenvolveram uma teologia e filosofia numa integração orgânica, de modo que a filosofia fosse constantemente fertilizada pelas especulações filosóficas e a filosofia permanecesse sob a orientação do dogma cristão.[1]

Essa descrição do método escolástico certamente se aplica à abordagem de Tomás de Aquino. À primeira vista, sua teologia pode parecer especulativa e filosófica demais a ponto de nos fazer imaginar onde se encontra a reflexão teológica sobre a revelação divina. Ao estudarmos mais profundamente seus escritos, no entanto, fica claro que sua preocupação maior é a salvação e que ela é o próprio âmago de todo seu trabalho. A grande síntese teológico-filosófica que tentou construir, como uma enorme catedral medieval de ideias, tinha no centro o altar do corpo mutilado de Cristo e a graça da redenção que nele se encontra. É um desafio chegar ao altar, passando pelos arcobotantes e vestíbulos primorosos da teologia natural, e muitos jamais conseguem chegar até lá. Mas, para os que perseveram, não há dúvida de que Aquino — e talvez todos os escolásticos — se importava muito com os mistérios da salvação e, pensando neles, ensinou e escreveu.

A vida e a carreira de Aquino

Tomás de Aquino nasceu em 1224 ou 1225 no castelo da sua família perto de Roccasecca, na Itália. Seu pai, Landulfo de Aquino, era um membro abastado da pequena nobreza fundiária e esperava que seus filhos seguissem seus passos prósperos e influentes. Tomás cursou o ensino primário na matriz do movimento beneditino: o mosteiro de Monte Cassino, fundado pelo próprio Bento de Núrsia. Na mocidade, matriculou-se na relativamente nova Universidade de Nápoles onde entrou em contato com duas forças que transformariam sua vida. A recente redescoberta da filosofia de Aristóteles estava causando controvérsias ali e Aquino rapidamente a assimilou e passou o resto da vida tentando reconciliá-la com a revelação divina,

---

[1] Philotheus Boehm, introdução a Guilherme de Occam, *Philosophical writings*: a selection, Indianapolis, Bobbs-Merrill, 1957, p. xvi-xvii.

porque "Aristóteles se tornou para ele um paradigma da boa lógica".[2] Isso significa que não considerava Platão e o platonismo o paradigma da boa lógica, como fez a maioria dos pensadores católicos durante séculos. Até mesmo o grande Anselmo tinha sido platônico na sua orientação filosófica básica.

A segunda influência na vida de Aquino em Nápoles foi a relativamente nova ordem dos frades chamados dominicanos. Esses seguidores do pregador mendicante Domingos (1170-1221) tornaram-se rapidamente um movimento de renovação religiosa, orgulhosa e popular, com fortes atrativos para os jovens intelectuais. Eram, porém, considerados fanáticos por muitos membros ricos e poderosos da elite da sociedade e o pai de Aquino ficou horrorizado com o convívio de seu filho com eles. Em 1242, o jovem universitário entrou para a ordem dominicana como noviço e mudou-se para o mosteiro. O pai mandou os irmãos de Aquino sequestrá-lo e fazer o que nos tempos modernos chamam de desprogramação, para ele voltar à razão e assumir o papel que lhe fora reservado na família e na sociedade. A família de Aquino manteve Tomás confinado no castelo por dois anos sem conseguir persuadi-lo a abrir mão do seu sonho de tornar-se estudioso de Aristóteles entre os frades dominicanos. Acabaram soltando-o e ele imediatamente voltou para a ordem.

Aquino saiu da Itália assim que pôde, para não ser recapturado pela família, e estabeleceu-se na vida estudantil da Universidade de Colônia, na Europa Central, onde foi aluno do grande mestre escolástico Alberto Magno (Alberto, o Grande, 1193-1280), que supostamente declarou, a respeito de Aquino, para todos os estudantes: "Chamamos esse moço de burro, mas digo que o mundo inteiro vai escutar seus rinchos".[3] Diz a lenda que Aquino era muito corpulento e acanhado e que, por isso, seus colegas de classe lhe deram o apelido de "burro". Alberto, no entanto, percebeu seu potencial e Aquino chegou a superar o próprio mestre.

Depois de estudar em Colônia, Aquino estudou teologia e filosofia na Universidade de Paris, que havia se tornado campo fértil de controvérsia a respeito da filosofia de Aristóteles. Os frades franciscanos, que tinham um grande mosteiro em Paris e ensinavam na Escola de Teologia da Universidade, opunham se a Aristóteles e condenavam o uso cristão dos seus pensamentos. Consideravam o platonismo o "caminho da mente para Deus". Os dominicanos eram mais favoráveis a Aristóteles e alguns chegavam ao ponto de falar em "duas verdades": uma era a revelação divina nas Escrituras e na tradição e a outra, da filosofia de Aristóteles. A Igreja Católica condenou a teoria das duas verdades e o grande projeto da vida

---

[2] Brian Davies, *The thought of Thomas Aquinas*, Oxford, Clarendon, 1992, p. 2.

[3] Ibid., p. 5.

de Aquino como erudito foi vencer essa condenação ao demonstrar que as ideias filosóficas básicas de Aristóteles não colidiam com a verdade cristã fundamental.

Em 1256, Aquino iniciou a carreira magisterial como mestre de teologia em Paris. Ele produziu muitas obras teológicas, mas as duas mais notáveis foram as obras em vários volumes chamadas *Summa contra gentiles* [Suma contra os gentios] e *Suma teológica*. Suma é um sistema de proposições que pretende resumir da verdade sobre determinada disciplina. A *Summa contra gentiles* era uma defesa apologética da verdade cristã contra as críticas dos estudiosos islâmicos na Espanha e na África do Norte. A *Suma teológica* era uma teologia sistemática. Enquanto ensinava em Paris, Aquino tornou-se famoso e altamente respeitado por líderes eclesiásticos e governantes. Era, no entanto, um tanto excêntrico, o epítome do catedrático erudito distraído, sempre tomado por seus pensamentos:

> Uma das [histórias] mais famosas fala de uma ocasião, em 1269, em que ele estava jantando com o rei Luís IX da França. Segundo o biógrafo, Bernardo Gui, Aquino, que parecia estar sempre "absorto" em pensamentos, passou a maior parte da refeição meditando sobre os maniqueístas (uma seita religiosa que existia desde o século III a.C.). De repente, deu um murro na mesa e exclamou: "Isto liquida a questão dos maniqueístas!" e imediatamente mandou chamar seu secretário para que tomasse as anotações ditadas. Explicou aos comensais alarmados: "Pensava estar sentado à minha escrivaninha".[4]

Outra história que sempre se conta sobre Aquino fala de seus últimos dias de vida. Ele morreu em 7 de março de 1274, em Paris, menos de um ano antes parou de escrever completamente, sem motivo aparente. Seus colegas e assistentes insistiam com ele a voltar ao trabalho e, supostamente, Aquino respondeu: "Não posso, porque tudo que escrevi parece insignificante". Algumas versões dessa história incluem um adendo à resposta: "em comparação com as coisas que me estão sendo reveladas". Subentende-se que ele tinha experiências místicas que eram prenúncios da grande "visão beatífica" a respeito da qual tanto escrevera ao falar do objetivo da redenção humana: ver Deus face a face.

Assim como Agostinho, Aquino escreveu sobre quase todo tema imaginável relacionado ao currículo da universidade. Ele era um verdadeiro enciclopedista e, portanto, fica difícil, senão impossível, abordar mesmo que rapidamente muitas de suas ideias e contribuições. Nossa tarefa aqui será apenas descrever seus principais métodos e conceitos teológicos distintos, especialmente os que vieram a exercer grande influência sobre a teologia católica romana em geral e que diferem,

---

[4] Ibid., p. 8.

de alguma forma, das ideias e métodos de Agostinho e de Anselmo — os principais pensadores cristãos ocidentais anteriores a Aquino. Nossa descrição da contribuição teológica de Aquino focalizará seus pensamentos a respeito do método teológico e sobretudo da teologia natural, suas ideias a respeito da natureza e da graça, inclusive a relação entre razão e revelação, seu conceito da natureza e dos atributos de Deus, seu conceito da linguagem a respeito de Deus como discurso analógico e sua doutrina da providência divina, inclusive da predestinação. Em cada área, assim como em muitas outras, Aquino preparou o terreno para a teologia católica e armou o palco para a reação protestante que surgiria no século XVI. Embora a maioria dos reformadores respeitasse Aquino como um grande gênio, considerava sua teologia um grave desvio da fé bíblica para a especulação filosófica, sob o efeito hipnótico da filosofia aristotélica.

O método teológico de Aquino

O estilo de Aquino nas duas *Sumas* é tipicamente escolástico. Começa com uma pergunta disputada ou passível de debate, como: "Se, além das ciências filosóficas, há necessidade de qualquer outra doutrina" e então passa a examinar objeções, como "Objeção nº1: Parece que, além das ciências filosóficas, não necessitamos de nenhum outro conhecimento".[5] Depois de dar todas as respostas negativas importantes à pergunta, expõe seu próprio ponto de vista, que usualmente começa com frases como: "Pelo contrário" ou "Digo que" ou "Resposta à objeção nº 1". Frequentemente, ao expor seu ponto de vista, Aquino cita autoridades consagradas, como textos bíblicos, declarações dos pais da igreja e passagens dos concílios e dos credos. Curiosamente, ele cita Agostinho muitas vezes como autoridade em vez de qualquer texto bíblico. Às vezes, também cita ou menciona "o Filósofo" quando quer se referir a Aristóteles.

Não é preciso ir muito longe nas *Sumas* de Aquino para perceber que ele considerava Aristóteles tanto autoridade quanto problema. Para ele, a lógica e metafísica básica de Aristóteles estavam corretas e serviam de guia para a teologia natural cristã. Ao mesmo tempo, no entanto, Aristóteles tinha opiniões claramente conflitantes com as doutrinas cristãs. Um exemplo notável disso, uma opinião contra a qual Aquino lutou corajosamente, é a origem do universo. Aristóteles acreditava que o universo era eterno, mas que havia sido criado por uma Primeira Causa que não era causada. Em outras palavras, acreditava que uma Primeira Causa não causada e uma Causa Motriz Imóvel, metafisicamente onipotentes e eternas, deram origem à eterna existência do universo. Aristóteles não abria espaço, em seu pensamento,

---

[5] *Suma teológica*, parte 1, pergunta 1.

para qualquer a ideia de *creatio ex nihilo* e nem para uma criação no tempo. Alguns filósofos das universidades medievais sugeriam que filósofo cristão tinha a obrigação de concordar tanto com os pais da igreja quanto com Aristóteles e que isso era um exemplo da teoria das duas verdades, contra a qual a igreja lutava e Aquino sustentava. Em questões como essa, Aquino simplesmente tinha que discordar de Aristóteles. Em outras questões, no entanto, considerava Aristóteles um grande aliado da teologia cristã, da mesma maneira que muitos pais da igreja primitiva contaram com Platão e os platonistas nos seus escritos apologéticos.

O método teológico de Aquino começa estabelecendo a relação entre o conhecimento natural (a filosofia e outras ciências não teológicas) e a revelação divina, para buscar algum conhecimento sobre Deus. Da mesma forma que os escolásticos anteriores como Anselmo e Abelardo, Aquino recusou-se a colocar esses sistemas de conhecimento um contra o outro para estabelecer tipo de conflito básico. No entanto, diferentemente de Anselmo, pelo menos, Aquino não considerava a fé essencial para o entendimento ou pelo menos não na esfera do saber que Deus existe e de conhecer algo sobre a natureza de Deus e dos seus atributos. O lema de Anselmo era "a fé em busca do entendimento" ou "creio para compreender". Aquino não rejeitaria necessariamente essa atitude, mas procurava descobrir e estabelecer rigorosamente um âmbito do conhecimento natural de Deus que não exigisse, de modo algum, a fé cristã. Não há dúvida de que Anselmo também acreditava que a razão pura, sem a revelação ou a fé, podia comprovar a existência e essência de Deus. Mas também Anselmo considerava que a própria lógica era um tipo de revelação ou, pelo menos, uma dádiva de Deus. Ele não reconheceu de fato nenhum plano destituído de graça. Não há nenhuma distinção clara entre o "natural" e o "sobrenatural" nas teologias filosóficas de Anselmo ou de Abelardo como a que Aquino fez e na qual insistiu.

Aquino e o conceito da fé e da teologia natural

Uma das contribuições mais controversas de Aquino à teologia cristã foi alegação de que existe um reino natural do conhecimento de Deus e da alma humana diferente de qualquer reino de atividade sobrenatural e graciosa especial de Deus. Todo pensador cristão antes dele, inclusive Anselmo e Abelardo, compreendia a teologia natural como uma sublimação da mente humana pela graça. Até o argumento ontológico de Anselmo em favor da existência de Deus era considerado por ele uma obra divina através da lógica e do intelecto. Não havia linha perceptível que separasse a atividade divina especial reveladora da razão em geral. A razão era um dos caminhos da mente até Deus, mas esse caminho era pavimentado pela graça. Aquino queria demonstrar que existia um mundo natural e um tipo de conhecimento natural que não dependem totalmente da graça, de modo que até mesmo um não cristão, totalmente destituído de fé — como Aristóteles — podia seguir o caminho puramente natural para conhecer Deus. Obviamente, para ele, essa operação da razão, por mais natural que fosse, era a imagem de Deus nos seres humanos: "Ora, o intelecto ou a mente é o aspecto pelo qual a criatura racional sobrepuja as demais. Logo, a imagem de Deus não se encontra nem na criatura racional, a não ser na mente".[6] Assim, ela não é inteiramente independente de Deus, e nada poderia ser já que Deus é o criador de tudo. Entretanto, a razão tem sua própria esfera de atividade e competência, à parte da atividade graciosa sobrenatural de Deus. Essa era uma novidade polêmica na história da teologia cristã.

Uma das maneiras de retratar a teoria de Aquino, que constitui o alicerce de toda sua teologia, é:

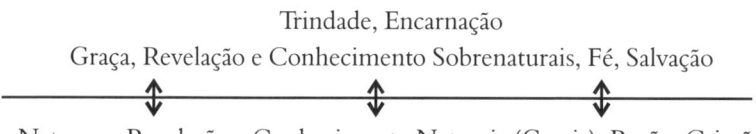

Trindade, Encarnação
Graça, Revelação e Conhecimento Sobrenaturais, Fé, Salvação
⇕　　　⇕　　　⇕
Natureza, Revelação e Conhecimento Naturais (Gerais), Razão, Criação
Existência e Atributos de Deus

Para Aquino, o reino inferior constituía-se basicamente da filosofia de Aristóteles e o superior, da revelação sobrenatural e divina. Ninguém pode ser salvo e alcançar a "visão beatífica de Deus" no céu (semelhante à divinização) sem chegar ao reino superior, mas a pessoa pode conhecer a Deus e compreendê-lo realmente quanto à sua existência e atributos com base na razão, examinando a ordem natural da criação. Através da razão somente, não se descobriria nunca que Deus é trino, mas a crença na Trindade não é irracional. Ela simplesmente transcende o que a razão pode descobrir sozinha e que é revelado pela graça de Deus através das Escrituras e da tradição da igreja. Tanto Anselmo quanto Abelardo acreditavam que a Trindade — assim como as demais crenças cristãs importantes — podia ser revelada ou concebida racionalmente. O único motivo pelo que as pessoas não a descobrem racionalmente, diriam, deve-se ao efeito do pecado sobre a mente humana. Aquino afirmava algo diferente. Para ele, a razão tem uma esfera distinta da graça e da revelação: a natureza. Da mesma forma, a fé tem uma esfera distinta da natureza e superior a ela: o sobrenatural. As flechas do gráfico acima também representam uma parte importante do esquema de Aquino. A natureza aponta para cima, para a graça; razão se completa com a revelação. A graça e a atividade sobrenatural de Deus que operam a salvação elevam a natureza; a revelação cumpre e complementa a razão. As duas esferas não são opostas. Elas são distintas, mas complementares.

---

[6] Ibid., parte 7, pergunta 93.

A existência de Deus não é a única verdade teológica e espiritual que a razão sozinha, sem a ajuda da graça, pode descobrir. Segundo Aquino, a razão, operando exclusivamente na área natural, pode também descobrir a imortalidade da alma e as leis éticas e morais básicas. Ele encontrou essas verdades bem desenvolvidas em Aristóteles, mesmo que o filósofo não soubesse tudo que se pode saber a respeito disso com a ajuda da revelação sobrenatural e da fé. Um exemplo excelente da teologia natural aristotélica de Aquino é o conhecimento natural de Deus. Ele acreditava e argumentava que, embora a existência de Deus não fosse evidente por si mesma, conforme Anselmo já havia dito, ela podia ser demonstrada pela razão natural.[7] Aquino rejeitou o argumento ontológico de Anselmo porque ele não começava com os sentidos e, fundamentando seu argumento no desacordo de Aristóteles com seu mentor Platão, Aquino alegou que todo conhecimento natural começa com a experiência sensorial.

Aquino apresentou cinco maneiras de demonstrar racionalmente a existência de Deus e todas encontram-se, de alguma forma, na filosofia de Aristóteles. As cinco maneiras apelam às experiências que a mente humana sofre em relação ao mundo natural e mostram que, se Deus não existisse, as experiências não teriam sentido ou seriam impossíveis. De fato, o que estaria sendo experimentado não existiria. Como existem, Deus também deve existir. Em outras palavras, Deus é conhecido de modo natural, através de seus efeitos naturais, como a causa necessária: "A partir de efeitos não proporcionais à causa, não se pode obter nenhum conhecimento perfeito da causa. Entretanto, a partir de cada efeito, a existência da causa pode ser claramente demonstrada e por isso podemos demonstrar a existência de Deus com seus efeitos, embora através deles não possamos conhecer a Deus perfeitamente, como ele é em essência".[8]

A primeira maneira de Aquino demonstrar a existência de Deus foi com base no fenômeno do movimento natural. Tudo o que é movido precisa ter uma causa motriz e não pode haver uma cadeia infinita de regressão do movimento. "Portanto, é necessário chegar à causa motriz que não é movida por outra, e todos entendem que se trata de Deus".[9] Com esse argumento, ou "prova", Aquino apresentou a distinção aristotélica muito importante entre dois modos de existência: o ato e a potência. Em cada movimento, o que é potencial torna-se ato [concreto]. Mas o ato não parte da potencialidade sem uma causa e esta precisa ser totalmente realizada.

---

[7] Os "cinco argumentos" de Aquino comprovar a existência de Deus simplesmente pela razão encontra-se em *Suma teológica*, parte 1, pergunta 2.

[8] *Suma teológica*, parte 1, pergunta 2.

[9] Ibid.

Por isso, a primeira causa motriz de tudo no mundo natural precisa ser pura atualidade — *actus purus* [puro ato]. Isso, porém, torna-se claro posteriormente nas considerações de Aquino sobre a natureza e os atributos de Deus. Na primeira maneira, ele estava interessado apenas em notar que a causa motriz de tudo não deve ser movida por nenhuma outra. Trata-se do Primeiro Motor Imóvel de Aristóteles.

A segunda maneira de Aquino demonstrar a existência de Deus foi através da causalidade. De maneira bem semelhante à primeira, argumentou que tudo no universo é causado e, portanto, deve haver uma "primeira causa eficiente, à qual todos dão o nome de Deus".[10]

A terceira maneira de Aquino demonstrar a existência de Deus é, em geral, considerada a mais contundente das cinco, será abordada por último.

A quarta maneira enfoca as graduações que se acham nas coisas e conclui que "deve haver [...] algo que seja, para todos os seres, a causa da existência, virtude e qualquer outra perfeição; e a ela chamamos de Deus".[11] Este argumento é muito semelhante ao primeiro, quando Anselmo defende a existência de Deus em *Monologium*.

A quinta e última maneira é recorrer aos propósitos das coisas segundo sua ordem natural: "Existe algum ser inteligente, por quem todas as coisas naturais são dirigidas para um fim; e esse ser chamamos Deus".[12] Essa é uma versão que alguns chamam de argumento do desígnio e ficou conhecido na teologia filosófica por argumento teleológico. Não se encontra totalmente desenvolvido no pensamento de Aquino.

A terceira maneira de Aquino é geralmente considerada a base de sua teologia natural. Por ser exemplo nítido, tanto do pensamento escolástico quanto do raciocínio teológico natural tomista, será citada aqui integralmente:

> Encontramos na natureza coisas que têm a possibilidade de existir e de não existir, visto que são geradas e corrompidas e, por isso, é possível que existam e não existam. Mas é impossível que sempre existam, pois o que pode não existir num momento, não existe. Portanto, se tudo pode não existir, logo houve um tempo em que não existia nada. Ora, se assim fosse, mesmo agora não existiria nada, pois o que não existe começa a existir somente a partir de algo já existente. Se, portanto, nada existia, seria impossível que algo viesse a existir; e, portanto, mesmo agora nada existiria — o que é absurdo. Logo, não somente todas as coisas existentes são meramente possíveis, mas deve

---

[10] Ibid.
[11] Ibid.
[12] Ibid.

existir algo cuja existência é necessária. Mas toda coisa necessária pode ter ou não sua necessidade causada por outra. Porém, é impossível progredir infinitamente nas coisas necessárias que têm sua necessidade causada por outra, conforme já foi provado em relação às causas eficientes. Não podemos, portanto, deixar de reconhecer a existência de algum ser que tem sua própria necessidade e que não a recebe de outro, mas que, pelo contrário, causa nos outros a necessidade que têm. A tudo isso o homem chama de Deus.[13]

Em outras palavras, mesmo que o mundo fosse eterno, conforme declarou Aristóteles, nem por isso deixaria de exigir uma explicação, pois é feito de coisas finitas e dependentes que exigem uma explicação por sua existência. Elas são dependentes e causadas e, se toda a realidade fosse composta dessas coisas dependentes e causadas, então ela não existiria. O mundo precisa de uma causa não causada para sua existência contínua e mesmo para seu princípio.

Aquino pensava que o princípio do mundo natural dentro do tempo (ou no começo do tempo) e especialmente *ex nihilo* (do nada) não podia ser demonstrado pela filosofia. Sendo cristão, acreditava nessas verdades com base na fé na revelação divina, mas argumentava que até mesmo Aristóteles, que não acreditava nelas, tinha de concluir que o mundo exige uma primeira causa, não causada, como sua explicação. Dessa maneira, Aristóteles, embora fosse pagão, sabia da existência de Deus e acreditava na eternidade do mundo. Todas as provas de Aquino em favor da existência de Deus "funcionam" mesmo se Aristóteles tivesse razão e o mundo fosse eterno. Para ele, "a conclusão que Deus existe está bem fundamentada no pensamento filosófico. Mas a existência de Deus não parte do que devemos supor que tenha acontecido no passado. Em termos filosóficos, somente a existência de Deus pode explicar o que agora observamos e ele a explica pelo fato de tudo estar presente conforme observamos".[14]

Tomás de Aquino e a doutrina de Deus

Aquino prosseguiu, a partir das cinco maneiras de demonstrar a existência de Deus, explicando como seria a essência de Deus caso ele fosse a primeira causa de tudo. Ele acreditava que boa parte da natureza e dos atributos de Deus pudesse ser conhecida pela razão, tendo por base exclusiva a natureza. Se, por exemplo, Deus é o primeiro motor imóvel, deve ser pura realidade sem potencialidade, pois de outra forma ele mesmo precisaria da causa motriz, da primeira causa. Para Aquino,

---

[13] Ibid.
[14] DAVIES, op. cit., p. 39.

não pode haver nenhuma potencialidade em Deus.[15] "A perfeição absoluta tem de ser puro ato, pois a potencialidade subentende existência não realizada. É por isso que Deus é puro ato".[16] Em outras palavras, a essência e a existência de Deus são idênticas e isso é exclusividade de Deus visto que é a primeira causa de todas as coisas. O *que* Deus é, é o mesmo *que* Deus existe e vice-versa. Não existe nada que Deus deveria ser ou poderia se tornar, que já não seja agora. Dizer o contrário, segundo Aquino, implicaria sugerir que existe alguma falha em Deus e nenhum ser faltoso pode ser a primeira causa de todas as coisas, pois ele mesmo precisaria ter uma causa para preencher essa falha. Deus não somente é pura realidade sem potencialidade — a pura existência sem nenhuma transformação — como também é absolutamente simples. A essência de Deus não é composta. O ser perfeito, que Deus tem de ser para funcionar como a primeira causa, não pode ser composto, móvel, incompleto e falho: "Deus é absolutamente simples, pois em Deus não existe corpo, ou composição hilomórfica. Deus é puro ato, em quem a essência e a existência são idênticas, é a perfeição de toda a existência e é o bem supremo".[17]

Em última análise, o Deus de Aquino é bastante semelhante ao Deus de Anselmo: imutável, impassível, substância simples, que já existe nunca se transforma, totalmente diferente de qualquer ser finito, criado e mortal. Juntas, as imagens de Deus que os dois retrataram constituem o pináculo às vezes chamado teísmo cristão clássico. O Deus do teísmo cristão clássico é pura realidade, mas não sofre nenhuma ação. Todos os seus atos são eternos e autodeterminantes e nenhum ato ou súplica das criaturas é capaz de induzi-lo a agir, a não ser que já esteja resolvido a fazê-lo e essa ação não seja contrária ao que ele é. Alguns críticos modernos questionam como esse Deus pode então ser considerado pessoal. Não parece atender ou interagir com nada fora dele mesmo. A mesma coisa pode ser dita a respeito do Deus de Anselmo e de Aquino. A imagem que ambos retratam do Deus estático e sem relacionamentos resulta de suas teologias naturais. Para Deus ser "tão grande que não se pode conceber nada maior" ou "a primeira causa eficiente de todas as coisas", ele precisa existir sem sofrer alteração, ser puro ato sem potencialidade e, portanto, impérvio à atuação de qualquer coisa fora dele. É esse o Deus da Bíblia? Foi precisamente contra essa descrição de Deus que o grande filósofo e místico cristão do século XVII, Blaise Pascal, escreveu: "O Deus dos filósofos não é o Deus de Abraão, de Isaque e de Jacó".

---

[15] *Suma teológica*, parte 1, pergunta 9.

[16] Justo GONZÁLEZ, *A history of Christian thought*, ed. rev., Nashville, Abingdon, 1987, p. 265. V. 2: From Augustine to the eve of the Reformation.

[17] Ibid., p. 267.

Entretanto, a doutrina de Deus defendida por Aquino é acolhida por muitos estudiosos — tanto cristãos quanto não cristãos — como uma obra de gênio e é a única que realmente faz jus à majestade e à glória de Deus. Os defensores dessa doutrina ficam ofendidos diante da acusação de que o Deus tomista é "estático". Perguntam: como a "pura realidade" e "o puro ato da existência" podem ser estáticos? Esse Deus é muito ativo, o que dificilmente caracterizaria um ser estático. Eles também destacam as últimas partes da *Suma teológica* de Aquino, nas quais fala dos atributos divinos do amor e da bondade, e nega a implicação de que Deus é insensível, frio ou distante, que alguns críticos atribuem ao teísmo cristão clássico. Quem quer que esteja com a razão, uma coisa é certa: Deus, a "causa não causada" de Aquino, é impermeável a qualquer mudança. Para ele, "Deus é a própria existência subsistente por si mesma. Consequentemente, ele precisa conter dentro de si a absoluta perfeição da existência".[18] Isso significa necessariamente que, na linha de raciocínio de Aquino, Deus não pode mudar e ser afetado é um tipo de mudança. Aquino afirmava e defendia de forma resoluta e absoluta a imutabilidade de Deus:

> Esta é a prova de que Deus é absolutamente imutável. Primeiro porque, como foi demonstrado acima, existe um primeiro ser, a quem chamamos Deus, que é puro ato, sem nenhuma potencialidade, pela simples razão que, sem dúvida, a potencialidade é posterior ao ato. Tudo, pois, que é alterado de alguma forma está de certo modo na potencialidade. Logo, obviamente é impossível que Deus sofra alguma mudança.[19]

Imutabilidade significa simplesmente "não sofrer mudanças" e muitos teólogos, talvez a maioria, antes de Aquino também atribuíam essa qualidade a Deus. O problema que os teólogos modernos encontram no Deus de Aquino está na noção mais profunda e intensa da sua falta de relacionamento, que aparece quando Aquino considera a existência de Deus. Por causa da absoluta simplicidade da essência de Deus e da realidade completa da sua existência, ele não se relaciona de forma alguma com as criaturas. O próprio relacionamento significaria algum tipo de carência, necessidade ou imperfeição de Deus. Nas palavras do próprio Aquino: "Como Deus está totalmente fora da ordem das criaturas, já que elas são ordenadas por ele, mas ele não está por elas, fica claro que estar relacionado a Deus é a realidade das criaturas, mas estar relacionado às criaturas não é a realidade de Deus".[20] Brian Davies, intérprete moderno de Aquino, chega à conclusão de que,

---

[18] *Suma teológica* parte 1, pergunta 4.
[19] *Suma teológica* parte 1, pergunta 9.
[20] Apud Davies, op. cit., p. 75.

para Aquino, "o fato de existirem criaturas não faz diferença para Deus [...]. Na teoria de Aquino, Deus é imutável e assim permanece, embora seja verdade que existam criaturas que são criadas e sustentadas por ele".[21] A teoria de Aquino lembra bastante a de Anselmo e parece combinar a ideia de Aristóteles, da Força Motriz Imóvel como "Pensamento que concebe a si mesmo", e a ideia de Agostinho, de que Deus é a realidade eterna que a tudo determina. Segundo Davies, Aquino até mesmo negou que a misericórdia de Deus seja algum tipo de sentimento. " 'Sentir-se triste pela desgraça de alguém', descreve, 'não é um atributo de Deus'. [...] Para Aquino, a misericórdia de Deus está no que ele produz e não no que alguma coisa produz nele".[22]

É como se Aquino deixasse sua teologia natural determinar a doutrina de Deus. No entanto, o retrato de Deus que daí se desenvolve não é muito diferente dos retratos cristãos de tempos anteriores. O que Aquino fez foi definir bem o teísmo cristão clássico, que já tinha sido desenvolvido pelos apologistas, inclusive Agostinho e Anselmo. Mas esse retrato é bem diferente do Deus da narrativa bíblica, que genuinamente sente pesar e tristeza e até mesmo se arrepende (atende) quando as pessoas oram. Todas essas características e emoções de Deus são descartadas por serem consideradas meros antropomorfismos pelos defensores da teoria teísta clássica, mas fica difícil não imaginar que tipo de Deus seria esse que ama (sem nenhum antropomorfismo), mas não sente genuinamente compaixão, misericórdia, tristeza e pesar quando suas criaturas sofrem ou se rebelam.

A teoria de Aquino da linguagem religiosa como fala analógica

Outra área na qual Aquino forneceu algumas sugestões inovadoras à teologia é a natureza da linguagem religiosa, ou seja: o "discurso sobre Deus". O problema que ele tentou solucionar era como o discurso humano a respeito de Deus podia fazer sentido e realmente descrever a pessoa de Deus, se a existência dele é tão radicalmente diferente de qualquer criatura. Da mesma forma que muitos teólogos antes dele, tanto do Oriente quanto do Ocidente, Aquino sempre insistiu em dizer que a essência de Deus é incompreensível. Podemos conhecer alguns atributos de Deus, mas não podemos penetrar no mistério da vida divina a ponto de descrevê-la direta ou literalmente. Contudo, Aquino não se satisfez com a teologia apofática de alguns místicos e teólogos, na qual Deus só podia ser descrito pela negação, ou seja, pelo que ele *não* é. Aquino acreditava que a melhor forma de entender a linguagem humana no tocante a Deus estava na relação entre causa e efeito pela qual Deus é

---

[21] Ibid., p. 77.
[22] Ibid., p. 157.

conhecido na teologia natural: "Os efeitos são semelhantes às causas, porque neles a operação e natureza de suas causas são colocadas em prática e manifestadas. Por serem produtos de suas causas, revelam o que os trouxe à existência".[23] Há, portanto, uma "analogia de existência" entre causa e efeito que possibilita a descrição da causa invisível e desconhecida pelo exame dos efeitos.

Portanto, a solução que Aquino oferece para o problema da linguagem sobre Deus gira em torno do conceito da analogia. Analogia é a figura de linguagem que se encontra entre uma declaração "unívoca", na qual a palavra descreve algo literalmente, e uma declaração "equívoca", na qual a palavra não descreve nada, mas simplesmente evoca certos sentimentos. Um exemplo de discurso unívoco é afirmar que a rocha é dura. A palavra "dura" não é usada em nenhum sentido metafórico ou poético. O significado é literal. "Dura" é o que a rocha é. Existe uma correspondência entre o significado normal de "rocha" e o significado normal de "dura". Um exemplo de discurso equívoco é a declaração: "a lua é um navio fantasma". Não existe realmente nenhuma semelhança entre um navio fantasma e a lua ou vice-versa. Trata-se de linguagem poética cuja intenção é evocar uma sensação fantasmagórica. Aquino argumentou que quando falamos da teologia dos atributos de Deus, não falamos de modo unívoco, pois Deus é sempre maior do que qualquer coisa na criação, nem de modo equívoco, pois dessa forma não saberíamos absolutamente nada a respeito de Deus. Na verdade, todo o discurso teológico a respeito de Deus é analógico.

Analogia é a descrição de algo em que o termo descritivo é semelhante e dessemelhante ao que descreve, assim como o efeito é semelhante e dessemelhante à sua causa.

> Tudo que se diz a respeito de Deus e das criaturas é dito à medida que existe alguma relação entre a criatura e Deus, quanto ao seu princípio e causa, na qual todas as perfeições das coisas preexistem perfeitamente. Ora, essa forma de comunicação é um meio-termo entre a pura equivocidade e a simples univocidade. Pois, diferentemente do que é unívoco, na analogia as ideias não são exatamente as mesmas; por outro lado, não são totalmente diversas (como na equivocidade); mas o nome que é então usado em vários sentidos representa diversas proporções de uma mesma coisa; por exemplo, saudável aplicado à urina expressa o sinal de saúde animal, mas, aplicado à medicina, expressa a causa da mesma saúde.[24]

---

[23] DAVIES, op. cit., p. 64.

[24] *Suma teológica*, parte 1, pergunta 13.

Por outras palavras, *saudável* é uma analogia quando usada para descrever a urina e a medicina de formas diferentes. Ao aplicar a Deus a teoria do discurso análogico, Aquino escolheu o adjetivo *sábio* e disse que quando é usado a respeito de Deus e de um ser humano, é usado de forma analógica. Em outras palavras, existe uma analogia entre a sabedoria humana e a sabedoria divina. Elas não são totalmente diferentes, nem totalmente semelhantes.

> Resumindo, ao falarmos de Deus, usamos palavras que normalmente são empregadas para descrever as coisas no mundo. Mas, à medida que falarmos de modo verdadeiro, estaremos nos referindo a algo (Deus) cujo modo de ser descrito por nós é diferente de todas as coisas que descrevemos da mesma maneira. Nesse sentido, compreendemos e não compreendemos o que dizemos quando falamos a respeito de Deus.[25]

A teoria de Aquino da linguagem sobre Deus tem muita influência nas tradições teológicas ocidentais. Muitos protestantes e católicos romanos a aceitam. Assim como muitas outras proposições de Aquino, ela reflete Aristóteles tanto quanto a Bíblia. Aristóteles defendia a ideia do certo e do bom como o "meio de ouro" entre os extremos. Aquino, portanto, estava novamente aproveitando os pensamentos de um pagão, "despojando os egípcios", assim como muitos pensadores cristãos antes dele fizeram. Mas certamente não há nada de antibíblico na sua teoria da linguagem religiosa e ela pode ser usada muito além dos limites do tomismo[26] ou de qualquer outra filosofia ou teologia específica.

A doutrina da salvação segundo Aquino

O que se pode dizer do conceito de Aquino sobre a salvação? Na introdução deste capítulo, notamos que, embora sua teologia filosófica pareça altamente técnica e até mesmo especulativa, às vezes, seu propósito ulterior era proteger e promover a salvação. Nessa área, Aquino posicionava-se totalmente acima da linha divisória entre a natureza e a graça. A salvação não pode ser encontrada nem experimentada sem a graça sobrenatural de Deus, que é "a ação de Deus que nos leva à união com ele".[27] Essa transformação pela graça é semelhante ao conceito ortodoxo oriental da salvação como divinização *(theosis)*. Para Aquino, a graça "é uma obra de Deus nos seres humanos que os eleva para além de sua natureza a ponto de se tornarem

---

[25] Davies, op. cit., p. 67.
[26] *Tomismo* é o nome dado à abordagem teológica básica de Tomás de Aquino e de suas ideias doutrinárias básicas.
[27] Davies, op. cit., p. 262.

coparticipantes da natureza divina".[28] É absolutamente essencial levar em conta duas coisas a respeito da ideia de Aquino sobre a transformação graciosa da salvação. Primeiro, para ele, ela não destrói, mas eleva a natureza humana e realiza seu propósito. A natureza humana, segundo Aquino, não ficou arruinada pela queda da humanidade no imemorial jardim. A natureza humana talvez seja, por assim dizer, mercadoria danificada, mas a imagem básica de Deus, que é a razão, permaneceu intacta a despeito do pecado original. Na verdade, a queda destruiu a "justiça original" e não a imagem de Deus. Portanto, a graça da salvação, que se torna ativa pelo batismo, pela fé, pelos sacramentos e pelas boas obras realizadas com amor, enaltece, mas não transforma nem restaura a natureza humana. Ela restaura simplesmente o que foi perdido, ou seja, o verdadeiro relacionamento com Deus. Ela o faz conferindo as virtudes teológicas da fé, da esperança e do amor e, finalmente, levando o ser humano à visão de Deus no céu.

A segunda coisa importante que se deve levar em conta a respeito da ideia de Aquino sobre a graça da salvação é que ela nunca pode ser forçada. Ela é pura dádiva de Deus e não pode ser conquistada pelo merecimento humano. Deus jamais deverá qualquer coisa ao ser humano. Para Aquino, assim como para Agostinho, até mesmo a fé é uma dádiva da graça de Deus. Também como Agostinho, Aquino entendia a fé como fidelidade, não apenas a decisão de confiar somente em Deus, mas a eterna devoção a Deus na obediência. Esse "hábito" é uma dádiva de Deus infundida na pessoa pelos sacramentos. Nenhuma boa obra é capaz de causá-lo. Somente Deus pode. Esse processo da salvação pela graça é tanto *justificação* quanto *santificação*. A primeira palavra enfatiza o lado jurídico da salvação, no qual a pessoa que está sendo salva se torna justa com Deus. A segunda, pelo contrário, designa o lado interior desse processo, no qual a pessoa realmente se torna cada vez mais piedosa. Para Aquino, as duas palavras são inseparáveis. São simplesmente duas formas diferentes de descrever o mesmo processo da graça que transforma a vida da pessoa para alcançar o objetivo maior de contemplar a Deus no céu.

Um dos equívocos mais comuns dos protestantes em relação à teologia de Aquino é que achar que ele ensinava a salvação pelas obras. Essa interpretação protestante de um lado está correta e de outro não. Aquino realmente acreditava que a participação nos sacramentos, como batismo, eucaristia e penitência, são elementos essenciais no processo crescente de justificação e santificação. Ele acreditava que a pessoa precisa exercer o livre-arbítrio e se esforçar para poder usar esses meios de graça. À primeira vista, portanto, parece que ele acreditava que as boas obras podem levar à salvação.

---

[28] Ibid., p. 264.

No entanto, no nível mais profundo de seu pensamento, Aquino claramente negava que qualquer esforço ou obra humana é capaz de fazer a graça entrar na vida dessa pessoa ou de conservá-la. Em última análise, é tudo obra de Deus, inclusive a decisão e o esforço humanos. Segundo Aquino,

> a justificação não é, de modo algum, consequência das "obras". Ele certamente não acha que podemos chegar a Deus ao confrontá-lo com justiça tal que o obriga a nos recompensar. Ele acha que somos justificados por Deus unicamente por sua generosidade. Para ele, nosso arrependimento e o resultado da forma como nos comportamos (nossas "obras") são reflexo, na história, do amor eterno e da bondade de Deus enquanto não havia nenhuma reivindicação que o obrigasse a tanto.[29]

O contexto teológico necessário para compreender o conceito de Aquino sobre a salvação está na sua ideia geral sobre a providência de Deus, inclusive a predestinação. Aquino seguiu Agostinho muito de perto nessas doutrinas, mas deu a elas suas próprias conclusões teológicas. No tocante à providência, asseverou que Deus ordena tudo e é a causa suprema de tudo o que acontece, a não ser do mal, que é meramente a ausência do bem. No entanto, Aquino acrescentou ao pensamento de Agostinho a ideia de que Deus opera na natureza e na história através de causas secundárias. Isto é, embora ele seja a causa primária da existência de todas as coisas, usa as coisas criadas para produzir vários eventos individuais. Nem tudo o que acontece é causado diretamente por Deus, porém tudo que existe na realidade está dentro do plano, propósito, conhecimento e controle de Deus. As escolhas do livre-arbítrio são os exemplos excelentes da ideia da causação secundária de Aquino. Os seres humanos agem e, ao agir, acreditam que realmente estão fazendo com que aconteça uma coisa que, de outra forma, não aconteceria. Existe certa verdade nisso, até mesmo para Aquino, mas a verdade maior é que eles nunca teriam escolhido ou agido de determinada maneira se Deus não tivesse disposto assim e colocado em prática uma cadeia de causação para fazer com que as pessoas orassem, se arrependessem, praticassem uma boa ação ou o louvassem:

> Deus, portanto, é a primeira causa, que desencadeia tanto as causas naturais quanto as voluntárias. Ele não impede que as ações das pessoas sejam naturais, de modo que, ao desencadear as causas voluntárias, não priva as ações de

---

[29] Ibid., p. 338-9.

sua voluntariedade, mas, pelo contrário, é exatamente a causa dela, pois opera em cada coisa de acordo com a sua própria natureza.[30]

Na natureza e na história, Deus geralmente opera através de causas secundárias *naturais*; na redenção, Deus opera através das causas secundárias *sobrenaturais*. A graça da salvação deve invadir e enaltecer a natureza sem destruí-la. A razão faz parte do equipamento natural da pessoa e pode levá-la a saber que Deus existe e a buscá-lo. Até mesmo isso seria obra da providência divina. Para a pessoa alcançar a salvação, no entanto, é necessário o ato gracioso especial de Deus que transcenda a mera razão, sem contradizê-la. Se isso acontecer na vida de alguém, só pode ser porque Deus o decretou desde toda a eternidade. Todas as decisões e atos de Deus são eternos, de modo que é absurdo sugerir que Deus, de alguma maneira, seleciona arbitrariamente, dentro do tempo, alguém para ser salvo. Pelo contrário, Deus, eterna e soberanamente, escolheu alguns seres humanos para serem salvos e lhes outorga a graça necessária para a transformação. Que eles orem pedindo a salvação não é por acaso e nem é gratuito no sentido de poder acontecer de outra forma (livre-arbítrio de incompatibilidade). Pelo contrário, para Aquino, como também para Agostinho, o livre-arbítrio é simplesmente fazer o que se quer e se resolve fazer e isso é compatível com a incapacidade de fazer outra coisa. Para ele, portanto, a predestinação é compatível com o livre-arbítrio.

Nem todos os teólogos católicos romanos seguiram Aquino na sua doutrina da predestinação. Depois dele, irromperam controvérsias precisamente a respeito dessa questão e os jesuítas — uma ordem de sacerdotes fundada durante a Reforma no século XVI — em geral rejeitaram o monergismo e optaram pelo sinergismo. Muitos teólogos católicos, assim como protestantes, preferem deixar no âmbito do mistério a questão do livre-arbítrio e da soberania divina. Mas está claro o firme posicionamento de Aquino ao lado de Agostinho em favor do monergismo. Nenhuma vontade de Deus nasce da influência da atuação do ser humano ou de outra criatura. A atuação das criaturas, como decidir orar e pedir algo a Deus, indiretamente, é resultado do decreto eterno e da atuação de Deus:

> Segundo Aquino, portanto, a providência governa tudo, mas nem tudo acontece de acordo com a necessidade natural e precisamos levar em conta a liberdade humana. Mesmo assim, a liberdade humana enquadra-se no escopo da providência, posto que Deus opera em todas as coisas. Ele não o faz como um objeto no mundo, como algo que agisse para causar uma mudança no

---

[30] *Suma teológica*, parte 1, pergunta 83.

contexto onde ele mesmo habita. Ele o faz como quem chama à existência todas as coisas mutáveis que conhecemos ou que podemos entender.[31]

Tendo em mente esse contexto teológico, parece bastante irônico que alguns protestantes acusem Aquino de semipelagianismo! Trata-se apenas da aparência superficial, devido à sua forte ênfase na graça habitual que transforma a vida de uma pessoa num processo que envolve obras do amor. Sob a superfície, no entanto, o esquema de Aquino inclui a atuação determinante de Deus, que preordena e produz essas obras do amor.

As queixas de alguns protestantes contra a soteriologia de Aquino devem concentrar-se na verdadeira questão: a distinção entre a justificação e a santificação. Aquino se recusava a diferenciá-las. Uma pessoa só é justificada — justa perante Deus — quando é internamente santificada pela piedade. Durante a Reforma no século XVI, todos os reformadores protestantes insistiam em fazer nítida distinção entre a justificação (na qual Deus declara que uma pessoa é justa) e a santificação (a obra de Deus que transforma e cria a retidão interiormente). Dentro da estrutura monergística, no entanto, não faz muita diferença se forem ou não diferenciadas. Em última análise, as duas estão totalmente garantidas, independentemente de um eventual esforço ou decisão da pessoa. Logicamente, dentro dessa estrutura, a justificação, no sentido de Deus tornar uma pessoa justa diante de si, acontece na eternidade pela preordenação de Deus. É somente dentro da soteriologia sinergista que realmente importa se distinguimos claramente ou não a justificação da santificação e, na época de Lutero, a maioria dos católicos romanos adotou o sinergismo, embora para todos os efeitos elegessem Agostinho e Aquino como seus grandes heróis teológicos. Foi exatamente contra o pensamento católico sinergista de seu tempo que Lutero se rebelou.

É para a história da teologia católica romana após Aquino que agora dirigiremos a nossa atenção. Embora Aquino tenha dominado o pensamento da igreja ocidental durante séculos depois de sua morte, alguns teólogos católicos medievais desviaram-se de seu sistema teológico e filosófico básicos e ajudaram a construir os alicerces para a Reforma. Três deles, em especial, destacam-se por serem notavelmente importantes no período transicional entre Aquino e Lutero: Guilherme de Occam, João Wycliffe e Desidério Erasmo. Todos eles, a seu modo, desafiaram as pressuposições do escolasticismo medieval (embora se aproveitando da cultura dele recebida) e ajudaram a abrir o caminho para as reformas protestante e católica do século XVI.

---

[31] DAVIES, op. cit., p. 185.

23
Os nominalistas, os reformadores e os humanistas desafiam a síntese escolástica

A cultura europeia entrou em polvorosa nos séculos XIV e XV. O nacionalismo estava em alta, a peste bubônica dizimava a população e a igreja estava se desmoronando. O grande sonho de outrora da Europa totalmente unificada e governada pelo papa e pelo imperador trabalhando juntos sob a orientação divina começou a se desvanecer rapidamente quando a igreja caiu sob o domínio dos reis franceses e o papado mudou-se para Avinhão, na França (1309-1377), e quando os reis das nações que supostamente faziam parte do Sacro Império Romano entraram em guerra uns contra os outros. A grande depressão da igreja medieval e do respeito e autoridade que gozava aconteceu no Grande Cisma do Ocidente quando, a princípio, dois homens e, depois, três conseguiram, com sucesso, reivindicar o título de papa (1378-1417). No clima de confusão e caos cultural e religiosos como esse, não é de admirar que alguns teólogos cristãos começaram a se aliar a reis sob cuja proteção podiam prosperar enquanto reivindicavam reformas tanto na estrutura da igreja quanto na teologia.

A Renascença e três reformadores da pré-Reforma

Além do tumulto do nacionalismo e da corrupção eclesiástica, outro fenômeno ajudou a preparar o caminho para as mudanças radicais na igreja e na cultura em geral: a Renascença. A Renascença não foi um movimento isolado. Certamente não tinha nenhum centro de atividades, embora alguns considerem Florença, na Itália, como tal. A Renascença foi, na verdade, uma tendência (ou estado de ânimo) da elite cultural da Europa, que começou no século XIV, ganhou força no século XV e alcançou o apogeu no século XVI. Foi a reação contra o controle opressivo sobre a cultura de governantes e clérigos corruptos e aproveitadores; uma onda de individualismo na qual os artistas assinavam as próprias obras e os gênios literários escreviam autobiografias e reverenciavam a criatividade humana; uma onda de liberdade, cultura, ênfase nas artes e ciências humanas e de incansável busca de algo novo que tirasse a civilização europeia da Idade das Trevas (assim os líderes da Renascença consideravam a era medieval como um todo) e a encaminhasse para uma nova era de prosperidade, beleza e esclarecimento.

O espírito da Renascença pode ser resumido em uma só palavra: humanismo. O humanismo da Renascença, no entanto, não era "secular". Pelo contrário, era simplesmente crença na criatividade cultural do homem, que rejeitava o pessimismo agostiniano a respeito da humanidade que reinou soberano por mil anos. Essa doutrina tinha grande interesse pelas artes e ciências que vieram a ser chamadas de humanidades. Essa é a verdadeira origem da palavra *humanismo*: o interesse pelas humanidades. Na Itália, o humanismo adquiriu um teor distintivamente pagão, à medida que os intelectuais e artistas buscavam fontes de inspiração helenistas, pré-cristãs. Ao longo do rio Reno, no norte da Europa, o humanismo continuou solidamente cristão, embora se distanciasse do escolasticismo e mesmo discordasse abertamente de Agostinho no tocante ao pecado original como depravação total. A Renascença no norte causou mudanças radicais na teologia e acabou contribuindo muito para a Reforma protestante.

Três teólogos destacam-se nesse período transicional de duzentos anos entre a alta Idade Média e a Reforma: Guilherme de Occam, João Wycliffe e Desidério Erasmo. Os dois primeiros reagiram contra a autoridade opressiva do papa e da hierarquia eclesiástica e também contra o escolasticismo na filosofia e na teologia. No entanto, eles mesmos eram escolásticos comparados a Erasmo, que apareceu posteriormente e tornou-se o pensador mais influente da Renascença no norte e do humanismo cristão. A reputação de Occam na história da teologia cristã está na renovação do nominalismo que, por sua vez, ajudou a criar o movimento de reforma dentro da Igreja Católica que recebeu o nome de conciliarismo. Indiretamente, isso também influenciou o nascimento da teologia protestante com Martinho Lutero, cujo treinamento filosófico e teológico foi altamente nominalista.

Wycliffe ficou famoso não apenas pelo trabalho de tradução da Bíblia, mas também por suas ideias a respeito da igreja e da salvação que influenciaram o grande reformador boêmio, João Hus, que foi queimado na fogueira em 1417, mas deixou um grande legado, motivo pelo qual Lutero é chamado de "Hus saxônio". Portanto, a teologia de Wycliffe também influenciou, de modo indireto, tanto Lutero quanto a Igreja da Inglaterra. Seus seguidores na Inglaterra, chamados lollardos, ajudaram a realizar a Reforma, duzentos anos após sua morte. A fama de Erasmo está na "filosofia de Cristo", uma alternativa à filosofia e teologia escolásticas medievais. Um ditado popular do século XVI dizia: "Erasmo botou o ovo que Lutero chocou". Os três homens — Occam, Wycliffe e Erasmo — serviram de ponte entre o escolasticismo medieval e o protestantismo. Nesse processo, todavia, a ponte foi destruída, de modo que, a teologia protestante que surgiu tinha pouca ou nenhuma semelhança real com o escolasticismo medieval.

Guilherme de Occam e o nominalismo

Guilherme de Occam nasceu por volta de 1280 ou 1290, perto da aldeia de Guildford, condado de Surrey, Inglaterra. Pouca coisa se sabe a respeito de sua infância e juventude, mas a vida pública começou com seus estudos na Universidade de Oxford, onde se tornou frade franciscano e também ensinou Filosofia e Teologia até 1324. Escreveu, como era de costume, uma crítica acadêmica sobre as *Sentenças* do teólogo medieval Pedro Lombardo, que continham uma série de declarações oficiais, tiradas da Bíblia, dos pais da igreja e especialmente de Agostinho. As *Sentenças* foram escritas por volta de 1150 e se tornaram leitura obrigatória de teologia na Europa da Idade Média. Quase todos os jovens estudantes de teologia ambiciosos tinham de escrever um comentário a respeito. O comentário de Occam não foi bem recebido por alguns dos seus colegas, nem pelas autoridades eclesiásticas. Em 1324, seu comentário foi condenado como heterodoxo por um sínodo de bispos e teólogos da Inglaterra e Occam foi intimado a comparecer em Avinhão, na França, onde residia o papa, a fim de se defender diante da Cúria, o tribunal papal.

Ao chegar a Avinhão, Occam foi confinado à casa dos franciscanos (um tipo de mosteiro na cidade) e ali mantido por dois anos, antes de sua condenação final como herege em 1326. Uma das razões para a condenação de Occam foi seu apoio ao grupo de franciscanos radicais que queriam voltar aos ideais de pobreza defendidos por Francisco de Assis. Esses "franciscanos pobres" criticavam duramente o poder e as riquezas do papa e da igreja, contrapondo-os com o modo de vida de Cristo. O papa João XXII iniciou uma campanha contra os franciscanos radicais e todos os demais franciscanos que simpatizavam com eles.

Occam fugiu de seu confinamento em Avinhão e conseguiu viajar até a corte do rei Ludovico da Baviera, em Munique, na Alemanha. Ludovico também era imperador do Sacro Império Romano naqueles tempos, sendo, portanto, um protetor poderoso. Por acaso, ele estava envolvido em uma disputa acalorada com o papa e por isso mostrou-se mais do que disposto a oferecer abrigo a dissidentes como Occam. Em troca de proteção e patrocínio, o frade e teólogo franciscano escreveu tratados que argumentavam em favor da autoridade suprema do imperador sobre a igreja e o estado. No final, "Occam foi solenemente excomungado ao unir-se com o monarca contra o qual o papa já tinha esgotado todas as maldições espirituais".[1]

Além disso, enquanto residia e ensinava em Munique, Occam escreveu a maior parte de suas grandes obras de lógica, teologia e ética. É provável que seja mais famoso,

---

[1] Meyrick H. Carré, *Realists and nominalists*, Londres, Oxford University Press, 1946, p. 103.

fora dos círculos teológicos por causa do desenvolvimento e emprego do princípio que se tornou conhecido como a "Navalha de Occam". Existem muitas versões desse princípio, mas basicamente trata-se de uma regra de economia de explicação amplamente considerada uma das descobertas mais importantes do início da ciência moderna. Occam argumentava, em todos os seus escritos, que "é perda de tempo empregar vários princípios [para explicar fenômenos], quando é possível empregar apenas alguns".[2] Em outras palavras, se um evento específico na natureza pode ser explicado pela alusão a um único antecedente causal, é inútil postular outros. A Navalha de Occam operava contra a tendência dos líderes eclesiásticos de postular duas causalidades para as coisas — uma natural e outra espiritual. Assim, conforme dizia Occam, se uma lei da natureza explica por que uma rocha desceu rolando pela encosta de uma montanha, não faz sentido declarar, também, que um anjo ou um demônio a empurrou.

Occam também é conhecido na história intelectual geral por ter desenvolvido e defendido uma versão do nominalismo. Se ele era nominalista ou não é uma questão extremamente controversa. Muitos preferem, com razão, chamar de "conceitualismo" a sua teoria de universais. De muitas maneiras, ela reflete a teoria que Abelardo desenvolveu contra o realismo extremado, dois séculos antes. É mais apropriado chamar nominalistas os seguidores de Occam, já que a teoria de vários deles foi muito além do que o próprio Occam postulou. Mesmo assim, bem ou mal, Occam é geralmente considerado um filósofo e teólogo do nominalismo moderado do final da Idade Média. De qualquer forma, não há dúvida de que "Occam [...] rejeitava categoricamente todas as formas do realismo e fundamentava o conhecimento na apreensão direta dos objetos individuais".[3] No seu tempo, isso significou um revolucionário passo adiante e muitos historiadores creditam o início da ciência moderna a ele. Eles mencionam a *via moderna*, o "caminho moderno" do conhecimento, que começa com Occam e continua com Copérnico, Galileu, Kepler e Newton.[4]

---

[2] Ibid., p. 107.

[3] Ibid., p. 112.

[4] Guilherme de Occam não é uma figura histórica tão obscura como talvez se possa supor. Como muitas personagens da história de teologia cristã, Occam aparece na literatura, na mídia moderna e nos livros de teologia histórica. Dois romances populares do fim do século XX e os filmes cinematográficos neles baseados demonstram esse fato. No romance *O nome da rosa*, escrito pelo romancista italiano Umberto Eco, em 1983, o personagem principal (que no filme é representado pelo ator Sean Connery) foi inspirado em Occam. O astrônomo e escritor Carl Sagan citou Occam e sua "navalha" no romance *Contato* em 1985 (transformado em filme de longa metragem em 1997). Muitas pessoas consideram Guilherme de Occam o primeiro "homem moderno" por causa de suas ideias revolucionárias sobre o conhecimento, a política e a filosofia. Profissionalmente, no entanto, era teólogo cristão.

Já no fim da vida, Occam perdeu seu status em Munique quando o imperador Ludovico, o Bávaro, tentou reconciliar-se com os papas de Avinhão. Ele morreu, acometido pela peste em 1349, antes de ser obrigado a fugir de Munique. Nunca se reconciliou com a igreja e morreu condenado como herege e excomungado. Mesmo assim, sua influência foi sentida em todas as partes do norte da Europa. Ela provocou uma desilusão geral com o realismo tradicional defendido pela hierarquia da igreja e com isso ajudou a diminuir o alto conceito em que a igreja era mantida. Ajudou a inspirar e alimentar o conciliarismo, que pregava que a igreja deveria ser governada por concílios e não por papas. Além disso, provocou, de modo sutil, uma divisão entre a fé e a razão e, assim, subverteu o método escolástico de usá-las na teologia. De modo geral, não se pode negar que Occam foi uma figura revolucionária, embora não tenha desenvolvido nem promovido nenhuma doutrina nova. Pelo contrário, "sua crítica lógica sacudiu os alicerces do escolasticismo e a dialética dos séculos que se seguiram girou em torno das questões que ele levantou".[5]

Na base de todas as outras inovações que Occam realizou em qualquer área da vida intelectual encontra-se a teoria das proposições universais. Essa área inteira da filosofia soa tão abstrata e obscura para muitas pessoas da atualidade, que será bom examinarmos a natureza da controvérsia e o motivo de ter sido tão importante em boa parte da Idade Média. "Proposição universal" é uma qualidade ou característica atribuída a várias coisas. A controvérsia entre os realistas e os nominalistas, e as várias *via media*, ou visões moderadas, dizia respeito ao status ontológico das proposições universais — sua existência e modo de ser. Proposições universais como "vermelhidão", "beleza" e "bondade" de alguma forma são reais destituídas das coisas nas quais se inserem? Os realistas de todos os tipos declaravam que as proposições universais são reais e insistiam que nenhuma outra teoria seria capaz de abarcar uma ideia racional e ordenada do universo. Eles argumentavam que, se as proposições universais não fossem reais, estando acima e à parte das coisas, a ordem da realidade não passaria de invenção imposta pela mente humana para as coisas e não a ordem, já inerente das coisas, descoberta pela mente humana. Subtraia as proposições universais ontologicamente existentes e tudo o que restará será um "monte de desabrochamentos e zumbidos" das coisas da natureza.

Os realistas argumentavam que seu conceito sobre proposições universais estava intrinsecamente ligado à cosmovisão e à teologia cristã. Por exemplo, não tinha Cristo assumido a natureza humana genuína na encarnação? O que era isso, senão uma proposição universal? Ela não tinha *hypostasis* própria. Foi hipostasiada no

---

[5] CARRÉ, op. cit., p. 104.

Logos (a doutrina da *enhypostasia*, de Leôncio). Qualquer teoria irrealista ou antirrealista, como o nominalismo, teria considerado a encarnação impossível. E o que dizer da substância divina única da trindade? A negação das proposições universais não resultaria no triteísmo? Mas o ponto mais delicado da controvérsia entre os realistas e os nominalistas na alta e baixa Idade Média na Europa relacionava-se com a igreja. A Igreja Católica Romana chegou a conceber a igreja — o corpo de Cristo — como algo à parte dos grupos de indivíduos que a constituíam. Ela é "mística", isto é, é espiritual, transcendente, sobrenatural. Essa eclesiologia teria de adotar o realismo como sua base. Os realistas consideravam qualquer rejeição radical do realismo quase como heresia, pelos efeitos que acabaria provocando em todo o sistema da crença cristã e na sociedade. Os realistas estavam convictos de que seu conceito das proposições universais era o único baluarte contra o relativismo — a ideia de que não existem valores absolutos, nem princípios éticos e morais sólidos.

Guilherme de Occam pode não ter sido nominalista no sentido que muitos estudiosos empregam esse termo. O *nominalismo* não raro é considerado a negação radical da realidade das proposições universais, a ponto de reduzi-las a meras palavras inventadas por seres humanos para descrever as semelhanças entre coisas distintas. É duvidoso que Occam tenha ido tão longe em sua teoria das proposições universais. Outros nominalistas chegaram até esse ponto. Mas Occam realmente seguiu Abelardo ao argumentar que "a generalidade do nosso pensamento é subjetiva".[6] Em outras palavras, conforme argumenta um conhecido medievalista, "a ideia que permeia as considerações teológicas de Occam é a rejeição de todas as facetas do realismo. As proposições universais não têm existência na realidade. São invenções convenientes da mente, símbolos que representam várias proposições específicas de uma vez".[7] Uma das razões de Occam rejeitar as proposições universais ontologicamente reais é que a crença nelas viola a sua "navalha". A realidade pode ser descrita de modo adequado sem nenhuma referência a elas, portanto, são supérfluas. Ele também considerava a crença nas proposições universais conforme os realistas as entendiam, como contraditórias em si mesmas. Os realistas as descrevem como entidades individuais existentes em várias coisas, mas Occam argumentava que algo individual não pode existir em várias coisas simultaneamente e permanecer individual. Portanto, o realismo é ilógico.

Então, qual era o conceito que Occam fazia das proposições universais? Suas considerações a esse respeito parecem ter se desenvolvido no decorrer de sua carreira. Em certa ocasião, ele as considerou mera ficção, o que subentende algo inventado pela mente. Posteriormente, porém, aprimorou sua opinião e considerou

---

[6] Ibid., p. 107.
[7] Ibid.

as proposições universais imagens mentais com existência real, mas apenas na mente, como ideias. As pessoas dos tempos modernos costumam admitir que as ideias são irreais por serem incomensuráveis ou intangíveis. Antes dos tempos modernos, as pessoas não pensavam assim. Para Occam e quase todas as pessoas da Europa no fim da Idade Média, um conceito pode ter realidade ontológica mesmo que não possa ser pesado na balança. Foi essa posição que ele finalmente adotou em relação às proposições universais. Acreditava e argumentava que elas são imagens reais partilhadas por muitas mentes ao mesmo tempo e não são coisas reais fora da mente (como no realismo), nem meras palavras arbitrárias e convencionais (como no nominalismo extremado). É um tipo de realidade ligado a ideias gerais, embora essa realidade não seja objetiva no sentido de ter existido fora da mente. Somente o indivíduo existe objetivamente. Portanto, para Occam: "Não existe branquidão, mas coisas brancas diferentes. Os símbolos mentais não podem, portanto, se assemelhar a entidades gerais, porque tais coisas não existem".[8] Para os historiadores, essa ideia é revolucionária e marca uma era: é uma revolução copérnica da filosofia.

Nosso interesse principal aqui é conhecer Occam como teólogo. Seu nominalismo ou conceitualismo teve efeitos de grande alcance na teologia. Primeiro, apresentou uma divisão entre a fé e a razão e seguiu na direção do fideísmo, ou a "unicamente da fé", como base da crença cristã. A fé escolástica na razão foi gravemente subvertida pela filosofia de Occam. Segundo, a filosofia e a teologia de Occam enfatizavam a vontade divina acima da natureza e da razão de Deus. Essa ênfase da teologia é chamada voluntarismo. Deus não ordena as coisas porque são boas; elas são boas simplesmente porque Deus as ordena. Deus poderia, da mesma forma, ter ordenado outras coisas. Todas as coisas existem da forma que são simplesmente porque Deus voluntariamente opta por sua existência e não porque ele segue algum padrão eterno fora ou dentro de seu próprio ser. Terceiro, o pensamento de Occam ajudou a estabelecer o conciliarismo na eclesiologia.

A rejeição de Occam às proposições universais objetivamente reais afastou-o da teologia natural, que tirava conclusões a respeito de Deus e das realidades espirituais segundo uma ordem lógica inerente no universo e percebida pela mente. Ou seja, o realismo subjaz à maior parte da teologia natural escolástica. Occam acreditava que existe apenas uma verdade sobre Deus que pode ser conclusivamente estabelecida pela razão: a de que Deus existe. Nem mesmo a crença no único Deus pode ser comprovada de modo conclusivo somente pela razão. A fé na verdade da revelação divina é a base desta crença cristã e de quase todas as demais.[9]

---

[8] Ibid., p. 117. Para conhecer a abordagem de Occam aos princípios universais, veja *Philosophical writings: a selection* (trad. Philotheus Boehm, Indianápolis, Bobbs-Merrill, 1957, p. 35-44).

[9] Veja a excelente exposição do conceito de Occam sobre a fé, a razão e a teologia natural na introdução de Boehner a Occam em *Philosophical writings*, p. xiv-vi.

Occam estabeleceu um padrão de comprovação muito mais alto do que qualquer outro, no entanto, rejeitou provas racionais da maioria das crenças cristãs porque dependiam de um tipo de conhecimento que simplesmente não pode ser concebido pela mente humana sem uma revelação especial: o conhecimento das realidades invisíveis e espirituais. Além disso, as comprovações nas quais Anselmo se baseou levavam a conceitos, mas os conceitos não implicam necessariamente na existência. "Em resumo, não se pode chegar ao conhecimento filosófico conclusivo a respeito de Deus. Nossos conceitos a respeito dele apresentam o mesmo defeito de todos os conceitos: não provam a existência. Para conhecermos a Deus como ser existente, teríamos que apreendê-lo pela intuição [experiência sensorial]; e isso é impossível".[10] A teologia natural, portanto, estava fora de questão para Occam. Ele tomou tudo o que estava abaixo da linha divisória do esquema de dois reinos de Aquino sobre o conhecimento teológico, com exceção da existência de Deus, e colocou acima. Entretanto, isso dificilmente constituiria a teologia natural, especialmente quando a razão natural não consegue provar que existe um só Deus.

A teologia filosófica de Occam levou-o a fazer uma distinção entre dois poderes de Deus: *potentia absoluta* e *potentia ordinata* — o poder absoluto e ilimitado de Deus e o poder ordenado de Deus na realidade, conforme ele opera no mundo. Essa é a base teológica do voluntarismo. O poder de Deus não é limitado por nada a não ser pelas leis mais rigorosas da lógica, como a lei da não contradição. *A* não pode ser igual a não *A*. Mas Occam não considerava que essa fosse realmente uma limitação, pois um ser que pudesse agir contra a lei da não contradição seria completamente arbitrário e sem sentido. Não seria possível conhecer e nem falar nada a respeito desse ser. Unicamente nessa questão, Occam concordava completamente com a tradição realista da teologia. Fora desse aspecto, ele não limitaria Deus de nenhuma maneira. Em outras palavras, para Occam não havia nenhum sentido na maneira de Deus criar e agir dentro da criação, a não ser o fato de ele assim querer.

A *potentia absoluta* de Deus é o seu poder de desejar uma coisa diferente do que faz e esse poder é simplesmente irrestrito. A *potentia ordinata* de Deus é seu poder de desejar o que faz e também é simplesmente irrestrito. Da perspectiva de Occam, portanto, Deus poderia ter encarnado em uma rocha, em uma árvore ou em um jumento. Optou por encarnar em um ser humano. Ainda mais, Occam acreditava que, quando Deus ordena alguma coisa — tal como o arrependimento e a fé —, não é porque existe uma estrutura eterna e imutável na realidade que estabelece que essas coisas sejam boas. Pelo contrário, elas são boas simplesmente porque Deus deseja e ordena que sejam boas.

---

[10] Carré, op. cit., p. 121.

Para Occam, portanto, "um ato humano é bom ou moral, não porque está em conformidade com uma lei eterna que existe por si mesma e que até governa a vontade de Deus, mas simplesmente porque é determinado e ordenado pela vontade de Deus. Logo, o que Deus quer é bom e o que ele proíbe é mau".[11] Isso significa que Deus *poderia* determinar uma coisa diferente do que ele determina. Deus *poderia* determinar o mal. A ética, a moralidade e o próprio caminho da salvação estão todos fundamentados na vontade de Deus e não na natureza de Deus, nem nas estruturas eternas da realidade que refletem a natureza de Deus.

Os oponentes de Occam entenderam que isso impossibilitaria uma ética racional ou qualquer justificação filosófica da moralidade cristã. Deve-se obedecer aos mandamentos de Deus simplesmente porque Deus assim ordenou. Geralmente, não se pode apresentar nenhuma razão além desta. Na sua *potentia absoluta*, Deus poderia mudar de ideia e, amanhã, ordenar o ódio e o assassínio. Na sua *potentia ordinata*, ele não o faz. Pelo contrário, decide ordenar o amor e a paz. "Todos entendiam que a própria distinção significava que, dada a onipotência divina, Deus podia agir de forma contrária a que razão supõe ou determina e que, portanto, era inútil tentar comprovar por argumentos de necessidade lógica o que, na realidade, é verdade somente porque Deus assim determinou".[12]

O voluntarismo de Occam fluiu diretamente de seu nominalismo (ou conceitualismo) porque "indica a vontade produtiva de Deus como fundamento do universo [e das leis que o regem], em vez de sua essência imutável".[13] Deus, segundo Occam, não possui nenhuma essência imutável que limite de alguma forma sua vontade e poder. Se ele a possuísse, ela seria uma proposição universal com realidade objetiva e ontológica. E isso não existe. Portanto, Occam chegou à conclusão de que até mesmo Deus é um indivíduo, mas com poder absoluto e incondicional para fazer tudo o que desejar fazer.

Assim como sua rejeição da teologia natural, o voluntarismo de Occam influenciou Lutero, duzentos anos mais tarde. Lutero considerava Occam um herói por ter derrubado o escolasticismo e afirmado o poder absoluto de Deus, que não pode ser limitado nem compreendido pela razão humana. Lutero escreveu a respeito do "Deus oculto" tendo em mente a *potentia absoluta* de Occam como o Deus indomável da Bíblia, que nunca pode ser limitado pela mente humana. Para os realistas, católicos ou protestantes, esse Deus parece arbitrário, irracional e perigoso. Mas, para reagir contra o escolasticismo medieval, Lutero queria um Deus mais imprevisível e incontrolável e encontrou em Occam um aliado.

---

[11] Introdução de Boehner a Occam, *Philosophical writings*, p. xi,viii-ix.

[12] Justo GONZÁLEZ, *A history of Christian thought*, ed. rev., Nashville, Abingdon, 1987, p. 319. V. 2: From Augustine to the eve of the Reformation.

[13] CARRÉ, op. cit., p. 116.

Nenhuma área da teologia de Occam era mais radical e mais controvertida para a época do que sua eclesiologia. Occam reagiu contra toda a estrutura hierárquica medieval da igreja e sua tendência de identificar o corpo de Cristo com o clero, excluindo quase totalmente o laicato. Criticou, sobretudo, o papel do bispo de Roma — o papa ou sumo pontífice — daquele tempo e procurou retornar ao modelo mais bíblico de liderança eclesiástica. "Segundo Occam, na religião organizada existem somente os crentes, as Escrituras e os sacramentos, que são os aspectos mais essenciais. Portanto, segundo ele, o sistema tradicional hierárquico da igreja outorgava a um único pontífice uma autoridade sem nenhum fundamento nas Escrituras".[14] Com base em seu conceito nominalista ou conceitualista das proposições universais, Occam negou a essência invisível da igreja que, supostamente, residia no papa e nos bispos, arcebispos e cardeais por ele nomeados e, em vez disso, identificou a igreja com os crentes que a compunham. Para ele, "a igreja é a reunião de todos os crentes, a comunidade dos cristãos. [...] Todo crente é membro da comunidade cristã".[15]

Os "conciliaristas" eram clérigos como Marsílio de Pádua (1275-1342) que combinavam o nominalismo de Occam com suas teorias da igreja e do estado, dando enfoque sobre os indivíduos e seu discernimento pessoal na ética e declaravam que a igreja devia ser governada por concílios e não por um único indivíduo. O conciliarismo tornou-se muito popular na Renascença e suas ideias ajudaram a preparar a igreja e a sociedade europeia para a Reforma protestante. Sem dúvida, além disso, ele prenunciou os movimentos democráticos modernos e construiu suas bases. A Igreja Católica Romana rejeitou o conciliarismo e Occam; todavia tanto um como o outro afetaram profundamente toda a sociedade europeia.

João Wycliffe e os lollardos

João Wycliffe nasceu na terra natal de Occam, na Inglaterra, aproximadamente na mesma data em que o exilado excomungado morreu de peste em Munique. Embora chegassem a muitas conclusões idênticas no tocante à igreja, Wycliffe e Occam divergiam grandemente nas abordagens básicas da filosofia e da teologia. Wycliffe era realista em relação às proposições universais, mas acreditava, assim como Occam, que o papa era corrupto e que a igreja deveria ser governada pelo povo de Deus com seus respectivos representantes e não pela estrutura hierárquica clerical.

Wycliffe nasceu por volta de 1330 em Lutterworth, no condado de Yorkshire, na Inglaterra. Morreu ali em 1384 como pároco, depois de ter sido afastado da

---

[14] B. B. Price, *Medieval thought: an introduction*, Oxford, Blackwell, 1992, p. 153.
[15] Ibid., p. 153.

Universidade de Oxford pelos seus colegas e pelos líderes eclesiásticos, devido aos seus ensinos radicais. Ainda jovem, Wycliffe tornou-se mestre no Balliol College da Universidade de Oxford, alcançou rapidamente posição de destaque e adquiriu grande reputação como erudito e forte defensor de reformas na igreja. Enquanto dava aulas em Oxford, assim como muitos outros catedráticos, Wycliffe era funcionário do rei da Inglaterra de quem recebia proteção contanto que suas opiniões concordassem com as da realeza. Serviu de mediador entre a igreja e a corte real nas disputas a respeito dos bens imóveis da igreja, impostos e de outras questões conflitantes entre a igreja e o estado e escreveu dois grandes livros sobre a teoria governamental: *On divine lordship* [*Do senhorio divino*] e *On civil lordship* [*Do senhorio civil*]. Escreveu, também, *On the king's office* [*Do papel de rei*], *On the truth of the Holy Scriptures* [*Da veracidade das Sagradas Escrituras*], *On the church* [*Da igreja*], *On the power of the pope* [*Do poder do papa*], *On the eucharist* [*Da eucarisita*] e *On the pastoral office* [*Sobre cargo pastoral*]. Defendia a tradução da Bíblia inteira para a linguagem do povo para que todos os cristãos pudessem lê-la e estudá-la por conta própria. Graças a isso, é lembrado no nome da maior sociedade de tradução bíblica do mundo.

Wycliffe não era nada diplomático ou flexível em questões que envolviam suas fortes convicções. Censurava a corrupção e abusos dentro da igreja e condenava duramente os papas de sua época por causa da secularidade e obsessão pelo poder e dinheiro. Um exemplo de sua invectiva contra o papa oferece uma amostra de sua inclinação à polêmica: "Portanto, o papa corrupto é anticristão e maligno, por ser a própria falsidade e o pai das mentiras".[16] Chamou os ubíquos frades de seu país de "adúlteros da Palavra de Deus, que usam as vestes e véus coloridos das prostitutas".[17] Wycliffe antecipou os ataques de Lutero contra a corrupção da igreja de forma mais veemente em sua crítica às indulgências. As indulgências eram documentos de absolvição do castigo temporal (como o purgatório) dos pecados vendidos por agentes dos papas. Wycliffe condenou severamente essa prática, assim como Lutero o fez em seus dias. A respeito das críticas que o teólogo de Oxford fez contra a igreja, um biógrafo moderno de Wycliffe escreve: "Um ataque como esse foi necessariamente o prelúdio para a Reforma e uma contribuição importante de Wycliffe. De fato, pode-se dizer que o ataque de Wycliffe foi tão direto, tão devastador que poupou os reformadores do século XVI o trabalho de realizar a tarefa sozinhos".[18]

Em 1377, dezoito "erros" de Wycliffe foram condenados pelo papa a pedido de alguns de seus colegas de Oxford. Ele foi intimado a comparecer diante dos bispos

---

[16] Apud John Stacey, *John Wyclif and Reform* (Philadelphia, Westminster Press, 1964, p. 21).

[17] Ibid., p. 42.

[18] STACEY, op. cit., p. 52.

da Inglaterra para se defender. Nessa ocasião, conseguiu evitar a confrontação apenas porque a rainha-mãe o defendeu firmemente. Em 1378, Wycliffe começou a criticar o Grande Cisma do Ocidente, no qual dois homens e, posteriormente, três alegavam ser papas. Suas críticas, no entanto, não se restringiram ao papado. Elas se estenderam às doutrinas católicas essenciais como a transubstanciação, que se tornou dogma semioficial da igreja no tocante à eucaristia no Quarto Concílio luterano em 1215. A família real apoiou e protegeu Wycliffe até 1381, quando ele simpatizou abertamente com a revolta dos camponeses. Sofrendo grandes pressões do corpo docente de Oxford e dos bispos da Inglaterra, Wycliffe voltou à sua paróquia natal em Lutterworth, onde passou o resto de seus dias escrevendo e organizando uma sociedade de pregadores leigos pobres, conhecidos como lollardos. Morreu de derrame enquanto conduzia o culto no último dia de 1384 e foi condenado como herege e oficialmente excomungado pelo Concílio de Constança em 1415; ali também foi queimado na fogueira seu devoto seguidor boêmio, João Hus. Os restos mortais de Wycliffe foram exumados, queimados e jogados no rio Swift pelo bispo de Lincoln em 1428.

Diferentemente de Occam, Wycliffe era um ardoroso realista no tocante às proposições universais. Nessa questão, assim como também em muitas outras, ele recorreu à tradição cristã platônica da igreja primitiva e de Agostinho e se posicionou com Anselmo. Empregava a lógica escolástica, mas dava pouco valor ao aristotelismo de Aquino e ao nominalismo de Occam. O realismo de Wycliffe manifestou-se em várias áreas da sua teologia, mas em nenhum lugar com tanta força quanto em sua crítica à doutrina da transubstanciação. Segundo ela, quando o sacerdote pronuncia as palavras da consagração na celebração da missa, o pão muda de substância e torna-se verdadeira e fisicamente a carne de Jesus Cristo enquanto o vinho torna--se de fato seu sangue. Os "acidentes" ou qualidades exteriores do pão e do vinho permanecem os mesmos, mas a substância interior é transformada de tal maneira que, segundo a doutrina, a pessoa que participa da eucaristia realmente come e bebe o corpo e sangue de Cristo. Embora essa doutrina da eucaristia não tenha se tornado um dogma definitivo e formal — já não mais passível de debate — antes do Concílio de Trento no século XVI, ainda na época de Wycliffe chegou a ser a crença e doutrina aceita pela Igreja Católica Romana. Wycliffe lutou com ferocidade contra essa doutrina e usou o realismo como aliado.

Na obra *On the eucharist*, Wycliffe levantou muitas objeções contra a doutrina da transubstanciação e até mesmo a rotulou de "fantasias infiéis e infundadas" e argumentou que ela levava à adoração idólatra dos alimentos. Mas seu argumento mais forte baseava-se na metafísica realista. A referida doutrina subentende que uma substância, como o pão e o vinho, pode ser destruída e que "acidentes" podem existir sem que haja nenhuma relação com a substância. Segundo Wycliffe, essa crença desonra a Deus que é o autor de todas as substâncias. Além disso, viola as regras básicas da metafísica e da lógica. Em qualquer metafísica realista, quando uma substância ou proposição universal é destruída, seus acidentes também são destruídos. Pelo menos, assim ele acreditava e argumentava.

De qualquer forma, Wycliffe apresentou seu próprio conceito da eucaristia como alternativa ao que chamava de "heresia moderna" da transubstanciação. Segundo seu conceito, as substâncias do pão e do vinho permanecem enquanto o Espírito do Deus vivo estiver nelas, de modo que contêm a "presença real" de Jesus Cristo, embora continuem sendo pão e vinho. Em suas próprias palavras: "Assim como Cristo é duas substâncias, a saber, terrena e divina, também esse sacramento é o corpo do pão material e o corpo de Cristo".[19] Wycliffe rejeitava a ideia de que qualquer sacramento funcionasse *ex opere operato*. Nessa questão, rompeu com seu amado pai da igreja, Agostinho, e insistiu que, para que o sacramento fosse verdadeiro e transmitisse graça, devia existir a presença da fé. A visão de Wycliffe sobre os sacramentos — especialmente da refeição eucarística — foi prenúncio do pensamento dos grandes reformadores protestantes magisteriais: Lutero e Calvino. Sua doutrina da presença real de Cristo por meio do Espírito Santo antecipa, sobretudo, a de Calvino.

A rejeição de Wycliffe à doutrina e à prática católica romana medieval ia muito além da crítica à transubstanciação. Seus conceitos sobre ministério e autoridade foram ainda mais importantes para sua luta por reforma. O teólogo de Oxford argumentava que a responsabilidade básica do ministro cristão — o sacerdote — era proclamar o evangelho e esse dever sobrepujava todos os demais. "Pregar o evangelho é infinitamente mais importante do que orar e administrar os sacramentos. [...] Difundir o evangelho produz um benefício maior e mais evidente; é, por isso, a atividade mais preciosa da igreja. [...] Portanto, os que pregam o evangelho devem realmente ser consagrados pela autoridade do Senhor".[20]

Como eles deviam ser escolhidos e consagrados? Wycliffe chegou a recomendar que os membros de cada paróquia escolhessem seu próprio sacerdote — uma ideia bastante radical para a época. Ele estava profundamente desiludido com o poder, as riquezas, a corrupção e os abusos de autoridade por parte dos líderes da igreja e voltou sua atenção para o povo de Deus como a voz da vontade de Deus no governo eclesiástico. Embora fosse realista, sua eclesiologia converge, em certos aspectos, para a de Occam. Assim como o nominalista de Munique, Wycliffe

---

[19] Apud Stacey, op. cit., p. 107.

[20] Matthew Spinka, org., *Advocates of Reform*: from Wyclif to Erasmus, Philadelphia, Westminster Press, 1953, p. 49. (The Library of Christian Classics 14).

defendia reforma radicais do clero e até a abolição do papado em qualquer forma reconhecível.

Talvez o principal trabalho de Wycliffe na teologia tenha sido sua defesa da autoridade suprema das Escrituras para tudo que tem relação com a fé e a vida. A Igreja Católica medieval chegou a considerar que a tradição tinha a mesma autoridade das Escrituras. A palavra do papa era considerada, por muitos sacerdotes e bispos, a palavra de Deus, embora a teologia católica não exigisse necessariamente essa crença. O dogma da infalibilidade papal só foi promulgado oficialmente no século XIX, mas, na prática, as palavras e ações dos papas medievais eram respeitadas como autoridade absoluta. Wycliffe rejeitava totalmente essa ideia e depois de 1380 começou a chamar os papas de anticristos. Até o papa precisava obedecer ao "padrão evangélico" de ensino e prática derivado inteiramente das Escrituras e, à medida que o papa deixava de ser verdadeiramente evangélico, deixava mesmo de fazer parte da verdadeira igreja de Jesus Cristo e não devia ser considerado seu senhorio temporal ou espiritual.

Wycliffe escreveu o tratado chamado *De veritate Sacrae Scripturae* [*Da veracidade das Sagradas Escrituras*] em 1378, ano em que começou o Grande Cisma Ocidental. Nele, apresentou a tese de que as "Sagradas Escrituras são a suprema autoridade para todo cristão e o padrão de fé e de toda a perfeição humana".[21] Afirmou, também, a infalibilidade das Escrituras, que se interpretam a si mesmas e o papel do Espírito Santo de iluminar a mente dos leitores enquanto as leem e estudam. Em outras palavras, assim como os principais Reformadores protestantes de tempos posteriores, Wycliffe rejeitava a necessidade do *magisterium* autorizado — o ofício da igreja no ensino e interpretação das Escrituras. A Bíblia, a Palavra inspirada de Deus, assume esse ofício e está acima de todas as agências eclesiásticas.

Wycliffe rejeitava, também, o sistema medieval penitencial da salvação. Nos séculos subsequentes a Gregório Magno, a igreja ocidental e, especialmente, os monges desenvolveram um sistema meticuloso e exigente de penitências, ou atos de contrição, que os cristãos tinham que seguir para conquistar mérito perante Deus. Embora Wycliffe não chegasse a aceitar plenamente o evangelho protestante da justificação unicamente pela graça, antecipou Lutero e Calvino e outros reformadores do século XVI ao condenar todas as práticas humanas que visavam conquistar méritos diante de Deus. Sem nunca criticar ou abandonar as genuínas obras de amor como parte integrante da vida cristã, Wycliffe atribuía todo o mérito somente a Cristo e enfatizava a graça e a fé de maneira que não se ouviu falar na igreja durante séculos. Além disso, endossava com firmeza a crença na predestinação e tendia ao

---

[21] Ibid., p. 26.

monergismo no seu conceito da intervenção de Deus em relação à atuação humana. Baseava-se nas Escrituras e não na metafísica escolástica ou na teologia natural.

Muitas razões justificam a reputação de Wycliffe como precursor da Reforma protestante. Nenhuma delas é mais importante, entretanto, do que a sua ênfase à Bíblia como infinitamente superior, em veracidade e autoridade, a qualquer tradição ou ofício humano. "Cento e cinquenta anos antes daquele tempo [da Reforma protestante], Wycliffe agarrou-se à única autoridade adequada à Reforma, concedeu-lhe posição de destaque em sua obra e não poupou esforços para torná-la conhecida pelo povo, graças à tradução e à insistência na pregação da Palavra".[22]

Nos anos finais, em Lutterworth, organizou o grupo de evangelistas e pregadores leigos, posteriormente chamados de lollardos, que ajudaram a preparar a Reforma na Inglaterra. Além disso, lutou pela tradução da Bíblia para a língua inglesa e seus esforços produziram entre seus seguidores a primeira Bíblia em inglês, chamada Bíblia de Oxford. Seus livros e ensinos chegaram à cidade de Praga, na Boêmia, onde o grande pregador e reformador João Hus usou-os para estabelecer ali um movimento permanente pré-protestante. Posteriormente, Lutero aproveitou os trabalhos tanto de Hus quanto de Wycliffe em sua luta bem-sucedida para reformar a teologia e a vida eclesiástica na Europa.

Erasmo e o humanismo cristão

Desidério Erasmo não se considerava teólogo. Esse título seria ofensivo, porque era quase sinônimo de "pensador especulativo escolástico". Para Erasmo, "teologia insípida" era uma tautologia. Segundo ele, "todas as contendas da especulação teológica surgem da curiosidade perigosa e levam à audácia ímpia".[23] Apesar disso, Erasmo de Roterdã é considerado em geral um dos maiores teólogos da era transicional que recebeu o nome de Renascença. Viveu vários anos após o início da era da Reforma protestante e debateu com Lutero. Tinha um pé firmemente calcado na tradição católica medieval de pensamento. É o exemplo clássico da figura de transição. Sua "filosofia de Cristo" era, na realidade, um tipo de teologia, ainda que recusasse a dar-lhe semelhante título. Era uma alternativa à teologia dos escolásticos medievais que ainda dominavam as faculdades de teologia nas universidades no fim do século XV e início do século XVI. Era, também, uma alternativa ao que considerava evangelicalismo fanático dos reformadores protestantes em meados do século XVI.

Erasmo foi realmente um teólogo sem lar, um livre pensador que não se prendia a nada. Como profeta independente, percorreu toda a Europa na primeira metade

---

[22] STACEY, op. cit., p. 156.
[23] Johan HUIZINGA, *Erasmus and the age of reformation*, New York, Harper, 1957, p. 116.

do século XVI, conclamando incansavelmente à reforma tanto da igreja quanto do estado, embora recusasse a filiação a qualquer partido de reforma. Sem dúvida, porém, os escritos de Erasmo e sua influência como herói cultural ajudaram a levar a efeito as reformas tanto católicas quanto protestantes.

Erasmo nasceu por volta de 1466 em Roterdã, na Holanda. Seus pais morreram quando ele ainda era criança e quando completou nove anos de idade seu tutor mandou-o a uma escola da igreja, dirigida pela ordem mística reformadora de cristãos leigos chamada Irmãos da Vida Comum. Ali aprendeu a *devotio moderna*, a "maneira moderna de ser espiritual", que se centralizava nos aspectos práticos da espiritualidade cristã, como a oração, a meditação, o exemplo de Cristo e o estudo das Escrituras. Sem dúvida, a vida inteira que Erasmo dedicou à busca da reforma na cristandade recebeu o ímpeto dessa ordem espiritual pacífica de cristãos que dirigiam escolas por toda a Europa. Posteriormente, o jovem estudioso ingressou em um mosteiro agostiniano, contra sua própria vontade. Seu guardião escolheu para ele a vida monástica e Erasmo sempre se ressentiu disso. Era um espírito livre e independente que dava grande valor à autodeterminação. Conseguiu obter permissão especial da hierarquia eclesiástica para viver boa parte de sua vida fora do mosteiro.

O jovem monge holandês foi ordenado ao sacerdócio em 1492, ano em que Cristóvão Colombo embarcou em sua viagem de descobrimento, e Erasmo começou a estudar grego, história eclesiástica, teologia e várias outras disciplinas em diferentes universidades da Europa. Estava muito mais para erudito do que para clérigo e dedicou a vida a viajar, escrever e discursar e ao eterno amor pelos estudos. Erasmo absorveu o novo espírito do humanismo, que estava transformando a vida intelectual e cultural da Europa, e somou-o ao amor pelo caminho de Jesus Cristo. O humanismo implicava na redescoberta de antigas fontes da filosofia, inclusive Sócrates. "No que dizia respeito a Erasmo, não existia nenhum antagonismo moral nem intransponível entre Jesus e Sócrates, entre os ensinamentos cristãos e a sabedoria da Antiguidade clássica, entre a piedade e a ética".[24] Chegou a chamar o antigo mestre grego de Platão "São Sócrates" e o enalteceu como modelo da sabedoria natural, assim como Jesus era o modelo da sabedoria e bondade sobrenaturais. O sonho vitalício de Erasmo era reformar a Igreja Católica Romana sem destruí-la. Acreditava que o melhor modo de colocar essa reforma em prática era difundir o evangelho de sua filosofia de Cristo, que importava em uma espiritualidade cristã prática e pacífica, centralizada no exemplo de Jesus.

Erasmo ficou famoso em toda a Europa do começo do século XVI quando publicou seu primeiro livro, conhecido como *Adagia*, uma coletânea de pensamentos

---

[24] Stefan ZWEIG, *Erasmus of Rotterdam*, trad. Eden Paul & Cedar Paul, New York, Viking, 1956, p. 7-8.

espirituosos e estimuladores, que refletem claramente o pensamento do humanista cristão. Dentro da obra, encontrava-se uma crítica sutil à sociedade e à igreja medieval e não demorou muito para as pessoas de toda as partes da Europa começarem a citar Erasmo. Pouco depois, publicou *Colloquia*, uma série de diálogos e anedotas que ridicularizavam as superstições populares promovidas pela igreja. Alguns colóquios descrevem conversas de pessoas que tinham feito peregrinações a lugares santos da cristandade e mostram que Erasmo considerava ignorante, senão imoral, o costume de se fazer peregrinações para admirar relíquias. Em um dos colóquios, Erasmo descreve um encontro entre São Pedro e o papa, Júlio II, diante dos portões do céu. Júlio, que se interessava mais por guerras do que pela teologia, aparece no diálogo vestindo armadura completa para a guerra e é repelido do céu pelo pobre e humilde Pedro, que não o reconhece como seu sucessor. Erasmo foi obrigado a pedir desculpas ao papa pela sátira, mas esta surtiu o devido efeito. Muitas pessoas cultas da Europa concordavam com Erasmo, que a piedade popular promovida pela igreja era mera superstição religiosa e que a hierarquia da igreja de Roma tinha se transformado em potência secular, destituída de autoridade moral e espiritual.

Duas das obras mais influentes de Erasmo foram *Enchiridion* [*Manual do cristão militante*] (1503) e *Elogio da loucura* (1509). O primeiro livro foi escrito para um militar cristão cuja esposa havia pedido uma exposição simples e direta da vida cristã. Tornou-se um clássico do ensino religioso católico renascentista e contém os melhores exemplos da filosofia de Cristo sustentada por Erasmo. Nele, recomenda duas "armas na guerra espiritual", a oração e o conhecimento, e conclama o cristão a seguir Jesus Cristo em seu exemplo moral e a repudiar os modos sedutores do mundo secular, bem como as superstições dos sacerdotes e monges ignorantes: "Vocês ficam mudos e maravilhados diante da túnica ou sudário que dizem ter sido de Cristo, mas ficam sonolentos ao lerem a palavra de Cristo? Vocês acreditam que é muito mais importante ter uma lasca da cruz em casa, mas isso não se compara a carregar no íntimo o mistério da cruz".[25]

O conceito de Erasmo sobre a vida cristã em *Enchiridion* reflete claramente a influência da escola alexandrina do pensamento cristão primitivo — as teologias de Clemente e de Orígenes. Evitando a tendência à especulação gnóstica dessa corrente de pensamento, mergulhou profundamente nessa fonte de interpretação alegórica das Escrituras e da espiritualização da vida cristã e do relacionamento com Deus. Para Erasmo, assim como para Clemente e Orígenes, o caminho de Cristo é intelectual e místico, despreza as seduções do mundo e as paixões da carne e procura sempre habitar o plano da mente e do espírito.

---

[25] Apud Spinka, op. cit., p. 338.

Em *Elogio da loucura,* Erasmo critica todo o padrão católico romano de espiritualidade exterior, inclusive as peregrinações, as relíquias, o ascetismo, o monasticismo, os atos de penitência e a estrutura hierárquica da igreja. "Loucura" é a soma de tudo isso e, para transmitir sua mensagem com humor e evitar a retaliação das autoridades da igreja, fingiu elogiá-la. Na realidade, porém, até mesmo o leitor ingênuo pode perceber imediatamente que o livro é pura ironia e ridiculariza a piedade popular e a pompa eclesiástica como superstição e corrupção.

Assim como *Enchiridion,* conquistou enorme popularidade em pouco tempo e, juntos, os dois livros forneceram aos cristãos de mentalidade reformista em toda a Europa um modelo de mudança. *Elogio da loucura* definiu com clareza os problemas. *Enchiridion* definiu com clareza a solução oferecida por Erasmo. Em lugar de ignorância e fanatismo, o erudito propõe a piedade interior e intelectual demonstrada na vida moral segundo o exemplo de Cristo.

Talvez a mais importante de todas as contribuições de Erasmo tenha sido a produção do texto crítico do Novo Testamento grego em 1514. "Foi incalculável a influência dessa obra sobre a Reforma".[26] Tornou-se a base da tradução de Lutero para o alemão e forneceu aos estudiosos de toda a cristandade o modelo para trabalhos de interpretação e tradução. Antes do Novo Testamento grego de Erasmo, a única Bíblia que grande parte dos estudiosos tinha era a *Vulgata latina*: o texto autorizado da Igreja Católica Romana. O texto de Erasmo revelou que a *Vulgata* era uma tradução relativamente inferior e esse fato estimulou e preparou o crescente movimento para traduzir a Bíblia nos idiomas dos povos da Europa. Erasmo queria que todas as pessoas na cristandade pudessem ler a Bíblia sozinhos. Insistia que a Bíblia não era somente para o clero e para alguns estudiosos cultos. Pelo contrário, a Bíblia devia ser lida por qualquer leiteiro ou camponês. Isto se tornou uma realidade, em parte, graças ao esforço de Erasmo.

Quando Martinho Lutero iniciou a Reforma protestante que dividiu a igreja na Europa em 1517, Erasmo era, sem dúvida, o estudioso mais influente no continente. Era muito requisitado para aconselhar reis e o imperador. As principais universidades sempre o queriam e os bispos e arcebispos tinham de respeitá-lo. Tornou-se símbolo cultural aos quarenta anos — com poder considerável. Segundo seu biógrafo moderno, "nunca um homem [...] desfrutou de tamanho prestígio na Europa, prestígio que se devia inteiramente às suas obras intelectuais".[27] Apesar disso, Erasmo era um homem sem lar. Considerava-se "cosmopolita" e não nacionalista. Criticava severamente a guerra e conclamava a paz e a união entre

---

[26] SPINKA, op. cit., p. 228.
[27] ZWEIG, op. cit., p. 102.

os povos da Europa. Ao mesmo tempo, queria uma reforma da igreja que não provocasse divisão. Detestava tanto a ignorância quanto o fanatismo e esperava que sua filosofia de Cristo — sinônimo de moralidade nobre, humanitária e racional — acabasse vencendo e unificasse a cristandade. Isso não aconteceu. O príncipe de Lutero, Frederico de Saxônia, procurou os conselhos de Erasmo. Lutero escreveu-lhe. O papa, outros soberanos e clérigos praticamente exigiram um pronunciamento decisivo de Erasmo a respeito dos eventos que aconteciam na igreja e no império.

Erasmo apoiava Lutero secretamente, embora se recusasse a tomar abertamente partido dele ou de sua reforma. Concordava com o reformador alemão em relação a muitas questões, mas o considerava um tanto fanático e revolucionário por querer dividir a igreja e se recusar a obedecer às ordens do imperador e do papa de renunciar às suas heresias. Ao príncipe Frederico de Saxônia, Erasmo enviou secretamente a mensagem que Lutero devia ser protegido. Mas diante das exigências que declarasse publicamente qual lado apoiava, "manteve-se inabalável em sua resolução e, assim, deixou o papa, o imperador, reis e reformadores como Lutero, Melâncton e Dürer esperando ano após ano e nenhum conseguiu forçá-lo a dar a palavra decisiva que esperavam. Sorriu cortesmente para seus interlocutores, mas seus lábios permaneceram selados para sempre".[28] Ou assim pareceu. Em correspondência particular e conversas com amigos, Erasmo criticou severamente Lutero e outros reformadores protestantes por dividirem a igreja e sustentarem opiniões fanáticas que não correspondiam ao espírito iluminado daquela época. Publicamente não disse muito por não querer dar a impressão de que estava apoiando as corrupções de Roma. A hesitação de Erasmo nessa crise acabou pesando contra ele e todos o pressionaram para que escrevesse alguma coisa a respeito de Lutero.

Finalmente, com relutância, Erasmo escreveu uma crítica à teologia de Lutero intitulada *De libero arbitrio* [*Do livre-arbítrio*] em 1524. Muitos ficaram surpresos por ele ter escolhido essa questão para debater com o reformador protestante. Lutero ficou muito contente e parabenizou o estudioso holandês por sua perspicácia em ir direto ao âmago das diferenças entre eles: a questão antiga do monergismo versus o sinergismo. Embora fosse monge agostiniano, Erasmo considerava o monergismo rigoroso incompatível com o cristianismo racional e argumentava em favor da liberdade da pessoa aceitar ou rejeitar a graça de Deus. Ele sabia qual era a posição de Lutero. Lutero também tinha sido monge agostiniano antes de ser excomungado pelo papa e considerava que o pai da igreja norte-africano tinha razão nessa questão por concordar com Paulo em Romanos 9-11. Lutero era monergista e acreditava

---

[28] Ibid., p. 187.

que Deus era a realidade que a tudo determinava, então, declarou que os seres humanos nada mais eram do que cavalos montados por Deus ou pelo diabo segundo o capricho de Deus.

Erasmo considerava ridículo e fanático o ensino de Lutero a respeito do livre-arbítrio e da graça. Também o considerava contrário às Escrituras e ao testemunho dos pais da igreja anteriores a Agostinho. Ele chegou a acusar Lutero de promover o maniqueísmo. Sobre essa questão crucial, pensava o seguinte:

> Embora o livre-arbítrio esteja contaminado pelo pecado, nem por isso foi por ele extinto. E embora tenha sido tão prejudicado por esse processo que, antes de recebermos graça nos inclinamos mais facilmente ao mal do que ao bem, o livre-arbítrio não foi totalmente suprimido, mas a enormidade de crimes que se tornou uma espécie de segunda natureza anuvia o bom juízo e domina a liberdade da vontade de tal foram que aquele parece destruído e este totalmente perdido.[29]

A fim de evitar a acusação de pelagianismo, Erasmo concedeu sem hesitação que um tipo de graça auxiliadora — a "graça cooperadora" — é totalmente essencial para que o livre-arbítrio do ser humano corrompido pelo pecado seja capaz de qualquer ação realmente virtuosa ou justa. Mas Erasmo insistia que, com a ajuda da graça, o livre-arbítrio contaminado *pode* optar por participar da salvação. Por isso, afirmou o sinergismo com a graça exercendo o papel principal no esforço comum.

Lutero respondeu com um livro severo intitulado *Da escravidão do arbítrio*, no qual reafirma seu monergismo e acusa Erasmo de cair no semipelagianismo ou mesmo na heresia pelagiana. Posteriormente, Lutero escreveu a um amigo que, se fosse obrigado a destruir todos os livros que escreveu, insistiria em conservar o *Catecismo menor* e *Da escravidão do arbítrio*, visto que essas duas obras resumem os ensinos de sua vida inteira. Repudiava todos os tipos de sinergismo e argumentava que *somente* o monergismo evangélico poderia preservar a doutrina neotestamentária da salvação como pura dádiva e tratar com justiça a majestade de Deus. Afirmava o livre-arbítrio *somente* de Deus e não dos seres humanos e argumentava que, por causa da queda, a vontade humana era prisioneira do pecado e de Satanás, a não ser que Deus decidisse controlá-la:

> Assim, a vontade humana fica entre os dois como um animal de carga. Se Deus montar nela, ela irá aonde Deus quiser, conforme afirma o salmo:

---

[29] E. Gordon Rupp & Philip S. Watson, eds., *Luther and Erasmus*: free will and salvation, Philadelphia, Westminster Press, 1964, p. 51.

"minha atitude para contigo era a de um animal irracional" (Sl 73.22ss.). Se Satanás montar nela, ela irá aonde Satanás quiser. Ela não pode decidir correr atrás de um ou de outro cavaleiro e nem procurá-los; são os cavaleiros que disputam a posse e o controle da montaria.[30]

Perto do fim da vida, Erasmo ficou desanimado por não ter conseguido levar a efeito a verdadeira reforma — a reforma como ele a via — sem dividir a igreja. Em 1533, exilado da cidade que escolhera para morar, Basileia, na Suíça, e morando em Freiburg na Alemanha, Erasmo escreveu o que são considerados seus pensamentos mais maduros a respeito da igreja, da verdadeira reforma e da teologia em geral. Esses pensamentos estão no livro *On mending the peace of the church* [*Consertando a paz da igreja*] e, embora a esperança de Erasmo expressa no título nunca tenha se concretizado, o pequeno livro contribuiu muito para a Reforma católica e talvez muito mais para teologia e espiritualidade católicas modernas.

Ao observar a igreja dividida em seus dias, o diagnóstico de Erasmo foi bem diferente daquele de Lutero. Este considerava que os principais problemas eram teológicos. E, enquanto a Igreja Católica Romana não alterasse radicalmente sua teologia, Lutero acreditava que os verdadeiros cristãos tinham de abandoná-la completamente. Erasmo enxergava as coisas de modo diferente. Para ele, "a principal causa da perturbação é o colapso da moral".[31] A verdadeira moralidade, argumentou, está no coração e não meramente nas atitudes externas, e o caminho para a renovação cristã e para a revitalização de uma igreja unificada é o novo coração concedido pela graça do Espírito de Deus.

Enquanto Lutero acreditava que era necessário usar linguagem contundente para forçar a reconsideração de questões tidas como encerradas e os defensores da tradição católica respondiam na mesma moeda a Lutero e aos seus seguidores, Erasmo conclamava todos para um diálogo cortês e racional. A hierarquia eclesiástica chamava Lutero de "javali selvagem na vinha do Senhor" e Lutero os chamava de anticristos e de "pulgas na manta de Deus". Erasmo escreveu aos dois partidos: "Moderem a linguagem grosseira de suas discussões insanas".[32] Ele tentava encontrar uma posição intermediária no tocante à salvação, afirmando, de um lado, o livre-arbítrio e a cooperação humana e, de outro, a total necessidade da graça e da fé como dádivas absolutas. Aos colegas católicos, escreveu: "Os que confiam na própria sabedoria, nas próprias forças, nos próprios méritos, que respeitam somente

---

[30] Ibid., p. 140.
[31] John P. Dolan, org., *The essential Erasmus*, New York, New American Library, 1964, p. 377.
[32] Ibid., p. 378.

as cerimônias, os privilégios e os documentos papais, nunca alcançam aquela bem-aventurança [das coisas celestiais]"[33] porque "a verdadeira confiança deve existir somente na graça de Deus e em suas promessas".[34] Aos luteranos e a outros protestantes, Erasmo escreveu: "As expressões 'recompensa' ou 'mérito' não devem ser rejeitadas, pois Deus aceita e julga a graça que está em nós ou que opera por meio de nós".[35] "Concordemos que somos justificados pela fé, isto é, que os corações dos fiéis são por ela purificados, contanto que reconheçamos que as obras de caridade são essenciais para a salvação. E a verdadeira fé não é inoperante, visto que é a nascente e o jardim de todas as boas obras".[36]

Erasmo morreu três anos depois de escrever *On mending the peace of the church*. Morreu sem atingir o objetivo que havia se proposto a alcançar: uma igreja católica unificada e reformada de toda a Europa. Mesmo assim, deixou o legado do humanismo cristão liberal que, embora controvertido, influenciou profundamente protestantes e católicos. O braço direito do próprio Lutero, Filipe Melâncton (1497-1560) foi extremamente influenciado por Erasmo, mas não pôde demonstrá-lo senão depois da morte de Lutero em 1546. Ele e outros luteranos seguiram na direção de um tipo de sinergismo evangélico no tocante à salvação e buscaram paz, ou mesmo a reconciliação, com a Igreja de Roma. No lado católico, Erasmo influenciou muitos reformadores moderados e seus escritos, sem dúvida, causaram impacto sobre o Concílio de Trento (1545-1563), um grande movimento reformista católico, mas ele não ficaria satisfeito com seus resultados finais.

O legado de Erasmo foi mais influente e permanente na Inglaterra, onde viveu vários anos em meio a estudiosos humanistas da Renascença inglesa. A Igreja da Inglaterra (agora anglicana) procurou unir o melhor da tradição católica romana com o melhor do protestantismo de uma forma que teria agradado muito a Erasmo. No seio dessa igreja, sua filosofia de Cristo — inclusive o sinergismo da salvação — arraigou-se e cresceu. É quase certo que, se Erasmo tivesse vivido até então, teria aprovado a Igreja da Inglaterra elisabetana dos dias de Shakespeare.

"Erasmo botou o ovo que Lutero chocou" diz um ditado popular. Como já vimos, está claro que não foi apenas Erasmo que "botou o ovo" da reforma na teologia e na vida da igreja. Occam também desempenhou papel importante nesse processo, assim como Wycliffe. Essas figuras não tão ilustres certamente deram grande contribuição. Mas, se Erasmo foi reformador, Martinho Lutero foi muito

---

[33] Ibid., p. 364.
[34] Ibid., p. 369.
[35] Ibid., p. 379.
[36] Ibid.

mais do que isso. Foi um revolucionário. Virou o mundo de cabeça para baixo. Enquanto o dr. Erasmo tentou realizar uma cirurgia delicada na igreja em que mal tocava nos nervos vitais da teologia, o dr. Lutero realizou uma cirurgia radical que envolvia amputação e reconstrução, a ponto de transformar drasticamente o paciente. É para essa história que agora voltaremos nossa atenção.

Sétima Parte

Uma nova guinada na narrativa:
A igreja ocidental é reformada e dividida

Ao raiar o século XVI, a teologia cristã na Europa estava em apuros. Talvez não seja nenhum exagero dizer que essa história tornou-se desinteressante para a maioria das pessoas. O grande humanista Erasmo empregava a palavra *teologia* como sinônimo de especulação vã e *teólogo* como sinônimo de um pensador alienado que havia perdido o contato com a realidade. Obviamente, Erasmo era um teólogo à sua própria maneira, mas para muitas pessoas como ele, a teologia deveria ser equiparada com o escolasticismo nas várias formas que assumiu no fim da Idade Média. Também era considerada uma ciência — se é que merecia esse título — sob o domínio total da cúria romana, a burocracia do Vaticano que determinava como todas as pessoas deviam pensar. E as pessoas mais esclarecidas, como Erasmo, consideravam a cúria quase irrecuperavelmente irrelevante e corrupta.

Erasmo ofereceu a "filosofia" de Cristo como solução para a letargia no pensamento e na vida cristãos. Ele esperava que ela desse novo sopro de vida na ciência morta da teologia, pois focalizava questões práticas a moralidade e o viver ético segundo o exemplo de Jesus, e preocupações do mundo real, como a paz e a harmonia entre todos os povos. Nas primeiras décadas do século XVI, surgiram alguns rivais do programa de Erasmo. Mesmo assim, seus volumosos e populares escritos não pareciam afetar o tradicionalismo e a corrupção da teologia oficial de Roma. A situação exigia soluções mais drásticas que as de Erasmo. O grande reformador boêmio de Praga, João Hus, havia profetizado uma solução nesses moldes fazia quase um século, pouco antes de ser martirizado por ordem do Concílio de Constança (1415). A teologia de Martinho Lutero era tão semelhante à de Hus, que muitos o rotularam de "o Hus saxônio" porque provinha do principado da Saxônia na Alemanha oriental. No entanto, Martinho Lutero não apenas deu nova vida à teologia cristã ocidental, como a revolucionou. Comparado ao calmo e paciente Erasmo, o reformador alemão parecia um elefante em loja de cristal. Para o ousado e decidido Lutero, Erasmo soava como burburinho na vastidão do mundanismo, da heresia, da corrupção e o eclipse quase total do verdadeiro evangelho de Jesus Cristo.

Contexto histórico das reformas

A maioria dos historiadores atribui o raiar da grande Reforma do século XVI a um único dia de 1517. No dia 31 de outubro desse ano, um monge agostiniano, catedrático de teologia na Universidade de Wittenberg, chamado Martinho Lutero, afixou noventa e cinco teses (questões para debate) na porta da catedral da cidade onde ensinava. Suas teses insinuavam que a única igreja oficial da cristandade ocidental — a igreja de Roma — incorria em graves erros. Em questão de meses, toda a Europa lia as teses de Lutero, graças ao novo invento de Gutenberg: a prensa com tipos móveis. O papa Leão x as leu e declarou que o monge saxônio certamente devia estar bêbado. Posteriormente, chamou Lutero de "javali selvagem na vinha do Senhor" e o excomungou. A essa altura, no entanto, o trem da Reforma de Lutero já partira da estação e não havia como fazê-lo parar.

Pouco depois, as vozes de outras pessoas na liderança se levantaram contra a teologia normativa da cristandade ocidental, e cidade após outra seguiu o exemplo de Wittenberg, banindo a missa e reformando o culto e a teologia. Zurique, Genebra e Estrasburgo aderiram à Reforma, assim como muitas cidades e principados alemães importantes. Posteriormente, toda a Escandinávia aderiu ao novo movimento e, alguns anos depois, a Escócia e a Inglaterra também se tornaram protestantes.

Um terceiro grande cisma estava acontecendo na cristandade. O primeiro foi a divisão entre o Ocidente e o Oriente em 1054. O segundo foi a luta medieval entre dois e, depois, três papas de 1378 a 1417. Agora, o terceiro era a divisão entre as igrejas católica romana e protestante na Europa, que começou por volta de 1520 com a excomunhão de Lutero da igreja de Roma.

Os reformadores protestantes tinham algumas crenças e objetivos em comum. Três princípios protestantes da maior importância são geralmente identificados como os responsáveis por diferenciá-los da igreja de Roma e de sua teologia oficial: *sola gratia et fides* (a salvação pela graça mediante a fé somente), *sola Scriptura* (as Escrituras acima de todas as demais autoridades da fé e da prática cristãs) e o sacerdócio de todos os crentes. Cada líder protestante interpretava esses princípios à sua própria maneira, mas todos os compartilhavam e se esforçavam para construir com eles um novo alicerce para o cristianismo. Seu propósito comum era levar a igreja de Jesus Cristo de volta aos verdadeiros alicerces no Novo Testamento e livrá-la de todos os falsos ensinos e práticas corruptas. Infelizmente, não chegaram a um acordo quanto à maneira de fazer isso e, portanto, nunca se chegou à teologia e igreja protestante unificada. No entanto, apesar das diferenças, todos os reformadores protestantes e as igrejas por eles dirigidas sustentavam e proclamavam basicamente as mesmas mensagens: a Palavra de Deus está acima de todas as tradições humanas, a salvação acontece pela graça mediante a fé somente, todo cristão verdadeiro é sacerdote de Deus e não há necessidade de nenhum outro mediador senão o próprio Jesus Cristo.

O movimento protestante provocou a reação da igreja de Roma, que decidiu que precisava fazer duas coisas: livrar-se dos grandes abusos e corrupções que tinham levado alguns príncipes do Sacro Império Romano a apoiar os protestantes e solidificar sua própria teologia, resolvendo e declarando, de uma vez por todas, qual seria a verdade cristã no tocante às Escrituras e à tradição, à salvação e à igreja. Com essa finalidade, o papa convocou um novo concílio para responder ao protestantismo. O Concílio de Trento é considerado por Roma o XIX concílio ecumênico e reuniu-se em várias ocasiões entre 1545 e 1563. É geralmente considerado o âmago da Contrarreforma católica e, embora abolisse muitos abusos que ajudaram a provocar o movimento protestante, também se tornou dogma muitas crenças extraoficiais e informais da tradição católica romana, contra as quais Lutero e outros protestantes tinham reagido. Em última análise, aprofundou a divisão dentro da cristandade ocidental. Foi somente na segunda metade do século XX que esse abismo diminuiu o suficiente para os teólogos católicos e protestantes poderem dialogar e considerar um ao outro cristãos autênticos.

Todos os principais teólogos protestantes nas décadas de 1520 até 1540 achavam que, de um modo ou de outro, a igreja de Roma e a teologia escolástica tinham simplesmente enterrado o evangelho profundamente sob tradições humanas. De modo geral, não estavam dispostos a declarar que não existiam cristãos dentro da igreja de Roma, mas concordavam, em maior ou menor grau, que os líderes e mestres da igreja tinham se desviado tanto de qualquer coisa que pudesse ser reconhecida como cristianismo apostólico que uma possível reforma estava fora de cogitação. Era necessário um novo começo, principalmente após o papa ter começado a excomungar os líderes protestantes a torto e a direito.

É extremamente importante reconhecer que os protestantes se interessavam principalmente pela teologia, não apenas pela estrutura e práticas da igreja católica medieval. Embora a Reforma talvez tenha começado com o protesto de Lutero contra a venda de indulgências pelos camelôs papais, essa e outras disputas concretas no tocante a práticas específicas de Roma eram sintomas da discordância mais profunda a respeito da própria natureza do relacionamento entre Deus e os seres humanos. Lutero e os principais reformadores da Suíça, Zwinglio e Calvino, acreditavam que a igreja de Roma podia justificar a venda de indulgências (a isenção de passar pelo purgatório) porque não entendia a natureza da justiça de Deus e da pecaminosidade humana. No nível mais profundo, portanto, a disputa dizia respeito a soteriologia e não a práticas corruptas específicas.

A Reforma protestante revolucionou a cristandade ocidental. Desde 1520, nenhuma igreja conseguiu unificar a sociedade ocidental e, nesse sentido, a cristandade morreu.

A síntese medieval da igreja única, tendo sua matriz em Roma, cessou de existir. A era do denominacionalismo foi introduzida contra a vontade do próprio Lutero. Ele não tinha a mínima intenção de dividir a cristandade. Sua teologia não defendia a divisão da igreja em facções que lutassem entre si ou se desconsiderassem mutuamente. Nem por isso deixou de acontecer. Paulatinamente, no decurso de décadas e séculos, a cristandade ocidental dividiu-se em grupos dissidentes à medida que o protestantismo adotava formas cada vez mais novas.

Na primeira geração, a teologia cristã protestante teve quatro ramificações diferentes. As quatro ainda existem, mas elas também se dividiram. Essas ramificações são ainda hoje: luterana (ou *Evangelische* em alemão), reformada ("os suíços" para Lutero), anabatista (considerada a parte principal da Reforma Radical) e anglicana (a Igreja da Inglaterra). Cada qual tinha ênfases próprias, que diferiam das demais, embora todas compartilhassem os três princípios protestantes mais importantes. Na Parte VII, examinaremos como essas formas da teologia protestante surgiram e quais eram suas características no século XVI. Examinaremos, também, a reforma da Igreja Católica Romana — a chamada Contrarreforma — como a reação contra o protestantismo.

Antes de nos aprofundarmos nessa trama complicada, em primeiro lugar, será bom conhecermos a situação na igreja e na teologia no começo da revolução protestante. Isso porque, em grande medida, o protestantismo era exatamente aquilo que seu nome sugeria: um *protesto*. Lutero e os demais protestantes estavam protestando contra a condição da Igreja de Roma. Embora, teoricamente, a teologia oficial da Igreja Católica Romana fosse solidamente antipelagiana, e até mesmo antissemipelagiana, e embora alguns de seus principais pensadores defendessem o monergismo agostiniano, a teologia popular da igreja tinha caído em um sinergismo não evangélico capaz de fazer Agostinho e Aquino revirarem em seus túmulos. No mínimo, os líderes da Igreja Católica Romana e até alguns de seus principais teólogos davam a entender que a graça era uma simples mercadoria que podia ser conquistada ou mesmo comprada. O *mérito* havia se tornado a palavra-chave da soteriologia católica. A pessoa seria realmente salva à medida que conquistasse mérito suficiente perante Deus pela fé e por obras de caridade. A *fé* era interpretada como a fidelidade aos ensinos e às práticas da igreja oficial e as *obras de caridade* eram interpretadas como a compra de indulgências, o pagamento de missas em favor das almas no purgatório, peregrinações dispendiosas para ver relíquias, doação de esmolas aos pobres, a prática de penitências, a participação nos sacramentos e a realização de práticas devocionais como a oração e a meditação.

A base desse sistema de salvação, bem como do apoio teórico explícito que ele recebeu de alguns teólogos católicos romanos da Idade Média posterior, estava na ideia de que os seres humanos podem e devem acrescentar seus próprios esforços à graça de Deus a fim de alcançar a salvação. A salvação era cada vez mais considerada recompensa que se recebia por cooperar com a graça. Embora todos os teólogos católicos afirmassem que a iniciativa na salvação provinha da graça de Deus no batismo, muitos passaram a enfatizar a "graça habitual" que aumentava na vida de uma pessoa batizada na mesma proporção de suas obras de caridade. Somente quando a graça fizesse sua obra de transformar a pessoa pecadora em santa — realmente santa e virtuosa —, Deus poderia "justificá-la" ou "declará-la justa". "Geralmente, a igreja medieval definia a justificação de Deus como a justiça exigida por Deus".[1] Deus podia declarar a pessoa totalmente perdoada e pronta para o céu, e assim o faria, quando ela deixasse de ser pecadora e fosse transformada em santa ao cooperar com a graça por todos os meios possíveis. Para a maioria dos cristãos católicos do final da Idade Média, isso significava sofrer no purgatório indefinidamente após a morte do corpo. Em muitos — inclusive Lutero no mosteiro antes de redescobrir o evangelho da graça mediante a fé somente — isso provocou medo do juízo divino que destruiria toda a garantia da salvação. Em outros, isso se traduziu em farisaísmo e eles se congratulavam por suas realizações espirituais. Todos os reformadores protestantes (e alguns católicos) consideravam essa soteriologia implicitamente pelagiana — justiça pelas obras, moralista e legalista, completamente contrária à proclamação da justiça de Deus no Novo Testamento dada gratuitamente pela graça mediante a fé somente.

É lógico que existiam outras questões importantes que dividiam os protestantes e a Igreja Católica Romana, e muitas delas eram de natureza teológica. Mas nenhuma questão chamou tanto a atenção e provocou tanta agitação quanto a soteriologia e, particularmente, a questão da justiça de Deus e de como os seres humanos partilham ou se beneficiam dela visando a salvação. Os líderes católicos, ao serem conclamados a apresentar a sustentação bíblica de sua soteriologia, apelaram para a tradição oral da igreja além das Escrituras. A igreja medieval chegou a considerar a tradição oral e informal tão válida quanto a Bíblia. Lutero e os demais protestantes rejeitaram essas duas fontes de autoridade da igreja e declararam as Escrituras superiores a todas as tradições humanas. Quando Lutero surgiu no palco da teologia cristã, por volta do período de 1513 a 1518, foi nessa situação que se encontrou, junto com toda a cristandade ocidental: prisioneiro da tradição oral informal, controlada por um papa e uma cúria corruptos em Roma, e preso à soteriologia sinergística e quase pelagiana de méritos e de obras de caridade. Suas principais fontes de inspiração para endireitar essa situação passaram a ser as Escrituras (especialmente as epístolas de Paulo), a teologia de Agostinho e alguns aspectos de nominalismo.

---

[1] John Dillenberger, org., *Martin Luther*: selections from his writings, Garden City, N.Y., Doubleday, 1961, p. xviii.

A história de Lutero é o ato introdutório à história da Reforma do século XVI. Poucos cristãos individuais afetaram tão profundamente o desenvolvimento da fé cristã. No entanto, muitos cristãos modernos que pensam conhecer Lutero, não conhecem muito bem sua teologia. Que Lutero se rebelou contra o papa e redescobriu a autoridade das Escrituras e o evangelho da salvação pela graça mediante a fé somente, é fato notório para quase todos os protestantes que se preparam para a confirmação. Mas não se sabe bem e nem se compreende exatamente como ou por que ele fez o que fez. Portanto, é bom dedicarmos um capítulo inteiro dessa história ao protagonista Martinho Lutero, que se considerava um mero e humilde monge e professor de teologia, mas que virou o mundo de cabeça para baixo.

24

Lutero redescobre o evangelho e divide a igreja

Martinho Lutero nasceu em 10 de novembro de 1483, em Eisleben, na Alemanha. Morreu na mesma cidade em uma viagem no dia 18 de fevereiro de 1546. Seu pai era proprietário de uma mina, pertencia à classe média alta e impunha uma disciplina rigorosa. Sua mãe era uma mulher profundamente religiosa, mas também supersticiosa, a respeito de quem Lutero disse e escreveu pouca coisa no fim da vida. Recebeu a melhor educação que seus pais podiam pagar. Aos quatorze anos de idade foi morar longe dos pais a fim de obter o melhor ensino possível. Parte dele, pelo menos, obteve sob a orientação dos Irmãos da Vida Comum, a mesma ordem religiosa leiga que educou Erasmo.

O pai de Lutero queria que ele fosse advogado, por isso ele entrou para a Universidade de Erfurt. Com frequência, percorria o caminho entre sua casa, em Eisleben, e Erfurt a pé nos fins da semana. Segundo a autobiografia que escreveu já no fim da vida, Lutero quase morreu atingido por um raio certa tarde de verão enquanto andava sozinho pela estrada. O raio derrubou-o no chão e, cheio de medo, clamou à sua padroeira: "Santa Ana, ajude-me e me tornarei monge!". Pouco depois, o jovem estudante universitário vendeu todos os livros de Direito e bateu à porta do mosteiro agostiniano em Erfurt. Quando era noviço e depois, ao tornar-se monge, Lutero experimentou crises do que chamava *Anfechtungen* — ansiedade espiritual aguda sobre o estado de sua alma. Não tinha certeza quanto à sinceridade de seu próprio pesar e arrependimento, por isso castigava-se para compensar essa deficiência e conseguir mérito diante de Deus. Disse, posteriormente, que toda a sua vida no mosteiro foi a "busca de um Deus gracioso". Mas, em vez de amar a Deus e descobrir que ele era o gracioso Pai celeste, Lutero o temia e passou a odiá-lo porque só sentia sua ira e não seu amor.

O confessor de Lutero no mosteiro era um homem chamado João Staupitz, que também era o vigário-geral da ordem agostiniana na Alemanha. Posteriormente, Lutero atribuiu vários de seus entendimentos teológicos às longas sessões que teve com o "senhor Staupitz" no mosteiro. O jovem monge ia confessar-se com tanta frequência que seu confessor o admoestou a adiar essas confissões para quando tivesse algo realmente pecaminoso para confessar. Lutero, no entanto, sempre ficava preocupado, imaginando se tinha se esquecido de confessar algum pensamento, motivação ou ato que porventura fosse pecaminoso. O meio espiritual dos tempos de Lutero contribuía para suas ansiedades. Em geral, acreditava-se que:

> embora Deus fosse misericordioso e Cristo tivesse morrido pelos pecados do mundo, [...] a responsabilidade do pecador [era] agir em favor da sua própria alma com rigorosa autoanálise, boas obras e abnegação, oração e práticas piedosas. Deus está disposto a perdoar o pecador, mas existem condições que precisam ser atendidas e que só o pecador pode realizar. Acima de tudo, o pecador deve estar genuinamente contrito e deve fazer uma confissão sincera e completa.[1]

Staupitz não concordava totalmente com isso e adotou uma abordagem mais branda, que enfatizava a graça e a misericórdia de Deus. Lutero adotou a abordagem mais severa possível, talvez apenas como garantia e para aliviar suas dúvidas quanto à misericórdia de Deus. Finalmente, Staupitz mandou Lutero sair do mosteiro para estudar Filosofia, Teologia e Bíblia na Universidade de Erfurt, e também o enviou a Roma a serviço da ordem agostiniana.

Na universidade, Lutero recebeu uma educação totalmente nominalista. Segundo o principal estudioso de Lutero, Heiko Oberman: "Não há dúvida de que Lutero foi treinado como nominalista em Erfurt; mas as implicações de seu treinamento acadêmico ainda são contestadas e controversas".[2] Posteriormente, a educação nominalista de Lutero revelou-se pelo menos em sua ênfase à liberdade absoluta de Deus para fazer exatamente o que deseja — expressa pelo "Deus escondido" (*Deus absconditus*) por trás do Deus que realmente se revela pela graça, pelo amor e pela misericórdia. O nominalismo também talvez tenha ajudado a afastar Lutero da tradição escolástica de Tomás de Aquino, bem como da teologia natural, em direção à ênfase maior na fé como o caminho da mente até Deus. Lutero chegou a chamar o escolasticismo e a teologia natural e, especialmente a confiança em Aristóteles, "grande meretriz" que atrai a mente para longe de Cristo.

Em 1511, Lutero foi a Roma a serviço da ordem agostiniana. Para qualquer bom católico, essa seria a viagem mais maravilhosa de toda a vida, a oportunidade de

---

[1] David C. Steinmetz, *Luther in context*, Bloomington, Indiana University Press, 1986, p. 5.

[2] Heiko Oberman, *Luther: Man between God and the devil*, trad. Eileen Walliser-Scharzbart, New York, Doubleday, 1992, p. 120.

visitar os santos túmulos dos apóstolos, bem como a grande igreja do papa, e assimilar o ambiente espiritual da cidade mais santa da cristandade. Porém, revelou-se a maior decepção da vida de Lutero. Em Roma, só encontrou obscenidade, imoralidade, blasfêmia, fraqueza e apatia espiritual. Sua descrição da cidade em 1511 corresponde a outros relatos contemporâneos. Até alguns papas do século XV conclamavam a restauração de Roma — tanto espiritual quanto física. Lutero voltou à Alemanha decepcionado e aflito e, provavelmente, com alguma determinação interior no sentido de encontrar uma solução para a letargia espiritual e teológica que havia provocado essa condição abismal da cidade santa.

Lutero obteve o doutorado em Teologia na relativamente nova Universidade de Wittenberg em 1512 e, na mesma época, começou a lecionar ali matérias bíblicas. Enquanto preparava preleções sobre a epístola de Paulo aos Romanos em seu aposento na torre da universidade, passou por uma série de experiências intelectuais e espirituais, que foram reunidas pelos biógrafos na chamada "experiência da torre". Esses acontecimentos ocorreram entre 1513 e 1518. O jovem professor, recém-nomeado, ainda se debatia com as questões da graça e da justiça de Deus. Como o mesmo Deus podia ser essas duas coisas? A que se referia Paulo quando escreveu a respeito da justiça de Deus e da fé como o modo de vida dos justos? No fim da vida, Lutero confessou que se sentiu "renascido" quando o verdadeiro significado das palavras de Paulo finalmente penetrou em sua mente e coração:

> Finalmente, pela misericórdia de Deus, meditando dia e noite, dei ouvidos ao contexto das palavras: "A justiça de Deus se revela no evangelho, de fé em fé, como está escrito: 'O justo viverá por fé'". Então, comecei a compreender que a justiça de Deus é aquela mediante a qual o justo vive por uma dádiva de Deus, ou seja, pela fé. E é este o significado: a justiça de Deus é revelada pelo evangelho, a saber, a justiça passiva com a qual o Deus misericordioso nos justifica pela fé, segundo está escrito: "O justo viverá por fé". Aqui, senti como se renascesse totalmente e entrasse no paraíso pelos portões abertos. Ali, uma faceta totalmente nova da Bíblia revelou-se para mim.[3]

O conceito que Lutero adotava sobre Deus e a salvação foi revolucionado por sua nova interpretação da justiça de Deus e do evangelho da justificação pela graça mediante a fé somente. Não tardou em fazer preleções a esse respeito e escrever folhetos e panfletos que explicavam sua nova interpretação em comparação com as formas padronizadas de interpretação do evangelho da salvação de seu próprio tempo. A crise

---

[3] Preface to the complete edition of Luther's latin writings, in: *Martin Luther*: selection from his writings, org. John Dillenberger (Garden City, N.Y., Doubleday, 1961, p. 11).

aconteceu em 1517, quando um vendedor de indulgências chegou em uma cidade perto de Wittenberg com a mensagem: "Tão logo a moeda no cofre soa, uma alma do purgatório voa!". Lutero não era o único oponente aos métodos grosseiros de levantar fundos para a nova catedral do papa em Roma, mas foi o único que escreveu noventa e cinco teses para o debate e afixou-as à porta da igreja do castelo. As teses não condenavam somente as indulgências. Continham condenações implícitas de muitas das crenças e práticas populares promovidas pela igreja. A tese 82, em especial, deve ter atraído a atenção do papa para o monge saxônio: "Por que o papa não livra do purgatório todas as pessoas em nome do amor (uma coisa santíssima) e por causa da necessidade suprema de suas almas? Moralmente, esse seria o melhor de todos os motivos. Entrementes, ele resgata inúmeras almas por dinheiro".[4]

Em poucos meses, Lutero tornou-se um herói popular alemão por ter desafiado o poderio estrangeiro de Roma que esgotava os recursos financeiros da Alemanha. Tornou-se também um homem marcado pelo Vaticano para um exame cuidadoso e possível excomunhão. De 1518 a 1520, Lutero ocupou-se de debates com os principais estudiosos católicos romanos que defendiam a autoridade do papa para vender indulgências e para perdoar as consequências temporais dos pecados (por exemplo, o purgatório). Além disso, escreveu vários tratados sobre a reforma da igreja e sua teologia e apelou aos príncipes germânicos para que tomassem o partido dele contra Roma. Lutero foi excomungado pelo papa em 1520 e convocado a comparecer diante do imperador Carlos V na corte imperial (Dieta) na cidade de Worms em 1521. Quando o representante do papa ordenou Lutero a retratar suas opiniões "heréticas", declarou: "Minha consciência serve à Palavra de Deus. Por isso não posso nem quero me retratar, pois ir contra a minha consciência não é seguro nem salutar. Não posso agir de outra maneira, esta é minha posição. Que Deus me ajude. Amém".[5]

Lutero foi banido como fora-da-lei pelo imperador, mas protegido pelo príncipe, Frederico, o Sábio da Saxônia. De volta a Wittenberg depois de um ano em seu esconderijo, Lutero continuou sua obra de reforma com vasta produção de livros e de cartas. Todos os olhos da Europa estavam voltados para ele. Quase todas as pessoas amavam-no ou odiavam-no. Poucos indivíduos na história conseguiram dividir tanto um continente como Martinho Lutero.

Lutero era um polemista. Insistia para que as pessoas tomassem o seu partido completamente — por causa do grande perigo que, segundo ele, a Igreja de Roma e o papado representavam — ou, caso contrário, que se afastassem dele e se tornassem seus inimigos. Sua atitude foi expressa da seguinte maneira: "Se não

---

[4] The ninety-five theses, in: *Martin Luther*: selections from his writings, p. 498.
[5] OBERMAN, op. cit., p. 203.

estiverem cem por cento conosco e a nosso favor, estarão contra nós". Depois de ser excomungado pelo papa, Lutero soltou sua fúria contra o Vaticano, a cúria e o papado, chamando-os "Babilônia" — que mantinha no cativeiro a igreja verdadeira — e "o anticristo" — que buscava destruir a verdadeira obra de Cristo. No entanto, algumas de suas invectivas mais contundentes estavam reservadas para outros protestantes, que se voltaram contra ele por questões como os sacramentos e a obediência ao estado. Um de seus apelidos prediletos para o teólogo que discordasse dele era "teólogo porco" e se referia aos reformadores mais radicais como "aqueles fanáticos" (*die Schwärmer*). Às vezes, ao responder a outro reformador, como Ulrico Zwinglio da Suíça, Lutero irrompia em uma torrente furiosa de ofensas. A Zwinglio, que discordava dele sobre a "presença real" de Cristo na ceia do Senhor, Lutero escreveu: "Suma, fanático estúpido, com suas ideias imprestáveis! Se você não consegue pensar em termos diferentes e superiores a esses, fique sentado ao lado do fogão para cozer maçãs e peras e esqueça desses assuntos".[6]

A única defesa que se pode oferecer pelo ataque de Lutero é seu entendimento que, nas lutas teológicas que o cercaram, o próprio evangelho estava em jogo. Ele achava que, se era para recuperar de uma vez por todas o evangelho da salvação pela graça mediante a fé somente, *todos* os protestantes precisavam se unir a ele e parar de se dividir por causa de questões secundárias. A falta de união só servia para fortalecer o inimigo que, em sua opinião, era o Vaticano e o papado. É óbvio que Zwinglio e outros reformadores não opinavam estar se voltando contra Lutero! Zwinglio declarou que havia chegado à mesma redescoberta do evangelho que Lutero na mesma época completamente independente dele. Mesmo assim, devemos levar em conta a mentalidade ofensiva de Lutero ao lermos suas polêmicas contra outros protestantes e até mesmo contra os judeus. Conforme Oberman nos lembra: "Lutero nunca se considerou um 'reformador'. Não se esquivava, porém, ao ser chamado de profeta; queria divulgar o evangelho como evangelista".[7] Para ele, era da maior importância que os outros o seguissem e se unissem sob sua liderança. Mas também achava estar com razão no tocante às doutrinas em disputa e considerava que todos os demais que incorriam em graves erros doutrinários não eram muito melhores do que o papa e a cúria.

Lutero e a teologia da cruz
Lutero não era um teólogo sistemático e nunca produziu uma teologia sistemática. Era um pensador dialético, o que significa que se deleitava na natureza paradoxal

---

[6] Confession concerning Christ's supper, in: *Martin Luther's basic theological writings*, org. Timothy Lull (Minneapolis, Fortress, 1989, p. 389).

[7] OBERMAN, op. cit., p. 79.

da verdade. Acreditava que a Palavra de Deus revela uma mensagem além da razão ou compreensão humana e que a verdade nela contida é muitas vezes expressa por aparentes contradições. Ficaria a cargo dos reformadores protestantes posteriores, como Filipe Melâncton, o principal assistente de Lutero, e João Calvino, teólogo reformador suíço nascido na França, sistematizar a doutrina protestante. Lutero não faria isso. A maioria de seus escritos consistia em tratados *ad hoc* visando uma questão ou controvérsia específica ou então comentários e sermões bíblicos. Chegou, sim, a escrever dois catecismos para a instrução dos cristãos por ministros protestantes e trabalhou em duas declarações bastante pormenorizadas da fé evangélica — a *Confissão de Augsburgo* e os *Artigos de Smalcald*.

Devido à natureza dos escritos de Lutero, temos que discernir seus principais princípios teológicos em vez de meramente "averiguá-los". Algumas de suas grandes ênfases eram a teologia da cruz (versus a teologia da glória), o conhecimento de Deus mediante a Palavra de Deus e o Espírito Santo, o Deus encoberto e revelado, a justificação pela graça mediante a fé somente, o sacerdócio de todos os crentes e o batismo e a ceia do Senhor como sinais e instrumentos eficazes da graça de Deus e da fé. Essas ênfases, portanto, formarão o esboço do presente capítulo e por meio delas procuraremos elucidar a contribuição de Lutero à história da teologia.

Antes de nos aprofundarmos na contribuição de Lutero à teologia, será bom fazer uma pausa para ver se tudo isso pode ser resumido. Muitos estudiosos de Lutero acreditam que sim. David C. Steinmetz oferece uma frase que resume Lutero e diz que para ele: "O evangelho não é 'dê-me sua virtude e coroá-la-ei com a graça', mas 'despreze seu pecado e banhá-lo-ei em misericórdia'".[8] Paul Althaus completa essa declaração dizendo que, para Lutero: "O homem não somente é incapaz de conseguir mérito de fato perante Deus, mas também é incapaz de fazê-lo em princípio. Em todos os casos, ele depende da graça inefável de Deus para sua salvação".[9] Esse modo de entender e essa contribuição eram realmente novos? Oberman argumenta que:

> A descoberta de Lutero não somente era nova, como também extraordinária; abalava os próprios fundamentos da ética cristã. A recompensa e o mérito, que por tanto tempo foram considerados a motivação básica de qualquer ação humana, perderam a eficácia. As boas obras, que a doutrina da igreja considerava indispensáveis, foram destituídas de sua base nas Escrituras. Essa reviravolta não somente afetou a fé e a justiça, como também toda a vida e, por isso, teve de ser reconsiderada. No decurso dos anos que se seguiram de confrontação

---

[8] STEINMETZ, op. cit., p. 41.

[9] Paul ALTHAUS, *The theology of Martin Luther*, trad. Robert C. Shultz, Philadelphia, Fortress, 1966, p. 121.

e conflito, o objetivo era um só: desvendar as implicações dessa descoberta e garantir que fossem amplamente conhecidas.[10]

O âmago e a essência da contribuição teológica de Lutero, portanto, era a salvação como dom gratuito da misericórdia divina pelo qual o ser humano nada pode fazer. Muitos protestantes nos dias de hoje, e até mesmo alguns católicos, aceitam essa ideia como se sempre tivesse sido crida. Mas pensar assim é desconsiderar o papel revolucionário desempenhado por Lutero na recuperação do que, em grande parte, tinha sido perdido e ignorado por mais de mil anos.

Se alguém perguntasse ao próprio Lutero qual era sua principal ênfase teológica, talvez não citasse a doutrina da salvação pela graça mediante a fé somente. Ela se tornou a ideia mais relevante em termos de impacto geral. No entanto, talvez Lutero respondesse à pergunta notando que, por trás de tudo, estava a sua ideia da "teologia da cruz", que somente pode ser entendida ao ser comparada com seu avesso, a "teologia da glória". O contraste entre essas duas abordagens teológicas foi delineada na Disputa de Heidelberg em 1518.

Pouco menos de um ano após ter exibido as noventa e cinco teses em Wittenberg, Lutero foi convidado, pelo mosteiro agostiniano em Heidelberg, a explicar seu programa para a reforma e renovação da teologia. Resolveu penetrar bem no âmago das diferenças com o escolasticismo — o maior inimigo de sua teologia da restauração segundo o evangelho. Ele taxava de "teologia da glória" qualquer abordagem que procurasse explicar Deus pela razão humana sem a ajuda da graça sobrenatural e do dom da fé:

> É certo que o homem precisa se desesperar totalmente de suas próprias capacidades antes de se estar pronto para acolher a graça de Cristo. [...] Não merece ser chamado teólogo aquele que considera as coisas invisíveis de Deus como se fossem claramente perceptíveis nas coisas que realmente aconteceram (Rm 1.20). [...] Merece ser chamado teólogo, no entanto, aquele que compreende as coisas visíveis e manifestas de Deus da perspectiva do sofrimento e da cruz. [...] O teólogo da glória chama o mal de bem e o bem de mal. O teólogo da cruz chama as coisas conforme realmente são.[11]

Paul Althaus expressa de modo sucinto essa distinção: "A teologia da glória conhece Deus pelas obras; a teologia da cruz o conhece pelos sofrimentos".[12] Lutero estava concebendo as declarações estupendas de Paulo em 1Coríntios a respeito

---

[10] OBERMAN, op. cit., p. 154.

[11] The Heidelberg disputation, in: *Martin Luther's basic theological writings*, p. 31.

[12] ALTHAUS, op. cit., p. 26.

do evangelho da cruz como "escândalo" e "obstáculo" e comparando-as com o que considerava uma tentativa da teologia natural escolástica de contornar o escândalo pela razão destituída da fé e da graça. Deus, de acordo com Lutero, é revelado supremamente em Jesus Cristo e na sua cruz. É exatamente esse o escândalo do evangelho do NT. O grande Deus criador do universo humilhou-se ao sofrer na cruz romana e ao ser revelado nela como amor e misericórdia. Naturalmente, Lutero não negava que todas as pessoas de todos os lugares têm uma ideia inata de um ser supremo, mas estava questionando a teologia cristã e seu ponto de partida. Para Lutero, assim como Paulo, tratava-se de Jesus Cristo e da cruz e não da natureza e da razão. Isso porque Deus escolheu essa autorrevelação escandalosa (para a razão) e porque a razão humana está corrompida demais pelo pecado para chegar, por si mesma, ao verdadeiro conhecimento de Deus. Lutero acreditava que se a teologia cristã começar com o nível inferior adotado pelo escolasticismo no esquema teológico de dois níveis de Tomás de Aquino, nunca realmente alcançará o nível superior, onde se encontra a verdade do evangelho. Se Deus se revelou na cruz de Jesus Cristo, por que começar a reflexão cristã sobre Deus em outro lugar?

Lutero acreditava que a teologia da glória, com seu enfoque na razão humana e naquilo que consegue descobrir a respeito de Deus exclusivamente a partir da natureza, conduz inevitavelmente à espiritualidade moralista da justiça segundo as obras, porque esse conceito parece mais racional para o intelecto humano pecaminoso e caído do que o evangelho da justificação pela morte de Cristo recebida pela graça mediante a fé somente:

> A teologia da glória procura conhecer a Deus de modo direto, no seu poder, sabedoria e glória claramente divinos; ao passo que a teologia da cruz o reconhece, de modo paradoxal, exatamente onde ele se ocultou: em seus sofrimentos e em tudo o que a teologia da glória considera fraqueza e estultícia. A teologia da glória impele o homem a comparecer diante de Deus e entrar em acordo com ele, tendo por base a realização ética do cumprimento da lei, ao passo que a teologia da cruz enxerga o homem como alguém que foi chamado para sofrer.[13]

A teologia da glória, portanto, é a teologia centralizada no homem e induz à superestimação do poder e capacidade naturais do homem. A teologia da cruz revela a verdadeira condição dos seres humanos, como pecadores desamparados, alienados de Deus, na mente e no coração, necessitando desesperadamente do plano de salvação criado por Deus: a cruz de Cristo. A teologia da glória sugere que os

---

[13] Ibid., p. 27.

seres humanos podem se elevar a Deus por seus próprios esforços e conduz a projetos humanos de salvação própria e de especulação teológica. A teologia da cruz proclama que os seres humanos são totalmente dependentes e incapazes de descobrir qualquer coisa a respeito de Deus sem a ajuda da autorrevelação do próprio Deus, e conduz ao discipulado marcado pelo sofrimento em nome de Deus e do próximo.

Embora não se referisse explicitamente a ela a todo o momento, "a teologia da cruz permeia todo o pensamento teológico de Lutero".[14] Essa teologia é a causa e a base de sua rejeição desdenhosa do racionalismo teológico e da calorosa aceitação do paradoxo e do mistério na teologia. É o fundamento de seu enfoque na pecaminosidade humana e na transcendência divina, bem como da ênfase na graça e misericórdia divinas, totalmente imprevisíveis e independentes do controle humano, e na dependência humana. Quando Lutero olhava para a Igreja de Roma, via a manifestação concreta da teologia da glória. Queria rejeitar tudo isso sem destruir a cristandade. Podia aceitar o papa que liderasse a igreja como servo sofredor, mas não o papa que era rico, poderoso e majestoso e reinava sobre todos. Podia aceitar a teologia que entendesse que seu único propósito era proclamar o evangelho da graça, mas não a teologia controlada por Aristóteles, que visava à especulação e à explicação racional dos mistérios divinos sem a ajuda da fé.

Lutero também considerava exemplo da teologia da glória a crença no livre-arbítrio humano no tocante à salvação. Com raras exceções, a maioria dos teólogos e humanistas escolásticos aceitava a liberdade da vontade como parte de seu conceito sinergístico da salvação. Lutero a tratava como apenas mais uma manifestação da soberba humana que se contrapunha à cruz e proclamava o desamparo do ser humano. Lutero acreditava fortemente na escravidão da vontade por consequência da queda e do pecado original, mas assim acreditava por causa da cruz e não da especulação metafísica. Sua teologia da cruz também o levou à defesa fervorosa da doutrina da salvação — o monergismo da salvação — que considerava um "vinho muito forte e alimento sólido para os fortes".[15] Embora Lutero tivesse muitos motivos para crer na predestinação, na verdade, sua crença nela se baseava na cruz e, só podia ser explicada por meio da cruz, não pela argumentação teológica ou filosófica racional:

> A doutrina da predestinação defendida por Lutero não era motivada por interesses especulativos ou metafísicos. Era uma janela para a vontade graciosa de Deus que voluntariamente se uniu à humanidade em Jesus Cristo. A predestinação, assim como a natureza do próprio Deus, podia ser explicada somente

---

[14] Ibid., p. 30.
[15] Apud Timothy George, *Theology of the reformers* (Nashville, Broadman, 1988, p. 77).

por meio da cruz, pelas "chagas de Jesus" às quais Staupitz dirigiu a atenção do jovem Lutero em suas primeiras reflexões.[16]

Para Lutero, a crença na liberdade da vontade — quer na versão escolástica, quer na humanista — evidenciava a recusa de aceitar a atuação de Deus a nosso favor como a única esperança de salvação. A cruz é o grande evento e símbolo do desamparo humano e da intervenção divina. A única maneira de responder a isso é reconhecer a total indignidade e dependência da graça de Deus.

Em seu próprio tempo, Lutero via apenas duas opções para a teologia cristã: a versão da teologia da glória ou da teologia da cruz. Pelos seus cálculos, todos os seus oponentes — inclusive a Igreja de Roma e os humanistas, bem como os "fanáticos" entre os protestantes — eram culpados de adotar a teologia da glória. Somente ele conseguia ver a centralidade da cruz e o paradoxo do poder e sofrimento de Deus no âmago do evangelho, conforme o entendia. Tudo na contribuição teológica de Lutero flui e reflui daí continuamente.

Certamente, elementos teológicos e filosóficos externos influenciaram-no sem que tivesse plena consciência disso. Exemplo notável desse fato é a influência do nominalismo em sua doutrina de Deus, e pelo menos alguns estudiosos e críticos de Lutero argumentam que ele era um fator tanto no seu monergismo da salvação quanto na sua teologia da cruz. Assim como Occam, Lutero identificava a pessoa de Deus com total liberdade de vontade. A vontade humana é restrita e determinada por Deus. Conforme Lutero declarou a Erasmo, respondendo à pergunta do humanista em *Da liberdade da vontade*, no tocante à razão para Deus preordenar o pecado e o mal:

> Ele é Deus e, quanto à sua vontade, não existe nenhuma causa ou razão que possa ser definida como regra ou medida, visto que não há nada igual ou superior a ela já que ela mesma é a regra para todas as coisas. Se, portanto, houvesse uma regra ou padrão que a determinasse, quer como causa ou razão, já não seria a vontade de Deus. Pois o que acontece está necessariamente certo não porque ele é ou foi obrigado a determinar tal coisa, mas porque ele próprio a determinou. A causa e a razão podem ser designadas para a vontade da criatura, mas não para a vontade do Criador, a não ser que se coloque acima dele outro criador.[17]

Dificilmente poderia haver uma declaração mais clara de uma doutrina nominalista de Deus.

---

[16] Ibid., p. 79.

[17] *De servo arbitrio*, in: *Luther and Erasmus: free will and salvation*, org. E. Gordon Rupp & trad. Philip S. Watson (Philadelphia, Westminster Press, 1969, p. 236-7).

O conhecimento de Deus segundo Lutero

Segundo Lutero, se Deus deve ser conhecido de alguma maneira, ele mesmo precisa se revelar. Portanto, a base de todo o conhecimento genuíno a respeito de Deus só pode ser a autorrevelação mediante sua Palavra e seu Espírito. Embora a teologia natural fosse uma possibilidade antes do pecado, e à parte dele, segundo Lutero, a queda destruiu não somente a liberdade da vontade, mas também a capacidade do intelecto de conhecer a Deus pela razão natural sem ajuda da revelação especial. Por causa do pecado, declarou Lutero: "Quem tiver um deus, mas não sua palavra, não tem deus nenhum", e quem procurar Deus fora de Jesus Cristo como a Palavra de Deus em pessoa encontrará o diabo e não Deus.[18] Isso porque, segundo Lutero, a própria razão precisa de cura e renovação milagrosas pela graça de Deus e do Espírito Santo para crer em Deus corretamente. O pecado corrompeu de tal maneira o ser humano que a imagem de Deus não passa de reflexo fragmentado ou de mera lembrança do que deveria ter sido. Embora as evidências da existência, do poder e da bondade de Deus estejam presentes em toda parte na natureza, a mente humana, por causa do pecado, somente percebe ídolos e rejeita a verdadeira adoração a Deus em favor da idolatria. Lutero buscou em Paulo, Romanos 1 a base para rejeitar qualquer conhecimento natural genuíno de Deus.

Não é necessário dizer que o reformador alemão desprezava completamente o conhecimento natural de Deus segundo o escolasticismo e muito menos a ênfase dada à filosofia de Aristóteles pelos tomistas (seguidores de Tomás de Aquino). Entre outras coisas — conforme argumentava Lutero — essa abordagem do conhecimento de Deus não leva o pecado suficientemente a sério. Em contrapartida, exalta a filosofia demasiadamente. Quando Lutero vituperava a razão como a "grande meretriz", geralmente se referia a Aristóteles e a qualquer filosofia ou teologia que tentasse alcançar o conhecimento a respeito de Deus e do evangelho usando meios alheios à Palavra de Deus. Na sua opinião, "Aristóteles está para a teologia assim como as trevas estão para a luz"[19] e "a filosofia não consegue expressar nada senão o conteúdo limitado da razão humana".[20]

Novamente, parece que dois argumentos sustentam a opinião de Lutero e os estudiosos vivem questionando qual seria a principal influência de seu conceito do conhecimento de Deus. De um lado, Lutero apelava ao evangelho e às Escrituras em busca de fundamento. Nesse ponto, estão em jogo as doutrinas do pecado original e a transcendência de Deus em relação ao raciocínio humano. De outro lado, aqui e

---

[18] ALTHAUS, op. cit., p. 23.
[19] OBERMAN, op. cit., p. 160.
[20] ALTHAUS, op. cit., p. 11.

em outras partes, Lutero estava nitidamente sob a influência de Occam e do nominalismo. Occam não encontrou muita ajuda para a teologia na razão natural (a não ser a própria lógica). O grande nominalista medieval enfatizava a fé somente como instrumento para entender a natureza de Deus e os mistérios da revelação divina.

Portanto, se a razão e a filosofia sem ajuda da graça e da revelação são de pouca ou nenhuma serventia, onde Lutero foi buscar o conhecimento sobre Deus que lhe permitiria desenvolver e estabelecer a doutrina verdadeira? Contra a teologia da Igreja de Roma, apelou somente à Escritura — *sola scriptura* — como guia, norma e autoridade finais para a fé e a prática cristãs. A Igreja Católica nos dias de Lutero ensinava que a tradição oral era tão válida quanto as Escrituras. Além disso, ensinava que a Bíblia foi produzida pela igreja e, portanto, somente sua hierarquia poderia interpretá-la de modo apropriado. Lutero, entretanto, considerava que o evangelho e as Escrituras que o refletem se encontravam em um nível de autoridade muito superior ao da filosofia ou da tradição, sendo que estas podiam errar e não raro erravam mesmo.

Isso não quer dizer, porém, que Lutero descartou inteiramente a tradição. Ele manteve a tradição cristã, ao contrário da filosofia, na mais alta estima e procurou resgatá-la e preservá-la o máximo possível. Uma de suas queixas contra os reformadores mais radicais foi de agirem precipitadamente contra a herança teológica e litúrgica tradicionais da igreja. Comparando a tradição acumulada nos credos e liturgia com um templo, Lutero escreveu contra os radicais: "Precisamos ter um espírito mais cauteloso e discreto, que ataque as mudanças que ameaçam o templo sem destruir o templo de Deus".[21]

Para Lutero, o padrão e a medida de toda a verdade é o evangelho de Jesus Cristo, que é, antes de tudo, uma mensagem falada — a Palavra de Deus — e não uma "mensagem morta". Lutero não se limitou a equiparar a Palavra de Deus com a Bíblia. Contudo, não relegou, tampouco, a Bíblia a uma categoria inferior ou menos importante. Nós só conhecemos e ouvimos o evangelho por meio da Bíblia, que é o instrumento escolhido por Deus e usado pelo Espírito Santo para trazer Jesus Cristo até nós e nos ensinar o evangelho. Para Lutero, a Bíblia é o berço no qual Cristo se encontra. Mas a Bíblia não é Deus, nem Jesus Cristo e nem o evangelho. Estes estão acima do livro e o valor do livro encontra-se exclusivamente no fato de Deus usá-lo para instruir seu povo. Mas ele realmente o usa como nenhum outro livro e, por isso, sua autoridade está acima de todas as autoridades humanas. Segundo Lutero: "O evangelho [...] não é outra coisa senão a pregação a respeito de Cristo, Filho de Deus e de Davi, verdadeiramente Deus e verdadeiramente homem, cuja morte e ressurreição sobrepujaram o pecado, a morte e o inferno

---

[21] Concerning rebaptism, in: *Martin Luther's Basic theological writings*, p. 115.

de todos os homens que nele creem".²² É, em outras palavras, uma mensagem: a Palavra de Deus. Antes de existir o NT, a mensagem era pregada pelos apóstolos. Ela é o âmago e padrão interior da verdade, até mesmo nas próprias Escrituras.

A abordagem de Lutero à Bíblia era um pouco ambígua e até paradoxal. Alguns críticos diriam que é um exemplar perfeito de sua tendência à inconsistência ou mesmo à contradição total. De um lado, contra a equiparação das autoridades da tradição e das Escrituras feita pelos católicos, ele colocou a Bíblia em um plano mais alto e insistiu que nenhuma pessoa ou igreja tinha o direito de julgar as Escrituras. Em algumas ocasiões em seus escritos, ele de fato equiparou a Bíblia com a Palavra de Deus e condenou todas as críticas que lhe foram feitas e sua subordinação à autoridade da igreja. Referiu-se à Bíblia como "a rainha" e declarou: "essa rainha deve reinar e todos devem obedecer-lhe e se subordinar a ela. O papa, Lutero, Agostinho, Paulo e mesmo os anjos do céu não devem ser senhores, juízes ou árbitros, mas apenas testemunhas, discípulos e confessores das Escrituras".²³ De outro lado, Lutero também foi capaz de declarar de modo bastante inequívoco que nem tudo nas Escrituras tem igual valor e, sem cerimônia, depreciou alguns livros da Bíblia afirmando que tinham pouco ou nenhum valor para a alma.

O exemplo clássico disso é a Epístola de Tiago, a respeito da qual Lutero escreveu: "Fora com Tiago. [...] Ele não tem autoridade suficiente para me fazer abandonar a doutrina da fé e desviar da autoridade dos demais apóstolos e da Bíblia inteira".²⁴ Lutero lidava com a mensagem do evangelho — a Palavra de Deus — como um "cânon dentro do cânon", de modo que Tiago e certos outros livros e partes das Escrituras não tem a mesma autoridade:

> Em poucas palavras, o evangelho segundo João e sua primeira epístola, as epístolas de Paulo, especialmente Romanos, Gálatas e Efésios, e a primeira epístola de Pedro são os livros que mostram Cristo e ensinam tudo o que é necessário e salvífico, mesmo que nunca mais se venha a ler ou a conhecer nenhum outro livro ou doutrina. Por isso, a epístola de Tiago é realmente uma epístola inútil se comparada às outras, pois não contém nada da natureza do evangelho.²⁵

Para Lutero, portanto, até a Bíblia contém diferentes níveis de autoridade e o teste para determiná-los e medida para interpretar toda a Escritura é *was Christum treibt* — o que promove (ou impele) Cristo —, ou seja, a mensagem do evangelho sobre Cristo,

---

²² Prefaces to the New Testament, in: *Martin Luther's basic theological writings*, p. 115.
²³ Apud Althaus, op. cit., p. 75, n.8.
²⁴ Ibid., p. 81.
²⁵ Prefaces to the New Testament, p. 117.

a cruz e a salvação pela graça mediante a fé somente. Lutero, diferentemente de alguns conceitos falsos a respeito, não excluiu a epístola de Tiago do NT. Mas realmente desencorajava o seu uso no culto e no ensino e proibia os aspirantes ao ministério luterano de pregar com base nela ou no livro do Apocalipse, que considerava obscuro. Além disso, ele excluiu das versões protestantes da Bíblia os livros conhecidos como apócrifos e criou uma tradução em alemão das Escrituras, a partir do texto grego crítico do NT de Erasmo. Não há dúvida quanto à devoção de Lutero às Escrituras como Palavra de Deus. Mas não se pode negar, tampouco, que sua doutrina das Escrituras seja altamente ambígua e apresente quase tantas dúvidas quanto soluções.

A autoridade religiosa e espiritual final, segundo Lutero, é a "Palavra externa" do evangelho, refletida pelas Escrituras quando o Espírito Santo a usa para chamar, convencer e instruir os pecadores que se tornam crentes. Contra a Igreja de Roma, colocou a Bíblia em um pedestal acima da tradição eclesiástica, como árbitro de toda a crença e prática. Somente os aspectos da tradição que estão de acordo com as Escrituras devem ser mantidos. Ao contrário dos místicos e espiritualistas de seu tempo, Lutero estabeleceu um forte vínculo entre o Espírito Santo, a Palavra externa e a Bíblia e argumentou que o Espírito Santo não ensina nada além do que a Bíblia ensina. Para ele, "a Palavra e o Espírito Santo [...] não apenas estão unidas, como também formam uma unidade indissolúvel".[26] A única comprovação da veracidade e autoridade das Escrituras é o testemunho do Espírito Santo por meio delas. Para Lutero, isso bastava. O argumento racional não tem nada a acrescentar.

O Deus de Lutero é oculto e revelado

Outro princípio básico da teologia de Lutero diz respeito à pessoa de Deus. Lutero é famoso pelas alusões indiretas, frequentes e enigmáticas à sua crença no "Deus oculto". Para ele, o Deus verdadeiro é tanto oculto como revelado, tratando-se de um paradoxo. O conceito da qualidade oculta de Deus, segundo Lutero, sugere muito mais do que o bom senso ou a noção popular de que nem tudo relacionado a Deus pode ser concebido pela mente humana, mesmo quando ela se apoia na revelação divina. Trata-se praticamente de um truísmo sem nenhum interesse especial. A ideia de Lutero sobre o aspecto oculto de Deus vai muito além disso, mas ainda não se entrou em acordo sobre exatamente o que está envolvido e subentendido nela. Alguns críticos a consideram incoerente, e alguns admiradores de Lutero uma de suas maiores realizações.

Para Lutero, Deus é oculto e revelado no evangelho e nas Escrituras em dois sentidos. De um lado, Deus decide se revelar de modo soberano sob uma forma

---

[26] ALTHAUS, op. cit., p. 38.

contrária à sua, na humanidade de Jesus Cristo e no sofrimento da cruz. Esse sentido da qualidade oculta de Deus foi uma maneira de Lutero expressar a condescendência de Deus em sua autorrevelação. Deus escolhe o que lhe é alheio e até mesmo o que é profano (o abandono de Jesus Cristo por Deus na cruz, porque Jesus levava sobre si os pecados do mundo) para ir ao encontro da humanidade. Sua grandeza e seu poder são revelados por meio da fraqueza, do sofrimento e do pecado assumido. Como Deus pode ser Deus e ainda passar por tudo isso é incompreensível à mente humana. Faz parte do escândalo da teologia da cruz, que é ofensa e obstáculo para a razão natural.

O sentido mais enigmático da qualidade oculta de Deus tem a ver com a afirmação de Lutero de que de alguma forma, além da autorrevelação de Deus no evangelho existe um poder misterioso quase totalmente desconhecido pelos seres humanos. Deus se revela em Jesus Cristo como irmão e amigo amoroso e, no evangelho, como graça e misericórdia. No evangelho, Deus é só compaixão e bondade perfeita, sem o menor indício de arbitrariedade ou capricho. Deus está "a nosso favor". Este é o único lado ou aspecto de Deus do qual devemos nos ocupar. O Deus revelado pelo evangelho opõe-se ao pecado e ao mal e procura vencê-los derrotando o pecado, a morte e Satanás por meio da cruz. Deus a nosso favor no evangelho é a nossa única função na proclamação. Segundo Lutero, devemos dirigir a nossa atenção a esse Deus, que é muito semelhante ao pai disposto a perdoar na parábola de Jesus sobre o filho pródigo.

Ainda que de modo paradoxal, Lutero queria nos avisar que esse não é o único aspecto de Deus. Por trás do Deus que nos espera, com rosto sorridente e braços estendidos, encontra-se o Deus oculto, obscuro, misterioso, com poder para determinar tudo, que é a causa de todas as coisas más e de todas as coisas boas da natureza e da história. Embora essa força divina e obscura tenha pouca relação com a mensagem do evangelho, Lutero a apontava como o contexto necessário para a toda a história. Absolutamente nada pode existir ou acontecer que não faça parte diretamente do plano e causalidade de Deus. Nesse ponto, o monergismo vai além até de Agostinho: "O diabo é 'o diabo de Deus'".[27] Deus opera tudo em todos, até mesmo em Satanás e nos ímpios e por meio deles. "Devemos saber, portanto, que, em todo mal que nos acontece, é o próprio Deus que opera por meio de seus instrumentos".[28]

Lutero relacionava sua doutrina da dupla predestinação — que Deus preordena alguns anjos e seres humanos para o céu e outros para o inferno — ao aspecto oculto de Deus. Uma ideia tão terrível como essa parece contrária ao evangelho,

---

[27] Ibid., p. 165.
[28] Ibid., p. 166.

mas é inevitável, assim acreditava Lutero. Por ser tanto oculto como revelado, Deus tem duas vontades que parecem totalmente conflitantes para a mente humana finita. Por um lado, Deus deseja a salvação de todos; por outro lado, deseja operar o mal (embora para ele isso não seja nenhum mal!) e criar Satanás, provocar a sua queda e usá-lo como instrumento. Sem a menor intenção de esclarecer as contradições aparentes dessa doutrina, Lutero simplesmente falou do aspecto oculto de Deus e conclamou os cristãos a reconhecê-lo, sem deixar de manter o enfoque na autorrevelação de Deus em Cristo.

Muitos críticos e estudiosos entendem que o "Deus oculto" de Lutero é mais uma evidência do nominalismo. Sua redescoberta do evangelho apontava de modo irrefutável para a grande compaixão, misericórdia e bondade de Deus. Entretanto, Lutero não podia limitar a isso a doutrina de Deus, visto que assim estaria sugerindo que Deus é, de alguma forma, prisioneiro de seu relacionamento com a humanidade e que existem poderes — Satanás, o pecado e o mal — que estão fora de seu controle. Lutero tinha uma ideia bastante clara de Satanás como um inimigo seu e de Deus e como oponente do evangelho. Por outro lado, conhecia a Deus como o Senhor onipotente do universo que determina tudo o que acontece. A solução estava em postular um Deus oculto atrás do Deus amoroso e pessoal do evangelho que se opunha a Satanás e era amigo da humanidade. Esse Deus oculto é quase idêntico ao poder e à vontade divina completamente livre (*potentia absoluta*) postulados pelo nominalismo e ao imperador do universo postulado por Agostinho. O resultado para a teologia de Lutero é um Deus semelhante a Jano, com dois rostos.

Até mesmo estudiosos simpatizantes de Lutero, como Paul Althaus, ficam consternados por Lutero ter se apegado tanto à ideia do Deus oculto, enquanto seu compromisso com o evangelho deveria revolucionar a doutrina do ser divino.[29] Em vez de o poder de Deus ficar subordinado ao amor — conforme indicaria o evangelho —, o conceito de Lutero sobre o Deus oculto parece sugerir um conflito direto entre o amor e o poder de Deus ou, então, a subordinação do amor ao poder.

A justificação: a doutrina pela qual a igreja se firma ou cai

A contribuição mais conhecida de Lutero à teologia é a doutrina da justiça ou da "justificação pela graça mediante a fé somente". A justificação é o ato pelo qual Deus declara que uma pessoa está em um relacionamento certo com ele, ou seja, justo. Lutero considerava que esse era o âmago da soteriologia, e a soteriologia, o âmago de toda a teologia. Para ele, "a doutrina da justificação não é apenas mais uma doutrina; é o artigo fundamental da fé, pelo qual a igreja se firmará ou cairá

---

[29] Ibid., p. 24-40.

e do qual depende toda a doutrina".[30] Para compreendermos o conceito da justificação segundo Lutero, é essencial entendermos a doutrina católica medieval contra a qual surgiu essa reação. Conforme a doutrina católica — desde os dias de Agostinho, mil anos atrás — a justificação é o processo gradativo pelo qual o pecador realmente se torna interiormente justo ao receber a justiça do próprio Deus, infundida nele mediante a graça do batismo, da fé, de obras de caridade e de toda a vida penitencial. Somente quando o pecador é transformado de tal maneira que realmente deixa de ser pecador é que Deus o justifica no sentido pleno e completo. A graça batismal que lava a culpa do pecado original precisa tornar-se a graça habitual que é aumentada interiormente pelos sacramentos e pela penitência e acaba se transformando na perfeição impecável. A justificação vem progressivamente no decorrer do processo da salvação, mas só no fim acontece de modo definitivo e perfeito. Para os católicos medievais, esse processo se estendia até o purgatório.

Lutero desesperou-se ao pensar se algum dia alcançaria a justificação dessa maneira. Tinha sido batizado e se tornado "penitente perfeito" ao ingressar no mosteiro e se confessar, com sincera contrição, várias vezes por dia. Tinha experimentado até mesmo autoflagelar-se e jejuar até quase morrer de fome, além de dormir no chão frio de pedra de sua cela. Mesmo assim, sua mente continuava perturbada e o semblante de Deus ainda lhe parecia irado quando o contemplava à luz de sua própria virtude imperfeita. O estudo das Escrituras só fez aprofundar ainda mais o senso da pecaminosidade humana que o sistema católico medieval da salvação pressupunha. Lutero chegou a acreditar que "o homem [...] peca mesmo depois de dar o melhor de si, até em suas melhores obras".[31] Como, então, teria alguma esperança de justificação? Sua doutrina alternativa começou com a ideia: "eu não sou bom e justo, mas Cristo o é" e há uma "troca agradável e alegre" na cruz, entre a bondade e retidão de Cristo e a pecaminosidade e iniquidade do ser humano, que se torna pleno benefício a partir do momento em que se tem fé e nisso crê. "Como noivos que permutam as posses no casamento, o pecador recebe a justificação de Cristo e Cristo assume seus pecados."[32]

Esse intercâmbio alegre acontece tanto na cruz, pela morte de Cristo, quanto na vida do cristão tão logo que ele crê na Palavra de Deus e confia somente em Cristo para a salvação. Para isso, nada mais é necessário senão a cruz na história, o evangelho proclamado e a fé no coração do pecador. Os atos de penitência não fazem nenhuma diferença. Os méritos de Cristo, que Deus imputa ao pecador,

---

[30] Ibid., p. 225.
[31] Ibid., p. 149.
[32] OBERMAN, op. cit., p. 184.

não aumentam. A justiça assim obtida é de Cristo, por isso é "alheia" e "imputada": "mediante a fé em Cristo [...] a justiça de Cristo se torna a nossa justiça e tudo que é dele passa a ser nosso, ele próprio passa a ser nosso".[33] Lutero deixou claro no contexto que essa retidão que nos justifica nunca se torna nossa propriedade. É, para sempre, totalmente de Cristo. Além disso, não transforma a pessoa que a recebeu em justa de fato, embora forneça um novo motivo para agradar a Deus — a gratidão. Pelo contrário, a pessoa que recebe a justiça de Cristo pela imputação (uma metáfora contábil ou jurídica) continua totalmente pecadora. Sua condição é constante na vida, sendo *simul justus et peccator* — "simultaneamente justa e pecadora". Por causa de Cristo, recebido pela fé, Deus enxerga o pecador como justo, embora o pecador seja exatamente isso, pecador: "assim, o cristão é justo e pecador, santo e profano, inimigo de Deus, no entanto seu filho".[34]

Para Lutero, portanto, a justificação tinha dois momentos. No primeiro, Deus perdoa o pecador por causa da fé, mediante a graça divina somente. No segundo, além do simples perdão, Deus imputa ao pecador a justiça de Cristo, como se fosse a justiça do próprio pecador. É um evento em duas etapas que acontece uma única vez — usualmente por ocasião do batismo — e diariamente no decorrer da vida à medida que o crente pecador renova a cada dia seu arrependimento e fé. Não há, porém, insegurança no aspecto diário da justificação, pois é dádiva gratuita, totalmente independente do progresso da justiça concreta. A única condição para manter a justificação é a fé contínua, e a fé, segundo Lutero, é o contrário de "obra". "Para Lutero, [...] a fé significa aceitar de coração a promessa de Deus e nela arriscar tudo".[35] A essência da fé é a simples crença e confiança na promessa de Deus feita em Cristo na cruz. No momento em que alguém passa a ter fé — que é o dom de Deus aos eleitos —, a troca agradável e alegre se completa e o pecador deixa de ser um pecador condenado aos olhos de Deus.

Os oponentes de Lutero acusaram-no de abrir uma brecha para a antiga heresia do antinomismo — a rejeição de toda lei e obediência. Alegaram que seus ensinos a respeito da justificação suprimiriam o âmago do viver cristão. As pessoas "pecariam mais para que a graça fosse abundante" e iriam para o inferno por negligenciar o crescimento para a perfeição pelo sistema penitencial. Lutero recebeu essa crítica com temor porque sabia que havia um pouco de verdade nela e que algumas pessoas, sem dúvida, entenderiam erroneamente o evangelho e transformariam liberdade em libertinagem, como já havia acontecido nos dias de Paulo.

---

[33] Two kinds of righteousness in Christ, in: *Martin Luther's basic theological writings*, p. 156.

[34] A commentary on St. Paul's Epistle to the Galatians, in: *Martin Luther: selections from his writings*, p. 130.

[35] ALTHAUS, op. cit., p. 44.

Lutero explicava as boas obras cristãs à sua própria maneira. As boas obras, como atos de amor a Deus e ao próximo, fluiriam naturalmente no novo coração que a pessoa recebe ao ser perdoada e justificada livremente pela graça. A mesma fé que acolhe a graça e a mesma graça que justifica começarão inevitavelmente a transformar a pessoa interiormente e a produzir frutos de justiça. Disso Lutero tinha certeza. Mas não dedicou muita atenção às boas obras com receio de que levassem de volta à justiça pelas obras. Para ele, o total de boas obras e o grau de resignação genuína da pessoa a Cristo quanto ao comportamento, nada dizem respeito à justificação. Em última análise, eles são "trapos imundos" em comparação com a justiça perfeita de Cristo e, portanto, não ajudam nem um pouco a justificação nem a causam.

O sacerdócio e os sacramentos segundo Lutero

De acordo com Lutero, todos os cristãos, por serem justificados pela graça mediante a fé somente, são sacerdotes de Deus. Esse é outro princípio teológico básico. Enquanto a igreja medieval elevava a classe de homens chamados sacerdotes à posição espiritual especial de mediadores entre os pecadores e Deus, com poderes sobrenaturais para absolver da culpa e celebrar os sacramentos, Lutero elevava todo crente verdadeiro a essa mesma condição. Referia-se à igreja inteira como a "comunhão dos santos" e como o "sacerdócio evangélico". Lutero asseverava que, por causa da graça e da fé:

> Não somente somos os mais livres entre os reis, como também somos eternamente sacerdotes, que é muito melhor do que sermos reis, pois como sacerdotes somos também dignos de aparecer perante Deus a fim de orarmos pelo próximo e ensinarmos as questões divinas uns aos outros. [...] Cristo tornou possível, sob a condição de crermos nele, que fôssemos não somente seus irmãos, co-herdeiros e reis, mas também sacerdotes como ele. Podemos, portanto, aparecer confiantemente na presença de Deus com espírito de fé [...] e clamar "Aba, Pai!", e orar uns pelos outros e fazer todas as coisas que sabemos que são feitas e prenunciadas nos serviços exteriores e visíveis dos sacerdotes.[36]

Lutero não menosprezou o cargo do ministro como pastor da congregação ao elevar o sacerdócio todos os crentes. Enfatizava o cargo dos ministros no ensino como servos treinados a interpretar e ensinar a Palavra de Deus. Entretanto, acreditava que eles deviam sempre ser chamados e escolhidos pelo povo de Deus e não serem impostos sobre ele por um oficial hierárquico da igreja, e ensinava que qualquer cristão comum podia, em uma emergência, celebrar qualquer um dos

---

[36] The freedom of a Christian, in: *Martin Luther*: selections from his writings, p. 64.

dois sacramentos — o batismo e a ceia do Senhor — e pregar e ensinar a Palavra de Deus diante da congregação. O sacerdócio de todos os crentes tem dois significados. Primeiro, todos os verdadeiros crentes em Jesus Cristo podem recorrer diretamente a Deus em súplica a favor dos outros, bem como de si mesmos. Segundo, nenhuma condição espiritual especial coloca os ministros acima do resto do povo de Deus para exercer domínio sobre ele.

Grande parte da controvérsia que envolvia Lutero e sua teologia reformadora dizia respeito aos sacramentos. A Igreja Católica Romana medieval enfatizava o valor e a importância dos sete atos de Cristo realizados por meio da igreja, visando à salvação dos indivíduos. O debate na Reforma girava em torno de dois deles: o batismo e a ceia do Senhor. Esta última é chamada de eucaristia pelas igrejas ortodoxa oriental e católica romana, e também por algumas denominações protestantes. Lutero preferia chamá-la simplesmente de ceia do Senhor ou de santa comunhão.

Para desgosto da Igreja de Roma, Lutero reduziu o número dos sacramentos a esses dois. Durante algum tempo, no começo de sua obra reformadora, considerou a penitência (a confissão e a absolvição) um terceiro sacramento, mas acabou tirando-a dessa categoria. Segundo Lutero, para uma cerimônia ser um sacramento verdadeiro e fortalecer a fé, "o ato simbólico deve ser instituído por Deus e ser acompanhado de uma promessa. A qualidade de sacramento depende, em última análise, da presença de uma Palavra divina de promessa".[37] Somente o batismo e a ceia do Senhor satisfazem esses critérios.

Além disso, contra a opinião católica que imperava, Lutero insistia que, a fim de um sacramento ser eficaz no fortalecimento da fé, a fé já deve estar presente. Os sacramentos não funcionam *ex opere operato*. Não basta apenas parar de colocar um impedimento à eficácia do sacramento — conforme Agostinho alegava e a igreja ensinava. Pelo contrário, a pessoa que recebe o sacramento deve ter fé para se beneficiar do sacramento.

Diferentemente do ensino católico romano a respeito do batismo, Lutero rejeitava a ideia de que o batismo meramente restaura a retidão original perdida na queda por Adão e Eva e por todos os seus descendentes e dá início ao processo do crescimento habitual na graça. Antes, asseverava que o batismo, celebrado e recebido com fé, justifica plenamente o pecador mediante a Palavra de Deus misteriosamente ligada à água. Ao contrário do ensino católico romano a respeito da ceia do Senhor, Lutero rejeitava a ideia de que ela representa sacrificar Cristo de novo e também rejeitava a crença na transubstanciação, que alegava que o pão e o vinho realmente se tornam o corpo e o sangue de Cristo em substância.

---

[37] Althaus, op. cit., p. 345.

Lutero, todavia, travava a maioria de suas lutas no tocante ao batismo e à ceia do Senhor com outros protestantes. Ulrico Zwínglio na Suíça opunha-se ao conceito da ceia do Senhor sustentado por Lutero e os anabatistas e outros reformadores radicais rejeitavam seu conceito do batismo. As batalhas teológicas entre os protestantes por causa desses sacramentos, ou "ordenanças", manteve-os tão divididos como nenhum outro assunto o fez. Lutero era severo e inexorável nos debates tanto com os católicos quanto com os protestantes não luteranos.

Os anabatistas acusaram Lutero de inconsistência. Se a eficácia do sacramento depende da fé, como um bebê pode receber o batismo cristão genuíno? Os anabatistas queriam uma reforma profunda na igreja e achavam que Lutero e outros líderes protestantes magisteriais estavam se detendo a meio caminho. Para eles, o batismo infantil era sinal do abandono do cristianismo apostólico pela igreja, além de ser inconsistente com o evangelho da salvação pela graça mediante a fé somente. Por Lutero defender o batismo infantil, acusaram-no de ser inconsistente e de estar preso à tradição católica. Acreditavam que somente as pessoas que tivessem alcançado o despertar da consciência, ou a idade da responsabilidade, podiam se arrepender e expressar a fé e que o batismo é eficaz somente quando isso acontece como sinal e símbolo da conversão.

Anabatista significa "aquele que rebatiza" e foi um nome criado com a intenção de ofender. Naturalmente, os anabatistas, que se chamavam de Irmãos, não acreditavam em "rebatizar" pessoa alguma. Consideravam que o batismo infantil não era batismo verdadeiro.

Lutero não simpatizava com os anabatistas e respondeu às suas perguntas e acusações subentendidas com fervor cáustico. Sua própria opinião a respeito era próxima do que se pode chamar de "regeneração batismal" — a crença de que "no batismo recebemos imediatamente o perdão completo do pecado".[38] Para Lutero, o batismo era "o sinal visível da justificação imerecida mediante a graça de Deus. O batismo leva a efeito a justificação mediante a graça de Deus. Ele realiza a 'alegre troca' mediante a qual o pecador recebe a justiça de Cristo e Cristo toma sobre si os pecados do pecador".[39] Insistia, no entanto, que a criança precisa ter fé para receber a salvação mediante o batismo.

Como uma criança pode ter fé? Lutero considerava essa pergunta quase blasfema, pois para ele a fé é simplesmente confiança e uma dádiva de Deus. Quem melhor do que uma criança para tê-la? Embora acreditasse e argumentasse que uma

---

[38] Ibid., p. 356.
[39] OBERMAN, op. cit., p. 227.

criança pode ter fé, para Lutero, a validade do batismo não dependia disso. Antes, ele sustentava que o batismo das crianças é legítimo por ser tradicional:

> Como o batismo é o mesmo desde o início do cristianismo e que é costume batizar crianças e como ninguém pode provar com boa razão que elas não têm fé, não devemos promover alterações e nos basear em argumentos tão fracos. Se, pois, for para mudar ou abolir costumes que são tradicionais, é necessário comprovar que estes são contrários à Palavra de Deus.[40]

Os anabatistas ficaram insatisfeitos com o apelo final de Lutero à tradição. Acreditavam que o batismo infantil era contrário à Palavra de Deus e argumentavam que nem sempre tinha sido praticado pelos cristãos, que tinha sido introduzido em fins do século II ou no início do século III e que era assunto controvertido desde os tempos de Tertuliano. A doutrina do batismo infantil defendida por Lutero, na melhor das hipóteses, é fraca diante da forte ênfase que deu à fé pessoal como crença e confiança na obra de Cristo necessária para a justificação e da sua tendência a rejeitar as tradições que, de alguma maneira, entrassem em conflito com o evangelho e não recebessem nítido apoio nas Escrituras.

A casa protestante dividida: Lutero versus Zwinglio na ceia do Senhor

Talvez o incidente mais lastimável entre Lutero e seus colegas protestantes seja o que ocorreu em outubro de 1529 na cidade de Marburgo, Alemanha, na conferência conhecida como *Colóquio de Marburgo*. O príncipe Filipe de Hesse, protestante fervoroso, levou para lá Lutero, Zwinglio e Martinho Bucer, de Estrasburgo, em uma tentativa de se chegar a um consenso no tocante ao sacramento da ceia do Senhor. Zwinglio, o reformador de Zurique, ensinava aos protestantes suíços que a ceia do Senhor é simplesmente uma comemoração da morte de Cristo e que nela não há nenhuma "presença real" do corpo de Cristo. Lutero ensinava que, embora fosse antibíblica a doutrina católica romana da transubstanciação, as palavras de Cristo "este é o meu corpo" na última refeição com os discípulos comprova que existe uma "presença real" do corpo de Cristo nos elementos do pão e do vinho. Embora Lutero rotulasse sua doutrina da ceia do Senhor, historiadores eclesiásticos posteriores chamaram-na consubstanciação. Isto é, para Lutero as duas naturezas do alimento físico e do corpo humano glorificado de Cristo se reúnem e alimentam a alma fiel na refeição sacramental. "Assim como o Deus incompreensível e onipresente se aproxima do homem na humanidade de Jesus Cristo, também

---

[40] *Concerning rebaptism*, p. 353.

a humanidade incompreensível e onipresente de Cristo aproxima-se e pode ser captada pelos homens na ceia do Senhor."[41]

No *Colóquio de Marburgo*, Zwinglio argumentou que as Escrituras ensinam que a carne e o sangue não produzem "nada que se aproveite" (Jo 6.63) e que a insistência de Lutero na presença corpórea de Cristo no sacramento toma literalmente as palavras de Jesus "este é o meu corpo", além de ficar perigosamente próxima à doutrina católica da transubstanciação. Zwinglio também argumentou que a própria ideia de comer carne e sangue era uma noção pagã nojenta. A isso, Lutero respondeu: "Eu comeria esterco se Deus assim ordenasse"[42] e acusou Zwinglio de não levar as Escrituras a sério e de tentar racionalizar um mistério. Nem é necessário dizer que a reunião foi um fracasso. Os participantes voltaram para casa mais divididos do que nunca e a atitude de Lutero para com Zwinglio endureceu. A respeito de Zwinglio e dos que o apoiavam, Lutero comentou com os colegas: "Suponho que Deus os cegou",[43] e deixou claro em seus escritos que dificilmente podia considerá-los salvos.

Boa parte das diferenças entre as doutrinas de Lutero e de Zwinglio a respeito do sacramento da ceia do Senhor era resultado de suas cristologias distintas. Zwinglio acreditava que, por causa da encarnação, Jesus Cristo fica no céu e não é onipresente. O corpo humano ressurreto e glorificado de Jesus Cristo não pode estar em todos os lugares ao mesmo tempo a não ser "mediante o Espírito". De outra forma, não seria verdadeiramente humano. Lutero, por outro lado, acreditava enfaticamente na *communicatio idiomatum* de Cirilo e de Leão I e argumentava que, por causa da encarnação, a humanidade de Jesus Cristo é glorificada e "Cristo está ao nosso redor, dentro de nós e em todos os lugares" ao mesmo tempo.[44] Os dois grandes reformadores acusavam-se mutuamente de erros cristológicos, bem como de falhas graves no modo de entender a ceia do Senhor. Uma das principais diferenças entre os protestantes desde então diz respeito a essa questão. Outro reformador suíço — João Calvino — tentou encontrar um meio-termo, conforme veremos no próximo capítulo.

Lutero acreditava que, assim como o batismo, a ceia do Senhor é sacramento genuíno que comunica o perdão dos pecados quando a fé está presente. O motivo de não defender a comunhão para as crianças depois do batismo permanece um mistério, sabe-se apenas que não o fazia. De qualquer forma, Lutero tinha os dois

---

[41] ALTHAUS, op. cit., p. 399.

[42] OBERMAN, op. cit., p. 244.

[43] Ibid., p. 237.

[44] The Sacrament of the body and blood: against the fanatics, in: *Martin Luther's basic theological writings*, p. 321.

sacramentos na mais alta estima e geralmente vinculava a justificação a eles. Por outro lado, ao ser questionado a respeito, reconheceu prontamente que a pessoa podia ser plenamente justificada independentemente da participação dos sacramentos. Não acreditava que as crianças não batizadas perdiam, automaticamente, a entrada ao céu e muito menos que fossem condenadas ao inferno. E embora encorajasse a participação frequente na ceia do Senhor, não fazia dela uma condição prévia para manter a justificação. Entretanto, Lutero advertia que rejeitar o batismo e deliberadamente negligenciar a ceia do Senhor podiam levar à perda da comunhão com Deus. Isso só aconteceria, logicamente, se Deus assim tivesse predeterminado. Tal rejeição e negligência dos sacramentos seriam simplesmente um sinal claro que a pessoa não pertencia aos eleitos de Deus.

Ao mesmo tempo em que Lutero começava a reforma da igreja e da teologia na Alemanha, outro reformador inaugurava uma revolução protestante na Suíça. Ulrico Zwinglio é considerado herói nacional e os protestantes suíços geralmente acreditam que seu avanço ao protestantismo foi completamente independente de Lutero. Não se pode dizer o mesmo a respeito de seu colega suíço mais jovem, nascido na França, chamado João Calvino. Este foi influenciado pelos ensinos luteranos quando era universitário em Paris. Juntos, Zwinglio e Calvino ajudaram a reformar a Suíça e estabelecer o ramo do protestantismo conhecido como Igreja Reformada — a maior igreja europeia a formar um paralelo com o luteranismo —, que deu origem aos movimentos presbiteriano e puritano na Grã-Bretanha. A história de cada um dos dois será contada a seguir.

25
Zwinglio e Calvino organizam o pensamento protestante

Lutero nunca publicou uma teologia sistemática e seus pensamentos ainda são, em grande medida, rudimentares, e até mesmo incoerentes. Paradoxal era seu modo natural de expressão, porque acreditava que Deus e sua Palavra são, em última análise, misteriosos e estão além da compreensão humana. Os reformadores suíços dedicaram mais atenção ao organizar e sistematizar a nova teologia protestante. Com isso, deram seu toque especial, de modo que a teologia proveniente do trabalho deles é usualmente identificada como reformada, ao passo que a de Lutero é chamada luterana ou evangélica (em alguns lugares da Europa, *evangélico* significa simplesmente "protestante" em oposição a católico romano). A teologia reformada é a representação do pensamento protestante cujas raízes se encontram nos ensinos de Ulrico Zwinglio e João Calvino. Os ilustres coadjuvantes da teologia reformada giravam em torno desses dois grandes astros e alguns foram além de sua órbita original e iniciaram movimentos importantes de reforma na Holanda, Escócia, Inglaterra e em outros lugares por toda a Europa. Todos, no entanto, partiram de Zwinglio e Calvino.

A teologia reformada

O que é teologia reformada? É uma forma de teologia protestante e, portanto, tem em comum com Lutero e com outros reformadores protestantes os três grandes princípios protestantes: a salvação pela graça mediante a fé somente, a autoridade especial e final das Escrituras e o sacerdócio de todos os crentes. Entretanto, a teologia protestante reformada tem seu próprio toque teológico. Embora concorde inteiramente com Lutero no tocante à maioria das questões, trata de modo distinto várias questões doutrinárias, interpretando-as e enfatizando-as à sua própria maneira.

Não raro, ouve-se a generalização de que a teologia reformada é uma ramificação do pensamento protestante que enfatiza de modo especial a soberania de Deus.

Entretanto, conforme já vimos na história da teologia, muito antes da Reforma suíça, vários teólogos ressaltavam a soberania de Deus sobre a natureza e a história. O monergismo e a providência meticulosa caracterizavam a teologia madura de Agostinho, e os escolásticos medievais, Anselmo e Tomás de Aquino, também os ensinavam. Lutero negava o livre-arbítrio e argumentava que Deus só poderia ser realmente Deus se governasse sobre tudo de tal maneira que não acontecesse nada na natureza ou na história que não fosse planejado e levado a efeito por ele. Parece incorreto, portanto, considerar a soberania divina na providência e na predestinação uma contribuição especial da teologia protestante reformada.

Talvez a identificação popular (e às vezes também erudita) da teologia reformada com ênfase na soberania de Deus, inclusive a providência e a predestinação monergistas, resulte do fato de a teologia luterana posterior ter abrandado a ênfase também forte de Lutero. A teologia luterana depois de Lutero foi influenciada por seu assistente, Filipe Melâncton (1497-1560), que tendia ao sinergismo e era um tanto erasmiano no tocante ao temperamento e à teologia. Os anabatistas e os anglicanos (Igreja da Inglaterra) ora discordavam a respeito, ora tendiam fortemente ao sinergismo — especialmente nos séculos XVII e XVIII. Por isso, a teologia reformada proveniente da Suíça acabou ficando especialmente vinculada à doutrina da soberania absoluta de Deus. Certamente, porém, não detém nenhum monopólio dessa doutrina na história da teologia cristã.

Os teólogos reformados, inicialmente os suíços e posteriormente todos, divergiam de Lutero em três áreas principais de teologia: a soteriologia, a eclesiologia (a doutrina da igreja) e a teologia sacramental. O toque distintivo do pensamento reformado nessas três questões teológicas permeou o movimento de tal maneira que, no decorrer do tempo, a teologia reformada ficou bem diferente da teologia luterana. Muitos líderes, tanto da igreja quanto do estado, não conseguiam compreender por que os suíços reformados e os luteranos alemães não podiam se unir. Martinho Bucer (1491-1551), reformador de Estrasburgo, trabalhou incansavelmente para uni-los. Filipe de Hesse, príncipe e eleitor de Marburgo, também se esforçou para unir as duas alas principais do protestantismo. Todas as tentativas fracassaram até que, no século XVIII, um rei prussiano forçou as igrejas luterana e reformada de sua região na Alemanha a se unirem. Nessa união, no entanto, os dois tipos de protestantismo ficaram simplesmente como duas tábuas juntas e coladas. Não se chegou a nenhuma síntese teológica. Em fins do século XX, na América do Norte, as principais denominações luteranas e reformadas finalmente concordaram em aceitar os ministérios e sacramentos umas das outras, sem formalmente se unir em uma só denominação. Embora reconhecessem a incomensurabilidade de suas culturas teológicas, as partes só se aceitaram depois de muito diálogo e cooperação.

A vida e a carreira do reformador Ulrico Zwinglio

O verdadeiro pai da teologia protestante reformada é Ulrico Zwinglio. Infelizmente para ele, seu colega franco-suíço mais jovem, João Calvino, ofuscou seu brilho na história. O grande mérito de Calvino, no entanto, é simplesmente ter organizado, sistematizado e articulado a teologia reformada como nunca se havia feito antes. Para tanto, baseou-se firmemente em Lutero e Zwinglio. Seria difícil encontrar na obra de Calvino qualquer ideia ou contribuição doutrinária que já não tivesse sido apresentada e desenvolvida por Lutero e Zwinglio. Os dois grandes reformadores da primeira geração simplesmente não tinham o grande dom de organização de Calvino e não influenciaram o mundo de língua inglesa tanto quanto ele por meio dos presbiterianos e puritanos da Grã-Bretanha e das colônias norte-americanas, cujos fundadores tinham sido alunos de Calvino em Genebra e consideravam a cidade, sob o governo de Calvino, "a mais perfeita escola de Cristo desde os tempos dos apóstolos".

Ulrico Zwinglio nasceu em Glarus, na Suíça, no primeiro dia de 1484. Sua família era de classe média alta e bem relacionada, e ele recebeu excelente educação humanista, com direito a curso universitário em Viena e Basileia. Recebeu o mestrado de teologia na Basileia em 1506 e quase imediatamente comprou um pastorado[1] em sua cidade natal. Ali, e na cidade de romarias, Einsiedeln, o jovem nacionalista e estudioso humanista suíço distinguiu-se como pregador, escritor e patriota. O ponto crucial na vida de Zwinglio aconteceu quando se encontrou com Erasmo na primavera de 1516. Tornou-se seguidor devoto do grande reformador humanista e defensor de sua filosofia de Cristo e "podia ser considerado um erasmiano sem reservas e um partidário notável do humanismo bíblico quando chegou a Zurique em 1º de janeiro de 1519".[2] Na cidade mais importante da Confederação Suíça, Zwinglio tornou-se o "sacerdote do povo" na Grande Münster (catedral) ao completar 35 anos.

No período em que permaneceu nesse cargo em Zurique, Zwinglio cooperou com os demais líderes religiosos e com a prefeitura para implementar reformas de vulto, tanto na igreja quanto no estado. A seu pedido, o concílio da cidade aboliu as missas e substituiu-as por cultos protestantes nas igrejas de Zurique e região. Na década de 1520, o ritmo da Reforma protestante em Zurique e em outras cidades do norte da Suíça, como Berna e Basileia, aumentou de tal maneira que, em 1530, quase todos os vestígios do catolicismo romano desapareceram. As igrejas perderam suas estátuas e os ministros mudaram suas vestes para algo mais semelhante às

---

[1] Pagar um príncipe ou bispo por um cargo ministerial, tecnicamente conhecido como "simonia", era comum na Europa na época de Zwinglio e mesmo antes. Essa prática foi abolida por católicos e protestantes nas reformas do século XVI.

[2] Ulrich GÄBLER, *Huldrych Zwingli*: his life and work, trad. Ruth C. L. Gritsch, Philadelphia, Fortress, 1986, p. 40.

togas usadas nas salas de preleções das universidades do que às vestimentas usadas diante dos altares católicos. A veneração aos santos e a Maria foi proibida, da mesma forma que as indulgências, as orações pelos mortos (Zwinglio negava o purgatório) e muitas outras práticas católicas tradicionais.

A eliminação de práticas católicas romanas tradicionais foi muito além do que Lutero aboliu nas igrejas protestantes da Alemanha. Alguém se referiu às igrejas reformadas suíças como "quatro paredes limpas e um sermão". As igrejas luteranas, pelo menos na Alemanha, mantiveram vários símbolos característicos da tradição católica medieval, inclusive os bispos, embora Lutero os considerasse administradores e não detentores de alguma condição espiritual especial.

Para Lutero, Zwinglio e seus seguidores eram "fanáticos" porque despojaram as igrejas de toda a tradição e negaram a eficácia dos dois sacramentos para o fortalecimento da fé. Rejeitaram, também, a presença real do corpo de Cristo na ceia do Senhor e reduziram a cerimônia a uma refeição memorial. Para a hierarquia católica, Zwinglio e os demais protestantes suíços sob sua tutela eram rebeldes perigosos. As cidades independentes onde pastorearam e ensinaram, porém, protegeram-nos das tropas católicas. Já, para alguns de seus próprios seguidores, Zwinglio não era assim tão radical, conforme veremos no próximo capítulo. Alguns seguidores de Zwinglio em Zurique queriam abolir o batismo infantil e acusaram o reformador de não praticar de forma consistente os princípios da Reforma. Esses anabatistas, como eram chamados por seus inimigos, começaram a recusar o batismo para seus filhos recém-nascidos e a batizar uns aos outros por imersão ou efusão em Zurique em 1525. Além disso, ignoraram o reconhecimento, por parte de Zwinglio, da autoridade da prefeitura municipal sobre os assuntos da igreja por considerá-lo mais uma forma de constantinismo ou cesaropapismo — defendiam a total separação entre a igreja e o estado. Zwinglio e a prefeitura municipal perseguiram esses reformadores radicais, prendendo-os e, às vezes, afogando-os nos rios suíços.

Zwinglio foi escritor prolífico bem como pregador e conferencista objetivo. Participou de debates públicos com seus oponentes católicos em Zurique e engajou-se em guerras de panfletos contra seus críticos católicos, anabatistas e luteranos. Além disso, escreveu declarações da doutrina reformada para o rei da França e para o imperador Carlos V. Suas obras teológicas mais conhecidas são: *Da providência de Deus* (1531), *Da religião verdadeira e falsa* (1525), *Explicação da religião de Zwinglio* (1530) e *Exposição breve e clara da fé cristã* (1531). Não há dúvida de que essas e outras composições e livros de Zwinglio influenciaram profundamente outros teólogos reformados. *Da religião verdadeira e falsa* é geralmente considerada a primeira obra dogmática (teologia sistemática) reformada.[3] João Calvino fez considerável uso de

---

[3] Samuel Macauley Jackson & Clarence Nevin Heller, eds., Durham, Labyrinth, 1981.

suas obras e, graças a ele e outros reformadores suíços, Zwinglio deixou uma marca indelével em todo o ramo reformado do protestantismo.

Em 1531, a tensão entre os cantões protestantes e católicos da Suíça chegou ao ponto do conflito aberto. A cidade de Zurique resolveu entrar em guerra contra cinco cantões católicos ao sul e vários ministros de Zurique foram para a frente de batalha com os soldados da cidade. A Segunda Guerra de Kappel durou um dia — 11 de outubro de 1531 — e Zwinglio morreu na luta, junto com várias centenas dos soldados de Zurique e pouco mais de vinte pregadores protestantes. Apesar disso, Zurique sobreviveu como estado independente, mas o sul da Suíça continuou basicamente católico e o protestantismo, em grande parte, ficou confinado ao norte e ao extremo oeste da Suíça. A partir daí, disseminou-se para a França (de onde posteriormente foi quase totalmente erradicado), para o sudoeste da Alemanha, para cidades como Estrasburgo ao longo do rio Reno, para a Holanda, Escócia e Inglaterra. Os puritanos da Inglaterra e das colônias da Nova Inglaterra foram seguidores da teologia reformada de Calvino.

A teologia de Zwinglio

Assim como Lutero, Zwinglio enfatizava fortemente o princípio das Escrituras, de que a Bíblia é a autoridade final para a fé e a prática cristãs e que se encontra em posição totalmente superior a todas as tradições humanas, que por ela devem ser julgadas.[4] Existe uma pequena diferença entre as doutrinas implícitas das Escrituras sustentada pelos reformadores alemães e pelos suíços. Lutero sentia-se à vontade para reconhecer o "cânon dentro do cânon" e para relegar partes da Bíblia à condição secundária quando não "promoviam a Cristo" do modo certo. Zwinglio, por outro lado, praticamente identificava a Bíblia inteira como Palavra de Deus. Com Zwinglio e com a teologia reformada, a Bíblia assumiu condição privilegiada que Lutero não lhe atribuía. Lutero fazia clara distinção entre o livro e a Palavra de Deus, equiparando-os ao evangelho e à Jesus Cristo. Para Zwinglio, tudo estava ligado. Para nós, pelo menos, a distinção não faz muita diferença. Cristo e o evangelho chegam até nós somente por meio da Bíblia e, por isso, a Bíblia *é* a Palavra de Deus dirigida a nós. Zwinglio não reconhecia nenhum cânon dentro do cânon e se recusava a colocar uma parte das Escrituras acima de qualquer outra. Da mesma forma que Lutero, no entanto, Zwinglio enfatizava que o poder e a clareza das Escrituras provêm do Espírito Santo. Segundo os dois reformadores e, posteriormente, Calvino, a Palavra e o Espírito estão inseparavelmente ligados, de modo que, somente pelo Espírito de Deus, a Bíblia é a Palavra de Deus, e o Espírito nada fala fora ou contra a Bíblia.

---

[4] V., de Jcques Courvoisier, *Zwingli: a reformed theologian* (Richmond, John Knox Press, 1963 [p. 27-37]).

A despeito do forte apelo à autoridade das Escrituras, Zwinglio também atribuiu valor positivo à filosofia de modo totalmente alheio ao método antifilosófico de Lutero na teologia. Zwinglio estava impregnado do humanismo e do pensamento grego. Tinha sido treinado em Platão, Aristóteles e no estoicismo, e um dos escritores e pensadores da antiguidade que mais lhe agradavam era Sêneca, o poeta e orador romano. Da mesma forma que a escola alexandrina do cristianismo primitivo, Zwinglio acreditava que toda a verdade é verdade de Deus e que, contanto que os filósofos gregos pensassem e falassem verdades que favorecessem a teologia cristã, deviam ser altamente respeitados e estimados. Sem dúvida, esse era um vestígio do seu período erasmiano de pensamento. No livro *Da providência*, Zwinglio começa com a teologia natural para explicar a existência e natureza de Deus como determinante de toda a realidade que governa de modo soberano a natureza e a história. Seu princípio fundamental, assim como sua linha de raciocínio dedutivo, foi basicamente influenciado pelo pensamento grego. Começando com o conceito do Bem supremo (semelhante à forma do Bem de Platão), Zwinglio deduziu que "a providência deve existir, pois o bem supremo necessariamente cuida de todas as coisas e as regula".[5] E mediante uma série de deduções cuidadosamente argumentadas concluiu que "a providência existe e deve existir [e] está claro que ela não somente conhece todas as coisas, mas também as regula, ordena e dispõe".[6] Nesse ensaio, Zwinglio entreteceu a filosofia grega, a teologia natural cristã (fortemente influenciada por Tomás de Aquino), a lógica aristotélica, a teologia bíblica e o apelo à tradição cristã. A teologia de Agostinho influenciou consideravelmente a doutrina da providência divina defendida por Zwinglio.

Enquanto Lutero acreditava e ensinava que Deus é a realidade que a tudo determina, Zwinglio colocava a soberania de Deus em posição especial dentro da teologia cristã. Lutero tratava a soberania de Deus como parte do evangelho da graça, embora também fosse influenciado pelo nominalismo. Zwinglio e, posteriormente, Calvino tratavam a soberania de Deus como princípio fundamental do pensamento cristão. Não se quer dizer com isso que apareciam em primeiro lugar em seus sistemas de teologia. Mas realmente ocupou a posição de destaque, entre todas as doutrinas, de tema central organizador da teologia reformada, o ponto de convergência de tudo. Para Lutero, esse tema seria a doutrina da salvação (justificação) pela graça mediante a fé somente. Para Zwinglio, Calvino e seus colegas reformadores, era a doutrina da soberania e do poder de Deus que a tudo determinam.

---

[5] On the providence of God, in: *On providence and other essays*, Samuel Jackson & William John Hinke, eds. (Durham, Labyrinth, 1983, p. 130).

[6] Ibid., p. 134.

Fundamentando-se na razão e nas Escrituras, Zwinglio chegou à mais forte doutrina do controle divino soberano, meticuloso e providencial sobre todas as coisas. Se Deus é Deus, argumentava Zwinglio, é lógico que absolutamente nenhuma outra coisa pode ter qualquer poder ou determinação independente. Zwinglio escreveu em *Da providência:* "Defini a providência como o controle e a orientação de todas as coisas do universo. Se, portanto, alguma coisa fosse orientada por seu próprio poder ou entendimento, exatamente nesse ponto a sabedoria e o poder da nossa Deidade seria deficiente".[7] O governo providencial de Deus é eterno e imutável, a causa de tudo o que acontece, inclusive o bem e o mal, e elimina a possibilidade de qualquer coisa ser contingente, fortuita ou acidental. Deus, e somente ele, é a "causa única" de tudo. Todas as demais causas alegadas não passam de "instrumentos da obra divina".[8]

A crença monergista de Zwinglio no relacionamento entre Deus e a ordem criada chegou a uma conclusão quase herética. Ou seja, ele admitiu abertamente que, se nenhum ser criado tem qualquer autodeterminação independente, então, de certa forma, tudo é manifestação de Deus. Alguns críticos acusam Zwinglio de recair em um tipo de racionalismo e panteísmo estoico.[9] No mínimo, o que ele afirmou pode ser considerado teopanismo: a crença em Deus como o único agente e energia de tudo. Em *Da providência*, escreveu a respeito dos poderes criados: "Digo que esse poder é declaradamente criado por ser uma manifestação do poder geral, que a tudo abrange, em uma nova forma individual. Moisés, Paulo, Platão e Sêneca são testemunhas".[10] Até a queda de Adão e de Eva foi preordenada e levada a efeito pelo poder providencial de Deus "para aprendermos por meio da queda e dos erros o que não poderíamos ter aprendido pelas lutas e esforços sinceros".[11]

Para Zwinglio, a predestinação era doutrina bíblica e a única ideia do papel de Deus na salvação consistente com a doutrina racionalmente deduzida da providência. Ele pensava que Tomás de Aquino e toda a tradição católica medieval fundamentava a preordenação divina das pessoas para irem ao céu ou ao inferno na presciência das decisões livres feitas por elas e rejeitou enfaticamente essa tradição, declarando que a base da presciência de Deus era a eleição e a predestinação divinas. Deus *sabe* porque *predetermina*. E Zwinglio não hesitou em afirmar que os indivíduos que são condenados eternamente ao inferno também foram eternamente

---

[7] Ibid., p. 137.
[8] Ibid., p. 157.
[9] Gäbler, op. cit., p. 146-7.
[10] Ibid., p. 138.
[11] On the providence of God, p. 227.

determinados por Deus para terem esse destino: "Portanto, a eleição é atribuída aos que serão abençoados, mas os que serão condenados não são chamados de eleitos, embora a vontade Divina também tenha uma determinação para eles, mas ele os rejeita, expulsa e repudia para que se tornem exemplos de sua justiça".[12] A *eleição* refere-se somente aos que estão predestinados a ser salvos e ao destino deles no céu. Todos os demais não são apenas deixados para a perdição que livremente escolheram, conforme os cristãos reformados de tempos posteriores costumavam dizer, mas também são predestinados (mas não eleitos) ao seu destino no inferno.

Zwinglio afirmava que Deus não é de maneira alguma "maculado" pelos pecados e males que os réprobos cometem. Mesmo que mande uma pessoa matar ou adulterar, por exemplo, Deus não é de forma alguma culpado, porque "a mesma ação realizada sob instigação e comando de Deus, traz honra a ele, embora seja crime e pecado para o homem" e "ele pode impulsionar o homem a praticar um ato que é iníquo para o instrumento que o pratica, mas não para ele".[13] Em última análise, Zwinglio concluiu que Deus não é responsável nem culpado pelo pecado e pelo mal que ele mesmo planeja e causa, porque "ele não está sob a lei".[14] Mas também argumentou que Deus tira algo de bom de todo o mal e que até mesmo o sofrimento eterno dos ímpios manifesta sua retidão e justiça e é, portanto, uma parte necessária do bom plano global de Deus.

Zwinglio concordava total e fervorosamente com Lutero no tocante à salvação pela graça mediante a fé somente. Além disso, definia a fé de modo muito semelhante a Lutero e rejeitava qualquer ideia de que a condição correta da pessoa com Deus (a justificação) pudesse ser merecida por algum tipo de obra. A fé é dom de Deus concedido aos eleitos e a única base para a eficácia da graça. Mas Zwinglio divergiu de Lutero (ou Lutero divergiu de Zwinglio) em dois pontos importantes no tocante à salvação. Primeiro, enquanto Lutero definia a lei de Deus (por exemplo, os dez mandamentos) de modo negativo e a contrastava com o evangelho, Zwinglio ensinava que a lei e o evangelho são inseparáveis e complementares. Para ele, a lei de Deus era a expressão da sua vontade para o viver justo e santo e, portanto, guia para o cristão saber como melhor agradar a Deus. Embora Lutero achasse que essa ideia implicava em acomodação à justiça segundo as obras, Zwinglio a enxergava como a única maneira de evitar o antinomismo e saber como melhor servir a Deus com gratidão. A teologia reformada, a partir de Zwinglio começou a enfatizar a santificação e a vida do discipulado de um modo que Lutero

---

[12] Ibid., p. 186-7.
[13] Ibid., p. 182.
[14] Ibid., p. 183.

não as enfatizava: como vida de obediência à lei revelada de Deus. De modo algum, porém, Zwinglio ou Calvino mitigaram o evangelho da salvação pela graça mediante a fé somente, ao ressaltar o papel positivo da lei de Deus na vida do cristão. Para eles, a obediência à lei de Deus era simplesmente "sinal de graça e de gratidão" e jamais a condição ou causa da justificação do pecador.

Zwinglio se opõe a Lutero a respeito dos sacramentos

A segunda diferença soteriológica entre Zwinglio e Lutero girava em torno dos sacramentos. Zwinglio não gostava do termo *sacramento* por denotar um meio material da graça e acreditava que a graça salvífica é recebida pela fé e somente por meio do Espírito Santo. Um de seus textos bíblicos prediletos era João 6.63: "a carne não produz nada que se aproveite". Ele interpretava o texto entendendo que as substâncias materiais não podem transmitir bênçãos espirituais e que, sobretudo, o pão e o vinho da ceia do Senhor não podem captar e transmitir o corpo de Cristo e, mesmo se pudessem, isso não serviria para nada. Somente o Espírito alimenta e fortalece a alma, e a fé é a única via de acesso entre o Espírito Santo e a alma. Portanto, para Zwinglio, os chamados sacramentos do batismo e da ceia do Senhor eram cerimônias simbólicas (posteriormente chamadas "ordenanças") e não meios literais de graça: "Os sacramentos são [...] símbolos ou cerimônias [...] mediante as quais os homens se oferecem diante da igreja como soldados ou discípulos de Cristo. Os sacramentos são mais uma confirmação para a igreja da fé de uma pessoa, do que para ela mesma. Se a fé não existir sem um ato cerimonial para confirmá-la, então não é verdadeira. A verdadeira fé repousa inabalável, firme e inteiramente na misericórdia de Deus, conforme Paulo ressalta repetidas vezes".[15]

Os sacramentos, ou ordenanças, são sinais ou símbolos da realidade divina. Eles existem para a igreja e proclamam e comemoram o ato salvífico de Cristo e seu efeito sobre o indivíduo. Eles fortalecem a fé somente no sentido de relembrar o evangelho na forma visível de uma lição prática. Mas não se quer dizer com isso que sejam dispensáveis. Para Zwinglio, nós, os seres humanos, precisamos de palavras e cerimônias visíveis como essas, que nos ajudem a lembrar da obra de Cristo e da nossa fé e a proclamá-las. Em resposta aos críticos católicos e luteranos que alegavam que Zwinglio desmereceu os sacramentos, ele disse: "Mas veneramos e acalentamos os sacramentos como sinais e símbolos das coisas sagradas, mas não como se eles mesmos fossem os objetos por eles representados. Quem, pois, seria tão ignorante a ponto de dizer que o símbolo é o objeto representado?".[16]

---

[15] Apud Courvoisier, *Zwingli*, p. 64.

[16] A short and clear exposition of the Christian faith, in: *On providence and other essays*, p. 240.

Zwinglio acreditava que o Espírito Santo está realmente presente de modo especial nas cerimônias do batismo e da ceia do Senhor, mas a presença dele se deve à fé da pessoa que recebe a ordenança e à fé da igreja. A fé e, certamente, a graça salvífica ou o perdão não dependem das cerimônias. "Com um ímpeto antiluterano e anti--católico, [Zwinglio] negava o seu poder de transmitir graça".[17]

Zwinglio equiparava o batismo à circuncisão na antiga aliança entre Deus e Israel. É a cerimônia da iniciação do povo de Deus segundo a nova aliança. Na teologia reformada de Zwinglio, pressupõe-se que as crianças que nascem de pais cristãos simplesmente já estão "na aliança" com Deus como parte de seu povo eleito, a igreja. A eleição feita por Deus antecede a fé; a fé é um dom outorgado por Deus aos eleitos. O batismo é simplesmente o sinal e o selo — como a circuncisão — da eleição e da inclusão. Ele não salva, não fortalece a fé e nem outorga graça. Zwinglio rejeitava radicalmente qualquer indício da regeneração batismal. Em contrapartida, também rejeitava radicalmente o que chamava "rebatismo" praticado pelos anabatistas. Zwinglio explicou seu conceito em *Uma exposição da fé de Zwinglio*, que encaminhou ao Imperador Carlos V como preparativo para o Dieta (Parlamento) de Augsburgo em 1530:

> Os sacramentos são dados como testemunho público da graça que está previamente presente em todo indivíduo. Assim, o batismo é administrado na presença da igreja àquele que, antes de recebê-lo, confessou a religião de Cristo ou tem a palavra da promessa, pela qual se sabe que pertence à igreja. É por isso que, quando batizamos um adulto, perguntamos se ele crê. E apenas se ele responder "sim" é que recebe o batismo. A fé, portanto, não é concedida pelo batismo, ela já estava presente antes de ele ser batizado. Mas, quando uma criança se apresenta, pergunta-se se os pais dela a oferecem para o batismo. Quando respondem, na presença de testemunhas, que querem que ela seja batizada, então a criança é batizada. Nesse caso, prevalece a promessa de Deus que considera que as nossas crianças, assim como as dos hebreus, pertencem à igreja. Quando, portanto, os membros da igreja apresentam a criança, ela é batizada, por nascer de pais cristãos, e é considerada, segundo a promessa e a lei divina, membro da igreja. Logo, pelo batismo, a igreja recebe publicamente quem já tinha sido recebido mediante a graça. Portanto, o batismo não transmite graça, mas a igreja confirma que a graça foi outorgada à pessoa que recebeu o batismo.[18]

Não é necessário dizer que Zwinglio não acreditava que as crianças nascem culpadas do pecado de Adão. Para ele, o pecado original é enfermidade herdada

---

[17] GÄBLER, op. cit., p. 145.
[18] An account of the faith of Zwingli, in: *On Providence and Other Essays*, p. 47-8.

da corrupção, depravação e morte. Ela não envolve culpa, porque a morte de Cristo na cruz eximiu de toda a posteridade a culpa do pecado de Adão. O pecado herdado é escravidão, mas não é culpa. Carrega uma tendência tão forte ao pecado propriamente dito que a culpa é inevitável para os que crescem e amadurecem até alcançarem a maioridade responsável, mas quanto às crianças que morrem sem a aliança (sem batismo) antes da idade da responsabilidade moral, não se pode deduzir que estão sob condenação.[19] Simplesmente estão nas mãos de Deus, não devemos presumir que sabemos sua sorte ou destino. Se forem eleitas, serão salvas. Pode-se dizer que todas as crianças batizadas são salvas, embora tenham de confirmar sua eleição, publicamente, pela profissão de fé, ao atingir a idade da consciência.

Zwinglio também discordava veementemente de Lutero e da tradição católica romana no tocante à ceia do Senhor. Da mesma forma que Lutero, rejeitava a transubstanciação e a teoria de que a eucaristia transmite a graça *ex opere operato*. Negava, também, que se tratasse de sacrificar Cristo de novo. Contra Lutero, porém, argumentava que o corpo humano ressurreto e glorificado de Cristo está localizado no céu e *não é* onipresente. Portanto, segundo Zwinglio, não existe nenhuma presença real de Cristo nos elementos do pão e do vinho na refeição. O primeiro erro de Lutero, para ele, era acreditar que alguma coisa externa — como a água no batismo ou pão na Eucaristia — podia realmente transmitir graça ou fé. "A carne não produz nada que se aproveite." Outro erro era ensinar que o corpo de Cristo está no sacramento. No conceito do reformador suíço, essas duas declarações de Lutero implicavam idolatria e heresia cristológica. A humanidade de Cristo significa que seu corpo, embora seja ressurreto e glorificado, *não* é onipresente. Um corpo onipresente seria divino e não humano. Zwinglio via no ensino de Lutero a respeito da onipresença corpórea de Cristo mais do que um indício da antiga heresia de eutiquismo. Lutero, entretanto, via no ensino de Zwinglio a respeito do "corpo localizado" de Cristo no céu mais do que um indício da antiga heresia do nestorianismo, visto que Zwinglio queria reconhecer como onipresente a natureza divina de Cristo. Somente sua natureza humana, ligada a um corpo, está localizada no céu.[20]

Para Zwinglio, a ceia do Senhor é refeição memorial na qual o corpo de Cristo na terra — a igreja — relembra e proclama a sua morte. O batismo é importante para a igreja, tanto quanto ou mais do que para o batizando, assim como a ceia do Senhor. Nela, os cristãos realmente "se alimentam de Cristo", mas apenas espiritualmente e não fisicamente:

---

[19] Ibid., p. 42-3.

[20] Para conhecer o trabalho de Zwinglio, v. A short and clear exposition of the Christian faith, in: *On providence and other essays*, p. 248-50.

Comer o corpo de Cristo espiritualmente não é outra coisa senão confiar, de corpo e alma, na misericórdia e na bondade de Deus em Cristo, ou seja, ter a certeza, a fé inabalável, de que Deus perdoará nossos pecados e nos outorgará a alegria da bem-aventurança eterna por causa de seu Filho, que foi feito inteiramente nosso e oferecido em nosso nome para reconciliar a justiça divina para nós.[21]

Por que, segundo Zwinglio, essa refeição sacramental é necessária? "Porque todo cristão deve deixar claro aos outros cristãos que é membro do corpo de Cristo e um deve saber que o outro também é membro do corpo."[22] A teoria de Zwinglio sobre a ceia do Senhor como refeição memorial e dos elementos do pão e do vinho como símbolos foi modificada posteriormente pela maioria das igrejas reformadas. Elas adotaram o conceito sacramental moderado de Calvino, que pretendia aproveitar o que havia melhor em Zwinglio e Lutero e omitir o que havia de pior. O conceito zwingliano da ceia do Senhor tornou-se a teoria geralmente aceita pelos anabatistas e, posteriormente, pelos batistas e outros protestantes independentes da Inglaterra e da América do Norte.

Esse breve esboço do papel de Zwinglio na história da teologia cristã dificilmente o retrata à altura de seus merecimentos. Apenas ressalta alguns pontos importantes de sua teologia e mostra seu papel histórico de fundador da tradição reformada do protestantismo. De modo geral, ele concordava com Lutero. A forte e amarga discórdia entre eles a respeito da ceia do Senhor é um dos episódios mais lastimáveis e cismáticos de toda a Reforma protestante. Zwinglio é muito ofuscado pelos dois outros grandes reformadores magisteriais do protestantismo: Lutero e Calvino. *Calvinismo* é o rótulo amplamente usado para denotar a teologia reformada. Ela poderia, com igual razão, ser chamada *zwinglianismo*, porém, por uma estranha exigência da história, esse rótulo acabou sendo aplicado quase que exclusivamente para designar quem concorda com o conceito sobre a ceia do Senhor sustentado pelo reformador de Zurique. Ironicamente, até mesmo os batistas livres que rejeitam a teologia reformada de Zwinglio no tocante à providência, à predestinação e ao batismo infantil, são chamados de zwinglianos simplesmente porque concordam com sua doutrina da ceia do Senhor! É hora de redescobrir e ressaltar o importante papel de Zwinglio na história da teologia cristã, menosprezado há centenas de anos. Embora João Calvino não estivesse disposto a reconhecer teologicamente Zwinglio como devia, foi de fato discípulo dele de muitas maneiras (pela influência de Henrique Bullinger, sucessor de Zwinglio, sobre Calvino) e pouco contribuiu à teologia que não se encontrasse anteriormente nas obras do próprio Zwinglio.

---

[21] Ibid, p. 252.
[22] COURVOISIER, op. cit., p. 75.

A vida e a carreira do reformador João Calvino

João Calvino nasceu perto de Noyon, na França, em 10 de julho de 1509. Morreu em Genebra, no mesmo país, em 27 de maio de 1564. Em Genebra, uma república independente que posteriormente se tornou parte da Suíça, Calvino praticamente governou como "pastor principal"; o reformador protestante francês fundou a Academia de Genebra, para onde afluíam protestantes de toda a Europa. Na época da perseguição aos protestantes na Escócia e na Inglaterra, o seminário em Genebra atraiu futuros reformadores como João Knox (1514-1572), que conseguiu transformar a Escócia em uma nação modelada segundo a cidade suíça. Foi Knox quem proclamou a academia de Genebra dirigida por Calvino e por seu sucessor, Teodoro Beza, "a escola de Cristo mais perfeita desde os dias dos apóstolos". Com homens como Knox, o calvinismo tornou-se sinônimo de teologia reformada nos países de língua inglesa. Os puritanos da Inglaterra e da Nova Inglaterra consideravam-se calvinistas, assim como os teólogos pregadores da Holanda, embora suas teologias e espiritualidades tivessem toques distintivos. De qualquer forma, o calvinismo tornou-se expressão comum para designar a teologia reformada no mundo de língua inglesa. Não queremos, com isso, depreciar o papel desempenhado por João Calvino na Reforma protestante e sua teologia, mas apenas dizer que talvez ele não seja de fato tão extraordinário quanto se pensa. Certamente, *reformado* não é o mesmo que *calvinista*. Mas Calvino se tornou o grande herói da maioria dos teólogos reformados depois dele.

É quase certo que a grande reputação de Calvino se deve ao seu entusiasmo, à sua liderança e à sua mente sistemática brilhante representada em sua obra-prima, *Institutas da religião cristã*, publicada em várias edições no decurso de sua vida. Tornou-se o principal manual de referência para a teologia reformada e assim continuou durante séculos, e ainda hoje é publicado, analisado, interpretado e debatido. Calvino também escreveu numerosos comentários sobre os livros da Bíblia, bem como sermões para todas as ocasiões e cartas a outros reformadores a respeito de quase todos os assuntos que se possa imaginar. Além da teologia, sua influência sobre a política, as ciências econômicas e a ética social é profunda na cultura protestante, sobretudo em países como Holanda e Escócia onde sua teologia dominou a igreja nacional.

Quando jovem estudante em Orléans e Paris, Calvino estudou Direito, Filosofia e Teologia. Entrou em contato com humanistas e luteranos e se converteu ao pensamento protestante por volta de 1530. Quando a perseguição irrompeu contra os protestantes em Paris, Calvino fugiu para Basileia, na Suíça, que estava a caminho de se tornar uma cidade reformada como Zurique. Lá, Calvino escreveu a primeira edição de sua obra *Institutas* que foi publicada em 1536. Tinha apenas vinte e cinco anos de idade e já "não somente tinha dado forma dogmática genuína às principais doutrinas da Reforma, como também acomodado essas doutrinas em uma das apresentações clássicas da fé cristã".[23] O livro foi reconhecido quase que imediatamente pelos amigos e inimigos da Reforma protestante como a obra de um jovem gênio destinado a ser uma das grandes sumidades do movimento.

Em 1537, Calvino estava a caminho de Estrasburgo, uma das principais cidades protestantes da Europa, para estudar com Martinho Bucer. Por causa da guerra, o caminho mais curto tinha sido bloqueado, o que forçou o jovem francês a fazer um desvio até Genebra, que tinha se tornado protestante e republicana não havia um ano. Calvino planejava apenas pernoitar ali, mas um líder protestante chamado Guilherme Farel procurou-o e implorou-lhe que ficasse e ajudasse a completar a Reforma da cidade. Posteriormente, Calvino se lembrou:

> Depois de saber que eu queria, de todo coração, dedicar-me aos estudos particulares, motivo pelo qual pretendia me manter livre de outras atividades, e vendo que suas súplicas não dariam em nada, [Farel] começou a proferir a imprecação de que Deus amaldiçoaria a reclusão e tranquilidade de meus estudos, se eu me retirasse e me recusasse a ajudar quando a necessidade era tão urgente. Fiquei tão aterrorizado com essa imprecação, que desisti da viagem que havia empreendido.[24]

Para resumir uma história muito longa e complexa, Calvino passou o resto de sua vida em Genebra, a não ser pelo curto período em que morou e estudou em Estrasburgo. Em Genebra, serviu oficialmente apenas como pastor principal. Na realidade, reinou praticamente como um ditador da cidade. Era o profeta de Genebra, mas a prefeitura e os ilustres cidadãos, em geral, temiam e respeitavam tanto aquele que se chamava de "servo de Genebra" que normalmente obedeciam às suas ordens.

A Genebra de Calvino deveria ser uma "cidade piedosa", uma república teocrática que seria o modelo na terra do reino de Deus no céu. Pelo menos, era esse o ideal e o objetivo de Calvino para Genebra. Muitas pessoas e facções da cidade resistiam à sua disciplina autoritária, mas Calvino sempre os vencia nos confrontos e conseguia impor sua vontade, ameaçando ir embora caso a prefeitura não lhe desse apoio. Foi imposto à cidade um modo de vida austero fundamentado na lei bíblica. Os delinquentes eram castigados severamente e, às vezes, banidos por causa de bebedeiras barulhentas ou por criticar Calvino abertamente. Pelo menos um herege foi condenado à fogueira em 1553. Miguel de Serveto estava proibido de entrar na cidade por ordem do próprio Calvino, mas ousou aparecer e ir à igreja para ouvir Calvino pregar. Calvino queria que fosse decapitado como castigo mais

---

[23] T. H. L. PARKER, *John Calvin: a biography*, Philadelphia, Westminster Press, 1975, p. 50.
[24] Ibid., p. 53.

misericordioso por ter negado abertamente a trindade, mas as autoridades da prefeitura decidiram queimá-lo. Ele nem sempre conseguia impor sua vontade nas questões secundárias, mas mantinha firmemente os princípios e as crenças pelas quais a igreja e a cidade se orientavam.

A teologia de Calvino

A teologia de Calvino baseou-se em Lutero, Zwinglio e no reformador de Estrasburgo, Bucer, e aproveitou muito do pensamento deles. Calvino rejeitou a teologia natural, optando pela Palavra de Deus como o caminho mais seguro para alcançar o conhecimento divino, e enalteceu as Escrituras, inspiradas e iluminadas pelo Espírito Santo, como autoridade única e suprema para a fé e prática cristãs. Embora Deus seja adequadamente revelado na natureza e na sua Palavra, o pecado cegou de tal maneira os seres humanos que eles não podem obter o verdadeiro conhecimento de Deus sem a iluminação especial do Espírito Santo — o testemunho interior do Espírito, segundo Calvino —, que é outorgada somente aos eleitos quando são regenerados (nascem de novo). Calvino baseou seus argumentos doutrinários e suas crenças inteiramente nas Escrituras e, raras vezes, apelou à filosofia ou à tradição cristã como autoridade absoluta, porque elas erram em questões pertinentes a Deus e à salvação com frequência.

A doutrina de Deus sustentada por Calvino é completamente agostiniana, por considerá-la totalmente bíblica. Assim como Agostinho, Lutero e Zwinglio, acreditava que Deus era a realidade que a tudo determina e ensinava a meticulosa providência de Deus sobre a natureza e a história. Às vezes, Calvino remetia certos eventos na história à "permissão" de Deus, mas em geral entendia que Deus é a causa suprema de tudo e ensinava que absolutamente nada acontece, nem pode acontecer, sem a determinação de Deus "por decreto". Assim como Zwinglio, Calvino negava a existência da contingência; nada acontece por acaso. E nem Deus simplesmente prevê ou sabe o que vai acontecer no futuro. Ao contrário, "Deus, pelo poder da providência, conduz todo evento para onde ele quer"[25] e "o que para nós parece contingência, a fé reconhece como impulso secreto de Deus".[26] Isso significa que até mesmo a queda de Adão e de Eva foi predestinada por Deus? Calvino negava qualquer distinção real entre a vontade e a permissão de Deus, como alguns teólogos escolásticos tinham estabelecido. Em vez disso, afirmava: "O primeiro homem caiu porque o Senhor julgou que era oportuno; por que ele assim julgou, não nos é revelado. É certo, porém, que assim julgou porque viu que com isso a

---

[25] *Institutes of the Christian Religion*, 1.16.9 Brattles.
[26] Ibid.

glória do seu nome seria devidamente revelada".[27] Segundo Calvino, tudo o que acontece resulta na glória de Deus, embora nós, seres humanos, não entendamos como. E a glória de Deus é o propósito de tudo o que acontece, embora sejamos incapazes de reconciliá-la com o amor, a misericórdia ou a justiça.

Ainda que a crença na dupla predestinação não raro seja chamada simplesmente de calvinismo e muitas pessoas achem que ela é o princípio organizador central da teologia de Calvino e sua maior contribuição, "se examinarmos mais atentamente, veremos a impressionante falta de originalidade da doutrina de Calvino sobre a eleição. Seu ensino sobre o assunto é, em todos os princípios básicos, idêntico ao que já vimos em Lutero e Zwinglio".[28] Calvino afirmou que tanto nas Escrituras quanto na tradição cristã "se afirma que Deus ordenou desde a eternidade quem iria acolher com amor e quem seria objeto de sua ira".[29] Ele identificou um conflito aparente entre essa doutrina e 1Timóteo 2.3-4 e 2Pedro 3.9, que sugerem a vontade universal de Deus para a salvação. A solução de Calvino foi postular a dupla vontade de Deus, sendo uma delas revelada e outra secreta. A vontade revelada de Deus oferece misericórdia e perdão a todos que se arrependerem e crerem. A vontade secreta de Deus predestina alguns à perdição eterna e determina que eles pecarão e nunca se arrependerão. Calvino não teve paciência com aqueles que levantaram objeções contra a doutrina das duas vontades e da dupla predestinação por considerá-las injustas e declarou: "Pois, como Agostinho argumenta com razão, os que medem a justiça divina segundo o padrão da justiça humana estão agindo mal".[30]

Muitos críticos do monergismo objetam argumentando que, se Deus predestinou e promoveu a queda da humanidade e a reprovação (pecado e perdição eterna) do indivíduo, como o réprobo pode ser considerado responsável pelo pecado e não Deus? Onde está a justiça disso? Um humorista anticalvinista escreveu alguns versos burlescos sobre um calvinista holandês chamado Francisco Gomaro que ensinava que o supralapsarismo — uma forma notavelmente extremada do calvinismo — era a forma correta do monergismo cristão:

> Francisco Gomaro era supralapsário;
> Até mesmo inventou para Adão uma desculpa.
> Deus decretou e predestinou o ato de Adão.
> Deus preparou para Adão a culpa!

---

[27] Ibid., 3.23.8.
[28] Timothy GEORGE, *Theology of the reformers*, Nashville, Broadman, 1988, p. 232.
[29] *Institutes*, 3.24.17.
[30] Ibid.

Calvino tentou responder tais objeções contra a dupla predestinação — objeções estas que chamava de "desculpas maldosas". "Mas reconheço", escreveu ele, "que isso não pode ser feito de tal maneira que os ímpios parem de rosnar e murmurar". Sua resposta definitiva nas *Institutas da religião cristã* é que "embora o homem tenha sido criado pela providência eterna de Deus para sofrer a calamidade à qual está sujeito [a queda, o pecado, a morte], ainda assim, a causa provém do próprio homem e não de Deus, visto que a única razão de sua ruína é que, da pura criação divina, ele se degenerou para a perversidade viciosa e impura".[31] Os oponentes e críticos de Calvino dificilmente podem ser culpados de não se deixar convencer por essa resposta. Ela parece conter uma total contradição lógica, considerando a nítida rejeição de Calvino a qualquer distinção feita entre a vontade divina e a permissão divina.

Uma área da doutrina na qual Calvino divergia tanto de Lutero quanto de Zwinglio era a ceia do Senhor. Embora concordasse com Zwinglio no tocante ao batismo, discordava do teólogo de Zurique no tocante à ceia do Senhor como uma refeição memorial destituída de qualquer presença corpórea de Cristo. Por outro lado, Calvino rejeitava com veemência a doutrina católica da transubstanciação e a versão de Lutero da presença real: a consubstanciação. Assim como em sua doutrina da predestinação e da responsabilidade humana pelo pecado, o ensino de Calvino a respeito da ceia do Senhor parece contraditório. Como Zwinglio e contra Lutero, afirmava uma limitação espacial do corpo de Cristo no céu e negava a onipresença ou ubiquidade da humanidade de Cristo: "Pois assim como não duvidamos que o corpo de Cristo é limitado pelas características gerais que todos os corpos humanos têm em comum, e que é contido no céu (onde foi recebido permanentemente) até a volta de Cristo no juízo, [...] também consideramos completamente ilegítimo trazê-lo de volta para esses elementos corruptíveis ou imaginar que está presente em todos os lugares".[32] Entretanto, contra Zwinglio e como Lutero, Calvino afirmava a presença real de Cristo *corporeamente* no Sacramento da ceia do Senhor: "Pois por que o Senhor colocaria em suas mãos o símbolo de seu corpo, a não ser para lhe garantir a genuína participação dele? Mas, se é verdade que o sinal visível nos é dado para selar a dádiva do invisível, quando recebemos o símbolo do corpo, confiemos com a mesma certeza que o próprio corpo nos é dado".[33]

Calvino queria o corpo de Cristo no céu e também comê-lo na refeição sacramental! Sua solução para essa contradição aparente era que o Espírito Santo, de modo místico e espiritual, aproxima o corpo de Jesus Cristo e o crente fiel

---

[31] Ibid., 3.23.10.
[32] Ibid., 4.17.12.
[33] Ibid., 4.17.10.

mediante os símbolos do pão e do vinho na ceia do Senhor: "Para nós, o método [da presença real] é espiritual, porque o poder secreto do Espírito é o elo da nossa união com Cristo".[34] A negação de Calvino é muito mais clara do que sua afirmação. Rejeitava tanto a teoria de Lutero quanto a teoria de Zwinglio. Acreditava que a ceia do Senhor é um sacramento da presença real, que fortalece a fé dos crentes quando dela participam com fé e cria uma união mais forte entre o crente e Cristo mediante o Espírito Santo.

Devido, em grande parte, à influência de João Calvino, a teologia reformada afetou profundamente o protestantismo na Europa Ocidental e na América do Norte e, com os movimentos missionários, no mundo inteiro. O presbiterianismo é simplesmente o calvinismo escocês, cujo nome se deriva da forma de governo eclesiástico favorecida por Calvino e levado à Escócia por João Knox. As Igrejas Reformadas suíça, francesa e holandesa têm influenciado grandemente todas as áreas da vida na Europa, bem como na África do Sul e na América do Norte. Os puritanos da Inglaterra tentaram estabelecer uma república piedosa segundo o modelo de Genebra de Calvino no Novo Mundo e tanto o presbiterianismo quanto o congregacionalismo norte-americano adotaram formas da teologia calvinista. Quando as primeiras congregações batistas surgiram em meio ao congregacionalismo puritano na Inglaterra e na América do Norte, muitas se declararam "batistas particulares", que significa que acreditavam na "eleição particular" e a ensinavam — trata-se de uma forma de dupla predestinação. Todas essas tradições protestantes recorreram muito mais a Calvino do que a Zwinglio, embora, em grande parte, o que Calvino realmente fez foi transmitir a teologia reformada de Zwinglio ao resto do mundo.

---

[34] Ibid., 4.17.10.

26
Os anabatistas voltam às raízes do cristianismo

O conjunto total dos reformadores protestantes e de seus seguidores no século XVI pode ser dividido em duas categorias principais: a Reforma magisterial e a Reforma radical. *Radical* significa, simplesmente, "voltar às raízes" e é lógico que todos os protestantes pretendiam recuperar o verdadeiro evangelho do NT, livrando-o das partes da tradição medieval que achassem que o restringiam e suprimiam. Entretanto, o grupo divergente de reformadores protestantes, mais radical do que os demais, foi classificado "Reforma radical" ou simplesmente "protestantes radicais" por causa de suas características comuns.[35]

Os reformadores magisteriais incluíam Lutero, Zwinglio, Calvino e Tomás Cranmer, o principal reformador protestante da Inglaterra e artífice da Igreja da Inglaterra pós-católica. Seus colegas e seguidores de várias cidades e países da Europa constituíram a Reforma magisterial porque todos pretendiam estabelecer uma só igreja e república verdadeiramente cristã em seus respectivos países com o apoio de *magistrados* — um termo geral para as autoridades seculares, como príncipes, juízes e vereadores das cidades. Os reformadores magisteriais conceberam uma forma de cooperação entre a igreja e o estado e queriam expulsar de seus territórios todos os romanistas (católicos romanos) e hereges. Na maior parte, esses protestantes magisteriais, quer fossem luteranos, reformados ou anglicanos, reconheciam a autoridade relativa dos credos mais antigos da cristandade, insistiam no batismo infantil, permitiam uma única forma legalizada do cristianismo em seus territórios e favoreciam o poder das autoridades seculares para promover guerras e perseguir os dissidentes religiosos.

---

[35] A descrição dos dois tipos de reformadores protestantes do século XVI foi extraída, em termos gerais, da obra de George H. Williams, *The radical reformation* (Philadelphia, Westminster Press, 1962 [p. xxiii-xxxi]).

A Reforma radical e o anabatismo

A Reforma radical inclui todos os protestantes da Europa no século XVI que acreditavam na separação entre a igreja e o estado, renunciavam à coerção nas questões da crença religiosa, rejeitavam o batismo infantil em favor do batismo dos crentes (também chamado batismo no Espírito) e enfatizavam a experiência da regeneração ("nascer de novo") pelo Espírito de Deus mais do que a justificação forense. Eles evitavam magistrados cristãos e, em geral, procuravam viver o mais longe possível da sociedade. Alguns fundaram comunidades cristãs. A maioria adotou o pacifismo cristão e um modo de vida singelo. Alguns rejeitavam o treinamento teológico formal e os clérigos profissionais. Todos enfatizavam o viver cristão prático mais do que os credos e as confissões de fé doutrinária.

É desnecessário dizer que os protestantes radicais eram os "protestantes do protestantismo". Protestavam contra as medidas, por eles consideradas insuficientes, tomadas por Lutero e por outros reformadores magisteriais para purificar a igreja dos elementos católicos romanos. O ideal deles era restaurar a igreja do NT como o remanescente perseguido, da mesma forma que havia sido no Império Romano antes de Constantino. Para eles, os reformadores magisteriais estavam presos ao constantinismo e no agostinismo. Essas eram as principais enfermidades do cristianismo medieval que os reformadores radicais queriam erradicar de suas congregações independentes e autônomas ou mesmo do próprio cristianismo.

A Reforma radical inclui três subgrupos distintos: anabatistas, espirituais (ou espiritualistas) e racionalistas antitrinitários. Este grupo, do qual fez parte Miguel de Serveto que foi queimado na fogueira na Genebra de Calvino, era composto principalmente de indivíduos e grupos pequenos que, na maior parte, eram obrigados a se reunir secretamente para realizar cultos e ensinar. Posteriormente, no fim do século XVII, organizaram-se na Inglaterra e na Nova Inglaterra e formaram o grupo dos unitaristas. Os espirituais incluíam pessoas como Caspar Schwenkfeld (1489-1561) e ensinavam uma forma mística do cristianismo protestante que enfatizava a "luz interior" do Espírito de Deus em todas as pessoas. O movimento inglês dos quacres emergiu em uma forma organizada desse protestantismo radical espiritual no século XVIII.

O maior e mais influente grupo de reformadores radicais consistia nos anabatistas, que deixaram sua marca mais expressiva na teologia cristã com líderes como Baltasar Hubmaier e Meno Simons. Criado na época de Zwinglio em Zurique em 1525, denominavam-se "irmãos suíços" e posteriormente espalharam-se por toda a Europa. Certo grupo de anabatistas tornou-se conhecido por menonitas, segundo o nome de seu fundador, Meno Simons, e outro grupo formou colônias comunitárias e recebeu o nome de huteritas, por causa de seu líder Jacó Hutter. Os principais grupos de anabatistas no mundo moderno são as várias colônias menonitas, *amish* e huteritas, bem como as Igrejas dos Irmãos. Todos procuram transmitir, de alguma forma, as características teológicas e práticas distintas de seus fundadores no século XVI.

Como os anabatistas eram os mais influentes de todos os reformadores radicais na questão da teologia cristã, focalizaremos nossa atenção exclusivamente na história deles. Dois pensadores anabatistas, notavelmente criativos e influentes, do período da Reforma merecem ser destacados: Baltasar Hubmaier e Meno Simons. Ambos deixaram uma marca incomparável na vida e no pensamento dos anabatistas e também, de modo indireto, em toda a tradição das igrejas independentes que rejeitavam as igrejas oficiais dos estados e preferiam a separação entre a igreja e o estado.

Antes de examinarmos a teologia do anabatismo, é bom explicarmos o início do movimento.[36] De acordo com o historiador anabatista William R. Estep, "o ato mais revolucionário da Reforma" aconteceu em Zurique, em 21 de janeiro de 1525.[37] Um ex-sacerdote católico, chamado Jorge Blaurock, que havia se tornado protestante reuniu-se secretamente com outros seguidores radicais de Zwinglio. Estavam insatisfeitos com o andamento lento e cauteloso da reforma em Zurique. Dois jovens brilhantes seguidores de Zwinglio, chamados Félix Manz e Conrado Grebel, estavam entre eles. Depois de cuidadoso estudo e oração, resolveram batizar uns aos outros. Embora, hoje em dia, esse ato não pareça especialmente corajoso, naquele tempo era. Recusar o batismo infantil e rebatizar as pessoas era ilegal por ser considerado heresia e sedição. Esses "Irmãos", conforme se chamavam, tinham experimentado uma conversão que havia transformado suas vidas e, depois de estudar cuidadosamente o NT, criam que o batismo infantil, por anteceder o arrependimento e a fé, não é genuíno. Zwinglio impediu os esforços deles de abolir o batismo infantil e as autoridades municipais ameaçaram castigá-los caso colocassem em prática suas crenças. O primeiro a ser batizado por afusão foi Blaurock. Ele foi o primeiro anabatista verdadeiro. Em seguida, batizou Grebel e Manz.

"Com o nascimento do anabatismo, um movimento religioso novo e dinâmico achou expressão na Europa."[38] Os jovens radicais percorreram o interior e as cidades do norte da Suíça e da Alemanha do sul, pregando a necessidade do arrependimento e da fé pessoal *antes* do batismo e "rebatizando" centenas de católicos e protestantes. "Os irmãos enfatizavam a necessidade absoluta de um compromisso pessoal com Cristo como essencial para a salvação e a condição prévia do batismo."[39]

---

[36] A maior parte do material histórico sobre o movimento anabatista provém de William R. Estep, *The anabaptist story* (Grand Rapids, Eerdmans, 1963).
[37] Ibid., p. 11.
[38] Ibid., p. 15.
[39] Ibid., p. 11.

Na cidade de Waldshut, toda a congregação protestante de Baltasar Hubmaier recebeu o batismo dos crentes depois de confessar publicamente sua fé. Em Zurique, porém, Zwinglio e as autoridades da prefeitura promulgaram leis contra os anabatistas e conclamaram as autoridades civis em toda a Europa a caçá-los e prendê-los. Félix Manz, que tinha sido o aluno mais brilhante e afilhado de Zwinglio, tornou-se o primeiro mártir anabatista. Ele foi preso e levado a Zurique para ser julgado. Zwinglio consentiu com a sentença: afogamento. Esse chamado terceiro batismo tornou-se a pena preferida de católicos e protestantes para os anabatistas. Em 5 de janeiro de 1527, Manz, o líder do movimento incipiente dos Irmãos Suíços, foi amarrado e jogado no rio Limmat no centro de Zurique. Nos anos seguintes, milhares de anabatistas foram caçados por policiais especiais chamados *Täuferjäger* (caçadores de anabatistas) e muitas pessoas, inclusive mulheres, foram executadas. Os filhos de anabatistas eram tomados e entregues para famílias de grupos eclesiásticos oficialmente reconhecidos.

Os anabatistas, além de hereges, eram considerados rebeldes perigosos pelas autoridades da igreja e do estado.[40] Um pequeno grupo de fanáticos chegou tomar posse da cidade de Münster, na Alemanha. Embora a maioria dos anabatistas fosse pacifista e nada tivesse a ver com a rebelião de Münster, todos levaram a culpa. Além disso, a recusa de batizar crianças, ou mesmo o ato de encorajar outros a não batizar seus filhos recém-nascidos, era entendida como uma forma de molestamento infantil em um período em que o bem-estar espiritual da criança era considerado tão importante quanto o bem-estar físico. A separação dos anabatistas das igrejas estatais e os frequentes sermões contra elas eram vistos com desconfiança pelos protestantes magisteriais e pelos católicos romanos, que acreditavam que a igreja e o estado deviam cooperar entre si. A ideia da liberdade de pensamento e da dissidência era considerada uma novidade perigosa que só poderia acabar em anarquia. Pelo menos era assim que os guardiões das igrejas nacionais encaravam a questão. Além disso, muitos anabatistas usavam o estilo de confronto como método de conquistar adeptos e desafiavam as autoridades religiosas e civis, que consideravam apóstatas. Jorge Blaurock não era diferente. Antes de ser detido

---

[40] Um estudo fascinante das opiniões que os reformadores magisteriais fizeram dos anabatistas encontra-se na obra *The reformers and their stepchildren*, de Leonard Verduin (Grand Rapids, Eerdmans, 1964). Verduin demonstra de modo convincente que os reformadores magisteriais (Lutero, Zwinglio, Calvino e outros) e os governantes civis (magistrados) do protestantismo majoritário não compreenderam os reformadores radicais e os atacaram de modo muito injusto. A maioria não era revolucionária nem herege, e existia naquele tempo evidência suficiente para saber isso. Essa obra de Verduin contém severa crítica aos reformadores protestantes, por sua ignorância deliberada e pelo tratamento impróprio e mal-intencionado dispensado aos seus "enteados" religiosos, os anabatistas.

e queimado na fogueira em 1529, tinha o hábito de interromper cultos da Igreja Reformada na Suíça a fim de proclamar o evangelho do arrependimento pessoal, da conversão e do batismo subsequente.

Por causa da perseguição generalizada contra eles e como a maioria dos líderes não viveu por muito tempo, os irmãos anabatistas produziram pouco no que se refere à teologia formal. Além disso, em geral não se interessavam pela teologia dogmática nem pela especulação filosófica. Os primeiros anabatistas simplesmente adotaram as grandes doutrinas do cristianismo e não se interessaram em explorá-las e defendê-las mais profundamente. Acreditavam na trindade e na humanidade e divindade de Jesus Cristo. Assim como Lutero, Zwinglio e outros protestantes, aceitavam a salvação somente pela fé, a autoridade final e definitiva das Escrituras e o sacerdócio de todos os crentes. O problema era que achavam que os protestantes magisteriais não tinham ido suficientemente longe com os princípios protestantes praticados e que estavam atolados no constantinismo e no agostinismo. Na opinião dos anabatistas, os principais reformadores protestantes não eram reformados o bastante. A maioria dos escritos anabatistas focalizava a defesa do batismo dos crentes e a liberdade de pensamento sem coerção. Não raro, escreviam sermões e hinos que enfatizavam a escolha pessoal e o discipulado e seus artigos e cartas visavam principalmente reconstituir a igreja segundo as diretrizes do NT, independentemente da aprovação oficial dos governos. Nenhum líder anabatista da primeira geração produziu um sistema abrangente da teologia ou da doutrina. Só muito mais tarde é que tiveram tempo e liberdade para fazê-lo.

A vida e a carreira do reformador Baltasar Hubmaier

Talvez o maior intelectual do movimento anabatista primitivo tenha sido o pastor de Waldshut, que conduziu toda a sua congregação ao batismo dos crentes após a conversão. Seu nome era Baltasar Hubmaier. Nasceu em 1481 e morreu queimado na fogueira em Viena, em 1528. Três dias depois, sua esposa foi condenada ao afogamento no rio Danúbio. Hubmaier era considerado especialmente radical e perigoso pelas autoridades religiosas e civis de todas as partes da Europa, porque tinha sido um estudioso católico de renome antes de se tornar protestante e ainda havia se afiliado aos Irmãos. Em 1515, foi nomeado vice-reitor da Universidade de Ingolstadt, na Alemanha. Em 1516, tornou-se sacerdote da catedral de Regensburg, uma cidade importante da Baviera, no sul da Alemanha. Por seus ensinos, pregações e escritos eruditos, Hubmaier tornou-se um dos líderes católicos mais conhecidos na época em que Lutero estava iniciando sua obra reformadora no norte da Alemanha. Em 1522, converteu-se ao protestantismo e foi forçado a deixar o cargo em Regensburg. Aceitou o pastorado de uma pequena congregação reformada em

Waldshut, perto de Zurique, na Suíça, e participou das reformas que estavam sendo realizadas sob a liderança de Zwinglio. Os protestantes de todas as partes da Europa consideraram uma grande vitória a conversão dele em favor de sua causa.

No início de 1525, Hubmaier começou a pregar e publicar sua oposição ao batismo infantil. Não se sabe quem ou o que o influenciou, mas é provável que estivesse em contato com jovens seguidores radicais de Zwinglio que formavam o âmago do movimento anabatista dos Irmãos Suíços. A igreja de Hubmaier em Waldshut tornou-se a primeira congregação anabatista, no Domingo da Páscoa, em abril de 1525, ao batizar trezentos adultos usando um balde de leite (a maioria dos anabatistas batizava por efusão ou derramamento de água em vez de imersão). Em maio, Zwinglio publicou uma crítica aos anabatistas e Hubmaier respondeu com o primeiro tratado anabatista intitulado *O batismo cristão dos crentes*. A partir de então, Zwinglio e Hubmaier começaram uma guerra de panfletos. Quando a polícia do imperador apareceu em Waldshut atrás de Hubmaier, ele fugiu para Zurique e enfrentou Zwinglio em um debate público. Este mandou prendê-lo e torturá-lo. "Esticado no cavalete, ele [Hubmaier] fez a retratação requerida e depois a colocou no papel conforme exigia Zwinglio."[41] Então, recebeu permissão para partir de Zurique e estabeleceu-se na cidade morávia de Nikolsburg, onde os anabatistas e outros dissidentes desfrutavam de liberdade limitada. Lá, Hubmaier dedicou-se extensivamente ao ministério e batizou pelo menos seis mil pessoas, inclusive membros da família governante. Finalmente, porém, os *Täuferjäger* do imperador prenderam-no e levaram-no a Viena para ser julgado e executado.

Hubmaier concordava fervorosamente com os principais reformadores magisteriais contra a teologia e práticas prevalecentes da Igreja Católica Romana, mas acreditava realmente que Lutero e Zwinglio não tinham se desvencilhado das enfermidades debilitantes do constantinismo e do agostinismo. Embora não tenha usado exatamente esses termos em seus escritos, sabe-se que essas eram as síndromes às quais se opunha. Sob a influência contínua deles, nem mesmo as igrejas protestantes magisteriais da Europa eram verdadeiras "igrejas de crentes" neotestamentárias, mas igrejas estatais, dominadas pelas autoridades seculares, nas quais era impossível distinguir os crentes genuínos dos falsos, porque todos tinham sido igualmente batizados na infância. A igreja e a sociedade são coextensivas nesse modelo de cristandade e era a isso que Hubmaier e todos os anabatistas se opunham. A igreja deve ser a *ekklesia* de Deus — os que são "chamados" e se destacam e se separam da sociedade pela fé e pelo discipulado.

---

[41] Ibid., p. 63.

Sem rejeitar a autoridade do governo secular, Hubmaier criticou duramente a coerção do pensamento e a imposição de crenças e condenou a queima de hereges na fogueira. Criticou também líderes protestantes, como Zwinglio, que entregavam os dissidentes aos magistrados para serem torturados e executados. Referindo-se aos caçadores de hereges (*Ketzenmeister*), tanto católicos quanto protestantes, Hubmaier escreveu: "os inquisidores são os piores de todos os hereges, porque, contrariando a doutrina e o exemplo de Jesus, condenam os hereges à fogueira. [...] Porque Cristo não veio para trucidar, matar, queimar, mas para que as pessoas vivam em abundância".[42] Conclamou as autoridades religiosas, em especial, a empregar somente a arma da Palavra de Deus contra aqueles que consideravam hereges e a esperar e orar pelo arrependimento deles em vez de matá-los.

Esses sentimentos parecem corriqueiros para muitas pessoas do Ocidente moderno, mas, no começo do século XVI, eram considerados radicais e até mesmo perigosos. Hubmaier era constantemente acusado por seus inimigos de querer abolir toda e qualquer forma de governo — acusação essa que negava. Na realidade, seus escritos demonstram que ele aconselhava o respeito e a obediência para com os príncipes e magistrados contanto que isso não exigisse que os cristãos desobedecessem a Palavra da Deus. Por outro lado, também está claro que não acreditava que as ligações oficiais entre as igrejas e os governos fossem legítimas, porque em nenhum momento isso foi aprovado por Jesus ou pelos apóstolos.

A teologia de Hubmaier

As atitudes antiagostinianas de Hubmaier manifestam sua opinião a respeito da salvação e dos sacramentos. Ele culpava Agostinho explicitamente pelos mil anos da falha dos cristãos em observar a verdade bíblica sobre essas questões.[43] Contra os conceitos monergistas da salvação oferecidos por Lutero e Zwinglio, Hubmaier tomou o partido de Erasmo ao afirmar o livre-arbítrio e o sinergismo. Contra os conceitos que eles tinham do batismo, tomou o partido de Grebel e Manz, os radicais de Zurique. No tocante à ceia do Senhor, concordava inteiramente com Zwinglio e se opunha a Lutero. No âmago da teologia de Hubmaier, há uma preocupação que prevalece sobre as demais: a conversão individual. Mais uma vez, essa não era exatamente a expressão que ele usava, mas é um termo apropriado para descrever sua convicção a respeito da necessidade do ingresso na vida cristã. Em todos os seus escritos, principalmente a respeito do batismo, Hubmaier pressupunha que a fé é a livre decisão de crer no evangelho e confiar somente em Jesus Cristo e na

---

[42] On heretics and those who burn them, in: *Balthasar Hubmaier: theologian of anabaptism*, H. Wayne Pipkin & John H. Yoder, eds. (Scottdale, Herald Press, 1989, p. 62).

[43] Dialogue with Zwingli's baptism book, in: *Balthasar Hubmaier: Theologian of anabaptism*, p. 175.

sua graça para a salvação.⁴⁴ É ouvir a Palavra de deus, assumir a culpa do pecado, crer no evangelho de Cristo, confessar os pecados e arrepender-se, confiar somente em Cristo para a salvação, comprometer-se a viver segundo os mandamentos de Cristo, ser batizado na água ("batismo externo"), e participar da vida da igreja, inclusive da ceia do Senhor. Com essa experiência, disse Hubmaier, Deus concede as dádivas do perdão e do Espírito Santo ("o batismo interno") e com isso a pessoa se transforma em crente. Somente os realmente convertidos — os "crentes" — devem ser membros de congregações cristãs.

De acordo com Hubmaier, a ordem da salvação segundo o NT determina que "para essas coisas procederem corretamente, a fé deverá anteceder ao batismo", caso contrário, as pessoas acharão que são crentes genuínos simplesmente porque foram batizadas na infância. Conforme o padrão do NT, argumentava ele, "ninguém deve ser batizado com água sem antes ter confessado sua fé e conhecido sua situação diante de Deus".⁴⁵ Falando em nome de todos os anabatistas, escreveu: "Assim, confessamos abertamente que não fomos batizados na infância"⁴⁶ e que "o batismo infantil é um truque inventado e instituído pelo ser humano".⁴⁷ Segundo Hubmaier, o batismo é simplesmente um testemunho público da conversão e regeneração já levadas a efeito mediante o Espírito de Deus e só deve ser realizado depois disso, pois de outra forma não é genuíno. É por isso que ele e outros anabatistas rejeitavam o termo *rebatismo* aplicado à prática de batizarem crentes maduros que já tinham sido "lavados" na infância. Para eles, essa prática não era um rebatismo, mas o primeiro batismo genuíno. Embora, em debates com Zwinglio e em vários tratados que escreveu sobre o assunto do batismo, Hubmaier apresentasse interpretações pormenorizadas de todas as passagens bíblicas pertinentes, sua oposição ao batismo infantil baseava-se, em última análise, no conceito da iniciação cristã verdadeira. Ninguém se torna cristão simplesmente por ter nascido em uma família cristã, nem por causa da fé dos pais ou da igreja. E uma criança não é capaz, tampouco, de ter fé no sentido pleno e verdadeiro do arrependimento pessoal e da confissão de confiar somente em Cristo.

No ano de sua morte, Hubmaier compôs *Um catecismo cristão* para os anabatistas e nele expôs as crenças básicas do movimento perseguido, inclusive três tipos de batismo: o batismo no Espírito, o batismo na água e o batismo no sangue.⁴⁸ O batismo

---

⁴⁴ A descrição do conceito de Hubmaier sobre a iniciação cristã foi extraída, em grande parte, do último capítulo de *On the Christian baptism of believers*, intitulado "The order of Christian justification", 143-9.

⁴⁵ *On the Christian baptism of believers*, p. 117.

⁴⁶ Ibid., p. 98.

⁴⁷ Ibid., p. 146.

⁴⁸ A Christian catechism, in: *Balthasar Hubmaier: Theologian of anabaptism*, p. 349.

no Espírito está em primeiro lugar e é "a iluminação interior do nosso coração realizada pelo Espírito Santo mediante a Palavra viva de Deus". O contexto global da teologia de Hubmaier deixa claro que esse batismo no Espírito significava a conversão e a regeneração com base no arrependimento e na fé. Trata-se do "batismo interno" que deve ser o primeiro a acontecer. O batismo na água "é um testemunho externo e público do batismo interno no Espírito, onde a pessoa testifica ao receber a água e confessa seus pecados diante de todas as pessoas". É a cerimônia pela qual o novo crente entra em comunhão com a igreja e se compromete a viver para Cristo. Finalmente, o batismo no sangue "é a mortificação diária da carne até a morte" (a santificação). O segundo batismo — o batismo na água — é a ponte entre o primeiro e o terceiro batismos. Não é sacramento e nem transmite a dádiva da fé ou da graça. Porém, é necessário porque Cristo o ordenou como testemunho e compromisso externo, e a igreja precisa dele para saber quem realmente pertence e quem não pertence à sua comunhão.

O ponto mais claro da teologia de Hubmaier é a crença fervorosa — mais pressuposta do que explicitamente declarada — de que a vida cristã autêntica começa por livre escolha do indivíduo, em resposta ao ato gracioso de Deus em Jesus Cristo. Essa resposta livre e pessoal da vontade não acontece com uma criança. Ela implica em crença, pesar, confiança e comprometimento. Embora as crianças nasçam inocentes do pecado porque Cristo restaurou a natureza humana caída com sua vida, morte e ressurreição, ninguém pode dizer que se tornarão adultos verdadeiramente crentes. Hubmaier comparava o batismo infantil a um botequim que anuncia vinhos excelentes antes da estação de colheita das uvas. É presunção. Certamente, Lutero e Zwinglio defendiam o batismo infantil sob o argumento de que a fé é uma dádiva de Deus e não uma decisão contingente e livre. Os conceitos monergistas da salvação formam pelo menos parte de seus fundamentos para essa prática. Hubmaier acabou rejeitando o monergismo agostiniano, inclusive a predestinação, e adotando o sinergismo erasmiano, inclusive o livre-arbítrio. Em seu primeiro ensaio, *Liberdade da vontade*, escreveu: "Ora, o ser humano pode também se ajudar pelo poder da Palavra ou pode deliberadamente rejeitá-la; depende dele. É por isso que se diz: "Deus o criou sem a sua ajuda, mas precisa dela para salvá-lo".[49]

A defesa do livre-arbítrio feita por Hubmaier acompanha fielmente a obra de Erasmo *Da liberdade da vontade*, porém o reformador anabatista atribuiu o livre--arbítrio humano à atuação de Cristo e do Espírito Santo e não a uma capacidade natural que sobreviveu à queda ao pecado. Para Hubmaier, ao pecar, Adão e Eva perderam o livre-arbítrio e caíram na escravidão do pecado, comprometendo com isso

---

[49] Freedom of the will 1, in: *Balthasar Hubmaier: Theologian of anabaptism*, p. 440.

toda a posteridade: "Se, pois, Deus, o Pai celestial, não nos tivesse socorrido com uma nova graça especial mediante Jesus Cristo, seu Filho amado e nosso Senhor, estaríamos todos condenados à cegueira, morte e perdição eterna".[50] Porém, a vontade revelada da salvação universal de Deus é clara nas Escrituras: "ele [...] envia a todas as pessoas a sua Palavra e ainda lhes concede o poder, a liberdade e a opção de aceitá-la ou rejeitá-la".[51] Hubmaier proclamava como base do livre-arbítrio aquilo que outros teólogos chamam de graça preveniente: a graça resistível de Deus, que chama, convence e capacita. Hubmaier também alegava que a eleição e predestinação divinas se baseiam inteiramente na presciência de Deus sobre quais indivíduos corresponderão à graça e de como o farão. Opunha-se ferrenhamente à predestinação incondicional — ao monergismo de Agostinho, Lutero, Zwinglio e Calvino: "Seria pérfido um Deus que convidasse todas as pessoas para um jantar, oferecesse sua misericórdia com a mais elevada sinceridade, mas não quisesse que comparecessem, Lucas 14.16ss.; Mateus 22.2ss. Seria falso um Deus que dissesse: 'Venham para junto de mim', mas que pensasse secretamente em seu coração: 'Fiquem aí'".[52]

Hubmaier não somente foi o primeiro teólogo anabatista, como também o primeiro sinergista evangélico. Isto é, foi o primeiro pensador protestante a defender abertamente a crença no livre-arbítrio com base na obra de Deus em Cristo e mediante o Espírito Santo. O livre-arbítrio, destruído pela queda, é restaurado por Cristo e pelo Espírito de Deus que opera por meio da Palavra. É somente por terem livre-arbítrio que as pessoas podem ser responsabilizadas, com justiça, por Deus e pela igreja, por suas decisões e ações. Porém, sejam quais forem as suas boas ações, elas não podem se jactar, porque qualquer decisão correta que fizerem ou boa ação que praticarem só acontece pela graça e não pela bondade inata da natureza ou do caráter. Essa é basicamente a mesma teologia da salvação que os remonstrantes holandeses — seguidores de Jacó Armínio — desenvolveram posteriormente no início do século XVII. Hubmaier, portanto, foi um "arminiano antes de Armínio", assim como Agostinho foi um "calvinista antes de Calvino".

Embora Baltasar Hubmaier não fosse fundador de qualquer igreja específica ou grupo de anabatistas, seu legado influenciou profundamente todos os anabatistas. Nos dois ou três anos em que foi líder do movimento protestante radical, forneceu-lhes uma base teológica que permitiu que edificassem sua fé. Na maior parte, anabatistas influentes posteriores como Meno Simons desenvolveram essa base de tal maneira que permaneceram leais aos princípios protestantes básicos

---

[50] Freedom of the will 2, in: *Balthasar Hubmaier: Theologian of anabaptism*, p. 454.

[51] Ibid., p. 477.

[52] Ibid., p. 465-6.

sob a perspectiva radical e com um tom fortemente sinergista. Eles enfatizaram a conversão individual e o discipulado comum, bem como o isolamento do mundo e a liberdade de pensamento.

A vida e a carreira do reformador Meno Simons

Meno Simons nasceu em 1496 nos Países Baixos e morreu de causas naturais em 1561. Foi um dos grandes organizadores do anabatismo. Um número significativo de congregações adotou seu nome e por isso são chamadas menonitas. Provavelmente, é o grupo anabatista mais numeroso existente no mundo moderno, embora se dividam em várias denominações espalhadas por toda a Europa e pelas Américas. O crédito de Meno está na liderança corajosa que exerceu sobre os anabatistas perseguidos no norte da Europa nos últimos vinte e cinco anos de sua vida. Por causa de seu papel de organizá-los e ensiná-los, "Meno Simons foi o líder mais notável do ramo anabatista da Reforma radical".[53] Foi ordenado ao sacerdócio da Igreja Católica Romana em 1524 e serviu como pároco em sua cidade natal, onde, conforme ele mesmo confessou mais tarde, teve uma vida imoral e era popular entre os pagodeiros locais. Entre 1530 e 1535, começou a ler as obras de Lutero e de Zwinglio e conheceu vários protestantes radicais. Em 1535, Pedro, seu irmão, tornou-se anabatista e foi executado pelas autoridades. Esse evento provocou no jovem sacerdote uma crise de fé e, depois de profunda agonia de espírito, passou por uma conversão:

> Meu coração palpitava. Orei a Deus, com suspiros e lágrimas, para que desse a mim, um pecador arrependido, o dom de sua graça, criasse em mim um coração puro e, graciosamente, pelos méritos do sangue carmesim de Cristo, perdoasse meu comportamento impuro e minha vida fácil e frívola, e me outorgasse sabedoria, Espírito, coragem e bravura para que pudesse pregar seu nome elevado e adorável e sua santa Palavra com pureza e tornar conhecida a sua verdade para sua glória.[54]

A conversão sincera de Meno, que envolveu o arrependimento consciente e a confiança em Jesus Cristo, seguida pela plenitude do Espírito Santo, tornou-se o paradigma da teologia da salvação dos anabatistas primitivos.

Depois da experiência de conversão, Meno começou a encontrar-se secretamente com grupos anabatistas clandestinos e ajudou a formar congregações permanentes. Foi tão bem-sucedido, que o Imperador Carlos V emitiu uma ordem de prisão e ofereceu uma recompensa por sua captura. De alguma forma, Meno conseguiu

---

[53] Timothy GEORGE, *Theology of the reformers*, Nashville, Broadman, 1988, p. 255.
[54] Apud Timothy George, op. cit., p. 261.

fugir e viajou pelo norte da Europa durante vinte e cinco anos, pregando, estabelecendo congregações anabatistas e escrevendo vinte e cinco livros e panfletos de vulto, bem como numerosos sermões, hinos e cartas. Diferentemente de Hubmaier, Meno não era erudito, mas se aprofundou na Bíblia e ensinou seus seguidores a estudar e memorizar as Escrituras de tal maneira que, quando eram presos e interrogados, muitas vezes deixavam os magistrados e os líderes das igrejas estatais atônitos com o profundo conhecimento do NT que demonstravam. Obviamente, Meno era teólogo, embora não tivesse sido formalmente treinado na teologia, nem escrito uma teologia sistemática: "Meno nunca teve tempo suficiente para produzir tomos eruditos, nem para desenvolver uma teologia sistemática. Escreveu, porém, com vigor e perspicácia guiado pela tradição anabatista anterior e pela tradição cristã mais ampla, mas basicamente por seu próprio e intenso engajamento com as Escrituras".[55] Entre seus escritos mais conhecidos, encontra-se um influente tratado intitulado *O alicerce da doutrina cristã*, que Meno escreveu em 1540 e depois revisou em 1558. Embora não fosse, por definição, uma teologia sistemática, de fato fornece um resumo das principais crenças anabatistas, tanto para os próprios anabatistas, quanto para a sociedade não anabatista que não os entendia e os perseguia.

A teologia de Meno

Assim como no caso de Baltasar Hubmaier e outros líderes anabatistas, a teologia de Meno Simons concentra-se na experiência da salvação. Admitia a autoridade absoluta das Escrituras e colocava o NT acima do AT por ter, segundo ele, autoridade doutrinária superior ao ensino cristão. Também reconhecia as realizações dos reformadores magisteriais que derrubaram a autoridade da tradição e que livraram a igreja de adendos medievais àquela tradição, como o purgatório, as indulgências e as orações dirigidas aos santos. A principal preocupação de Meno era que os protestantes magisteriais não tinham feito um trabalho completo ao descartar as tradições antibíblicas da igreja, sendo que o batismo infantil era uma delas. No entanto, a principal razão de querer abolir o batismo infantil não era porque se tratava de um adendo à prática cristã primitiva, mas porque era inconsistente com o modo genuinamente evangélico de entender e experimentar a salvação. Para Simons, a salvação genuína sempre implicava no arrependimento consciente e na fé e provocava uma conversão radical na vida, que incluía a regeneração (nascer de novo do Espírito de Deus) e terminava na santificação (viver seguindo a Cristo no discipulado). Como o batismo é um testemunho da regeneração e um compromisso de discipulado, não pode anteceder à conversão.

---

[55] George, op. cit., p. 263.

Segundo Meno, as crianças nascem sem culpa e não precisam da conversão, nem do batismo até atingirem a idade do discernimento moral, o que os batistas posteriores chamaram de idade da responsabilidade. Meno escreveu: "Às crianças inocentes, menores de idade, o pecado não é imputado pelo amor de Jesus".[56] Acreditava que o pecado de Adão havia corrompido a natureza humana, de forma que todos nós estávamos incluídos na queda dele e seríamos responsabilizados por isso, não fossem a vida, morte e ressurreição de Jesus Cristo. Mas, por causa da expiação realizada por Cristo, toda a humanidade está perdoada espiritualmente por Deus. Meno não negava a existência do pecado original, mas entendia que Paulo ensinava em Romanos 5 que a morte de Cristo retira temporariamente a culpa do pecado original de todas as pessoas, até o momento em que cometem pecados de modo consciente e deliberado. Acreditava que todos os que alcançam a idade da maturidade realmente pecam de modo responsável e passam a incorrer tanto na culpa objetiva quanto em uma consciência de culpa e precisam da conversão pelo arrependimento e pela fé. Achava que os reformadores magisteriais enfatizavam a fé a ponto de negligenciar o arrependimento e por isso nunca se cansou de escrever que "esse arrependimento, e somente esse, ensinamos, a saber, que ninguém pode nem deve piedosamente se gloriar na graça de Deus, no perdão dos pecados, nos méritos de Cristo, a não ser que tenha realmente se arrependido".[57]

Para Meno, o batismo infantil (pedobatismo) é "abominação e idolatria" porque as crianças não podem escutar o evangelho, compreender e arrepender-se e porque em nenhuma parte do NT Cristo ordenou o batismo infantil.[58] As palavras ditas por Meno deixam claro que ele acreditava que batizar crianças inevitavelmente subentendia que elas não precisam se arrepender e se converter posteriormente na vida e essa postura as levará à destruição. Além disso, o batismo infantil torna impossível saber quem pertence e quem não pertence verdadeiramente à igreja e, visto que Meno e todos os anabatistas insistiam que a igreja verdadeira consiste somente em crentes genuínos que experimentaram a conversão e a regeneração, o batismo é o ato de testemunho e de compromisso que marca a entrada no corpo de Cristo. Como as crianças não podem ser crentes, não são plenamente membros do corpo de Cristo, ainda que quando morrerem serão salvas e irão ao céu.

Em sua doutrina da salvação, Meno Simons negligenciava a forte ênfase que Lutero deu à justificação como justiça imputada e nunca afirmou a doutrina,

---

[56] Foundation of Christian doctrine, in: *The complete writings of Menno Simons*, J. C. Wenger, org., trad. Leonard Verduin (Scottdale, Herald, 1956, p. 131).

[57] Ibid., p. 112.

[58] Ibid., p. 133-4.

tipicamente luterana, de *simul justus et peccator* — simultaneamente justo e pecador. Assim como Hubmaier, Meno também rejeitava a predestinação pelos mesmos motivos. Nenhum desses teólogos anabatistas chegou a negar que a salvação se dá pela graça mediante a fé somente, mas "não aceitavam a doutrina forense da justificação pela fé somente (conforme Lutero ensinava) porque viam nela um impedimento para a doutrina verdadeira da fé 'viva' que culmina em vida santa".[59] A palavra-chave é *forense*. Isto é, os anabatistas não gostavam da doutrina que declarava que a justiça é *imputada* apenas aos pecadores que se arrependerem. Queriam enfatizar a regeneração, que implica no recebimento do Espírito Santo e na união com Cristo, de modo que o pecador nascido de novo realmente começa a se tornar justo interiormente. Meno argumentava que a fé genuína e sincera sempre se reverte em vida de retidão, embora não exista perfeição antes da morte.

Meno talvez tenha sido parcial em seus ataques contra a doutrina da salvação ensinada por Lutero, pois a acusava de ser apenas "fé racional" ou "fé histórica" que ignora o coração e a retidão interior. Lutero falava de "dois tipos de justiça". O segundo tipo implica na transformação interior com Cristo, mas é verdade que Lutero enfatizava o primeiro tipo de justiça, que é passiva e imputada, não comunicada. É uma "justiça alheia". Não se pode afirmar que Meno e outros anabatistas aceitavam a justiça alheia, embora realmente afirmassem o perdão completo e pleno dos pecados na ocasião da conversão, caso o arrependimento fosse verdadeiro e sincero.

Os críticos católicos condenavam os anabatistas porque eles rejeitavam o sistema penitenciário e os sacramentos. Assim como Meno, os principais anabatistas focalizavam sua atenção na conversão interna e no testemunho externo. Os críticos protestantes magisteriais condenavam os anabatistas porque eles rejeitavam o monergismo (a predestinação), o batismo infantil e a justificação forense. Da mesma maneira que Meno, os principais anabatistas focalizavam sua atenção mais na decisão pessoal e no viver santo do que no recebimento passivo da salvação. Para os seguidores protestantes magisteriais de Lutero e de Zwinglio, Meno e os outros anabatistas pareciam mais católicos do que genuinamente protestantes em sua soteriologia. Os anabatistas como Meno ficaram claramente frustrados ao tentar libertar a teologia dos grilhões das categorias tradicionais, conforme entendiam, e de recuperar o cristianismo simples do NT que buscavam. No entanto, é preciso ser dito que os anabatistas como Hubmaier e Meno Simons eram mais protestantes do que católicos, apesar dos duros ataques de homens como Lutero, Zwinglio e Calvino. Não pode existir nenhuma dúvida quanto à firme e inabalável fé na misericórdia e graça totalmente suficientes de Deus mediante Cristo e no perdão

---

[59] GEORGE, op. cit., p. 269.

dos pecados sem a necessidade de sacerdotes, penitências ou boas obras quando alguém se arrepende com sinceridade.

Dois aspectos muito controvertidos de Meno Simons devem também ser mencionados em qualquer exposição sobre sua contribuição teológica. Devido, em grande medida, à sua influência, o movimento anabatista aceitou o pacifismo como norma para a vida cristã. Hubmaier argumentou, anteriormente, contra os anabatistas militantes que os cristãos nunca devem usar "a espada" (qualquer tipo de coerção) para disseminar o evangelho ou tentar estabelecer o reino de Deus, conforme alguns tinham feito. Mas Hubmaier e outros líderes anabatistas primitivos não exigiram a completa não resistência por parte dos cristãos. Meno sim. Em *Alicerce da doutrina cristã*, ele escreveu: "Todos que são movidos pelo Espírito de Cristo não sabem de nenhuma espada senão a Palavra do Senhor"[60] e "não ensinamos nem reconhecemos nenhuma outra espada, nem tumulto no reino ou na igreja de Cristo, a não ser a espada afiada do Espírito, a Palavra de Deus".[61] A partir de Meno, os anabatistas passaram a rejeitar todo e qualquer tipo de violência e coerção, sem deixar de reconhecer o direito e a necessidade do estado secular de empregá-las para proteger os inocentes e castigar os malfeitores. Os cristãos, porém, segundo eles, não têm nenhuma permissão da parte de Cristo para se envolver nisso e, portanto, nunca devem carregar armas, participar de batalhas, sequer para proteger a si mesmos ou outras pessoas. Por essa razão, as igrejas menonitas e outras igrejas anabatistas são conhecidas como "igrejas da paz". Muitos foram presos por se recusarem a prestar serviço militar e congregações inteiras migram de um lugar para outro, procurando por uma nação onde possam ter a liberdade de adorar e viver seu cristianismo dissidente e pacifista.

Outro aspecto controvertido do ensino de Meno Simons dizia respeito à cristologia. Mas nem vale a pena mencionar, porque não se tornou uma parte aceita do legado teológico de Meno pelos anabatistas ou qualquer outro grupo. Entretanto, tanto os católicos quanto os protestantes magisteriais citavam a cristologia com frequência para argumentar que Meno e os menonitas eram hereges. Em 1554, Meno escreveu um tratado intitulado *A encarnação de nosso Senhor* no qual tentou apresentar sua própria interpretação da pessoa de Jesus Cristo. Sem rejeitar explicitamente a cristologia calcedônia das duas naturezas (união hipostática), criticou os teólogos reformados de sua época, que pareciam interpretá-la subentendendo uma divisão de Jesus Cristo em duas pessoas de modo semelhante ao nestorianismo. Resumindo a opinião alternativa de Meno, o homem Jesus Cristo teve sua origem

---

[60] *Foundation of Christian doctrine*, p. 175.
[61] Ibid., p. 200.

integral no céu e nada de essencial recebeu de Maria senão o ingresso na vida terrestre a partir da existência celeste.[62] Alguns críticos consideram a suposta heresia de Meno eutiquiana ou monofisista por entenderem que ele acreditava na carne (natureza humana) celestial de Cristo e, com isso, inconscientemente negava a humanidade autêntica de Jesus. O que ele tentou fazer, no entanto, foi defender e proteger a humanidade de Jesus e, ao mesmo tempo, evitar dividi-lo em duas pessoas como os nestorianos fizeram.

O conceito de Meno sobre a pessoa de Cristo e a encarnação não está totalmente claro e é calorosamente debatido. O que está claro, porém, é que ele negava que a humanidade de Jesus provinha de Maria. Não é certo que negava toda a verdadeira humanidade de Jesus Cristo, pois certamente afirmava seu sofrimento e morte reais. Aparentemente, acreditava que, se a natureza humana de Jesus procedesse de Maria, se trataria de "carne caída, adâmica" e, assim, Jesus não poderia ser o Salvador impecável do mundo. A natureza humana de Jesus era criação de Deus Pai no céu e foi colocada em Maria pelo Espírito Santo e a partir dele entrou no mundo sem receber nada substancial dela. Embora essa ideia fosse heterodoxa em comparação com a cristologia tradicional, "Meno não tinha intenção de negar a verdadeira humanidade de Cristo"[63] e, ao contrário da maioria dos representantes da cristologia clássica, pelo menos ensinava que Cristo realmente sofreu como o Verbo, o Filho de Deus, não meramente "segundo sua natureza humana". Por mais estranha que sua doutrina da encarnação fosse, não era igual a nenhuma outra heresia conhecida e não foi adotada por nenhum grupo anabatista como cristologia oficial.

A teologia anabatista pode ser resumida da seguinte forma: foi uma tentativa dos reformadores protestantes radicais de completar a Reforma protestante, resgatando o cristianismo da era apostólica. Era radicalmente anticonstantinista em seu conceito da igreja e do relacionamento com os governantes seculares. Era radicalmente antiagostiniana em seu conceito da salvação e da vida cristã. Os anabatistas enfatizavam a decisão consciente e pessoal do arrependimento e da fé e o viver santo como discípulos de Cristo e repudiavam qualquer ideia da salvação como dádiva concedida por via sacramental. Aplicavam ao batismo a interpretação simbólica de Zwinglio sobre a ceia do Senhor e insistiam que, como as crianças não podem se arrepender ou crer no evangelho, o batismo só pode ser administrado aos que se arrependerem depois de alcançar a idade da responsabilidade. É claro que tanto a visão anabatista da salvação e da igreja quanto a visão protestante

---

[62] Cf. as próprias palavras de Meno em sua obra The incarnation of our Lord in: *Complete writings* (p. 783-834). Veja uma análise a respeito em George, *Theology of the reformers* (p. 280-85).

[63] GEORGE, op. cit., p. 284.

magisterial, especialmente na versão reformada, influenciaram o evangelicalismo moderno. Nele, as tensões entre as duas visões ainda perduram.

As reformas do século XVI compreendem mais do que luteranos, reformados e anabatistas. A Reforma na Inglaterra teve um começo e desenvolvimento totalmente diferente e chegou a incorporar aspectos das teologias católica, luterana e reformada. A Igreja da Inglaterra que emergiu da Reforma inglesa é, em muitos sentidos, uma mistura das três. A Igreja Católica Romana experimentou sua própria Reforma no século XVI. Às vezes, é chamada de Contrarreforma porque pelo menos os protestantes entenderam que se tratava de uma reação à sua obra reformadora. O ponto central dessa Contrarreforma foi o grande Concílio de Trento, que se reuniu na cidade italiana de mesmo nome no período de 1545 a 1563. Nossa narrativa da teologia histórica se voltará, agora, para a história das reformas inglesa e católica.

27
Roma e Cantuária seguem caminhos separados, mas paralelos

As reformas da Igreja da Inglaterra e da Igreja de Roma foram processos complexos que abrangeram décadas do século XVI e envolveram numerosas pessoas, movimentos e eventos. Nenhuma dessas reformas foi conduzida por um único teólogo ou reformador eclesiástico destacado. Elas não foram consideradas muito satisfatórias pelos reformadores magisteriais e radicais da Alemanha e da Suíça. A natureza da reforma na Inglaterra foi basicamente teológica, sendo que as estruturas do governo e da liturgia da igreja, em geral, permaneceram como eram antes de começar a reforma. A natureza da reforma da Igreja Católica Romana foi basicamente eclesiástica e implicou em mudanças na prática, sendo que a teologia e liturgia tradicionais da igreja foram consolidadas e até mesmo fortalecidas. Os protestantes ficaram consternados e estarrecidos com a chamada Contrarreforma da Igreja de Roma e a consequência foi o agravamento da divisão da cristandade provocada pela corrupção dessa igreja, bem como pela Reforma protestante. Os teólogos reformados de Genebra e de Estrasburgo especialmente, além de outras partes da Europa, ficaram consternados com o resultado final da reforma inglesa, pois parecia ter se restringido a um acordo com o catolicismo.

Como as reformas inglesa e católica, de fato, pouco contribuíram para a história da teologia cristã, trataremos delas em um único capítulo e ressaltaremos as áreas nas quais deram ênfase nova e distinta. Estudaremos, também, particularmente, os aspectos nos quais concordavam ou discordavam de outros ramos da Reforma do século XVI. Antes de tratarmos das teologias dessas reformas, no entanto, veremos seu contexto histórico e seus principais contornos. Não se pode compreender a reforma inglesa nem a reforma católica sem conhecer as influências e acontecimentos políticos e eclesiásticos que as formaram.

Contexto histórico da reforma inglesa

A reforma inglesa começou de maneira bem diferente das demais reformas protestantes na Europa. O rei Henrique VIII (1491-1547) queria se divorciar da esposa para se casar com outra mulher. Isso era rigorosamente proibido pela lei canônica católica, porém Henrique, católico devoto e oponente ardente do protestantismo, queria um filho para ser seu sucessor. A esposa só lhe deu filhas e teve vários abortos. Finalmente, Henrique rompeu o relacionamento oficial entre a Igreja da Inglaterra e a de Roma e nomeou primaz de toda a Inglaterra um teólogo inglês que simpatizava com sua causa. Tomás Cranmer (1489-1556) da Universidade de Cambridge tornou-se arcebispo de Cantuária em 1533. Cranmer legitimou o divórcio e novo casamento de Henrique e começou a reformar cautelosamente a Inglaterra, dentro dos limites permitidos por Henrique, nos moldes luteranos. Henrique era distintamente antipático à causa protestante, a despeito de sua gratidão a Cranmer. Em 1534, o rei declarou-se "chefe supremo" da igreja católica inglesa, tendo como seu subordinado o arcebispo de Cantuária, e mandou queimar na fogueira tanto os católicos romanos quanto os protestantes que não quisessem reconhecer sua supremacia. No reinado de Henrique, a teologia da Igreja da Inglaterra permaneceu solidamente católica, porém independente de Roma e do papa.

Henrique morreu em 1547 e foi sucedido por seu filho, Eduardo VI, de nove anos de idade, que viveu somente até 1553. Durante esse período, o protestantismo, de vários tipos, floresceu na Inglaterra. O arcebispo Cranmer estava no centro do dinâmico movimento protestante e ao seu lado encontravam-se vários teólogos luteranos e reformados de destaque provenientes da Europa. Martinho Bucer, por exemplo, veio de Estrasburgo a fim de encorajar e orientar a Reforma protestante em franco desenvolvimento na Inglaterra. O próprio Cranmer morou por algum tempo em Nuremberg, na Alemanha, e até mesmo se casou secretamente com a sobrinha do reformador luterano da cidade, André Osiander. Em 1549, Cranmer criou um livro de oração inglês, de inspiração protestante, para ser usado como manual de culto uniformizado por toda a igreja da Inglaterra. Depois de revisá-lo em 1552, chamou-o *Livro de oração comum* e, embora tenha passado posteriormente por muitas revisões, tornou-se, desde então, a obra central do protestantismo inglês. A Inglaterra recebeu grande influxo de protestantes provenientes da Europa no breve reinado de Eduardo VI. A Igreja da Inglaterra, sob a liderança de Cranmer, estava a caminho de se tornar protestante, tendo um monarca e um arcebispo trabalhando de mãos dadas.

O pequeno rei morreu repentinamente em 1553 e sucedeu-lhe no trono a meia-irmã católica romana fanática, Maria, apelidada "a Sanguinária" pelas gerações posteriores. Sob seu reinado de cinco anos, a Inglaterra retornou ao catolicismo romano. Cranmer e mais de trezentos clérigos e teólogos protestantes importantes foram queimados na fogueira ou decapitados. Sob tortura e ameaça de morte, o arcebispo de Cantuária e artífice do protestantismo inglês retratou-se pelas "heresias" que cometeu e abraçou, novamente, a fé de Roma. Mesmo assim, foi condenado à morte e, ao ser queimado publicamente em 21 de março de 1556, colocou nas chamas a mão que assinou a retratação em um gesto indicador de seu cancelamento. Muitos líderes protestantes fugiram da Inglaterra e foram morar em Genebra, Estrasburgo, e em outras cidades protestantes no reinado de terror de Maria. Ali, alimentaram-se das fontes teológicas reformadas e resolveram que, se um dia reconquistassem o poder e a influência em sua pátria, sua política e teologia seriam totalmente calvinistas e reformadas.

Maria, a Sanguinária, morreu em 1558 e sua sucessora foi a meia-irmã Elisabete I, que reinou até 1603, quando morreu. Era protestante, mas nutria pouca simpatia pela teologia reformada e nenhuma pelo governo eclesiástico reformado, que na Escócia era chamado presbiterianismo. Elisabete queria a *via media* para sua igreja inglesa e queria que fosse a única igreja em seus domínios. O acordo, conhecido como Lei de Uniformidade Elisabetana, era permitir uma teologia moderadamente protestante sob a forma de governo eclesiástico e liturgia moderadamente católicas. A forma de governo eclesiástico encabeçado por Elisabete e pelos arcebispos da Cantuária por ela nomeados seria episcopal e os bispos se submeteriam ao monarca como o governante supremo de toda a Igreja da Inglaterra. O *Livro de oração comum*, revisado, seria imposto para todas as igrejas do reino e todos os sacerdotes afirmariam a declaração doutrinária que ficou conhecida como *Os trinta e nove artigos de religião*. A Igreja Anglicana parecia muito católica do ponto de vista dos protestantes europeus, especialmente dos teólogos e ministros reformados, que consideravam a Genebra de Calvino o modelo do que a igreja deveria ser. Em contrapartida, Roma a condenava por ser demasiadamente protestante, porque não dava o menor espaço para o papado nem para as doutrinas e práticas tipicamente católicas, como a transubstanciação, o purgatório, as penitências e as obras meritórias de caridade. A Igreja Anglicana de Elisabete afirmava, de modo inequívoco, a justiça pela graça mediante a fé somente, enquanto, ao mesmo tempo, rejeitava os aspectos mais radicais do protestantismo reformado do continente europeu.

No século XVI, a Inglaterra tornou-se um reino separado da Escócia. Foi somente no começo do século XVII, na ocasião da morte de Elisabete, que as duas nações se uniram sob um único monarca. A importância desse fato é que o reino da Escócia tornou-se a primeira nação que adotou como religião nacional a versão calvinista e reformada do protestantismo sob a liderança do reformador João Knox (1514-1572) por volta de 1560. Knox, que considerava Genebra sob o governo de Calvino e do sucessor deste, Teodoro Beza, "a mais perfeita escola de Cristo desde os dias dos apóstolos", queria que toda a Escócia seguisse o modelo de Genebra, tanto na teologia quanto na política. Muitos membros da Igreja da Inglaterra no reinado de Elisabete queriam que a Inglaterra seguisse o exemplo de Knox e da Escócia. Alguns queriam que a igreja fosse tão católica quanto possível, enquanto outros contemplavam mais o modelo luterano da Alemanha. Elisabete detestava e temia João Knox, que sentia o mesmo por dela. Referindo-se a ela e à sua prima, Maria, rainha da Escócia, Knox publicou um panfleto intitulado "O primeiro toque do clarim contra o monstruoso governo feminino" e pediu a abolição de toda a monarquia e o estabelecimento de uma igreja nacional presbiteriana com teologia fortemente calvinista tanto na Escócia quanto na Inglaterra.

Na Inglaterra, foi somente o poder de Elisabete I que manteve a Igreja Anglicana unida, enquanto os partidos da Igreja Alta (ritualistas) e da Igreja Baixa (evangelicais) se enfrentavam. A Igreja Alta consistia dos chamados homens do livro de oração que se esforçavam para manter a igreja inglesa tão católica quanto possível no governo eclesiástico e na liturgia.[1] Defendiam a sucessão apostólica como ordem correta do ministério e argumentavam em favor da autoridade espiritual especial para os sacerdotes da igreja. Embora afirmassem doutrinas tipicamente protestantes das Escrituras e da salvação, queriam uma igreja hierárquica com bispos estreitamente ligados à coroa e uma liturgia formal com base em um livro de culto uniforme. O partido evangelical da Igreja Baixa era composto pelos herdeiros dos "evangélicos fervorosos" dos tempos de Cranmer, cuja maioria tinha sido queimada na fogueira ou exilada para a Europa continental no reinado de Maria, a Sanguinária. Queriam que a Inglaterra seguisse o exemplo da reforma da Escócia liderada por Knox. Cada vez mais, pediam a abolição do *Livro de oração comum*, dos bispos, do sacerdócio e da sucessão apostólica, bem como do culto exageradamente litúrgico. Por quererem purificar a Igreja Anglicana com a remoção dos elementos católicos remanescentes, ficaram conhecidos como puritanos. Os que seguiam a teologia ritualista da Igreja Alta foram chamados anglicanos.

O principal teólogo anglicano do reinado de Elisabete I era Richard Hooker (1554-1600), que foi educado como reformado, mas se converteu ao anglicanismo com fortes tendências católicas quando cursou a Universidade de Oxford. Em 1584, foi nomeado mestre do Templo de Londres pela rainha. Tratava-se de um dos mais prestigiosos cargos de pregação de todo o reino. Hooker foi colega de outro ministro, chamado Walter Travers (1548-1635), que era um crítico puritano ardente e franco do anglicanismo e da Lei de Uniformidade de Elisabete. Hooker expunha seu episcopalismo católico moderado pela manhã e Travers o contradizia

---

[1] Agradeço a meu colega Cornelis (Neil) Lettinga pelas expressões "homens do livro de orações" e "evangelistas fervorosos" e pelas informações e discernimentos oferecidos em sua tese de doutorado *Covenant theology and the transformation of anglicanism* (1987).

à tarde. Segundo um historiador do século XX: "De manhã, Cantuária se pronunciava e, de tarde, Genebra".[2]

Membros destacados da sociedade de Londres escutavam ambos. Hooker apresentava defesas meticulosamente arrazoadas do governo eclesiástico e da liturgia da Igreja Alta e argumentava que o pensamento católico, embora fosse herético em alguns aspectos, não estava inteiramente errado. Enfatizava, por exemplo, a ideia escolástica de que a graça segue a natureza humana, em vez de contradizê-la e defendia a crença no livre-arbítrio e no conceito moderadamente sinergista da salvação. Até ousou sugerir que os católicos romanos, embora estivessem errados em suas crenças, pudessem chegar ao céu afinal. Travers pregava a predestinação, bem como o fogo e enxofre do inferno para todos os católicos, declarados ou não, em seus sermões vespertinos e declarou do púlpito do Templo que o *Livro de oração comum*, as vestes sacerdotais, as imagens dos santos e toda e qualquer outra relíquia e vestígio da tradição católica deviam ser abolidos da igreja.

Travers e Hooker representavam dois partidos da Igreja da Inglaterra que acabaram perseguindo um ao outro de tal forma que provocou uma guerra civil quase um século mais tarde. Até aos dias de hoje, a Igreja da Inglaterra e a Comunhão Anglicana (que reúne as igrejas do mundo inteiro, e que consideram o arcebispo de Cantuária líder espiritual) mantêm partidos moderados da Igreja Alta e da Baixa. Os extremistas dos dois lados, com o passar dos anos, estão abandonando o anglicanismo e passando para Roma ou para as várias denominações reformadas.

Contexto histórico da reforma católica

Nas décadas de 1520 e de 1530, vários líderes e teólogos católicos romanos convocaram um novo concílio ecumênico para reagir à grande revolução protestante e reformar a igreja a partir de dentro. Erasmo de Roterdã, sem dúvida, foi o reformador católico mais influente, mas outros que pediram mudanças na igreja foram líderes como os cardeais Gasparo Contarini (1483-1542) e Jacopo Sadoleto (1447-1547), sendo que estes almejavam a unificação entre Roma e os luteranos. A maioria dos líderes católicos romanos estava totalmente revoltada com a degradação da igreja. Queriam clérigos cultos, genuinamente celibatários, residentes em suas paróquias e pregadores do evangelho — ao estilo romano. Queriam que os papas se concentrassem nas questões espirituais e deixassem para os governantes

---

[2] Lionel S. THORTON, *Richard Hooker: a study of his theology*, Londres, SPCK, 1924, p. 7. O "Templo" era uma igreja prestigiosa perto do rio Tâmisa, no centro de Londres. Foi construído pela ordem dos cruzados Cavalheiros Templários no século XII. Dois livros excelentes sobre essa "dupla estranha" do Templo de Londres são *Walter Travers: paragon of Elizabethan Puritanism* (Londres, Methuen, 1962) e *Richard Hooker and the authority of scripture, tradition and reason: reformed theologian of the church of England?*, de Nigel Atkinson (Carlisle, U.K., Paternoster, 1997).

seculares as guerras e a política e ansiavam pelo dia em que os cargos da igreja não fossem mais comprados e vendidos (simonia) ou entregues a parentes (nepotismo). Finalmente, queriam que a igreja declarasse, de modo claro e oficial, quais eram suas crenças e as obrigações de um bom cristão católico em termos de doutrina e de prática. Muitas crenças católicas típicas que os protestantes repudiavam nunca tinham sido declaradas dogmas oficiais por Roma. Portanto, não se sabia exatamente o que os dividia.

Em 11 de novembro de 1544, o papa Paulo III promulgou um decreto de convocação do XIX Concílio Ecumênico da igreja, a ser realizado na cidade italiana de Trento no mês de março do ano seguinte. A localidade foi um acordo entre o papa e o imperador Carlos V. Trento era uma cidade insignificante, que ficava exatamente na fronteira entre os estados papais da Itália e o Sacro Império Romano. O imperador esperava que o concílio ocasionasse a reconciliação dos protestantes com os católicos romanos e reunificasse a cristandade. Insistiu para que representantes luteranos fossem convidados. O papa queria que o concílio definisse nitidamente as diferenças entre os protestantes e a Igreja de Roma e deixasse claro que os protestantes eram hereges e que a Igreja de Roma representava a única igreja verdadeira. Tanto o papa quanto o imperador queriam que o concílio livrasse a igreja de abusos e de corrupção.

Vários concílios ecumênicos já tinham se reunido para dirimir problemas dentro da igreja e estabelecer o dogma católico verdadeiro. Nenhum dos concílios reformadores anteriores teve muito sucesso. O Concílio de Constança (1414-1418) é considerado pela Igreja Católica Romana o décimo sexto concílio ecumênico. Resolveu o grande cisma papal ao depor os três papas rivais e eleger Martinho V como único papa verdadeiro. Seu primeiro ato depois do concílio foi ratificar todos os seus atos, exceto o último que depôs os demais e o declarou papa. Rejeitou o ato conciliar porque insinuava que um concílio podia depor um papa. O Concílio de Constança seria o triunfo do movimento conciliar, mas como Martinho V conseguiu repudiar seus atos mais importantes, acabou sendo malsucedido na reforma da igreja. Foi também esse concílio que condenou à fogueira o reformador boêmio, João Hus. O Concílio de Florença reuniu-se na referida cidade italiana no período de 1438 a 1445. Considerado por Roma o décimo sétimo concílio ecumênico, conseguiu uma breve reunificação entre a ortodoxia oriental e a igreja ocidental. O décimo oitavo concílio aconteceu em Roma no período de 1512 a 1517 e é conhecido na história eclesiástica como Concílio Laterano ("Laterano" era o nome da igreja oficial do papa em Roma antes de ser construída a Catedral de São Pedro). Sem muito sucesso, tentou livrar a igreja dos tipos de abuso que Lutero observou e repudiou quando visitou Roma. O melhor que se pode dizer a respeito dele é que chamou a atenção para a necessidade de reforma das estruturas e das práticas da igreja.

O Concílio de Trento foi um sucesso espetacular em comparação com as três reuniões ecumênicas anteriores. Centenas de bispos, abades e generais de ordens especiais dentro da igreja reuniram-se, em várias sessões, em um período de quase vinte anos. O concílio foi interrompido por pestes, guerras e por controvérsias entre os delegados. O papa que convocou o concílio morreu antes de seu término e ele foi concluído por Pio IV, um pontífice radicalmente antiprotestante. Longe de conseguir a reunificação da cristandade, Trento intensificou as divisões. Por outro lado, fortaleceu o catolicismo romano e deu ímpeto à sua revitalização e ressurgimento. Os líderes católicos agora sabiam o que todo bom católico deveria crer e defender. Além de livrar a igreja da corrupção, o concílio criou um conjunto de decretos e um credo que uniformizava o dogma católico e condenava todo aquele que, assim como Lutero e outros protestantes, rejeitasse qualquer parte dele. Os anátemas de Trento declararam hereges Lutero e os demais reformadores protestantes e as condenações nunca foram revogadas.[3]

Sob esse contexto da história eclesiástica, fica mais fácil entender o desdobramento da história da teologia dos reformadores ingleses e da teologia da Contrarreforma católica romana. Agora voltaremos a atenção apenas para os dois principais reformadores ingleses, Cranmer e Hooker, e suas respectivas contribuições e para o Concílio de Trento no lado católico. É certo que muitos líderes e pensadores da igreja influenciaram as reformas, mas, devido às restrições de tempo e espaço, levaremos em consideração somente os mencionados há pouco, já que afinal são os representantes mais importantes. Além disso, concentraremos nossa atenção nas opiniões desses reformadores e de Trento a respeito dos três princípios mais importantes que estavam em discussão e disputa na Reforma do século XVI: *sola scriptura* (as Escrituras como autoridade final para a fé e prática cristãs), *sola gratia et fides* (a salvação pela graça mediante a fé somente) e o sacerdócio de todos os crentes. Muitas outras questões desempenharam papéis cruciais nas reformas católica e inglesa, mas a exiguidade do tempo e do espaço exigem que limitemos essa história ao curso principal e deixemos de lado todas as tangentes e tramas paralelas.

O pai da reforma inglesa: Tomás Cranmer

Os reformadores ingleses afirmavam a total suficiência e supremacia exclusiva da Bíblia para a fé e prática cristãs, sem descartar a tradição. Em última análise, a teologia anglicana de Richard Hooker, conforme expressa em sua obra-prima *Leis do governo*

---

[3] Grandes progressos foram feitos para o entendimento e a aceitação mútua de católicos e protestantes no II Concílio Vaticano, o 21° concílio ecumênico da Igreja Católica Romana, no começo da década de 1960. Nas décadas de 1970 e 1980 e ainda na última década do século XX, teólogos católicos e protestantes mantiveram diálogos ecumênicos frutíferos. A hierarquia católica romana ainda não tinha anulado oficialmente os anátemas de Trento contra Lutero e seus seguidores na data em que este livro foi escrito. Para muitos católicos, porém, eles não passam de relíquias de uma era polêmica do passado distante. Muitos pensadores e líderes católicos e protestantes os ignoram.

eclesiástico, preservou muito mais da tradição católica do que qualquer outra forma de teologia protestante. Mesmo assim, tanto Cranmer quanto Hooker exigiram que todas as crenças e práticas tradicionais mantidas deveriam estar de acordo com a Bíblia. Da mesma forma, os reformadores ingleses promoveram a doutrina protestante da justificação pela graça mediante a fé somente, sem deixar de enfatizar a importância da santificação e das boas obras. Finalmente, ensinavam que todo crente em Jesus Cristo pode falar diretamente com Deus em oração em seu próprio favor ou em favor do próximo, sem a mediação de clérigos ou santos. Ao mesmo tempo, mantinham no mais alto conceito a ordenação e o sacerdócio, inclusive a sucessão apostólica e as características indeléveis transmitidas ao ministro pela ordenação apropriada. O terceiro princípio protestante, o sacerdócio de todos os crentes, era o menos sustentado pelos reformadores ingleses, segundo seus inimigos puritanos. Estes consideravam o *Livro de oração comum*, a sucessão apostólica e as vestimentas e impetrações de bênçãos sinais nítidos do "papismo" latente em Hooker e em sua eclesiologia anglicana. Apesar disso, não há dúvida de que Cranmer e Hooker e todos os artífices anteriores e posteriores da teologia anglicana eram protestantes, ainda que o protestantismo tivesse um tom decididamente tradicionalista.[4]

Tomás Cranmer é geralmente considerado o fundador do protestantismo inglês. "Se não era teólogo de primeira categoria, certamente exerceu influência decisiva e duradoura."[5] Cranmer produziu poucos escritos teológicos formais, mas foi o responsável por grande quantidade de "teologia indireta" com a sua estratégia de tornar a Bíblia acessível a todo o povo e com sua obra no *Livro de oração comum*. Influenciou a teologia da Inglaterra também com a produção dos Artigos de religião da Igreja da Inglaterra. Em junho de 1553, no ano em que foi martirizado, Cranmer escreveu *Os quarenta e dois artigos de religião*, que se tornaram a base para *Os trinta e nove artigos de religião* posteriores. Conforme comenta certo intérprete moderno de Cranmer: "Ele deu à sua igreja uma Bíblia, a pregação bíblica, um catecismo, um livro de oração e uma confissão de fé. Se ele não tem muito a oferecer na área de tratados dogmáticos, no nível teológico estão as reformas pelas quais ele foi o principal responsável".[6] As principais influências teológicas no pensamento e na obra reformadora de Cranmer eram luteranas e reformadas. Especialmente importante foi sua amizade com Martinho Bucer, que tentou, sem sucesso, unir os protestantes da Europa continental e também encontrar um meio termo entre Zwinglio e Lutero no tocante à presença de Cristo na ceia do Senhor. Sem dúvida,

---

[4] G. W. BROMILEY, *Thomas Cranmer theologian*, New York, Oxford University Press, 1956, p. 98.
[5] Ibid., p. 9.
[6] Apud Hughes, *Theology of the English reformers*, p. 16.

a esposa luterana de Cranmer e seu tio, André Osiander de Nuremberg, também influenciaram seu pensamento.

Quanto às Escrituras, as ações de Cranmer falam mais alto que as palavras escritas. Pouco depois de ter sido investido por Henrique VIII no cargo de arcebispo da Cantuária, apresentou nas igrejas do reino a primeira Bíblia em inglês chamada Grande Bíblia. Embora Cranmer não fosse o tradutor, também se tornou conhecida como a Bíblia de Cranmer, porque ele escreveu o prefácio e organizou sua distribuição por todas as igrejas. No prefácio, o arcebispo instou todas as pessoas a ler a Bíblia e se referiu a ela como "a Palavra de Deus, a joia mais preciosa, a relíquia mais santa que permanece sobre a terra".[7] Para Cranmer, as Escrituras eram "o próprio alicerce da fé reformada [protestante]" e "tudo o que se acha nas Escrituras Sagradas [...] 'deve ser considerado terreno seguro e verdade infalível; e tudo o que não pode ser fundamentado nelas, no tocante à nossa fé, é invenção dos homens, mutável e incerta'".[8] Todas as "verdades não escritas" (tradições humanas religiosas que não se encontram nas Escrituras) devem ser submetidas à prova das Escrituras e rejeitadas na medida em que entrem em conflito com suas declarações e princípios gerais".

Por outro lado, de modo diferente de muitos na tradição reformada, Cranmer prezava muito toda tradição que é compatível com as Escrituras e não raro apelava à autoridade dos pais da igreja em questões nas quais as Escrituras não se manifestam: "Podia admitir que os pronunciamentos patrísticos eram dispensáveis e que podiam até ser errôneos quando não se fundamentavam na Palavra de Deus. Mas, por outro lado, podia também sustentar que 'toda exposição das Escrituras, com a qual a igreja primitiva, santa e verdadeira concordava, deve necessariamente ser crida'".[9] Cranmer e outros reformadores ingleses do século XVI procuravam descobrir e manter o equilíbrio delicado entre a autoridade suprema das Escrituras e o respeito pela tradição cristã primitiva. Essa é uma das marcas da reforma inglesa: respeito pela autoridade subsidiária dos pais da igreja e dos credos dos primeiros séculos do cristianismo, especialmente nas questões de cerimônia e ordem dentro da igreja.

O compromisso de Cranmer com o princípio protestante *sola gratia e fides* (a salvação pela graça mediante a fé somente) se revela claramente em seu sermão publicado "Homilia sobre a salvação" (1547), que "pertence de modo especial

---

[7] Ibid., p. 20.

[8] BROMILEY, op. cit., p. 25.

[9] Philip Edgcumbe HUGHES, *Faith and works*: Cranmer and Hooker on justification, Wilton, Morehouse-Barlow, 1982, p. 33.

à doutrina oficial da Igreja da Inglaterra".[10] Nele, o reformador inglês criticou e condenou a doutrina católica romana da justiça atribuída ou infundida por meio da fé, dos sacramentos e das obras meritórias e afirmou que "nossa justificação se dá gratuitamente por pura misericórdia de Deus" e não por causa de obras por nós praticadas, mas somente pela "fé verdadeira e viva, que por sua vez é dom de Deus".[11] A doutrina da salvação, defendida por Cranmer, é quase idêntica à dos reformadores da Europa continental, Lutero, Zwinglio e Calvino. Entretanto, abriu caminho para a teologia anglicana futura de Hooker e de outros teólogos da Uniformidade Elisabetana ao enfatizar a santificação como vida de santidade e de boas obras que resultam natural e necessariamente da "fé verdadeira e viva" da justificação. Diferentemente de Lutero, Cranmer valorizava grandemente a epístola de Tiago e não via conflito entre a mensagem dela e a de Paulo no tocante à salvação: "Pois a fé que produz (sem arrependimento) obras más ou nenhuma obra boa, não é a fé correta, pura e viva, mas fé morta, diabólica, falsa e fingida conforme São Paulo e São Tiago a chamam".[12]

Finalmente, Cranmer tinha pouco a dizer diretamente a respeito do sacerdócio de todos os crentes, mas o afirmou, de modo indireto, como nada menos que *sola scriptura* e *sola gratia et fides*, embora em um estilo claramente protestante inglês. Cranmer e os demais reformadores ingleses tomaram o partido de seus colegas na Europa continental ao rejeitar o conceito católico romano do clericalismo sacerdotal — a crença no poder espiritual especial que os sacerdotes recebiam no sacramento da ordenação.[13] Rejeitaram, sobretudo, a crença católica tradicional de que somente os sacerdotes são capazes de absolver os pecados e de oferecer Cristo de novo no sacrifício da missa. No tratado intitulado *Defesa da doutrina verdadeira e católica dos sacramentos*, Cranmer condenou o sacerdotalismo da igreja papal e o tratou como "a própria raiz da árvore do erro que ele e seus colegas reformadores consideravam essencial extirpar".[14] Por outro lado, procurava manter a terminologia de ministro como "sacerdote" (*priest* em inglês), só por ser a tradução em inglês do termo "presbítero" no NT (*presbyteros* em grego) e dar ao título novo significado. Para ele, o sacerdote era ordenado pela igreja para pregar e ensinar a Palavra de Deus, atender,

---

[10] Philip Edgcumbe HUGHES, *Faith and works*: Cranmer and Hooker on justification, Wilton, Morehouse-Barlow, 1982, p. 33.

[11] Thomas CRANMER, A homily on the salvation of mankind by only Christ our Savior from sin and death everlasting, in: Hughes, *Faith and works*, p. 51.

[12] Ibid., p. 57.

[13] Um estudo excelente da doutrina protestante-anglicana inglesa do ministério (inclusive de Cranmer) encontra-se em *Theology of the English reformers*, de Hughes (p. 162-88).

[14] Ibid., p. 164.

no trabalho pastoral, às necessidades espirituais da congregação e administrar os sacramentos do batismo e da santa comunhão. A natureza do ofício de sacerdote na Igreja da Inglaterra não era considerada distintivamente sacerdotal, mas profética e pastoral. Segundo Cranmer, Cristo é o único e verdadeiro sacerdote que age como mediador entre Deus e o crente na intercessão, no perdão e na concessão da graça.

Alguns críticos de Cranmer achavam que ele dava com uma mão e tirava com a outra. Isto é, embora rejeitasse o sacerdotalismo e afirmasse diretamente o sacerdócio de todos os crentes, também mantinha a estrutura hierárquica da igreja medieval com seu constantinismo. Para Cranmer e os anglicanos posteriores, o monarca da Inglaterra era o governante supremo da igreja, embora Cristo fosse seu único cabeça. O rei ou a rainha eram reconhecidos como ministros seculares de Deus de toda a nação, tanto civil quanto religiosa, e tinha o direito e o poder de nomear o principal ministro, o arcebispo da Cantuária. A própria igreja era dirigida pela hierarquia de bispos, sacerdotes e diáconos sob o poder do monarca e do arcebispo, e a ordenação genuína tinha de acontecer de acordo com a ordem de sucessão apostólica. Para todos os fins, somente os bispos estavam investidos de autoridade para sancionar sacramentos e ordenar e nomear clérigos para suas respectivas paróquias. Essa forma altamente episcopal de governo eclesiástico foi definida e defendida por Richard Hooker em sua obra magisterial *Leis de governo eclesiástico*, mas foi inicialmente mantida (nas tradições católicas romanas herdadas pela Igreja da Inglaterra) por Cranmer. Do ponto de vista dos protestantes ingleses da ala evangélica e, especialmente, da puritana, essa ordem e as cerimônias mantidas pela Igreja da Inglaterra, relíquias do catolicismo romano, tinham a marca do sacerdotalismo, embora não fosse declarado que os sacerdotes detinham poderes espirituais especiais.

Cranmer deu forma à doutrina dos sacramentos da Igreja da Inglaterra com seu tratado *A defesa da doutrina verdadeira e católica dos sacramentos* e com o *Livro de oração comum* e *Os trinta e nove artigos de religião*. A diretriz e a base que estabeleceu eram conscientemente destinadas a evitar a guerra teológica interna sobre os sacramentos, que Cranmer tanto deplorava, entre os reformadores da Europa continental. A redação exata das cerimônias para o batismo e a ceia do Senhor, conforme Cranmer escreveu no *Livro de oração comum*, e as declarações doutrinárias que incluiu nos *Artigos de religião* deixam espaço para várias interpretações, mas excluem as doutrinas tipicamente católicas romanas, bem como as interpretações e práticas zwinglianas e anabatistas. Os conceitos que Cranmer tinha dos dois sacramentos eram mais semelhantes aos de Calvino e de Bucer. Quanto ao batismo, afirmava o batismo infantil e a regeneração batismal, no caso de a fé estar presente ou ser confirmada posteriormente, quando a criança batizada se tornasse adulta. Da mesma forma que os teólogos reformados, Cranmer equiparava o batismo à circuncisão e admitia que os filhos batizados de pais cristãos são salvos. Também em harmonia com a teologia reformada, defendia a presença espiritual real de Cristo no sacramento da santa comunhão, quando existia fé nos corações e mentes dos participantes.

O artífice do anglicanismo: Richard Hooker

Embora Tomás Cranmer fosse o verdadeiro fundador histórico do protestantismo inglês, o artífice teológico do anglicanismo — que é o nome que se pode dar à igreja inglesa madura da Uniformidade Elisabetana — foi Richard Hooker. Foi Hooker quem retomou e desenvolveu os elementos do pensamento de Cranmer favoráveis à tradição da Igreja Alta, inclusive a liturgia formal e o governo eclesiástico hierárquico. Combinou esses elementos, ainda, com uma visão moderadamente escolástica da natureza e da graça, além da teologia natural e da ênfase ao livre-arbítrio e à participação humana no processo da salvação (sinergismo). Se a visão que Cranmer tinha do protestantismo inglês fosse interpretada e imposta pela ala puritana (a Igreja Baixa) da Igreja da Inglaterra, como Walter Travers e Thomas Cartwright (1535-1603), talvez esse ramo do protestantismo nunca se tornaria anglicano e seria bem diferente. Porém, isso não aconteceria. Elisabete I favorecia abertamente clérigos como Richard Hooker, que tendiam fortemente para o tradicionalismo católico sem cair na doutrina e prática católicas medievais contrárias às motivações básicas da Reforma protestante europeia. Graças a seus sermões falados e escritos e especialmente à sua obra de muitos tomos *Leis do governo eclesiástico*, Hooker tornou-se "o maior expoente em teologia da Uniformidade Elisabetana".[15] Essa uniformidade e a teologia de Hooker criaram a semiprotestante e semicatólica teologia e Igreja Anglicana tão desprezadas e rejeitadas pelos puritanos, presbiterianos e vários outros protestantes dissidentes da Grã-Bretanha que tinham em Genebra sua inspiração.

Sem dúvida, em geral, Hooker concordava de todo o coração com Cranmer e com os reformadores magisteriais a respeito dos dois primeiros princípios protestantes: *sola scriptura* e *sola gratia et fides*. Aplicou a eles, porém, seu próprio toque distintivo. Além disso, negligenciou de tal maneira o terceiro princípio protestante do sacerdócio de todos os crentes, que seus inimigos puritanos o consideravam um católico não assumido. No que diz respeito ao princípio das Escrituras, Hooker manteve a doutrina oficial da Igreja da Inglaterra conforme é expressa nos *Trinta e nove artigos de religião*. O artigo VI dessa confissão doutrinária oficial da Igreja da Inglaterra afirma a suprema suficiência e autoridade das Sagradas Escrituras para a fé e prática cristãs. Contudo, sem negar a posição especial da Bíblia como fonte e norma para a teologia e vida cristãs, Hooker reconhecia autoridades múltiplas, divididas em

---

[15] Justo GONZÁLEZ, *A history of Christian thought*, ed. rev., Nashville, Abingdon Press, 1987, p. 194. V. 3: From the protestant reformation to the twentieth century.

graus de importância que incluíam Deus, a Bíblia, as leis nacionais e a consciência individual. Sempre pensava em termos de graus e graduações para tudo, inclusive para as autoridades e rejeitava o que considerava tendência a pensar tudo em termos de "preto ou branco", "um ou outro" por parte dos puritanos, que apelavam apenas às Escrituras e não raro rejeitavam todas as autoridades.[16] Hooker não hesitava em apelar a Platão, aos pais da igreja primitiva, aos credos da igreja, às declarações dos monarcas, dos filósofos e dos juristas nas áreas sobre as quais as Escrituras silenciam ou são ambíguas. Buscava uma abordagem ampla e razoável para a autoridade que evitava o que considerava extremos do racionalismo e do dogmatismo conservador.

O que mais desagradou os puritanos, talvez, tenha sido o emprego por Hooker da teologia natural escolástica medieval. A maioria dos reformadores europeus, inclusive Lutero, Zwinglio e Calvino, tinha incluído o escolasticismo como parte integrante da teologia católica por eles rejeitada. Hooker, no entanto, acreditava em um esquema do tipo tomista, no qual a graça (o âmbito sobrenatural) cumpre a natureza em vez de contradizê-la. Lionel Thornton, admirador e comentarista de Hooker no século XX, resume o pensamento do teólogo anglicano da seguinte maneira: "O homem [para Hooker] encabeça a ordem natural e o que lhe confere essa posição única é a posse da liberdade moral. Ele possui a luz natural da razão pela qual pode reconhecer o bem, e o livre-arbítrio pelo qual pode optar pelo bem e se identificar com ele".[17] Em outras palavras, segundo Hooker, a natureza humana não é prejudicada pela queda e pelo pecado original a ponto de não poder alcançar a graça e cooperar com ela, com a ajuda da própria graça. A razão e o livre-arbítrio, na melhor das hipóteses, são preparativos para o verdadeiro conhecimento de Deus e da salvação e, quando a revelação divina e a graça salvífica aparecem, a natureza humana é enlevada para a participação da vida de Deus, mas não é recriada. Isso significa que a mente humana natural, mesmo sem a ajuda da revelação especial, pode enxergar algo de Deus e de sua graça, pois "toda a ordem da natureza é um espelho no qual se pode ver e conhecer a Deus".[18] Os oponentes reformados de Hooker consideravam que esse esquema metafísico e epistemológico inteiro era antiprotestante e a volta aos alicerces católicos medievais.

---

[16] Para obter uma análise do raciocínio de Hooker e de sua abordagem geral à metafísica, veja *Richard Hooker*, de Thornton (p. 25-40), especialmente o capítulo 3. Para obter um exame de sua opinião sobre as Escrituras e outras autoridades, veja o capítulo 4 do mesmo livro (p. 41-53). Thornton, anglicano do século XX, talvez simpatize demasiadamente com Hooker e critique demasiadamente seus oponentes puritanos, mas sua percepção do raciocínio do Mestre do Templo e autor de *Laws of ecclesiastical polity* é insuperável na literatura moderna.

[17] Ibid., p. 36.

[18] Ibid., p. 50.

Hooker concordava sem restrições com o princípio protestante da justificação pela graça mediante a fé somente. Em seu tratado *Um discurso erudito a respeito da justificação*, o artífice da teologia anglicana identificou dois tipos de justiça de forma muito semelhante a Lutero, completamente contrária ao ensino católico romano oficial conforme declarado pelo Concílio de Trento. Para Hooker, a "justiça justificante" não é inerente à alma, nem é infundida nela como acontece com a "justiça santificante".[19] A justiça justificante é sempre imputada somente por Deus por sua livre misericórdia e graça por causa da morte de Cristo e da nossa fé. A justiça santificante não é a causa meritória do relacionamento certo com Deus (como no pensamento católico), embora haja uma ligação insolúvel entre ambos. Em tudo isso, Hooker concordava totalmente com Lutero e Cranmer e com *Os trinta e nove artigos de religião*, cujo artigo XI afirma claramente a justificação pela graça mediante a fé somente. Assim como no caso da doutrina das Escrituras defendida por Hooker, no entanto, seus oponentes calvinistas na Igreja da Inglaterra ficaram insatisfeitos com sua doutrina da salvação, porque Hooker acreditava que os católicos romanos que negassem, por ignorância, a justificação pela graça mediante a fé somente, podiam ser salvos e também acreditava que as pessoas participam da própria salvação, aceitando livremente a graça de Deus. Embora Hooker falasse de eleição e até mesmo de predestinação, parecia, afinal, baseá-las mais na presciência de Deus do que na predestinação divina eterna.

Talvez o aspecto mais perturbador da soteriologia de Hooker, do ponto de vista dos protestantes evangélicos da Igreja da Inglaterra, tenha sido seu apoio à ideia católica e ortodoxa da salvação como deificação.[20] Embora ensinasse a doutrina protestante da salvação inicial como uma declaração definitiva do perdão e da justiça imputada (justificação forense), Hooker também descrevia a salvação como o processo pelo qual a natureza humana gradualmente começa a participar da natureza divina pelos sacramentos. Embora rejeitasse a ideia católica clássica de que os sacramentos do batismo e da eucaristia, ou santa comunhão, infundem a graça *ex opere operato*, Hooker aceitava a crença ortodoxa e católica clássica de que os sacramentos unem a pessoa a Deus e a tornam genuinamente santa e imortal. Ele acrescentou apenas que é necessária a presença da fé para isso acontecer e que o processo se completa no céu, não na terra. Assim, Hooker sustentou o conceito protestante da justificação aliado ao conceito católico e ortodoxo clássico e o resultado foi que muitos críticos protestantes ingleses o acusaram de se acomodar ao catolicismo romano e de diluir o princípio da Reforma: *simul justus et peccator* (simultaneamente justo e pecador).

---

[19] Richard HOOKER, A learned discourse of justification, works and how the foundation of faith is overthrown, in: Hughes, *Faith and works*, p. 61-109.

[20] THORNTON, op. cit., p. 68.

Hooker demonstrava apoiar o princípio do sacerdócio de todos os crentes, mas de fato defendia, tanto quanto podia, o clericalismo da tradição anglicana em desenvolvimento. É claro que não negava que todo crente verdadeiro e batizado pode chegar diretamente a Deus para pedir perdão e ajuda, nem afirmava qualquer necessidade de um sacerdócio especial para absolver os pecados ou realizar sacrifícios, como acontece na doutrina católica da missa. Entretanto, pelo menos aos olhos dos críticos da Igreja da Inglaterra, a doutrina do ministério segundo Hooker estava perigosamente próxima do sacerdotalismo católico, pois Hooker aceitava e defendia "a doutrina católica do governo eclesiástico por bispos que possuíam autoridade apostólica recebida pela sucessão visível".[21] O partido da Igreja Baixa achava que esse conceito hierárquico e católico de governo eclesiástico, inevitavelmente, levaria de volta ao abraço sufocante de Roma. Reagindo contra a ênfase anglicana à autoridade dos bispos, os puritanos pediam, cada vez mais, a abolição do ofício de bispo da igreja. Hooker defendeu, fortaleceu o ofício e foi ainda mais longe. Tendo por base o apoio que Cranmer dera anteriormente ao monarca como governante supremo da igreja nacional da Inglaterra, Hooker aproximou as ordens civil e religiosa o máximo possível nas *Leis do governo eclesiástico* entendendo que "a igreja e o estado são uma só sociedade com dois aspectos".[22] Nessa única sociedade com duas autoridades, Hooker atribuía a preeminência ao soberano (monarca), de modo que Elisabete I desempenhava o mesmo papel na Inglaterra que Constantino Magno ou Carlos Magno desempenhavam nas igrejas patrística e medieval, respectivamente.

Os conceitos de Hooker sobre o governo eclesiástico não negavam abertamente o sacerdócio universal dos crentes, mas certamente o subvertiam. A tendência inevitável era os cristãos leigos confiarem nas autoridades espirituais impostas sobre eles, como se fossem mediadores da graça, segundo o sistema sacramental anglicano de Hooker. Intérprete e defensor moderno de Hooker, Thornton reconhece que o teólogo anglicano era tanto católico quanto protestante e que Hooker seguiu cada vez mais na direção católica no decurso da sua carreira. Isso é especialmente verdadeiro em relação à eclesiologia, a doutrina da igreja.[23] Apesar disso, Hooker nem sequer sonhava com a ideia de reunificar a Igreja da Inglaterra e Roma. Suas *Leis do governo eclesiástico* estavam sendo elaboradas em resposta a dois extremos que considerava destrutivos: o puritanismo e o tradicionalismo católico romano. Queria ser o artífice de uma *via* media, um meio-termo que fosse fiel à recuperação protestante básica da doutrina do NT e, também, ao que havia de melhor

---

[21] Ibid., p. 96.
[22] Ibid., p. 92.
[23] Ibid., p. 74, 77.

na tradição ortodoxa e católica. O meio-termo não contentou nenhum de seus grupos oponentes, mas realmente estabeleceu uma igreja permanente e forte para os domínios ingleses.

Seria extremamente impróprio deixar para trás o estudo do anglicanismo sem tratar, pelo menos, de dois grandes monumentos escritos característicos: o *Livro de oração comum* e *Trinta e nove artigos de religião*. Essas duas obras já receberam alguma atenção nesta história da reforma inglesa, mas sua importância ainda não foi devidamente ressaltada. O *Livro de oração comum* foi preparado por Cranmer em 1549 e desde então passou por muitas revisões. Até certo ponto, cada agremiação autônoma e nacional da Comunhão Anglicana, como a Igreja Episcopal nos Estados Unidos (que se separou da Igreja da Inglaterra na Guerra da Independência norte-americana), tem seu próprio *Livro de oração comum*, mas todos apresentam muita coisa em comum. Esse *Livro de oração comum* (LOC, como será chamado de agora em diante) tinha o propósito de substituir e simplificar a liturgia extremamente complexa da Igreja Católica Romana na Inglaterra, além de dar ao povo inglês uma liturgia uniformizada e um conjunto de devoções e cerimônias no vernáculo. Ele determina os textos dos sermões para todos os domingos do ano, bem como leituras, litanias, modelos para cultos especiais e sacramentos. Contém, ainda, orações de uso coletivo e individual. O propósito do LOC é unificar a igreja e evitar o individualismo religioso. Os anglicanos de todo o mundo concordam que Deus é glorificado no culto coletivo uniforme e belo e que não no culto e devoção que sejam meras invenções do momento, sem nenhuma relação com a grande tradição do cristianismo. Naturalmente, os puritanos de todos os tipos consideravam o LOC sufocante, demasiadamente católico e se ressentiam de ser imposto por lei. Acabou se tornando o ponto crítico para rebeliões abertas, à medida que cada vez mais congregações puritanas inglesas se recusavam a usá-lo.

Trinta e nove artigos de religião representam a confissão doutrinária oficial do anglicanismo mundial. Assim como no caso do LOC, vários organismos nacionais dessa comunhão podem fazer alguma modificação, mas ele ainda é para todos um padrão doutrinário unificante. Alguns artigos já foram mencionados, especialmente os que afirmam a autoridade suprema das Escrituras e a salvação pela graça mediante a fé somente. O primeiro artigo trata da fé na santíssima Trindade e o segundo afirma as duas naturezas de Cristo. O artigo VIII atribui autoridade especial aos credos *Apostólico, Niceno* e *Atanasiano* (a revisão americana omite o último). O artigo XVII, "Da predestinação e eleição", evita a dupla predestinação e deixa em aberto a possibilidade de basear a predestinação na presciência (como fazem muitos anglicanos e episcopais). O artigo XXII condena a crença no purgatório e artigos posteriores tratam da crença correta a respeito dos sacramentos. O último artigo permite que os cristãos "prestem juramento quando o magistrado assim requer", embora, de modo geral, Cristo proibia o uso de "juramentos vãos e precipitados".[24] Como no caso de alguns outros, o último artigo é reação aos anabatistas, que se recusavam a prestar juramento até mesmo no tribunal.

O tom dos *Trinta e nove artigos* é indiscutivelmente protestante, embora os puritanos considerassem algumas partes muito católicas. Entretanto, alguns aspectos do governo e da teologia da Igreja da Inglaterra, inclusive o LOC, são ligeira ou claramente católicos, embora anglicanos como Hooker o negassem. O historiador eclesiástico Justo González resume muito bem a situação:

> A Uniformidade Elisabetana pode, pois, ser considerada uma tentativa de encontrar um meio-termo para o catolicismo romano e o modelo que a Reforma protestante estava usando na Europa Continental. Portanto, teve de lutar contra seus elementos mais radicais — e essa luta acabou se transformando em revoluções políticas. Mas, a longo prazo, o meio-termo anglicano sobreviveria como o modelo mais característico do cristianismo na Inglaterra, enquanto os outros, que variavam do catolicismo romano ao protestantismo extremo, continuariam existindo lado a lado com ele.[25]

A joia da reforma católica: o Concílio de Trento

A peça central da reforma católica foi o grande Concílio de Trento. Como descreve um cardeal da igreja: "Nenhum concílio na história da igreja respondeu a tantas perguntas, resolveu tantas questões de doutrina ou promulgou tantas leis".[26] Quando o concílio finalmente chegou ao fim em 4 de dezembro de 1563, seus numerosos decretos foram assinados solenemente por quatro legados papais, três patriarcas, vinte e cinco arcebispos, cento e sessenta e nove bispos, sete abades, sete generais de ordens católicas, dez procuradores episcopais e pelos embaixadores de todas as potências católicas da Europa. O papa Pio IV, confinado ao leito da enfermidade, respondeu à notícia da conclusão do concílio da seguinte forma: "Tudo foi feito pela inspiração de Deus".[27] Certo tradicionalista católico moderno conclui que:

> Nas principais diferenças entre a tradição católica e a doutrina herética, o Concílio fala e determina de modo resoluto o que se deve crer. Seu feito é de vital importância e garante à igreja a estabilidade de seus alicerces, coloca

---

[24] John H. Leith, org., *Creeds of the churches*, ed. rev., Richmond, John Knox Press, 1973, p. 266-81.
[25] González, op. cit., 3.195.
[26] Henri Daniel-Rops, *The Catholic reformation*, trad. John Warrington, New York, E. P. Dutton, 1962, p. 94.
[27] Ibid.

a verdade revelada acima da arena do debate e estabelece regras que ninguém poderia rejeitar então, sem com isso cair em heresia.[28]

Para os católicos romanos, Trento foi uma realização magnífica que definiu o dogma e unificou a igreja contra as heresias de muitas seitas protestantes. Para os protestantes de todos os tipos, foi um jogo reacionário de poder, que endureceu as categorias católicas e condenou como heresia exatamente o evangelho que os reformadores estavam tentando recuperar.

O Concílio de Trento promulgou muitos decretos e cânones doutrinários — afirmações de crença oficial (dogmas) e condenações de quem as nega. Lutero e seus seguidores foram citados especificamente como heresiarcas e suas crenças foram anatematizadas (condenadas). Qual é o valor jurídico desses decretos e cânones para os católicos romanos depois de Trento? O estudioso do catolicismo oficial, Daniel-Rops, explica: "No plano dogmático, as decisões do Concílio são obrigatórias para todos os católicos; rejeitá-las é heresia. No campo da disciplina, por outro lado, quem as contesta ou se recusa a obedecê-las é estouvado e rebelde, ou até cismático, mas nem por isso se coloca fora da Igreja".[29] Em outras palavras, Trento definiu com autoridade determinante o que os católicos devem crer. Rejeitar qualquer de seus decretos ou cânones implica em heresia. Embora muitos católicos romanos modernos questionem e critiquem alguns decretos e cânones de Trento, precisam ser muito cuidadosos e cautelosos para não serem interpretados como quem os rejeita. Especialmente para os teólogos e sacerdotes católicos, essa rejeição pode servir de fundamento para repreensão ou até mesmo excomunhão.

Como o Concílio de Trento lidou com muitas questões de fé e prática, limitarei minhas considerações às principais decisões relacionadas aos três princípios protestantes mais importantes. Uma das primeiras questões debatidas e resolvidas pelo concílio foi a autoridade das Escrituras e da tradição. Embora a Igreja Católica Romana nunca tivesse declarado oficialmente o peso da autoridade da tradição em relação às Escrituras, respeitava a tradição oral da mesma forma que a Bíblia. Quando desafiada pelos protestantes a comprovar a verdade de ensinos e práticas extrabíblicas, como as orações em favor dos mortos e a transubstanciação, Roma sempre apelou para a tradição oral transmitida pelos apóstolos aos seus sucessores, os bispos. Os protestantes rejeitaram a tradição não escrita por entenderem que carecia da autoridade necessária e sustentaram que somente as crenças e práticas ensinadas especificamente pela própria Bíblia podiam ser exigidas dos cristãos.

---

[28] Ibid., p. 99.
[29] Ibid., p. 95 n. 1.

Trento respondeu ao desafio protestante declarando que a doutrina e prática cristãs têm duas fontes de autoridade, assim como a própria revelação vem em duas formas:

> O concílio segue o exemplo dos pais ortodoxos e com o mesmo senso de devoção e reverência com que aceita e venera todos os livros do Antigo e do Novo Testamento, pois um só Deus é o autor de ambos, e também aceita e venera as tradições que dizem respeito à fé e à moralidade, por considerar que foram oralmente recebidas de Cristo ou inspiradas pelo Espírito Santo e preservadas continuamente na Igreja Católica.[30]

Trento não somente afirmou a autoridade das tradições extrabíblicas, como também anatematizou, ou condenou, qualquer pessoa que consciente e deliberadamente as rejeitasse ou ultrajasse. Além disso, o concílio identificou a Vulgata Latina como a edição autêntica da Bíblia (incluindo os chamados livros apócrifos) e designou a igreja-mãe (Roma) como juíza inapelável do significado das Escrituras.

Assim como no caso do decreto sobre as Escrituras e a tradição, Trento respondeu ao protestantismo "batizando" como dogma a doutrina padronizada católica romana da justificação. A sexta sessão do concílio, que durou quase um ano (1546-1547), produziu, depois de prolongado debate, o decreto sobre a justificação, que a definiu como "a passagem do estado em que o homem nasceu do primeiro Adão ao estado de graça e adoção como filhos de Deus [...] pelo segundo Adão, Jesus Cristo nosso Salvador. Depois da promulgação do evangelho, essa transformação não pode ocorrer sem a água da regeneração [o batismo] ou o desejo por ela".[31] Além disso, o concílio decretou que "a justificação não é somente a remissão dos pecados, mas a santificação e renovação do homem interior pela aceitação voluntária da graça e dos dons pelos quais o homem se torna justo, em vez de ímpio, e amigo, em vez de inimigo, para que seja herdeiro na esperança de vida eterna".[32] Dessa maneira, Trento identificou a justificação com a santificação e as tratou como os dois lados da mesma moeda da salvação. O decreto também tratou a justificação como infusão de fé, esperança e caridade (amor) pela presença do Espírito Santo no batismo e rejeitou a ideia de que as pessoas salvas são apenas "consideradas justas [retas]". De acordo com o decreto sobre a justificação, as pessoas que são salvas tomam a justiça (retidão) para si como se fosse sua, "conforme a disposição e cooperação de cada uma".[33] Na prática, portanto, o concílio repudiou a justiça forense ou alheia,

---

[30] *The church teaches*: documents of the church in English translation, trad. John F. Clarkson, S. J., et al., St. Louis, Herder, 1961, p. 45.
[31] Ibid., p. 231-2.
[32] Ibid., p. 233.
[33] Ibid., p. 234.

bem como o monergismo. Os protestantes interpretaram essa decisão como uma declaração de que os cristãos só são justificados quando são santificados e, como a santificação depende da cooperação com a graça de Deus, a própria justificação teria de ser obra do ser humano. No entanto, em nenhum momento, Trento declarou tal coisa tão abertamente.

Depois do decreto sobre a justificação, o Concílio de Trento pronunciou trinta e três cânones sobre a justificação que equivalem a condenações (anátemas) de opiniões contrárias. O cânon IX declara:

> Se alguém disser que o pecador é justificado pela fé somente, no sentido de nenhuma outra cooperação ser exigida para se obter a graça da justificação, e que não é necessário, de modo algum, que ele esteja preparado e disposto pela ação de sua vontade, seja anátema.[34]

O cânon XI declara:

> Se alguém disser que os homens são justificados somente pela imputação da justiça [retidão] de Cristo ou somente pela remissão dos pecados, sem a graça e a caridade [amor] vertida em seu coração pelo Espírito Santo e se torna inerente a ele, ou mesmo que a graça que nos justifica é somente a boa vontade de Deus, seja anátema.[35]

Para os protestantes, o maior ultraje contra o evangelho (conforme o entendiam) foi proferido no cânon XXXII:

> Se alguém disser que as boas obras de um homem justificado são dádivas de Deus, a tal ponto de não serem também os bons méritos do próprio homem justificado, ou que, pelas boas obras que realiza pela graça de Deus e pelos méritos de Jesus Cristo, [...] o homem justificado não merece verdadeiramente um aumento da graça, da vida eterna e, na condição de morrer em estado de graça, alcançar a vida eterna e nem merece um pouco mais de glória, seja anátema.[36]

Os protestantes entenderam isso como prova concreta de que a Igreja Católica Romana adotava a justiça pelas obras.

---

[34] Ibid., p. 243.
[35] Ibid.
[36] Ibid., p. 246.

O resultado final do decreto e dos cânones de Trento a respeito da justificação foi a rejeição da soteriologia protestante e a alienação dos próprios protestantes. Embora usasse linguagem cautelosa com nuanças cuidadosas, Trento negou nitidamente a salvação pela graça mediante a fé somente e transformou a justificação em processo que envolvia a cooperação da vontade humana e as boas obras meritórias. Naturalmente, Trento também afirmou a prioridade da graça acima de tudo. Sem a graça preveniente de Deus para capacitar o ser humano, ninguém seria capaz de realizar obras verdadeiramente boas. Mas a retidão outorgada pela justificação não é pura dádiva. A capacidade de merecê-la e possuí-la pode ser dádiva, mas a retidão em si é parcialmente merecida. Os protestantes ficaram horrorizados diante dessa declaração, assim como os católicos ficaram diante da justiça forense dos protestantes, que parecia ser "ficção jurídica".

A rejeição total de Trento ao sacerdócio de todos os crentes é patente. No decreto sobre as "santas ordens" (a ordenação), o concílio declarou:

> No sacramento das ordens [ordenação], assim como no batismo e na confirmação, fica marcado um caráter que nem pode ser apagado nem tirado. Portanto, este concílio santo condena, com razão, a opinião dos que dizem que o poder dos sacerdotes, segundo o NT, é meramente temporário e que, uma vez devidamente ordenados, podem voltar a ser leigos, se não exercerem o ministério da palavra de Deus. Mas, se alguém disser que todos os cristãos, sem exceção, são sacerdotes, segundo o NT, ou que estão dotados de igual poder espiritual, está claro que subverte a hierarquia eclesiástica.[37]

O concílio reafirmou a hierarquia tradicional da igreja, inclusive o papa, os bispos, sacerdotes e diáconos, e condenou todo aquele que a rejeita.

O Concílio de Trento produziu decretos que afirmavam o ensino tradicional de Roma a respeito do purgatório, da transubstanciação e das indulgências. Em seus decretos e cânones disciplinares, corrigiu abusos e corrupção, inclusive a venda de indulgências por dinheiro. Conforme já foi notado, o resultado de Trento para a cristandade foi um maior fortalecimento da posição da Igreja de Roma e uma divisão mais acentuada entre ela e todos os protestantes que, para todos os efeitos, foram condenados como hereges em seus cânones. Somente no Concílio Vaticano II (1963-1965), conhecido como o vigésimo primeiro concílio ecumênico, é que Roma concedeu aos protestantes a condição mais favorável de "irmãos separados". Naturalmente, devemos nos lembrar de que, muito tempo antes de Trento ter anatematizado os protestantes, os principais reformadores protestantes e muitos dos

---

[37] Ibid., p. 330-1.

seus seguidores referiam-se normalmente ao papa como o anticristo e consignavam ao inferno todo o seu rebanho.

Em resposta ao Concílio de Trento e seus prováveis decretos e cânones, as comunhões protestantes magisteriais da Europa começaram a promulgar suas próprias confissões doutrinárias formais. Lutero escreveu os *Artigos de Smalcald* em 1537, para resumir de forma clara e sucinta sua versão da doutrina cristã para o novo concílio que estava em perspectiva. Pouco depois do encerramento de Trento, líderes luteranos criaram a *Fórmula de concórdia* (1577), que é a declaração pormenorizada da doutrina luterana oficial. Perto do fim do Concílio de Trento, cristãos holandeses reformados escreveram a *Confissão belga* (1561) e as igrejas suíças reformadas aceitaram o *Catecismo de Heidelberg* (1562), que se tornou a base para a maioria das confissões de fé reformada posteriores, inclusive a *Confissão de fé* e *Catecismo de Westminster* (1647/1648) dos presbiterianos.

O grande capítulo da Reforma na história da teologia cristã terminou em caos, com a igreja e a civilização profundamente divididas. A cristandade não era como antes e nunca voltaria a ser. A grande visão medieval de uma sociedade cristã unificada propagou-se na Inglaterra no reinado de Elisabete I, mas, como sonho para toda a Europa, desvaneceu para sempre na nuvem da guerra teológica. E esta não demorou a se tornar uma guerra armada, na qual territórios protestantes e católicos se enfrentaram em lutas mortais em toda a Europa no fim do século XVI e começo do século XVII. A Guerra dos Trinta Anos entre católicos e protestantes estourou na Europa Central de 1618 a 1648. Conflitos nacionais em escala menor irromperam na França e na Inglaterra, aproximadamente na mesma época.

No fim da era da Reforma, não somente a cristandade, mas também o protestantismo se dividiu em facções dissidentes, muito além do que se poderia imaginar. Na Grã-Bretanha (Inglaterra e Escócia), a Igreja da Inglaterra deu origem a muitos grupos dissidentes provenientes do movimento puritano original. Muitos deles eram rebentos do puritanismo ou do presbiterianismo escocês e, portanto, seguiam a teologia reformada. Discordavam, porém, em relação ao governo eclesiástico e outras questões secundárias. A influência da teologia puritana era maior na América do Norte, para onde milhares de puritanos de vários tipos emigraram para fugir da perseguição na Inglaterra e estabelecer a república cristã, nos moldes de Genebra, que não conseguiram em sua própria pátria. Na Holanda, a igreja reformada dividiu-se em relação à doutrina da predestinação e surgiu uma nova forma de teologia protestante, conhecida como arminianismo (proveniente do nome Jacó Armínio). Alguns protestantes ficaram tão impressionados com os avanços da razão e da ciência no século XVII e tão tristes e desiludidos com as guerras religiosas, que tentaram encontrar uma religião de pura razão e assim nasceu o deísmo. Finalmente, surgindo das cinzas das guerras religiosas e da rebelião contra o racionalismo e ortodoxia morta nos quais boa parte da teologia protestante havia caído, nasceu o cristianismo do coração no século XVI. Esse movimento novo, conhecido como pietismo, voltava a atenção mais para a experiência do que para a doutrina e deu origem ao reavivalismo no começo do século XVIII.

Dessa efervescência do pós-Reforma, nasceram novas denominações e novas formas de cristianismo. O metodismo e todas as suas ramificações surgiram do pietismo e do reavivalismo. O movimento batista nasceu do contato de puritanos com anabatistas europeus na Holanda. A Igreja Unitária, à qual pertenceram vários presidentes dos Estados Unidos, foi produto do deísmo e da religião natural e racional do iluminismo. A teologia arminiana holandesa influenciou profundamente os primeiros metodistas, muitos batistas e a Igreja da Inglaterra com sua ramificação norte-americana, a Igreja Episcopal. Os próximos capítulos da história da teologia cristã contarão como o protestantismo se fragmentou ao retornar às raízes de suas diversas denominações nos debates e controvérsias teológicas no século XVI.

OITAVA PARTE

O centro do enredo se fragmenta:
Os protestantes seguem caminhos diferentes

Duas grandes divisões ocorreram até este momento na história da teologia cristã. A primeira divisão entre os cristãos católicos e os ortodoxos ocorreu gradualmente no decurso de vários séculos e culminou com o rompimento, que ainda permanece, entre o Oriente e o Ocidente em 1054. O segundo rompimento ocorreu no Ocidente, no século XVI, e começou oficialmente quando Martinho Lutero foi excomungado pelo papa em 1520. Os protestantes discordavam entre si sobre várias questões secundárias, mas conseguiram compor uma frente relativamente unida contra o poderio monolítico da Igreja de Roma. Apesar de suas diferenças, teólogos luteranos, reformados e anglicanos permaneceram unidos teologicamente, mas não politicamente. Embora gostassem de criticar-se mutuamente por causa das controvérsias em relação aos sacramentos e às formas de governo eclesiástico e seguissem líderes políticos diferentes, essas famílias da Reforma magisterial se uniram na fé e na doutrina em boa parte do século XVI. A quarta família protestante, os anabatistas, foi tão perseguida e marginalizada por todos que quase desapareceu de cena e desempenhou um papel pequeno, ou até mesmo nulo, no desenvolvimento da história da teologia cristã por muito tempo.

O século XVII testemunhou o aparecimento de grandes rachaduras teológicas, não somente entre essas famílias protestantes, mas também dentro de cada uma delas. No começo desse século pós-Reforma, os seguidores de Zwinglio e de Calvino entraram em conflito sobre os pormenores da doutrina da predestinação. Uma grande e permanente divisão ocorreu por volta de 1610 quando os seguidores do teólogo reformado holandês Jacó Armínio rejeitaram inteiramente a doutrina zwingliana e calvinista clássica em favor da crença mais erasmiana e anabatista no sinergismo e no livre-arbítrio. Uma nova corrente teológica nasceu da fonte reformada: o arminianismo. Trata-se basicamente do equivalente do sinergismo protestante e da rejeição da crença agostiniana-zwngliana-calvinista clássica na providência meticulosa e na predestinação total. O luteranismo na Alemanha e na Escandinávia experimentou um grande movimento de renovação espiritual em meados do século XVII chamado pietismo, que levou a grandes conflitos e controvérsia entre os seguidores de Lutero e, posteriormente, entre outros protestantes.

A Igreja da Inglaterra passou por uma guerra teológica e política angustiante entre anglicanos e puritanos e vários destes abandonaram a igreja-mãe para fundar várias denominações, dissidentes e não conformistas, baseadas na teologia reformada. No século XVII, a Igreja da Inglaterra e a comunidade anglicana mundial experimentaram outra grande perda quando os seguidores de John Wesley romperam com ela para formar o movimento metodista. Finalmente, uma nova ordem cultural, chamada iluminismo, surgiu na Europa no fim das guerras religiosas em meados do século XVII. Com ele surgiu um novo modelo de pensamento religioso que não nasceu de nenhuma família teológica da Reforma, mas que acabou influenciando todas elas. É conhecida como deísmo e religião natural em suas formas variadas. Boa parte de seus primeiros partidários e defensores eram protestantes, mas as gerações posteriores desviaram-se para o ceticismo e o agnosticismo. A influência do deísmo, dentro e fora das igrejas protestantes estabelecidas, desafiou seriamente a ortodoxia protestante e lançou os alicerces para a ascensão da teologia protestante liberal no século seguinte.

Lutero nunca sonharia que o seu apelo às reformas, sua excomunhão e o estabelecimento de uma forma rival de cristianismo acabaria causando a total desintegração não apenas da cristandade, mas também da teologia cristã. Sua intenção era restaurar a única e verdadeira igreja ortodoxa e católica dos apóstolos e dos pais da igreja. Esse era o objetivo comum de Zwinglio, Calvino, Bucer e Cranmer. Cem anos depois da morte deles, no entanto, seu empreendimento protestante desmoronou. Não se quer dizer com isso que tenha fracassado totalmente. Fracassou a ideia da unidade visível, mas isso não é de surpreender. Todos os reformadores da primeira geração quebraram a unidade visível ao rejeitarem Roma — e consideravam ter boas razões para isso. Entretanto, estabeleceu-se um precedente e seus filhos, enteados e netos teológicos seguiram seus passos na reforma dividindo-se. Nesta seção, contarei a história das subdivisões da teologia protestante depois da Reforma e começarei com a evolução da história do ramo reformado do protestantismo no qual João Calvino surgiu como o grande líder espiritual. Para onde quer que a teologia reformada fosse, sofreria a influência de Calvino. Apesar disso, alguns de seus discípulos mais próximos interpretaram Calvino de forma diferente do espírito do grande "servo de Genebra". Foi na Holanda que interpretações como essa se reverteram na tentativa de reformar a teologia reformada, o que acabou provocando um rompimento total e criando uma forma nova de teologia protestante.

28
Os arminianos tentam reformar a teologia reformada

A teologia arminiana provém do teólogo reformado holandês Jacó Armínio, que nasceu em 1560 e morreu em 1609, aos 49 anos de idade.[1] Armínio e sua teologia eram polêmicos em todas as partes dos Países Baixos, bem como na Grã-Bretanha e em outros países onde a teologia reformada predominava ou tinha influência. A certa altura da controvérsia, irromperam motins nas principais cidades da Holanda e de outras províncias dos Países Baixos. Em vida, Armínio e seus ensinos provocaram uma divisão tão profunda na comunidade reformada que o governo holandês acabou se envolvendo. Embora exonerado de uma heresia pela mais alta autoridade governante do país, acabou morrendo em meio a outra crise entre a igreja e o estado, que girou em torno de sua crítica pública às doutrinas calvinistas. Seus seguidores, chamados remonstrantes (*Remonstrantia* foi o seu documento de protesto), retomaram a bandeira deixada por ele e continuaram o desafio. No fim, foram excomungados da igreja reformada dos Países Baixos pelo Sínodo de Dort (1618-1619) e seus líderes foram exilados pelo governo holandês. Um deles, que trabalhou durante muitos anos como o principal estadista dos Países Baixos foi preso e decapitado publicamente, em parte, pelo menos, por causa de seu apoio intransigente à "heresia" do arminianismo.

Séculos depois da controvérsia dos remonstrantes, o arminianismo tornou-se praticamente sinônimo de pelagianismo para os puritanos e outros calvinistas conservadores. Jacó Armínio, no entanto, negou expressamente ser pelagiano ou ter qualquer simpatia pela heresia da salvação sem a ajuda da graça sobrenatural. Muitos oponentes cautelosos equiparam a teologia arminiana com o semipelagianismo, embora o próprio Armínio tenha afirmado que a iniciativa da salvação parte exclusivamente

---

[1] A maior parte das informações biográficas sobre Jacó Armínio foi tirada de *Arminius: a study in the Dutch reformation*, de Carl Bangs (Grand Rapids, Zondervan, 1985).

de Deus e que a salvação em si de dá pela graça mediante a fé somente. Armínio considerava-se protestante leal à igreja reformada da Holanda que simplesmente discordava de algumas opiniões do calvinismo. Em especial, rejeitava a versão extrema do calvinismo chamada supralapsarismo, mas acabou rejeitando qualquer tipo de crença na eleição divina incondicional — ou predestinação de uma pessoa ao céu ou ao inferno. Como muitos calvinistas de sua época (e desde então) equiparavam a doutrina protestante da justificação pela graça mediante a fé somente com o monergismo e o sinergismo com a doutrina católica romana, Armínio foi acusado de ser um simpatizante secreto de Roma. Armínio e seus seguidores negavam veementemente que o monergismo é o único conceito do relacionamento entre Deus o os seres humanos caídos e pecadores que adequadamente considera a salvação pura dádiva gratuita. Embora rejeitassem a eleição incondicional e a graça irresistível, defendiam os principais princípios protestantes e afirmavam que a justiça de Cristo é imputada aos pecadores para sua salvação mediante a fé somente.

Sem dúvida ou questionamento, Armínio é um dos teólogos mais injustamente ignorados e grosseiramente mal interpretados da história da teologia cristã. Tanto ele como sua teologia são "frequentemente avaliados segundo boatos superficiais".[2] Um comentarista e crítico reformado moderno notou que "a teologia de Jacó Armínio é desprezada tanto por admiradores quanto por difamadores"[3] e disse que Armínio é "um dos doze ou mais teólogos da história da igreja cristã que ofereceu um critério permanente para a tradição teológica e, com isso, transformou seu nome em símbolo de um ponto de vista doutrinário ou confessional específico"[4], o que torna duplamente irônico que seja "um dos principais e também mais desprezados teólogos protestantes".[5] Para compreender Armínio e sua teologia e a profunda divisão que ela provocou na teologia protestante teremos de voltar na história até antes do próprio Armínio e examinar a teologia reformada depois de Calvino.

O escolasticismo reformado e o supralapsarismo

Embora os principais reformadores protestantes da primeira geração, como Lutero, Zwinglio e Calvino, tenham reagido contra o escolasticismo e a teologia escolástica, seus seguidores imediatos voltaram-se para um tipo de pensamento escolástico que dava muito mais ênfase à filosofia e à lógica e procurava usá-las para desenvolver

---

[2] Charles M. CAMERON, Arminius: hero or heretic?, *Evangelical Quarterly* 64, 3: 213, 1992.

[3] Richard A. MULLER, *God, creation and providence in the thought of Jacob Arminius*, Grand Rapids, Baker, 1991, p. 269.

[4] Ibid., p. 3.

[5] Ibid., p. ix.

sistemas altamente coerentes de doutrina protestante. Essa tendência dos pensadores protestantes da pós-Reforma rendeu-lhes o rótulo dúbio de "escolásticos protestantes" e sua teologia é caracterizada com imprecisão como escolasticismo protestante. O que muitos deles tentaram fazer foi encontrar e construir uma ortodoxia protestante rígida que contestasse todas as heresias, inclusive os ataques de céticos e críticos católicos romanos. Portanto, enquanto Lutero e Calvino estavam satisfeitos com um pouco de mistério na teologia, esses escolásticos protestantes tentaram obliterar o mistério, a incerteza e a ambiguidade da teologia protestante ao imitarem o estilo de Tomás de Aquino, que procurou empregar as Escrituras, a tradição e a razão para desenvolver um sistema abrangente de toda a verdade. Naturalmente, a maioria dos escolásticos protestantes dos séculos XVI e XVII não tinha consciência das semelhanças entre seus próprios empreendimentos teológicos e os de Tomás de Aquino e de outros teólogos católicos medievais. Apesar disso, os teólogos históricos posteriores, ao examiná-los, não puderam deixar de perceber a semelhança.

Richard Muller, um dos principais estudiosos modernos do escolasticismo protestante, define-o como "teologia acadêmica, identificada pela cuidadosa divisão dos temas e definição das partes componentes e pelo interesse em impelir questões lógicas e metafísicas levantadas pela teologia para respostas racionais".[6] Muller descreve com exatidão essa teologia pós-Reforma protestante do final do século XVI (exatamente quando Armínio estava começando seu ministério em Amsterdã) como "ortodoxia confessional mais rigorosamente definida em seus limites doutrinários do que a teologia dos reformadores primitivos, mas, ao mesmo tempo, mais ampla e mais diversificada no emprego de material de tradição cristã, particularmente do material fornecido pelos doutores medievais [em teologia]".[7] Embora poucos (ou talvez nenhum) desses praticantes do escolasticismo protestante reconhecessem explicitamente sua dívida para com fontes documentais católicas romanas, os sistemas de pensamento ortodoxo protestante que desenvolveram dependia muito das referidas fontes e, sobretudo, de seus métodos de dedução lógica e especulação metafísica.

Um dos exemplos mais notáveis desse escolasticismo protestante incipiente é o sucessor de Calvino em Genebra, Teodoro Beza (1519-1605). Quando Calvino morreu, em 1564, "toda a responsabilidade de Calvino recaiu sobre Beza. Beza era chefe da Academia [de Genebra] e professor, presidente do Conselho dos Pastores, uma influência poderosa sobre os magistrados de Genebra e porta-voz e defensor da posição protestante reformada".[8] Assim como vários outros pastores e

---

[6] Ibid., p. 31.
[7] Ibid., p. 32.
[8] Robert SCHNUCKER, Theodore Beza, in: *The new international dictionary of the Christian church*, J. D. Douglas, org., Grand Rapids, Zondervan, 1974, p. 126.

teólogos reformados de todas as partes da Grã-Bretanha e da Europa continental, Jacó Armínio foi aluno de Beza por algum tempo. Posteriormente, é claro, rejeitou as conclusões de Beza, mas talvez não o método escolástico. Beza é mais conhecido na história da teologia como um dos fundadores do tipo extremo da teologia calvinista conhecido como supralapsarismo. Muitos escolásticos reformados, como Beza, ficavam fascinados com perguntas sobre os decretos de Deus. Tanto Zwinglio como Calvino enfatizavam que tudo que acontece — inclusive a queda de Adão e Eva e a eleição de alguns seres humanos para a salvação e de outros para a perdição — é determinado por Deus. Em outras palavras, esses dois teólogos suíços reformados afirmaram que nada acontece, nem pode acontecer, por acidente ou mesmo por contingência. Tudo que acontece fora do próprio Deus, acontece por decreto divino. Deus prediz o que vai acontecer, porque tudo é predestinado por ele e ele predestina porque decreta que assim seja por toda a eternidade.

Beza e outros teólogos reformados depois de Calvino começaram a pensar e especular a respeito da "ordem dos decretos divinos". Em outras palavras, interessavam-se pelos propósitos supremos de Deus para todas as coisas. Por que Deus criou o mundo? Seu decreto da criação do mundo é logicamente anterior ao decreto de predestinar algumas pessoas para a salvação e outras para a perdição eterna ou o contrário? Eles concordavam que todos os decretos de Deus são simultâneos e eternos, porque aceitavam a noção de Agostinho da eternidade como o "momento presente eterno" no qual todos os tempos — passado, presente e futuro — são simultâneos. Acreditavam que, para Deus, não há nenhuma separação, nem sequer sucessão, de momentos. Tudo é eternamente presente. Por isso, Deus não decreta algo e depois espera para ver o que acontece para então, dependendo do resultado, decretar outra coisa. Todos os decretos de Deus em relação ao que está fora dele (a criação) são simultâneos e eternos. Logo, quando Beza e outros protestantes especulavam e debatiam a respeito da "ordem dos decretos eternos", referiam-se à ordem lógica e não a alguma ordem cronológica. Portanto, a pergunta era: Qual é a ordem lógica correta dos decretos de Deus com relação à criação e à redenção? É uma questão importante, porque a maneira de vermos os propósitos supremos de Deus para as coisas depende de como consideramos a ordem dos decretos divinos e vice-versa.

Beza e outros calvinistas eram obcecados pela doutrina da predestinação, muito mais do que Calvino jamais foi. Enquanto Calvino situou essa doutrina dentro da categoria da redenção como parte da atividade graciosa de Deus e admitia o mistério em relação aos propósitos de Deus na eleição e reprovação divinas, Beza situou a predestinação dentro da doutrina de Deus como a dedução direta do poder, dos conhecimentos e do governo providencial de Deus.⁹ Assim, aproximava-se muito mais de Zwinglio do que de Calvino. Beza, assim como a maioria dos calvinistas, também deduziu a doutrina da expiação limitada — que Cristo morreu somente pelos eleitos e não pelos réprobos — a partir da doutrina da providência e dos decretos de eleição divinos. Essa dedução, embora lógica, não se encontra em Calvino. Para proteger a doutrina da predestinação de qualquer desgaste pelo sinergismo, Beza e outros calvinistas rígidos do século XVI desenvolveram o supralapsarismo. *Supra* indica a prioridade lógica em relação a alguma outra coisa. *Lapsarismo* é uma referência à queda da humanidade (da mesma raiz que *lapso* — "cair"). Por isso, *supralapsarismo* significa, literalmente, "alguma coisa anterior à queda". Isso, porém, dificilmente explica sua relevância teológica.

Teologicamente, o supralapsarismo é uma forma de ordenar os decretos divinos de tal maneira que a decisão e o decreto de Deus em relação à predestinação dos seres humanos, ao céu ou ao inferno, antecede seus decretos de criar os seres humanos e permitir sua queda. A ordem típica dos decretos divinos, segundo o supralapsarismo, é a seguinte:

1. O decreto divino de predestinar algumas criaturas à salvação e à vida eterna e outras à perdição e ao castigo eterno no inferno.
2. O decreto divino de criar.
3. O decreto divino de permitir que os seres humanos caiam no pecado.
4. O decreto divino de fornecer meios para a salvação (Cristo e o evangelho) dos eleitos.
5. O decreto divino de aplicar aos eleitos a salvação (a justiça de Cristo).

A ordem supralapsária dos decretos divinos deixa claro que o primeiro e principal propósito de Deus no seu relacionamento com o mundo é glorificar a si mesmo (sempre o motivo principal de Deus em tudo), salvando algumas criaturas e condenando outras. A dupla predestinação, portanto, logicamente antecede à criação, à queda e todas as demais coisas, inclusive a encarnação de Cristo e sua expiação, na intenção e no propósito de Deus.

Beza e os demais calvinistas supralapsários acreditavam estar apenas esclarecendo os pormenores lógicos da doutrina da eleição ensinada pelo próprio Calvino. Não se sabe se isso era verdade. Alguns estudiosos acreditam que Calvino o teria aprovado. Outros acham que ele teria rejeitado o supralapsarismo e preferido o

---

⁹ Justo GONZÁLEZ, *A history of Christian thought*, ed. rev., Nashville, Abingdon, 1987, p. 270-8. V. 3: From the protestant reformation to the twentieth century.

contrário, o infralapsarismo. *Infra* indica subsequência a outra coisa. Nesse caso, o infralapsarismo subordina o decreto divino da predestinação ao decreto de permitir a queda da humanidade no pecado. Segundo os calvinistas infralapsários, o propósito supremo de seu plano global não é eleger alguns e reprovar outros, mas glorificar a si mesmo pela criação do mundo. Foi somente porque os seres humanos caíram no pecado que Deus subsequentemente (pela ordem lógica) decretou a dupla predestinação. Portanto, a ordem típica dos decretos divinos no infralapsarismo é a seguinte:

1. O decreto divino de criar o mundo e, nele, a humanidade.
2. O decreto divino de permitir a queda da humanidade.
3. O decreto divino de eleger alguns seres humanos à salvação e à vida eterna e de predestinar outros à perdição e ao castigo eterno.
4. O decreto divino de fornecer o meio de salvação (Cristo) aos eleitos.
5. O decreto divino de aplicar a salvação aos eleitos e deixar os réprobos (os predestinados à perdição) ao seu destino merecido.

Os supralapsários e os infralapsários concordavam em muitos assuntos. Concordavam que Calvino tinha a visão básica correta do plano e propósito de Deus em relação à criação: glorificar a si mesmo através de tudo. Concordavam que Deus controla tudo que acontece, tanto na criação quanto na redenção, e que nada acontece sem que ele o decrete e faça acontecer. Concordavam que a queda da humanidade e o destino final de cada ser humano no céu ou no inferno é predestinados por Deus, não apenas previstos ou prenunciados. Concordavam que Deus não é responsável pelo pecado nem pelo mal, no sentido de carregar algum fardo de culpa por isso, pois ele está acima das leis e das noções humanas de equidade. Tudo o que Deus faz é correto, porque glorifica a ele e, conforme Beza supostamente declarou: "Os que sofrem eternamente no inferno podem pelo menos se consolar com o fato de estarem ali para a maior glória de Deus".

A discórdia entre os supralapsários e os infralapsários girava em torno de o primeiro propósito (supremo) de Deus ser o de se glorificar pela predestinação ou pela criação. Outra maneira de expressar a questão é que os supralapsários consideravam que o decreto divino da predestinação se aplicava aos seres humanos como criaturas, sem levar em conta o fato de também serem pecadores, ao passo que os infralapsários consideravam que o decreto divino da predestinação se aplicava aos seres humanos como pecadores caídos. De qualquer forma, porém, tanto os salvos quanto os perdidos são o que são porque Deus assim decidiu desde a eternidade.

O consenso doutrinário calvinista

Na segunda metade do século XVI, os escolásticos protestantes reformados pertencentes às duas escolas de pensamento, supralapsária e infralapsária, desenvolveram gradualmente um sistema de doutrina calvinista que, posteriormente, foi sintetizado de acordo com o acrônimo TULIP. Os cinco pontos do calvinismo nunca tinham sido expostos exatamente dessa maneira antes da grande controvérsia arminiana e da sua conclusão no Sínodo de Dort em 1618-1619. Nesse sínodo calvinista na Holanda, eles foram declarados e reconhecidos como doutrina oficial, pelo menos para as igrejas holandesas reformadas. Depois desse acontecimento, protestantes reformados de todos os lugares começaram a aceitá-los. O acrônimo foi adotado e os cinco pontos são corretamente entendidos como válidos pela maioria dos escolásticos reformados, tanto supralapsários quanto infralapsários, mesmo antes de Dort os ter canonizado. Os cinco pontos são o que Armínio questionava e seus seguidores, os remonstrantes, rejeitavam e, por esse motivo, os últimos foram excomungados e exilados da Holanda. É quase certo que o próprio Armínio receberia o mesmo tratamento se tivesse vivido tempo suficiente. Em poucas palavras, os cinco pontos são:

- Depravação total (Total depravation). Os seres humanos estão mortos em seus delitos e pecados antes de Deus os regenerar soberanamente e lhes outorgar a dádiva da salvação (o que, em geral, implica na negação do livre-arbítrio).
- Eleição incondicional (Unconditional election). Deus escolhe alguns seres humanos para serem salvos, antes e independentemente de qualquer coisa que façam por conta própria (com isso, fica em aberto a questão se Deus ativamente predestina alguns para a perdição ou simplesmente os deixa em sua perdição merecida).
- Expiação limitada (Limited atonement). Cristo morreu somente para salvar os eleitos e sua morte expiatória não é universal, para a humanidade toda.
- Graça irresistível (Irresistible grace). Não é possível resistir à graça de Deus. Os eleitos a receberão e serão salvos por ela. Os réprobos nunca a receberão.
- Perseverança dos santos (Perseverance of the saints). Os eleitos perseveram inevitavelmente para a salvação final (eterna segurança).

Esse é um quadro parcial da teologia reformada calvinista de aproximadamente 1600, embora o acrônimo TULIP fosse cunhado posteriormente. Para onde quer que se fosse na Grã-Bretanha ou na Europa continental, os que se consideravam reformados e seguidores de João Calvino concordavam, no mínimo, quanto a esses cinco axiomas de doutrina, além do *Credo niceno*. É discutível se Calvino teria concordado com todos os cinco. Os teólogos e pregadores reformados também concordavam, de modo geral, que fazia parte do sistema a crença na providência meticulosa de Deus sobre tudo — que tudo o que acontece na natureza e na história é decretado por Deus. Qualquer outra crença, como o sinergismo, era equiparada pela maioria dos calvinistas com a doutrina católica romana. Os supralapsários toleravam os infralapsários, mas achavam que a interpretação que estes davam à teologia calvinista, na melhor das hipóteses era fraca e, na pior, era abertura para o sinergismo. Beza tolerou o infralapsarismo em Genebra e até mesmo entre o corpo docente da Academia de Genebra.

Jacó Armínio e a controvérsia dos remonstrantes

A Holanda na qual Jacó Armínio nasceu e foi criado estava lutando contra a tradição católica romana e contra o domínio da Espanha católica. Um pequeno grupo de rebeldes uniu várias províncias contra o domínio espanhol e estabeleceu uma aliança instável conhecida como Províncias Unidas (dos Países Baixos). A Holanda era a maior e a mais influente das províncias. Ao mesmo tempo em que os holandeses se libertaram da Espanha, estabeleceram sua igreja nacional protestante. A igreja reformada de Amsterdã foi fundada em 1566 e seus principais ministros e leigos mantiveram os três princípios protestantes fundamentais, sem se aliarem a nenhum ramo específico do protestantismo. O protestantismo holandês primitivo era um tipo *sui generis* que não seguia rigidamente o luteranismo ou o calvinismo.[10]

Armínio foi criado como protestante na cidadezinha de Oudewater, entre Utrecht e Roterdã, mas sua formação cristã na juventude não foi pesadamente calvinista. Aos quinze anos de idade, foi enviado a Marburgo, na Alemanha, para obter sua educação. Enquanto estava lá, sua cidade natal foi invadida por soldados católicos leais à Espanha e muitos habitantes foram massacrados. A família inteira de Armínio foi exterminada em um único dia. O jovem estudante ficou sob os cuidados de um respeitado ministro holandês de Amsterdã e acabou se tornando um dos primeiros alunos a se matricular na recém-estabelecida universidade protestante de Leiden. A igreja reformada de Amsterdã considerava Armínio um dos jovens candidatos mais promissores ao ministério e por isso custeou seu estudo superior em Leiden e, depois, na Suíça. Lá, estudou por algum tempo na "Meca" da teologia reformada, a Academia de Genebra, dirigida por Beza.

Em 1588, Armínio iniciou o ministério na igreja reformada de Amsterdã, aos 29 anos de idade. Todos os relatos contam que seu pastorado foi ilustre. Conforme observa certo biógrafo: "Armínio se tornou o primeiro pastor holandês da igreja reformada holandesa da maior cidade da Holanda, exatamente quando ela estava

[10] Bangs, op. cit., p. 96.

emergindo de seu passado medieval e irrompendo na Idade de Ouro".[11] Era notadamente benquisto e respeitado, tanto como pastor quanto como pregador, e rapidamente se tornou um dos homens mais influentes de toda a Holanda. Casou-se com a filha de um dos principais cidadãos de Amsterdã e entrou para o grupo dos privilegiados e poderosos. Nem por isso demonstrou qualquer indício de arrogância ou ambição. Nem sequer seus críticos ousaram acusá-lo de abusar de seu cargo pastoral ou de qualquer outra falha pessoal ou espiritual. Acabaram acusando-no de heresia somente porque, como pastor de uma das igrejas mais influentes da Holanda, começou a criticar abertamente o supralapsarismo que entrou em ascensão conforme cada vez mais ministros holandeses retornaram de seus estudos em Genebra sob a direção de Beza. Armínio era da "escola antiga" do protestantismo holandês de mentalidade independente, que se recusava a declarar como ortodoxo qualquer ramo específico da teologia protestante. Alguns, no entanto, insistiam cada vez mais que o supralapsarismo era a única teologia protestante ortodoxa e que qualquer outra opinião significava, de alguma forma, uma acomodação à teologia católica romana e, portanto, era uma aliada em potencial da Espanha, inimiga política dos Países Baixos.

Na década 1590, o conflito entre Armínio e os calvinistas rígidos da Holanda se tornou cada vez pior. Alguns estudiosos sugerem que Armínio mudou de opinião nesse período. Acreditam que tinha sido um "hipercalvinista" ou mesmo um supralapsário. Essa suposição parece ter se fundamentado simplesmente no fato de ele ter sido aluno de Beza. O principal intérprete moderno de Armínio contradiz a ideia da alegada mudança de opinião de Armínio: "Todas as evidências levam a uma só conclusão: Armínio não concordava com a doutrina de Beza sobre a predestinação, quando assumiu o seu ministério em Amsterdã; na realidade, é provável que nunca tenha concordado com ela".[12] Na série de sermões sobre a *Epístola de Paulo aos romanos*, o jovem pregador começou a negar abertamente não somente o supralapsarismo, mas também a eleição incondicional e a graça irresistível. Interpretou Romanos 9, por exemplo, como uma referência não a indivíduos, mas a classes — crentes e incrédulos — conforme predestinadas por Deus. Afirmou que o livre-arbítrio dos indivíduos os incluía nas classes de "eleitos" e de "réprobos" e explicou a predestinação como a presciência divina acerca da livre escolha dos indivíduos. Para apoiar essa ideia, Armínio apelou a Romanos 8.29. Conforme observa o biógrafo e intérprete de Armínio, Carl Bangs, o teólogo holandês demonstrou, em seus sermões da década de 1590, o desejo de encontrar o equilíbrio entre a graça

---

[11] Ibid., p. 19.
[12] Ibid., p. 144.

soberana e o livre-arbítrio humano: "o objetivo era uma teologia da graça, que não deixasse o homem 'entre a cruz e o punhal'".[13]

Os rígidos oponentes calvinistas de Armínio em Amsterdã e outros lugares não tardaram em farejar o pavoroso erro de sinergismo em sua pregação e ensino e, publicamente, acusaram-no de heresia para os oficiais da igreja e da cidade, que examinaram a questão e inocentaram Armínio das acusações. Armínio apelou à tradição protestante holandesa da independência dos sistemas teológicos específicos e à tolerância de diversidade nos pormenores da doutrina. Os oficiais concordaram. Os oponentes supralapsários de Armínio ressentiram-se e decidiram que o arruinariam de qualquer maneira. Sofreram uma derrota fragorosa quando Armínio foi nomeado para ocupar a prestigiosa cátedra de teologia na Universidade de Leiden em 1603. O outro catedrático de teologia daquele período era Francisco Gomaro, que talvez tenha sido o calvinista supralapsário mais franco e rígido de toda a Europa. Gomaro, além de considerar todas as outras opiniões, inclusive o infralapsarismo, falhas ou até heréticas, "tinha, segundo quase todos os relatos a seu respeito, um temperamento extremamente irascível".[14]

Quase que imediatamente, Gomaro iniciou uma campanha de acusações contra Armínio. Algumas delas eram verídicas. Por exemplo, Armínio não escondia a rejeição não somente do supralapsarismo, mas também da doutrina clássica calvinista da predestinação como um todo. Gomaro distorceu esse fato e, publicamente e por trás das costas de Armínio, insinuou que ele era um simpatizante secreto dos jesuítas — uma ordem de sacerdotes católicos romanos especialmente temida que era chamada "tropa de choque da Contrarreforma". Essa alegação de Gomaro, assim como outras, era claramente falsa. Por exemplo, Gomaro acusou Armínio de socinianismo, que era uma negação da Trindade e de quase todas as demais doutrinas cristãs clássicas. Não importa o que Armínio escrevesse ou dissesse em sua defesa, via-se constantemente atacado por boatos e sob suspeita. "Quando a controvérsia ultrapassou os limites das salas acadêmicas e chegou aos púlpitos e às ruas, suas defesas perderam o efeito. Era mais fácil chegar à conclusão de que 'onde há fumaça, há fogo'".[15] A controvérsia cresceu a ponto de provocar uma guerra civil entre as províncias dos Países Baixos. Algumas apoiavam Armínio, outras apoiavam Gomaro. O conflito eclodiu em 1604, quando Gomaro, pela primeira vez, acusou Armínio abertamente de heresia e durou até a morte de Armínio por causa de tuberculose em 1609. Quando morreu, sua teologia estava sob a inquisição pública de líderes religiosos e políticos. Em seu enterro,

---

[13] Ibid., p. 195.
[14] Ibid., p. 248.
[15] Ibid., p. 282.

um de seus amigos mais íntimos fez o discurso fúnebre diante do corpo de Armínio: "Viveu na Holanda um homem que só não era conhecido por quem não o estimava suficientemente e só não o estimava quem não o conhecia suficientemente".[16]

Depois da morte de Armínio, quarenta e seis ministros e leigos holandeses respeitados redigiram um documento chamado "Remonstrância" que resumia a rejeição, por Armínio e por eles mesmos, do calvinismo rígido em cinco pontos. Graças ao título do documento, os arminianos passaram a ser chamados de remonstrantes. Entre eles, estavam os estadistas e líderes políticos holandeses que tinham ajudado a libertar os Países Baixos da Espanha. Seus inimigos acusavam-nos de apoiar secretamente os jesuítas e a teologia católica romana, e de simpatizar com a Espanha, só porque concordavam com a oposição de Armínio a respeito das doutrinas da predestinação! Não existe nenhuma evidência de que qualquer um deles realmente tivesse alguma culpa em relação às acusações políticas feitas contra eles. Mesmo assim, ocorreram tumultos em várias cidades holandesas, nos quais foram pregados sermões contra os remonstrantes e distribuídos panfletos que os difamavam como hereges e traidores. Finalmente, o grande poder político dos Países Baixos, o príncipe Maurício de Nassau, entrou na luta em favor dos calvinistas. Em 1618, ordenou a detenção e o encarceramento dos principais arminianos, para aguardar o resultado do sínodo nacional de teólogos e pregadores. O Sínodo de Dort entrou em sessão em novembro de 1618 e foi encerrado em janeiro de 1619, contando com a presença de mais de cem delegados, inclusive alguns da Inglaterra, da Escócia, da França e da Suíça. "João Bogerman, um pregador calvinista com opiniões extremadas, que havia defendido em um documento a pena de morte por heresia, foi escolhido como presidente".[17]

Como esperado, a despeito das eloquentes defesas do arminianismo feitas pelos principais remonstrantes, na conclusão do sínodo, todos os líderes remonstrantes foram condenados como hereges. Pelo menos duzentos foram depostos do ministério da igreja e do estado e cerca de oitenta foram exilados ou presos. Um deles, o presbítero, estadista e filósofo Hugo Grotius (1583-1645), foi confinado em uma masmorra da qual posteriormente escapou. Outro estadista foi publicamente decapitado. Um historiador moderno da controvérsia concluiu que "o modo de [o príncipe] Maurício tratar os estadistas arminianos só pode ser considerado um dos grandes crimes da História".[18]

---

[16] Ibid., p. 331.
[17] W. HARRISON, *Arminianism*, Londres, Duckworth, 1937, p. 84.
[18] Ibid., p. 81-2.

O Sínodo de Dort promulgou um conjunto de doutrinas padronizadas para a igreja reformada holandesa, que se tornou a base do acrônimo TULIP. Cada cânon, conforme eram chamadas as doutrinas, baseava-se em um dos cinco pontos da "Remonstrância". As coisas que os arminianos negavam, Dort canonizou como doutrina oficial, obrigatória para todos os crentes protestantes reformados. Não arbitrou, no entanto, sobre o supralapsarismo e o infralapsarismo e, desde então, as duas teorias continuaram dentro do consenso calvinista expresso pelo Sínodo de Dort. Após a morte do príncipe Maurício em 1625, o arminianismo gradualmente voltou a fazer parte da vida holandesa. Já em 1634, muitos exilados voltaram e organizaram a Fraternidade Remonstrante, que cresceu e formou a Igreja Reformada Remonstrante, que ainda existe. Não foi nos Países Baixos, no entanto, que a teologia arminiana causou maior impacto. Isso aconteceu na Inglaterra e na América do Norte pela influência de destacados ministros anglicanos, batistas gerais, metodistas e ministros de outras seitas e denominações que surgiram nos séculos XVII e XVIII. João Wesley (1703-1791) tornou-se o arminiano mais influente de todos os tempos. Seu movimento metodista adotou o arminianismo como teologia oficial e, através dele, tornou-se parte da tendência prevalecente na vida protestante da Grã-Bretanha e da América do Norte.

A crítica de Armínio contra a teologia reformada

Armínio expressou sua teologia em vários tratados publicados, os quais, juntos, formam três grandes volumes.[19] Suas principais obras doutrinárias sobre questões relacionadas à controvérsia arminiana (os decretos, a providência, e a predestinação) são: *Exame do panfleto do dr. Perkins sobre a predestinação* (1602), *Declaração de sentimentos* (1608), *Carta endereçada a Hipólito A. Collibus* (1608) e *Artigos que devem ser diligentemente examinados e ponderados* (data desconhecida). Naturalmente, Armínio escreveu várias outras obras de importância, inclusive comentários sobre Romanos 7 e Romanos 9, mas os quatro tratados resumem e expressam de forma adequada e clara suas ideias básicas a respeito de Deus, da humanidade, do pecado e da salvação.

Uma das acusações feitas com frequência contra Armínio e seus seguidores é a de terem se desviado da teologia protestante clássica. Eles foram acusados de rejeitar as crenças fundamentais da Reforma protestante. Ainda hoje, é possível ouvir ou ler essa alegação, especialmente da parte de calvinistas tradicionais. O próprio Armínio não poupou esforços para comprovar seu compromisso e suas credenciais teológicas protestantes. Por exemplo, sobre a *sola scriptura*, Armínio afirmava a autoridade

---

[19] Todas as citações dos tratados de Armínio foram extraídas de *The works of James Arminius*, edição de Londres, trad. James Nichols e William Nichols (Grand Rapids, Baker, 1986).

suprema das Sagradas Escrituras acima de todas as demais fontes e normas. Rejeitava explicitamente a equivalência entre a tradição ou a razão e as Escrituras e apelava por um novo exame de todas as formulações teológicas humanas à luz da Bíblia.

> A regra da verdade teológica não deve ser dividida em *primária* e *secundária*; é una e simples, as Sagradas Escrituras. [...] As Escrituras são a regra de toda a verdade divina, de si, em si e por si mesmas. [...] Nenhum escrito composto por homens, seja um, alguns ou muitos indivíduos, à exceção das Sagradas Escrituras [...] está [...] isento de um exame a ser instituído pelas Escrituras. [...] É tirania e papismo controlar a mente dos homens com escritos humanos e impedir que sejam legitimamente examinados, seja qual for o pretexto adotado para tal conduta tirânica.[20]

Além de declarações explícitas como essa, outra prova da lealdade de Armínio ao princípio protestante das Escrituras reside no fato de ele nunca ter contestado as Escrituras nem apelado a uma tradição extrabíblica ou ideia filosófica contrária a elas. Discordava abertamente de algumas interpretações tradicionais das Escrituras, mas nunca discordou dos ensinos das Escrituras, conforme os entendia. De fato, acusou seus oponentes calvinistas de violar o princípio bíblico ao tratarem certas declarações confessionais reformadas como equivalentes à Bíblia em dignidade e autoridade e se recusarem a reconsiderá-las ou revisá-las.

Assim como no princípio bíblico, Armínio nunca se cansou de afirmar a lealdade ao princípio básico protestante *sola gratia et fides* — a salvação pela graça, mediante a fé somente. Alan Sell, teólogo reformado contemporâneo, declara que "quanto à questão da justificação, Armínio está em harmonia com todas as igrejas reformadas e protestantes".[21] Naturalmente, se partirmos do fato de que qualquer forma de sinergismo é incompatível com a doutrina protestante da justificação pela fé somente, a doutrina da salvação adotada por Armínio será excluída *a priori*. Mas Armínio contestava essa suposição e insistia em afirmar que, embora negasse a teologia monergista de Agostinho, Zwinglio e Calvino, podia aderir à doutrina protestante clássica da salvação. Na *Declaração de sentimentos*, escreveu: "acredito não ter ensinado ou nutrido sentimentos a respeito da *justificação do homem diante de Deus* que não fossem unanimemente mantidos pelas igrejas reformadas e protestantes e estivessem de total acordo com suas opiniões expressas".[22] Por ter sido publicamente acusado de negar a justificação pela graça mediante a fé somente, Armínio

---

[20] Certain articles to be diligently examined and weighed, in: *Works of James Arminius*, 2.706.
[21] Alan P. F. SELL, *The great debate*: Calvinism, Arminianism and salvation, Grand Rapids, Baker, 1983, p. 12.
[22] In: *Works of James Arminius*, 1.695.

incluiu uma declaração confessional sobre essa doutrina em *Sentimentos*, que entregou ao governo holandês na controvérsia imediatamente anterior à sua morte:

> Pelo presente, abreviadamente, direi apenas que "creio que os pecadores são considerados justos unicamente pela obediência de Cristo e que a justiça de Cristo é a única causa meritória pela qual Deus perdoa os pecados dos que creem e os considera tão justos como se tivessem cumprido com perfeição a lei. Mas como Deus não imputa a justiça de Cristo a ninguém, a não ser aos que creem, concluo que, já que se pode dizer com segurança, *àquele que crê, a fé é imputada pela graça como justiça* — porque Deus apresentou seu Filho Jesus Cristo para ser uma propiciação, um trono de graça [ou misericórdia] pela fé em seu sangue —, seja qual for a interpretação aplicada a essas expressões, nenhum de nossos ministros culpa Calvino nem o considera heterodoxo nessa questão; a minha opinião, porém, não diverge tanto da dele a ponto de me impedir de colocar de próprio punho minha assinatura em tudo o que ele ensinou a respeito do assunto, no terceiro livro de suas *Institutas*; isso estou disposto a fazer a qualquer momento, além de expressar a minha aprovação total.[23]

Em muitos lugares e de muitas maneiras, Armínio afirmou a crença de que a salvação se dá pela graça de Deus mediante a fé somente. A calúnia de que negava tal coisa, tão comum em sua época e frequente desde então, é uma das maiores injustiças da história da teologia cristã.

Por que, então, os oponentes e inimigos de Armínio o acusavam bem como seus seguidores de negar o princípio da salvação pela graça mediante a fé somente? Só pode ser porque se opunha abertamente às doutrinas de calvinismo que eram extremamente associadas a esse princípio. Acreditavam que a salvação é pura dádiva — imerecida — quando a pessoa é totalmente passiva na regeneração, na conversão e na justificação. Ou seja, a salvação acontece realmente pela graça somente quando a aceitação dela pelos pecadores não é um ato de livre escolha, mas se dá de forma incondicional e irresistível. E isso só é verdade se estiver predestinado e eternamente decretado. Portanto, dizer que o pecador que está sendo salvo participa da própria salvação é dar lugar à jactância, porque subentende que a pessoa que livremente toma a decisão de aceitar a graça para a salvação a está, de certa forma, conquistando por merecimento. Segundo a crença calvinista tradicional, isso também despojaria Deus de sua soberania e tornaria a decisão divina, a respeito de quem deve ser salvo, dependente das decisões e ações das criaturas. Armínio rejeitava totalmente essa linha de raciocínio e interpretava a passagem bíblica crucial de Romanos 9 de modo diferente dos calvinistas.

[23] Ibid., p. 700.

Armínio não rejeitava a predestinação. Na realidade, afirmou a crença na predestinação. Rejeitava, isto sim, o supralapsarismo, que considerava doutrina muito perniciosa. Resumiu a versão supralapsária do calvinismo apresentada por Gomaro da seguinte forma:

> Deus, por decreto eterno e imutável, predestinou, dentre os homens (que nem sequer considerava *criados* e muito menos *caídos*), certos indivíduos à vida eterna e outros à destruição eterna, sem levar em conta a justiça ou o pecado, a obediência ou a desobediência, mas unicamente seu próprio aprazimento, para demonstrar a glória de sua justiça e misericórdia ou, como outros afirmam, para demonstrar sua graça salvífica, sua sabedoria e seu poder livre e inexorável.[24]

Na *Declaração de sentimentos*, Armínio levantou vinte objeções ao supralapsarismo. Algumas se aplicam a qualquer versão da crença calvinista na predestinação, incluindo o infralapsarismo. Argumentou que o supralapsarismo é contrário à própria natureza do evangelho, pois entende que as pessoas são salvas ou não independentemente de serem pecadoras ou crentes. Primeiro (no primeiro decreto de Deus), são salvas ou condenadas e, somente então, se tornam crentes ou pecadoras. Argumentou, também, que essa doutrina é uma novidade na história da teologia, porque nunca foi apresentada antes de Gomaro e de seus antecessores imediatos (por exemplo, Beza). Além disso, é contrária à natureza amorosa de Deus e à liberdade da natureza humana. Talvez a objeção mais forte de Armínio tenha sido a de que o supralapsarismo (e, por extensão, qualquer doutrina da eleição incondicional) é "injurioso à glória de Deus" porque "a partir dessas premissas, deduzimos, além disso, que Deus realmente peca [...], que Deus é o único pecador [...], que o pecado não é pecado".[25] Armínio nunca se cansou de dizer que a forte doutrina do calvinismo não pode negar que coloca Deus como autor do pecado e, se Deus é o autor do pecado, logo, o pecado não é de fato pecado porque tudo o que ele cria é bom. Armínio era um realista metafísico.

Quando passou a examinar o infralapsarismo, Armínio não foi mais generoso. Embora não coloque o decreto divino da eleição e da reprovação antes da criação e da queda, o infralapsarismo não deixa de considerar necessária a queda da humanidade e Deus seu autor.[26] Em última análise, segundo Armínio, qualquer doutrina monergista da salvação torna Deus o autor do pecado e, portanto, hipócrita, "porque imputa hipocrisia a Deus ao supor que, em sua exortação às pessoas, exige que

---

[24] Ibid., p. 614.
[25] Ibid., p. 630.
[26] Ibid., p. 650-1.

creiam em Cristo, mas não o apresenta como seu Salvador".[27] Armínio apelou a João 3.16 e argumentou em seus escritos que a universalidade da vontade de Deus de salvar deve ser levada a sério e que a predestinação deve ser entendida de forma compatível com o amor e bondade de Deus e com o livre-arbítrio humano.

A doutrina da predestinação segundo Armínio

Armínio não se recusava a discutir os decretos de Deus. Apenas se opunha à ordem específica em que os decretos divinos eram colocados nos dois principais ramos do calvinismo. Segundo ele, ambos eram passíveis de críticas devastadoras da mesma espécie. Por exemplo, nenhum colocava em primeiro lugar o decreto divino no sentido de enviar Jesus Cristo para ser o Salvador do mundo, enquanto o evangelho é essencialmente Jesus Cristo. Na *Declaração de sentimentos*, Armínio propôs um esquema alternativo de quatro decretos divinos a respeito da salvação intitulado "Meus próprios sentimentos a respeito da predestinação":

I. O primeiro decreto absoluto de Deus sobre a salvação do pecador é aquele pelo qual decretou que nomeava seu Filho Jesus Cristo mediador, redentor, salvador, sacerdote e rei [...]
II. O segundo decreto exato e absoluto de Deus é aquele pelo qual decretou que receberia em favor aqueles que se arrependessem e cressem e que, em Cristo [...] se cumpriria a salvação dos penitentes e crentes que perseverassem até o fim; mas que deixaria em pecado e sob a ira todos os impenitentes e incrédulos e os condenaria pela alienação a Cristo.
III. O terceiro decreto divino é aquele pelo qual Deus decretou que administraria de modo suficiente e eficaz os meios que eram necessários ao arrependimento e à fé [...].
IV. Depois desses, segue-se o quarto decreto pelo qual Deus decretou a salvação ou a perdição das pessoas. Esse decreto se fundamenta na presciência de Deus, pela qual desde a eternidade ele sempre soube quais os indivíduos que, pela graça [preveniente], creriam e, pela graça subsequente, perseverariam.[28]

Para Armínio, portanto, a predestinação era, antes, de Jesus Cristo e não de indivíduos sem ele.

---

[27] Ibid., p. 313.
[28] Ibid., p. 653-4.

É importante lembrar que Armínio insistia que toda a questão da predestinação estava relacionada à condição caída dos seres humanos carentes de redenção. Para Armínio, o decreto divino de permitir a queda, em outras palavras, não dizia respeito à salvação. Os decretos de Deus a respeito da salvação vêm depois (são logicamente posteriores) da permissão divina da queda de Adão e de Eva. Como Armínio concebia a queda? Deixou isso claro em seu tratado *Certos artigos a ser diligentemente examinados e ponderados*: "Adão não caiu por decreto de Deus, nem por estar destinado a cair, nem por ter sido desertado por Deus, mas por mera permissão de Deus, que não está subordinada a nenhuma predestinação, nem à salvação ou à morte, mas que pertence à providência, que é distinta e oposta à predestinação".[29] Em outras palavras, a providência divina compreende certos decretos e a predestinação divina, outros. As duas não devem ser confundidas. Na providência, Deus decretou que permitiria a queda de Adão e de Eva e de toda a raça humana junto com eles. No *Exame do panfleto do dr. Perkins*, Armínio disse claramente que Deus não poderia evitar a queda depois de criar os seres humanos e dar-lhes o dom do livre-arbítrio. Armínio acreditava na autolimitação e restrição de Deus e também na liberdade humana genuína no relacionamento abrangente estabelecido pela aliança.[30] Portanto, os decretos de Deus quanto à predestinação dizem respeito aos seres humanos apenas como pecadores depois da queda e, de modo algum, à própria queda. Deus sabia previamente que os seres humanos cairiam, mas não decretou nem predestinou, de nenhuma forma, tal coisa.

Depois que os seres humanos caíram, argumentava Armínio, o primeiro decreto de Deus em relação a eles foi providenciar para que Jesus Cristo fosse seu Salvador. Então, depois disso, decretou que salvaria, por meio de Cristo, todos aqueles que se arrependessem e cressem e que deixaria à sua merecida perdição aqueles que recusassem a salvação. A partir daí, Armínio começa a analisar a predestinação dos seres humanos caídos. Em primeiro lugar, trata-se de classes e grupos e não de indivíduos. Isto é, Deus decreta que salvará os que creem, todos eles. O objeto da eleição para a salvação é um grupo indefinido de pessoas: os crentes. O objeto da condenação para a perdição também é um grupo indefinido de pessoas: os incrédulos. Foi assim que Armínio interpretou o texto de Paulo em Romanos 9: tratando-se de classes ou grupos e não de indivíduos. "Armínio entende Romanos 9 em termos de 'predestinação de classes': 'os que buscam a justiça

---

[29] *Certain articles to be diligently examined and weighed*, 2.716.
[30] *Examination of Dr. Perkins's Pamphlet*, in: *Works of James Arminius*, 3.284. Muller, com toda a razão, atribui muito valor à crença de Armínio na autolimitação divina da aliança como uma diferença básica entre ele e os teólogos reformados de sua época. Veja *God, creation and providence*, de Muller (p. 235-45).

pelas obras e os que a buscam pela fé'; Esaú é exemplo dos que buscam a justiça pelas obras e Jacó, dos que buscam pela fé."[31] Mas Armínio também tinha uma explicação para a predestinação condicional dos indivíduos. Em sua presciência absoluta, Deus sabe quem terá fé e quem não terá.[32] Como Paulo disse em Romanos 8.29: "Pois aqueles que de antemão conheceu, também os predestinou *para serem* conformes à imagem de seu Filho; a fim de que ele seja o primogênito entre muitos irmãos". A predestinação de grupos, portanto, é incondicional. A predestinação de indivíduos é condicional e se baseia na presciência de Deus daquilo que farão livremente com a liberdade que Deus lhes dá. Essa é a essência do segundo e do quarto decretos de Armínio mencionados anteriormente.

O sinergismo evangélico de Armínio

E quanto à graça? Enquanto os calvinistas clássicos argumentavam que a graça salvífica é sempre irresistível, Armínio acreditava que a graça significava que a salvação é resistível e que muitos, inclusive nas Escrituras, resistiram à graça de Deus. Mas como a salvação pode acontecer "unicamente pela graça" se os seres humanos são livres para aceitá-la ou rejeitá-la? Se alguém não achar essa pergunta razoável, é provável que seja arminiano! Os calvinistas e outros monergistas acreditam que, para se dar completamente pela graça, conforme Paulo afirmou em Efésios 2, a salvação não podia ser uma dádiva recebida "livremente" no que se refere à contingência. Em outras palavras, se a pessoa que recebe a graça para a salvação pudesse recusá-la, então, ao aceitá-la, estaria praticando uma "boa obra" e mereceria uma parte da salvação, podendo assim jactar-se. Isso também sugere uma capacidade como a do pelagianismo em que a pessoa contribui para sua própria salvação, declaram os monergistas. A solução de Armínio para esse problema delicado é o conceito-chave da "graça preveniente". Armínio sempre foi cuidadoso ao atribuir toda a salvação à graça e nada às boas obras. Um exemplo típico desse cuidado está na seção sobre a graça e o livre-arbítrio da *Carta endereçada a Hipólito A. Collibus*: "O mestre [de teologia] que atribui o máximo possível à graça divina tem a minha mais alta aprovação, contanto que pleiteie a causa da graça de tal maneira que não provoque danos à justiça de Deus e não remova *o livre-arbítrio para praticar o mal*".[33] Mas como isso é possível? Armínio explicou:

---

[31] Skevington Wood, The declaration of sentiments: the theological testament of Arminius, *Evangelical Quarterly* 65, 2:219, 1993.

[32] A declaration of sentiments, 1.279.

[33] A letter addressed to Hippolytus A. Collibus, in: *Works of James Arminius*, 2.701.

> A respeito da graça e do livre-arbítrio, ensino conforme as Escrituras e o consentimento ortodoxo: o livre-arbítrio não tem a capacidade de fazer ou de aperfeiçoar qualquer bem espiritual genuíno sem a graça. Para que não se diga que eu, assim como Pelágio, cometo uma falácia em relação à palavra "graça", esclareço que com ela me refiro à graça de Cristo que pertence à regeneração: afirmo, portanto, que a graça é simples e absolutamente necessária para a iluminação da mente, para o devido controle das emoções e para a inclinação da vontade ao que é bom. É a graça que [...] força a vontade a colocar em prática boas ideias e os bons desejos. Essa graça [...] antecede, acompanha e segue; ela nos desperta, assiste, opera para queiramos o bem, coopera para que não o queiramos em vão. Ela afasta as tentações, ajuda e oferece socorro em meio às tentações, sustenta o homem contra a carne, o mundo e Satanás, e nessa grande luta concede ao homem a satisfação da vitória. [...] A graça é o princípio da salvação; é o que a promove, aperfeiçoa e consuma. Confesso que a mente [...] do homem natural e carnal é obscura e escura, que suas afeições são corruptas e imoderadas, que sua vontade é obstinada e desobediente e que o próprio homem está morto em pecados.[34]

A graça descrita por Armínio nessa declaração um tanto longa é a graça preveniente. É a graça que Deus oferece e concede a todas as pessoas de alguma forma e é absolutamente necessária para que os pecadores caídos — mortos em pecados e escravos da vontade — creiam e sejam salvos. É a graça sobrenatural, auxiliadora e outorgante de Jesus Cristo. Mas por ser preveniente (acontece antes), pode ser resistida. Se a pessoa não resistir à graça preveniente e permitir que ela opere em sua vida pela fé, ela se tornará justificadora. A mudança é a "conversão", não uma boa obra, mas a simples aceitação. É aqui que aparece o sinergismo de Armínio. A vontade humana, livre pela graça preveniente (a operação do Espírito Santo dentro da pessoa), precisa cooperar simplesmente aceitando a necessidade da salvação e permitindo que Deus outorgue a dádiva da fé. Ela não será imposta por Deus e o pecador não pode merecê-la. Ela deve ser aceita livremente, mas até mesmo a capacidade de desejá-la e de aceitá-la se torna possível pela graça. O conceito da graça preveniente permite que a soteriologia de Armínio seja sinergista (envolvendo as vontades e atuações divina e humana) sem cair no pelagianismo ou no semipelagianismo. Diferentemente deste último, o sinergismo de Armínio coloca toda a iniciativa e capacidade de salvação a favor de Deus e reconhece a total incapacidade do ser humano de contribuir para a própria salvação sem a graça auxiliadora sobrenatural de Cristo.

---

[34] Ibid., p. 700-1.

Está claro, portanto, que Armínio rejeitava não somente o supralapsarismo, como também qualquer conceito monergista da salvação. No mínimo, negava a eleição incondicional, a expiação limitada e a graça irresistível. Não se pode afirmar que negava a depravação total. A citação apresentada da *Carta a Hipólito* indica que de fato acreditava nela. Alguns remonstrantes claramente não acreditavam e isso se tornou uma questão delicada e controversa depois da morte de Armínio. Este não negava a perseverança (a segurança eterna dos santos), mas argumentava que a questão não estava encerrada e advertia contra a falsa segurança e certeza. Assim com no caso da depravação total, muitos arminianos posteriormente rejeitaram a perseverança incondicional e ensinaram que a pessoa pode perder a salvação por indiferença e também pela rejeição consciente da graça. Muitos outros arminianos passaram a crer na segurança eterna dos genuinamente regenerados e justificados pela graça.

O legado do arminianismo

Uma questão ainda debatida pelos estudiosos de Armínio é se a sua teologia era uma *alternativa* à teologia reformada ou uma *adaptação* dela. Richard Muller sustenta que era uma alternativa e, como prova, indica a forte ênfase de Armínio à autolimitação de Deus. Os teólogos reformados posteriores a Calvino reconheciam a condescendência de Deus na revelação, mas negavam unanimemente qualquer autolimitação de Deus na providência ou predestinação.[35] Carl Bangs sustenta a opinião de que a teologia de Armínio representa uma adaptação e desenvolvimento da teologia reformada.[36] Embora o próprio Armínio quase certamente entendesse dessa forma sua teologia, Muller está mais próximo da verdade. A teologia da Armínio é totalmente protestante, mas não reformada. O teólogo holandês se propôs reformar a teologia reformada, mas acabou criando um paradigma protestante totalmente diferente. Os anabatistas argumentariam, com razão, que se tratava de um paradigma que Baltasar Hubmaier e outros pensadores anabatistas começaram a desenvolver quase um século antes. Ele poderia ser chamado de "sinergismo evangélico".

O arminianismo, embora politicamente reprimido e posteriormente marginalizado no país de origem, radicou-se e floresceu em solo inglês no fim do século XVI. Muitos líderes da Igreja da Inglaterra foram simpáticos a ele no início e, posteriormente, adotaram-no abertamente. Embora *Os trinta e nove artigos de religião* da Igreja da Inglaterra incluíssem a afirmação da predestinação, o arminianismo tornou-se opção permanente da tradição anglicana. No século XVII, uma era de racionalismo e avivamento na Inglaterra e na Nova Inglaterra, os arminianos dividiram-se em

---

[35] V. *God, creation and providence*, de Muller (p. 281).
[36] BANGS, op. cit., p. 348-9.

dois grupos: arminianos de mente e arminianos de coração. Os primeiros pendiam para o deísmo e a religião natural e os últimos, para o pietismo e o avivamento. A história desses movimentos será contada nos capítulos posteriores. Basta dizer que, no cristianismo da era moderna de língua inglesa, é possível ser arminiano liberal ou arminiano evangélico. O movimento metodista primitivo, fundado por John e Charles Wesley, bem como muitos batistas primitivos representavam o segundo tipo de arminianismo, enquanto os deístas e os pensadores protestantes liberais dos séculos XVIII e XIX representavam o primeiro. Com esses movimentos, a teologia arminiana paulatinamente tornou-se parte das grandes tendências do pensamento protestante na Inglaterra e nos Estados Unidos — para desgosto dos protestantes reformados mais tradicionais.

Como vimos, depois da morte dos primeiros reformadores, seus herdeiros ortodoxos e escolásticos elevaram à importância primordial as questões da exatidão doutrinária e litúrgica. Alguns críticos diriam que as igrejas nacionais protestantes magisteriais da Europa e da Grã-Bretanha declinaram até se tornarem "ortodoxia morta" que crê na regeneração batismal, no clericalismo e no constantinismo. Essa situação provocou a reação dos ministros das igrejas estatais chamada pietismo. Entre outras coisas, ela tentava vincular a justificação à conversão, e a regeneração ao começo de uma vida de santificação verdadeira. Também censurava a ênfase exagerada à ortodoxia doutrinária e a indiferença diante da experiência espiritual como sinal autêntico do cristianismo e criava lemas como: "melhor uma heresia viva do que uma ortodoxia morta!". É para a história do pietismo e de sua tentativa de reformar a teologia protestante nos séculos XVI e XVII que agora dirigiremos nossa atenção.

29
Os pietistas procuram renovar a teologia luterana

Segundo os intérpretes modernos, "um dos movimentos menos compreendidos da história do cristianismo é, sem dúvida, o pietismo".[1] Um historiador do pietismo nota que esse rótulo é geralmente usado pelos teólogos com sentido negativo: "O pietismo denotava subjetivismo, individualismo e repúdio ao mundanismo".[2] Em linguagem simples, o pietista é, em geral, uma pessoa farisaica, que se comporta como se fosse "mais santo do vós" ou uma pessoa extremamente espiritual que, de tanto pensar no céu, de nada serve na terra. São, todavia, conceitos falsos e estereótipos que não têm quase relação com o movimento histórico chamado pietismo que surgiu nos séculos XVII e XVIII, primariamente entre os luteranos na Alemanha. O pietismo era o movimento de renovação que pretendia completar a Reforma protestante iniciada por Martinho Lutero. Seus principais pensadores e líderes eram clérigos luteranos que sinceramente admitiam os princípios protestantes fundamentais *sola Scriptura, sola gratia et fides* e o sacerdócio de todos os crentes. Dificilmente, ou talvez nunca, romperam com as confissões básicas da tradição luterana. Tinham Lutero como grande herói e citavam-no com frequência, embora descartassem algumas de suas ideias características, como o Deus oculto. O principal argumento do pietismo era que a reforma luterana foi um excelente começo para um movimento de renovação, mas ficou incompleto. "O pietismo reiterava o tema de que a reforma doutrinária iniciada por Lutero precisava ser consumada por uma nova reforma da vida."[3]

Mesmo depois de descartar as distorções e conceitos errôneos sobre o pietismo, resta o problema de definir o termo e identificar os contornos exatos do movimento. Quando o pietismo começou? Que pensadores e ideias fazem parte dele?

---

[1] Ernest STOEFFLER, *The rise of evangelical pietism*, Leiden, Brill, 1971, p. 1.
[2] Dale W. BROWN, *Understanding pietism*, Grand Rapids, Eerdmans, 1978, p. 7.
[3] Ibid., p. 83.

Quais eram suas principais características e ideias? Muitas pessoas, inclusive alguns estudiosos, empregam o termo *pietismo* para expressar qualquer forma de religião experimental, especialmente o cristianismo experimental. Portanto, se determinado pensador ou líder cristão enfatiza mais a experiência do que o entendimento a respeito de Deus ou a devoção pessoal do que a crença doutrinária, há quem o considere pietista. O grande matemático e filósofo católico francês Blaise Pascal (1623-1662), às vezes, é considerado pietista em sentido lato.

Estudiosos da história da teologia mais cuidadosos e exatos, no entanto, restringem o uso do termo pietismo (genuíno) ao movimento específico dentro do protestantismo alemão nos séculos XVI e XVII, que teve efeitos duradouros e deixou um legado significativo para o cristianismo protestante posterior. Os cristãos modernos que seguem os passos dos líderes desse movimento de reforma e de renovação são realmente pietistas no sentido histórico. Aqui, estudaremos o movimento histórico específico e empregaremos o termo *pietismo* exclusivamente para ele. Ele nunca foi e ainda não é uma denominação específica ou um movimento com um núcleo. Pelo contrário, o pietismo era e continua sendo um "espírito" ou um "etos" mais do que qualquer tipo de forma socialmente perceptível.[4] Atualmente, quase toda denominação protestante tem uma ala pietista, quer receba esse nome ou não. Existem, também, algumas denominações vivas e ativas que consideram o movimento pietista do período pós-Reforma sua origem. Um exemplo paradigmático de uma delas é a Igreja Evangélica da Aliança nos Estados Unidos, que começou na Suécia com os luteranos pietistas que deixaram a Igreja Luterana sueca por questões relacionadas ao pietismo.

Qual era, e ainda é, a marca característica do pietismo protestante? Um intérprete atual disse que o "pietismo ressaltava a experiência religiosa pessoal, especialmente o arrependimento (a experiência da própria indignidade diante de Deus e da necessidade de graça) e a santificação (a experiência do crescimento pessoal na santidade, que envolve o progresso até o cumprimento completo ou perfeito da intenção de Deus)".[5] Lutero enfatizou a obra objetiva de Deus "em nosso favor" em Jesus Cristo e sua característica na teologia foi a salvação como declaração forense do perdão e da imputação da justiça de Cristo ao pecador. Em outras palavras, Lutero ressaltava a justificação pela graça mediante a fé somente, a salvação como mudança objetiva no relacionamento jurídico da pessoa com Deus. Naturalmente, podemos encontrar em Lutero outras características e ênfases. Lutero jamais negou o renascimento e a renovação da pessoa justificada pelo poder do Espírito Santo de Deus. Em alguns momentos, até reconhece isso. Costumava equiparar a experiência da regeneração pessoal ao batismo. Os pietistas originais concordavam

---

[4] STOEFFLER, op. cit., p. 13.

[2] Ted A. CAMPBELL, *The religion of the heart*: a study of European life in the seventeenth and eighteenth centuries, Columbia, University of South Carolina Press, 1991, p. 71.

totalmente com Lutero a respeito da doutrina da justificação, embora, como a maioria dos luteranos depois de Lutero, suprimisse seu monergismo e adotasse uma doutrina paradoxal da soberania divina e do livre-arbítrio humano ou se voltassem mais para o sinergismo evangélico. De qualquer forma, os pietistas concordavam com Lutero que a salvação é exclusivamente obra de Deus e dádiva que o ser humano não pode, de forma alguma, obter por mérito.

Os pietistas simplesmente acreditavam que Lutero tinha sido unilateral na ênfase dada aos aspectos objetivos da salvação e que os luteranos desprezaram ainda mais o lado subjetivo e interior da salvação. Entendiam que cabia a eles completar e levar à consumação a Reforma protestante iniciada por Lutero, ressaltando a obra graciosa de Deus no crente, que o transforma em nova criatura em Cristo Jesus. A experiência pessoal com Deus, portanto, era o enfoque e a ênfase dos pietistas. Para eles, o verdadeiro início da existência cristã podia ser o batismo, mas por si só ele é insuficiente, mesmo quando acompanhado da fé. A mudança de vida, chamada conversão, precisa acontecer em algum momento ou a partir da idade do despertar da consciência e deve ser acompanhada por um coração transformado e nova disposição pelas coisas de Deus, caso contrário, não é genuína e o cristianismo autêntico não existe nessa pessoa. Não é correto dizer que Lutero concordaria com isso. Os pietistas achavam que sim. Seus críticos insistiam que Lutero teria rejeitado a ideia da doutrina da conversão pessoal como aspecto necessário da iniciação cristã.

Antecedentes da ortodoxia luterana

Assim como o arminianismo foi uma reação e rejeição à teologia reformada pós-Calvino (o escolasticismo e supralapsarismo reformados), o pietismo também foi uma reação e rejeição à ortodoxia luterana pós-Lutero. É impossível entender o pietismo protestante histórico sem ter nenhum conhecimento da teologia luterana e das igrejas luteranas estatais do século XVII. A expressão "ortodoxia luterana" foi cunhada pelos historiadores da teologia para descrever o enrijecimento geral das categorias doutrinárias desse ramo do protestantismo depois de Lutero. É um paralelo aproximado do escolasticismo reformado. Uma ou duas gerações após a morte de Lutero, os principais teólogos luteranos começaram a sistematizar racionalmente a doutrina que, não raro, incluía teologia natural, lógica aristotélica e formulações doutrinárias exageradamente detalhistas. O trabalho da teologia nas principais universidades luteranas "tornou-se cada vez mais árido e objetivo, como se a relevância da teologia se encontrasse basicamente em uma série de verdades que pudessem ser formalmente declaradas em proposições a serem transmitidas de uma geração para outra".[6]

---

[6] Justo GONZÁLEZ, *A history of Christian thought*, ed. rev., Nasville, Abingdon, 1987, p. 300. V. 3: From the protestant reformation to the twentieth century.

Junto com as tendências escolásticas e racionalistas da ortodoxia, surgiu uma abordagem polêmica à pregação e ao ensino. Isto é, como os principais teólogos daquele tipo dominante de teologia na Alemanha do século XVII se envolveram em debates calorosos contra o cristianismo reformado e uns contra os outros; a marca do teólogo verdadeiramente grandioso era cada vez mais, a proeza de destruir seus oponentes ao demonstrar as falhas de suas teologias. Pouco ou nada de construtivo se realizou com esse tipo de teologia, a não ser novas maneiras de ordenar e reordenar as doutrinas clássicas. Muita energia foi despendida com críticas a outras formulações doutrinárias e sistemas teológicos. Era este o tipo de teologia na qual a maioria dos pastores luteranos alemães era treinada nas universidades alemãs do século XVII. Em decorrência disso:

> O espírito escolástico [da ortodoxia luterana] estendeu uma mortalha de intelectualismo sobre a fé cristã. As pessoas tinham a impressão de que o cristianismo consistia no recebimento da Palavra salvífica de Deus pela pregação e pelos sacramentos, além da aderência leal às confissões luteranas. Dizia-se que, com poucas exceções, os pastores evitavam qualquer ênfase à interioridade.[7]

No século pós-Reforma, o cristianismo luterano na Alemanha entrou em um estado de letargia espiritual, moral e teológica. É claro que havia exceções notáveis. De modo geral, porém, o cristianismo autêntico era identificado como correção doutrinária e sacramental, tanto que:

> As igrejas territoriais em geral acreditavam que cristão é todo aquele que foi batizado, que mantém conexão formal com a igreja ao empregar, pelo menos ocasionalmente, os meios da graça, e que acredita, de modo geral, nas verdades definidas pelos símbolos doutrinários [credos e confissões] da sua comunhão e adere às suas formas de culto [liturgias].[8]

Exemplo notável dessa tendência foi o aumento da crença na regeneração batismal, inclusive aceitação implícita da antiga ideia *ex opere operato* de que o batismo automaticamente realiza a salvação, contanto que não haja resistência consciente à graça divina. Lutero se opôs a essa doutrina católica, mas seus ensinos a respeito da fé implícita ou infantil pareceram excêntricos para muitas pessoas. Por isso, preferiram confiar no batismo infantil como garantia automática da salvação. Além disso, a forte ênfase de Lutero ao aspecto forense da justificação era interpretada por muitos ministros e leigos como um modo de evitar a necessidade da santidade pessoal na vida ou até mesmo do aperfeiçoamento moral.

---

[7] James STEIN, *Philipp Jakob Spener*: Pietist patriarch, Chicago, Covenant Press, 1986, p. 21.
[8] STOEFFLER, op. cit., p. 17-8.

O pietismo foi o movimento que surgiu no contexto da ortodoxia luterana, que muitos pietistas chamavam de "ortodoxia morta". Para eles, pelo menos, ela não revelava nenhuma vida espiritual real. O lema pietista popular "melhor uma heresia viva do que uma ortodoxia morta" talvez seja a abreviação da declaração maior de um dos fundadores do pietismo que perguntou aos seus colegas, ministros da igreja estatal luterana da Alemanha: "De que adianta nossos ouvintes ficarem livres de todos os erros papais, reformados, socinianos etc., mas com isso terem uma fé morta pela qual são mais severamente condenados do que todas as vidas melhores lastimavelmente heterodoxas?".[9] Um aspecto fundamental do pietismo, portanto, era a forte distinção e diferença visível entre o cristianismo autêntico e falso, ou entre a fé cristã viva e morta. A ortodoxia luterana desprezava essa distinção a não ser quando seguia as linhas doutrinárias. O cristianismo autêntico era equiparado com o batismo, o culto e a doutrina apropriados dentro da tradição luterana. Os pietistas rejeitavam esse conceito por considerá-lo banal e superficial. Queriam identificar o cristianismo autêntico em termos da experiência genuína da transformação interior pelo Espírito de Deus. Para eles, portanto, os critérios verdadeiros do cristianismo eram a ortopatia (os sentimentos certos) e a ortopraxia (o viver certo), além da ortodoxia (a crença certa). E os três nunca podem estar separados. Além disso, acreditavam e argumentavam que a maneira mais confiável de garantir a ortodoxia era promover a ortopatia e a ortopraxia. A experiência certa e o viver certo conduziriam necessariamente à crença certa.

Quatro autores e formadores do pietismo

Johann Arndt. O movimento pietista não tinha um único líder. Pelo contrário, quatro personagens se destacam como seus maiores pensadores e defensores nos séculos XVII e XVIII na Alemanha. O precursor do pietismo foi Johann Arndt (1555-1621), figura pouco conhecida que escreveu um livro de grande influência que muitos historiadores consideram a "Bíblia" do pietismo: *Quatro livros sobre o cristianismo verdadeiro* (1610). Pouco se sabe da vida de Arndt, a não ser que foi ministro luterano muito respeitado, mas um pouco controvertido, que tinha tendências místicas e que pastoreou igrejas em Eisleben (cidade natal de Lutero) e Celle na Alemanha. Entre 1606 e 1609, escreveu um livro devocional, que se tornou conhecido na Alemanha simplesmente como *Cristianismo verdadeiro*. Durante muitos anos, foi a obra religiosa mais lida e mais influente da Alemanha depois da Bíblia. Arndt enfatizava a necessidade de todo cristão passar pela experiência de renovação pessoal pelo arrependimento e pela fé e de um novo nascimento. Em vez de ressaltar a justificação pela fé (que nunca negou), o precursor do pietismo escreveu e pregava a respeito da união com Cristo e da transformação que chamava de "vida nova". Segundo Arndt, em cada cristão existe tanto o "velho" quanto o "novo homem interior". Os dois travam

---

[9] Philipp Spener, apud em Brown, *Understanding pietism*, p. 85.

uma luta mortal e a vitória do último — que é a imagem de Cristo no íntimo — depende do arrependimento genuíno e da fé verdadeira.

Arndt distinguia o arrependimento externo (falso) do arrependimento interno (genuíno): "O arrependimento genuíno acontece quando, de pesar e arrependimento, o coração se parte, é destruído, abatido e, pela fé e pelo perdão dos pecados, é santificado, consolado, purificado, transformado e melhorado, de tal maneira que a vida é melhorada".[10] Distinguiu, também, a fé verdadeira da falsa. A respeito da fé verdadeira escreveu: "Com confiança e segurança, o homem oferece todo o seu coração a Deus, confia somente nele, entrega-se a ele, apega-se apenas a ele e une-se a ele".[11] Tanto o verdadeiro arrependimento quanto a verdadeira fé, portanto, incluem o cerne antropológico identificado por todos os pietistas como "coração". Também incluem sentimentos e emoções, embora Arndt não escrevesse com detalhes a respeito destes.

Essencial para ele, e também para os pietistas posteriores, é que o cristianismo verdadeiro não pode ser puramente objetivo, superficialmente conformado às fórmulas de doutrina, aos sacramentos ou à liturgia. Ele se manifesta em mudanças visíveis nas atitudes, nas afeições e no modo de vida do cristão. O conhecimento verdadeiro de Deus encontra-se em primeiro lugar no campo afetivo do coração e depois no plano intelectual. Em *Cristianismo verdadeiro*, Arndt argumentou de modo tipicamente pietista que a pureza do ensino e da doutrina seria melhor mantida pelo arrependimento genuíno e pelo viver santo do que nas disputas teológicas e nos livros de teologia sistemática. O que notadamente falta nas reflexões de Arndt é a ênfase no batismo. A ortodoxia luterana argumentava que o cristianismo verdadeiro é a renovação diária do batismo, pela confissão das promessas de Deus acerca dele. Não foi por simples esquecimento que Arndt desconsiderou o batismo um componente importante do cristianismo verdadeiro.

A influência de Arndt sobre o pietismo foi profunda. Alguns estudiosos consideram-no o verdadeiro pai do pietismo e atribuem o início do movimento à sua obra *Cristianismo verdadeiro*. Um desses historiadores da teologia afirma que "o relacionamento entre Arndt e o pietismo luterano está no fato de ele ser o iniciador do movimento. Por causa de sua influência, ele começou a florescer rapidamente e, então, recebeu as contribuições de Spener e de Francke".[12] Outros estudiosos consideram Arndt o precursor e arauto do pietismo luterano.[13] Essa última opinião é provavelmente melhor, simplesmente porque Arndt não propôs nenhum programa para a reforma pietista do protestantismo ou da igreja estatal luterana e não

---

[10] Johann ARNDT, *True Christianity in pietism*, Christian Classics, org. Thomas Hallbrooks, Nashville, Broadman, 1981, p. 165.

[11] Ibid., p. 166.

[12] STOEFFLER, op. cit., p. 211.

[13] CAMPBELL, op. cit., p. 79.

liderou nenhum movimento. Apenas escreveu um livro que ajudou a estabelecer os alicerces para a posterior reforma e renovação. E outros o desenvolveram.

Philipp Jakob Spener. O patriarca do pietismo é Philipp Jakob Spener, que nasceu em 1635, na Alsácia perto do rio Reno que separa a Alemanha da França.[14] Quando menino, teve como madrinha uma mulher rica, poderosa e profundamente religiosa chamada condessa Ágata von Rappoltstein, que morava em um castelo perto da casa dele. Lá, o jovem leu e discutiu o *Cristianismo verdadeiro* e foi educado por sua mentora espiritual no tipo de cristianismo do coração. A condessa ajudou a conseguir e a pagar a educação teológica de Spener em Estrasburgo e Basileia. Ele também passou algum tempo em Genebra onde foi influenciado pelo pregador reformado místico chamado João de Labadie (1610-1674), que exortava seus seguidores a confiar na experiência interior mais do que nos sacramentos para garantir a salvação. Quando recebeu o primeiro pastorado em Frankfurt, na Alemanha, Spener já era um "cristão do coração" convicto, que acreditava piamente que a vida eclesiástica e a teologia de seu país precisavam de reforma.

A partir da plataforma de seu cargo influente como ministro de hierarquia mais elevada de todo o ministério de Frankfurt, Spener implantou um programa de renovação, fundando *collegia pietatis* (encontros para a piedade), que também passaram a ser chamados de "conventículos de Frankfurt". Eram grupos pequenos de cristãos que se reuniam nas casas e nas igrejas para oração, estudo da Bíblia e debates sobre sermões e o viver cristão. Atualmente, a maioria das pessoas considera isso normal. Muitos até preferem ingressar formalmente na igreja. Em 1670, no entanto, eles eram considerados inovação radical e rapidamente se tornaram controversos. Muitos pastores e governantes fora de Frankfurt se opuseram ao movimento de conventículos, porque parecia diminuir a distância entre clérigos e leigos e abria espaço para a interpretação e exposição das Escrituras e da doutrina aos leigos. Spener, no entanto, acreditava ardentemente no princípio protestante do sacerdócio de todos os crentes e achava que isso estava sendo desprezado no ambiente da ortodoxia luterana das igrejas estatais. Embora insistisse que os conventículos fossem dirigidos por membros treinados do clero luterano, também ordenava a participação de leigos, que oravam, faziam as leituras bíblicas e debatiam abertamente o significado dos sermões. O objetivo dos *collegia pietatis* era infundir o "cristianismo do coração", uma vida mais profunda de devoção a Cristo e o crescimento da santidade pessoal. Os críticos consideravam que se tratava da negação sutil da doutrina luterana *simul justus et peccator* (salvo e pecador ao mesmo tempo).

Muitos historiadores atribuem o início do pietismo propriamente dito ao ano da publicação do pequeno volume de Spener, *Pia desideria*, em 1675. O título significa

---

[14] As presentes informações sobre a vida de Spener foram extraídas, em grande parte, da biografia escrita por Stein, *Philipp Jakob Spener*, p. 21.

"desejos piedosos" e o livro contém uma crítica arrasadora das condições existentes na igreja estatal luterana, bem como um programa de reforma. É considerado o texto clássico do pietismo e já foi traduzido para muitos idiomas. Três séculos depois de ter sido escrito, ainda continua em circulação. O título completo do volume é *Pia desideria ou sinceros desejos de uma reforma na verdadeira igreja evangélica que seja agradável a Deus, além de várias propostas cristãs simples para a sua implementação*. Lembretes aos ministros como este são comuns em todo o livro:

> Lembremo-nos de que, no juízo final, não seremos questionados [por Deus] se fomos eruditos e se demonstramos a nossa erudição ao mundo, se desfrutamos do favor dos homens e soubemos mantê-lo, se fomos exaltados e se tínhamos grande reputação no mundo que deixamos para trás ou se reunimos muitos tesouros em bens terrenos para nossos filhos e com isso atraímos uma maldição contra nós. Pelo contrário, seremos questionados se fomos fiéis, se ensinamos coisas puras e piedosas e demos exemplo digno, procurando edificar os nossos ouvintes em meio ao desprezo do mundo, se fomos abnegados, carregando a cruz e seguindo o nosso Salvador, se fomos zelosos ao nos opor não somente ao erro, mas também à iniquidade da vida ou se fomos constantes e dispostos a suportar a perseguição e a adversidade lançadas sobre nós pelo mundo manifestamente ímpio e pelos falsos irmãos e se, em meio a esses sofrimentos, louvamos ao nosso Deus.[15]

Spener condenava duramente os defeitos das autoridades, tanto civis quanto religiosas, na Alemanha dos seus dias. Entre eles citava a imoralidade excessiva, falta de sinais da conversão genuína, mesmo entre os clérigos, apego à controvérsia e crença exagerada na "engenhosidade humana" na teologia e na vida eclesiástica e falta de crença na iluminação divina do Espírito Santo. Condenava a "ilusão vergonhosa" do *opus operatum* (eficácia automática) no batismo e censurava o cristianismo formal e nominal que não tocava o coração e nem transformava vidas.

Longe de rejeitar o luteranismo, Spener escreveu: "A doutrina da nossa igreja não pode ser culpada por nada disso, pois se opõe vigorosamente a tais ilusões".[16] Aprovava o batismo infantil, embora condenasse a falsa segurança de algumas pessoas por causa dele. Advogava mais disciplina na igreja e propôs um programa de reforma e renovação do cristianismo autêntico para a igreja estatal. O programa é descrito na seção chamada "Propostas para corrigir as condições da igreja" e contém seis etapas concretas, inclusive a disseminação da prática dos *collegia pietatis*, a responsabilidade espiritual, mais irenismo nas controvérsias religiosas e maior ênfase à vida espiritual no treinamento ministerial. Acima de tudo, Spener defendia a limitação do cargo de ministro para os cristãos que fossem realmente convertidos e

---

[15] Philip Jakob SPENER, *Pia desideria*, trad. Theodore G. Tappert, Philadelphia, Fortress, 1964, p. 36-7.
[16] Ibid., p. 67.

que mostrassem sinais disso: "Não seria má ideia se todos os alunos fossem obrigados a trazer de suas respectivas universidades relatórios a respeito de sua piedade e não apenas de sua diligência e perícia nos estudos".[17]

No fim de *Pia desideria*, o autor revela o propósito fundamental do pietismo: a doutrina do "homem interior" ou do "novo homem". Esse conceito provém diretamente de Arndt. Spener redefiniu o cristianismo autêntico, sem se centrar no batismo e na ortodoxia, enfatizando a experiência da transformação interior: "Nossa religião cristã inteira consiste no homem interior ou no novo homem, cuja alma é a fé e cujas expressões são os frutos da vida, e todos os sermões devem visar esse propósito".

> Não basta escutarmos a Palavra apenas com os ouvidos, pois devemos deixá-la penetrar em nossos corações, para que com ele possamos escutar a voz do Espírito Santo, ou seja, com grande emoção e conforto sentir a confirmação do Espírito e o poder da Palavra. Nem basta sermos batizados, mas o homem interior, que revestimos de Cristo no batismo, deve também se revestir de Cristo e dar testemunho dele na vida exterior.[18]

Spener foi expulso de Frankfurt por causa das controvérsias. Em 1686, tornou-se capelão da corte do príncipe da Saxônia, o eleitor Johann Georg III em Dresden. Lá, continuou a defesa fervorosa e profética do cristianismo do coração e acabou ganhando a antipatia do príncipe mundano. Em 1691, mudou-se para Berlim, onde se tornou pastor da influente *Nikolaikirche* (Igreja de São Nicolau) luterana e ajudou líderes mais jovens do pietismo a divulgarem o movimento na Alemanha e Escandinávia. Spener morreu em 1705 em Berlim e, a seu pedido, foi sepultado com vestes brancas em um caixão branco, como símbolo da esperança em seu futuro no céu e no futuro da cristandade. Seu biógrafo observa que "na época da morte de Spener, o pietismo já era um movimento florescente nas igrejas luteranas de toda a Alemanha".[19]

Auguste Hermann Francke. Se Spener foi o patriarca do pietismo, Auguste Hermann Francke foi seu gênio organizador.[20] Francke nasceu em 1663 na cidade universitária de Lübeck, em um lar profundamente influenciado pelo pietismo de Spener. Sua família também tinha fortes tradições intelectuais e vínculos com a ortodoxia luterana. Em 1684, começou seus estudos teológicos na Universidade de Leipzig, "o universalmente reconhecido baluarte da ortodoxia luterana".[21] Não demorou a assumir a posição de liderança no movimento pietista local chamado

---

[17] Ibid., p. 108.

[18] Ibid., p. 116-7.

[19] CAMPBELL, op. cit., p. 86.

[20] A principal biografia de Francke em língua inglesa moderna é a de Gary R. Sattler, *God's glory, neighbour's good* (Chicago, Covenant Press, 1982).

[21] Ernest STOEFFLER, *German pietism during the eighteenth century*, Leiden, Brill, 1973, p. 4.

collegium philobiblicum ou "grupo de amantes da Bíblia". Em 1687, passou por uma conversão radical acompanhada de muitos conflitos e emoções. Foi convidado a pregar em uma igreja e na noite da véspera de seu sermão, percebeu que não era nem um crente verdadeiro de Deus e Jesus Cristo. Tinha apenas "conhecimentos na mente" e nenhuma "experiência no coração", conforme diriam os pietistas. Em sua autobiografia, escreveu: "Tomado de preocupação e dúvida, caí de joelhos, mas, com alegria inefável e grande certeza, levantei-me. Quando me ajoelhei, não acreditava que Deus existia, mas ao me levantar acreditei ao ponto de dar meu sangue sem medo nem dúvida".[22] Francke fez da própria experiência de conversão de *Sturm und Drang* (tempestade e aflição) a norma para toda a iniciação cristã genuína, embora não exigisse que as pessoas soubessem como ele a data exata de sua conversão. O ponto central de seus escritos teológicos era o que chamava de experiência de *Busskampf*: "a luta do arrependimento". Quem não a experimentasse de alguma forma, não poderia ter a certeza de possuir a fé cristã autêntica.

Francke logo foi atraído para o círculo de Spener e dedicou-se ao programa de reforma da igreja estatal luterana. Depois de se formar, tornou-se pregador e mestre popular e centro de considerável controvérsia. Seus colegas em Leipzig se queixaram e o acusaram, junto com Spener, de cometer mais de seiscentas heresias! Sem dúvida, as acusações baseavam-se mais na inveja profissional e em mal-entendidos do que em qualquer conhecimento verdadeiro a respeito de seus ensinos. Em 1690, Francke ajudou a fundar a nova Universidade Pietista de Halle, onde Spener foi forte influência. Além disso, pastoreou uma igreja luterana e fundou várias instituições de caridade, que se tornaram conhecidas como Instituições Francke. Elas tinham escolas para os ricos e para os pobres, um orfanato, uma editora e um centro missionário. Francke obteve o patrocínio do rei da Dinamarca para muitos de seus empreendimentos caridosos e missionários e, com o apoio dele, enviou à Índia os primeiros missionários estrangeiros protestantes. Era um homem de grande charme pessoal, carisma, integridade e dedicação e tornou-se o educador mais respeitado e procurado da Alemanha. Tinha livre circulação tanto entre os ricos e poderosos quanto entre os pobres e oprimidos e se compadecia destes, embora buscasse a simpatia daqueles para obter apoio financeiro e político. Quando morreu em 1727, era conhecido em toda a Alemanha e em boa parte da Europa como o líder do pietismo e uma das forças mais poderosas do cristianismo protestante. Como observa certo historiador: "ele foi o iniciador, fundador e o líder vitalício de um empreendimento caridoso que conquistou a mente e a admiração de pessoas do mundo inteiro. Nunca se tinha visto coisa semelhante na longa história da igreja cristã".[23]

---

[22] August Hermann FRANCKE, *From the "Autobiography"*, in: *Pietists: selected writings*, org. Peter C. Erb (New York, Paulist, 1983 [p. 105], The classics of western spirituality).

[23] STOEFFLER, *German pietism*, p. 31.

Nikolaus Ludwig von Zinzendorf. Uma das personagens mais incomparáveis de toda a história da teologia cristã é Nikolaus Ludwig von Zinzendorf ou conde Zinzendorf. Seu nome oficial, inclusive o título de nobreza, era Nikolaus Ludwig, conde e senhor de Zinzendorf e Pottendorf. Nasceu em 1700 em Dresden, onde a influência de Spener ainda era forte. Se Spener foi o patriarca do pietismo e Francke o gênio organizador, Zinzendorf foi o profeta excêntrico. De certo modo, levou o pietismo ao extremo, ainda que permanecesse dentro dos parâmetros da teologia ortodoxa luterana. O eminente teólogo luterano e historiador eclesiástico, George Forell, chamou Zinzendorf "o nobre 'fanático de Jesus'" e fez a notável declaração de que ele foi "o teólogo alemão mais influente de Lutero a Schleiermacher [...] e que, aliás, nunca estudou teologia".[24] Outro historiador chama Zinzendorf "gênio de muitas facetas" e "uma das figuras mais controvertidas de sua era".[25]

Zinzendorf foi um garoto notável, criado pela avó pietista Henrietta von Gerstorff, que era profundamente envolvida no movimento pietista de Spener e Francke na Saxônia. Spener tornou-se padrinho de Zinzendorf. Desde pequeno, o conde assimilou a rica vida devocional da avó e teve suas próprias experiências espirituais profundas. Aos seis anos de idade, escrevia poesias declarando o amor a Cristo e na puberdade conduzia reuniões de oração de familiares e amigos. De acordo com a opinião geral, era um prodígio espiritual destinado à liderança religiosa. Aos dez anos de idade, Zinzendorf começou a estudar em Halle sob a orientação de Francke. Essa experiência foi "dura e amarga" porque seus colegas de classe consideravam-no excêntrico. Francke também o tratava com severidade por perceber certa soberba espiritual no jovem nobre. Aos dezesseis anos, começou a estudar Direito na Universidade de Wittenberg e lá ajudou a fundar um grupo pietista chamado "Ordem do Grão de Mostarda". Depois de formado, trabalhou para o governo e comprou uma propriedade particular em Bethelsdorf, que chamou de *Herrnhut*: "Guardião do Senhor".

Em 1727, Zinzendorf convidou um grupo de exilados religiosos provenientes da Boêmia a se estabelecer em sua propriedade. Eram membros perseguidos da igreja chamada *Unitas Fratrum* ou União dos Irmãos, cujas raízes remontavam ao reformador pré-protestante João Hus, que foi condenado à fogueira pelo Concílio de Constança em 1415. Os irmãos boêmios se estabeleceram por algum tempo na Morávia e por isso foram chamados de "morávios" na Alemanha. Para todos os efeitos, formaram seu próprio ramo do protestantismo. Centenas deles estabeleceram-se na propriedade de Zinzendorf e este se tornou seu senhor e protetor feudal. Posteriormente, tornou-se também o bispo e líder espiritual deles. O excêntrico conde alemão decididamente frustrou-se em seu desejo de ser pregador e teólogo, mas acabou aprendendo sozinho

---

[24] George W. Forell, introdução a Nikolaus Ludwig von Zinzendorf, *Nine public lectures on important subjects*, trad. e org. George W. Forell (Iowa City, University of Iowa Press, 1973 [p. vii]).

[25] Stoeffler, *German pietism*, p. 141.

o suficiente de teologia para ser ordenado na igreja estatal luterana. Assim, tornou-se clérigo ordenado do luteranismo e *também* bispo de uma organização religiosa separada, a Igreja dos Irmãos Morávios, cujos membros (inclusive Zinzendorf) se tornaram popularmente conhecidos no mundo inteiro como "morávios".

Os irmãos morávios se aproximavam mais do pietismo no estilo de vida cristão do que a igreja estatal na qual Zinzendorf foi ordenado. O conde era um forte crítico da ortodoxia luterana e da teologia formal e sistemática. Declarou: "Quando a verdade se torna um sistema, deixa de ser verdade".[26] Em seus muitos sermões e cartas, Zinzendorf colocava a experiência cristã e os sentimentos piedosos no âmago do cristianismo autêntico e deixava a teologia e doutrinas formais em segundo plano. "A religião do coração" tornou-se o ideal pelo qual ele e os morávios lutaram com todo o empenho. Para eles, os julgamentos teóricos e conceitos intelectuais a respeito de Deus eram estranhos à essência verdadeira do cristianismo que era experimentar Deus com fervor apaixonado. O legado de Zinzendorf e dos morávios encontra-se em toda a linha do cristianismo posterior que se deleita em emoção e sentimentos espirituais.

> Não somente [Zinzendorf] ajudou a impor em seu tempo um novo modo de entender a natureza da religião, mas também um novo modo de entender a apreensão religiosa. O único caminho válido para a realidade religiosa pessoalmente relevante é considerado (nesse movimento) o "sentimento". A relevância das afirmações religiosas encontra-se basicamente no modo de satisfazer as necessidades religiosas do crente.[27]

Zinzendorf e os morávios fundaram comunidades semelhantes a Herrnhut por toda a Europa e pelas colônias na América do Norte. Desenvolveram suas práticas peculiares, como a observância regular das "festas de amor", cultos dedicados especialmente a cantar hinos, cultos de véspera do Ano Novo que perduram a noite inteira, chamados de "cultos de vigília" e, na Páscoa, os "cultos da aurora". Algumas práticas, a princípio, foram consideradas fanáticas, mas posteriormente tiveram ampla aceitação dos grupos que se definiam como evangélicos. Além disso, adotaram a cerimônia de lava-pés como faziam os anabatistas e insistiram em experiências radicais de conversão para o reconhecimento de membros plenos de suas igrejas. Conquistaram a simpatia do rei da Dinamarca, que apoiou seus esforços missionários. Os morávios enviaram missionários a muitas partes do mundo que não tinham recebido nenhum testemunho cristão. João Wesley, fundador do movimento metodista na Inglaterra e na América do Norte, atribuiu a missionários morávios o crédito de ser estimulado a um despertar espiritual.

---

[26] Conde Zinzendorf, apud Stoeffler, *German pietism*, p. 143.
[27] Stoeffler, *German pietism*, p. 144.

Zinzendorf e os morávios concentravam sua adoração e sua vida devocional nos sofrimentos de Jesus. Sem negar nem desprezar, de modo algum, a divindade de Cristo ou sua ressurreição, acreditavam que o melhor caminho para o verdadeiro arrependimento, conversão e santidade pessoal era ficar obcecado de amor pelas chagas de Jesus. A meditação e a pregação sobre a figura do Salvador sofredor substituíam a liturgia e teologia formais. Zinzendorf pregava que "uma alma cheia do mais terno amor pelo Salvador pode ficar alheia a uma centena de verdades e concentrar-se, com toda humildade, apenas nas feridas e na morte de Jesus".[28] Ele acreditava que qualquer pessoa que realmente se tomasse de amor pelo Salvador procuraria naturalmente agradá-lo por toda a vida; portanto, não via a necessidade de pregar sermões moralistas e evitava a todo custo o legalismo e a teologia dogmática.

Dois falsos conceitos a respeito de Zinzendorf e dos primeiros morávios devem ser evitados. Primeiro, eles não eram pentecostais nem carismáticos no sentido moderno dessas palavras. Não apoiavam explosões emocionais ou excessos. Suas reuniões eram geralmente tranquilas e talvez a demonstração mais emotiva fosse o choro silencioso. Dizer que se deleitavam na emoção significa que experimentavam profundos sentimentos interiores, mas não explosões de êxtase. Segundo, Zinzendorf e os morávios não excluíam a sã doutrina. Apenas destituíram-na da posição de suprema importância e colocaram-na em posição secundária. O próprio Zinzendorf afirmou todos os credos cristãos clássicos e as confissões de fé luteranas, mas não acreditava que era necessário afirmá-los para ser cristão. Para ele, era muito mais importante o arrependimento, a fé pessoal e o que os cristãos evangélicos da atualidade chamam de "relacionamento pessoal com Jesus Cristo". Os morávios já tinham adotado anteriormente o *Credo de Niceia* e, sob a liderança de Zinzendorf, chegaram a afirmar a Confissão Augsburgo. O que rejeitavam mesmo era a validez da confissão doutrinária exterior sem a experiência pessoal de Deus em Jesus Cristo. Zinzendorf declarou:

> A confissão sempre vem de dentro do meu coração, do meu conhecimento da questão. Pressupõe que eu tenha feito alguma coisa, que tenha estado em algum lugar, que tenha visto ou ouvido alguma coisa que outras pessoas gostariam de saber por meu intermédio. Portanto, quem quiser ser confessor [de doutrina] [...] precisa ter pessoalmente recebido, visto, sentido, experimentado e desfrutado do assunto.[29]

Sem dúvida, Zinzendorf revelava tendências ao emocionalismo e ao anti-intelectualismo, mas nunca encorajou nem aceitou o fanatismo ou o obscurantismo.

Zinzendorf morreu em Herrnhut em 1760. Deixou como legado a comunidade morávia, altamente organizada e bem estabelecida, embora relativamente pequena,

---

[28] ZINZENDORF, *Nine public lectures*, p. 31.
[29] Ibid., p. 50-1.

espalhada pelo mundo inteiro. A Comunidade Morávia da América do Norte continuou existindo como denominação e suas raízes remontam diretamente à visita de Zinzendorf à Pensilvânia na década de 1740. No mundo inteiro é possível encontrar grupos de morávios nos lugares para onde viajaram missionários provenientes de Herrnhut e de outros centros morávios. Entretanto, a influência de Zinzendorf e de seu movimento pietista vai muito além disso. Sua ênfase na "intimidade com Jesus" experimental e não doutrinária como o verdadeiro âmago do cristianismo autêntico tem permeado e se misturado com boa parte do cristianismo protestante da América do Norte. Sempre que as pessoas se reúnem para entoar cânticos espirituais, para compartilhar seus testemunhos pessoais, para assistir a projeções de filmes missionários, para realizar um culto da manhã da Páscoa ou uma vigília da véspera do Ano Novo ou para ver a encenação da Paixão, o legado de Zinzendorf continua vivo.

Principais temas do pietismo
O movimento pietista não se interessava em introduzir doutrinas novas, nem alterar radicalmente as crenças do luteranismo alemão. No entanto, era mais do que meramente um movimento em favor da renovação espiritual. Suas ênfases peculiares acabaram provocando uma mudança na teologia, embora ela tenha sido, em grande parte, inconsciente e não intencional. Essa mudança pode ser resumida ao declarar que, antes do pietismo, a teologia protestante focalizava, de modo geral, a natureza objetiva da salvação, o que Deus faz *pelas* pessoas, ao passo que a teologia pietista focalizava mais a natureza subjetiva da salvação, o que Deus realiza *dentro* das pessoas. A teologia luterana, em especial, enfatizava a natureza objetiva da obra de Deus na redenção e evitava, de modo geral, o interesse pelas experiências espirituais de natureza subjetiva. Os crentes eram encorajados a aceitar e afirmar a palavra da promessa de Deus, dada em Jesus Cristo pelas Escrituras e pela água do batismo, sem levar em conta qualquer emoção que pudessem experimentar. Se uma pessoa fosse consultar um ministro da igreja estatal luterana e confessasse sentimentos de culpa, remorso e incerteza quanto à salvação, provavelmente, o ministro perguntaria: "Você já foi batizado?". Caso a resposta fosse afirmativa, o membro da igreja seria encorajado a renovar a fé no batismo e confiar na promessa divina do perdão pela água e pela Palavra que a acompanha. O batismo era o "momento decisivo" do relacionamento entre o crente e Deus. Os pietistas, por sua vez, perguntariam a essa pessoa: "Você já foi convertido?". E: "Como vai a sua vida devocional?". Para eles, o "momento decisivo" do cristianismo verdadeiro era mais a conversão pessoal do que o batismo na água, e a certeza dependia mais da piedade resultante da conversão do que da renovação diária da fé batismal.

O primeiro marco do pietismo, portanto, é o cristianismo interior e experimental. Outro modo de expressar esse fato é a frase "piedade resultante da conversão". Isto é, para os pietistas, a verdadeira piedade cristã — a devoção, o discipulado, a santificação — começa com uma experiência distinta na conversão, que não é idêntica ao batismo. Todos os pietistas luteranos dos séculos XVII e XVIII acreditavam que os filhos pequenos de pais cristãos recebem perdão e novo nascimento no batismo, mas inevitavelmente perdem essa graça ao alcançar a idade do despertar da consciência.[30] De modo genuinamente luterano, Spener até mesmo se referia ao batismo como "o banho da regeneração", mas ao mesmo tempo enfatizava a necessidade da conversão e da regeneração pessoais posteriores, pelo arrependimento e fé conscientes. Francke adotou o mesmo conceito geral para a iniciação cristã. Dale Brown observa: "A necessidade que os pietistas sentiam de se apropriar pessoalmente da fé permitiu que alguns seguidores de Spener e Francke subestimassem o valor do batismo infantil e valorizassem a experiência posterior da conversão, desprezando a eficácia objetiva desse sacramento. Francke e Spener, no entanto, tentaram evitar essa tendência".[31] Na verdade, muitos pietistas posteriores nos séculos XVIII e XIX abandonaram as igrejas luteranas da Alemanha e da Escandinávia e formaram "igrejas livres" que enfatizavam o batismo de crentes ou ofereciam aos pais a escolha entre o batismo infantil para seus filhos e o batismo depois da conversão.[32] Spener e Francke, no entanto, procuraram combinar dentro de seu movimento o sacramentalismo luterano e a ênfase pietista na conversão. F. Ernest Stoeffler observa: "Ao que parece, não lhe ocorreu [a Spener] que estava sustentado dois conceitos da salvação um tanto discrepantes. Um deles baseia-se na graça infundida pelo sacramento ou, pelo menos, na mudança induzida pelo sacramento na atitude de Deus e o outro, no compromisso pessoal da fé".[33] A mesma coisa podia ser dita a respeito de Francke, de Zinzendorf e de todo o movimento pietista que permaneceu nas igrejas protestantes magisteriais e não se desviou para o anabatismo e o "sectarismo" (como os protestantes magisteriais chamam as igrejas livres que se separaram das igrejas estatais da Europa do Norte e da Grã-Bretanha).

De qualquer forma, a piedade proveniente da conversão, não a piedade sacramental, é a verdadeira ênfase e o âmago do pietismo. A piedade proveniente da conversão enfatiza duas experiências distintas, porém correlatas, na ordem da salvação: a regeneração e a santificação. Os dois termos já eram usados na teologia anterior, mas ganharam novos significados e nova ênfase com o pietismo. Enquanto a teologia clássica protestante considerava o novo nascimento (a regeneração) e a santidade da vida (a santificação)

---

[30] BROWN, op. cit., p. 48-50.

[31] Ibid., p. 50.

[32] Duas denominações batistas na América do Norte estão arraigadas no pietismo alemão e escandinavo mais do que no congregacionalismo puritano inglês. São a Baptist General Conference (sueca) e a North American Baptist Convention (alemã). A Evangelical Free Church of America e a Evangelical Covenant Church of America estão igualmente arraigadas no pietismo escandinavo e originariamente concediam aos pais a escolha entre o batismo infantil e o batismo dos crentes depois da conversão.

[33] STOEFFLER, *Rise of evangelical pietism*, p. 242.

o desenvolvimento da justificação (que normalmente ocorria no batismo), os pietistas tratavam a justificação (a declaração divina forense do perdão e da imputação da justiça de Cristo) como secundária à regeneração, que é o começo da santificação. Embora o aspecto objetivo da salvação, a justificação, nunca fosse negado pelos pietistas, sua ênfase era a renovação interior do renascimento espiritual, a regeneração, deixando a justificação em segundo plano. Seu principal interesse era a experiência de "nascer de novo" pela graça de Deus, por meio de decisões conscientes de arrependimento e de fé e sentimentos evidentes de pesar, confiança e alegria decorrentes do modo de vida transformado espelhado em Cristo pelo poder do Espírito Santo. Spener dava menos ênfase aos estados de sentimento dos indivíduos que Francke, enquanto Zinzendorf os enfatizava mais do que qualquer um de seus antecessores pietistas.

O segundo marco do pietismo é o cristianismo tolerante e irênico. Cansados das polêmicas e da caça aos hereges da ortodoxia luterana, Spener, Francke e Zinzendorf apelaram para um novo espírito de paz entre os cristãos, especialmente em questões secundárias:

> A posição deles se resumia no ditado popular: *in necessarii veritas (unitas), in non necessarii libertas, in omnibus caritas* (nas coisas essenciais, veracidade [ou unidade]; nas coisas não essenciais, liberdade; em todas as coisas, amor). [...] Spener, Francke e seus colegas adotaram uma posição neutra entre a inflexibilidade e a indiferença dogmática.[34]

O pietismo rumava em direção à total liberdade de consciência em questões religiosas. Pietistas posteriores, como Zinzendorf, rejeitavam, em especial, a coerção pelo Estado de crenças e práticas religiosas, sem propor a separação entre a igreja e o Estado. No entanto, até o próprio Spener criticou o que entendia como cesaropapismo — a ingerência das autoridades civis nos assuntos das igrejas — e a ênfase exagerada nos pormenores da doutrina pelos teólogos e líderes eclesiásticos. Nenhum dos fundadores originais do pietismo, entretanto, rejeitava a doutrina. Acreditavam que a verdadeira experiência pessoal de Jesus Cristo e a iluminação do Espírito Santo que a acompanha esclarecem, inevitavelmente, as pessoas a respeito da doutrina verdadeira, de modo que é melhor combater a heresia pela renovação da religião do coração, em vez de apelar à polêmica e às ameaças de excomunhão.

Certamente, com os pietistas, as proposições doutrinárias ganharam o novo *status* de "linguagem de ordem secundária" cujo valor estava a serviço da linguagem de ordem primária que era a experiência cristã. A essência permanente do cristianismo é entendida por todos os pietistas como o que aqui chamamos de piedade proveniente da conversão. Para eles, a denominação ou tradição teológica com a qual a

---

[34] BROWN, op. cit., p. 43.

pessoa se identifica importa menos do que o tipo de experiência com Deus que ela tem. A ortopatia e a ortopraxia têm precedência sobre a ortodoxia, mas não a exclui. Os pietistas protestantes clássicos, como Spener, Francke e Zinzendorf e seus seguidores, eram conservadores na teologia. Muito depois deles, no entanto, desenvolveu-se um tipo de pietismo liberal, com Friedrich Schleiermacher (1768-1834), que foi criado sob a influência do pietismo, mas que acabou rejeitando muitas doutrinas ortodoxas. Os críticos ortodoxos do pietismo culpam o próprio pietismo pelo desvio da fé conservadora. Pietistas como seu próprio pai e irmã, no entanto, atribuíram esse desvio à falta de sentimentos profundos para com Deus e à falta de um relacionamento mais íntimo com Jesus Cristo. Talvez o maior dano que já foi causado ao pietismo tenha sido a declaração do próprio Schleiermacher, como teólogo liberal, de que ele era um pietista que continuava "acima dos demais".

O terceiro marco do pietismo é o cristianismo visível. Trata-se de um tipo de cristianismo que é aparente no modo de viver da pessoa convertida. Os pietistas estavam convencidos de que o cristianismo autêntico, ao contrário da ortodoxia morta e do cristianismo nominal vinculado exclusivamente à filiação à igreja, sempre se revelaria nas atitudes e na conduta dos cristãos. A iniciação cristã genuína sempre começaria com a vivência da conversão que incluía a regeneração. Os pietistas acreditavam que a regeneração incutiria no convertido uma "reorientação existencial total" da vida, introduzindo um novo padrão no estilo de vida. Francke dava especial atenção a esse último aspecto do cristianismo autêntico. Desenvolveu e apresentou cinco sinais desse novo padrão de vida: as provações, carregar a cruz, obediência à lei de Deus, confiança em Deus e alegria.[35] Esses sinais visíveis da nova vida aumentariam à medida que o crente adotasse cinco meios de viver vida cristã autêntica: exame da consciência, arrependimento diário, oração, escutar a Palavra e participar dos sacramentos.[36] Assim, a santificação adquiriu ênfase especial para os pietistas à medida que procuraram se distanciar da indiferença ética e moral (segundo as percebiam) de muitos cristãos professos das igrejas estatais.

Os pietistas desenvolveram duas maneiras básicas de promover e encorajar o cristianismo visível. Primeiro, todos, a começar por Spener, fundaram e dirigiram espécies de conventículos na estrutura da igreja estatal. Esses grupos pequenos de "cristãos de coração" consideravam-se responsáveis pelo crescimento espiritual em direção ao ideal da perfeição. Segundo, todos enfatizavam a vida devocional individual e pessoal e um momento diário a ser dedicado à oração, à leitura bíblica e à meditação.

Zinzendorf tinha seu próprio método de ajudar os cristãos de coração a alcançar o cristianismo visível. Segundo ele, a intimidade com o Salvador era o caminho mais seguro para que os cristãos tornassem sua vida de piedade e devoção forte e visível.

---

[35] STOEFFLER, *German pietism*, p. 19.

[36] Ibid., p. 21.

Desprezou todo o moralismo e legalismo em favor do maior fortalecimento da "conexão com Cristo" pela meditação sobre o sangue e as feridas de Cristo. "O que ele exigia com veemência era que a essência da piedade cristã não fosse encarada como um conjunto de regras, mas o relacionamento pessoal alegre, afetivo, inefável e satisfatório com 'o Salvador'".[37] Os seguidores de Zinzendorf, os morávios, manifestavam seu cristianismo para o mundo inteiro mostrando não sentir nenhum medo da morte. Essa foi a maneira que encontraram para tornar o cristianismo visível e isso impressionou João Wesley de tal maneira que ele também começou a sentir a necessidade de ter uma experiência interior profunda com Cristo. Antes de seu despertar espiritual, viajou às colônias britânicas na América do Norte para pastorear uma igreja anglicana e o navio quase se afundou durante uma violenta tempestade no meio do oceano Atlântico. Wesley observou que um grupo de emigrantes morávios manteve a calma em meio à tempestade e na presença do perigo mortal e achou que o medo da morte que ele sentia era sinal de que não era tão espiritual quanto eles, embora fosse ministro ordenado da Igreja da Inglaterra.

Os pietistas foram acusados da heresia de perfeccionismo porque ressaltavam tanto o aperfeiçoamento da santificação que pareciam subverter o princípio luterano *simul justus et peccator*. Entretanto, todos os grandes pensadores pietistas rejeitavam o perfeccionismo da mesma forma que se recusavam a satisfazer-se com o simples perdão dos pecados. Francke e Zinzendorf chegaram inclusive a criticar o perfeccionismo cristão. Francke escreveu um tratado chamado *Da perfeição cristã* no qual declarou que a "perfeição não é outra coisa senão a fé no Senhor Jesus e não está em nós e nem é nossa, mas está em Cristo e vem de Cristo e, por causa dele, somos considerados perfeitos diante de Deus e, portanto, sua perfeição é nossa por atribuição [imputação]"[38]. No mesmo tratado, porém, também deixou claro que o progresso à perfeição na vida é uma possibilidade e uma realidade da santificação. O cristão genuinamente convertido demonstrará inevitavelmente os sinais da "fé que amadurece". "Logo", escreveu Francke, "as duas declarações são verdadeiras no seguinte sentido: somos perfeitos e não somos perfeitos".[39] Isto é, a perfeição de nossas vidas depende somente de Cristo e de sermos conduzidos até a perfeita semelhança com ele. Nossa imperfeição encontra-se no constante fracasso de alcançar a total conformidade com Cristo nesta vida. Zinzendorf travou um debate famoso com João Wesley sobre a perfeição cristã depois que este despertou espiritualmente após o contato com os morávios em Londres. O conde alemão rejeitou

---

[37] Ibid., p. 153.
[38] August Hermann Francke, On Christian perfection, in: Pietists: selected writings, p. 114
[39] Ibid., p. 115.

a doutrina da "santificação plena" ensinada por Wesley e insistiu que o cristão é sempre santo "em Cristo" pela fé e nunca santo "em si mesmo".[40]

O quarto e último marco do pietismo é o cristianismo ativo. Infelizmente, o pietismo frequentemente é confundido com o "quietismo" a ponto de ser considerado sinônimo deste. O quietismo é a opinião de que a espiritualidade cristã autêntica e forte faz a pessoa ficar totalmente alheia aos assuntos deste mundo. O quietista não procura transformar a sociedade e a cultura. Os primeiros pietistas não eram quietistas. Francke, por exemplo, estabeleceu as Instituições Francke em Halle e conclamava seus seguidores de todos os lugares a imitar seu exemplo e estabelecerem instituições de caridade semelhantes para dar educação e assistência aos pobres e aos doentes e para disseminar o evangelho. Certo historiador moderno escreve a respeito de Francke: "Vidas transformadas, a igreja renovada, a nação reformada, o mundo evangelizado, esses eram os grandes objetivos nos quais visava empregar as suas energias".[41] Zinzendorf também demonstrava muito interesse pela transformação do mundo, basicamente através das missões e do evangelismo mundial. Nutriu, também, durante toda a vida, a ideia de uma igreja cristã unificada, à qual até mesmo deu um nome: Congregação de Deus no Espírito. Essa igreja ecumênica que transcenderia todas as barreiras denominacionais nunca chegou a existir, mas Zinzendorf entendia que ela seria um grande passo em direção à transformação do mundo. Longe de serem quietistas, "que de tanto pensar no céu, de nada serviam na terra", os principais pietistas eram pessoas de ação que acreditavam que o cristianismo autêntico inevitavelmente provocaria uma mudança na sociedade.

O legado do pietismo

O movimento pietista começou com Spener, como uma "segunda Reforma" ou a complementação da Reforma protestante original. Seus oponentes, como o poderosíssimo pastor luterano ortodoxo, Johann Friedrich Mayer de Hamburgo, fizeram campanhas contra ele chamando-o fanático e herético. A despeito da oposição, porém o pietismo tornou-se elemento permanente da tradição protestante, tanto pela penetração silenciosa nas principais denominações protestantes quanto pelo estabelecimento de seitas e organizações religiosas separatistas. Seu maior impacto foi na América do Norte e com as missões norte-americanas pelo mundo inteiro no século XIX. Na Europa, permaneceu relativamente pequeno e distinto, à margem das igrejas estatais protestantes. Na América do Norte, tornou-se a principal forma de protestantismo e suplantou e ofuscou totalmente o sacramentalismo, o confessionalismo e o tradicionalismo litúrgico. Todas as denominações protestantes da América do Norte foram afetadas pela maré crescente do pietismo

---

[40] Veja a transcrição do debate de Wesley e Zinzendorf na introdução de Forell a Zinzendorf, *Nine public lectures* (p. xvii-xix).

[41] STOEFFLER, *German pietism*, p. 7.

nos séculos XVIII e XIX e ele se tornou a forma popular fundamental de religião. As denominações episcopal, luterana e presbiteriana também foram afetadas por ele, tanto que, na América do Norte, elas têm um caráter pietista, geralmente ausente ou pouco perceptível na Europa e Grã-Bretanha. Infelizmente, na América do Norte o pietismo foi mal-sucedido em disseminar o individualismo religioso, o emocionalismo e o anti-intelectualismo. Debates calorosos questionam se essas distorções representariam necessariamente o ponto final da trajetória pietista.

O pietismo começou como movimento distinto entre os luteranos. Quando os luteranos alemães e escandinavos emigraram para as colônias americanas e posteriormente para os Estados Unidos da América, muitos formaram denominações luteranas pietistas separadas. Um exemplo notável disso foi o grande e influente Sínodo Luterano Augustano da América do Norte, que acabou se misturando a outra denominação luterana e finalmente sendo absorvido pelas consolidações ecumênicas que formaram a denominação chamada Igreja Luterana Evangélica da América do Norte. Sua ênfase pietista, no entanto, serve de tempero para a denominação tradicional e frequentemente liberal de sua teologia. Muitas congregações luteranas da América do Norte têm satisfação em se proclamar "evangélicas" em um sentido especial e participam dos esforços de evangelismo e vida devocional. Algumas seguem uma tendência carismática. Além do luteranismo, o pietismo influenciou o metodismo norte-americano e as convenções batistas e criou a base para várias igrejas independentes, como a Igreja Evangélica Independente da América do Norte. Os grupos de reavivamento, incluindo os pentecostais e igrejas de santidade, como os nazarenos e as Assembleias de Deus, podem ser vistos como extensões radicais do pietismo cristão.

Em nenhum outro aspecto, talvez, o legado do pietismo tenha sido mais concretamente manifestado do que no desenvolvimento da literatura devocional e da música evangélica. *Best-sellers* cristãos como *Tudo para ele*, de Oswald Chambers e *O segredo de uma vida feliz*, de Hannah Whitall Smith, são pietistas em essência e servem para promover a visão do cristianismo autêntico e das possibilidades do relacionamento entre o indivíduo e Deus aqui e agora. Os cânticos evangélicos de Fannie Crosby, como "Que segurança, Jesus é meu" e "Sou teu Senhor, tua voz ouvi", instilam pietismo e também têm ajudado a tornar essa teologia amplamente aceita nos países em que a língua inglesa tem penetração.

O pietismo começou como movimento que visava a reforma e a renovação dentro do ramo luterano alemão do cristianismo protestante, mas transformou o conteúdo do próprio protestantismo, especialmente fora da Europa. Ele deu origem a várias denominações distintas, algumas arraigadas no luteranismo, outras não. O ramo inglês da Reforma protestante passou por dois movimentos de reforma e renovação, que acabaram criando formas inteiramente novas de protestantismo. Nos séculos XVII e XVIII na Inglaterra, houve a ascensão do puritanismo e do metodismo, dois movimentos muito diferentes, que foram iniciados na Igreja da Inglaterra e posteriormente se separaram dela, deixando atrás de si sinais de sua influência.

30
Os puritanos e os metodistas esforçam-se para reavivar a teologia inglesa

Talvez um título melhor e mais descritivo para esse capítulo fosse "puritanos e metodistas esforçam-se para reavivar a teologia inglesa, mas não conseguem e se separam dela". Porém, assim ficaria comprido demais. Além disso, alguns puritanos e também os seguidores de John Wesley, o fundador do metodismo, decidiram permanecer dentro da Igreja da Inglaterra. Esses dois movimentos de renovação e reforma pós-Reforma surgiram, originariamente, dentro da Igreja da Inglaterra, em uma tentativa de alterar seu caráter. O caráter anglicano foi determinado pela Uniformidade Elisabetana e é mais bem representado pela teologia de Richard Hooker, autor de *Leis do governo eclesiástico*. O puritanismo começou como partido de oposição ao anglicanismo dentro da Igreja de Inglaterra da Rainha Elisabete I. Puritanos como Walter Travers — pastor assistente do Templo em Londres no pastorado de Ricardo Hooker — eram os herdeiros dos "evangelistas fervorosos" do início da reforma inglesa. Sua teologia devia muito a João Calvino e a Teodoro Beza, seu sucessor em Genebra. Eles foram influenciados, também, pelo reformador da Escócia, João Knox, que atuou naquele país de modo semelhante a Calvino em Genebra e ajudou a estabelecer a Igreja Presbiteriana (segundo o modelo da teologia e a forma de governo de Calvino) como a igreja nacional da Escócia.

O puritanismo foi adquirindo características próprias ao tentar obter o domínio da Igreja da Inglaterra. Embora fosse basicamente calvinista na teologia, não combinava muito bem com nenhuma outra forma de calvinismo, mas desenvolveu uma marca bem distinta. Embora o movimento puritano tenha falhado em seu intento de transformar a igreja e a nação inglesa em república calvinista inglesa, conseguiu deixar marca permanente no cenário norte-americano, onde milhares de puritanos ingleses buscavam novo começo e oportunidade renovada de edificar o reino de Deus conforme o imaginavam. Todas as pessoas no mundo de língua inglesa já tiveram algum contato com o puritanismo, mesmo que seus conceitos a respeito dele sejam um pouco distorcidos. O currículo de escolas públicas e os meios de comunicação de massa dos Estados Unidos conseguiram criar uma caricatura do puritanismo e a maioria das pessoas atualmente tem uma noção pouco exata desses reformadores protestantes da Inglaterra e das colônias britânicas.[1] O próprio termo *puritano* evoca imagens de homens e mulheres vestidos de forma estranha, oprimindo os índios norte-americanos, queimando e enforcando mulheres falsamente acusadas de bruxaria e prendendo as pessoas no tronco por pequenas infrações de regras eclesiásticas. É praticamente sinônimo de rigidez moral e intolerância religiosa. Assim como todas as caricaturas, essas imagens contêm um elemento de verdade, mas não contam toda a história do puritanismo. E seria impossível aqui fazê-lo.

No presente capítulo, nosso único propósito será descrever a teologia puritana e apenas à medida que apresenta características incomparáveis que a destacam das formas de teologia protestante já descritas e consideradas. O puritanismo como movimento distinto de reforma teológica começou na Inglaterra, no seio da Igreja Anglicana, e terminou com o maior pregador e pensador puritano de todos, Jonathan Edwards da Nova Inglaterra. Na época em que o movimento puritano se extinguiu, em meados do século XVIII, quase todos tinham desistido da Igreja da Inglaterra e formado novas denominações dissidentes. Edwards formou um elo entre os dois principais grupos puritanos da Nova Inglaterra: o presbiterianismo e o congregacionalismo. Boa parte da nossa narração da teologia puritana focalizará Edwards, embora tenha entrado em cena no fim da história do puritanismo. Pode-se até dizer que ele foi o último e o maior dos puritanos. Não raro, os grandes autores e formuladores de um movimento aparecem no início. O caso de Edwards é exceção.

Outro movimento de renovação e reforma surgiu dentro da Igreja da Inglaterra, exatamente quando o puritanismo estava perdendo a força. O chamado Grande Avivamento na Inglaterra e nas suas colônias norte-americanas na década de 1740 ajudou a ocasionar o desaparecimento do puritanismo e o nascimento do metodismo. O metodismo teve início como movimento pietista e reavivamentalista que visava dar vida nova à tradição anglicana, cada vez mais distante, formal e racionalista. Os irmãos John e Charles Wesley e seu amigo George Whitefield foram seus fundadores. Não tinham a menor intenção de criar um cisma ou dar início a uma nova denominação, mas, no fim, a tensão entre as sociedades metodistas e a igreja--mãe obrigou John Wesley a permitir que seus assistentes se separassem da Igreja da Inglaterra. A Igreja Episcopal Metodista nasceu nos Estados Unidos da América

---

[1] O livro do professor de Wheaton College, Leland Ryken, *Worldly saints*: the puritans as they really were (Grand Rapids, Academic & Zondervan, 1986) deveria ser leitura obrigatória para todo professor e jornalista que fala ou escreve sobre os puritanos. A obra corrige muitos conceitos falsos e imagens distorcidas a respeito dos puritanos e do movimento puritano que tomam quase todas as considerações populares não eruditas.

em 1784, pouco menos de uma década antes da morte de John Wesley em 1791. Na Inglaterra, o movimento se tornou oficialmente independente da Igreja da Inglaterra e uma "igreja dissidente" em 1787. O próprio Wesley carregou até o leito de morte a ilusão de que seu movimento transformaria a Igreja da Inglaterra. Só então reconheceu com relutância que havia fundado uma nova denominação protestante.

Assim como no caso do puritanismo, a história do metodismo é extremamente complexa e não poderá ser relatada com muitos detalhes aqui. Nesta história, apresentaremos a teologia de John Wesley e especialmente os aspectos que a distinguiram das outras formas de teologia protestante. Enquanto a teologia do puritanismo era uma forma de calvinismo com forte caráter evangélico (ênfase na piedade da conversão), a teologia primitiva de Wesley e do metodismo era uma forma de arminianismo com caráter evangélico. No início, havia metodistas calvinistas, como George Whitefield, e alguns deles seguiram à margem do metodismo, mas Wesley era arminiano e criou sua própria marca teológica no principal movimento do metodismo. Aqui nossa atenção recairá sobre a contribuição incomparável e distinta de Wesley ao que anteriormente chamamos de sinergismo evangélico. O perfeccionismo de Wesley talvez não seja totalmente novo na história do pensamento cristão, mas certamente criou um novo elemento para ser acrescentado ao conjunto cada vez mais diversificado de opções que os protestantes encontravam diante de si nos séculos XVIII e XIX.

O movimento puritano e a sua teologia

Quem eram os puritanos e por que eram chamados assim? Como de costume, é difícil dar uma resposta simples e direta. Estudiosos ainda discutem e debatem a verdadeira essência e limites do puritanismo. Alguns, por exemplo, saúdam Jonathan Edwards como o "Príncipe dos Puritanos", ao passo que outros acham que ele apareceu tarde demais para ser considerado um puritano genuíno. Alguns estudiosos atribuem o início do puritanismo a João Calvino e a Reforma em Genebra. Outros, mais sensatos, insistem que ninguém antes de Walter Travers deve ser considerado um puritano genuíno no sentido histórico-teológico. Aqui, seguiremos a linha mais moderada e trataremos o puritanismo como um movimento distinto, um pouco diferente, dos protestantes britânicos que reagiram contra a Uniformidade Elisabetana da igreja inglesa na segunda metade do século XVI e Jonathan Edwards como o último e maior dos teólogos puritanos. No desenrolar de nossa história, veremos que Edwards morreu pouco depois de tomar posse do cargo de presidente da Universidade de Princeton (como é hoje chamada) em 1758. Assim, a história do puritanismo tomou cerca de dois séculos e se restringiu, inicialmente, aos territórios dominados pela Grã-Bretanha. Obviamente, tinha raízes anteriores e provocou efeitos posteriores.

Os primeiros puritanos eram todos calvinistas ingleses que esperavam transformar toda a Igreja da Inglaterra em uma igreja nacional presbiteriana — nos moldes da Escócia — e toda a Inglaterra em uma república cristã segundo o modelo de Genebra.

Quando a Uniformidade Elisabetana ficou mais nítida e mais firmemente estabelecida, suas vozes soaram em protesto contra os elementos que consideravam "papismo" na teologia, na adoração e no governo eclesiástico anglicano. Isto é, consideravam que a Igreja da Inglaterra, sob o governo de Elisabete e Hooker e de vários arcebispos de Cantuária, estava demasiadamente próxima do catolicismo romano e queriam purificá-la, eliminando as crenças e práticas "romanas". Todos queriam abolir o cargo de bispo e deixar as congregações ter voz mais ativa na escolha de seus ministros. Desprezavam o *Livro de oração comum* e queriam um culto mais simples, centralizado nos sermões. A maioria considerava que as vestimentas sacerdotais, o incenso, os altares-mores, as genuflexões e as imagens das igrejas eram símbolos perniciosos que representavam tendências antibíblicas e católicas nas igrejas inglesas. O rótulo "puritanos" lhes foi atribuído pelo desejo de purificar a igreja inglesa dessas tradições e adaptá-la à sua própria visão da genuína teologia e prática reformada.

Nas primeiras décadas do século XVII, os puritanos começaram a discutir a respeito da natureza da igreja ideal. Alguns queriam permanecer na Igreja da Inglaterra a qualquer custo para continuar tentando reformá-la. Outros insistiam que a igreja estatal estava irreversivelmente corrupta e poluída, longe de qualquer possibilidade de reforma. Estes se separaram da Igreja Anglicana e formaram igrejas independentes que seguiam a forma congregacional de governo eclesiástico. Cada igreja seria autônoma, com governo próprio, escolheria seu próprio pastor e tomaria suas próprias decisões a respeito do culto e suas práticas. Entre esses puritanos radicais e separatistas encontravam-se os peregrinos, como eram chamados, que, para escapar da perseguição do governo inglês, mudaram-se inicialmente para a Holanda e depois embarcaram no navio Mayflower e navegaram até a Baía de Massachusetts, onde fundaram a Colônia de Plymouth em 1620. Durante a década de 1630, milhares de puritanos partiram da Inglaterra e se estabeleceram na Nova Inglaterra na esperança de estabelecer uma república cristã. A maioria tornou-se congregacional quando chegou ao Novo Mundo, embora o governo eclesiástico preferido pela maioria dos puritanos na Inglaterra fosse o presbiteriano.

Os puritanos que permaneceram na Inglaterra depois da grande Diáspora da década de 1630 dominaram o Parlamento, depuseram e decapitaram o rei Carlos I e estabeleceram uma república puritana governada por Oliver Cromwell. Após a morte de Cromwell, em 1658, a Grã-Bretanha voltou à monarquia e restabeleceu a Igreja da Inglaterra com liberdade de religião para os dissidentes e não conformistas. No início da guerra civil contra a coroa, o parlamento convocou uma assembleia nacional de ministros e teólogos puritanos na Abadia de Westminster, em Londres. A Assembleia de Westminster criou um sínodo de 151 líderes puritanos e presbiterianos cuja intenção era estabelecer os alicerces da igreja reformada nacional da Inglaterra, segundo o modelo da igreja nacional da Escócia.

Os grandes atos da Assembleia foram a Confissão de Fé de Westminster e os Catecismos Maior e Menor de Westminster. Desde então, eles se tornaram as declarações doutrinárias semioficiais para todos os presbiterianos e muitos puritanos. A primeira pergunta e resposta do Catecismo menor de Westminster é famosa por sua frase atemporal da "principal finalidade do homem" que é "glorificar a Deus e regozijar-se nele para sempre". A Confissão de fé de Westminster é totalmente calvinista, com um caráter distintamente puritano. Enfatiza a inspiração verbal e inerrância das Escrituras, a soberania absoluta de Deus, os decretos divinos eternos da eleição e da condenação (perdição) e a depravação total dos seres humanos e sua completa dependência da graça de Deus. O traço puritano aparece no emprego da Confissão da teologia federal, ou das alianças, para explicar o relacionamento de Deus com a raça humana.

Na Inglaterra, os puritanos acabaram se dividindo em várias denominações. A Igreja da Inglaterra permaneceu anglicana na teologia, adoração e governo eclesiástico, tendo Richard Hooker como influência formativa principal. Alguns puritanos muito resistentes permaneceram na Igreja Anglicana, na esperança de reformá-la gradualmente, de dentro para fora. Outros que não emigraram para a América do Norte se acomodaram nas denominações dissidentes e se tornaram congregacionais, presbiterianos e mesmo batistas. Os batistas eram os puritanos separatistas e congregacionais que resolveram abandonar o batismo infantil e adotar a prática anabatista do batismo dos crentes. Na Nova Inglaterra, o puritanismo floresceu, com algumas mudanças, no decorrer de um século. Mesmo perdendo a condição de influência cultural dominante, deixou marcas indeléveis no ambiente cultural norte-americano. Entre essas marcas, estava a ideia do "destino manifesto" para os colonizadores norte-americanos e para a república pós-revolucionária dos Estados Unidos — uma versão secularizada da visão puritana de uma república piedosa na terra.

Já nas décadas de 1730 e 1740, os puritanos ficaram consideravelmente mais fracos na Nova Inglaterra. Havia igrejas congregacionais ou presbiterianas no centro de todas as cidades, grandes ou pequenas, mas sua influência tinha diminuído. A maioria dos cidadãos não era seguidora fiel dos ideais puritanos originais e a pressão dos pregadores puritanos sobre o poder civil diminuiu. Embora os puritanos originais da Nova Inglaterra tenham procurado evitar a maldição das "assembleias mistas" (igrejas nas quais os crentes verdadeiros e os incrédulos se misturavam), esse costume invadiu suas igrejas no início e até meados do século XVIII. Jonathan Edwards procurou reverter essa tendência através do fervor evangelístico e da disciplina eclesiástica. Era tarde demais. Apesar disso, na luta para conduzir o puritanismo da Nova Inglaterra de volta ao seu primeiro amor, Edwards tornou-se o maior pensador e pregador puritano.

A teologia puritana era total e persistentemente calvinista. Alguns teólogos puritanos pregavam o supralapsarismo; outros pregavam o infralapsarismo. Todos proclamavam a soberania absoluta de Deus e a total depravação do ser humano. Teriam concordado sinceramente com os cinco temas teológicos do Sínodo de

Dort (TULIP) e condenavam o arminianismo como doença "gangrenosa" na teologia cristã. A única coisa que um teólogo puritano amava tanto quanto o exame e o enaltecimento dos caminhos misteriosos da providência divina na história era explorar e proclamar as etapas e os aspectos da experiência cristã. Além do conteúdo calvinista, a teologia puritana era caracterizada por três ideias teológicas universais que, juntas, compõem o consenso puritano: a igreja pura, o relacionamento pactual de Deus com os eleitos e a sociedade cristianizada. Cada uma dessas ideias foi ao menos prenunciada nas teologias protestantes anteriores, mas os puritanos as reforçaram, de forma incomparável, e mesclaram em uma receita distintamente puritana que não se encontra em nenhum outro lugar da história da teologia cristã.

Uma das marcas registradas da teologia puritana era o ideal da igreja pura. Para os reformadores puritanos da Igreja da Inglaterra sob a uniformidade elisabetana, isso significava duas coisas: eliminar da igreja os vestígios remanescentes do catolicismo romano e expurgar do ministério e da congregação todos os incrédulos. Para eles, a igreja verdadeira de Jesus Cristo era mais do que uma autarquia do Estado ou um grupo de apoio aos pecadores. Devia ser o corpo de Cristo na terra, a presença comunitária do reino de Deus na história e uma cidade acima das demais, cuja luz brilhasse para que todos vissem. Por isso, a igreja precisava ser composta de verdadeiros santos de Deus, demonstrar crenças corretas, vidas puras e líderes com essas qualidades. Isso não significa que somente as pessoas perfeitas podiam pertencer à igreja, mas certamente que cristãos meramente nominais, sem nenhuma experiência genuína com Deus de verdadeiro arrependimento e fé, não deviam ser membros plenos. Estes deviam ter licença para frequentar a igreja e até ser obrigados a tanto, mas não podiam ser admitidos plenamente. Os puritanos consideravam a Igreja da Inglaterra uma "assembleia mista" que não fazia o mínimo esforço para distinguir os crentes dos incrédulos. Para a Igreja da Inglaterra, bastava ser um cidadão correto do reino, batizado na infância na igreja, para ser um membro pleno com os direitos inerentes a tal condição. Os puritanos olharam ao redor e pensaram encontrar sacerdotes e bispos com pouca ou nenhuma intenção de serem cristãos verdadeiros. Por isso, se empenharam na tarefa de purificar a igreja, não somente de práticas que consideravam vestígios do "papismo", mas também de pessoas que não davam evidência de crença e devoção cristãs genuínas.

Esse ideal puritano da igreja de crentes fiéis criou um dilema: "quem merecia entrar para o grupo e quem devia ficar de fora ou ser lançado para o mundo?". Essa pergunta, que de início parecia simples, revelou-se cada vez mais difícil.[2] Alguns responderam apresentando uma solução que, para a maioria, pareceu radical e inaceitável: o batismo dos crentes. As poucas congregações puritanas separatistas que adotaram essa solução se tornaram conhecidas como Batistas e cresceram muito na América do Norte pós-revolucionária. Nos séculos XVII e XVIII,

---

[2] Edmund S. MORGAN, *Visible saints*: the history of the puritan idea, New York, New York University Press, 1963, p. 82.

porém, representavam a minoria entre os puritanos britânicos e norte-americanos. Um número muito maior de puritanos queria solucionar esse dilema, identificando "sinais de graça" que pudessem ser observados na vida dos crentes e exigindo que os candidatos à afiliação plena da igreja revelassem esses sinais e fizessem a profissão da fé publicamente. A vasta maioria dos puritanos, tanto aqueles que permaneceram dentro da Igreja da Inglaterra como os congregacionais ou presbiterianos, defendiam o batismo infantil, mas com a exigência de, mais tarde, manifestarem publicamente seu ingresso na igreja como membros adultos em plena comunhão. As pessoas que não conseguiam explicar suas crenças nem prestar contas satisfatórias de sua "aquisição de fé" seriam excluídas da afiliação efetiva. Como essa exigência era contrária às leis de governo eclesiástico da Igreja da Inglaterra (que requer somente uma cerimônia de confirmação na qual a pessoa confirma publicamente o batismo), cada vez mais puritanos se separaram da igreja estatal e foram perseguidos por isso.

Os puritanos que emigraram para a Nova Inglaterra nas décadas de 1630 e 1640 desenvolveram suas próprias formas de eclesiologia puritana. Quase todas as igrejas eram congregacionais no governo eclesiástico, mantendo fortes elos fraternais entre elas. Os puritanos saíram da Inglaterra como presbiterianos, na maioria, mas adotaram rapidamente o congregacionalismo ao se estabelecerem na Colônia da Baía de Massachusetts. Esse foi o começo da antiga Igreja Congregacional norte-americana, que posteriormente se fundiu a várias outras denominações protestantes para formar a Igreja Unida de Cristo (como atualmente é chamada). Os puritanos da Nova Inglaterra, livres dos empecilhos das leis da igreja e do estado da Inglaterra, começaram a exigir que os candidatos à afiliação, além de fazerem a confissão de fé calvinista ortodoxa, oferecessem relatos pormenorizados de sua conversão e demonstrassem os sinais de graça em suas vidas. Diferentemente dos pietistas alemães, os puritanos da Nova Inglaterra não enfatizavam os sentimentos e desconfiavam dos estados emocionais. Quando perguntavam aos candidatos a membro da igreja a respeito de suas respectivas conversões, queriam ouvir descrições da sua contrição, arrependimento, crença, confiança e certeza de perdão. E quando perguntavam a respeito dos sinais da graça, ou os procuravam, não se referiam à perfeição na vida. Na verdade, queriam provas de sincera dedicação à igreja, de participação constante na sociedade, de vida familiar sólida e de interesse genuíno em ouvir e estudar as Escrituras.

Em muitas igrejas puritanas, apenas as pessoas que cumpriam as qualificações necessárias para ser membros eram admitidas à ceia do Senhor e somente os filhos delas eram batizados. Outros, não raro, a maioria dos cidadãos e dos frequentadores da igreja, eram relegados à condição secundária de espectadores, em vez de participantes plenos da vida da igreja. Se chegassem a ter verdadeira fé salvífica, seria, a partir de então, considerada a possibilidade de se tornarem membros efetivos. Essa estratégia para garantir a pureza da igreja criou um dilema para os puritanos da Nova Inglaterra. Embora contribuísse muito para evitar a tão odiada "assembleia mista" da igreja estatal da Inglaterra, trazia de volta a ameaça da antiga heresia do donatismo. Os donatistas da África do Norte nos tempos de Agostinho (séculos IV e V) também queriam a igreja pura. Tanto os líderes católicos quanto os protestantes magisteriais, por mais de mil anos, criticaram o donatismo por ser demasiadamente extremado e perfeccionista. Embora os puritanos não quisessem ser donatistas (consideravam Agostinho um grande herói da história da igreja), sua eclesiologia pendia pesadamente nessa direção e seus oponentes e críticos da Igreja da Inglaterra nunca deixavam que eles se esquecessem disso. Os bispos anglicanos acusaram-nos de serem cismáticos, heréticos e fanáticos. Até os presbiterianos escoceses e os puritanos moderados que permaneceram dentro da Igreja da Inglaterra, olhavam com reprovação para os puritanos da Nova Inglaterra e os consideravam sectários por causa de suas crenças e práticas separatistas e aparentemente perfeccionistas.

Outro problema criado pelo padrão da igreja dos crentes fiéis imposto pelos puritanos da Nova Inglaterra era a questão dos filhos dos membros da igreja, que eram batizados na infância e criados na igreja, mas que nunca tinham experimentado conversão e nem comprovado os sinais da graça. Os filhos desses frequentadores não convertidos da igreja deviam ser batizados? Deviam ser admitidos à ceia do Senhor? No ano 1700, a maioria dos cidadãos da Nova Inglaterra não fazia parte das igrejas estabelecidas, embora lhes fosse obrigatória a frequência regular nos cultos. O ideal puritano da igreja pura tinha provocado, sem querer, a redução no número de membros da igreja e chegado ao dilema do batismo dos filhos dos não membros que cresceram na igreja. Conforme observa certo historiador do puritanismo: "os puritanos, na realidade, levaram a igreja para tão longe do mundo que ela já não comportava mais os fatos biológicos da vida".[3] Durante o fim do século XVII e o início do século XVIII, encontrou-se uma solução interessante que mudou profundamente o puritanismo. Um dos principais ministros puritanos da Nova Inglaterra, Salomon Stoddard (1643-1729), avô de Jonathan Edwards, ajudou a criar a Meia Aliança, que permitia que os filhos dos não membros, criados na igreja, fossem batizados. Muitos, inclusive Edwards, que sucedeu ao seu pai como ministro da Igreja de Northampton, que desfrutava de grande influência, consideravam que se tratava de um desvio sério do ideal puritano e procuraram reverter a situação. Mas era tarde demais. O ideal puritano da igreja de crentes verdadeiros continuou a existir principalmente entre os batistas.

A segunda marca registrada da teologia puritana era a relação do pacto de Deus com os eleitos. Os teólogos puritanos enfrentaram diretamente um dos dilemas do calvinismo e procuraram solucioná-lo com a teologia conhecida como *federal* ou *da aliança*. Embora esse modo de enxergar o relacionamento de Deus com a humanidade já tivesse sido desenvolvido pelos calvinistas antes do apogeu do puritanismo,

---

[3] Ibid., p. 128.

foram os puritanos, especialmente os da Nova Inglaterra, que o colocaram no âmago de sua teologia. Um dilema que surgiu, sobretudo diante dos calvinistas puritanos da Nova Inglaterra, foi o seguinte: se os seres humanos devem se esforçar para alcançar a conversão e a santificação (sinais da graça), como se explica a soberania divina na predestinação? Em outras palavras, como a crença enfática na predestinação pode ser conciliada com a insistência igualmente enfática na piedade puritana? Afinal, "se a predestinação afirma o poder definitivo e final da escolha divina, a piedade incita pelo menos a uma participação livre efetiva da parte do ser humano".[4] Outro dilema semelhante era o seguinte: se Deus é tão soberano que sua vontade não está sujeita a nada, nem mesmo à sua própria natureza e caráter, como os crentes poderão ter certeza de que serão eleitos? O nominalismo (ou pelo menos o voluntarismo divino) subjacente ao alto calvinismo levantou muito essa questão para os puritanos que buscavam a certeza da eleição pelos sinais da graça. Como se pode confiar que Deus não será caprichoso? Os eleitos estão assegurados ou Deus pode mudar de ideia?

A solução desses e de outros problemas estava na teologia do pacto, que afirma que Deus tomou a iniciativa de celebrar contratos com os seres humanos e se obrigou ao cumprimento deles. A primeira aliança que Deus ofereceu a Adão e a Eva foi o *pacto das obras*. Deus prometeu que os abençoaria no paraíso contanto que o obedecessem e não comessem da árvore do conhecimento do bem e do mal. O pacto das obras foi quebrado pelos seres humanos e a consequência era exatamente o que o contrato estipulava: a condenação e a corrupção aos que violam a aliança. Os puritanos acreditavam que toda a posteridade de Adão e de Eva era naturalmente transgressora do pacto. Aceitavam a ideia agostiniana contundente de que, como costumavam dizer: "na queda de Adão, todos nós pecamos". Parte do pacto das obras era a condição de que, se os seres humanos originais falhassem em suas obrigações, a posteridade sofreria a corrupção e a condenação. Os pactos de Deus não são meramente com indivíduos. São coletivos e se aplicam a grupos na história.

A teologia dos pactos postulava um segundo contrato que Deus, em sua misericórdia, estabeleceu com a humanidade caída: o *pacto da graça*. Segundo ela, "as promessas divinas da redenção e da renovação são dadas àqueles que as aceitarem com fé e corresponderem com obediência. As boas novas são proclamadas, mas há exigências a serem cumpridas".[5] O pacto da graça requer somente que os seres humanos sintam pesar por sua pecaminosidade, creiam em Deus e confiem em suas promessas (por exemplo, oferecer um sacrifício perfeito pelo pecado) e se esforcem para glorificar a Deus durante a vida. Como diz o hino evangelístico do século XIX: "Crer e observar".

---

[4] John von ROHR, *The covenant of grace in puritan thought*, Atlanta, Scholars Press, 1986, p. 8.
[5] Ibid. p. 10.

De acordo com a teologia puritana, o pacto da graça, que abrange desde Abraão até a segunda vinda de Cristo, é tanto condicional quanto absoluto. É condicional no sentido de que os seres humanos, como indivíduos e como grupos (isto é, Israel e a igreja) devem participar dela de modo livre e voluntário. Se aceitarem as condições do pacto, os sinais da graça aparecerão em suas vidas. Para os puritanos, essa teologia era segura porque respondia à preocupação latente a respeito da possibilidade de Deus ser capcioso e resolvia a questão da incerteza da eleição. Quem são os eleitos? São todos aqueles que realmente se converterem e demonstrarem sinais da graça em suas vidas diárias. Por quê? Porque Deus se comprometeu, pelo pacto da graça, a lhes dar a salvação. Mas como esse conceito evita o arminianismo ou até mesmo o pelagianismo, as duas "heresias" mais odiadas pelos puritanos? Aparentemente, a teologia dos pactos podia facilmente ser interpretada como algo que pendia para o sinergismo e se desviava do monergismo.

Os puritanos insistiram que o pacto da graça não somente era condicional, como também absoluto. Por trás do aspecto condicional está o mistério dos decretos divinos eternos da predestinação. Se a pessoa realmente cumprir o lado humano do contrato, é porque Deus assim predestinou e lhe concedeu a vontade e os meios para tanto: "o pacto da graça, portanto, também é um pacto do absoluto, que depende da soberania decisiva da atuação de Deus e a essência dessa convicção deve ser reconhecida da mesma forma na interpretação da teologia do pacto. O emprego da ideia do pacto não fez os teólogos puritanos abandonarem o calvinismo ou perderem a crença na realidade da livre eleição de Deus".[6]

Em última análise, a teologia do pacto baseia-se em um paradoxo. Os puritanos não o negaram, nem procuraram resolvê-lo. Eles simplesmente deixaram o paradoxo, na maior parte, sem solução. Deus estabeleceu com a humanidade um pacto condicional que requer o assentimento e a participação livre e voluntária, mas somente aqueles que ele escolheu desde a eternidade e chamou de modo irresistível conseguem cumpri-la. Os demais são condenados por toda a eternidade como violadores do pacto. Quebraram o pacto das obras (e não poderiam fazer de outra forma) e deixaram de cumprir o lado humano do pacto da graça (e não poderiam fazer de outra forma). Não é de admirar que os arminianos, cada vez mais numerosos na Igreja da Inglaterra nos séculos XVII e XVIII, levantassem objeções contra a teologia dos pactos, alegando que era irracional e injusta. Os puritanos responderam chamando os arminianos de "racionalistas" que tentavam destruir o caráter misterioso dos caminhos de Deus. Os arminianos objetaram dizendo que a teologia puritana dos pactos era a imposição de uma interpretação humana das Escrituras, que não era ensinada em nenhum outro lugar, e que era um absurdo tentar conciliar

---

[6] Ibid. p. 15.

o condicional com o absoluto. O pacto da graça tinha de ser condicional ou absoluto, mas não podia ser as duas coisas ao mesmo tempo. Jonathan Edwards procurou deter o avanço crescente do arminianismo na Nova Inglaterra, respondendo que o pacto absoluto é o único tipo de pacto que o Deus santo pode celebrar e que a crença arminiana no livre-arbítrio é absurda. Na sua ânsia em combater o arminianismo, Edwards acabou negando totalmente o aspecto condicional da aliança — um desvio ou uma correção da teologia puritana clássica, dependendo da perspectiva.

Qual era o objetivo da teologia puritana dos pactos? Para os puritanos, assim como para os calvinistas e evangélicos convictos, ela fornecia um ponto de ligação entre o monergismo e o sinergismo e estabelecia uma base de certeza para as pessoas preocupadas com a eleição. O pacto da graça é estabelecido e supervisionado inteiramente por Deus e, enquanto isso, os seres humanos têm de desempenhar seu papel. Para "fazer parte do pacto" precisam ser visivelmente convertidos e crescer na santificação. E aquele que for visivelmente convertido e crescer na santificação (demonstrando sinais da graça), o é porque foi eleito por Deus.

A terceira marca registrada da teologia puritana era o ideal da sociedade cristianizada. Os puritanos da Nova Inglaterra, em especial, acreditavam fervorosamente no que se tem chamado de teonomia ou "teologia do reino agora". Em outras palavras, eles acreditavam que uma das promessas de Deus no pacto não é apenas abençoar os indivíduos, famílias e igreja por confiarem e obedecerem, mas também abençoar a sociedade humana se esta se esforçar para ser fiel a Deus na ordem social. Os puritanos acreditavam que as promessas de bênçãos que Deus fez a Israel se aplicavam a eles, porque eram a extensão de Israel sob a segunda fase do pacto da graça conhecido como Nova Aliança. A igreja é o "novo Israel" e o reino de Deus na Terra está garantido se ele se espalhar por toda a sociedade humana e conformar suas estruturas sociais com a lei de Deus. Quando os puritanos se exilaram da Inglaterra na década de 1630, buscavam um Novo Mundo onde essa república cristã (seguindo o modelo de Calvino em Genebra) pudesse ser construída sem impedimentos por parte da coroa ímpia e da igreja estatal impura. Acreditavam que os Estados Unidos eram a terra prometida e se esforçaram para ocupá-la em nome de Deus e de seu reino.

Qualquer escola secundária dos Estados Unidos agora conhece o lado sombrio do esforço puritano de criar o reino de Deus em solo americano. O que raramente se ensina e se entende, no entanto, é como o ideal puritano entrou no âmago da vida norte-americana, na forma religiosa e secular. O otimismo e ativismo puritanos deram ímpeto aos esforços não puritanos posteriores das missões e da transformação social e inspiraram profundamente a psique norte-americana com a fé na vocação celeste desse país.

Quando o ideal puritano original começou a oscilar e ameaçou se extinguir ou se tornar uma crença vulgar da riqueza e do poder, Jonathan Edwards surgiu como profeta puritano para resgatar suas motivações verdadeiras. Dessa forma, reinterpretou-o. Insistiu que os cidadãos da Nova Inglaterra não somente "se multiplicassem e subjugassem" o paraíso selvagem do Novo Mundo, mas também que tratassem com justiça e amor os nativos que se encontravam ali. Condenou especificamente os maus tratos aos índios norte-americanos e solicitou que as tribos fossem recompensadas pelas terras que lhes foram tiradas. Pouco depois, foi intimado a deixar seu púlpito em Northampton e partiu para viver com os índios. A visão puritana da ordem social cristianizada assumiu muitas formas, mas sempre desejou e acreditou no reino de Deus na Terra *antes* da volta visível de Jesus Cristo (pós-milenarismo).

Jonathan Edwards: o príncipe dos puritanos

Jonathan Edwards nasceu em 1703 no estado de Connecticut. Seu avô materno era Salomão Stoddard, um dos teólogos puritanos mais influentes da Nova Inglaterra. Embora o neto fosse precoce e sinceramente estudioso, poucos acreditariam que, na vida adulta, o pastor assistente Jonathan chegaria a ofuscar a fama do avô, após se formar na Faculdade de Yale em 1724. A vida de Edwards foi notável e merecia uma narrativa mais completa do que podemos oferecer aqui. É injusta a reputação atribuída a ele pelos currículos das escolas públicas dos Estados Unidos de pregador "de fogo e enxofre", cuja única contribuição foi o assustador sermão condenatório: "Pecadores nas mãos de um Deus irado". Esse sermão é frequentemente incluído nas antologias da literatura norte-americana como exemplo de pregação puritana e muitos alunos completam o segundo grau sem aprenderem mais nada a respeito do homem que o professor de filosofia da Universidade de Yale, John E. Smith, chama de "indubitavelmente o maior teólogo do puritanismo norte-americano [e] o pensador filosófico de maior acuidade no cenário norte-americano até os tempos de Charles Peirce"[7] e que o eminente teólogo luterano norte-americano, Robert W. Jenson, chama de "teólogo dos Estados Unidos".[8]

Edwards escreveu mais de seiscentos sermões que ainda existem na forma de manuscrito. Poucos enfatizam o fogo do inferno e testemunhas oculares dizem que quando Edwards pregava, falava com clareza, mas sem muita emoção. Participou ativamente de quase todas as controvérsias na Nova Inglaterra e leu e escreveu a respeito de uma ampla variedade de assuntos, inclusive filosofia, ética e ciência. Muitos livros que escreveu continuam em circulação e algumas seleções deles se encontram em coletâneas e antologias. Entre suas obras mais influentes e importantes estão: *Da natureza da virtude verdadeira*, *Da liberdade da vontade*, *Defesa da grande doutrina cristã do pecado original* e *Tratado sobre as inclinações religiosas*.

---

[7] John E. SMITH, *Jonathan Edwards*: puritan, preacher, philosopher, Notre Dame, Notre Dame University Press, 1992, p. 1.

[8] Robert W. JENSON, *America's theologian*: a recommendation of Jonathan Edwards, New York, Oxford University Press, 1988.

Foi um avivador e participou ativamente do Grande Despertamento que se espalhou pelas colônias na década de 1740 e ajudou a fundar a ciência da psicologia da religião pelo exame cuidadoso e crítico das experiências religiosas. Foi um dos primeiros filósofos do Novo Mundo a ler e estudar a filosofia do iluminismo de John Locke e a cosmologia de Isaac Newton. Acima de tudo, o teólogo Edwards defendia apaixonadamente as doutrinas calvinistas puritanas contra o "arminianismo rastejante" e o racionalismo na teologia. Em seus escritos, criou uma forma distintamente norte-americana de teologia reformada, que se tornou referência para os cristãos protestantes intelectuais de fé evangélica por mais de dois séculos. Muitos cristãos norte-americanos que se entendem evangélicos consideram Edwards um herói, um tipo de Agostinho dos Estados Unidos, que formulou a cosmovisão cristã do Novo Mundo e o modelo de integração da fé cristã profunda com a vida intelectual rigorosa e disciplinada.[9]

Depois de conduzir a congregação de Northampton que herdou do avô ao avivamento no Grande Despertamento, Edwards foi expulso sem cerimônia pelo conselho da igreja em 1750 por causa de seus sermões proféticos em defesa do tratamento equitativo para os índios e por proibir a comunhão aos frequentadores não convertidos da igreja. Foi, então, para a comunidade fronteiriça de Stockbridge, Massachusetts, trabalhar como ministro e missionário entre os índios. Em 1757, foi convidado a ocupar o cargo de presidente da Universidade de Princeton, em Nova Jersey. Um mês depois de tomar posse, morreu de varíola, provocada por uma vacina estragada. Embora fosse forte oponente da teologia arminiana e de outras ideias que se opunham à tradição puritana, Edwards nunca participou da estereotipada caça às bruxas, pela qual tantos críticos modernos do puritanismo são obcecados. Era um cidadão preocupado com a verdade, a justiça e a virtude. Era o tipo de homem introspectivo que pensa muito sobre questões complexas antes de fazer qualquer declaração a respeito. Era um homem de grande devoção e piedade, que concordava com os pietistas alemães (quer os tenha lido ou não) ao acreditar que o cristianismo verdadeiro está mais no coração do que no intelecto.

A teologia de Jonathan Edwards era uma mescla do calvinismo e do pietismo, por não ser muito diferente do pensamento clássico puritano, embora a ênfase pietista no sentimento religioso seja mais marcante em Edwards do que em teólogos puritanos anteriores. Sua pregação era avivadora e visava apelar ao coração dos ouvintes a fim de levá-los ao despertar religioso. Às vezes, provocava reações emocionais exageradas que assustavam até mesmo a ele. Seus escritos teológicos têm três marcas principais consistentes: a glória e a liberdade de Deus, a depravação e escravidão dos seres humanos e o

---

[9] Entre muitos outros estudiosos evangélicos contemporâneos, o professor Mark Noll, de Wheaton College, atribui a Jonathan Edwards esse tipo de referência em seu livro *The scandal of the evangelical mind* (Grand Rapids, Eerdmans, 1994).

coração ou as afeições como o centro antropológico. Como acontece com frequência, a teologia de Edwards se desenvolveu durante conflitos e controvérsias. Não pregava nem escrevia sem motivação. As notas distintivas de sua elevação calvinista da glória de Deus e da depravação humana foram impulsionadas pelo receio da teologia arminiana. Sua ênfase no coração, ao contrário da mente e da vontade, se devia parcialmente ao receio do racionalismo religioso. Assim, a teologia de Edwards foi criada para combater os perigos que enxergava na maré crescente do "arminianismo da mente" na Nova Inglaterra. Não parece que realmente reconhecia ou tinha consciência de algum outro tipo de teologia arminiana ou sinergismo evangélico. Para ele, o arminianismo era intrinsecamente racionalista e humanista e, portanto, contrário ao verdadeiro evangelho de Jesus Cristo e aos ensinos dos grandes reformadores protestantes.

Nenhum teólogo na história do cristianismo sustentou um conceito mais elevado ou enfático da majestade, da soberania, da glória e do poder de Deus do que Jonathan Edwards. Ele concentrou todo o seu pensamento nesses temas e exigiu que toda e qualquer ideia fosse trazida de volta a eles para ser testada. Para ele, Deus é a realidade que a tudo determina, no sentido mais incondicional possível, e sempre age em prol de sua própria glória e honra. Por que Deus criou alguma coisa fora dele mesmo? Segundo Edwards, que escreveu um tratado sobre o assunto, a única motivação de Deus era a sua própria glória. Na *Dissertação sobre a finalidade de Deus criar o mundo*, o pregador puritano declarou: "parece que tudo o que chega a ser mencionado nas Escrituras como propósito final das obras de Deus se resume em única frase, *a glória de Deus*, pela qual a derradeira finalidade de suas obras é mais comumente chamada nas Escrituras".[10] Essa ideia extrema da glória de Deus não é particularmente nova na história da teologia. Mas Edwards postulou que, se Deus é verdadeiramente Deus, então, é o único poder, causa e existência de tudo. Nada pode existir ou agir sem a presença imediata de Deus, não somente que sustenta, mas também causa tudo diretamente. A doutrina de Edwards quanto à atuação de Deus que a tudo determina era tão extrema que alguns intérpretes sentiram nela uma ameaça do panteísmo (Deus idêntico à natureza). Certamente, não era essa a intenção de Edwards, mas ele realmente adotou um conceito do relacionamento de Deus com o mundo para o qual teopanismo não seria um termo forte demais. Deus faz tudo e tudo é feito para a sua própria glória. Deus é a única causa; as criaturas e as suas ações são os efeitos. *Creatio ex nihilo* é o caso não somente da criação original, mas também da criação inteira e de cada ser que existe nela em todo e qualquer momento.[11]

Ao contrário do se poderia imaginar, Edwards não apresentou o conceito do ser universal e da atuação de Deus como mera sugestão, como uma ideia possível

---

[10] In: *Jonathan Edwards*: representative selections, ed. rev., Clarence H. Faust & Thomas H. Johnson, eds, New York, Hill and Wang, 1962, p. 340.

[11] Doctrine of original sin, in: *Jonathan Edwards*: representative selections, p. 334.

entre outras. Entendia que era a única doutrina realmente bíblica de Deus. Segundo a Bíblia, Deus é soberano. A soberania de Deus está na sua divindade. A contingência e a liberdade libertária, e inclusive a causação secundária, depreciam a soberania de Deus. Portanto, qualquer ideia diferente da sua conduz inevitavelmente ao ateísmo. John E. Smith declara que, para Edwards: "a conduta imediata de Deus, quer em agir, quer em deixar de agir, é o 'original' na série de eventos subsequentes. A despeito do grande prolongamento e das complexidades do argumento de Edwards, sua posição repousa, como uma torre enorme, em um único alicerce: Deus e somente ele é a *única* causa de tudo; e permitir 'causas secundárias' equivale a negar totalmente a realidade de Deus".[12] Naturalmente, esse conceito entrou em conflito sobretudo com o arminianismo e com a doutrina da autolimitação de Deus e do livre-arbítrio libertário. Opunha-se, também, ao monergismo anterior e contemporâneo que introduziram fatores de causalidade entre Deus e a atuação humana. Era até mesmo incompatível com a teologia puritana clássica dos pactos, já que esta representava Deus condicionado às respostas dos seres humanos. Segundo Edwards, o cristão não pode enfatizar demais a qualidade absoluta de Deus e a dependência de todas as criaturas, inclusive do ser humano.

O segundo tema principal da teologia de Edwards é a depravação e a escravidão dos seres humanos. Os seres humanos e todas as criaturas não apenas dependem totalmente de Deus, do modo mais direto e imediato possível, como também são totalmente depravados e obrigados a pecar, a menos que Deus os salve soberanamente. Mesmo assim, são livres somente para fazer o que Deus determina. Contra a maré crescente da teologia arminiana entre os anglicanos e alguns congregacionais, Edwards defendia com firmeza as doutrinas da depravação total, da eleição incondicional e da graça irresistível. Se Deus decidir incluir todos os seres humanos em Adão e considerá-los responsáveis pela queda dele, tem toda a liberdade de fazê-lo. Segundo Edwards, Deus criou a humanidade de tal maneira que a forte identidade entre Adão e cada um de seus descendentes vai existir até que ele decida rompê-la concedendo às pessoas uma nova existência. O livre-arbítrio, argumentava, não faz o mínimo sentido a não ser que as pessoas, pecadoras ou salvas, façam o que querem fazer. Elas seguem as inclinações que Deus lhes incutiu. Toda realidade precisa ter uma causa, explicou ele em *Da liberdade da vontade*, e a doutrina arminiana da liberdade libertária afirma um evento não causado: a livre decisão do agente humano. Os eventos sem causa são irracionais e, portanto, "a noção arminiana da liberdade da vontade, que consiste na *autodeterminação* da vontade, é contrária a si mesma e se exclui totalmente do mundo".[13]

---

[12] Smith, op. cit., p. 60.

[13] In: *Jonathan Edwards*: representative selections, p. 286.

Naturalmente, Edwards nunca chegou a solucionar o dilema que esse argumento cria para sua própria doutrina de Deus. Acreditava fervorosamente na liberdade de Deus em relação ao que está fora dele. Ou seja, a criação e a redenção do mundo por Deus não são, de modo algum, determinadas. Deus não precisava criar ou redimir o mundo. Se assim fosse, o mundo seria uma parte de Deus e ele não seria infinito e soberano. Mas a crítica de Edwards à teologia arminiana levanta uma dúvida em sua própria doutrina de Deus: o próprio *Deus* tem liberdade libertária? Se não tem, como ele pode ser soberano e sua decisão de criar o mundo não ser necessária? Se ele tem, por que Deus não poderia compartilhar essa liberdade libertária com os seres humanos como dádiva e parte da imagem divina? E por que a crença na liberdade libertária é irracional e absurda (conforme Edwards alegava) para os seres humanos e para Deus não é? A crítica de Edwards à liberdade libertária, parece tê-lo lançado nas garras de um dilema, mas ele não o admitiu.

Para Edwards, além de o pecado restringir a vontade dos pecadores, a própria condição de criatura torna o livre-arbítrio impossível e inconcebível à mente racional. Todos os seres humanos são pecadores, porque Deus inclui todos em Adão. Os eleitos são redimidos porque Deus os inclui em Cristo. Deus predestina e causa tudo. Mas, se Deus é justo, como inclui todos em Adão? No tratado *Defesa da doutrina do pecado original*, Edwards argumentou que toda a identidade, inclusive a identidade própria de cada pessoa, é constituída completamente por Deus. Sem ele não funcionar como um "adesivo" que mantém unidas as experiências e ideias momentâneas, a identidade particular de cada ego se esfacelaria. A única razão de uma pessoa continuar sendo a mesma pessoa e ser responsável pelas más ações cometidas no passado é o "estabelecimento divino" da continuidade da unicidade chamada "ego". Portanto, Edwards, respondendo à questão da justiça de Deus imputar o pecado de Adão a toda a humanidade, declarou:

> Estou convicto de que nenhuma razão sólida pode ser citada para que Deus, que constituiu toda a união ou unicidade de acordo com sua vontade e segundo seus propósitos, conveniências e intenções, não possa estabelecer uma estrutura pela qual a posteridade natural de Adão, que dele procede, de modo muito semelhante aos brotos e galhos do caule e da raiz de uma árvore, seja tratada como *uma só* com ele, para a derivação da justiça e da comunhão em recompensa ou para a perda da justiça e consequente corrupção e culpa.[14]

A visão radicalmente monergista de Edwards sobre Deus e a criação responde algumas dúvidas e levanta outras. Por que as coisas são como são? Porque Deus

---

[14] Doctrine of original sin, p. 338.

glorifica a si mesmo com isso. O que dá ordem, continuidade e coerência à grande confusão que é o mundo? Deus. Mas há perguntas não respondidas que talvez sejam impossíveis de responder pelo sistema de Edwards, como: Exatamente qual é a diferença entre o ser divino e o ser humano, se a agência deles é a mesma? Se Deus causa de modo imediato e direto tudo o que acontece, por que outra pessoa, não o próprio Deus, seria responsável pelo pecado e pelo mal? Como Deus pode ser glorificado em criaturas que sofrem eternamente no inferno? Nem é necessário dizer que os arminianos não ficaram satisfeitos com as respostas (ou a falta de respostas) de Edwards a essas perguntas. Preferiam conviver com o mistério do livre-arbítrio libertário do que com essas perguntas sem respostas e impossíveis de responder.

O terceiro tema da teologia de Edwards trata das afeições como "cerne antropológico". O cerne antropológico refere-se à essência da personalidade da qual provêm a identidade e as ações. Três candidatos principais dessa faculdade central e crucial se apresentaram diante de Edwards: a mente, a vontade e o coração. Na Nova Inglaterra do século XVII, um novo racionalismo que atribuía à mente ou à razão supremacia sobre a ação humana ganhava cada vez mais influência e popularidade. Seus defensores criticaram severamente o grande reavivamento que se espalhava pelas colônias inglesas nas décadas de 1730 e 1740, taxando-o de emotivo, irracional e, portanto, contrário aos melhores impulsos da natureza humana. Alguns proponentes mais fanáticos do reavivamento insistiam que o coração ou as emoções devia guiar as pessoas e dominar a razão e a vontade, especialmente nas questões religiosas.

Jonathan Edwards desenvolveu um tipo de psicologia que transcendia as alternativas conhecidas. Em vez da mente, da vontade ou do coração, ele sugeriu que uma faculdade chamada "afeição" governava as ações do indivíduo. As pessoas fazem o que suas afeições ordenam. As afeições não são iguais às paixões ou emoções, mas as dirigem. Não são, tampouco, pensamentos ou decisões. Pelo contrário, as afeições são o que determina as crenças e as escolhas de cada um. São fortes motivações interiores. São, fundamentalmente, o que a pessoa ama, ou melhor, *são os amores da pessoa*. O próprio Edwards explicou as afeições como inclinações em seu *Tratado sobre as afeições religiosas*: "As afeições não são nada mais do que o exercício mais vigoroso e sensível da inclinação e da vontade da alma [...] é aquilo pelo qual a alma não apenas percebe e enxerga as coisas, mas de alguma forma para o qual se inclina diante das coisas que vê ou considera; ela é *predisposta* ou indisposta e *aversa* a elas".[15]

Edwards não poupou esforços para diferenciar as afeições genuínas das falsas na religião. Em última análise, argumentou que os afetos genuínos são os que glorificam a Deus e a única afeição que Deus mais quer instilar nos eleitos é a benevolência para com os seres, porque esta é a afeição básica do próprio Deus. É a "natureza da virtude

---

[15] In: *Jonathan Edwards*: representative selections, p. 209.

genuína" e o maior e melhor sinal da graça. O reavivamento genuíno da religião provoca mais do que explosões emocionais, embora, segundo Edwards, elas sejam inevitáveis quando as pessoas estão profundamente comovidas. Nem é preciso dizer que os racionalistas daquele tempo ficaram chocados com a psicologia das afeições proposta por Edwards. Receavam que ele levaria ao irracionalismo e ao emocionalismo religioso. Porém, a psicologia moderna defende muito as ideias de Edwards sobre a personalidade humana, desconsiderando sua interpretação teológica, que considerava Deus a causa suprema de todas as afeições, tanto boas quanto más.

Jonathan Edwards é, sem dúvida, um dos teólogos mais importantes do evangelicalismo norte-americano. Muitos cristãos protestantes modernos norte-americanos que se definem como evangélicos referem-se a ele como a epítome de uma séria reflexão e fé bíblicas, acompanhadas de profunda piedade pessoal. Outro importante teólogo no contexto histórico do evangelicalismo é João Wesley, o colega inglês mais jovem de Jonathan Edwards. Enquanto os evangélicos calvinistas mantêm Edwards na mais alta estima, os evangélicos arminianos enaltecem Wesley como paradigma.

John Wesley: fundador do metodismo

Os puritanos tentaram reformar a Igreja da Inglaterra segundo o modelo calvinista e acabaram se dividindo nas denominações congregacional, presbiteriana e batista. Sem a forte influência puritana, as igrejas anglicanas se voltaram para o racionalismo frio e, inclusive, para o que o teólogo reformado Alan P. F. Sell chama de "arminianismo da mente".[16] John Wesley estava decidido a reavivar o espírito evangélico da Igreja da Inglaterra, mas sem impor a teologia reformada às pessoas. Pelo contrário, sua teologia era o que Sell chama de "arminianismo do coração", um arminianismo combinado com o pietismo que ardia com o fogo do reavivamento. Posteriormente, o movimento de Wesley, chamado metodismo, separou-se da Igreja da Inglaterra. Assim como o puritanismo e Edwards, o metodismo e Wesley deixaram uma impressão indelével na teologia evangélica da América do Norte.

John Wesley nasceu no lar de um reitor anglicano em Epworth, na Inglaterra, em 1703.[17] Foi criado como um dos dezesseis filhos de Samuel e Susanna Wesley.[18]

---

[16] Alan P. F. Sell, *The great debate*: Calvinism, Arminianism and salvation, Grand Rapids, Baker, 1983, p. 6.

[17] Uma biografia fascinante de Wesley, escrita em forma de autobiografia, encontra-se na obra de Robert G. Tuttle Jr., *John Wesley*: his life and theology (Grand Rapids, Zondervan, 1978). Para obter uma abordagem histórica mais detalhada do movimento metodista na Inglaterra no século XVIII e também sobre a vida e o pensamento de Wesley, leia a obra de Henry D. Rack, *Reasonable enthusiasm*: John Wesley and the rise of Methodism (2 ed., Nashville, Abingdon, 1992).

[18] O número exato de filhos na família varia de acordo com as diferentes origens documentárias. Ao que parece, Samuel e Susana Wesley tiveram dezenove filhos, mas somente dez sobreviveram até a idade adulta. A maioria dos historiadores aceita que havia um total de dezesseis irmãos e irmãs, com

Quando era pequeno, a casa pastoral incendiou-se e John só foi salvo porque foi jogado pela janela para os braços de uma pessoa. Em seu diário, ele sempre fala de si como um "tição arrancado das chamas", uma referência a dois profetas do AT. John tinha a consciência profética de quem foi especialmente escolhido e chamado por Deus para reavivar o cristianismo verdadeiro na Inglaterra.

A história da vida de Wesley é fascinante e extremamente complexa e não pode ser contada aqui com muitos detalhes. Basta dizer que estudou na Universidade de Oxford, preparando-se para o ministério da Igreja da Inglaterra, e enfrentou problemas por confraternizar com pessoas como George Whitefield (1714-1770) que pertenciam a uma classe diferente da sociedade inglesa. Junto com Whitefield e seu próprio irmão, Charles, John fundou o que chamaram "Clube Santo", que era semelhante a um conventículo pietista. Os críticos taxaram-nos de "metodistas" porque, segundo entendiam, queriam encontrar e praticar um método de espiritualidade. Depois da ordenação, John foi para a colônia norte-americana da Geórgia como um tipo de missionário dos colonos ingleses. Na viagem marítima de travessia do Atlântico, uma tempestade quase afundou o navio e Wesley ficou profundamente perturbado com seu próprio medo da morte diante da calma e da serenidade de um grupo de pietistas morávios.

O breve pastorado de Wesley na Geórgia foi um fracasso e ele retornou humilhado para a Inglaterra. Sentia a necessidade cada vez maior de um despertar que lhe desse a certeza da salvação e o livrasse do tumulto das tentações que o assediavam todos os dias. Em 24 de maio de 1738, o jovem ministro anglicano participou de uma reunião religiosa em um salão alugado na rua Aldersgate, em Londres. Os estudiosos acreditam que se tratava de uma reunião de morávios. Ali, conta Wesley, enquanto escutava alguém ler em voz alta o prefácio de Lutero ao *Comentário sobre a epístola aos romanos* escrito por ele, sentiu o despertar religioso que tanto ansiava: "Senti meu coração se aquecer como nunca antes. Senti que confiava de fato em Cristo, e somente nele, para a minha salvação; e tive a certeza de que ele havia assumido *meus* pecados, sim, até os *meus* pecados, e *me salvado* da lei do pecado e da morte".[19]

Há 250 anos, estudiosos discutem se essa experiência representou a conversão de Wesley ao cristianismo ou se foi um evento especial e momentâneo de santificação. Seja o que for, foi crucial para sua vida espiritual e carreira ministerial. Depois disso, começou uma longa série de campanhas evangelísticas junto com seu amigo George Whitefield e seu próprio irmão, Charles Wesley.

---

inclusão do próprio John. Alguns morreram quando crianças. Aparentemente, três eram *natimortos* ou morreram pouco depois de nascer e não são contados entre os irmãos e irmãs de John.

[19] Do *Journal* de Wesley, apud Tuttle, *João Wesley* (p. 195).

John Wesley viajou milhares de quilômetros a cavalo, pregando às multidões sempre que possível, ao ar livre ou em salões alugados quando as igrejas anglicanas lhe negavam o púlpito. Em certa ocasião famosa, chegou a Epworth para pregar na igreja de seu pai já falecido. O pároco proibiu Wesley de pregar no púlpito do pai, assim, o filho se colocou diante da lápide da sepultura do pai, ao lado da igreja, e pregou sua mensagem à multidão. Em sua carreira evangelística itinerante, Wesley pregou mais de vinte mil sermões, muitos dos quais foram publicados em livros, revistas ou folhetos. Seu irmão Charles (1707-1788) escreveu centenas de hinos e muitos ainda são comumente usados nas igrejas protestantes do mundo inteiro. Juntos, os três amigos deram início ao Grande Despertamento na Inglaterra que se espalhou pelas colônias da América do Norte. Alguns historiadores sustentam que os reavivamentos wesleyanos na Inglaterra ajudaram a evitar uma revolução sangrenta como a que explodiu na França no fim do século XVIII. Wesley pregava a conversão e a santidade às massas que se sentiam excluídas do ambiente formal da igreja estatal. Para acomodar e discipular os numerosos novos convertidos ao cristianismo, Wesley fundou sociedades metodistas semelhantes aos *collegia pietatis*, ou conventículos dos cristãos do coração, dos pietistas luteranos alemães. Organizou-as, conduziu-as e por fim, com relutância, acabou nomeando ministros e até bispos para dirigi-las. Antes de sua morte em 1791, o metodismo já era uma denominação dissidente plenamente estabelecida na Inglaterra. Na América do Norte, onde tinha começado como facção nova e pequena na época da revolução americana, cresceu até se tornar a denominação cristã predominante nos tempos da Guerra de Sucessão, em meados do século XIX.

Wesley nunca escreveu uma teologia sistemática. Na verdade, não se interessava nem um pouco em fazê-lo por acreditar que os protestantes já haviam escrito compêndios suficientes de doutrina e especulações teológicas. Entretanto, ele tinha sua própria teologia e esse fato está claramente refletido em seus sermões, seu diário, suas notas e comentários, no *Livro de disciplina metodista* e em tratados como *Explicação clara da perfeição cristã* (Imprensa Metodista, 1984). Wesley devia muito de seus escritos a uma mistura eclética de precursores: Richard Hooker, Jacó Armínio, Nikolaus Ludwig von Zinzendorf e puritanos como Richard Baxter e William Perkins. Considerava-se ortodoxo e católico, bem como totalmente protestante. Sempre afirmou que aceitava os princípios protestantes clássicos *sola scriptura*, *sola fides* e o sacerdócio de todos os crentes, embora muitos de seus oponentes e críticos ainda o condenem por ter interpretado à sua própria maneira essas marcas registradas da teologia protestante.

A teologia de Wesley era completamente arminiana em um período em que muitos evangélicos, inclusive seu amigo e colega evangelista, George Whitefield, consideravam o arminianismo quase uma heresia. Esse fato provocou a separação dos irmãos Wesley e Whitefield e uma divisão no metodismo. Whitefield e um pequeno grupo de metodistas calvinistas separaram-se do grupo principal que seguia

Wesley em seus ensinos a respeito do livre-arbítrio e da graça resistível. Whitefield, em sua viagem evangelística pelas colônias norte-americanas, tornou-se amigo íntimo de Jonathan Edwards, ao passo que os irmãos Wesley se aproximaram mais da teologia sinergista de Zinzendorf e dos pietistas alemães e escandinavos.

Uma maneira de definir a diferença entre a teologia evangélica de John Wesley e a de Jonathan Edwards é dizer que Wesley colocava o amor de Deus no âmago de sua pregação e ensino, enquanto Edwards tomava a glória de Deus como base de tudo. Todo protestante evangélico quer manter as duas ênfases. Como diz famosa a oração das crianças: "Deus é grande e Deus é bom". Wesley nunca negou nem questionou a majestade e grandeza de Deus, mas colocava o amor de Deus em primeiro lugar. Edwards nunca negou nem questionou o amor de Deus, mas colocava a majestade e a glória de Deus em primeiro lugar. Portanto, Edwards considerava qualquer tipo de arminianismo, inclusive a teologia arminiana evangélica de Wesley, uma negação implícita da grandeza de Deus e um passo em direção ao ateísmo. Por outro lado, Wesley considerava as doutrinas de Calvino — a eleição incondicional, a graça irresistível e a dupla predestinação — ofensivas ao caráter de Deus, que é amor. Chegou a ponto de declarar a opinião de que essas doutrinas eram uma blasfêmia, porque tornam difícil distinguir entre Deus e o diabo.[20] Nem é preciso dizer que Wesley e seus colegas puritanos do reavivamento do século XVIII não conseguiram cooperar entre si. A divisão entre monergismo e o sinergismo mantinha-os afastados, arredios e cheios de suspeitas uns contra os outros. Ambas partes afirmavam que podiam se amar, mas abominavam e repudiavam as doutrinas uma da outra. Essa divisão permanece no cristianismo protestante evangélico anglo-americano até hoje e promete continuar a ser motivo de lutas teológicas por muito tempo ainda.[21]

A contribuição especial de Wesley à história da teologia protestante está em suas interpretações distintas de dois princípios clássicos. Embora afirmasse *sola scriptura*, também desenvolveu uma teoria de autoridade para a fé e prática cristãs, conhecida como o quadrilátero wesleyano. Embora afirmasse *sola gratia et fides*, também enfatizava a possibilidade real da perfeição cristã por toda a santificação. Essas duas

---

[20] Cf. as citações e o comentário na obra de Thomas C. Oden, *John Wesley's scriptural Christianity*: a plain exposition of his teaching on Christian doctrine (Grand Rapids, Zondervan, 1994 [p. 258-9]).

[21] Exatamente no momento em que os cristãos evangélicos na Grã-Bretanha e na América do Norte consideraram que o grande debate teológico entre o monergismo e o sinergismo era coisa do passado, ele irrompe de novo. Enquanto escrevia este livro, a antiga controvérsia entre arminianos evangélicos, como Wesley, e calvinistas evangélicos, como Edwards e Whitefield, ameaçava surgir de novo, como se pode notar pela formação de movimentos de renovação reformada, como Christians United for Reformation (CURE.) e a Alliance of Confessing Evangelicals. Esses dois grupos de teólogos, pastores e evangelistas consideram a teologia arminiana uma praga na existência do evangelicalismo e procuram estabelecer o monergismo na tradição agostiniana-calvinista-puritana como norma para a ortodoxia evangélica.

emendas à teologia protestante clássica que eram controvertidas enquanto Wesley ainda vivia, influenciaram profundamente o metodismo e, através dele, boa parte do cristianismo protestante e ainda são questões controversas do cristianismo contemporâneo. A atitude de Wesley para com o sacerdócio de todos os crentes era totalmente protestante na teoria, embora alguns críticos acreditassem que ele a limitou ao manter o cargo de bispo e um governo eclesiástico episcopal no movimento metodista.

Não há a menor dúvida de que o próprio Wesley sustentava a autoridade suprema das Escrituras, acima de qualquer outra fonte e norma para a pregação e vida cristãs. Por outro lado, incluiu a razão, a tradição e a experiência como ferramentas essenciais para o exercício da teologia. O quadrilátero wesleyano estabelece quatro fontes e ferramentas essenciais da teologia: as Escrituras, a razão, a tradição e a experiência.[22] Wesley emprestou, do teólogo anglicano Richard Hooker, a forte ênfase à razão e à tradição e, do pietismo, a ênfase à experiência. Acreditava que as quatro inevitavelmente desempenham papéis no pensamento cristão e que, em vez de rejeitá-las, os cristãos devem reconhecer a função de cada uma de ferramenta para a interpretação das Escrituras e atribuir o devido valor às contribuições que podem dar à formulação de doutrinas bíblicas verdadeiramente católicas (fiéis ao espírito dos pais da igreja e dos reformadores), razoáveis (coerentes, inteligíveis) e práticas (relevantes à experiência). Entretanto, o quadrilátero de Wesley, de fontes e ferramentas para o método teológico, não era nem um pouco equilátero. Sempre procurou afirmar a autoridade suprema das Escrituras e nunca permitiu que a tradição, a razão ou a experiência as obliterasse ou regulasse. Como afirma Thomas C. Oden, um dos intérpretes atuais de Wesley de maior autoridade: "Wesley sempre afirmou que 'a Palavra de Deus escrita é a única e suficiente regra tanto da fé quanto da prática cristãs'".[23] Mas Wesley insistia em afirmar que ninguém apenas lê a Bíblia. Isto é, as pessoas vão além da leitura (quer tenham consciência ou não) e interpretam a Bíblia (quer tenham consciência ou não).

Wesley, ao apresentar seu quadrilátero, estava simplesmente apresentando as ferramentas apropriadas da boa interpretação bíblica e a forma como devem ser usadas. Não estava procurando, de modo algum, restringir a autoridade das Escrituras. A interpretação bíblica e o método teológico apropriados aliam a submissão total à Bíblia como Palavra inspirada de Deus ao respeito pela grande tradição da doutrina cristã, uma postura judiciosa que emprega a lógica, o coração caloroso e a mente iluminada pelo Espírito Santo.

---

[22] Uma das melhores exposições e interpretações do quadrilátero wesleyano encontra-se na obra de Donald A. Thorsen, *The Wesleyan quadrilateral*: scripture, tradition, reason and experience as a model of evangelical theology (Grand Rapids, Zondervan, 1990).

[23] Oden, *John Wesley's scriptural Christianity*, p. 56.

A segunda contribuição distinta de Wesley é a crença no perfeccionismo cristão. Alguns críticos, já naquela época e desde então, acusavam Wesley de negar a doutrina protestante clássica da justificação pela graça mediante a fé somente, não apenas porque procurava combiná-la com o sinergismo, mas também porque ressaltava a regeneração e a santificação mais do que a justificação. Isso acontecia porque, assim como os pietistas luteranos alemães, ele admitia a doutrina da justificação como fato consumado. Era uma doutrina que já estava firmemente enraizada na teologia protestante. O que havia sido desprezado, segundo acreditava, era o lado experimental da iniciação cristã na salvação e nesse respeito ele concordava com Francke e Zinzendorf e outros "cristãos do coração" do pietismo. Como eles, Wesley defendia com veemência o batismo infantil, ao contrário dos anabatistas e dos batistas, mas interpretava o rito mais como um meio de graça preveniente (e resistível) do que um sacramento regenerador. Em alguns escritos e sermões, quase chegou a reduzir o batismo infantil a uma cerimônia comemorativa e foi assim que muitos metodistas posteriores interpretaram. Sem dúvida, a principal ênfase da soteriologia de Wesley recaía na conversão, incluindo a regeneração, o nascer de novo do Espírito de Deus pela fé consciente em Jesus Cristo. É necessário tê-la para ser considerado "cristão verdadeiro". É uma obra de Deus pela graça mediante a fé e inclui a justificação.[24] Mas seu ensino soteriológico mais controvertido, mesmo entre os pietistas e outros reavivalistas, se encontrava na área da santificação.

Em "Explicação clara da perfeição cristã", um apêndice de seu livro de 1767, o evangelista explica sua posição:

> Alguns pensamentos vieram à minha mente com respeito à perfeição cristã, à forma e ao momento de recebê-la, que acredito por bem explicá-los. Primeiro, por perfeição entendo humildade, bondade, paciência, amor a Deus e ao próximo, domínio de nossas emoções, palavras e ações. Não excluo a possibilidade da falta dela, parcial ou total. Portanto, retiro várias expressões de nossos hinos que expressam e insinuam a falta dessa possibilidade. E não defendo o termo *impecável*, embora não me oponha a ele. Segundo, quanto à forma, creio que a perfeição é sempre trabalhada na alma por um ato simples de fé; por consequência, instantaneamente. Mas acredito em um esforço progressivo que anteceda e suceda esse instante. Terceiro, quanto ao momento, creio que, em geral, é o instante da morte, o momento que antecede o abandono do corpo pela alma. Mas também acredito que pode ser dez, vinte, quarenta anos antes. Creio que normalmente aconteça muitos anos depois

---

[24] Um bom resumo e interpretação crítica da soteriologia de Wesley encontra-se na obra de Kenneth J. Collins, *The scripture way of salvation*: the heart of John Wesley's theology (Nashville, Abingdon, 1997), especialmente no capítulo 4 "Regeneration by grace through faith", p. 101-30.

da justificação; mas isso pode significar cinco anos como cinco meses depois. Não conheço nenhum argumento conclusivo do contrário. Se forem muitos anos depois da justificação, gostaria de saber quantos.[25]

Em outras palavras, Wesley chegou a simplesmente insinuar como possibilidade real que o cristão podia, e talvez devesse, chegar à "perfeição no amor" nesta vida antes ou no momento da morte.

Sem dúvida, toda a doutrina da santificação de Wesley é passível da várias interpretações. Mas, seja qual ela for, não há como fugir do conflito inerente com o princípio *simul justus et peccator* (sempre tanto justo quanto pecador) de Lutero. Os protestantes que insistem que a justificação pela fé somente está intrinsecamente ligada a esse princípio opõem-se à doutrina da santificação de Wesley e consideram-na mais católica do que protestante. Wesley não a enxergava dessa forma. Ensinava que tudo de bom que a pessoa tem é sempre dádiva de Deus, recebida livremente pela fé. Esse fato se aplica à santificação da mesma maneira que à regeneração e à justificação. Respondendo aos que o acusavam de restringir o princípio protestante *sola fides*, Wesley escreveu, exasperado:

> Creio na justificação pela fé somente, tanto quanto creio que Deus existe. Declarei isso no sermão que preguei na Universidade de Oxford há vinte e oito anos. Declarei isso ao mundo todo, há dezoito anos, no sermão que redigi especificamente sobre o assunto ["A salvação pela fé"]. Nunca me desviei dela, nem no menor detalhe, desde 1738 até o dia de hoje.[26]

De forma igualmente veemente, atribuía toda a experiência cristã à graça e declarava que a fé somente, não as obras nem os esforços humanos, é o único instrumento pelo qual a graça opera a virtude na vida humana. Mas, segundo Wesley e em desacordo com qualquer tipo de monergismo, a graça pode ser resistida e a fé é simplesmente a decisão livre, capacitada pela graça preveniente, de não resistir, mas de colocar na graça toda a confiança e esperança, permitindo que o Espírito Santo transforme o nosso ser em filho de Deus. Portanto, a soteriologia de Wesley é mais uma forma de sinergismo evangélico. É totalmente protestante, embora não seja monergista, pois rejeita qualquer participação das obras meritórias humanas na salvação.

---

[25] *Explicação clara da perfeição cristã*, São Paulo, Imprensa Metodista, 1984, p. 137-8.
[26] Remarks on a defense of Aspasio vindicated, apud Collins, *The scripture way of salvation*, p. 95. O capítulo 3 inteiro de Collins, "Justification by grace through faith" (p. 69-100), constitui-se no argumento convincente de que Wesley nunca mudou ou hesitou nessa questão depois de sua "conversão" e até a morte.

Outra área na qual alguns críticos consideram a teologia de Wesley insuficientemente protestante é o sacerdócio de todos os crentes. Alguns protestantes evangélicos da Igreja Baixa, inclusive alguns dos próprios herdeiros do movimento "holiness" de Wesley do século XIX na ramificação do metodismo, rejeitam sua eclesiologia e especialmente o governo eclesiástico episcopal, por inconsistência com o sacerdócio de todos os crentes. Wesley, assim como Lutero e toda a tradição anglicana, manteve bispos no metodismo e rejeitou o governo eclesiástico congregacional tanto quanto o presbiteriano. As igrejas metodistas não são autônomas e não escolhem seus próprios pastores. Os pastores são geralmente nomeados pelos bispos e são frequentemente transferidos de igreja para igreja. As congregações não têm liberdade total nem para determinar suas próprias formas de culto, nem para controlar seus próprios negócios. Embora os bispos não possuam nenhuma autoridade espiritual especial (como acontece no catolicismo romano e em algumas facções do anglicanismo) e não estejam na sucessão apostólica, mantêm a ordem nas igrejas e, com essa finalidade, podem suspender pastores e também conselhos das igrejas. Pelo contato com outras tradições das igrejas livres nos Estados Unidos, no entanto, o metodismo, assim como o luteranismo, enfraqueceu consideravelmente o papel dos bispos, de modo que atualmente não passam de administradores. Em essência, portanto, a teologia de Wesley e o metodismo não comprometem seriamente o sacerdócio de todos os crentes, a não que se insista que nenhuma forma de governo eclesiástico, a não ser o congregacionalismo (por exemplo), é compatível com ele.

Os legados do puritanismo e do metodismo

No presente capítulo, examinamos os papéis do puritanismo, inclusive de Jonathan Edwards e do metodismo e especialmente de seu fundador John Wesley na história da teologia cristã. Por quê? Que legados deixaram para as gerações cristãs posteriores? Os dois movimentos de renovação e de reforma tiveram a influência mais profunda e duradoura na teologia americana e, mais tarde, através de suas missões, influenciaram boa parte do mundo. A teologia britânica também foi influenciada por eles, embora de forma menos intensa. Esses movimentos começaram como tentativa de reavivamento e reforma da teologia e da vida da Igreja da Inglaterra e acabaram criando novas formas de teologia protestante. Uma maneira de descrever seus legados é indicar o cristianismo evangélico contemporâneo nos Estados Unidos e os movimentos que se originaram dele.

O cristianismo evangélico é uma subcultura multifacetada notoriamente difícil de definir com precisão. Dois elementos, no entanto, caracterizam-no de modo especial: os legados vivos de Edwards e de Wesley, puritano e metodista. Primeiro, a teologia e a vida evangélicas têm uma doutrina conservadora, no sentido de procurar preservar e manter as doutrinas cristãs clássicas dos pais da igreja e dos reformadores.

Tanto Edwards quanto Wesley resistiram ao que consideravam inclinação para o racionalismo, a heresia e a acomodação à cultura. Tinham se comprometido com a ortodoxia cristã.

O segundo legado deixado por Edwards e Wesley ao evangelicalismo contemporâneo é a "ortodoxia ardente". Isto é, ambos afirmaram que o mero assentimento cristão nominal à exatidão doutrinária não transforma ninguém automaticamente em cristão verdadeiro. A experiência transformadora com Deus é o que torna uma pessoa verdadeiramente cristã e essa é a melhor garantia da ortodoxia. Eles rejeitavam o sacramentalismo, o confessionalismo e o racionalismo religioso e defendiam a piedade resultante da conversão, a fé como confiança e não mero assentimento e a crença em um Deus sobrenatural que opera no mundo de modo imediato, por caminhos que em geral são misteriosos. Ao mesmo tempo, nem Edwards nem Wesley foram literalistas crassos na interpretação das Escrituras e ambos repudiavam o obscurantismo impensado e a alienação cultural. Não eram o que alguns no mundo moderno chamam "fundamentalistas". Edwards e Wesley, a despeito das profundas diferenças em relação à graça e ao livre-arbítrio, são as raízes ou os pilares da vida e do pensamento evangélico anglo-americano contemporâneo.

Enquanto Edwards e Wesley criavam o cristianismo evangélico moderno, outros reformadores religiosos tentavam levar o protestantismo para uma direção totalmente nova e diversa, orientados pela razão mais do que pelo coração. O deísmo (ou a religião natural) foi um movimento do século XVII e início do século XVIII que queria reformar a teologia protestante para torná-la mais razoável e compatível com o mundo moderno que desabrochava. É a importante história desse movimento de renovação da teologia que agora estudaremos.

31

Os deístas tentam transformar a teologia protestante

Todos os movimentos cujas histórias são contadas na presente seção têm uma coisa em comum. Consideravam a Reforma protestante incompleta ou, de alguma forma, errada e procuravam completá-la ou corrigi-la. Cada movimento com seus respectivos líderes tinha sua própria visão do que estava errado no protestantismo dos séculos XVII e XVIII e um programa diferente para corrigi-la ou completá-la. Armínio e os remonstrantes reagiram contra o "endurecimento das categorias" pela ortodoxia protestante e especialmente contra o tratamento escolástico que a teologia reformada deu à doutrina da predestinação. Os arminianos queriam corrigir a teologia reformada tirando-a do caminho monergista e conduzindo-a rumo ao sinergismo evangélico. O pietismo reagiu contra a "ortodoxia morta" no luteranismo pós-Reforma na Alemanha, especialmente contra a tendência de muitos teólogos para equiparar o cristianismo autêntico com o assentimento às fórmulas e sistemas doutrinários corretos. Queriam completar a Reforma enfatizando um componente negligenciado da soteriologia protestante: a experiência cristã da regeneração e da santificação. Os puritanos e os metodistas, de modo muito diferente, esforçaram-se por completar a Reforma protestante do cristianismo de língua inglesa. Os puritanos entendiam que o caminho correto encontrava-se em uma forma distintamente britânica de teologia e eclesiologia reformadas. Os metodistas mapearam um caminho de renovação que incluía a ênfase na experiência cristã da conversão e o ideal da perfeição cristã.

Surgiu outro movimento dentro do seio da teologia protestante da pós-Reforma com uma visão inteiramente diferente de como melhor completar a Reforma protestante. Enfatizava a autoridade da razão em todas as questões, inclusive a religião, e sonhava com uma religião universal e razoável que vencesse as lutas sectárias, a superstição e a autoridade arbitrária e irracional e introduzisse o cristianismo em uma nova era de paz, iluminação e tolerância. Esse movimento, conhecido diversamente como religião natural ou deísmo, não possuía nenhum profeta ou fundador e nenhuma organização formal. Seus seguidores eram relativamente poucos. Muitos porta-vozes do cristianismo protestante organizado condenaram-no de ateísmo e seus líderes de infiéis. Apesar disso, o deísmo conseguiu deixar uma marca indelével no cristianismo e na religião em geral na Europa Ocidental e na América do Norte. Muitos dos que despertaram e formaram o nacionalismo moderno na Grã-Bretanha, na França e nos Estados Unidos simpatizavam com o deísmo. Uma denominação pequena, porém influente, chamada unitarismo foi fundada na Inglaterra e na Nova Inglaterra em fins do século XVIII, baseada sobretudo nessas ideias. A despeito da grande oposição por parte de todos os ramos do cristianismo tradicional, inclusive dos outros movimentos reformadores, e a despeito de não ter conseguido estabelecer o sonho da religião universal, natural e racional, o deísmo infiltrou-se sutilmente na trama e urdidura da teologia moderna ocidental e tornou-se um dos precursores do que veio a ser conhecido como teologia protestante liberal dos séculos XIX e XX.

Uma definição do deísmo

Os problemas antigos de equívocos e abusos de terminologia atormentam qualquer estudo do deísmo. O caso é semelhante aos de pietismo e do puritanismo. Com o passar dos séculos, surgiu um falso conceito popular do deísmo, tão profundamente arraigado que talvez seja impraticável qualquer tentativa de corrigi-lo. Para muitas pessoas, o deísmo é a religião do "Deus que se ausentou" e que não está envolvido no mundo da natureza e da história. Para elas, os deístas eram céticos que negavam a existência de milagres, dizendo que se tratava de leis naturais, e que rejeitavam qualquer coisa sobrenatural. Assim como no caso do pietismo e do puritanismo, há um pouco de verdade nesse estereótipo popular do deísmo. Mas somente um pouco. A maioria dos principais deístas dos séculos XVII e XVIII consideravam-se cristãos, mesmo que fossem da "ordem superior". Nem sempre rejeitavam abertamente tudo que é sobrenatural, embora adotassem uma atitude cética para com os milagres e as revelações especiais. Finalmente, de modo contrário até mesmo a algumas opiniões eruditas e mal-informadas, os principais deístas não excluíam Deus do mundo nem o relegaram aos papéis de "arquiteto original" ou "governante moral" que nunca intervém no mundo nem interage com os seres humanos. Certamente não consideravam Deus desinteressado pelo mundo ou no envolvimento com ele.

O que era então o deísmo? É mais fácil corrigir conceitos e informações errôneos do que definir com exatidão o que era o deísmo. A melhor maneira de descrevê-lo não é oferecer uma definição simples, mas, sim, delinear a sua história na forma de uma narrativa. Esse será o meu propósito aqui. Entretanto, para que os leitores saibam a respeito de quem a história está sendo contada e qual é o seu enredo, tentarei oferecer uma definição e descrição preliminar do fenômeno pós-Reforma conhecido como deísmo. Em poucas palavras, os deístas eram pensadores religiosos da Europa e da América do Norte no período após a Reforma que elevavam a razão humana e a religião acima da fé e da revelação especial, até mesmo no cristianismo. O deísmo não era apenas uma doutrina de Deus, conforme alguns erroneamente supõem, mas um conceito do conhecimento religioso que colocava no centro os princípios comuns do raciocínio humano e as ideias religiosas comuns da humanidade e, segundo eles, julgava todas as reivindicações à revelação especial. O princípio básico do deísmo pode ser resumido da seguinte maneira: "Nada deve ser aceito como verdadeiro por um ser inteligente, tal como o homem, a não ser quando é fundamentado na natureza das coisas e está em harmonia com a sã razão".[27] Esse princípio talvez expresse o impulso universal do iluminismo em geral. O deísmo aplicava-o à religião e até mesmo ao cristianismo.

O deísmo foi um esforço no sentido de demonstrar que o cristianismo é a expressão mais sublime e melhor da religião da razão, puramente natural. Para executar esse empreendimento, os deístas tinham que extirpar boa parte da teologia cristã tradicional ou reinterpretá-la de modo radical. Em alguns casos, a fim de evitar a condenação pelas leis de blasfêmia, simplesmente ignoravam certas doutrinas que consideravam inconsistentes com a religião natural e a razão universal. A divindade de Jesus Cristo e a doutrina da Trindade eram dois dogmas estreitamente relacionados do cristianismo clássico que muitos, senão a maioria dos deístas fez questão de desprezar. Assim que as leis de blasfêmia deixaram de ser executadas na Inglaterra e na América do Norte, a maioria dos deístas passou a negar abertamente tais doutrinas ou a relegá-las à obscuridade como insignificantes, na melhor das hipóteses.

Basicamente, portanto, a natureza que distinguia o deísmo dos movimentos protestantes referia-se à sua visão de autoridade religiosa. Todas as demais teologias protestantes eram teologias da Palavra e do Espírito. Lutero, Calvino, Zwinglio, Cranmer, Hooker e os anabatistas, todos enfatizavam a dialética da Palavra e do Espírito como a autoridade cristã verdadeira para a fé e a prática. A Palavra de Deus, especialmente conforme é expressa nas Sagradas Escrituras, era considerada a revelação especial, infalível e objetiva de Deus, entregue pela atuação do Espírito Santo em uma operação sobrenatural conhecida como inspiração. Entretanto, a Palavra sem a iluminação do Espírito nas mentes e corações dos leitores permaneceria "letra morta", de modo que o Espírito Santo também é crucial para a autoridade cristã. Todos os principais reformadores protestantes da primeira geração concordavam que o Espírito Santo não revela novas verdades doutrinárias depois da conclusão das Escrituras, mas

---

[27] G. Hefelbower, *The relation of John Locke to English deism*, Chicago, University of Chicago Press, 1918, p. 117.

realmente as ilumina para os que as leem com fé e impressiona inculca as suas verdades pelo *testimonio internum Spiriti Sancti*, o "testemunho interno do Espírito Santo". Quando os reformadores e teólogos protestantes clássicos falavam ou escreviam a respeito da autoridade das Escrituras, baseavam-na na inspiração dos autores e das palavras pelo Espírito Santo, bem como no testemunho contemporâneo do Espírito em sua leitura e proclamação. Referiam-se a isso quando falavam da natureza certificadora da Bíblia. Para eles, era realmente o Espírito Santo que a autenticava.

Depois da Reforma protestante, surgiu uma tendência em desfazer esse equilíbrio delicado entre a Palavra e o Espírito. A ortodoxia protestante enfatizava somente a Palavra, de modo que sua autoridade residia na inerrância de suas proposições (reivindicações à verdade) e de sua coerência interna. O Espírito Santo passou a desempenhar um papel cada vez menor na sua visão de autoridade cristã. O apelo à inerrância das reivindicações das Escrituras e à sua consistência interna suplantou o apelo ao testemunho interior do Espírito. O experimentalismo protestante (incluindo o pietismo e o metodismo, bem como movimentos mais radicais como o quacres) enfatizava o Espírito sem desprezar a Palavra. Alguns "entusiastas religiosos" mais radicais defendiam novas revelações para suplementar as Escrituras. Todos os movimentos protestantes entendiam que a razão tinha sido corrompida pelo pecado e que necessitava ser saneada pela graça para poder captar as verdades divinas que iam além dos poucos itens básicos da teologia natural, como a existência de Deus e a imortalidade da alma. Não davam muita ênfase ao papel da razão natural no conhecimento religioso. Na melhor das hipóteses, a razão era uma ferramenta útil para o entendimento das Escrituras e para argumentar contra as religiões falsas e as heresias. Nenhum grande reformador ou teólogo protestante do século XVI ao XVIII considerava a razão natural, destituída da graça, muito útil para a teologia.

O deísmo teve sua origem na insatisfação e desilusão em relação a essa abordagem da autoridade religiosa e cristã. Dois catalisadores principais alimentaram a insatisfação e desilusão e colocaram os partidários da religião natural em busca de uma nova abordagem. A primeira foi a luta sectária do século XVII. Na Europa Central, católicos e protestantes mergulharam na Guerra dos Trinta Anos que acabou provocando lutas entre protestantes em solo alemão. Na França, católicos e protestantes começaram uma guerra civil prolongada que causou massacres e exílios em massa. Na Inglaterra, os puritanos se levantaram contra o monarca em uma guerra civil cruel que resultou na decapitação pública do arcebispo da Cantuária e do próprio rei. Mesmo depois da restauração da monarquia e do restabelecimento da Igreja da Inglaterra, os vários grupos protestantes engajaram-se em batalhas verbais que certo humorista rotulou de *rabies theologicum*, uma doença na qual os teólogos lutam entre si como cães raivosos. Diante de todas essas contendas, muitas pessoas cultas da Europa começaram a imaginar se a razão natural, não a fé na revelação especial, deveria ser a base da união e do progresso na religião, já que parecia ser tão frutífera ao unir e fortalecer a ciência, a filosofia e a política.

O segundo catalisador da busca dos deístas pela religião da razão natural foi o iluminismo, um termo genérico para a nova tendência da cultura, que começou na Europa por volta de 1650. Alguns intérpretes consideram o deísmo simplesmente a "religião do iluminismo", pois a maioria dos principais pensadores do iluminismo simpatizava com a religião natural. Outra maneira de considerar a questão, no entanto, é que o iluminismo forneceu um novo contexto cultural e filosófico, e os deístas foram pensadores cristãos que, assim como certos pais da igreja primitiva e teólogos medievais de cultura e filosofia gregas, rapidamente adotaram atitudes como o iluminismo e adaptaram-nas ao pensamento cristão. Segundo os teólogos e líderes eclesiásticos os deístas, naturalmente, eram culpados pela acomodação superficial do cristianismo ao modo de pensar do iluminismo. O iluminismo pode ser resumido em uma declaração de três ideias características:

1. ênfase no poder da "razão" para descobrir a verdade a respeito da humanidade e do mundo;
2. ceticismo em relação às instituições e tradições veneráveis do passado;
3. ascensão do modo científico de pensar que oferecia aos intelectuais uma abordagem alternativa e viável do conhecimento, em contraposição à abordagem que dominou o pensamento medieval.[28]

Os principais catalisadores intelectuais do iluminismo foram o filósofo René Descartes (1596-1650) e o cientista e matemático Isaque Newton (1642-1717). Os dois, separadamente, deitaram os alicerces do novo modo de pensar e do novo conceito do mundo natural que enfatizava a dúvida mais do que a fé e a uniformidade mais do que as intervenções divinas. Ambos se consideravam cristãos, mas seus métodos e ideias eram, de muitas maneiras, antitéticas aos costumes cristãos tradicionais de pensar e de considerar a natureza. Por causa do iluminismo, já não era tão fácil aceitar uma pessoa instruída dizer, como a maioria dos pensadores através das eras: "creio para poder compreender". O princípio da "fé em busca do entendimento" não era mais admitido. Agora, as pessoas substituíam esses ditados por: "Creio somente no que posso entender" e "a fé segue o entendimento".

Desiludidos com as lutas sectárias, desanimados com a intolerância e as controvérsias religiosas e impulsionados por uma nova visão da cultura, da ciência e da filosofia concedidas pelo iluminismo, os deístas tentaram reconstruir o pensamento cristão.

---

[28] James M. Byrne, *Religion and the enlightenment*: from Descartes to Kant, Louisville, Westminster John Knox, 1996, p. 5-10.

Estavam convencidos de que, a menos que se pudesse demonstrar que era totalmente razoável segundo os critérios usados pelo pensamento do iluminismo, o cristianismo acabaria se tornando irrelevante e desapareceria. Estavam convencidos que o cristianismo continuaria a se dividir em facções rivais, se não fosse possível demonstrar que se tratava de uma religião universal, racional e natural para todos os pensadores em todos os lugares. O que os deístas queriam era um cristianismo não misterioso, racional e universal que transcendesse as fronteiras denominacionais e confessionais e que não necessitasse da fé suprarracional nem do testemunho interior do Espírito Santo para persuadir e convencer as pessoas de sua veracidade. O que acabaram conseguindo foi uma religião genérica, uma espécie de teísmo enfraquecido, destituído de quase tudo que era distintivamente cristão. Era muito semelhante à esfera inferior da teologia de Tomás de Aquino, um conjunto de conceitos a respeito de Deus, da alma e da moralidade que seriam conhecidos pela razão, independentemente da graça, da fé e da revelação especial.

Precursores e proponentes do deísmo

Estabelecer as fronteiras exatas do deísmo é tão difícil quanto defini-lo precisamente. Que pensadores religiosos dos séculos XVII e XVIII são considerados realmente deístas? Não existe nenhuma concordância universal quanto a isso. Os intérpretes autorizados apresentam listas diferentes, mas todas incluem pelo menos dois pensadores do século XVIII: John Toland e Matthew Tindal. Cada um desses ingleses escreveu um livro importante que contribuiu consideravelmente para a ascensão do deísmo. Estes, portanto, são nossos principais proponentes do deísmo e dentro em breve contaremos suas histórias e explicaremos os papéis que desempenham na história como um todo. Conforme já vimos nesta história da teologia cristã, todo movimento teológico tem seus precursores. O de Lutero foi Hus e Erasmo. O de Spener, Arndt. O de Wesley, Hooker e Armínio. O deísmo também teve seus precursores e alguns estudiosos os incluem dentro do próprio movimento. Consideraremos lorde Herbert de Cherbury e John Locke os precursores do deísmo, mas outros podem considerar um deles, ou ambos, deístas propriamente ditos.[29] De qualquer maneira, na ordem cronológica, a história do deísmo deve começar com o Lorde Herbert.

Lorde Herbert de Cherbury. Uma razão para lorde Herbert de Cherbury, cujo prenome era Eduardo, às vezes, ser identificado mais como precursor do que proponente do deísmo é a sua distância cronológica do apogeu do movimento.

---

[29] Peter Gay refere-se ao Lorde Herbert como "o pai do deísmo" e "precursor do deísmo" nas notas introdutórias à seleção para leitura tirada da obra do Lorde Herbert, *De veritate*, in: *Deism*: an anthology (Princeton, N.J., Van Nostrand, 1968, [p. 29]). Gay também explica um pouco da situação ambígua de Locke em relação ao deísmo na introdução geral à antologia, onde escreve que Locke ajudou a tornar o deísmo inevitável, embora ele próprio não fosse deísta (p. 26).

Lorde Herbert nasceu na Inglaterra, em uma família rica e poderosa em 1583. Morreu em 1648, depois de levar uma vida um tanto libertina de livre pensador, duelista, conquistador de mulheres e fidalgo rural. Seu irmão George foi um poeta famoso cujos versos aparecem com frequência em antologias da literatura inglesa. Lorde Herbert escreveu um volume pequeno em latim, intitulado *De veritate* [*Da verdade*], que foi publicado em Paris em 1624 e é frequentemente considerado o primeiro ensaio a delinear o que posteriormente se tornaria conhecido como religião natural. Nele, o aristocrata inglês atacou a fé cega nas revelações, as lutas sectárias por causa de questões de doutrina e todo o irracionalismo na religião assim como em qualquer outra esfera da vida. De modo positivo, apresentou cinco "Noções comuns da religião" que considerava universais, racionais e em perfeita conformidade com o que se conhece da natureza:

1. há um Deus supremo;
2. essa Deidade soberana deve ser adorada;
3. a conexão entre a virtude e a piedade, definida [...] como a conformação correta das faculdades é, e sempre foi considerada, a parte mais importante da prática religiosa;
4. a mente humana sempre abominou sua própria iniquidade. Seus vícios e crimes sempre foram óbvios. Devem ser expiados pelo arrependimento;
5. existe recompensa ou castigo depois desta vida.[30]

Segundo o lorde Herbert, "a única igreja católica e uniforme é a doutrina das Noções comuns que abrangem todos os lugares e todos os homens".[31]

O conteúdo do livro deixa claro que o Lorde Herbert não pretendia rejeitar como falsas todas as crenças cristãs além das cinco noções comuns. Pelo contrário, propunha-as como o fundamento sobre o qual todos os demais "ditames da fé podem se apoiar [...], assim como o telhado se apoia na casa".[32] Entretanto, o tom de *De veritate* é cético quanto a todas as doutrinas específicas das denominações cristãs e até mesmo quanto aos dogmas clássicos que não foram claramente delineados nas Escrituras e nem sugeridos pelas cinco Noções comuns. A trindade é um exemplo de dogma clássico cristão que lorde Herbert tratou com ceticismo. A principal lição do referido ensaio é que tudo o que as pessoas acreditam como verdade religiosa

---

[30] De Lorde Herbert, *De veritate*, apud Gay, *Deism: an anthology*, p. 32-8.
[31] Ibid., p. 40.
[32] Ibid., p. 31.

deve ser julgado pelas cinco noções religiosas comuns que, supostamente, residem em todos os lugares da história da humanidade e em todas as culturas.

Naturalmente, o pequeno livro de lorde Herbert provocou grande agitação quando foi publicado. Muitos acusaram o autor de ateísmo, que não foi mais exato do que a acusação idêntica que os romanos fizeram contra os cristãos primitivos. Sem dúvida, lorde Herbert acreditava em Deus. Mas não estava claro se acreditava na Trindade ou na divindade de Jesus Cristo. Certamente acreditava em milagres e em revelações especiais. Escreveu, em reflexões autobiográficas posteriores, ter publicado *De veritate* a despeito de sentir certa preocupação porque, enquanto estava pensando na hipótese de publicá-lo, ouviu um estrondo em um céu sem nuvens e entendeu que se tratava de um sinal celestial aprovando a publicação do livro. Não está muito claro se acreditava em todos os milagres da Bíblia. *De veritate* foi amplamente lido em meados e fins do século XVII e lançou os alicerces do deísmo: "A importância de *De veritate* é que possibilitou aos pensadores subsequentes professar a crença em Deus e, ao mesmo tempo, repudiar a religião revelada e o cristianismo estabelecido; os efeitos libertadores de tal possibilidade para os pensadores profundamente envolvidos nas descobertas ousadas da era científica que despontava não devem ser subestimados".[33]

John Locke. O segundo precursor do deísmo foi o muito mais importante e influente filósofo John Locke.[34] Locke nasceu na Inglaterra em 1632 e morreu em 1704. Ganhava a vida como assistente especial e professor particular de algumas famílias inglesas proeminentes e, certa vez, teve que fugir da Inglaterra para a Holanda quando seu empregador se envolveu em uma conspiração para derrubar o rei. Locke foi, sem dúvida alguma, o intelectual mais influente da Inglaterra e talvez até de todo o mundo ocidental enquanto viveu e muitas décadas depois. Poucas pessoas da história intelectual alcançaram tanta estatura e influência. Locke foi o Erasmo de seu tempo. Todos escutavam e procuravam sua orientação e conselho em questões filosóficas, religiosas e políticas. Seu importante *Um ensaio sobre o entendimento humano* foi uma revolução na filosofia do iluminismo. Ele inaugurou a escola empírica de filosofia, que, junto com as descobertas de Isaac Newton na física, ajudou a moldar a ciência moderna. Os escritos de Locke influenciaram pessoas bem

---

[33] Byrne, op. cit., p. 105.

[34] A relação exata de Locke com o deísmo é uma questão muito controversa da história da filosofia e da teologia moderna. Creio que a questão ficou resolvida definitivamente em 1918 por S. G. Hefelbower, *The relation of John Locke to English deism*. Nessa obra, o autor analisa as várias formas de descrever essa relação e conclui demonstrando de forma bastante convincente que "Locke e o deísmo inglês se relacionam como partes coordenadas do movimento progressista mais amplo daquela era" (p. v) e que, embora tenha claramente influenciado e mesmo possibilitado a ascensão do deísmo, Locke não simpatizava com as conclusões mais radicais dele.

diferentes, como Jonathan Edwards e Thomas Jefferson. O que muitos professores e estudantes da filosofia de Locke desconsideram ou desconhecem é que, da mesma forma que Newton e inclusive Descartes, Locke se interessava principalmente pelas questões religiosas. O preconceito moderno contra a religião é que leva a tal "ignorância acadêmica". Esses homens conhecidos como proponentes e formuladores do pensamento moderno eram obcecados por questões religiosas e todos, inclusive os menos convencionais, além de crentes em Deus, consideravam-se também cristãos.

O tratado religioso mais importante de Locke é *The reasonableness of christianity* [*A racionalidade do cristianismo*], publicado em 1695. Outros escritos incluem *A discourse of miracles* [*Uma dissertação sobre milagres*] e parte de *A third letter concerning toleration* [*Terceira carta sobre a tolerância*]. Ao que parece, Locke era bem consciente da tendência ao deísmo de certos pensadores religiosos. Era bem consciente, é óbvio, da filosofia protodeísta da religião de lorde Herbert e da influência que ela exercia. Em *A racionalidade do cristianismo*, Locke tentou justificar as crenças básicas do cristianismo no tribunal da razão. Conforme certo autor descreveu a contribuição de Locke, "o leão do racionalismo é levado a se deitar pacificamente ao lado do cordeiro do tradicionalismo e não a devorá-lo".[35] Talvez essa seja uma maneira generosa de expressar o caso. Uma avaliação mais crítica do empreendimento de Locke e de seus resultados talvez seja que o leão do racionalismo obrigou o cordeiro do tradicionalismo cristão a deitar-se e ficar bem quieto. Embora seja verdade que "Locke [...] sempre achou que seus escritos davam o devido valor à fé cristã",[36] uma avaliação mais objetiva mostrará inevitavelmente que as doutrinas fundamentais da tradição são desprezadas nos argumentos de Locke. Locke tinha pouca coisa ou nada para dizer a respeito da Trindade ou da divindade de Cristo. De qualquer forma, o que ele tentou fazer nesse livro e em outros escritos apologéticos foi demonstrar que a essência da revelação divina e a fé cristã que nela se baseia é plenamente consistente com a razão.

Por que esse projeto foi tão controvertido? Por que muitos críticos alegam que, de modo contrário às próprias intenções de Locke, *A racionalidade do cristianismo* tornava inevitável o deísmo? Primeiro, Locke tratava a religião, inclusive o cristianismo, inteiramente como questão de crença intelectual. Seu cristianismo era o que alguns pietistas modernos chamariam de "viagem intelectual" religiosa. Um assentimento racional a crenças razoáveis, era assim que Locke descrevia a fé cristã. Falava do arrependimento e enfatizava a importância de se ter uma vida virtuosa,

---

[35] HEFELBOWER, op. cit., p. 100.

[36] I. T. RAMSEY, Introdução do editor a John Locke, in: *The reasonableness of Christianity, with "A discourse of miracles" and part of "A third letter concerning toleration"*, org. I. T. Ramsey (Londres, Black, 1958 [p. 8]).

mas, acima de tudo, dizia que crer em Deus e em Jesus como o Messias é o que define um cristão. Locke argumentava que tal crença é confirmada pelos milagres de Jesus e que seus milagres e messiado exigem que as pessoas racionais envidem seus melhores esforços para seguir os seus ensinos. Até essa altura, somente a apologética evidencialista comum está em consideração. Mas, nas entrelinhas dos escritos de Locke, havia uma noção radical. Locke admitia, e às vezes argumentava de modo muito sutil, que qualquer coisa na revelação divina que não seja completamente consistente com a razão humana natural é simplesmente impossível de ser crida. Um princípio bastante revelador encontra-se em *Uma dissertação sobre os milagres*:

> Não poderá ser considerado divino nenhum empreendimento que insulte a honra do único, exclusivo e verdadeiro Deus invisível ou que seja inconsistente com a religião natural e as regras da moralidade. Pois, se Deus mostrou aos homens a unidade e majestade de sua eterna deidade e as verdades da religião natural e da moralidade pela luz da razão, não se pode supor que ele apoie o contrário pela revelação, pois isso seria destruir a evidência e o uso da razão, sem os quais os homens não saberiam diferenciar a revelação divina da impostura diabólica.[37]

O princípio radical proposto por Locke era que "tudo o que Deus revela é verdadeiro e deve ser objeto de nossa fé; mas o que foi revelado por Deus de realmente importante, *isso* deve ser julgado pela razão".[38] Em vez de a razão natural servir de ferramenta nas mãos da fé, para Locke ela se tornou o critério final para julgar a própria revelação. Talvez haja verdades da revelação que transcendam a razão, mas somente a razão pode determinar que verdades são essas. Com Locke, a esfera inferior de Tomás de Aquino começava a se elevar e a dominar a esfera superior. Mas será que Locke realmente encontrou alguma coisa na revelação divina que tinha de ser rejeitada pela razão? A resposta a essa pergunta é que, para Locke, se algo era rejeitado pela razão, não podia ser revelação divina. Portanto, colocando a pergunta em outras palavras, Locke realmente rejeitou alguma doutrina crucial do cristianismo clássico que se baseia na revelação divina? Não. Locke foi muito cauteloso nessa questão. Não é possível adivinhar o que ele pensava, portanto, não sabemos por que ele raramente mencionava a Trindade, a divindade de Cristo ou a expiação. Parecia acreditar que o cristianismo autêntico pode ser resumido na crença em Jesus como Messias (o profeta incomparável de Deus), no arrependimento e na tentativa de se ter uma vida virtuosa segundo os ensinamentos de Jesus. Será que Locke considerava que

---

[37] P. 84.
[38] BYRNE, op. cit., p. 107.

muitos dos dogmas do cristianismo tradicional eram contrários à razão e, portanto, não faziam parte da essência do cristianismo? É o que parece.

O empreendimento de Locke de desenvolver e defender o cristianismo razoável não pode ser rotulado prontamente de deísmo. Entretanto, ele abriu as portas e preparou o caminho para isso. Um comentarista observa:

> A tentativa de Locke de defender a "racionalidade" do cristianismo e, ao mesmo tempo, sustentar a epistemologia empírica, abriu uma brecha entre a religião revelada e a que pode ser derivada da razão sem a revelação especial. Por essa brecha, passaram os cavalos e carruagem do deísmo, inicialmente no modelo do irlandês John Toland (1670-1722).[39]

John Toland. John Toland foi, talvez, o primeiro deísta propriamente dito. Era admirador de Locke e considerava o famoso filósofo inglês seu mentor. Um ano depois do lançamento de *A racionalidade do cristianismo*, Toland publicou seu livro controvertido *Christianity not mysterious* [*Cristianismo não misterioso*] que sustentava que nada que fosse contrário à religião natural, puramente racional e acessível a todas as pessoas poderia ser considerado cristianismo autêntico e que nenhuma verdade real do cristianismo estava acima ou além da razão. O âmago do livro de Toland se encontra no princípio: "Quando alguém revela alguma coisa, ou seja, quando nos conta algo que não sabíamos antes, *suas palavras devem ser inteligíveis e a questão concebível*. Essa regra continua válida, quer a revelação seja feita por *Deus* ou pelo *homem*".[40]

Quando Toland afirmou que as reivindicações da revelação devem ser inteligíveis para serem reconhecidas como verdadeiras, queria dizer que devem se conformar com as "noções óbvias" comuns a todos os seres humanos razoáveis. Isso inclui as distinções morais lógicas e básicas. Quando afirmou que as reivindicações da revelação devem ser possíveis, queria dizer que elas não devem exigir que creiamos em coisas que são claramente inconcebíveis. As alegações ininteligíveis e impossíveis são intrinsecamente misteriosas e, portanto, os mistérios não pertencem ao âmbito da religião verdadeira nem ao cristianismo autêntico. Elas exigem um sacrifício do intelecto e assim violam a própria imagem de Deus na humanidade, que é a dádiva da razão. Toland objetou muito vigorosamente contra o embasamento das crenças "na operação iluminadora e eficaz do Espírito Santo", segundo Calvino: *testimonium internum Spiritus Sancti*. Por fim, afirmou que somente a razão deve ser soberana quando se trata de resolver qual alegada revelação especial, se houver alguma, tem as qualificações para ser crida. Não podem existir duas autoridades iguais, a razão e a

---

[39] Ibid., p. 108.
[40] John TOLAND, *Christianity not mysterious*, in: Gay, *Deism, an anthology*, p. 61.

revelação, já que é a razão que julga a veracidade da revelação. Para Toland, portanto, a razão soberana substitui o testemunho do Espírito na autoridade cristã.

Depois de entronizar a razão natural como a autoridade final, Toland deu um passo adiante com *Cristianismo não misterioso* e afirmou que a religião verdadeira é, pela própria natureza, eterna e imutável. As religiões positivas mudam com o tempo. Somente a verdade de Deus permanece para sempre. E é a razão que define qual é a verdade que permanece. Portanto, a religião natural da razão é o padrão segundo o qual cada religião positiva, inclusive o cristianismo, deve ser julgada. Tudo o que é misterioso (ininteligível, impossível) não pode fazer parte da religião natural da razão. Nem pode, portanto, fazer parte do cristianismo autêntico. No fim de *Cristianismo não misterioso*, o leitor fica com a nítida impressão de que o cristianismo é uma vaga reflexão da religião natural, um teísmo vago e genérico sem nada de diferente. Até mesmo o próprio Jesus Cristo recebe pouca atenção no modo de Toland tratar a religião, a não ser como um reformador social e religioso.[41]

A obra de Toland representa um pequeno passo adiante de Locke, mas rapidamente se tornou um salto quântico. Locke condenou *Cristianismo não misterioso* e repudiou o autor como seu protegido. Não se pode, porém, culpar Toland por considerar que foi tratado impropriamente por seu mentor. Segundo sua opinião, estava simplesmente seguindo as conclusões naturais da metodologia do próprio Locke no pensamento religioso. Mesmo assim, parece que Toland atravessou um "rubicão de César" quando se afastou das formas anteriores do cristianismo racionalista ao insistir que tudo o que é válido na revelação do NT e na tradição cristã está condensado no que a razão natural pode conhecer, reduzindo assim o cristianismo a uma religião natural. Ao que parece, acreditava sinceramente que suas conclusões representavam o resultado final das melhores motivações da Reforma protestante.[42] Muitas pessoas da elite cultura da Europa e especialmente da Grã-Bretanha saudaram o livro de Toland como corajoso e muitas "pessoas cultas se agarraram à possibilidade de serem 'religiosas' sem ter de crer em *tudo* que o cristianismo tradicional ensinava".[43] Naturalmente, era inevitável a reação negativa da parte de tradicionalistas de todos os tipos. O parlamento irlandês condenou o livro infame de seu filho nativo e o carrasco oficial da Irlanda queimou a obra em uma cerimônia pública.

Matthew Tindal. O segundo e o último proponente importante do deísmo em sua forma primitiva e prístina foi Matthew Tindal, cujo livro *Christianity as old as the*

---

[41] Para obter um estudo das opiniões de Toland a respeito dos dogmas cristãos como a Trindade e as naturezas de Cristo, v., de Robert E. Sullivan, The task of criticism, cap. 4, in: *John Toland and the deist controversy*: a study in adaptations (Cambridge, Mass.: Harvard University Press, 1982 [p. 109-40]).

[42] Ibid., p. 121ss.

[43] Byrne, op. cit., p. 109.

creation: or, the gospel a republication of the religion of nature [*Cristianismo tão antigo quanto a criação, ou: o evangelho é uma reedição da religião da natureza*], publicado em 1730, chegou a ser conhecido como "a bíblia dos deístas". Tindal era um cavalheiro inglês, nascido em 1657, que se tornou membro (tutor e preletor) da prestigiosa All Souls College da Universidade de Oxford. Era "certamente o mais erudito dos deístas"[44] e se definia como "deísta cristão" embora um de seus principais empreendimentos fosse demonstrar "a impossibilidade de reconciliar o Deus mesquinho e arbitrário da Revelação [das Escrituras] com o Deus imparcial e magnânimo da religião natural".[45] A visão de Tindal sobre o cristianismo seguiu a trajetória traçada por Locke e Toland até as últimas conclusões: o cristianismo verdadeiro nada mais é do que um sistema ético racional sobre um pano de fundo vagamente teísta. "Consiste em observar as regras que a razão descobre. A religião [segundo Tindal] consiste basicamente em cumprir todos os deveres da moralidade".[46] Trata-se da religião que não tem nenhuma necessidade real da revelação especial, nem da graça, nem do Salvador. Só precisa da crença em um Ser supremo que seja vagamente pessoal, transcendente e imanente e que possa ser conhecido pela razão natural como o propulsor e a base para a moralidade objetiva e universal. Tindal não rejeitava como necessariamente falsas todas as alegações de revelações especiais e milagres, mas as subordinava à religião natural, inclusive à moralidade natural. Sua única função válida era confirmar, de modo especial, o que pode ser comumente concebido independentemente delas.

Tindal morreu como herói controvertido, porém respeitado, da religião natural em 1733, apenas três anos após a publicação de sua única e grande obra. *Cristianismo tão antigo quanto a criação* tornou-se a norma para o deísmo e influenciou profundamente grandes pensadores norte-americanos, como Benjamin Franklin e Thomas Jefferson. Sob a influência do deísmo, Jefferson, o artífice dos Estados Unidos, criou sua própria Bíblia, que consistia no NT destituído de todos os relatos e doutrinas considerados contrários à razão. As únicas doutrinas de Jesus e dos apóstolos que sobraram foram as que o terceiro presidente dos Estados Unidos acreditava serem consistentes com a religião natural. A influência de Tindal pôde também ser vista em muitos dos principais panfletistas das revoluções do fim do século XVIII. Thomas Paine, um dos principais defensores das revoluções democráticas e da separação da igreja e do estado, escreveu *The age of reason* [*A idade da razão*] em 1794 e deu um passo além de Toland e Tindal em direção à religião natural anticristã. Infelizmente, muitos norte-americanos chegaram a definir o deísmo exclusivamente em termos

---

[44] Ernest Campbell MOSSNER, *Bishop Butler and the Age of Reason: a study in the history of thought*, New York, Macmillan, 1936, p. 75.

[45] Ibid., p. 77.

[46] HEFELBOWER, op. cit., p. 138-9.

da polêmica anticristã rancorosa de Paine. Pouco mais de cem anos depois, o presidente dos Estados Unidos, Theodore Roosevelt, chamou Paine de "ateu mesquinho e imundo". Ficou a impressão para muitos americanos de que todos os deístas eram ateus ocultos ou, no mínimo, oponentes ardentes do cristianismo.

Noções comuns do deísmo

Quais eram as ideias básicas traçadas pelos precursores do deísmo e defendidas por seus proponentes? Em uma definição um pouco exagerada, mas nem por isso incorreta ou cruel, da essência do deísmo, o notável filósofo britânico de religião, Ian Ramsey, explicou que:

> Os deístas, dos quais Toland e Tindal são os representantes mais famosos, argumentavam a favor da racionalidade do cristianismo somente removendo totalmente suas qualidades distintivas. A fé cristã era crível apenas quando era razoável e era razoável unicamente quando repetia as crenças e máximas morais que podiam ser percebidas por qualquer pessoa que tivesse capacidade e tempo para elaborar de forma independente um conceito filosófico. Mais uma vez, a racionalidade do cristianismo era defendida somente às custas de reduzir a religião cristã a algo irreconhecível.[47]

Todos os deístas, apoiados no alicerce criado parcialmente por Locke e outros pensadores religiosos do iluminismo, visavam desenvolver e defender três ideias principais. Primeiro, que o cristianismo autêntico é completamente consistente com a religião natural e a moralidade razoáveis e universalmente acessíveis e, se uma crença ou regra moral não pudesse ser compatível com isso, não devia ser crida nem seguida. Embora hesitassem em atacar abertamente a doutrina da Trindade, os deístas claramente a consideravam incompatível com a religião natural e praticamente a desconsideravam. Esse era também o caso de quase todas as doutrinas distintivamente cristãs.

Embora essa distorção procustiana[48] do cristianismo feita pelos deístas seja deplorável, temos que nos perguntar se ela é pior em espécie ou somente em grau do que a praticada por certos pensadores cristãos primitivos e medievais que, além de empregar as categorias filosóficas gregas como ferramentas de interpretação ou

---

[47] Introdução do editor a John Locke, in: *The reasonableness of Christianity*, p. 19.

[48] Procusto era o estalageiro iníquo da antiga lenda grega, que entrava sorrateiro no quarto de seus hóspedes à noite e forçava o corpo de cada um a se encaixar exatamente na cama, pela amputação ou o estiramento. "Leito de Procusto" é uma metáfora para um sistema de pensamento empregado como padrão implícito e pressuposto, no qual todas as coisas devem estar encaixadas. Uma "distorção de Procusto" é o processo de forçar uma religião ou filosofia positiva a encaixar-se em outro sistema de pensamento, como uma religião natural, distorcendo-a até se tornar irreconhecível.

contextualização do evangelho, chegaram a acomodar os ensinos bíblicos a elas. Os gnósticos, obviamente, cometeram essa falta e por isso são quase que universalmente condenados na história do cristianismo pelos pensadores ortodoxos. O que raramente é reconhecido, especialmente pelos proponentes modernos da ortodoxia protestante, é a tendência que certos pais da igreja apresentam na mesma direção. Sem equiparar de modo algum o emprego do neoplatonismo por Agostinho e o emprego do racionalismo iluminista pelo deísmo, há razão para compará-los. O Deus de Agostinho, embora seja trino, é prisioneiro da teologia filosófica grega da singeleza, imutabilidade e impassibilidade divinas e está mais para um grande imperador cósmico do que para o Pai celestial amoroso e compassivo. Anselmo negou que Deus experimentava qualquer sentimento de compaixão. O retrato de Deus do teísmo cristão clássico parece ter sido pintado tanto com cores bíblicas quanto helenísticas. Aqueles que, com razão, acusam o deísmo de subverter os ensinos bíblicos com a religião filosófica e natural do iluminismo devem considerar até que ponto as doutrinas cristãs clássicas de Deus foram indevidamente influenciadas pelas categorias filosóficas gregas da perfeição metafísica.[49]

A segunda ideia comum ao deísmo é que a religião verdadeira e o cristianismo verdadeiro tratam basicamente da moralidade social e individual. Os deístas tendiam a reduzir a religião válida ao conjunto de crenças básicas a respeito de Deus, da imortalidade da alma e de recompensas e castigos pelo comportamento, que era universalmente acessível à razão e essencialmente significativo apenas como modelo de virtude nesta vida. Os deístas não se interessavam muito pela especulação metafísica ou teológica. Se não fosse possível demonstrar o valor prático de alguma crença para o progresso da humanidade em direção à transformação total da vida, eles definitivamente a ignoravam. Todos acreditavam, no entanto, que era necessário algum tipo de crença em Deus e na imortalidade da alma, bem como no julgamento depois da morte, para a transformação progressiva da vida. As crenças religiosas, portanto, tornaram-se meros suportes práticos para a ética, na opinião da maioria dos deístas.

A terceira e última noção comum do deísmo é que pessoas inteligentes e esclarecidas devem tratar com ceticismo todas as alegações de revelações e milagres sobrenaturais. Embora os deístas do século XVIII, como Toland e Tindal, não as negassem, claramente as relegavam a uma categoria inferior à das verdades universais da razão e restringiram o elemento sobrenatural na religião quase a ponto

---

[49] Mais considerações a respeito da posição defendida nesse parágrafo sobre o conceito bíblico a respeito de Deus e como ele foi subvertido por muitas categorias de pensamento gregas e modernas, encontram-se no excelente livro escrito pelo teólogo reformado sul-africano, Adriö König, *Here am I*: a believer's reflection on God (Grand Rapids, Eerdmans, 1982).

de extingui-lo. Posteriormente, os deístas mais radicais rejeitaram totalmente os milagres e optaram por um cristianismo puramente naturalista, desmitificado, despojado de qualquer mistério. A cosmovisão do deísmo foi moldada, em grande parte, pela física newtoniana com seu universo governado por leis naturais rígidas. Era uma "máquina universal" com pouco espaço para a intervenção divina. Mesmo quando os deístas reconheciam os milagres, eles permaneciam um elemento estranho na linha de raciocínio, prontos para serem erradicados.

O legado do deísmo

O ideal básico dos principais deístas era transformar o cristianismo em religião natural universal de razão pura. Por mais surpreendente que possa parecer, os deístas não achavam que sua versão do cristianismo era uma religião diferente. Entendiam que era mais um passo para o progresso do cristianismo, que se livraria da superstição medieval e da subserviência cega ao autoritarismo inaugurado por Erasmo e Lutero. Entretanto, os detentores do poder nas denominações religiosas do século XVIII rejeitaram completamente o deísmo, mesmo que secretamente simpatizassem com alguns de seus ideais.

Quando os deístas perceberam que a Igreja da Inglaterra poderia se distanciar da teologia reformada para se aproximar do arminianismo, progredir na direção certa, mas *não* da religião natural, começaram a organizar uma nova denominação. Dos que se reuniram para formar a nova igreja deísta, alguns eram anglicanos desiludidos e outros, congregacionais progressistas. Uns poucos eram batistas desencantados. Em 1774, foi fundada a primeira congregação unitarista de Londres com o nome de Capela de Essex. A primeira igreja unitarista norte-americana foi a King's Chapel, de Boston, fundada em 1785 a partir da igreja episcopal (anglicana) já existente. Na década de 1790, diversas igrejas congregacionais, tanto na Inglaterra quanto nos Estados Unidos (sobretudo na Nova Inglaterra) tornaram-se unitaristas, com teologia marcadamente influenciada pelo deísmo. Uma nova denominação chamada Associação Unitarista Americana foi oficialmente formada em 1825 e organizada segundo padrões rigorosamente congregacionais sem credos ou doutrinas. A Escola de Teologia de Harvard era seu seminário oficial e, embora a denominação permanecesse relativamente pequena em número de membros, tornou-se um dos grupos religiosos mais influentes da América do Norte moderna e muitos presidentes e congressistas dos Estados Unidos consideravam-na seu lar espiritual.

A maioria dos deístas não se filiou a nenhuma igreja unitarista, sendo que alguns continuaram religiosos independentes sem nenhuma filiação denominacional e outros continuaram a frequentar igrejas cristãs estabelecidas, secretamente discordando das doutrinas e práticas cristãs tradicionais. O deísmo se infiltrou silenciosamente na estrutura da vida política e religiosa dos Estados Unidos e o Deus do deísmo e da religião natural tornou-se o "Deus" da religião civil dos Estados Unidos ("em Deus confiamos", era o lema nacional). Um tipo interessante de dualidade influenciou a vida religiosa dos Estados Unidos de tal maneira que a maioria das denominações cristãs, bem como a espiritualidade cristã fundamental de grande parte das pessoas, tem um sabor notavelmente pietista, enquanto a religião pública dos políticos e dos oficiais do governo é marcada pelo deísmo. As mesmas pessoas que falam ao público, de forma fria e racional, a respeito da bênção de Deus para os Estados Unidos sem fazer nenhuma menção a Jesus Cristo, ao pecado ou à salvação, frequentemente se deleitam na religião experimental em sua vida particular e na igreja. Um presidente dos Estados Unidos do fim do século XX, com tendências fortemente pietistas e evangélicas, tentou introduzir um pouco dessa linguagem em sua vida pública e foi quase globalmente criticado por isso. Por outro lado, um candidato presidencial da década de 1980 talvez tenha perdido a eleição em parte porque não demonstrou qualquer evidência de fé em Deus ou de espiritualidade.[50] A cultura dos Estados Unidos é profundamente influenciada pelo deísmo tanto quanto pelo pietismo. Se um político não for, pelo menos, deísta será rejeitado. O político que se declarar abertamente pietista será criticado.

O legado do deísmo também pode ser visto na ascensão da teologia liberal protestante do século XIX. Os principais fundadores e proponentes da teologia liberal na Europa e na América do Norte não eram deístas. Na realidade, Friedrich Schleiermacher, o "pai da teologia liberal", declarou ser mais um pietista "de ordem superior" do que um deísta ou racionalista. Apesar disso, quando a teologia protestante liberal se desenvolveu no século XIX, revelou muitas noções populares do deísmo e com um dos principais responsáveis por sua popularização, o notável historiador eclesiástico alemão Adolf von Harnack, a teologia liberal ficou bastante semelhante ao deísmo de John Toland. É disso que trataremos a seguir nesta narrativa da teologia cristã: a ascensão do pensamento protestante liberal e as várias reações e respostas a ele.

---

[50] Jimmy Carter e Michael Dukakis, respectivamente.

NONA PARTE

A trama geral se divide:

Os liberais e os conservadores respondem positivamente à modernidade

Em 1901, no primeiro ano do século XX, dois livros significativos de teologia foram publicados em inglês, anunciando o que o título de um dêles chamava de *Reconstruction in theology* [*Reconstrução na teologia*].[1] Outro livro mais simples foi o *What is christianity?* [*O que é o cristianismo?*].[2] Os autores eram, respectivamente, o presidente da Oberlin College do estado de Ohio (EUA) e o historiador eclesiástico mais importante do mundo da Universidade de Berlim. Juntos, os dois livros e as preleções que continham proclamavam de forma triunfante um novo tipo de teologia cristã para o novo século: a teologia protestante liberal. Obviamente, em 1901, ela não era nova. Os autores e outros como eles estavam simplesmente popularizando para os pregadores e professores de teologia o que para eles era *fait accompli* (fato consumado): a ascensão de um tipo totalmente moderno de reflexão cristã protestante no século XIX. Seus livros transmitiam a leitores de todas as partes da Europa e da América do Norte dois dogmas básicos desse novo e moderno tipo de teologia: primeiro, a necessidade de reconstruir o pensamento tradicional cristão à luz da cultura, filosofia e ciência modernas e, segundo, a necessidade de descobrir a verdadeira essência do cristianismo, destituída dos dogmas tradicionais que não eram mais relevantes, nem possíveis de serem cridos à luz do pensamento moderno. Para muitos teólogos acadêmicos de 1901, a teologia liberal parecia ser a tendência inevitável do futuro. Ela deixaria no esquecimento as centenas de séculos de ortodoxia seca e empoeirada e de tradicionalismo autoritário, bem como os constrangimentos das contínuas derrotas da teologia nos conflitos com a ciência moderna. Demonstraria que o cristianismo autêntico e a teologia válida não são

---

[1] Henry Churchill KING, New York, Hodder & Stoughton, 1901.
[2] Adolf von HARNACK, New York, Putnam's, 1901.

contra o novo e moderno espírito dessa era, mas trabalham a favor dele, visando a um mundo melhor para toda a humanidade.

A visão triunfalista dos teólogos protestantes liberais foi prematura. Embora esse novo tipo de teologia fosse uma influência a ser levada em conta na teologia protestante, não ficaria sem contestação. Já em 1901, teólogos protestantes ortodoxos da Europa e da América do Norte uniram forças para lutar contra ela. Não demorou a surgir entre eles uma coalizão de teólogos, pastores e cristãos leigos cultos para criar uma batalha teológica contra o que chamavam de "modernismo" da teologia. Essa nova e intensa forma de tradicionalismo ortodoxo se tornaria conhecida como "fundamentalismo". Arraigados na ortodoxia protestante e impulsionados pelo espírito militante antimodernista (especialmente em teologia), os fundamentalistas fizeram uma campanha para eliminar das denominações protestantes as influências liberais e modernistas. Acusaram a teologia liberal de ser uma religião diferente do cristianismo, de ser unitarismo disfarçado, mais racionalista e humanista do que centralizado no evangelho. Um dos principais teólogos da reação fundamentalista foi J. Gresham Machen (1881-1937), presbiteriano conservador, leal à Confissão de fé de Westminster e às verdades atemporais descobertas e consagradas pelos teólogos protestantes ortodoxos dos séculos XVI e XVII. Além disso, havia forte ênfase à inerrância e verdade literal do registro bíblico e à falsidade da ciência e filosofia modernas, que eram céticas e evolucionistas. Machen deu o grito de guerra com *Christianity and liberalism* [*Cristianismo e liberalismo*][3], publicado quando o fundamentalismo estava no auge da sua influência. Nesse livro, Machen se esforçou para desmascarar a teologia liberal, apresentando-a como falso evangelho e religião alternativa ao cristianismo genuíno.

O fundamentalismo não foi a única resposta à teologia protestante liberal. Muito mais destrutiva, talvez, tenha sido a crítica dos chamados teólogos neo-ortodoxos, vários dos quais tinham sido alunos nos seminários e universidades de teólogos liberais de destaque, como Adolf Harnack, autor de *What is Christianity?* [*O que é o cristianismo?*]. Os teólogos neo-ortodoxos eram protestantes que buscavam suas raízes mais na Reforma, especialmente em Lutero, do que na ortodoxia protestante ou no puritanismo. Estavam dispostos a adaptar alguns aspectos do cristianismo ao pensamento moderno, mas acreditavam que a teologia protestante liberal tinha se acomodado muito radicalmente à modernidade. O eminente pensador neo--ortodoxo norte-americano, H. Richard Niebuhr, da Escola de Teologia de Yale, declarou que, na teologia liberal, "um Deus sem ira levou homens sem pecado para

---

[3] Grand Rapids, Eerdmans, 1985.

um reino sem julgamento pela ministração de um Cristo sem cruz".[4] Na Europa, o teólogo suíço Karl Barth (1886-1968) dirigiu a revolta neo-ortodoxa contra a teologia protestante liberal e desenvolveu a teologia mais influente do século XX. Para muitos observadores da teologia moderna, Barth consta como grande reformador à altura de Lutero, porque, assim como o alemão do século XVI, o autor suíço do século XX derrotou quase que sozinho a oposição e recuperou a imagem do evangelho cristão em tempos de crise.

As décadas finais do século XX testemunharam o processo repentino e surpreendente de pluralização na teologia cristã. Isto é, muitas teologias novas de "interesse especial" brotaram no vácuo de vozes teológicas dominantes. Os últimos gigantes teológicos do século morreram no início da década de 1970 e não surgiu ninguém para substituí-los. A teologia cristã contemporânea é marcada pela profunda variedade e diversidade: a teologia evangélica, uma nova teologia católica romana, a teologia do processo, a teologia da libertação e a teologia escatológica podem todas ser ensinadas no mesmo seminário ou faculdade teológica. Para algumas pessoas, essa situação é profundamente perturbadora, enquanto que, para outras, é emocionante e libertadora. Terminaremos esta parte ainda não finda da história da teologia cristã com uma descrição dessa situação pluralista e das várias respostas a ela.

A divisão no século XX por causa da modernidade

Uma maneira de ler e contar a história da teologia protestante depois da Reforma é traçar duas grandes linhas divisórias ou divisões continentais. A primeira é entre o monergismo e o sinergismo. As pessoas não raro comparam essa divisão com o calvinismo e o arminianismo. Entretanto, muitos monergistas protestantes não se identificam nem com Calvino, nem com a teologia reformada. Alguns pensadores luteranos, por exemplo, são monergistas, assim como foi o próprio Lutero, sem adotarem toda a especulação calvinista a respeito da predestinação (decretos divinos) ou mesmo da providência meticulosa. Da mesma forma, muitos sinergistas evangélicos não se identificam com Armínio nem com o arminianismo. Alguns teólogos luteranos tomam o sucessor de Lutero, Filipe Melâncton, como modelo do sinergismo evangélico. Muitos anglicanos seguiram o tipo de sinergismo de Richard Hooker e, naturalmente, os anabatistas alegam que Baltasar Hubmaier e Meno Simons eram sinergistas evangélicos muito antes de Armínio. A maioria dos pensadores escolásticos e ortodoxos protestantes, no entanto, é monergista segundo o padrão clássico agostiniano-calvinista. Para muitos deles, essa é a única e verdadeira forma protestante de pensar no relacionamento entre Deus e o homem na salvação

---

[4] *The kingdom of God in America*, New York, Harper & Row, 1959, p. 193.

e na história. Sinergistas protestantes de vários tipos protestam contra esse exclusivismo e reivindicam para o sinergismo evangélico um papel na tradição protestante que remonta ao próprio início. Essa divisão é ilustrada na história de João Wesley que se desentendeu com George Whitefield quanto à predestinação. Muitos líderes e pensadores protestantes procuram ligar o abismo entre aqueles que, como Wesley, defendem o livre-arbítrio humano junto com a graça divina e aqueles que, como Whitefield, insistem que a salvação só pode ser um dom gratuito se Deus fizer tudo e o ser humano for inteiramente passivo. Poucos conseguiram, porém, combinar as duas perspectivas e, de tempos em tempos, a controvérsia volta a irromper, o que demonstra que ela ainda é uma falha na base do pensamento protestante.

A segunda grande linha divisória dentro da teologia protestante aconteceu duzentos anos depois que Armínio se opôs abertamente ao monergismo calvinista da Igreja Reformada dos Países Baixos. Durante séculos, os protestantes sustentaram firmemente o princípio *sola scriptura*, mesmo quando usaram a razão, a tradição e a experiência como ferramentas da interpretação bíblica. Entretanto, muitos pensadores protestantes, especialmente da ampla e profunda tradição ortodoxa protestante do escolasticismo, chegaram a tratar certas declarações doutrinárias da história eclesiástica como padrões inquestionáveis de exatidão teológica. O Credo Niceno era aceito por quase todos os protestantes até as igrejas unitaristas o rejeitarem abertamente, no fim do século XVIII, sob a influência do deísmo. Por causa dessa defecção, outros protestantes rejeitaram o unitarismo por considerá-lo seita herética ou mesmo falso cristianismo. A Confissão de Fé de Westminster e os dois catecismos de Westminster tornaram-se, para muitos na tradição protestante reformada, quase anexos autênticos das Escrituras em termos de autoridade. A maioria dos teólogos protestantes de todas as denominações reconheceu que não podia haver nenhuma dúvida séria contra a crença implícita Deus transcendente e pessoal que age, às vezes, de modo sobrenatural (assim como na ressurreição corpórea de Cristo) e cuja graça é mais poderosa do que a natureza. Em outras palavras, todos os pensadores protestantes sustentaram com firmeza certa cosmovisão cristã básica que sofreu cada vez mais pressão por parte da filosofia e da ciência do iluminismo no século XVIII.

Nesse palco, surgiram os racionalistas religiosos, os deístas, os céticos e outros pensadores iluministas da Europa e dos Estados Unidos, cuja maioria alegava ser cristã protestante e inclusive de uma "ordem superior". Para eles, a modernidade, um novo *Zeitgeist* (espírito da era), dificilmente definível, tornou-se referência de verdade à altura das Escrituras e da tradição ou mesmo superior a elas. A própria razão tornou-se praticamente sinônimo do pensamento iluminista, que constituía a modernidade, não podia ser sacrificada nem por amor à preservação da tradição cristã. Para os pensadores profundamente impressionados pelos avanços irreversíveis e positivos da ciência moderna e da filosofia, havia duas opções se quisessem permanecer cristãos. Primeiro, eles podiam desenvolver abertamente formas modernas próprias de cristianismo protestante como alternativas à ortodoxia protestante. O unitarismo era um empreendimento desse tipo e rejeitava publicamente as normas clássicas cristãs e protestantes da fé, como Niceia e Calcedônia e a Confissão e Catecismo de Westminster. Esses "livres pensadores" protestantes rapidamente se desviaram do cristianismo clássico para uma variedade de experiências com a filosofia da religião e com a espiritualidade mística. O transcendentalismo de Ralph Waldo Emerson foi uma experiência que tinha pouco ou nada de cristã. De muitas maneiras, parecia uma mistura sincretista de cristianismo com hinduísmo.

A segunda opção para aqueles que desejassem continuar cristãos protestantes, apesar de ser tornarem totalmente modernos e mesmo de reconhecerem completamente as reivindicações da modernidade, era permanecer na tendência dominante das denominações protestantes e suas ramificações e tentar transformá-las, reconstruindo suas teologias à luz dos conhecimentos modernos. Em outras palavras, esses pensadores protestantes liberais não seguiriam o curso separatista do unitarismo, que rejeitava as doutrinas clássicas por contrastarem com o melhor da modernidade, mas simplesmente reinterpretariam as doutrinas protestantes clássicas, para que sua "verdadeira essência" se mostrasse compatível com a modernidade. Esse era o empreendimento da teologia protestante liberal clássica: descobrir a "verdadeira essência do cristianismo" diferente de tudo que contrastasse com a modernidade e reconstruir a teologia protestante em torno dessa essência. Os conservadores rapidamente partiram em defesa de todas as crenças cristãs protestantes tradicionais e fortaleceram suas categorias contra a influência, considerada perniciosa, da teologia modernista. Houve uma nova divisória continental na teologia protestante, separando os que acreditavam que a reconstrução da doutrina à luz da modernidade não somente era inevitável, mas também necessária, e os que defendiam os sistemas doutrinários tradicionais contra a reconstrução como se fosse um caso "de vida ou morte" para o cristianismo.

32

A teologia liberal ajusta-se à cultura moderna

Assim como o pietismo, o puritanismo e o deísmo, o liberalismo é uma categoria muito mal compreendida e um rótulo em geral mal usado. As pessoas costumam pensar na teologia liberal como a negação de alguma coisa, em vez de uma abordagem distinta e positiva da metodologia teológica. Em outras palavras, ela é equiparada simplesmente com a negação do nascimento virginal de Jesus Cristo, de sua ressurreição corpórea ou de ambos. Ela pode ser caracterizada como a negação da inspiração bíblica e a rejeição de dogmas como a Trindade e a divindade de Cristo. Sem dúvida, alguns ou talvez muitos pensadores protestantes liberais dos séculos XIX e XX negaram esses itens da ortodoxia protestante clássica. A maioria pelo menos questiona algumas dessas doutrinas. Mas para chegarmos ao âmago do pensamento protestante liberal, precisamos perguntar *por que* esses teólogos questionaram crenças tradicionais. Para sermos justos com eles, devemos reconhecer que, pelo menos em sua perspectiva, não estavam rejeitando a tradição, mas a reinterpretando ou reconstruindo. Além disso, os pensadores liberais clássicos discordavam sobre detalhes específicos da doutrina. O movimento era mais uma tentativa de transformar o pensamento cristão à luz de um novo contexto cultural moderno do que de rejeitar algumas crenças.

Portanto, essa definição prática pode servir de preâmbulo para a teologia protestante liberal clássica. O que todos os seus precursores e proponentes tinham em comum era o reconhecimento máximo das reivindicações da modernidade na teologia cristã.[1] Os teólogos estavam convencidos de que a cultura humana tinha dado um

---

[1] A expressão "reconhecimento máximo das reivindicações da modernidade" foi cunhada por Claude Welch, *Protestant theology in the nineteenth century*, vl. 1, 1799-1870 (New Haven, Yale University Press, 1972 [p. 142]). Muitos livros de teólogos liberais e conservadores procuraram dissecar o movimento e discernir seu âmago ou essência. Três deles, que focalizam a teologia protestante liberal na América do Norte, e que influenciaram de forma especial o modo de o presente autor interpretar o movimento são: Kenneth Cauthen, *The impact of American religious liberalism* (2 ed., Lanham, University Press of America, 1983); *The modernist impulse in American Protestantism* (Oxford, Oxford University Press, 1982) e Donald E. Miller, *The case for liberal Christianity* (San Francisco, Harper & Row, 1981).

salto quântico de avanço com o iluminismo e que a própria existência do cristianismo como mais do que uma religião folclórica dependia de sua atualização, para que entrasse em harmonia com o que havia de melhor no "projeto de modernidade" do iluminismo. Ou seja, a teologia cristã precisava se modernizar ou deixaria de ser religião popular com atrativos e influência universais. Os teólogos liberais acreditavam que, se não se ajustasse à nova situação moderna, o cristianismo se tornaria superstição e espiritualidade esotérica para uns poucos indivíduos atrasados e incultos, semelhante à astrologia. Um importante teólogo da popularização do liberalismo expressou essa opinião em sermões doutrinários à sua congregação protestante norte-americana, em 1913, da seguinte maneira: "Esta geração merece receber os melhores e mais sublimes pensamentos de nossos tempos quanto aos temas grandiosos da vida religiosa",[2] pois, se ao tratar-se de doutrina, os "assuntos são apresentados da forma que foram há cinquenta anos, não criam convicções nas mentes dos homens; não se pode crer neles".[3] Isso porque, segundo Washington Gladden, a filosofia, a ciência e a erudição bíblica modernas apresentam informações novas, que os formuladores dos credos e doutrinas do cristianismo no passado simplesmente não possuíam, e isso faz uma enorme diferença. Os jovens cristãos que forem criados nas igrejas somente com doutrinas tradicionais que não são corrigidas à luz de conhecimentos novos e modernos, inevitavelmente perderão a fé no cristianismo quando se voltarem para o mundo moderno e encontrarem esses novos conhecimentos.

Os teólogos liberais não concordavam a respeito da melhor forma de reconstruir as crenças cristãs à luz da modernidade, mas todos concordavam quanto à necessidade fundamental de reconstrução contínua da teologia moderna. Embora nenhum pensador protestante liberal clássico do século XIX estivesse disposto a colocar, de modo explícito, a modernidade no mesmo patamar das Escrituras, todos consideravam o pensamento moderno ferramenta necessária de interpretação e a maioria, inclusive, lhe atribuía autoridade orientadora ou mesmo controladora na determinação da essência da verdade cristã. Era isso que os tornava "teólogos liberais". Alguns foram mais radicais em suas conclusões e descartaram totalmente qualquer crença literal no sobrenatural e no milagroso. Poucos chegaram a esse ponto. Em geral, os teólogos protestantes liberais clássicos simplesmente restringiam ou desprezavam o aspecto sobrenatural. O mesmo aconteceu com dogmas clássicos, como a Trindade e a divindade de Cristo. Alguns os rejeitaram completamente, enquanto a maioria preferiu desprezá-los ou reinterpretá-los. Cada um, a seu próprio modo, tentou construir uma teologia cristã nova que fosse completamente compatível com o que havia de melhor na modernidade, na filosofia, na

---

[2] WELCH, *Protestant theology*, 1.142.

[3] Washington GLADDEN, *Present day theology*, 2 ed., Columbus, Ohio, McClelland, 1913, p. 3-4.

ciência e na erudição bíblica. Não se chegou a nenhum conjunto de conclusões que todos os teólogos liberais concordassem.

Modernidade: o contexto cultural para a teologia liberal

O que é modernidade? Alguns comentaristas a descrevem como disposição cultural, um conjunto de perspectivas e atitudes que durou de 1650 a aproximadamente 1950. Grosso modo, era sinônimo de iluminismo e de seus reflexos culturais posteriores. E está sendo supostamente suplantada pelo que se chama de "pós-modernidade" desde a década de 1960. Uma forma de descrever a modernidade é compará-la à cultura helenística do Império Romano nos primeiros séculos do cristianismo. Nos primeiros episódios da história da teologia cristã, vimos como os pensadores cristãos dos séculos II a IV e inclusive do século V contextualizaram de várias maneiras o evangelho e a cosmovisão cristã segundo sua cultura. Vimos, também, que não existia um "conceito helenístico" da realidade. Existiam, sim, características comuns da cultura helenística que foram moldadas por filósofos gregos pré-cristãos, como Sócrates, Platão, Aristóteles e seus herdeiros. A modernidade encontra-se em situação semelhante. Nunca foi um conjunto monolítico de crenças a respeito do mundo. Pelo contrário, o pensamento moderno foi constituído por alguns temas culturais penetrantes que, juntos, formaram tendência cultural moldada pelo iluminismo.

Os temas comuns e penetrantes da modernidade vieram da filosofia e da ciência do iluminismo. Já vimos alguns deles na história do deísmo (capítulo 31). Recapitulando e resumindo, o pensamento iluminista moderno focalizava a total competência da razão e sua autoridade sobre a tradição ou a fé, a uniformidade da natureza em vez do controle e das intervenções sobrenaturais e o progresso inevitável da humanidade pela educação, razão e ciência. Para os pensadores iluministas, o principal papel da religião na modernidade era a educação moral da humanidade e não a especulação metafísica ou a doutrinação nos dogmas a respeito de coisas que estavam além do alcance da investigação racional. O *Zeitgeist* (espírito da era) do iluminismo e da modernidade de modo geral era centralizado no ser humano. O ensaísta iluminista Alexander Pope deu os seguintes conselhos aos partidários do iluminismo: "Conheça, pois, a si mesmo. Não procure perscrutar Deus. O estudo apropriado da humanidade é o homem". Expressou, também, o fascínio que o iluminismo tinha pela ciência e pelas leis naturais, ao escrever: "A natureza e suas leis estavam envoltas nas trevas. Deus disse: 'Haja Newton!', e tudo se fez luz".

Talvez o maior pensador iluminista de todos tenha sido o grande filósofo alemão Immanuel Kant, que nasceu em Königsberg, na Prússia, em 1724 e morreu em 1804 sem nunca ter saído dessa cidade. É frequentemente considerado o ápice do iluminismo e também seu maior crítico, porque expressava e incorporava muitos de seus temas cruciais e, ao mesmo tempo, restringia a razão a uma esfera mais limitada do que os pensadores anteriores do iluminismo aceitariam. Kant escreveu um ensaio famoso chamado *O que é o iluminismo?*, no qual resumiu no imperativo *sapere aude!*: "pense por si mesmo!". Para ele, isso se aplicava à religião tanto quanto a qualquer outro âmbito cultural. O principal propósito da religião era único: fornecer à sociedade fundamentos morais e instrução. Em seu livro mais influente sobre religião, *A religião dentro da esfera da razão pura*, o grande filósofo alemão relegou a religião ao âmbito da ética.⁴ Com isso, desvalorizou tanto a teologia natural quanto a teologia revelada. Para Kant, a religião autêntica, inclusive o cristianismo válido, era simplesmente viver de acordo com os deveres racionalmente discerníveis. Essa era sua versão da religião natural e ela teve grande influência sobre os pensadores iluministas no início do século XIX que procuravam uma religião totalmente moderna. A religião de Kant não tinha a menor possibilidade de entrar em conflito com a ciência, porque não tinha nenhuma crença especulativa a respeito da natureza do mundo ou da história e não dependia de revelações sobrenaturais nem de milagres. Apesar disso, mantinha a crença em Deus, na existência imortal da alma e nas recompensas e castigos após a morte.

Nem todos os filósofos do iluminismo ficaram satisfeitos com a filosofia da religião quase naturalista proposta por Kant. Segundo outro grande filósofo alemão do começo do século XIX, ela reduzia Deus a mero colaborador, por assim dizer, do esforço moral e ético humano. Georg Wilhelm Friedrich Hegel (1770-1831) procurou reintroduzir um forte conceito de Deus como aspecto fundamental da filosofia moderna, sem exigir a crença em nada que contrastasse com a ciência moderna ou que exigisse fé cega na autoridade ou na revelação sobrenatural. Em *Preleções sobre a filosofia da religião*, Hegel explicou "Deus" como um Espírito (*Geist*) mundial imanente, que subjaz à natureza e à história e com elas evolui.⁵ Para ele, a crença nesse Deus era tanto racional quanto perfeitamente compatível com o melhor da cultura moderna, embora fosse metafísica, especulativa e, portanto, contrária aos ditames de Kant, que restringia a filosofia da religião à ética. O Deus de Hegel era plenamente imanente no mundo. Uma das máximas do filósofo era: "Sem o mundo, Deus não seria Deus". Deus e o mundo pertencem um ao outro e crescem juntos. A humanidade e a cultura humana são Deus chegando à autoconsciência, e Deus é o que a humanidade, na melhor das hipóteses, poderá chegar a ser.

Em uma era moderna que buscava uma perspectiva religiosa plenamente compatível com a razão e a ciência do iluminismo, as opiniões religiosas de Kant e Hegel foram facilmente aceitas, amplamente debatidas e profundamente influentes. Nenhum deles exigia a crença em dogmas ou milagres considerados incompatíveis com o espírito racionalista e naturalista da era. Mas ambos forneceram modos de considerar a Deus que evitavam o ateísmo ou o total agnosticismo. Assim como Platão e seu aluno Aristóteles na Atenas antiga e, posteriormente, na cultura helenística, Kant

---

⁴ Trad. Theodore M. Greene & Hoyt H. Hudson, New York, Harper Torchbooks, 1960.

⁵ E. B. Speirs, org., trad. E. B. Speirs & J. Burden Sanderson, New York, Humanities Press, 1962.

e Hegel forneceram duas teorias filosóficas diferentes para a modernidade que, para muitos, podiam ser combinadas de modo criativo. Muitos antagonistas cultos da religião tradicional do século XIX acreditavam que a ênfase à ética sem dogma que Kant deu à religião e o conceito de Hegel do Deus imanente na história e na cultura podiam se tornar os pilares de uma nova teologia filosófica que não entraria em conflito com a ciência. Da mesma forma que muitos pagãos cultos do Império Romano, como Celso, abraçavam um tipo de filosofia religiosa grega genérica que aliava aspectos de várias filosofias específicas, as pessoas cultas da Europa e (posteriormente) da América do Norte no século XIX começaram a aceitar a filosofia religiosa vaga e genérica do iluminismo, influenciadas pelo deísmo, Kant e Hegel. Essa maneira moderna de ser religioso buscou, acima de tudo, evitar conflitos com a ciência, já que ela sempre parecia vencer. Procurou, também, redefinir inteiramente a religião de uma forma nem metafísica, nem especulativa em termos de ter uma vida de dever ético e de coragem moral. Adotou da parte de Hegel um conceito imanentista de Deus como força espiritual impessoal e universal que marcha sempre adiante, em direção ao fim da história, em um estado de perfeição cultural utópica. Cada avanço cultural foi interpretado como uma vitória do espírito humano e um momento histórico de autorrealização de Deus por meio da humanidade na história.

O pai da teologia liberal moderna: Friedrich Schleiermacher

A religião filosófica imprecisa do pensamento iluminista do século XIX parecia bem distante do cristianismo clássico, embora Kant, Hegel e a maioria de seus seguidores alegassem ser cristãos, pelo menos no sentido cultural. Isso significa que pertenciam à igreja nacional oficial e ocasionalmente participavam de seus rituais, mas rejeitavam seus dogmas. Essa religiosidade moderna estava tão difundida na elite cultural da Europa que parecia que uma geração inteira estaria perdida para a igreja a não ser que ela pudesse adaptar sua pregação e seus ensinos à cosmovisão desses membros. Até a primeira década do século XIX, os teólogos protestantes da Europa e da América do Norte, de modo geral, representavam forte oposição à modernidade sempre que ela entrava em conflito com a ortodoxia. É possível que tenham lido Kant e, posteriormente, Hegel e se deixado influenciar parcialmente por eles, mas os teólogos protestantes ortodoxos das faculdades teológicas resistiam a qualquer acomodação às filosofias iluministas. Foi então que apareceu Friedrich Schleiermacher, o primeiro teólogo protestante a apelar para mudanças revolucionárias na ortodoxia protestante para ir ao encontro do *Zeitgeist* da modernidade e entrar em harmonia com ele. O resultado foi o nascimento da teologia protestante liberal.

Friedrich Daniel Ernst Schleiermacher nasceu na Prússia em 1768. Seu pai era um cristão pietista devoto, de crenças ortodoxas sólidas. Enviou o jovem Friedrich a um internato, dirigido por pietistas e, posteriormente, a um seminário pietista. Enquanto cursava o terceiro grau na Universidade de Halle, também fundada por pietistas, o jovem Schleiermacher se alimentou das fontes do pensamento iluminista e especialmente da filosofia de Kant e começou a expressar dúvidas a respeito da veracidade de algumas doutrinas ortodoxas nas cartas que escrevia ao pai. Isso provocou um rompimento entre eles, que acabou sendo sanado, mas Schleiermacher sempre contestou o cristianismo do pai. Em uma carta que escreveu à irmã anos mais tarde, Schleiermacher expressou a consciência de sempre ter sido pietista, porém de uma "ordem superior". Schleiermacher tornou-se ministro da Igreja Reformada, serviu como capelão em um hospital de Berlim e depois como catedrático de teologia e pastor da Universidade de Halle. Em 1806, quando Halle foi fechada por Napoleão, voltou a Berlim. Lá pastoreou a grande e influente Igreja da Trindade e ajudou a fundar a Universidade de Berlim. Tornou-se deão da faculdade de teologia e conquistou, na Alemanha, a reputação de herói nacional, poderoso pregador e grande intelectual. Quando morreu, em 1834, o povo de Berlim foi para as ruas em luto, para ver a procissão fúnebre passar.

Schleiermacher escreveu muitos livros durante a carreira, mas dois se destacam como os mais influentes na formação da nova escola de teologia protestante liberal. Em 1799, quando participava ativamente da cultura acadêmica de Berlim, o jovem ministro e capelão hospitalar queria encontrar um meio de influenciar os "antagonistas cultos" do cristianismo com o evangelho e convencê-los da legitimidade do cristianismo como uma religião positiva baseada na revelação divina. A tendência cultural da época era o romantismo, uma reação sentimental à ênfase exagerada à razão objetiva do iluminismo no século XVIII. Os românticos celebravam os "sentimentos", pelos quais entendiam não as emoções irracionais, mas os anseios humanos profundos e a apreciação da beleza da natureza. O movimento romântico deu origem a novos florescimentos nas artes em meio a uma cultura que tendia a valorizar dados científicos sólidos e filosofias intelectuais. Goethe na literatura e Beethoven na música gozavam de enorme popularidade. Schleiermacher queria encontrar uma forma de introduzir o cristianismo em seu círculo de amigos, que era bastante cético quanto à religião tradicional. Para eles, escreveu uma obra que veio a ser considerada clássica na apologética: *Da religião: discursos em resposta aos críticos cultos*. De certa forma, esse livro explicava que a essência da religião não está nas comprovações racionais da existência de Deus, nos dogmas sobrenaturalmente revelados ou nos rituais e formalidades das igrejas, mas no "elemento fundamental, distinto e integrador da vida e da cultura humana",[6] a sensação (*Gefühl*) de ficar totalmente dependente de alguma coisa infinita que se manifesta nas coisas e pelas coisas finitas.

Schleiermacher tirou a revelação autoritária e objetiva do centro da religião e a substituiu por *Gefühl*, uma palavra em alemão de difícil tradução. A tradução mais próxima seria "consciência íntima profunda". Ela é frequentemente traduzida por

---

[6] Terrence N. TICE, Introdução a Friedrich Schleiermacher, in: *On religion*: addresses in response to its cultured critics, trad. Terrence N. Tice (Richmond, John Knox Press, 1969 [p. 12]).

"sentimento", mas essa palavra expressa a ideia errada. Para Schleiermacher, tanto a religião em geral quanto o cristianismo como religião positiva trata, principalmente, da faculdade e da experiência humana universal que ele chamou de *Gefühl*. É a consciência distintamente humana de algo infinito, além do próprio eu, da qual ele depende para tudo. O cristianismo tem sua forma distinta de *Gefühl*, que Schleiermacher considerava a mais sublime, mas cada ser humano tem essa consciência experimental como parte do seu "religioso *a priori*". Ele é universal e intrínseco à própria natureza humana, segundo Schleiermacher. Essa ideia pareceu atraente para os românticos, bem como para os adeptos do iluminismo que procuravam uma espiritualidade religiosa sem a fé cega nos dogmas eclesiásticos que requeriam o sacrifício do intelecto. Schleiermacher mostrou como eles podiam se tornar mais religiosos sem abrir mão do que consideravam a valorização iluminista de sua verdadeira humanidade. O caminho era descobrir e alimentar da religiosidade humana universal existente dentro de cada um, que Schleiermacher, às vezes, chamava simplesmente de "piedade" e descobrir o vínculo com o infinito que já existia dentro deles.

Em *Da religião*, Schleiermacher estabeleceu a base sobre a qual criou uma estrutura teológica especificamente cristã com sua obra suprema: *A fé cristã*. Essa teologia sistemática apareceu pela primeira vez em 1821 e depois foi atualizada e revisada por Schleiermacher em 1830. Nessa obra monumental, o pastor e teólogo de Berlim apresentou um sistema de doutrina cristã para os tempos modernos. A maioria dos estudiosos da teologia moderna concordaria com o que escreveu o comentarista: "nada de tão importante e sistemático apareceu no protestantismo desde *Institutas da religião cristã* de Calvino, quase três séculos antes"[7]. A intenção de Schleiermacher com *A fé cristã* era apresentar uma teologia especificamente cristã que fornecesse uma alternativa à religiosidade imprecisa de Kant e Hegel, levando em conta os avanços do pensamento moderno e evitando conflitos com eles. Era uma atualização da ortodoxia protestante, embora a maioria dos teólogos protestantes ortodoxos reagisse contra ela e a repudiasse.

Na época em que escreveu *A fé cristã*, Schleiermacher chegou a se referir ao *Gefühl* como "ter consciência de Deus" e argumentou que existe uma consciência de Deus na humanidade e também formas religiosas específicas dessa consciência nas religiões positivas. Segundo Schleiermacher, a teologia cristã não era apenas uma reflexão sobre a revelação sobrenatural e divina, mas uma tentativa de colocar em palavras o sentimento religioso.[8] O principal sentimento religioso no cristianismo é a consciência de ser totalmente dependente da obra redentora de Jesus Cristo no relacionamento com Deus. Essa é a "essência do cristianismo", a total consciência de depender de Deus (ter consciência de Deus) e de Jesus Cristo como

---

[7] Keith W. CLEMENTS, *Friedrich Schleiermacher*: Pioneer of modern theology, Londres: Collins, 1987, p. 7.

[8] H. R. Mackintosh & J. S. Stewart, eds., 2 ed., Philadelphia, Fortress, 1928, p. 76.

nosso vínculo com Deus. Esse *Gefühl* era a fonte e a norma oficiais da teologia de Schleiermacher e as próprias Escrituras seriam interpretadas e até mesmo julgadas por ele. O autor acreditava que, na maior parte, tanto as Escrituras quanto a tradição cristã resistiriam bem ao escrutínio crítico usando a experiência como referência, mas estava mais do que disposto a revisar qualquer doutrina específica à essa luz se fosse necessário. Nenhuma doutrina, por mais tradicional que fosse, seria sacrossanta. Somente as que fossem compatíveis com a consciência de Deus e sua expressão cristã específica seriam aceitáveis para Schleiermacher.

Sem dúvida, Schleiermacher tinha na mais alta estima as Escrituras e a grande tradição dos ensinos da igreja. Mas também considerava que a experiência religiosa tinha muito mais autoridade. A Bíblia, declarou, não é a autoridade absoluta, mas o registro das experiências religiosas das comunidades cristãs primitivas; portanto, fornece um padrão para as tentativas contemporâneas de interpretar a relevância de Jesus Cristo para as circunstâncias históricas específicas. Ela não é sobrenaturalmente inspirada e nem infalível. Schleiermacher relegava o AT a uma condição de irrelevância por acreditar que carecia da dignidade normativa do NT. Até o NT, porém, poderia estar errado em qualquer pormenor, se conflitasse com a experiência religiosa humana de modo geral ou com a forma especificamente cristã. O teólogo liberal alemão começou a reconstruir a doutrina de Deus, afirmando que "todos os atributos que atribuímos a Deus devem ser entendidos no sentido de denotar não algo de especial em Deus, mas somente na maneira como o sentimento de absoluta dependência deve estar relacionado a ele".[9] Em outras palavras, falar de Deus é sempre falar da experiência humana de Deus. Essas declarações não descrevem o próprio Deus, mas são uma forma de ter uma experiência com Deus.

Schleiermacher acreditava que a doutrina da Trindade não combinava muito bem com a experiência de termos consciência de Deus, por isso reduziu a consideração sobre ela a um apêndice de sua teologia. Não a rejeitou nem a negou, mas reconheceu ter dúvidas a respeito e declarou que ela é praticamente inútil para a teologia cristã, por não se tratar de uma declaração sobre a consciência religiosa. Argumentou que para o cristão ter consciência de Deus, precisa olhar para tudo o que acontece na natureza e na história como a atividade de Deus e, portanto, a teologia deve abandonar a distinção entre o natural e o sobrenatural. Sem negar totalmente os atos especiais de Deus, que alguns poderiam corretamente chamar de milagres, Schleiermacher declarou:

> De modo geral [...], no tocante aos milagres, os interesses gerais da ciência, mais especificamente da ciência natural, e os interesses da religião parecem convergir para o mesmo lugar, ou seja, devemos abandonar a ideia do

[9] Ibid., p. 194.

absolutamente sobrenatural, porque nem uma única ocorrência sua pode ser conhecida por nós e em nenhum lugar se exige de que a reconheçamos.[10]

Portanto, para Schleiermacher e para a teologia protestante liberal em geral, a ciência e o cristianismo, a princípio, não podem estar em conflito. A ciência trata somente de causas próximas, ao passo que o cristianismo trata da causa suprema de tudo. No fim, porém, Schleiermacher realmente pareceu censurar ou proibir a crença nas intervenções divinas especiais. Nunca ter negado a ressurreição corpórea de Jesus nem o túmulo vazio, talvez indique sua relutância em levar até às últimas consequências o sentimento contrário ao sobrenatural.

Em nenhum lugar o liberalismo teológico de Schleiermacher aparece mais claramente do que em sua cristologia. Rejeitou a doutrina tradicional das duas naturezas de Jesus Cristo e a substituiu por uma cristologia baseada inteiramente na experiência de Jesus de ter consciência de Deus. Jesus Cristo, ensinou, é exatamente igual em sua natureza ao resto da humanidade. A única diferença é que, diferentemente dos outros seres humanos, "desde o início, ele tinha plena consciência de Deus".[11] Desde o nascimento, tinha total consciência de sua dependência de Deus e nunca profanou de forma pecaminosa esse relacionamento de dependência, declarando ter autonomia de Deus, seu Pai celestial. Schleiermacher expressou sua cristologia funcional (em oposição à cristologia ontológica) quando escreveu que "o Redentor, portanto, é semelhante aos homens em virtude da identidade da natureza humana, mas diferente de todos pelo poder constante de sua consciência de Deus, que era a autêntica existência de Deus nele".[12] Segundo Schleiermacher, por causa do poder dessa consciência de Deus, Jesus Cristo foi o Salvador da humanidade porque conseguiu transmiti-la, de alguma forma, aos outros pela comunidade que fundou e que é conhecida como igreja. Schleiermacher negava tanto a teoria da expiação pela compensação quanto pela substituição e defendia algo próximo ao modelo de Abelardo, da influência moral. Declarou que, por sua própria vida e morte, Jesus Cristo atrai os fiéis para o poder de sua própria consciência de Deus e a transmite a eles de alguma forma. Está claro que a cristologia de Schleiermacher trata Jesus como um "ser humano exaltado", em vez de Deus encarnado no sentido tradicional. Está mais para o adocionismo do que para a crença na encarnação.

A intenção de Schleiermacher era fornecer uma teologia que fosse completamente moderna e cristã. Não exigia nenhuma crença que fosse essencialmente contrária ao pensamento moderno e não descartava nenhuma que fosse essencialmente contrária ao cristianismo. Ou pelo menos era assim que pensava. Seus críticos não estavam convictos de que conseguiu essa façanha. Do lado da esquerda, os deístas e os

---

[10] Ibid., p. 183.
[11] Ibid., p. 367.
[12] Ibid., p. 385.

seguidores de Kant e de Hegel consideravam o empreendimento de Schleiermacher cristão demais, mesmo que tratasse o cristianismo como um subconjunto da religiosidade universal. Ao tornar um ser humano o Salvador da humanidade na história, Schleiermacher caiu no "escândalo da particularidade", enquanto que o grande filósofo alemão do iluminismo, G. E. Lessing havia declarado que as verdades universais não podem ser fundamentadas em eventos históricos particulares. Do lado da direita, seus críticos cristãos achavam que Schleiermacher era muito radical na reinterpretação da fé cristã subvertendo-a à cultura moderna. Uma acusação frequente era que ele a havia tornado inteiramente subjetiva ao definir a teologia como reflexo da experiência mais do que a revelação histórica e objetiva das Escrituras.

Albrecht Ritschl e a busca da essência do cristianismo

Se existe um teólogo cujo nome está mais estreitamente ligado à teologia protestante liberal, este é Albrecht Ritschl. Nas duas últimas décadas do século XIX e nas duas primeiras décadas do século XX, a teologia liberal foi frequentemente chamada "ritschlismo". Albrecht Ritschl levou uma vida notavelmente tranquila de 1822 a 1889. Ensinou teologia sistemática nos últimos vinte e cinco anos de sua vida na Universidade de Göttingen na Alemanha e tornou-se intérprete mundialmente famoso da teologia protestante na era moderna. Sua obra-prima foi o tratado de três volumes *A doutrina cristã da justificação e da reconciliação*, publicado em partes de 1870 a 1874. Seu tradutor e editor na língua inglesa, o teólogo escocês H. R. Mackintosh, comentou: "Desde a publicação de *Christliche Glaube* [*A fé cristã*] de Schleiermacher em 1821, nunca uma obra dogmática deixou uma marca tão profunda como essa no pensamento teológico da Alemanha e do mundo inteiro".[13] Uma geração inteira de teólogos protestantes foi treinada na teologia de Ritschl.

Um dos propósitos de Ritschl era livrar o cristianismo da ciência. Por "ciência" não se referia somente às ciências naturais, mas a qualquer disciplina objetiva que lidasse com "fatos". O teólogo de Göttingen acreditava que a teologia e a religião em geral eram distintas da ciência — conceito totalmente diferente do projeto medieval de estabelecer a teologia como a "rainha das ciências". Duas estratégias cumpririam a tarefa extremamente importante de desvincular a teologia da ciência. Primeiro, Ritschl acreditava e argumentava que as proposições religiosas, inclusive as doutrinas cristãs, eram completamente diferentes das proposições científicas. A ciência lida com *fatos* e usa a linguagem da afirmação dos fatos. A religião lida com *valores* e usa a linguagem do julgamento de valor. As duas precisam ser separadas. Segundo o jargão filosófico, elas são "jogos de linguagem" completamente diferentes. O segundo passo, estreitamente vinculado ao anterior, para desvincular a religião

---

[13] Introdução a Albrecht Ritschl, in: *The Christian doctrine of justification and reconciliation*, trad. H. R. Mackintosh & A. B. Macaulay (Edimburgo, U.K., Clark, 1900 [p.v.]).

da ciência moderna, seria descobrir que a essência verdadeira do cristianismo é completamente compatível com a cosmovisão moderna. Juntas, as duas estratégias metodológicas para transformar e reconstruir a teologia cristã formam o âmago do ritschlismo, que por sua vez é o âmago da teologia protestante liberal.

Sob a influência da filosofia de Immanuel Kant, Ritschl acreditava ter descoberto o modo certo de criar uma teologia protestante totalmente moderna. Traçou uma distinção entre dois tipos de proposições ou alegações da verdade: julgamento de fatos e julgamento de valores. Os julgamentos de fatos são declarações a respeito da realidade objetiva que podem, de alguma forma, ser testadas. São teóricos e moralmente neutros. A pessoa que faz um julgamento de fatos não precisa assumir pessoalmente ou moralmente nenhum compromisso para estar certa. Um exemplo desse tipo de julgamento seria "o mundo é redondo". O julgamento de valores, por outro lado, exige envolvimento pessoal e comprometimento. A pessoa nunca é neutra quanto faz um julgamento de valores. Um exemplo desse tipo de declaração seria "Deus é amor". Essas duas afirmações são de ordem inteiramente diferente, segundo Ritschl.

A essência do liberalismo de Ritschl encontra-se no fato de ele ter relegado todas as afirmações puramente religiosas, inclusive as declarações que perfazem a teologia cristã, ao âmbito dos julgamentos de valores. Embora reconhecesse que é impossível desvincular totalmente as duas ordens de linguagem, Ritschl entendia que eliminar toda a confusão e conflito com a ciência era a chave para tornar moderna a teologia. A teologia não se interessa pelo mesmo tipo de coisa que a ciência. A ciência visa construir um sistema de fatos que descrevam, de modo exato e objetivo, o mundo físico. A teologia procura construir um sistema de julgamentos de valores, baseado exclusivamente na influência de Deus na vida das pessoas e no valor dessa influência para o bem maior das pessoas. A teologia não se interessa pelo conhecimento científico. Interessa-se, até certo ponto, pelo conhecimento histórico, mas somente dentro dos limites necessários para estabelecer os valores ensinados por Jesus e seus discípulos.

Quando Ritschl começou a determinar a verdadeira essência do cristianismo, já tinha resolvido que não podia ser alguma verdade científica ou metafísica que fosse acessível a todos. Tais verdades sempre poderiam ser derrubadas pelos ataques da pesquisa moderna. A essência precisa ser um julgamento de valores ou um conjunto deles. Ritschl acreditava ter encontrado a essência no ideal de Jesus do "reino de Deus". Mas esse ideal, segundo Ritschl, não dizia respeito a idas e vindas sobrenaturais, milagres terrestres ou celestes, juízos ou céu e inferno. O reino de Deus é a unidade ideal da humanidade, organizada segundo o amor na história da humanidade.[14] Esse reino é o sumo bem de Deus e da humanidade e o interesse exclusivo da teologia.

---

[14] RITSCHL, *Christian doctrine of justification*, p. 334-5.

Como Kant antes dele, Ritschl quase reduziu o cristianismo à moralidade. Isto é, para ele o âmago do cristianismo era um modo de vida que pouca coisa tem em comum com o sobrenatural, milagroso ou dogmático. A pessoa é "cristã" quando procura estabelecer o reino de Deus na terra de modo relevante, razoável e prático. Para Ritschl, o cristianismo não era uma religião relativa ao outro mundo, mas uma religião de transformação mundial pela ação ética inspirada no amor. A teologia não era um sistema metafísico de declarações quase científicas a respeito da realidade objetiva, mas um conjunto de julgamentos de valores com os quais a pessoa se compromete para edificar o reino de Deus.

Um exemplo dessa transformação de declarações religiosas e teológicas é a interpretação de Ritschl para a divindade de Jesus. Da mesma forma que Schleiermacher, Ritschl rejeitava a cristologia clássica de Calcedônia, das duas naturezas de Cristo. Explicou que, quando os cristãos afirmam que Jesus é Deus, estão fazendo um julgamento de valor sobre a vida de Jesus, em relação a Deus quanto em relação à humanidade. Jesus foi chamado para a "vocação" que Deus Pai lhe deu de ser a incorporação perfeita do reino de Deus entre os seres humanos e a cumpriu com perfeição. Os cristãos confessam que Jesus é "Deus" porque essa vocação vitalícia possibilitou a conquista parcial do reino de Deus na história. Mas, segundo Ritschl argumentava, Jesus não preexistia à vida humana na terra em algum plano celestial, mas somente na mente de Deus.

Assim como a teologia de Schleiermacher, a de Ritschl não pode conflitar com a ciência, nem sequer no sentido mais amplo do termo. Com o protestantismo liberal, a teologia perdeu a categoria científica. Passou a ser vinculada mais estreitamente à espiritualidade e moralidade. Alguns diriam que ela se tornou mera subdivisão delas. A vantagem é que os cristãos já não teriam que temer as conclusões mais recentes da ciência, quer no tocante ao sistema solar, como aconteceu no célebre conflito entre Galileu e a Igreja Católica, quer no tocante à origem das espécies, como aconteceu no conflito entre Darwin e os teólogos cristãos conservadores. Os liberais reconstruíram a teologia cristã em torno da "essência" recém-descoberta (seja qual for) de tal maneira que nunca pudesse ser afetada por novas conclusões científicas. A desvantagem, é claro, era a subjetivação quase completa da teologia cristã. Agora, ela trataria da experiência, quer a consciência de Deus segundo Schleiermacher ou a experiência moral do reino de Deus segundo Ritschl, como o sumo bem da humanidade. Com Ritschl, a teologia já não lidava com fatos, mas somente com valores. As crenças tradicionais que pudessem conflitar com a modernidade, como as do nascimento virginal, da natureza de Jesus, dos milagres e da segunda vinda, o mundo dos anjos e dos demônios e do céu e do inferno, foram paulatinamente relegadas ao passado da antiga teologia por descuido ou pela reinterpretação radical. Por outro lado, pelo menos agora ninguém mais seria queimado na fogueira, como Serveto em Genebra, por questionar doutrinas ortodoxas. Muito pelo contrário. Assim que os teólogos protestantes assumiram o controle dos seminários e das faculdades de teologia, os estudiosos que insistiam em ensinar como fato doutrinas ortodoxas eram frequentemente considerados obscurantistas antiquados e expulsos.

Os temas comuns da teologia liberal

Anteriormente, neste capítulo, identificamos uma essência da teologia protestante liberal: o reconhecimento máximo das reivindicações da modernidade em uma estrutura cristã. Ou seja, pensadores protestantes liberais, como Schleiermacher e Ritschl, não estavam interessados em ser deístas, unitaristas, livres-pensadores ou pesquisadores espirituais independentes. Eram homens da igreja, que pregavam, celebravam os sacramentos e ensinavam teologia sistemática. Prezavam a Bíblia, ainda que negassem sua inspiração verbal e inerrância. Procuravam centralizar-se em Cristo e preservar a crença de que, em certo sentido, Jesus Cristo é o Salvador do mundo. Acreditavam em um Deus de amor, pessoal e envolvido, que revela a si mesmo, não limitavam a teologia ao que a razão humana autônoma pode descobrir. Contudo, iniciavam seus empreendimentos teológicos com a pressuposição de que a pessoa não deve optar entre ser cristã ou moderna. Ela deve ser ambas, na mesma proporção. Isso significaria que, assim como a verdade cristã se confronta com a modernidade e a transforma (Jesus é Senhor), a modernidade se confronta com o cristianismo tradicional e o transforma (o dogma das duas naturezas de Jesus já não é sustentável dentro da cosmovisão moderna).

Além de reconhecerem a modernidade como fonte originária e norma autorizada da teologia cristã, os pensadores protestantes liberais a partir de Schleiermacher sustentavam três temas principais que condicionavam suas reflexões teológicas: a imanência divina, a moralização do dogma e a salvação universal da raça humana. A influência de Hegel ofuscou a doutrina de Deus adotada pela teologia liberal. Quase todos os pensadores protestantes liberais do fim do século XIX e início do século XX enfatizavam a continuidade de Deus e da natureza de forma que não raro lembrava o panteísmo ou, pelo menos, o panenteísmo (a mutualidade entre Deus e o mundo). Na melhor das hipóteses, a teologia liberal parou de reduzir Deus ao espírito mundial universal e afirmou a natureza pessoal de Deus. Mas a representação da humanidade e da natureza como uma espécie de extensão de Deus permaneceu no segundo ou até mesmo no primeiro plano do pensamento liberal. A ideia de Deus ser "totalmente diferente", uma diferença qualitativa infinita entre Deus e o mundo, conforme proclamado por filósofos e teólogos antiliberais, como o dinamarquês Søren Kierkegaard, era anátema para os teólogos liberais. Uma metáfora bastante usada por alguns pensadores liberais para descrever o relacionamento entre Deus e os seres humanos era a de uma baía rodeada por uma grande extensão de água. A baía é distinta do oceano ou do mar, mas é feita da mesma matéria. Da mesma forma, espiritualmente, a humanidade é uma extensão de Deus, embora Deus não se restrinja a ela.

O segundo tema comum era a moralização do dogma. Influenciados por Kant, os pensadores protestantes liberais insistiam em reinterpretar todas as doutrinas e dogmas do cristianismo em termos éticos e morais e aquelas que não pudessem ser reinterpretadas eram então desprezadas ou mesmo totalmente descartadas. A divindade de Cristo podia ser reduzida à linguagem moral como expressão de sua influência moral. Ele trouxe o reino de Deus para a história social humana como um ideal. Mas, para muitos liberais, a trindade não podia ser moralizada assim. Eles não perceberam sua relevância para a comunidade e por isso a ignoraram totalmente.

O terceiro tema comum era a salvação universal da raça humana. O que faltava quase inteiramente ao protestantismo liberal era o reconhecimento do pecado radical e do mal, do juízo final, da ira divina e do inferno. Este último era interpretado como um estado de consciência no qual os seres humanos se alienam de Deus e do reino de Deus por suas próprias decisões e ações. Não se trata tanto de Deus os julgar, mas de eles julgarem a si mesmos.

O legado da teologia protestante liberal

Um dos grandes intérpretes e responsáveis pela popularização da teologia protestante liberal foi Adolf Harnack (1851-1930), que escreveu *O que é cristianismo?*. Harnack era um intelectual alemão eminente que ensinava história eclesiástica e teologia histórica na Universidade de Berlim. De muitas maneiras, foi sucessor de Schleiermacher e de Ritschl na liderança do movimento teológico liberal. Tinha livre trânsito no governo alemão e redigiu o discurso do imperador Guilherme de declaração de guerra contra a França e a Grã-Bretanha em 1914. Depois da guerra, o governo alemão ofereceu-lhe o cargo de embaixador nos Estados Unidos, mas Harnack recusou a oferta. Um importante prédio governamental em Berlim leva o seu nome. Sua obra erudita mais influente foi *A história do dogma*, de vários volumes, na qual procurou demonstrar a helenização do pensamento cristão antigo e lançou o empreendimento de redescoberta do evangelho simples de Jesus Cristo, removendo as supostas partes de filosofia especulativa grega dos credos e das fórmulas de fé. Quase todos os jovens aspirantes a teólogo e historiadores eclesiásticos da Alemanha foram alunos de Harnack durante um ano pelo menos.

Em *O que é cristianismo?* o grande mestre alemão de teologia resumiu a essência aparentemente simples do cristianismo a três grandes ideias apresentadas por Jesus, cujas mensagens, segundo Harnack, não falavam dele, mas somente de Deus Pai. O primeiro princípio básico do cristianismo autêntico, para Harnack, é o reino de Deus e a sua vinda.[15] Isso não tem nenhuma relação com os eventos sobrenaturais do futuro, mas apenas com "o governo de Deus no coração dos indivíduos". A segunda das três ideias básicas do evangelho do NT é Deus Pai e o valor infinito da alma. Segundo Harnack, Jesus não fazia nenhuma distinção entre o papel de Deus

---

[15] Esses princípios foram apresentados por Adolf von Harnack em *What is Christianity?* (New York, Putnam's, 1901 [p. 55]) e interpretados nas páginas seguintes.

como Pai dos crentes e como Pai dos incrédulos. Deus é Pai da humanidade e cada alma tem valor e apreço infinitos diante de Deus, o que nos torna a todos irmãos e irmãs. Esse conceito às vezes é expresso como a paternidade de Deus e a fraternidade dos homens. Finalmente, segundo Harnack, Jesus ofereceu a justiça suprema e o mandamento do amor. Por "justiça suprema" referia-se à justiça centralizada no amor e não a simples preservação legalista da lei. Para Harnack, essas três ideias religiosas juntas formam o "âmago" do cristianismo autêntico e o resto é "casca", que deve ser arrancada e descartada.

A influência de Harnack chegou à América de Norte, no outro lado do oceano Atlântico, e ajudou a desenvolver uma escola de pensamento liberal chamada o evangelho social, cujo proponente principal era o teólogo batista Walter Rauschenbusch. Rauschenbusch nasceu na família de um pastor batista alemão, professor de teologia em Nova York, em 1861. Morreu no fim da Primeira Guerra Mundial, em 1918, depois de uma carreira distinta, seguindo os passos do pai. Ensinou teologia e história eclesiástica por muitos anos na divisão alemã do Seminário Teológico de Rochester, Estado de Nova York.[16] Mas o primeiro amor de Rauschenbusch foi o evangelho social (como era chamado) e, junto com o pastor de Ohio, Washington Gladden, e outros, ajudou a desenvolvê-lo e promovê-lo fundamentado, em boa medida, na teologia de Ritschl. A mensagem de Harnack do "evangelho simples" de Jesus sobre o reino de Deus na história também influenciou os profetas do evangelho social.

A obra mais importante de Rauschenbusch foi a última que escreveu: *A theology for the social gospel* [*Uma teologia para o evangelho social*], publicada em 1917. Embora tenha tomado o cuidado de evitar qualquer repúdio público às crenças doutrinárias fundamentais do protestantismo, o professor batista liberal reorientou totalmente a teologia, desviando sua atenção dos dogmas a respeito de realidades sobrenaturais para a ética social. As categorias principais dessa teologia eram o "reino do mal" e o "reino de Deus" e a "salvação de seres superpessoais". Com essa última expressão, Rauschenbusch referia-se às grandes estruturas da vida social que assumem vida própria muito maior e mais poderosa do que os indivíduos que nela existem. A sociedade anônima moderna, por exemplo, é um "ser superpessoal", uma pessoa jurídica, da mesma forma que a república moderna. Segundo Rauschenbusch, Cristo veio não somente para salvar indivíduos, mas sobretudo para salvar seres superpessoais:

> A salvação dos seres superpessoais se dá pela sujeição à lei de Cristo. O passo fundamental para o arrependimento e para a conversão nas profissões e organizações é abrir mão do poder monopolizador e das rendas provenientes

---

[16] A divisão alemã do Seminário Teológico de Rochester era um departamento semiautônomo da escola batista de teologia que se separou e mudou para Sioux Falls, Dakota do Sul, na década de 1940. Agora é chamada Seminário Batista da América do Norte e reivindica Rauschenbusch como seu.

da extorsão legalizada e se submeter à lei do serviço, contentando-se com o pagamento justo pelo trabalho honesto. O passo correspondente, no caso dos governos e das oligarquias políticas, tanto nas monarquias quanto nas semidemocracias capitalistas, é submeter-se à democracia genuína. Assim, eles saem do reino do mal e entram para o reino de Deus.[17]

As teologias de Harnack e Rauschenbusch são exemplos da "moralização do dogma" kantiano da teologia liberal. Os grandes temas da doutrina que levaram centenas de anos para se desenvolver são abafados. O cristianismo é praticamente reduzido a algumas declarações religiosas simples e a um programa político e econômico socialista. O apogeu desse tipo de teologia protestante liberal se deu na década de 1920, especialmente nos Estados Unidos. O horror da Primeira Guerra Mundial enfraqueceu o ímpeto desse movimento na Europa. Até mesmo nos Estados Unidos, a teologia passou por mudanças dramáticas em reação às dificuldades das grandes guerras mundiais, do holocausto e da neo-ortodoxia. Várias formas novas de teologia liberal surgiram e lhe deram mais vitalidade e a mantiveram viável em tempos de mudança. Mas, apesar dos altos e baixos, a teologia liberal clássica deixou um legado permanente e poderoso de teologia protestante tradicional. Esse legado pode ser percebido sempre que e quando os teólogos expressam desdém pela doutrina e pela experiência cristã individual com Deus e, em vez disso, enfatizam a educação ética e o ativismo social. Ele pode ser percebido sempre que "o pensamento moderno e a experiência" são elevados à norma básica da teologia e quando Deus é reduzido a uma força espiritual imanente em todas as coisas. Uma forma contemporânea importante da teologia liberal que se encontra na tradição de Hegel e de Schleiermacher é a "teologia do processo". Na tradição de Kant e Ritschl encontram-se uma rica variedade de teologias da libertação e de teologias políticas.

A teologia protestante liberal clássica expandiu-se triunfante pelos seminários e pelas principais denominações da Europa e da América do Norte, com poder e influência tão transformadores que muitos pensadores e líderes protestantes tradicionais foram apanhados de surpresa. Mas uma forte reação a esse movimento reformador radical era inevitável e surgiu em sua forma mais intensa sob o nome de "fundamentalismo" nas primeiras décadas do século XX.

---

[17] *A theology for the social gospel*, New York, Macmillan, 1918, p. 117.

33
A teologia conservadora consolida as categorias tradicionais

Depois do grande impacto da teologia protestante liberal, houve uma forte reação dos teólogos comprometidos com as formas de ortodoxia protestante. Por volta de 1910, o grande teólogo e estadista holandês, Abraham Kuyper (1837-1920), declarou:

> Não há dúvida [...] de que o cristianismo está sendo ameaçado por grandes e graves perigos. Dois sistemas de vida estão se degladiando em um combate mortal. O modernismo certamente construirá um mundo só seu com base no homem natural e construirá o próprio homem com base na natureza; enquanto que, por outro lado, todos aqueles que reverentemente se ajoelharem diante de Cristo e o adorarem como o Filho do Deus vivo e como o próprio Deus tentarão salvar a "herança cristã". Essa é a luta que acontece na Europa, na América do Norte e que se dá em defesa dos princípios na qual minha própria pátria está empenhada e à qual eu mesmo estou dedicando todas as minhas energias há quase quarenta anos.[1]

Vários outros pensadores e líderes protestantes pensavam da mesma forma, que a teologia liberal estava ameaçando destruir o cristianismo autêntico e até mesmo a "herança cristã" na cultura ocidental.

Dentre a ortodoxia protestante surgiu uma teologia militante em reação à teologia liberal e ao pensamento moderno em geral que foi chamada de fundamentalismo. Embora procurasse simplesmente preservar a teologia protestante clássica e impedir a acomodação liberal ao pensamento moderno, o fundamentalismo acabou desenvolvendo uma nova forma de teologia protestante racionalista, separatista e absolutista. Isto é, a teologia fundamentalista plenamente desenvolvida produziu sistemas

---

[1] Apud Alan P. R. Sell, *Theology in turmoil*: the roots, course and significance of the conservative-liberal debate in modern theology (Grand Rapids, Baker, 1986 [p. 108]).

absolutos de proposições doutrinárias internamente coerentes que devem ser aceitos na íntegra, sem questionamento, ou totalmente rejeitados. Qualquer pessoa que questionasse um único ponto do sistema doutrinário protestante fundamentalista seria acusada de heresia ou mesmo de apostasia. Era uma reação exacerbada típica do fundamentalismo extremo ao relativismo doutrinário da teologia liberal.

Fundamentalismo: contestado no termo e na categoria

Já notamos como muitos nomes e categorias teológicas são imprecisas e frequentemente torcidos, usados de maneira errada e imprecisa. É o caso de *fundamentalismo* e *fundamentalista*. O que começou como o nome de um movimento teológico que defendia a ortodoxia protestante da "acidez da modernidade" e da dissolução pela teologia liberal, não raro, é usado como termo de insulto e desdém para qualquer forma fanática e militante de religião. Os estudiosos da religião gastaram milhares de horas e de dólares na tentativa de definir com exatidão a essência do fundamentalismo, por causa do mau uso generalizado do termo pela mídia e pelas pessoas comuns.[2] Aqui, o termo será usado em seu sentido histórico-teológico. Faremos o possível para evitar o uso do termo da maneira como os jornalistas geralmente fazem, para descrever e marginalizar uma crença religiosa apaixonada e ardente. Muitas pessoas, cristãs e não cristãs, são crentes vigorosos e fervorosos na religião e na espiritualidade e não são fundamentalistas. O fundamentalismo genuíno é uma forma distinta de protestantismo ortodoxo do século XX definida, em grande parte, pela reação às teologias liberal e modernista que estudamos no capítulo anterior.[3]

Se a essência da teologia protestante liberal era o reconhecimento máximo das reivindicações da modernidade pelo pensamento cristão, a essência da teologia fundamentalista pode ser descrita como o reconhecimento máximo das reivindicações da ortodoxia protestante contra a modernidade e a teologia liberal. O âmago de sua postura e abordagem é o que se chama de "conservadorismo máximo" da teologia cristã. Sua ambição é defender a inspiração verbal e infalibilidade (inerrância) absoluta da Bíblia, bem como todas as doutrinas tradicionais da teologia ortodoxa protestante que consideravam sob ataque pelo pensamento moderno e pela teologia liberal. De 1910 a 1960, aproximadamente, o empreendimento fundamentalista

---

[2] Um relevante estudo especializado do fundamentalismo que focaliza os aspectos sociológicos e que tende a empregar o rótulo em um sentido bastante amplo é a série de cinco volumes de Martin E. Marty e R. Scott Appleby, org., *The Fundamentalism project* (Chicago, University of Chicago Press, 1991-1995).

[3] As descrições especializadas mais exatas e profundas do fundamentalismo protestantes são as escritas pelo historiador George Marsden. Cf. suas duas excelentes obras: *Fundamentalism and American culture:* the shaping of twentieth-century Evangelicalism, 1870-1925 (New York, Oxford University Press, 1980) e *Understanding Fundamentalism and Evangelicalism* (Grand Rapids, Eerdmans, 1991).

tornou-se cada vez mais intenso e separatista, quando diversos líderes fundamentalistas discordaram a respeito dos "fundamentos da fé" e dos graus de separação da religião secular e modernista. No início do movimento, os fundamentos da fé que precisavam ser defendidos eram razoavelmente poucos e bastante óbvios. Já nas décadas de 1940 e 1950, muitos líderes fundamentalistas reconhecidos acrescentaram à lista das doutrinas essenciais o pré-milenarismo (a crença no reino de Cristo na terra por exatamente mil anos depois da segunda vinda) e o criacionismo da terra jovem (a crença que Deus criou toda a natureza e tudo o que nela existe há menos de dez mil anos, em exatamente uma semana de vinte e quatro horas diárias).

Histórica e teologicamente, é errado chamar de fundamentalismo qualquer coisa antes da ascensão da teologia protestante liberal. Esse movimento é a reação do século XX ao chamado liberalismo. É o contraponto deste. Sem a teologia liberal, a ortodoxia protestante existiria, mas o fundamentalismo não. Além disso, é histórica e teologicamente incorreto chamar "fundamentalista" qualquer pessoa que acredite vigorosa e fervorosamente nas doutrinas religiosas ou que as promove pelo evangelismo. Finalmente, é falso o estereótipo que retrata todos os fundamentalistas como pessoas incultas, desprivilegiadas social e economicamente, marginalizadas pela sociedade moderna. Muitos fundamentalistas são cultos e afluentes, e sempre foi assim.

Histórica e teologicamente, portanto, os fundamentalistas são cristãos que defendem todo um elaborado sistema de doutrinas bastante conservador dos ataques e das influências consideradas modernistas e liberais e que, em geral, exigem e praticam a exclusão de cristãos que sejam culpados de participar ou permitir o modernismo teológico. Na maioria das vezes, os fundamentalistas insistem na crença da inspiração sobrenatural e verbal da Bíblia, na inerrância absoluta com relação às questões teológicas, históricas e naturais, na hermenêutica bíblica literalista e na forte oposição a todo e qualquer desvio desses princípios ou crenças fundamentais do protestantismo conservador. Um historiador fundamentalista desse movimento do fim do século XX descreveu o movimento da seguinte maneira: "O fundamentalismo histórico é a expressão literal de todas as afirmaçoes e atitudes da Bíblia e a exposição violenta de todas as afirmações e atitudes não bíblicas".[4]

Antecedentes históricos e precursores do fundamentalismo

Em várias ocasiões da história da teologia cristã tivemos um breve encontro com a ortodoxia protestante um movimento bastante amplo e geral que é mencionado, quase que jocosamente, como "enrijecimento das categorias" da teologia protestante depois da primeira geração de reformadores). A marca da ortodoxia protestante

---

[4] George W. DOLLAR, *A history of Fundamentalism in America*, Greenville, Bob Jones University Press, 1973, s.p.

foi o retorno e a prática do método escolástico de teologia em seu pensamento e a forte ênfase às Escrituras como verbalmente inspiradas, proposicionalmente infalíveis e mesmo inerrantes. Um ótimo exemplo, embora um tanto exagerado, da teologia ortodoxa protestante é o influente teólogo reformado ítalo-suíço Francis Turretin (1623-1687), cuja obra de três volumes *Institutiones theologiae elenchiticae* representa "o tratado mais sistemático e eficiente sobre teologia doutrinária do grupo reformado depois das *Institutas* de Calvino".[5] O moderno historiador de teologia Justo González explica que Turretin foi um "expoente típico da ortodoxia protestante [...] no estilo escolástico e na metodologia" porque "nele, mais uma vez, encontramos as distinções intermináveis e sutis, os contornos rígidos, a sistematização rigorosa e a abordagem proposicional característicos do fim do escolasticismo medieval. Portanto, há motivo mais que suficiente para chamar Turretin e seus contemporâneos de 'escolásticos protestantes'".[6] Turretin admitiu enfaticamente a inspiração verbal em toda a Escritura de forma bastante extrema, que quase a considerava uma forma de transcrição do Espírito Santo. Uma das grandes curiosidades da história da teologia cristã é a alegação de Turretin de que até os pontos vocálicos do texto hebraico no AT são divinamente inspirados e, portanto, inerrantes! Na época de Turretin, os estudiosos já sabiam que o texto original das Escrituras hebraicas não continha pontos vocálicos. Eles foram acrescentados pelos estudiosos judaicos chamados massoretas no século VI d.C. Para proteger a Bíblia da ambiguidade quanto ao seu conteúdo e significado exatos, o teólogo escolástico argumentou que o texto massorético do AT é inspirado e inerrante e não precisa de nenhuma correção baseada em manuscritos hebraicos mais antigos.[7]

A ortodoxia protestante escolástica de Turretin firmou os alicerces do estudo teológico e do preparo ministerial no influente Seminário Teológico de Princeton, onde, no século XIX, a maioria dos ministros presbiterianos norte-americanos se matriculou. A teologia sistemática de Turretin em latim era leitura obrigatória até perto do fim daquele século e para muitos professores e alunos fornecia não somente um provável conceito da teologia correta, mas também a única e exclusiva teologia verdadeira da doutrina protestante. Uma dinastia de erudição teológica conhecida como "escola de teologia de Princeton" cresceu a partir dos ensinos de Turretin. Ela era exemplificada por Archibald Alexander, pela equipe de teólogos presbiterianos conservadores formada por pai e filho, Charles Hodge e Archibald Alexander

---

[5] *A history of Christian thought*, ed. rev., Nashville, Abingdon, 1987, p. 276. V. 3: From the protestant reformation to the twentieth century

[6] Ibid., p. 278.

[7] Francis TURRETIN, *The doctrine of scripture*: locus 2 of "Institutio theologiae elencticae", org. e trad. John W. Beardslee III, Grand Rapids, Baker, 1981, p. 135-46.

Hodge, e por seu sucessor Benjamim Breckinridge Warfield. Durante o reinado teológico em Princeton de 1812 a 1921, a dinastia Alexander-Hodge-Warfield de teologia de Princeton traduziu o escolasticismo e a ortodoxia protestantes do tipo Turretin para o contexto norte-americano do século XIX e criou os alicerces teológicos e doutrinários que dariam origem ao fundamentalismo no século seguinte.[8]

Dos quatro precursores de Princeton do fundamentalismo, o maior, sem dúvida, foi Charles Hodge, que nasceu na Nova Inglaterra, em 1797, em uma família presbiteriana conservadora na qual a Confissão de Fé de Westminster e o Catecismo Menor eram reverenciados da mesma forma, ficando atrás apenas da própria Bíblia. Hodge estudou para o ministério presbiteriano no Seminário de Princeton, tendo como professor Archibald Alexander, e sua principal matéria de estudos era a teologia sistemática de Turretin. Depois de se formar, o recém-ordenado ministro presbiteriano aprofundou seus estudos em várias universidades da Europa. Assistiu às preleções de Schleiermacher em Berlim e imergiu em Hegel em Tübingen. Esses encontros convenceram-no da fraqueza da nova abordagem liberal da teologia protestante e da força da sua própria herança na ortodoxia protestante. Na busca do fundamento filosófico apropriado à sua teologia, Hodge descobriu o realismo escocês do bom senso de Thomas Reid (1710-1796), que evoluiu para o empirismo de John Locke, tomando um rumo não idealista e não cético, contrário ao seu compatriota escocês mais influente, David Hume (1711-1776). Reid sustentava que "todos os seres humanos normais são dotados por Deus de várias faculdades. Essas faculdades proporcionaram observações e ideias a respeito do mundo nas quais os seres humanos podem confiar. As pessoas precisavam apenas reunir e classificar as evidências e generalizar cuidadosamente esses 'fatos'".[9] Hodge aceitou o conceito de Reid do conhecimento e rejeitou as opiniões em voga, mais céticas, de Hume e Kant, bem como a teoria mais especulativa e racionalista de Hegel. O realismo escocês do bom senso, com Hodge, tornou-se a filosofia "ortodoxa" da teologia de Princeton e os fundamentalistas posteriores também o adotaram.

Hodge aplicou a epistemologia de Reid à teologia sistemática e tentou revivificar a tradição da teologia como ciência racional em sua base. Em sua extensa obra de três volumes *Teologia sistemática* (1871-1873), Hodge explicou o método apropriado da teologia de coletar e organizar os dados da revelação divina nas Escrituras, assim como a ciência moderna colhe e organiza os dados da natureza: "A Bíblia é

---

[8] Para obter informações sobre os quatro personagens da dinastia teológica de Princeton (acompanhadas de trechos selecionados), cf. a excelente compilação de Mark A. Noll, org., *The Princeton theology* 1812-1921: Scripture, science and theological method from Archibald Alexander to Benjamin Breckinridge Warfield (Grand Rapids, Baker, 1983).

[9] James H. SMYLIE, Defining orthodoxy: Charles Hodge (1797-1878) in: *Makers of Christian theology in America*, de Mark G. Toulouse & James O. Duke, orgs. (Nashville, Abingdon, 1997 [p. 154]).

para o teólogo o que a natureza é para o cientista. É seu armazém de fatos e o método de verificar o que a Bíblia ensina é o mesmo que o filósofo natural adota para verificar o que a natureza ensina".[10] Hodge apresentou um sistema rigorosamente coerente de teologia Reformada conservadora, com base em uma Bíblia infalível e verbalmente inspirada, que tratou como um conjunto de proposições (declarações da verdade) divinamente inspiradas, que só aguardavam para serem organizadas por seres humanos racionais, orientados e iluminados pelo Espírito Santo.

Embora negasse que os autores humanos das Escrituras fossem meras "máquinas" que escreveram mecanicamente sob inspiração divina, Hodge insistia que a inspiração e a infalibilidade se estendem às próprias palavras da Bíblia e não apenas às ideias. Enalteceu o aspecto divino das Escrituras e minimizou o aspecto humano quando escreveu que "é compreensível que qualquer mente se encha de temor ao contemplar as Sagradas Escrituras repletas de verdades sublimes, que falam com autoridade em nome de Deus e permanecem tão milagrosamente livres do toque poluidor dos dedos humanos".[11] Por outro lado, Hodge recusou-se a levar a sério as objeções à inspiração verbal e inerrância sobrenatural das Escrituras, que se baseavam em algumas discrepâncias não esclarecidas. Admitiu indiretamente a existência delas, mas declarou que elas "não fornecem fundamento racional para negar a infalibilidade [das Escrituras]" e "os cristãos devem ter o direto de ignorar essas objeções".[12] Sem dúvida, portanto, Hodge apresentou um dos conceitos mais sublimes e absolutos de toda a história da teologia cristã sobre a autoridade exclusiva das Escrituras. Indo contra o que considerava uma restrição dessa autoridade pela teologia protestante liberal que preferia a experiência e a razão, Hodge elevou a doutrina das Escrituras a uma posição destacada sem paralelos até então.

Os conceitos de Hodge sobre a teologia e a doutrina das Escrituras o tornam um precursor do fundamentalismo do século XX, da mesma forma que sua reação polêmica contra a teologia protestante liberal. A contribuição de Ritschl ainda estava para vir, de modo que a crítica de Hodge sobre a teologia liberal se concentrou quase que exclusivamente em Schleiermacher, cujo pensamento Hodge deplorava, por considerar uma influência perniciosa e debilitante ao cristianismo. Acusou a teologia de Schleiermacher de ser tão subjetiva que privava o cristianismo de seu conteúdo doutrinário e o reduzia a uma intuição mística. Contra Schleiermacher, Hodge declarou:

> O cristianismo sempre foi considerado um sistema de doutrina. Os que creem nessas doutrinas são cristãos, os que as rejeitam são, segundo o juízo da igreja, pagãos ou hereges. Se nossa fé é formal ou especulativa, o nosso

---

[10] 3 v., Grand Rapids, Eerdmans, 1973, 1.10.

[11] Ibid., 1:170.

[12] Ibid.

cristianismo também é; se é espiritual e viva, também é a nossa religião. Mas nenhum erro pode ser maior do que separar a religião da verdade e dar ao cristianismo um espírito ou uma vida independente das doutrinas que as Escrituras apresentam como os objetos da fé.[13]

A crítica de Hodge à Schleiermacher e sua teologia é tão séria que chega à condenação. Estimulou-o a tratar o cristianismo basicamente como o reconhecimento de um sistema de verdades sobrenaturalmente reveladas, praticamente isentas de qualquer ambiguidade ou necessidade de correção.

O verdadeiro sistema doutrinário de Hodge é uma expressão da ortodoxia protestante clássica e é apresentado de tal maneira que qualquer discordância significativa, do todo ou de partes, equivale à heresia ou até mesmo à apostasia. Em sua doutrina de Deus, Hodge enfatizava a majestade transcendente de Deus e sua soberania. Deus é absolutamente imutável e controla, de modo soberano, toda a natureza e a história. No tocante à eleição, Hodge defendia uma interpretação nitidamente calvinista, embora preferisse o infralapsarismo ao supralapsarismo. O arminianismo é condenado como uma concessão ao humanismo e tratado como um atalho ao liberalismo teológico. Em geral, a teologia de Hodge é uma repristinização do escolasticismo protestante dos séculos XVII e XVIII. Conta-se que o referido professor de Princeton, pouco antes do fim de sua carreira, declarou ter orgulho de dizer que, em sua administração, ninguém apresentou nem ensinou nenhuma ideia nova. A motivação da abordagem de Hodge e dos demais teólogos de Princeton à teologia era unicamente garantir e defender a "verdade transmitida de uma vez por todas" na ortodoxia protestante e evitar a inovação ou a experimentação teológica.

O sucessor de Hodge no cargo de professor de teologia didática e polêmica no Seminário de Princeton foi Benjamin Breckinridge Warfield, que se formou em Princeton e foi aluno de Hodge. Warfield sustentou e reforçou a forte ênfase que seu mentor dava à inspiração divina e à inerrância das Escrituras como as doutrinas fundamentais da teologia ortodoxa. Enquanto ocupava esse cargo em Princeton (1887-1921), a denominação presbiteriana do norte enfrentou uma longa controvérsia a respeito da natureza das Escrituras e dos métodos mais novos de erudição bíblica conhecidas como "alta crítica". Esse tipo de crítica tentava investigar as Escrituras empregando métodos literários e históricos objetivos e, em geral, levava a conclusões que questionavam os conceitos tradicionais de autoria, data e composição dos livros bíblicos. Não havia dúvidas quanto à posição de Warfield que era decididamente contra a alta crítica e contra qualquer diminuição do alto conceito das Escrituras adotado pela teologia de Princeton. Em diversos artigos e livros, o sucessor de Hodge reiterava e defendia essa doutrina e argumentava que a falta de fé total na inerrância completa

---

[13] Ibid., 1:179.

dos autógrafos originais da Bíblia (os manuscritos originais inexistentes) resultaria no desvio da teologia para o liberalismo e puro relativismo, pois, segundo Warfield, "não se pode modificar nenhum dos elementos essenciais da doutrina da inspiração plenária sem subverter a confiança na autoridade dos apóstolos como mestres da doutrina"[14], e a inerrância é uma característica necessária da inspiração.

Para muitas pessoas, parece surpreendente que nem Hodge nem Warfield achavam que a teoria da evolução de Darwin fosse uma ameaça especialmente contra a ortodoxia protestante. Na realidade, Warfield estudou biologia no ensino secundário e sempre se considerou um crente do evolucionismo. Obviamente, da mesma forma que todos os conservadores, opunham-se à evolução naturalista e consideravam a evolução, caso fosse a verdade, um recurso que Deus usou na criação.[15] Em certos aspectos, os teólogos da escola de Princeton não previram o fundamentalismo. Em outros aspectos, não somente o previram, mas também criaram os alicerces para ele. As principais maneiras pelas quais eles previram e prepararam o terreno para esse movimento foram: a identificação do cristianismo com a doutrina correta, a forte ênfase na revelação como verdade objetiva e proposicional transmitida pela inspiração sobrenatural em uma Bíblia inerrante e as respostas polêmicas à teologia protestante liberal e aos métodos de alta crítica aplicados à erudição bíblica. Entretanto, ao contrário de muitos fundamentalistas declarados de uma geração posterior, eram intelectuais de alto nível cultural com ampla e profunda consciência cultural e conhecimento filosófico, linguístico e histórico-teológico. Além disso, também eram clérigos que se consideravam defensores da grande tradição do cristianismo católico-ortodoxo. Os fundamentalistas posteriores repudiariam boa parte dessa tradição e sustentariam a ideia da apostasia imediatamente posterior à era apostólica e da redescoberta do evangelho verdadeiro somente com sua própria pregação e doutrina.

O movimento fundamentalista

Como movimento distinto do cristianismo protestante, o fundamentalismo começou por volta de 1910. Os estudiosos questionam interminavelmente a data e a natureza exatas de seu surgimento e até mesmo a origem do nome "fundamentalismo". Quase todos concordam, no entanto, que a publicação de uma série de brochuras intituladas *The fundamentals* [*Os fundamentos*] em 1910 foi o fator crucial e a provável origem do nome do movimento. Inspirados pelos grandes reavivamentos do evangelista Dwight Lyman Moody (1837-1899), chocados e horrorizados pela influência crescente da

---

[14] *The inspiration and authority of the bible*, Samuel G. Craig, org., Philadelphia, Presbyterian and Reformed, 1948, p. 181.

[15] Cf. seleções sobre "Ciência" dos dois Hodge e de Warfield em Noll, *The Princeton theology* (p. 135-52; 233-7; 289-98).

teologia liberal e impulsionados pela ortodoxia protestante ressurgente de Warfield e outros, dois afluentes executivos cristãos patrocinaram a publicação e distribuição gratuita de doze compilações de ensaios escritos por eminentes estudiosos protestantes conservadores. *The fundamentals* foram enviados gratuitamente a milhares de pastores, líderes denominacionais, professores e até mesmo a diretores da ACM dos Estados Unidos. O primeiro volume continha defesas do teólogo escocês James Orr sobre o nascimento virginal e de Warfield sobre a divindade de Cristo, além da apreciação de um cônego anglicano canadense à alta crítica da Bíblia.[16]

The fundamentals exploraram uma fonte de apreensão protestante conservadora e ajudaram a galvanizar a resposta conservadora à teologia liberal e ao evangelho social, que estavam conquistando popularidade e influência. Na década que se seguiu, vários grupos cristãos antiliberais formularam listas de fundamentos da fé. Em geral, essas listas de doutrinas essenciais estavam condicionadas ao liberalismo, pois colocavam no âmago da fé cristã as doutrinas que consideravam ameaçadas por essa teologia. Fato ainda mais relevante nessa questão é que algumas listas incluíam crenças nunca antes consideradas doutrinas fundamentais por qualquer grupo significativo de cristãos. Um exemplo disso é a crença na volta pré-milenar de Cristo. Além da inerrância da Bíblia, a Trindade, o nascimento virginal de Cristo, a queda da humanidade no pecado, a expiação vicária de Cristo e sua ressurreição corpórea e ascensão, a crença de que Cristo voltaria fisicamente e encarnado para governar e reinar na terra por mil anos antes da ressurreição e do juízo final deixou de ser apenas uma opinião sustentada por alguns cristãos e foi elevada a "fundamento da fé" pela Associação Cristã Mundial dos Fundamentos fundada pelo principal ministro fundamentalista W. B. Riley (1861-1947) em 1919. Alguns protestantes muito conservadores inclusive ficaram chocados com isso, pois a ortodoxia protestante em geral e a teologia de Princeton em especial nunca apoiaram o pré-milenarismo. Deve-se perdoar quem suspeite que Riley e alguns outros fundamentalistas estavam simplesmente elevando à condição de essenciais algumas de suas doutrinas preferidas, que eles sabiam que ninguém, com opiniões liberais ou progressistas por mais moderadas que fossem, poderia afirmar. Já em 1919, portanto, emergia do fundamentalismo uma tendência em direção à divisão sectária e ao emprego de "chiboletes" (testes) para averiguar se os cristãos permaneciam totalmente seguros e imaculados quanto à doutrina.

O primeiro grupo de tamanho e relevância a chamar seus membros "fundamentalistas" foi a Associação dos Fundamentalistas fundada em 1920 pelo diretor de uma das principais revistas batistas conservadoras chamada *Watchman-Examiner*.

---

[16] *The fundamentals*: a testimony to the truth, v. 1, Chicago, Testimony, 1910.

Curtis Lee Laws, no início, foi mais moderado do que W. B. Riley e procurou manter o fundamentalismo como um movimento mais amplo da igreja de preservação e defesa dos verdadeiros fundamentos da fé. Em 1920 e 1930, no entanto, fundamentalistas moderados e militantes aproximaram-se ao perceber que sua inimiga comum, a teologia liberal, se fortalecia. Na realidade, a teologia protestante liberal do tipo ritschliana clássica estava em declínio nessas décadas e era substituída pela neo-ortodoxia e por uma forma atenuada de liberalismo. Apesar disso, os fundamentalistas consideravam "liberais" todos os movimentos exceto o deles e a neo--ortodoxia inclusive era chamada por alguns deles de "novo modernismo", porque a maior parte de seus proponentes rejeitava a inerrância da Bíblia.

Na década de 1920, o apogeu do fundamentalismo primitivo, o principal teólogo erudito que o movimento adotou e que, por sua vez, adotou o movimento foi J. Gresham Machen (1881-1937). Machen foi aluno de Warfield no Seminário de Princeton e lá ensinou NT de 1906 a 1929. Com a morte de Warfield em 1921, o cetro da liderança da escola de teologia de Princeton passou para as mãos de Machen que começou a travar batalhas teológicas e eclesiásticas contra o que considerava a nova onda de teologia liberal que invadia sua própria denominação presbiteriana e todas as principais correntes do protestantismo norte-americano. Machen era um legítimo erudito que estudou o NT e a teologia em algumas universidades alemãs antes de iniciar sua carreira em Princeton. Seus oponentes teológicos liberais não conseguiram encontrar nenhuma falha em sua erudição e nem demiti-lo taxando-o de obscurantista demente, como costumavam fazer com outros fundamentalistas. O livro de Machen *Christianity and liberalism* [*Cristianismo e liberalismo*] publicado em 1923 foi uma sensação entre o público.[17] Nele, o teólogo de Princeton argumentou que a teologia protestante liberal representava uma religião diferente do cristianismo e que seus proponentes deviam ser honestos o suficiente para admiti-lo. Afirmou: "Se fosse concebível uma situação na qual toda a pregação da igreja fosse controlada pelo liberalismo, que já se tornou preponderante em muitas paragens, acreditamos que, nesse caso, o cristianismo finalmente desapareceria da face da terra e o evangelho nunca mais seria proclamado".[18] Mas Machen foi além de simplesmente *afirmar* essa tese polêmica e começou a *defendê-la* com argumentos contundentes, fundamentado em conhecimentos exaustivos de pesquisas bíblicas, inclusive os métodos modernos da alta crítica, e da história da teologia cristã.

Um dos motivos de o livro de Machen ter provocado tamanha comoção foi o fato de o importante comentarista secular, Walter Lippmann, ter concordado com seu

---

[17] Grand Rapids, Eerdmans, 1985.
[18] Ibid., p. 8.

principal argumento e desafiado os protestantes liberais e o influente ministro nova-iorquino Harry Emerson Fosdick (1878-1969) a rebatê-lo. Os fundamentalistas consideraram Machen um herói e seu livro e a acolhida de Lippmann uma grande vitória. Machen permitiu que os fundamentalistas o adotassem como seu porta-voz erudito, embora não se encaixasse totalmente nos moldes deles. Apesar de ser um ardente defensor da ortodoxia protestante e da inerrância bíblica, não simpatizava com as ideias pré-milenaristas e antievolucionistas cada vez mais radicais dos fundamentalistas na década de 1920. Concordava com Hodge e Warfield quanto ao evolucionismo e rejeitava totalmente o pré-milenarismo, preferindo o conceito amilenarista reformado tradicional do reino de Deus[19] em um período no qual muitos porta-vozes importantes do movimento apontavam para Darwin e para o evolucionismo como os grandes inimigos da verdadeira fé e incluíam o pré-milenarismo nos fundamentos do cristianismo. O prestígio de Machen crescia entre os fundamentalistas conforme ele se afastava do grupo principal do presbiterianismo pela forte pressão da ala mais liberal da hierarquia. Em 1929, foi forçado a sair de sua denominação por "insubordinação", em um julgamento eclesiástico infame no qual nem sequer teve o direito de se defender. Depois disso, foi considerado mártir até mesmo pelos fundamentalistas que discordavam de suas opiniões a respeito do evolucionismo e do final dos tempos.

O momento crucial do fundamentalismo aconteceu em 1925, no famoso "caso Scopes do julgamento dos macacos" em Dayton, estado do Tennessee, imortalizado pela peça de teatro de Broadway *Inherit the wind* [*O vento será tua herança*] que também serviu de inspiração para dois filmes cinematográficos. Um dos líderes emergentes do fundamentalismo era o político do Estado de Nebraska, William Jennings Bryan (1860-1925), ex-candidato à presidência dos Estados Unidos e Secretário de Estado do presidente Wilson. No fim de sua carreira política, esse folclórico herói do populismo do Centro-Oeste do país tornou-se um dos principais porta-vozes do fundamentalismo e antagonista incansável do "progresso ímpio". Em 1925, a recém-fundada União Norte-americana de Direitos Civis (American Civil Liberties Union, ACLU) provocou a prisão de um professor de biologia de segundo grau chamado John Scopes, sob alegação de ensinar o evolucionismo, infringindo as leis do Tennessee. Scopes não tinha certeza de ter ensinado o evolucionismo, mas acreditava que essas leis estaduais eram inconstitucionais e que o único propósito de sua prisão e julgamento era levar o caso para o tribunal. Os fundamentalistas em peso apoiavam essas leis e conseguiram que Bryan fosse o célebre promotor convidado para essa causa. A ACLU contratou um famoso advogado criminalista de Chicago e agnóstico

---

[19] Uma descrição fascinante da relação de Machen com o fundamentalismo foi feito por D. G. Hart em *Defending the faith*: J. Gresham Machen and the crisis of conservative Protestantism in modern America (Baltimore, Johns Hopkins University Press, 1994). Hart mostra as ironias dessa relação.

chamado Clarence Darrow para defender Scopes. O processo se transformou em um circo na mídia e era a primeira notícia a ser transmitida ao vivo pelo rádio em rede nacional. O jornalista antifundamentalista, nacionalmente famoso, H. L. Mencken narrou o processo, com detalhes, em sua uma coluna de jornal. O resultado do julgamento foi a condenação de Scopes, mas também a humilhação do fundamentalismo. As respostas de Bryan no banco das testemunhas de defesa às perguntas de Darrow foram de uma ingenuidade constrangedora e Darrow e Mencken fizeram Bryan e o ímpeto do fundamentalismo contra o evolucionismo parecerem tolos obscurantistas determinados a atrasar o relógio cultural aos tempos pré-modernos e pré-científicos. Cinco dias depois do julgamento, Bryan morreu em desonra e, posteriormente, as leis antievolucionistas foram revogadas por tribunais superiores.[20]

Antes de 1925, o fundamentalismo era uma força cultural e política a ser levada a sério. Tinha uma boa oportunidade de fazer recuar a maré da teologia liberal e de trazer pelo menos algumas das denominações clássicas de volta à ortodoxia protestante. Muitos estudiosos, no entanto, acreditam que, ao adotar o antievolucionismo como bandeira e ao incluir opiniões relativamente secundárias, como o pré-milenarismo, à sua agenda política e insistir na inerrância absoluta e aliada à uma hermenêutica literalista, o fundamentalismo condenou-se à obscuridade teológica. Seja como for, não há dúvida de que, depois de 1925 e especialmente depois de Machen sair da Igreja Presbiteriana e de Princeton em 1929 para fundar outradenominação e seminário, o fundamentalismo entrou em um longo período de retraimento. Os líderes fundamentalistas discutiam entre si, não somente a respeito de estratégias, mas também de questões doutrinárias secundárias e pormenores a respeito do modo de vida, do governo eclesiástico e dos graus de separação. Surgiram vozes importantes no movimento, homens como John R. Rice, Bob Jones e Carl McIntire, que insistiam na prática da "separação bíblica": a recusa da convivência ou cooperação com outros cristãos conservadores que convivessem ou cooperassem com cristãos não fundamentalistas. Nas décadas de 1940 e 1950, quando o jovem evangelista Billy Graham era um astro ascendente, esses e outros fundamentalistas extremados — seus próprios mentores — repudiaram-no

---

[20] As pessoas que conhecem o processo Scopes somente pela peça teatral (ou pelo filme) *Inherit the wind* pouco sabem a respeito. A história verídica encontra-se em qualquer livro histórico a respeito do caso e muitos outros já foram escritos. Um conjunto excelente de abordagens históricas especializadas do acontecimento está no capítulo seis da obra do organizador Willard B. Gatewood Jr., *Controversy in the twenties*: Fundamentalism, modernism and evolution (Nashville, Vanderbilt University Press, 1969 [p. 331-67]). Embora seja verdade que o caso representou uma derrota para o fundamentalismo no tribunal da opinião pública, isso se deveu em parte às reportagens tendenciosas de H. L. Mencken, que infelizmente se tornou base para muitas interpretações errôneas de Bryan e de outros oponentes do evolucionismo.

e rejeitaram suas cruzadas evangelísticas por causa de sua relação amistosa com ministros protestantes não fundamentalistas e católicos romanos.[21]

Alguns estudiosos do cristianismo norte-americano do século XX argumentariam que Rice, Jones, McIntire e outros fundamentalistas separatistas ultraconservadores representam um desvio do fundamentalismo genuíno, mais bem representado por Machen e por autores eruditos dos ensaios contidos em *The fundamentals*, cuja maioria simplesmente seguia a ortodoxia protestante tradicional. Na realidade, porém, nas décadas de 1950 e 1960, as facções radicais e separatistas do protestantismo norte-americano lideradas por Rice, Jones e McIntire eram praticamente as únicas que se chamavam de "fundamentalistas". Os defensores mais moderados da ortodoxia protestante e os herdeiros do pietismo ortodoxo adotaram o rótulo de "evangélicos" para descrever seu movimento. Ocorreu um rompimento definitivo na teologia conservadora no início da década de 1940 quando, então, Carl McIntire, um "presbiteriano bíblico" (conforme se proclamava) do estado de Nova Jersey que acusava outros protestantes conservadores de se desviarem do fundamentalismo verdadeiro, formou a organização Concílio Americano de Igrejas Cristãs (American Council of Christian Churches, ACCC)* que abrangia as igrejas e denominações fundamentalistas puras e separadas. No ano seguinte, foi fundada a Associação Nacional de Evangélicos (National Association of Evangelicals, NAE) como alternativa pelo ministro conservador de Boston, Harold John Ockenga e outros protestantes evangélicos que estavam fartos do negativismo crítico e da mentalidade separatista dos principais fundamentalistas. A NAE passou a abranger um grande segmento do cristianismo protestante norte-americano conservador, com pentecostais, batistas, cristãos reformados, enquanto a ACCC caiu na obscuridade.

As crenças básicas da maioria dos evangélicos eram idênticas às da maioria dos líderes do fundamentalismo original. McIntire e Ockenga, por exemplo, não discordavam a respeito dos princípios da doutrina cristã. Os pontos conflitantes entre os dois grupos, que concordavam em muitos assuntos, diziam respeito as atitudes para com os cristãos não conservadores e com os católicos romanos e também para com a cultura, a educação, a ciência e a interpretação bíblica. Enquanto a maioria dos que se identificavam com os fundamentalistas rejeitavam qualquer comunhão com os católicos romanos e até mesmo com os não conservadores moderados, os evangélicos se mostravam cada vez mais dispostos a dialogar e cooperar com eles em alguns empreendimentos sociopolíticos e até mesmo evangelísticos. Enquanto os principais fundamentalistas insistiam na interpretação mais literal possível das passagens bíblicas

---

[21] Cf., de Billy Graham, *Just as I am*: the autobiography of Billy Graham (New York, HarperCollins, 1997). Nas p. 302-3, o evangelista descreve a amizade com Bob Jones, John R. Rice e Carl McIntire e a dolorosa rejeição da parte eles.

que tratavam da origem e do fim dos tempos (Gênesis e Apocalipse), os evangélicos permitiam mais latitude na interpretação. A profissão de fé da ACCC e da NAE revelam as diferenças. A da ACCC é muito mais longa e detalhada. Não há muito espaço para opiniões ou interpretações. Todos os cristãos verdadeiros terão que pensar exatamente da mesma forma em praticamente todas as questões de doutrina, modo de vida, pensamento sócio-político e tudo o mais. A profissão de fé da NAE é uma afirmação básica da doutrina protestante conservadora que diz pouco ou nada a respeito de fatos nos quais os protestantes conservadores tradicionalmente discordam.[22]

Características comuns do fundamentalismo na teologia

Pelo esboço histórico que traçamos anteriormente, pode-se perceber que não será fácil definir com exatidão as características comuns do movimento fundamentalista. Tudo depende da fase do fundamentalismo que se pretende tratar e dos líderes fundamentalistas que serão tomados como modelos para todo o movimento. Tratarei aqui das características comuns do movimento em duas fases e usarei o ano de 1925 como marco divisório. Além disso, farei uma distinção entre o fundamentalismo moderado e o extremado. Antes de 1925, o fundamentalismo era quase sinônimo de reafirmação e defesa da ortodoxia protestante conforme interpretada pela teologia de Princeton e pelas pessoas por ela influenciadas. A obra *Christianity and liberalism* de Machen e os ensaios em *The fundamentals* melhor representam a primeira fase relativamente moderada. Depois de 1925, o movimento não teve nenhum teólogo de notável destaque e passou a focalizar cada vez mais as questões secundárias da ortodoxia protestante, como campanhas contra o evolucionismo, o comunismo e o ecumenismo e a favor do dispensacionalismo (qualidade específica da escatologia pré-milenarista) e do separatismo. Em outras palavras, na segunda fase surgiu um fundamentalismo extremista, que conseguiu dominar o movimento e se apropriar de seu rótulo.

O fundamentalismo primitivo (antes de 1925) foi marcado pela crença de que os males da teologia moderna provêm da falta de fé na inspiração verbal sobrenatural da Bíblia e em sua inerrância. Sob a influência de Warfield e de Machen,

---

[22] Embora os teólogos liberais e a maioria de estudiosos religiosos seculares empreguem o termo *fundamentalismo* para rotular *todos* os protestantes conservadores do século XX, especialmente os que afirmam a inerrância da Bíblia, muitos protestantes conservadores nos Estados Unidos e na Grã-Bretanha insistem em fazer uma distinção entre os fundamentalistas e os evangélicos pós-fundamentalistas. Os últimos geralmente concordam com o fundamentalismo antigo (Machen, *The fundamentals*) quanto às doutrinas básicas e aos perigos da teologia liberal, mas rejeitam as características do fundamentalismo extremo: o separatismo e a hermenêutica bíblica literalista. Fontes documentárias excelentes a respeito dessa distinção são as obras de George Marsden, *Reforming Fundamentalism*: fuller seminary and the new evangelicalism (Grand Rapids, Eerdmans, 1987) e de Joel Carpenter, *Revive us again*: the reawakening of American Fundamentalism (New York, Oxford University Press, 1997).

os fundamentalistas descobriram que a doença chamada modernismo vinha diretamente dessa única infecção e consideravam Schleiermacher responsável por tê-la introduzido na teologia protestante. Convenientemente ignorado foi o fato de que, a despeito da contundente afirmação de *sola scriptura*, muitos reformadores protestantes primitivos e pietistas não ensinavam a inspiração verbal da Bíblia nem sua inerrância meticulosa.[23] Segundo fundamentalistas posteriores, foi a ascensão da teologia protestante liberal que deixou clara a necessidade dessas doutrinas, que estavam implícitas e latentes na teologia protestante clássica desde o início. Só houve necessidade de ressaltar e enfatizar essas doutrinas cruciais quando os liberais desafiaram abertamente a autoridade das Escrituras. Como afirmavam os fundamentalistas, a inspiração plenária verbal e a inerrância meticulosa se tornaram salvaguardas necessárias contra a perda total da autoridade bíblica.

Essa questão nos leva ao segundo grande tema comum do fundamentalismo primitivo: a oposição militante à teologia liberal e modernista em todas as suas formas. *Militante*, é claro, não significa "terrorista" nem "violenta", mas "rigorosa, eloquente e inexorável" e também "sem acordos". Machen expressou claramente essa atitude quando escreveu, em *Christianity and liberalism*:

> Se é para realmente sermos cristãos, portanto, faz uma enorme diferença quais são as nossas doutrinas e não é, de modo algum, irrelevante fazer uma exposição das doutrinas do cristianismo em oposição aos ensinos do principal rival moderno do cristianismo.
>
> O principal rival moderno do cristianismo é o "liberalismo". Um exame dos ensinos do liberalismo comparado aos do cristianismo demonstrará que em todas as questões os dois movimentos são totalmente opostos. Passaremos, agora, a empreender esse exame.[24]

A terceira e última característica comum do fundamentalismo primitivo era a identificação do cristianismo autêntico com o sistema coerente de proposições doutrinárias chamado ortodoxia protestante. Os fundamentalistas primitivos não negavam que é importante a experiência pessoal do arrependimento e da conversão. Mas, por causa da ameaça que viam na teologia liberal, enfatizavam a necessidade de aceitar proposições doutrinárias irretocáveis como o âmago essencial e perpétuo do cristianismo. Enquanto o lema de muitos pietistas era: "Se seu coração é caloroso, dê-me a sua mão", o dos fundamentalistas era: "Se suas crenças são corretas,

---

[23] Jack ROGERS & Donald MCKIM, *The authority and interpretation of the bible*: an historical approach, San Francisco, Harper & Row, 1979.

[24] MACHEN, *Christianity and liberalism*, p. 53.

dê-me a sua mão". Eles desconfiavam das experiências e sentimentos religiosos, porque os liberais também podiam alegar tê-los e não havia nenhum teste prático para a ortopatia. A ortodoxia, por outro lado, podia ser medida. Como nenhum teólogo liberal afirmaria que acreditava de fato no nascimento virginal, na expiação vicária, na segunda vinda de Cristo e assim por diante, os fundamentalistas usavam esses itens como testes doutrinários do cristianismo autêntico. Aqueles que não achavam que essas crenças bastariam para destruir o liberalismo, acrescentaram, primeiro, o pré-milenarismo e, depois, a crença na "semana da criação" que ocorreu apenas alguns milhares de anos antes de Cristo. Outros itens de doutrina totalmente estranhos à ortodoxia protestante clássica também foram acrescentados.

Pelo menos uma característica comum foi acrescentada na segunda fase do fundamentalismo (depois de 1925). Além da crença na mais rigorosa inerrância bíblica, no ativismo antiliberal e na afirmação enérgica da ortodoxia protestante, muitos fundamentalistas posteriores defendiam o separatismo bíblico. Trata-se da crença de que os cristãos genuínos deviam ter o mínimo contato possível com os "falsos cristãos" e suas organizações (igrejas, ministérios, sociedades). Essa separação inclui até mesmo os que se definem como "fundamentalistas" ou "evangélicos", mas que praticam comunhão, diálogo ou cooperação com cristãos doutrinariamente impuros, porque "está claro que a Bíblia ordena a separação daqueles que ajudam e encorajam qualquer tipo de acordo com infiéis".[25] Fundamentalistas como McIntire, Rice e Jones debateram a exata natureza e extensão dessa separação e chegaram a conclusões um pouco diferentes, ocasionando a rejeição mútua. Alguns defendiam a "separação secundária", entendendo por isso "um rompimento de relações até mesmo com outros fundamentalistas que não eram suficientemente militantes na própria separação".[26]

O legado do fundamentalismo

O fundamentalismo foi e continua sendo um grupo poderoso do cristianismo norte--americano a despeito das várias proclamações de seu falecimento. Esse fato é especialmente verdadeiro se caracterizarmos o fundamentalismo como movimento que abrange todos os cristãos protestantes que procuram defender as doutrinas e opiniões tradicionais do protestantismo ortodoxo contra o modernismo em todas as suas formas e que sustentam que o cristianismo bíblico autêntico inclui a crença na inspiração verbal e inerrância sobrenatural das Escrituras e na hermenêutica literalista. Se restringirmos a definição incluindo somente aqueles que praticam também alguma forma de "separação bíblica", nesse caso, a influência do movimento

---

[25] DOLLAR, op. cit., p. 281.
[26] Mark Taylor DALHOUSE, *Bob Jones University and the shaping of twentieth century separatism, 1926-1991* (Tese de Ph.D., University of Miami, 1991).

enfraqueceu e entrou em declínio nas décadas posteriores a 1925. Essa é a distinção, já mencionada, entre o fundamentalismo moderado e extremado. Enquanto o tipo moderado está se fortalecendo, o extremado parece ter estagnado e até mesmo recuado.

Sem dúvida, a principal atração do fundamentalismo se encontra no nível do cristianismo básico. Milhares de pastores, congregações e centenas de ministérios nacionais [nos EUA] são fundamentalistas de alguma forma. Quase todas as cidades têm grandes e ativas congregações fundamentalistas, prósperas livrarias fundamentalistas e, não raro, colégios ou institutos bíblicos fundamentalistas, relativamente pequenos, mas firmemente estabelecidos. No final do século XX, grande parte dessas igrejas e instituições omitiram o título *fundamentalista* de seus nomes e material de divulgação. Muitas começaram a se afastar do separatismo rigoroso e adotaram o ativismo político social conservador ao lado de outros protestantes conservadores e, ocasionalmente, de católicos romanos, especialmente em campanhas em prol da vida humana. Muitas dessas igrejas e instituições militantemente conservadoras começaram a adotar o rótulo "evangélica conservadora" na década de 1980, para o grande desgosto dos evangélicos mais pacíficos que saíram do fundamentalismo na década de 1940 sob a liderança de moderados como Ockenga.

Após 1990, somente os protestantes conservadores que ainda praticavam a "separação bíblica" de outros cristãos continuaram a se identificar como fundamentalistas. Os verdadeiros herdeiros de Machen, de *The fundamentals* e do movimento fundamentalista primitivo são numerosos, influentes e estão rapidamente se tornando parte do cristianismo norte-americano tradicional. Em geral, se denominam evangélicos conservadores. Embora não exerçam praticamente nenhuma influência na hierarquia das denominações protestantes liberais[27], exercem grande influência na vida social, política e religiosa norte-americanas por meio de suas próprias instituições, como a Universidade Liberty, fundada pelo evangelista e pregador fundamentalista na mídia Jerry Falwell e o ministério *Focus on the family* [*Enfoque na família*], de James Dobson, psicólogo evangélico conservador, autor e locutor de rádio. Bem poucos teólogos profissionais em tal posição e categoria na Europa

---

[27] Oito denominações são geralmente identificadas pelos sociólogos da religião como integrantes do "grupo majoritário" dos protestantes nos Estados Unidos: a Igreja Episcopal, a Igreja Presbiteriana (EUA), a Igreja Luterana Evangélica dos Estados Unidos, a Igreja Metodista Unida, a Igreja de Cristo Unida, as Igrejas Batistas dos EUA, a Igreja Reformada dos EUA, a Igreja Cristã/Discípulos de Cristo. Essas oito denominações são mais frequentemente identificadas como "majoritárias" (ou "clássicas") simplesmente por causa de suas histórias sociais de organizações religiosas que influenciaram a vida política e econômica dos Estados Unidos. Em geral, a liderança dessas denominações segue formas da teologia liberal, neoliberal ou neo-ortodoxa. Os fundamentalistas abandonaram totalmente essas formas e agora são excluídos da liderança central.

continental, na Grã-Bretanha ou nos Estados Unidos se intitulam fundamentalistas, mas o espírito do fundamentalismo primitivo se mostra presente sempre que os teólogos consideram que a verdadeira essência do cristianismo é um sistema detalhado de proposições doutrinárias, preciso e irretocável (a ortodoxia protestante), e entendem que sua missão básica é defender a fé cristã verdadeira da teologia liberal e da alta crítica e ensinam que a rigorosa inerrância bíblica é a doutrina fundamental do cristianismo evangélico. Ou seja, até certo ponto o fundamentalismo subsiste quando o "máximo conservadorismo" teológico domina.

O fundamentalismo é só uma das respostas teológicas importantes à teologia protestante liberal. Outra resposta do século XX já recebeu vários nomes: "teologia dialética", "neo-ortodoxia" ou simplesmente "bartianismo"[28]. Kart Barth da Suíça e outros principais formuladores e promotores da neo-ortodoxia rejeitavam tanto o protestantismo liberal quanto o fundamentalismo e tentaram retornar à teologia pura da Reforma em um contexto moderno. Alguns observadores e intérpretes do pensamento protestante do século XX dizem que ele oferece três opções principais, com diferenças consideráveis em cada uma: a teologia liberal, a teologia ortodoxa-fundamentalista e a neo-ortodoxia. Voltemos nossa atenção, agora, à história da terceira opção.

---

[28] Em 1959, a editora presbiteriana Westminster Press, da Filadélfia, publicou uma série de três livros de autores diferentes. Cada livro devia apresentar, de modo tão sucinto quanto possível, as ideias básicas de cada uma dessas principais opções da teologia protestante do século XX. Os autores e livros são: L. Harold De Wolf, *The case for theology in liberal perspective;* Edward John Carnell, *The case for orthodox theology;* e William Hordern, *The case for a new reformation theology* (neo-ortodoxa). Ironicamente, o livro de Carnell que devia fazer a defesa da teologia protestante conservadora, apresentou argumentos contra o fundamentalismo que ofenderam até alguns evangélicos moderados.

34

A neo-ortodoxia transcende a divisão

Como todos os outros movimentos teológicos considerados nos capítulos anteriores, a neo-ortodoxia é notoriamente difícil de ser descrita com exatidão. Nem todos os seus adeptos gostam desse rótulo. Muitos preferem, simplesmente, "nova teologia da Reforma" ou a "teologia dialética". O fundador e profeta do movimento, Karl Barth, basicamente queria resgatar a "teologia da Palavra de Deus". Entretanto, por mais indefinida e imprecisa que fosse, essa nova forma de teologia protestante claramente existe como um grupo importante da teologia moderna e é convencionalmente conhecida, pelo menos na América do Norte, como "neo--ortodoxia". Os que a promoveram e formularam estavam desiludidos com a ortodoxia protestante e com a teologia protestante liberal, mas discordavam fortemente do fundamentalismo com relação à Bíblia. Alguns se referiam à Bíblia como o "papa de papel" do fundamentalismo, por causa da doutrina fundamentalista típica sobre a inerrância das Escrituras. Todos os líderes neo-ortodoxos aceitavam, de certo modo, os métodos de estudo bíblico da alta crítica e rejeitavam a hermenêutica literalista. Por outro lado, acreditavam que a teologia protestante liberal tinha se acomodado demais ao espírito modernista dessa era e com isso havia perdido o evangelho em sua busca da verdadeira essência do cristianismo.

Teólogos neo-ortodoxos, como Karl Barth e seu colega suíço Emil Brunner e os irmãos americanos Reinhold e H. Richard Niebuhr, queriam resgatar os grandes temas protestantes da depravação humana, da graça acima da natureza, da salvação pela fé somente e, especialmente, da transcendência e soberania de Deus. Para eles, Deus é "inteiramente outro" e só pode ser conhecido por sua própria Palavra, que não é idêntica às palavras das Escrituras, nem sequer às suas proposições. Para os pensadores neo-ortodoxos, a "Palavra de Deus" é a mensagem de Deus à humanidade na história de Jesus Cristo. A Bíblia pode *se tornar* a Palavra de Deus, mas não é o mesmo que ela. A Palavra de Deus, assim como o próprio Deus, está acima de qualquer objeto ou mesmo da história como um todo. É soberanamente imprevisível e vem do além, no tempo e do espaço, para os seres humanos. A neo-ortodoxia rejeita a teologia natural da teologia liberal, bem como a abordagem racional ou experimental do conhecimento de Deus. Deus só pode ser conhecido por sua Palavra e muitas vezes ela é expressa apenas em paradoxos. A Palavra de Deus é transcendente, está até mesmo acima da Bíblia. A Bíblia é um *instrumento* da Palavra de Deus. Ela *se torna* sua Palavra sempre que Deus decide usá-la para levar os seres humanos ao encontro salvífico consigo. Mas ela não é um conjunto de proposições divinamente reveladas.

A essência da neo-ortodoxia encontra-se em seu conceito distinto da revelação divina. A revelação propriamente dita é a Palavra de Deus como autorrevelação especial de Deus nos eventos e, acima de tudo, em Jesus Cristo. Deus revela *a si mesmo* e não declarações proposicionais. Deus se revela *de maneira especial* e não em experiências humanas universais imprecisas (*Gefühl* de Schleiermacher) e nem na natureza ou na história universal. Para os teólogos protestantes neo-ortodoxos, a revelação de Deus aparece como uma invasão na história e na experiência humana e nunca é idêntica aos resultados da "busca do homem por Deus" e nem às palavras e proposições das Escrituras. A "busca do homem por Deus" pela religião natural, pelas religiões mundiais, espiritualidades e filosofias é, na melhor das hipóteses, um indício da condição caída dos homens e da necessidade de revelação e graça transcendentes. A Bíblia é, na melhor das hipóteses, o instrumento e o veículo especial da Palavra de Deus e, na pior, um talismã mágico ou "papa de papel". Para a maioria das pessoas, ela é simplesmente mais um grande livro de história e de sabedoria. Nem sempre é a Palavra de Deus. Ela se torna a Palavra de Deus quando Deus decide falar por meio dela para exigir uma decisão a favor ou contra Deus como Senhor.

O conceito que a neo-ortodoxia tem da fé e da prática cristãs é bem diferente daqueles do protestantismo liberal e da ortodoxia protestante e ela tem sido seriamente criticada por ambos. Teólogos liberais, como Harnack, ficaram horrorizados com a neo-ortodoxia e a acusaram de ser uma fuga irracional da era moderna para o sobrenaturalismo e dogmatismo. Para os liberais, a ênfase neo-ortodoxa na transcendência de Deus era "sobrenatural" e a crença de que os seres humanos são incapazes de conhecer a Deus sem a ajuda de sua Palavra era obscurantista. Certo humorista liberal chamou a neo-ortodoxia de "fundamentalismo com boas maneiras" e de "fundamentalismo de terno e gravata". Em outras palavras, os teólogos liberais suspeitavam que Barth e seus colegas neo-ortodoxos não passavam de teólogos fundamentalistas com diplomas de universidades europeias. Além disso, consideravam-nos traidores e vira-casacas porque a maioria tinha começado a carreira na teologia liberal.

Os fundamentalistas eram tão desconfiados e hostis com a neo-ortodoxia quanto os teólogos liberais. Como os principais teólogos neo-ortodoxos rejeitavam a doutrina fundamentalista da Bíblia e sua hermenêutica literalista, os fundamentalistas consideravam-nos até mais perigosos que os liberais abertamente declarados. Um importante teólogo fundamentalista rotulou a neo-ortodoxia de "novo modernismo" em um livro publicado em 1946 com esse título.[1] Nas décadas seguintes do século XX, muitos evangélicos conservadores (fundamentalistas moderados) continuaram a atacar fortemente Barth e outros teólogos neo-ortodoxos.[2] Em todos os casos, a reação conservadora focalizava o conceito neo-ortodoxo da revelação divina e da autoridade para a fé cristã. Por sustentar a distinção real entre a "Palavra de Deus" e as palavras da Bíblia, a neo-ortodoxia foi acusada de ser um cavalo de Troia do liberalismo.

A despeito das críticas severas das alas teológicas de esquerda e de direita, a neo-ortodoxia conseguiu sobreviver, florescer e mesmo provocar transformações na teologia protestante liberal e conservadora. Forçou o liberalismo a levar mais a sério o pecado e o mal, bem como a transcendência de Deus. De modo mais eficaz do que Machen, Barth e outros teólogos neo-ortodoxos revelaram a tendência do protestantismo liberal para o humanismo modernista e para longe de qualquer coisa que pudesse ser reconhecida como o cristianismo histórico e clássico. A crítica aguçada de Barth à acomodação cultural histórica da teologia liberal surtiu efeito e a teologia liberal passou à defensiva, primeiramente nos círculos teológicos europeus e depois nos norte-americanos. Muitos teólogos liberais se converteram à neo-ortodoxia ou pelo menos modificaram seu liberalismo sob a pressão dela. Da mesma forma, grande número de teólogos protestantes conservadores encontrou na neo-ortodoxia um refúgio e porto seguro do que entenderam como um proposicionalismo extremo, literalismo bíblico e rejeição obscurantista e indiscriminada à modernidade da parte do fundamentalismo. Até os proponentes conservadores da ortodoxia protestante que não aderiram à neo-ortodoxia se sentiram ameaçados por ela e modificaram seu escolasticismo e biblicismo à luz dela.

O precursor da neo-ortodoxia: Søren Kierkegaard

A teologia protestante liberal dependia consideravelmente da filosofia do iluminismo e especialmente do idealismo crítico e objetivismo moral de Kant. Prenunciada pelo racionalismo de Locke e pela religião natural do deísmo, foi fortemente influenciada pela filosofia religiosa de Hegel do espírito absoluto. As teologias

---

[1] Cornelius VAN TIL, Philipsburg, Presbyterian & Reformed, 1946.

[2] Dois teólogos evangélicos conservadores influentes, às vezes considerados fundamentalistas moderados, que inexoravelmente culpavam Karl Barth e a neo-ortodoxia em geral por todos os males teológicos protestantes do século XX eram Francis Schaeffer (1912-1984) e Carl F. H. Henry (1913-). Ainda na década de 1990, o último, não raro considerado o "decano dos teólogos evangélicos conservadores", culpou Barth por um irracionalismo difuso na teologia contemporânea e até o ligou à teologia "desconstrucionista" relativista. Cf., de Carl F. H. Henry, *Toward a recovery of Christian belief* (Wheaton, Crossway, 1990), p. 32-9.

fundamentalista e evangélica conservadora foram firmadas sobre os alicerces criados pelos teólogos de Princeton, Hodge e Warfield e seguiam a estrutura filosófica do realismo do bom senso de Thomas Reid. A neo-ortodoxia tentou redescobrir a teologia pura da Palavra de Deus, livre de qualquer influência filosófica dominante. Nos primeiros episódios da história da teologia cristã, o mesmo conflito sobre o papel da filosofia na teologia provocou uma divisão entre os grandes pais da igreja como Clemente de Alexandria e Tertuliano de Cartago. Naquele tempo, assim como agora, parece que a filosofia não pode ser totalmente evitada na reflexão teológica. A neo-ortodoxia foi profundamente influenciada, desde o início, por um filósofo e crítico cultural dinamarquês excêntrico e pouco conhecido, que também desempenhava o papel de teólogo amador. Seu nome era Søren Kierkegaard.

Kierkegaard ficou conhecido como "dinamarquês melancólico" por causa dos seus escritos sombrios, taciturnos, pessimistas e às vezes cínicos. Poucos pensadores, no entanto, causaram tanto impacto sobre uma cultura inteira como ele causou. Kierkegaard viveu em reclusão e solidão em sua cidade natal, Copenhague, na Dinamarca, de 1813 a 1855. Seu pai era um melancólico luterano pietista que expressava ao seu jovem filho o temor de que tivesse provocado uma maldição contra a sua família inteira por causa de algum pecado da juventude. Talvez por causa do medo interiorizado pela suposta maldição de seu pai, o jovem Kierkegaard rompeu o noivado com Regine Olson, sem oferecer nenhuma explicação, e nunca se casou. Tinha poucos amigos e às vezes parecia se desviar de seu caminho para ofender e alienar as pessoas. Kierkegaard tornou-se um escritor bastante conhecido na Dinamarca em vida, mas sua influência fora do país era mínima, o que só mudou muito tempo depois de sua morte. Posteriormente, livros como *Temor e tremor*, *Fragmentos filosóficos*, *Notas conclusivas não científicas dos fragmentos filosóficos* e *Um ou outro* foram traduzidos para o alemão e o inglês, e a cosmovisão neles expressa foi chamada de "existencialismo". Depois da Primeira Guerra Mundial, o existencialismo tornou-se uma filosofia popular na Europa e a partir daí trilhou seu caminho até a América do Norte. Embora o próprio Kierkegaard fosse pessoalmente cristão devoto e considerasse sua filosofia consistente com o cristianismo autêntico, os existencialistas posteriores desenvolveram formas seculares e até mesmo ateias dessa filosofia.

Kierkegaard se considerava profeta do cristianismo cultural que, para ele, não era de nem um pouco cristão. Segundo ele, a igreja nacional (luterana) da Dinamarca tinha capitulado totalmente diante do *Zeitgeist* da modernidade. O tema subjacente que permeia todos os escritos religiosos do filósofo dinamarquês é a oposição à crença comum na continuidade perfeita entre o divino e o humano. Essa crença na continuidade baseava-se, em grande parte, na filosofia da religião de Hegel, mas também era influenciada pelo racionalismo do iluminismo (religião natural) e pelo romantismo. A filosofia da religião de Hegel ressaltava a imanência de Deus na história cultural humana de tal forma que Deus, o Espírito impessoal absoluto, chega à autossatisfação ou à autorrealização com e pelo desenvolvimento da humanidade até uma civilização utópica. Segundo Hegel e seus muitos seguidores teológicos da primeira parte do século XIX, a cristandade e o Estado prussiano juntos formavam o pináculo da marcha do espírito absoluto (Deus) na história. Supostamente, o "fim da história" chegaria através deles e toda a cultura e civilização humana veria a beleza e a perfeição da síntese de toda verdade e valor e seguiria esse bom exemplo. Deus seria, então, "todas as coisas" e o reino de Deus teria chegado. Para Hegel e seus seguidores, o caminho para se chegar a essa perfeição cultural era o da razão que dirimisse os conflitos. A própria verdade era considerada um processo de crescente coerência culminando em um perfeito sistema de ideias racionais concretizadas em um Estado benevolente e em uma igreja racional cooperando de mãos dadas para o bem comum.

A filosofia religiosa e cultural de Hegel causou profundo impacto na Dinamarca com o bispo luterano H. I. Martensen. Kierkegaard ficou chocado com o que considerou a subversão total pela cristandade cultural do cristianismo autêntico, bíblico e profético. Em uma de suas obras derradeiras, *Ataque contra a cristandade* (1855), o melancólico dinamarquês escreveu com ironia a respeito do grandioso bispo e da igreja estatal: "Na magnífica catedral, o honrável e respeitável reverendo *Geheime--General-Ober-Hof-Prädikant* [*superintendente-geral e pastor da corte*], o favorito eleito pelo mundo da moda, aparece perante um público seleto e prega *com emoção* sobre o texto por ele mesmo escolheu: 'Deus escolheu as coisas mais humildes deste mundo e tudo o que é odiado'. E ninguém acha graça".[3] Segundo Kierkegaard, o cristianismo verdadeiro era para ser (e continua sendo) um grande risco assumido por alguns "cavaleiros da fé" e nunca seria considerado respeitável pela elite cultural. Em *Ataque contra a cristandade*, argumentou que, em uma sociedade em que todas as pessoas são "cristãs", o cristianismo verdadeiro já não existe. Kierkegaard chegou inclusive a ponto de acusar a elite cultural (Hegel e seus seguidores religiosos) de estarem envolvidos em uma conspiração para destruir o cristianismo autêntico. Eles perceberam que seria impraticável exterminá-lo totalmente, então, conspiraram para destruí-lo adotando-o em seu falso cristianismo chamado "cristandade".

Décadas depois, Barth e outros protestantes neo-ortodoxos da Europa descobriram o ataque de Kierkegaard contra o cristianismo cultural e a teologia hegeliana da continuidade entre Deus e a humanidade, o reino de Deus e a cultura, e aproveitaram os pensamentos de Kierkegaard na reforma profética que estavam fazendo na teologia protestante. O verdadeiro reino de Deus, afirmavam, é escatológico e não histórico-cultural. Não é possibilidade humana (afirmativa contrária à teologia

---

[3] Robert BRETALL, org., *A Kierkegaard anthology*, Princeton, Princeton University Press, 1951, p. 448.

liberal e especialmente ao evangelho social), mas um ideal divino e que se faz juiz de todas as obras humanas. Conforme um importante teólogo neo-ortodoxo declarou a respeito do reino de Deus, ele "está sempre a caminho, mas nunca acontece" na história pelo esforço humano. A crítica de Kierkegaard ao imanentismo hegeliano (Deus imanente na evolução histórico-cultural) e do cristianismo cultural criado a partir dele prenunciou e abriu caminho para a ênfase neo-ortodoxa à transcendência de Deus e à natureza puramente escatológica do reino de Deus.

Hegel tentou desenvolver uma filosofia global perfeitamente coerente e objetiva somente pela razão. Para ele, o "real" era o racional e o racional era o real. A mente humana e a realidade estão tão intimamente ligadas que o intelecto humano, em sua melhor forma, consegue captar e compreender plenamente tudo que é verdadeiro e real. A filosofia de Hegel deixou pouco espaço para a revelação especial e sobrenatural ou para a fé pessoal. O cristianismo é a "religião absoluta" simplesmente porque representa em conceitos aquilo que a filosofia racional e objetiva conhece além dela. A filosofia é um sistema perfeito de ideias abstratas a respeito da realidade. Uma dessas ideias é a união entre o divino e o humano. O cristianismo representa essa verdade absoluta de modo concreto pelo conceito da encarnação. Hegel acreditava que a verdade era a síntese de ideias aparentemente opostas: "tese" e "antítese". Na religião inclusive, os paradoxos, ou verdades aparentemente opostas, porém necessárias, podem ser racionalmente diluídos. A ideia suprema da razão é a união entre o infinito e o finito, Deus e a criação. A filosofia expressa essa ideia de modo abstrato e o cristianismo de modo concreto, com uma figura e uma doutrina: Jesus Cristo como o Deus-homem.

Kierkegaard ficou chocado e enojado com a filosofia abstrata, especulativa e objetiva de Hegel. Acreditava que ela era um substituto para o cristianismo verdadeiro e que, se fosse bem-sucedida, o cristianismo deixaria de existir. Para ele, o cristianismo não é uma filosofia e a existência não é passível de um entendimento racional completo. A verdade, especialmente quanto a Deus e o seu relacionamento com o mundo, não é correspondência racional e objetiva entre o pensamento e a realidade. Por causa da "diferença qualitativa infinita" entre Deus e os seres humanos e como os seres humanos são caídos e também finitos, a própria verdade, em suas profundezas, precisa ser acolhida intimamente de forma apaixonada pela decisão, um "salto de fé", que não pode ser reduzida a um silogismo lógico ou sistema de ideias racionalmente aceito. Em outras palavras, conhecer a Deus implica necessariamente na fé e a fé implica necessariamente em risco.[4]

---

[4] V., de Sören Kierkegaard, *Concluding unscientific postscript to the "Philosophical fragments"* in: *A Kierkegaard anthology* (Princeton, Princeton University Press, 1951 [p. 215]).

Conhecer a Deus é uma questão de preocupação suprema, bem diferente de saber os nomes dos planetas do sistema solar, e, em questões de preocupação suprema, a verdade não pode ser descoberta por quem se coloca na posição de espectador. Como Deus é pessoal, santo e transcendente e os seres humanos são finitos, dependentes e pecaminosos, Deus só pode ser conhecido quando a pessoa sai da posição objetiva de observador e começa a participar de um relacionamento com Deus pela interioridade apaixonada. Esse é o "salto de fé", o risco, o único que pode nos trazer o verdadeiro conhecimento sobre Deus e ao relacionamento genuíno com ele. Sem o salto de fé, podemos ter uma religião ética, mas não o cristianismo verdadeiro.

A neo-ortodoxia achou em Kierkegaard um aliado quando Barth e seu grupo se começou a apresentar uma alternativa tanto para a teologia liberal quanto para a ortodoxia protestante. Ambas tinham enterrado a fé em um pântano de ideias racionais e moralistas. Os pensadores neo-ortodoxos procuraram reafirmar a necessidade da fé para o cristianismo autêntico. Barth se opunha à identificação do cristianismo com um sistema coerente de doutrinas, quer baseado na razão, quer na revelação ou na combinação de ambas. Para ele, o cristianismo, diferentemente da religião, é o relacionamento entre o Deus santo cujas palavras provêm do além-mundo e o ser humano finito e pecador que se curva diante de mistérios que a razão não pode nem sequer imaginar, muito menos compreender. A declaração de Kierkegaard de que "verdade é subjetividade" forneceu a base filosófica para a redescoberta, pela neo-ortodoxia, da teologia da Palavra de Deus que coloca a fé na posição suprema e relega a razão a simples ferramenta ou instrumento. Barth e outros teólogos neo-ortodoxos queriam também afirmar a natureza paradoxal das verdades básicas da Palavra de Deus. Para eles, ao contrário da maioria dos teólogos liberais e conservadores, a fé cristã não pode ser uma síntese de opostos. A lei da lógica, da não contradição (A não é igual a $-A$), não pode ser definitiva pela teologia cristã, porque os pensamentos de Deus estão além dos pensamentos humanos e os caminhos dele transcendem os caminhos humanos. Nesse e em outros aspectos, Kierkegaard prenunciou a neo-ortodoxia e os teólogos dialéticos buscaram-no como aliado.

Kierkegaard definiu *verdade* (especialmente a respeito de Deus e da existência humana) como "a incerteza objetiva mantida firmemente no processo de apropriação da interioridade mais apaixonada".[5] Trata-se apenas de uma versão mais extensa da afirmação "verdade é subjetividade". Que tipo de ideia surge desse processo que resulta na incerteza objetiva? Paradoxo. "Quando a subjetividade e a interioridade são a verdade, a verdade definida objetivamente se torna um paradoxo".[6] A encarnação,

---

[5] Ibid., p. 215.
[6] Ibid., p. 215.

por exemplo, é para Kierkegaard um "paradoxo absoluto" que só pode ser revelado e apreendido pela fé. A tentativa de Hegel no sentido de incluí-la como ideia lógica em um sistema universal, coerente, racional de toda a verdade profana, subjuga e transforma a encarnação em algo que ela não é: a representação simbólica de um conceito filosófico abstrato. Para Kierkegaard, a verdade de que Jesus Cristo era tanto verdadeiramente Deus como verdadeiramente homem, mas uma única pessoa, é uma contradição lógica e não um símbolo da unidade metafísica de Hegel entre a existência divina e humana; também não é mera doutrina. É uma verdade transformadora da revelação divina que exige a aceitação ou rejeição de Jesus Cristo como Senhor.

Dessa e de muitas outras maneira, Kierkegaard prenunciou a neo-ortodoxia. Sua filosofia era antifilosófica e os teólogos neo-ortodoxos queriam libertar a teologia da sujeição a qualquer tipo de filosofia. Somente a filosofia existencial de Kierkegaard podia se aliar à teologia e ser sua parceira nos diálogos. Não se quer dizer com isso que Barth ou outro pensador neo-ortodoxo seguiu Kierkegaard cegamente. A filosofia de Kierkegaard era muito individualista para Barth, o autor da *Dogmática eclesiástica*. Apesar disso, sem a filosofia de Kierkegaard, que foi redescoberta por pensadores europeus depois da Primeira Guerra Mundial, a neo--ortodoxia talvez não se tornasse a força tão poderosa que se tornou ao se levantar e gritar para a igreja e a cultura que o cristianismo não é mais uma religião entre as religiões, nem o pináculo dos sentimentos religiosos humanos, nem um sistema de moralidade ou de doutrinas. Em vez disso, o cristianismo oferece um evangelho que transcende qualquer religião, cultura ou sistema de pensamento humano. Em 1922, Barth homenageou a influência de Kierkegaard em sua teologia no prefácio da segunda edição de seu comentário inovador sobre Romanos *Der Römerbrief* [*Epístola aos Romanos*]:

> Se tenho um sistema, ele está limitado ao reconhecimento do que Kierkegaard chamou de "distinção qualitativa infinita" entre o tempo e a eternidade e à minha opinião de que ela possui uma relevância negativa tanto quanto positiva: "Deus está no céu e tu estás na terra". O relacionamento entre esse homem e esse Deus é, para mim, o tema da Bíblia e a essência da filosofia.[7]

O fundador da neo-ortodoxia: Karl Barth

Quando os historiadores da teologia cristã analisam o século XX em busca do grande pensador que o represente, a escolha é óbvia: o reformador e pai da igreja protestante

---

[7] Trad. Edwyn C. Hoskyns, London, Oxford University Press, 1933 p. 1.

suíço Karl Barth. Barth, quase sem ajuda, mudou a maré da teologia protestante europeia. Nessa façanha, é comparável a Lutero. A teologia protestante da Europa e da América do Norte estava regredindo rapidamente para o humanismo disfarçado da teologia liberal clássica. O fundamentalismo estava se desintegrando rapidamente em um ambiente conflituoso de ultraconservadores sectários mais preocupados em combater o evolucionismo e impor o pré-milenarismo do que se engajar na cultura de modo criativo e crítico. Barth era produto da educação ortodoxa protestante na infância e da formação na teologia liberal e criou uma nova forma de teologia protestante para o novo século. Sua ideia era redescobrir o evangelho sem nenhum sistema humano, quer liberal ou ortodoxo, e torná-lo a base de uma teologia cristã que transcendesse os limites entre o liberalismo e o conservadorismo, que considerava cativados pela modernidade. A teologia liberal tinha se deixado cativar pela modernidade por se acomodar a ela. Ela entronizou as categorias modernas do pensamento como supremas e permitiu que elas julgassem a revelação divina. A teologia conservadora, especialmente o fundamentalismo, deixou-se cativar pela modernidade ao se opor a ela. Tornou-se tão obcecada em rejeitar tudo o que era "moderno" e "liberal" que ficou confinada a ela. Barth queria tornar a modernidade relativa, não a rejeitar. Para ele, a modernidade, da mesma forma que todas as culturas, era um modismo passageiro que acabaria se desfazendo, enquanto a Palavra de Deus (Jesus Cristo, a mensagem do evangelho) permanece para sempre.

Karl Barth nasceu em 1886 na Basileia, Suíça. Seu pai era professor de teologia de um seminário reformado que se transferiu para a Universidade de Berna quando Karl era pequeno. O jovem Barth cresceu na capital suíça e resolveu que seria teólogo na ocasião de sua profissão de fé, com apenas dezesseis anos. Estudou teologia e foi aluno de alguns dos principais pensadores protestantes liberais da Europa, inclusive Adolf Harnack, e tornou-se ministro da Igreja Reformada, primeiramente em Genebra e depois, na pequena cidade de Safenwil, fronteira da Suíça com a Alemanha. Em suas memórias, Barth descobriu que a teologia liberal na qual se formou não podia ser traduzida para pregações relevantes que fizessem sentido para a vida das pessoas comuns que frequentavam a paróquia. Ficou decepcionado com o protestantismo liberal quando seus próprios mentores teológicos, como Harnack e outros professores alemães, apoiaram publicamente a política de guerra do imperador da Alemanha em 1914. O jovem pastor mergulhou na fonte perene de renovação teológica, a epístola do apóstolo Paulo aos romanos, e publicou *Der Römerbrief* em 1919. Nesse comentário teológico, Barth expôs os preceitos básicos do programa neo-ortodoxo da teologia dialética, ou seja: a "teologia da Palavra de Deus". A tese básica é expressa em um ensaio à parte intitulado *O estranho mundo novo da Bíblia*:

"Não são os pensamentos humanos corretos sobre Deus, mas os pensamentos divinos corretos sobre os homens que formam o conteúdo da Bíblia".[8]

Barth foi convidado a lecionar teologia na Alemanha depois da Primeira Guerra Mundial. No início, ensinava em Göttingen, onde a influência de Ritschl ainda predominava. Posteriormente, mudou-se para a Universidade de Münster e, então, para a Universidade de Bonn. Enquanto ensinava em Bonn, começou o grande empreendimento da sua vida de compor um sistema completo de teologia baseado na Palavra de Deus com o título de *Dogmática eclesiástica*. Quando Barth morreu, em 1968, a obra estava inacabada, mas já consistia em treze grandes volumes. A intenção de Barth era compor uma teologia sistemática completamente livre de qualquer influência filosófica predominante, baseada exclusivamente na exegese da Palavra de Deus em Jesus Cristo, segundo o testemunho das Escrituras. Diferentemente da maioria dos sistemas de teologia, liberais ou conservadores, a *Dogmática eclesiástica* não tem prolegômenos, isto é, a seção introdutória sobre teologia natural ou evidências racionais para a crença em Deus e nas Sagradas Escrituras. Pelo contrário, Barth lançou-se diretamente à exposição da Palavra de Deus em Jesus Cristo, na igreja e nas Escrituras, ou seja, da revelação especial. Seu axioma básico é "a possibilidade do conhecimento de Deus encontra-se na Palavra de Deus e em nenhum outro lugar".[9] Como Barth considerava que Jesus Cristo é a Palavra de Deus em pessoa e, portanto, idêntico a ela, afirmou: "o Deus eterno deve ser conhecido em Jesus Cristo e não em outro lugar".[10] Barth evitou a teologia natural, as defesas filosóficas da revelação divina, a apologética racional e qualquer outro alicerce racional para o conhecimento cristão de Deus além do próprio evangelho de Jesus Cristo legítimo em si mesmo.

Enquanto lecionava em Bonn, Barth começou a ajudar a igreja antinazista na Alemanha e se recusou a jurar fidelidade a Hitler e ao partido nazista. Foi expulso da Alemanha pelo governo Nacional Socialista e aceitou uma oferta para lecionar teologia na Universidade de Basileia. Lá ficou até a aposentadoria e morte. Na Suíça, Barth apoiava a oposição cristã a Hitler. Um de seus ex-alunos alemães, Dietrich Bonhoeffer (1906-1945), tornou-se um importante teólogo protestante em Berlim e, posteriormente, participou da conspiração secreta para matar Hitler. Por causa disso, foi detido, preso e enforcado. Barth estava convicto que o nazismo era uma pseudorreligião que representava o produto final da religião natural e da teologia natural.

Durante sua carreira, Barth travou uma incansável guerra teológica contra toda e qualquer tentativa de fundamentar a fé cristã em outra coisa senão a Palavra de

---

[8] *The Word of God and the word of man*, trad. Douglas Horton, Boston, Pilgrim, 1928, p. 43.
[9] *Church dogmatics* I/1, "The doctrine of the Word of God", part 1, trad. G. W. Bromiley, Edimburgo, U.K., T. & T. Clark, 1975, p. 222.
[10] Idid., II/2, trad. G. W. Bromiley et. al., Edimburgo, U.K.: T. & T. Clark, 1957, p. 191-2.

Deus, porque isso seria o mesmo que elevar a senhor e mestre uma pessoa ou coisa que não era Jesus Cristo. Centenas de alunos foram a Basileia para estudar sob a orientação de Barth e, nas décadas de 1940 e 1950, ele se tornou a influência predominante na teologia cristã do mundo inteiro. Liberais e conservadores tinham de levar Barth em consideração, pois ele sabia exatamente como desmascarar suas teologias como culturalmente condicionadas.

Barth foi, de certa forma, um enigma da teologia moderna e assim permanece até hoje. Para os liberais, Barth foi a praga de sua existência, um ultraconservador com credenciais intelectuais de categoria internacional. Para os conservadores e sobretudo para os fundamentalistas, ele foi um lobo em pele de ovelha, um liberal disfarçado de cristão que acreditava na Bíblia e amava Jesus Cristo. Nenhuma das partes achava que Barth fazia muito sentido e ao escrever a respeito da teologia dele, não raro, distorciam-na de forma irreconhecível. Certa história, já perto do fim de sua carreira, revela muita coisa a respeito de sua vida cristã pessoal. No início de 1960, ele fez uma única viagem aos Estados Unidos e foi à Capela Rockefeller, uma enorme catedral gótica na Universidade de Chicago, para participar de uma mesa redonda com vários teólogos norte-americanos. Na fase das perguntas e respostas após o debate, um estudante levantou-se e colocou uma pergunta que fez o auditório inteiro segurar o fôlego: "Professor Barth, o senhor poderia, por favor, resumir em poucas palavras a obra de sua vida inteira?". Conta-se que Barth fez uma breve pausa e depois respondeu: "Certamente. Emprestando as palavras de um cântico que minha mãe me ensinou quando eu era criança: 'Jesus me ama, isso eu sei, porque a Bíblia assim me diz'".

É impossível resumir em alguns parágrafos a teologia de Barth. Portanto, examinaremos alguns de seus principais temas, comparando-os e contrastando-os com a teologia liberal e a teologia fundamentalista conservadora. Barth deliberadamente rejeitou qualquer tentativa de estabelecer uma relação entre as duas abordagens do século XX. Em vez disso, enxergou a possibilidade de transcender ambas, bem como seus conflitos, pela simples reflexão sobre a Palavra de Deus. Em primeiro lugar, portanto, consideraremos o conceito de Barth sobre a revelação divina: o próprio Deus em sua Palavra. Depois, examinaremos suas ideias sobre Deus como aquele que ama com liberdade e sobre a salvação como o "Sim!" gracioso aos seres humanos que estão em Jesus Cristo. Embora nem todo teólogo neo-ortodoxo concordasse com o programa inteiro de Barth da teologia protestante, ele fornece o melhor exemplo e é a origem de todo o movimento da neo-ortodoxia. Outros teólogos neo-ortodoxos, como o professor suíço Emil Brunner, colega de Barth, e o norte-americano Reinhold Niebuhr, ofereceram suas próprias emendas e contribuições, mas nenhum alcançou a estatura e influência de Barth.

Um dos conceitos mais calorosamente debatidos da teologia cristã moderna é a revelação divina. Onde Deus se revela? Como Deus se revela? Os teólogos liberais enfatizavam uma revelação geral de Deus na experiência religiosa humana ou na história universal e tratavam a revelação especial como a representação mais sublime do que se pode saber a respeito de Deus de modo geral. O resultado foi depreciar a característica distintiva do evangelho cristão e transformá-lo em algo semelhante a uma filosofia da religião ou a um programa de moral e ética. Os teólogos conservadores e especialmente fundamentalistas identificavam a revelação com o conteúdo proposicional da Bíblia. Reconheciam a realidade da revelação de Deus na natureza, mas dependiam da revelação especial das Escrituras para o conhecimento cristão a respeito de Deus. A consequência foi a excessiva intelectualização do evangelho como um sistema doutrinário a ser aprendido e crido.

Karl Barth rejeitou as duas abordagens do entendimento da revelação divina e iniciou toda a sua teologia madura com o princípio básico de que a revelação divina é Deus se comunicando com a humanidade em sua mensagem. *Deus dixit*, Deus fala. Deus fala pessoalmente. A Palavra de Deus *é* o próprio Deus se comunicando, não uma coisa, como informação ou experiência, mas ele próprio. Em um sentido mais exato, portanto, a revelação divina é o evento da comunicação do próprio Deus e isso só pode acontecer em Jesus Cristo e na pré-história e pós-história da sua encarnação.

Para Barth, portanto, Jesus Cristo é a Palavra de Deus. O evangelho é Jesus Cristo. Jesus Cristo é a revelação de Deus. Quando Barth identificou a revelação divina com Jesus Cristo, não se referia aos ensinos ou ao exemplo de Jesus. Referia-se à pessoa de Jesus Cristo no tempo e na eternidade. Conhecer Jesus Cristo (sabendo ou não seu nome humano) é conhecer Deus, não se pode conhecer Deus sem conhecer Jesus Cristo (sabendo ou não seu nome humano). Barth não disse que é impossível conhecer Deus sem conhecer o messias judeu, que nasceu na Palestina e morreu por volta de 30 d.C. Ele era e é o Senhor, mas sua vida humana na terra não consome sua realidade divino-humana. O conceito bartiano da revelação divina é que Jesus Cristo, o Filho de Deus, é a autoexpressão perfeita e completa de Deus e, sejam quais forem as outras revelações autênticas de Deus, elas se concentram nele como promessa, esperança e lembrança.

O conceito da revelação de Barth é intensamente particularista e realista. Celebra o "escândalo da particularidade" que os pensadores do iluminismo e os teólogos liberais procuravam evitar. Barth chegou quase ao extremo oposto. A revelação propriamente dita não é um princípio universal e genérico, a espera de ser descoberto por esforços mentais ou místicos. É Jesus Cristo, e Cristo não é apenas uma figura histórica, um exemplo, uma representação, um profeta. É uma pessoa específica que sempre existiu como o Filho e autoexpressão do Pai.[11]

---

[11] Essa explicação do conceito de Barth sobre a revelação divina baseia-se especialmente no primeiro livro de Barth *Church dogmatics, the doctrine of the Word of God*, parte I/1.

Para Barth, a Bíblia não era a Palavra de Deus no mesmo sentido que Jesus Cristo o é. Jesus Cristo é a Palavra de Deus porque é o próprio Deus em ação e comunicação. Compartilha da própria existência de Deus. A Bíblia é uma das manifestações da Palavra de Deus e inclusive uma manifestação secundária. É o testemunho, ordenado por Deus, da Palavra de Deus na pessoa de Jesus Cristo e se *torna* a Palavra de Deus sempre que Deus decide usá-la para encontrar-se com uma pessoa e confrontá-la com o evangelho de Jesus Cristo: "A Bíblia é a Palavra de Deus à medida que Deus a torna sua Palavra, à medida que fala através dela".[1]

Barth se opunha à doutrina protestante ortodoxa da Bíblia encontrada em Turretin e Hodge e a outras que insistiam na Bíblia como revelação básica na forma proposicional. Ele rejeitava a revelação proposicional, a ideia de que quando Deus deseja se comunicar com os seres humanos, transmite as mensagens em declarações de verdades. Rejeitava, especialmente, a ideia da inerrância bíblica. A Bíblia, para Barth, era totalmente humana. É um livro com o testemunho humano de Jesus Cristo e, a despeito de ser tão humano, é incomparável porque Deus faz uso dele. Segundo ele, as declarações da Bíblia podem estar erradas em qualquer lugar. Isso não importa. Deus sempre usou testemunhas falíveis e mesmo pecaminosas, e a Bíblia é exatamente um testemunho assim. Apesar de rejeitar enfaticamente a doutrina protestante ortodoxa da inspiração verbal e principalmente da inerrância, Barth tinha a Bíblia em alta estima. Suas negações não visavam desacreditar a Bíblia, mas somente exaltar Jesus Cristo acima dela. Jesus é Senhor! A Bíblia, não. É um testemunho do Senhor.

É importante reconhecer a distinção entre a doutrina das Escrituras segundo Barth e o seu modo de tratá-la. Na doutrina, a Bíblia é tratada como mera testemunha de Jesus Cristo, sendo até mesmo uma testemunha falível. Na melhor das hipóteses, é uma forma de revelação divina, mas não é idêntica à própria revelação. Entretanto, quando começou a explicar outras doutrinas, Barth tratou a Bíblia *como se fosse* verbalmente inspirada e infalível pelo menos quanto aos ensinos a respeito de Deus e da salvação. Em *Dogmática eclesiástica*, a Bíblia é a fonte, enquanto Jesus Cristo é a norma, mas, sem a Bíblia, nada saberíamos a respeito de Jesus Cristo ou da história da atividade de Deus antes e depois de Cristo. A Bíblia é a narrativa da história da autorrevelação de Deus em Jesus e, como tal, não se pode dispensá-la. Nenhuma filosofia humana pode ser colocada acima dela. Porém, diferentemente dos fundamentalistas, Barth não tinha o mínimo interesse em debater os detalhes de aparentes discrepâncias nas Escrituras e nem a precisão ou exatidão absoluta dos pormenores históricos. Toda a atenção voltada para os detalhes secundários das Escrituras deprecia a grandiosidade de Jesus Cristo, que é a essência das Escrituras.

---

[1] Ibid., p. 241.

Portanto, embora Barth, de um lado, discordasse da doutrina protestante ortodoxa das Escrituras, concordava, de outro, com o princípio protestante *sola Scriptura* porque a Bíblia é a única fonte de conhecimento a respeito de Jesus Cristo e o único livro que Deus usa como instrumento de sua Palavra para se encontrar com os seres humanos e conclamá-los à decisão a respeito da grandiosidade de Jesus.

Barth reconhecia uma terceira forma de revelação divina: a proclamação pela igreja. A proclamação pela igreja é terciária, terceira em prioridade depois de Jesus Cristo e das Escrituras. Ela pode, no entanto, ser um meio de revelação divina. Pela pregação e ensino da igreja, Deus às vezes fala e atrai as pessoas ao seu encontro. Não se quer dizer com isso que todo sermão, culto de adoração ou aula de catecismo é uma manifestação da Palavra de Deus. Pode ou não ser. Esse é o "realismo" de Barth, a ideia de que Deus se revela em atos de autorrevelação. A Palavra de Deus, a revelação divina, nunca é um objeto a ser possuído. Não pode ser manipulada nem dominada. Ela acontece. Já aconteceu em Jesus Cristo. Acontece nas Escrituras. Pode acontecer na proclamação e no ensino. Jesus Cristo é Senhor das Escrituras e da igreja. As Escrituras são autoridade na igreja por serem a testemunha básica de Jesus Cristo. A igreja é o contexto do encontro divino e humano no qual as Escrituras são expostas e Jesus é proclamado. Tudo isso é revelação divina. Mas tudo está centralizado em Jesus Cristo.

Barth não dava o menor valor à teologia natural e até desconsiderava a revelação geral na natureza, na história e na experiência humana (consciência ou espiritualidade). Seu conceito da revelação divina é radicalmente particularista e nisso difere fundamentalmente da teologia protestante liberal. Não se interessava em encontrar pontos comuns entre a mensagem cristã e a experiência humana e rejeitava a apologética e as comprovações da existência de Deus. Para ele, o evangelho era a sua própria comprovação. "A possibilidade da Palavra de Deus está na Palavra de Deus e em nenhum outro lugar".[2] A melhor apologética é a proclamação. Por outro lado, ele não demonstrava o menor interesse pela identificação da revelação divina com a Bíblia feita pelos protestantes ortodoxos ou fundamentalistas. A Bíblia *é*. A revelação *acontece*. Jesus é *Senhor*. A Bíblia é a testemunha básica da grandeza de Jesus. A inspiração da Bíblia encontra-se em seu uso por Deus como instrumento e testemunha especiais.

Na doutrina de Deus, Barth procurou encontrar um equilíbrio entre a transcendência e a imanência de Deus, definindo-o como "aquele que ama em liberdade". Está claro que Barth rejeitava qualquer tentativa de realmente "definir" Deus no sentido preciso de estabelecer exatamente a essência de Deus. Deus é mistério e está além da compreensão finita. Por outro lado, Barth rejeitava igualmente qualquer tentativa de negar o conhecimento válido sobre Deus. Se a revelação tem

---

[2] Ibid., p. 222.

algum significado, só pode ser o de que Deus de fato se mostrou como ele realmente é. Não pode haver separação entre a revelação de Deus e o ser divino. Nisso, o teólogo suíço do século XX discordou de Lutero. Barth não deixou nenhum espaço em sua teologia para um "Deus oculto" atrás de Jesus Cristo, como se houvesse a possibilidade de Deus realmente ser diferente do que parece em sua própria Palavra. Se Deus se revela amoroso, gracioso e misericordioso em Jesus Cristo, então é exatamente amoroso, gracioso e misericordioso. Não pode ser cruel, cheio de ódio e nem maligno. A Palavra de Deus é o próprio Deus, mas isso não significa que a mente humana pode conceber Deus e decifrar o mistério de sua existência pelo raciocínio. Para Barth, a doutrina de Deus é dialética. Como Kierkegaard antes dele, Barth acreditava que se Deus é Deus, o pensamento finito não pode "ter os pensamentos de Deus sobre ele" (uma definição popular da *teologia* no racionalismo), mas deve pensar e falar a respeito de Deus de forma paradoxal.

Para Barth, o paradoxo máximo da doutrina cristã de Deus é que Deus é totalmente amoroso e totalmente livre em sua eterna existência trina e em seu relacionamento com a criação. Deus se revela como "aquele que ama livremente"[3] no tempo e na eternidade. Isso não significa que os seres humanos possam entender plenamente as profundezas e riquezas do amor e da liberdade de Deus, mas certamente significa que obtemos uma ideia deles pela pessoa de Jesus Cristo. Barth descreve os atributos de Deus a partir das categorias da liberdade e do amor. A reflexão sobre a revelação divina conduz à certos atributos ou características — "perfeições" — da liberdade de Deus, como a eternidade (domínio sobre o tempo) e a imutabilidade (fidelidade a si próprio). As perfeições da liberdade de Deus demonstram ser ele Senhor de tudo. O que não está em Deus não pode condicioná-lo. Deus é absolutamente livre em todos os seus relacionamentos *ad extra* (com a criação). Igualmente importante e verdadeiro na revelação de Deus, porém, é que a liberdade absoluta de Deus não significa que ele não possa se relacionar com suas criaturas com amor. A própria essência de Deus é o amor na comunidade de três *Seinsweisen* (modos de ser): Pai, Filho e Espírito Santo. Esse amor flui livremente na criação e na redenção, para que os seres humanos sejam tomados por ele em Jesus Cristo. As perfeições do amor de Deus incluem a misericórdia e a graça.

O paradoxo de Deus, segundo Barth, está na verdade extraída diretamente da revelação divina de que Deus se realiza em seu relacionamento com o mundo (à moda de Hegel) e também é absolutamente livre nesse relacionamento realizador.

---

[3] A doutrina de Barth a respeito do ser e dos atributos de Deus e sua exposição sobre Deus como "aquele que ama na liberdade" encontra-se basicamente em *Church dogmatics* II/1: "The doctrine of God", parte 1.

"Deus não é consumido no relacionamento e na atitude que estabelece com o mundo e conosco como acontece em sua revelação"[4], porém seu relacionamento com o mundo não é uma coisa meramente contingente e exterior à sua existência. O ser divino é o "ser em ação" e não uma essência estática, alheia ao relacionamento dinâmico entre Deus e o mundo. O amor de Deus pelo mundo significa que ele está genuinamente envolvido e que o mundo o afeta. Barth rompeu radicalmente com o teísmo cristão clássico porque entendia que ele estava infectado pelas categorias gregas estáticas da existência. Entretanto, na base da revelação divina, Barth insistia que mesmo no relacionamento amoroso, sofredor e totalmente envolvido com o mundo, Deus sempre foi o Senhor.

Assim, Barth conclui que Deus se realiza em sua existência trinitária por toda a eternidade. O mundo não acrescenta nada de essencial a ele, de outra forma: "se não tomarmos cuidado nesse aspecto, inevitavelmente privaremos Deus de sua divindade". Por outro lado, Deus decide livremente, em toda a eternidade, ter esse relacionamento com o mundo em que realiza seu ser já plenamente realizado pela aliança que estabelece com a humanidade na pessoa de Jesus Cristo. O amor de Deus pelo mundo é eterno, mas não necessário.[5]

A teologia liberal seguiu cada vez mais na direção do imanentismo sob a influência de Hegel e da filosofia pós-hegeliana. Muitos teólogos liberais desconsideraram a transcendência e liberdade de Deus e enfatizaram o relacionamento benevolente de Deus com o mundo, a ponto de insinuar que Deus é prisioneiro desse relacionamento. Hegel declarou: "Sem o mundo, Deus não é Deus". E Barth responde: "Deus pode ser Deus sem o mundo, mas decidiu não ser". A ortodoxia protestante enfatizava tão fortemente a transcendência e soberania de Deus, que o relacionamento entre Deus e o mundo parecia algo meramente externo a ele. Para o teísmo cristão clássico — e a ortodoxia protestante tentou reforçar essas categorias —, o mundo não acrescenta absolutamente nada a Deus. Deus é *actus purus*, puro ato". Nada em Deus é uma possibilidade. A perfeição de Deus é estática. A resposta de Barth a isso é: "Deus decidiu não ser perfeito sem o mundo". Em Jesus Cristo, Deus abre totalmente a sua própria vida para um relacionamento genuíno com o mundo, de tal maneira que ele o afeta também internamente e não apenas externamente. Embora a doutrina de Deus proposta por Barth seja paradoxal, Barth sustenta que os paradoxos fazem parte do mistério de Deus, a respeito do qual refletimos. Entendia que as teologias liberal e protestante conservadora são formas de racionalismo porque buscam uma coerência perfeita. Segundo Barth, se

---

[4] Ibid., p. 260.
[5] Ibid., p. 280.

Deus é Deus, o pensamento finito não pode chegar a uma síntese perfeitamente coerente em relação a ele. Ele deve simplesmente seguir a revelação divina para onde quer que esta o guie e dar-se por satisfeito se ela levar a impasses nos quais pensamentos aparentemente opostos devam ser igualmente acolhidos.

Uma terceira contribuição importante da teologia de Barth encontra-se na doutrina da salvação. A teologia liberal era quase totalmente universalista. Isto é, depois de Schleiermacher, quase todos os teólogos protestantes liberais sustentavam reconciliação final de Deus com todas as criaturas. A tendência era rejeitar a ira de Deus como uma ideia primitiva que Jesus veio eliminar, demonstrando que Deus é Pai, um conceito interpretado de modo sentimental pela maioria dos liberais. O inferno, a perdição e o castigo eterno foram relegados ao arsenal de relíquias ultrapassadas da teologia medieval. Até os teólogos liberais da tradição reformada rejeitavam a dupla predestinação e a doutrina da eleição inteira e preferiam uma ideia sentimental da paternidade universal de Deus para todas as criaturas. O fundamentalismo foi ao extremo oposto, pelo menos em sua pregação. O inferno era retratado em termos vívidos e decididamente realistas e o "sofrimento eterno dos ímpios" no fogo tornou-se dogma absoluto para muitos ministros e teólogos protestantes conservadores. As observações sobre a graça, misericórdia e esperança foram suprimidas e o universalismo foi vilificado como uma das maiores heresias.

Barth queria transcender essa polarização da doutrina cristã da salvação. Na base da revelação divina, defendia a realidade do juízo e a ira da Deus. Como teólogo reformado na tradição de Calvino e Zwinglio, defendia a soberania de Deus na eleição e rejeitava o sinergismo. Na realidade, Barth era supralapsário! Acreditava que o decreto de Deus ao eleger e condenar antecedia seus decretos de criar e permitir a queda pelo pecado. O único propósito de Deus na criação é a salvação e a eleição é parte intrínseca da salvação pela graça somente. Barth, porém, chamava sua doutrina da salvação e da eleição de "supralapsarismo purificado", querendo dizer com isso que o propósito de Deus na eleição é apenas o amor e que, embora Deus tenha permitido o mal desde o início dos tempos, ele o nega com Jesus Cristo. Deus não determina nem preordena que uma parte de sua criação sofra a eterna perdição pensando em se glorificar. Pelo contrário, Deus quer, preordena e decreta para permitir o pecado e o mal e também sua total negação com Jesus Cristo, a cruz e a ressurreição.

O "não" de Deus não é para a humanidade, nem para parte dela, mas somente para si mesmo em Jesus Cristo. Deus de fato diz "não" e "sim" na dupla predestinação. Mas para Barth, a "dupla predestinação" não se refere a uma determinação dupla dos seres humanos, mas a Jesus Cristo, que é o único "homem eleito *e também réprobo*". "Na eleição de Jesus Cristo, que é a eterna vontade de Deus, Deus confere ao homem [...] a eleição, a salvação e a vida; e confere a si próprio [...]

a reprovação, a perdição e a morte".⁶ Para Barth, "a predestinação significa que, em toda a eternidade, Deus determina a absolvição do homem às suas próprias custas".⁷ O preço é "o caminho do Filho de Deus a um país distante" e a sua morte na cruz, pelas mãos dos pecadores.

A doutrina da salvação, segundo Barth, sugere o universalismo? É uma forma da *apokatastasis* (reconciliação final), proposta por Orígenes, do século XX? Aparentemente. Entretanto, Barth se recusou a afirmar tal coisa e os melhores intérpretes da teologia de Barth discordam disso. Quando alguém perguntou a Barth se ele ensinava o universalismo, ele respondeu: "Não ensino e nem deixo de ensinar". A lógica interna de sua doutrina da eleição, no entanto, parecia sugerir a salvação universal. Barth escreveu que, "tomando por base seu decreto [o decreto da eleição de Deus], o único homem realmente rejeitado é seu próprio Filho"⁸ e "ao permitir que a vida do seu próprio Filho fosse a de um homem rejeitado, Deus tornou essa vida objetivamente impossível para todos outros".⁹ Mas Barth era um teólogo dialético e, portanto, não pode ser descrito sob uma posição totalmente racional. Em sua conclusão, admitiu a possibilidade de que a "contagem" final dos eleitos talvez não inclua inteiramente todos os seres humanos existentes no mundo, mas ao mesmo tempo descartou qualquer limitação da salvação final. A liberdde e o amor de Deus exigem que as possibilidades fiquem em aberto.

A visão neo-ortodoxa de Barth sobre a teologia cristã revela certa ironia. O teólogo suíço rejeitava a ideia da filosofia racionalista da religião, proposta por Hegel, de uma prisão de ideias a respeito de Deus e do mundo que procura domesticar a Deus e despojá-lo de sua divindade. Por outro lado, sua própria teologia representa um tipo de síntese hegeliana, uma *Aufhebung* (transcendência de dois opostos em uma combinação superior), da tese da teologia liberal e da antítese do fundamentalismo. Barth rejeitou tanto a teologia liberal quanto a ortodoxia protestante como extremos unilaterais e procurou transcendê-las em uma combinação superior que conservava as verdades de cada uma e, ao mesmo tempo, excluía mutuamente seu erros. Em última análise, a teologia de Barth é bastante conservadora em comparação à teologia protestante liberal clássica, como a do professor Adolf Harnack. Entretanto, foi veemente rejeitada como "novo modernismo" pelos fundamentalistas. Talvez por ter indicado uma saída para o impasse entre os dois arsenais de

---

⁶ Ibid., p. 163
⁷ Ibid., p. 167.
⁸ Ibid., p. 319.
⁹ Ibid., p. 346.

teologia protestante do século XX, a teologia de Barth foi amplamente aceita e, mesmo quando rejeitada, deixou uma marca em seu caminho.

Os temas comuns da neo-ortodoxia e seu legado
Embora Barth fosse o fundador e principal formulador da neo-ortodoxia, outros protestantes e alguns teólogos católicos defenderam sua reforma da teologia moderna e acrescentaram seus próprios toques. Emil Brunner (1889-1966) lecionou em Zurique, Suíça, no mesmo período em que Barth lecionava em Basileia. Embora no início fossem colegas na nova teologia dialética da neo-ortodoxia, os dois teólogos suíços tiveram um desentendimento famoso e não mais se falaram por décadas. Brunner criticava a rejeição total de Barth à teologia natural e a sua desconsideração pela revelação geral. Exigia o reconhecimento de um "ponto comum" natural do evangelho com a natureza humana. Barth reagiu, zangado, com um tratado intitulado com um simples *Nein!* (Não!) e endureceu sua posição contra qualquer possibilidade de a Palavra de Deus existir além da própria Palavra de Deus. Brunner também criticou a doutrina da eleição ensinada por Barth chamando-a de definitivamente universalista. A contribuição positiva de Brunner à neo-ortodoxia veio em muitos livros, inclusive em sua obra programática *A verdade como um encontro* (1938 e 1954) e *Revelação e razão* (1941). Sua teologia sistemática era muito mais sucinta do que a de Barth e foi publicada em três volumes, de 1946 a 1960, com o mesmo título: *Dogmática*. Brunner enfatizava um aspecto mais experimental do cristianismo. Enquanto Barth enfatizava a Palavra objetiva e a decisão eterna de Deus da salvação humana, Brunner enfatizava o encontro entre Deus e o homem e o momento de decisão de cada pessoa a favor ou contra Jesus como Senhor. Sem dúvida, Brunner foi mais influenciado pelo pietismo que Barth.

O principal teólogo neo-ortodoxo norte-americano foi Reinhold Niebuhr (1893-1971), que lecionou por muitos anos no seminário teológico Union em Nova York. Niebuhr, além de teólogo sistemático, era especialista em ética social cristã, mas escreveu muita coisa sobre as doutrinas da humanidade, inclusive em sua obra-prima *A natureza e o destino do homem* (1941-1943). Uma escola de ética cristã chamada "realismo cristão" nasceu a partir da teologia de Niebuhr. Profundamente influenciada por Kierkegaard e Barth, enfatizava a situação inevitavelmente trágica e pecaminosa da existência humana diante do Deus santo e transcendente e enxergava o menor dos males como o maior bem que se poderia conquistar na história da humanidade. Niebuhr estava interessado em se opor ao otimismo ingênuo do evangelho social em relação à possibilidade do reino de Deus na história. Para ele, a justiça era a coisa mais próxima do amor, dadas as condições do pecado. Os cristãos devem se satisfazer com a justiça, em vez de insistir em uma sociedade de perfeito amor, porque o perfeito amor é um "ideal impossível" na história da humanidade. O reino de Deus é radicalmente escatológico e não uma possibilidade histórica humana. Niebuhr tornou-se a voz teológica mais influente da era que se seguiu à Segunda Guerra Mundial e seu rosto foi estampado na capa da revista *Time* na edição comemorativa de 25 anos.

O que todos os teólogos neo-ortodoxos têm em comum? Alguns diriam: "Não muito!". No mínimo, porém, todos se opõem à teologia protestante liberal e ao fundamentalismo. Procuram uma forma totalmente moderna de teologia protestante, que seja consistente com o evangelho do NT e com os principais temas dos grandes reformadores Lutero, Zwinglio e Calvino. Todos os pensadores neo-ortodoxos (com exceção talvez de Niebuhr) são totalmente cristocêntricos. Isto é, consideram Jesus Cristo a revelação de Deus em pessoa e procuram basear tudo em reflexões teológicas a respeito dele. Para os teólogos dialéticos, Jesus Cristo é mais do que um profeta histórico ou homem plenamente consciente de Deus. É o Filho de Deus que vem do além para o mundo da natureza e da história. Quer empregando o termo *sobrenatural* ou não, todos os teólogos neo-ortodoxos defendem a origem sobrenatural de Jesus Cristo e da salvação humana. Para eles, como é a Palavra de Deus e o Filho de Deus, Jesus Cristo tem de ser o âmago do cristianismo. Nenhuma doutrina ou ideia pode conjeturar sobre ele. Ele é o centro de todo sistema verdadeiramente cristão de pensamento.

Todos os teólogos neo-ortodoxos rejeitam a teologia natural e se apegam à Palavra de Deus como fonte e norma para a teologia cristã. Todos se recusam a equiparar a "Palavra de Deus" às palavras e proposições das Escrituras, embora tenham a Bíblia na mais alta estima como testemunho especial e instrumento da Palavra de Deus, que em si é sempre um evento. Na ortodoxia, a Bíblia não é apenas grandioso livro de sabedoria religiosa humana (como considera a teologia liberal) e nem "o manuscrito proveniente do céu". É um livro totalmente humano, com todas as marcas e características dos autores humanos. É histórico, falível e culturalmente condicionado em todos os seus aspectos. Por outro lado, é o instrumento único da Palavra de Deus e se torna a Palavra de Deus no momento em que ele decide usá-la para trazer as pessoas a seu encontro. Uma analogia usada para retratar melhor o conceito neo-ortodoxo da Bíblia toma a luz e a lâmpada elétrica. A Palavra de Deus é a luz e a Bíblia é o filamento e o bulbo da lâmpada. A luz (a Palavra de Deus) brilha através da lâmpada (a Bíblia) e a lâmpada (a Bíblia) é de certa forma necessária para a luz (a Palavra de Deus).

Finalmente, todos os teólogos neo-ortodoxos enfatizam o que Kierkegaard chamava de diferença qualitativa infinita entre o tempo e a eternidade. Isso inclui a "qualidade totalmente diversa" de Deus e do reino de Deus. Sugere, também, a natureza paradoxal das formulações humanas a respeito de Deus que decorrem da reflexão sobre a Palavra de Deus. Nenhuma ordem ou organização social, nem mesmo a igreja, pode ser equiparada ao reino de Deus. Nenhuma ideologia, filosofia e inclusive sistema teológico pode ser equiparado à verdade do próprio Deus. O julgamento de Deus está acima de qualquer coisa que seja maculada ou tenha o toque do ser humano. Na melhor das hipóteses, pode ter um pouco da luz e da Palavra de Deus. Entretanto, para os teólogos neo-ortodoxos, podem existir luzes parciais da Palavra de Deus na história. Como Deus agiu e falou por meio de Jesus Cristo e deixou um testemunho dele na Bíblia e na igreja, nem tudo está perdido. De tempos em tempos, um avanço no progresso social pode aproximar o reino de Deus da história e uma ideia nova pode se tornar um eco da verdade de Deus no mundo do pensamento humano. Mas, se e quando essas coisas acontecem, o modo certo de corresponder é com humildade e gratidão e nunca orgulho. A humanidade não pode fazer nada que pague sua dívida para com Deus. Tudo provém de Deus e de sua graça.

O legado da neo-ortodoxia ainda está sendo apreciado. Hoje, o movimento iniciado por Barth e desenvolvido por Brunner, Niebuhr e outros encontra-se em plena forma e é mantido por seus alunos e discípulos. Muitos, que se identificam como evangélicos progressistas e que rejeitam o fundamentalismo e a teologia liberal, se alimentam em fontes neo-ortodoxas. Entre eles estão Bernard Ramm (1916-1992) e Donald Bloesch (1928-). Sua acolhida da neo-ortodoxia é com crítica, mas cordial. A maioria dos evangélicos considera inadequada a doutrina neo-ortodoxa das Escrituras e defende a inspiração verbal ou mesmo a inerrância, mas alguns, como Ramm e Bloesch, defendem a distinção feita pela neo-ortodoxia entre a Palavra de Deus e as palavras e proposições humanas da Bíblia. Até alguns teólogos católicos romanos chegaram a adotar alguns aspectos da teologia de Barth e do realismo cristão de Niebuhr. Entre os discípulos mais entusiásticos de Barth, está o teólogo católico Hans Küng (1928-), que argumentou em *Justificação: a doutrina de Karl Barth e uma reflexão católica* (1957) que a doutrina da salvação ensinada por Barth essencialmente concorda com a da Igreja Católica e vice-versa. Outras escolas de teologia moderna e pós-moderna que foram profundamente influenciadas por Barth e pela neo-ortodoxia incluem a teologia narrativa e a teologia pós-liberal. Até os poucos teólogos protestantes liberais clássicos que ainda existem são gratos a Barth, Brunner e Niebuhr por terem lembrado a todos da transcendência de Deus e da pecaminosidade do homem. A maioria dos teólogos liberais depois da Segunda Guerra Mundial são "liberais arrependidos", pois estudam os pensadores neo-ortodoxos e adaptaram seu otimismo antropocêntrico à luz da interpretação neo-ortodoxa do pensamento liberal. A lembrança de Barth de que "não se pode falar em Deus sem falar do homem de maneira vigorosa" foi levada a sério pela maioria dos teólogos liberais. Os poucos que rejeitaram essa máxima se tornaram conhecidos como "radicais" e "teólogos seculares" na década de 1960.

Na maior parte do século XX, parecia haver apenas três opções viáveis para a teologia cristã: a teologia protestante liberal, o fundamentalismo e a neo-ortodoxia. Essa era a situação, mais precisamente, de 1920 a 1950. Na década de 1960, surgiram opções novas. Algumas desapareceram rapidamente, como o infame movimento do ateísmo cristão gerado pelo movimento da morte de Deus. Outras se estabeleceram e se tornaram parte permanente do panorama teológico, acrescentando novos meandros à trama da história da teologia. O capítulo final desta história da teologia cristã tratará, de forma resumida, de algumas dessas personagens relativamente novas.

35
A teologia contemporânea enfrenta a diversidade

Quem já leu um romance russo do século XIX, provavelmente teve as mesmas dúvidas que a maioria das pessoas têm no primeiro contato com a teologia contemporânea. Quem são essas personagens e exatamente que papéis desempenharam na trama? O que aconteceu com a trama? Ela é uma só? A teologia cristã depois da Segunda Guerra Mundial fica ainda mais diversa do que antes. Na revolução cultural da década de 1960 principalmente, a história da teologia cristã sofreu tantas reviravoltas drásticas e tomou tantas direções novas, que até os peritos acham difícil juntar todas as partes para formar uma única história coerente. O que faz com que ela seja "cristã"? Onde está o fio da meada que supostamente compõe todo o enredo? É possível que estejamos perto demais da etapa atual da história para perceber onde está o fio da meada. Esperamos que historiadores e intérpretes posteriores consigam identificá-lo e explicar melhor do que nós este capítulo da história.

Um grande sonho do cristianismo do século XX que cativou a mente e o coração de muitos teólogos liberais no início desse século foi a unificação ecumênica. Eles acreditavam de forma tipicamente otimista que o século XX se tornaria "o século cristão" com um consenso que surgiria paulatinamente entre os cristãos no mundo inteiro. Esse consenso seria semelhante à religião simples de Jesus postulada por Harnack — uma religião calorosa e ética, baseada na universalidade da "paternidade de Deus e da fraternidade do homem". Os eventos mundiais e as vozes adversas dos fundamentalistas e pensadores neo-ortodoxos destruíram o sonho. É claro que o fundamentalismo tinha sua visão da unificação cristã, que olhava para o passado e para o reavivamento de um suposto consenso doutrinário cristão imposto a todos. Quando essa visão pereceu com a conclusão do caso Scopes em 1925, os fundamentalistas, de modo geral, desistiram de uma unificação cristã mais ampla e restringiram o conceito do cristianismo autêntico aos que já estavam unificados em torno "dos fundamentos" conforme os interpretavam. Os pensadores neo-ortodoxos mantiveram o sonho da unidade cristã, mas insistiam que ela não daria certo com as fórmulas legalistas e impostas da ortodoxia doutrinária nem com um ecumenismo fundamentado em um denominador comum que abandonasse totalmente a ortodoxia. Ela teria de acontecer com uma renovação da teologia reformada da Palavra de Deus. Os neo-liberais e os fundamentalistas, no entanto, não queriam apanhar o trem de Barth e, na década de 1950, a situação pareceu chegar a um impasse desesperador.

Paulatinamente, o sonho da uniformidade na unidade cristã foi se dissipando e os teólogos aprovaram um novo paradigma de unidade. Em vez de retratarem a unidade cristã como um grupo de crianças atrás de um flautista mágico, começaram a explorar a possibilidade da unidade como uma orquestra sinfônica, na qual cada músico e cada instrumento acrescentava seu som distinto a uma composição multifacetada. Poderia haver unidade sem uniformidade? Até que ponto as partes podem ser diversificadas e, contudo, produzirem uma sinfonia? Ainda não se encontrou uma resposta para essas perguntas. A situação atual da teologia cristã é muito semelhante ao processo de aquecimento da orquestra antes do concerto. Usando outra metáfora, é muito semelhante a um romance russo com tantos enredos e personagens (que parecem não ter a menor relação entre si) que, no meio do livro, o leitor não faz a mínima ideia de como tudo vai se juntar e formar uma história coerente.

Alguns leitores entenderão, sem dúvida, que a grande diversidade da teologia cristã contemporânea é negativa e ficarão tentados a desconsiderar essa parte da história por achar que é falsa ou um embuste. Para eles, a teologia precisa estar unificada para ser autenticamente cristã. Talvez seja bom lembrarem de que, em quase mil anos, a teologia cristã foi unificada, de uma forma ou de outra, pela coerção. A dissensão era abafada por ameaças de excomunhão, tortura ou até de morte. Além disso, nunca houve unidade perfeita de crença entre os cristãos. A diversidade pode ser saudável, mas somente uma pessoa madura saberá lidar com ela. A esperança deve repousar em Deus, o autor supremo da história, que a conduzirá ao desfecho final. Entrementes, devemos procurar na teologia cristã as vozes que, de modo profético, pronunciam as palavras necessárias de exortação e correção, e indicam o caminho para a renovação e a vitalidade do povo de Deus.

Outros leitores, por certo, celebrarão a diversidade da teologia cristã contemporânea e resistirão a qualquer tentativa de descobrir ou mesmo de encorajar a unidade como um novo totalitarismo. Para eles, todas as metanarrativas (histórias abrangentes) são necessariamente totalizadoras. As metanarrativas silenciam as histórias dos fracos e marginalizados e impõem as dos fortes e poderosos. Para esses leitores, a diversidade contemporânea da teologia, mesmo que represente uma mistura de vozes e sons, é libertadora e emocionante. Talvez seja necessário lembrar-lhes que qualquer coisa que seja consistente com todas as coisas é rigorosamente sem sentido.

Se nenhuma metanarrativa, mesmo que não seja totalizadora, pode ser encontrada nas histórias aparentemente incomensuráveis da teologia contemporânea, isso significa que o próprio cristianismo está perdido. Uma teologia que alega ser cristã deve ter alguma coisa em comum com o evangelho de Jesus Cristo, com o testemunho apostólico dele no NT e com a Grande Tradição da igreja cristã na história. É preciso que haja um ponto comum, uma base unificadora de verdade discernível que liga um movimento teológico a outro. O instrumento e seu papel na composição inteira deve se harmonizar aos demais, caso contrário, não faz parte da orquestra.

Cada um dos movimentos teológicos aqui descritos alega ser cristão e procura traduzir o evangelho da igreja primitiva e da Grande Tradição da herança cristã para o atual contexto cultural. Alguns o traduzem de modo mais radical que outros. Somente o futuro revelará quais deles fornecerão contribuições viáveis e permanentes para a continuidade da história da teologia cristã e quais sairão da história e entrarão no esquecimento. Os cinco movimentos que serão descritos foram incluídos porque, de todas as opções, são os mais fortes e influentes. São as "opções vivas" da teologia contemporânea. Em cada um deles, será oferecida uma breve descrição do movimento e de alguns teólogos mais importantes. Os movimentos são descritos, analisados e avaliados criticamente e com mais detalhes em obras que tratam especificamente da teologia contemporânea.[1]

Teologia evangélica

O adjetivo *evangélico* é empregado de muitas maneiras na história da teologia cristã. Ele significa simplesmente "das boas-novas" ou "fundamentado no evangelho". Os protestantes europeus, luteranos e reformados, usam-no como sinônimo de "protestante" em oposição a "católico romano" e até mesmo a "ortodoxo oriental". Algumas denominações protestantes da América do Norte incluem esse termo no nome simplesmente para indicar que se baseiam no evangelho, nas boas novas de Jesus Cristo, e que estão arraigados na grande Reforma protestante do século XVI. A Igreja Evangélica Luterana da América (ELCA) é a maior denominação luterana nos Estados Unidos e foi formada, em 1988, com a fusão de dois sínodos ou denominações luteranas anteriores. A palavra *evangélica* no nome da nova igreja visa transmitir o sentido de que ela é protestante e atesta as boas novas do evangelho. Outro emprego histórico e contemporâneo do termo *evangélico* provém da história da Grã-Bretanha e das diversas facções da Igreja da Inglaterra. No século XVIII em especial, os evangélicos dessa igreja eram os que sustentavam os aspectos

---

[1] Veja, por exemplo: Stanley J. Grenz & Roger E. Olson, *20th-century theology*: God and the world in a transitional age (Downers Grove, InterVarsity Press, 1992).

protestantes e se opunham ao que entendiam como o poderio cada vez maior dos elementos de catolicização. Os evangélicos ingleses, não raro, também rejeitavam a regeneração batismal e o alto conceito do sacramentalismo e defendiam a piedade da conversão. O movimento metodista dos irmãos Wesley começou como um "movimento evangélico de renovação" na Igreja da Inglaterra.

Nos Estados Unidos, o termo *evangélico* é empregado de várias maneiras. No século XVIII, foi adotado por muitos cristãos protestantes para diferenciar os que apoiavam os reavivamentos do Grande Despertamento, liderados por George Whitefield e Jonathan Edwards, dos que se opunham a eles. Os evangélicos apoiavam os reavivamentos e o emprego do termo se arraigou na América do Norte. Outro emprego desse rótulo surgiu no conflito crescente entre a teologia liberal e a ortodoxia protestante. Os teólogos e pastores que se opuseram ao liberalismo e apoiaram a primeira reação fundamentalista contra ele foram chamados de evangélicos. Na década de 1890, entretanto, alguns liberais moderados da Nova Inglaterra rotularam seu movimento de "liberalismo evangélico". Sem dúvida, o grande teólogo do evangelho social, Walter Rauschenbusch, considerava-se um "liberal evangélico". Gradualmente, porém, esses termos passaram a ser considerados antagônicos pela mentalidade popular e pela maioria dos teólogos.

No capítulo sobre o fundamentalismo, mencionamos a divisão que aconteceu no movimento nas décadas de 1940 e 1950 por causa da "separação bíblica" e da "separação secundária". Quando os fundamentalistas ficaram cada vez mais sectários e rígidos, os protestantes conservadores começaram a se separar do movimento, mas permaneceram teologicamente ortodoxos. Várias questões distinguiam os protestantes conservadores que queriam ser chamados de evangélicos dos fundamentalistas. As áreas de mútuo acordo também eram relevantes. Tanto os fundamentalistas quanto os novos evangélicos enfatizavam a inspiração sobrenatural da Bíblia e as conquistas doutrinárias da igreja cristã primitiva, como o *Credo de Niceia* e a ortodoxia protestante. Os dois movimentos intimamente relacionados enfatizavam a piedade na conversão como uma marca do cristianismo autêntico e rejeitavam a regeneração batismal e o universalismo. Os novos evangélicos rejeitavam o que consideravam um espírito de dissensão dos fundamentalistas quanto a questões doutrinárias e morais relativamente secundárias e queriam desenvolver e nutrir uma coalizão mais ampla do cristianismo protestante conservador ligado à conversão. Para eles, a inspiração bíblica implicava na infalibilidade das Escrituras, mas não necessariamente na exatidão técnica absoluta de todos os pormenores registrados na literatura bíblica. Também não exigia uma hermenêutica literalista, mormente no tocante à origem e ao fim dos tempos. Os novos evangélicos afirmavam Deus como criador de tudo (*creatio ex nihilo*) e a segunda vinda de Jesus

Cristo no futuro, mas permitiam diferentes interpretações dos pormenores dessas doutrinas.

Além das diferenças a respeito da doutrina das Escrituras e da hermenêutica bíblica, os novos evangélicos e os fundamentalistas entraram em séria discórdia a respeito da separação bíblica. Os últimos defendiam a forte recusa de cooperação ou diálogo com os liberais e criticavam duramente Billy Graham por permitir que não somente ministros moderadamente liberais, mas também pentecostais e católicos romanos participassem de seus esforços evangelísticos. A maioria dos principais fundamentalistas rejeitava o crescente movimento pentecostal que enfatizava o que consideravam "milagres falsificados" e considerava o catolicismo romano apóstata e perigoso. Os novos evangélicos se uniram em favor de Billy Graham e seus vários ministérios. Gradualmente, nas décadas de 1950 e 1960, um movimento relativamente diferente do evangelicalismo pós-fundamentalista começou a desenvolver a própria e distinta teologia, que representava uma combinação da ortodoxia e do pietismo protestantes, com um toque de reavivamentismo para completar a receita. Por causa da aparente necessidade de fornecer uma alternativa para o fundamentalismo rígido e sectário e para a teologia protestante liberal, os novos evangélicos deixaram de lado as diferenças internas. Alguns se inclinaram para a ortodoxia protestante e não viram com bons olhos o pietismo e muito menos o reavivamentismo por considerá-los demasiadamente experimental e pouco centralizado no conteúdo doutrinário do cristianismo. Outros penderam para o pietismo e o reavivamentismo e, embora dessem grande valor às sólidas doutrinas bíblicas, enfatizavam mais o lado experimental do cristianismo autêntico.

Essa fraca coalizão evangélica entre as duas teologias protestantes distintas, porém compatíveis, carregava as sementes da discórdia. Nas extremidades do espectro evangélico, alguns conservadores cuja principal atividade era promover a ortodoxia protestante da teologia de Princeton criticavam os evangélicos experimentais que tinham como propósito principal o evangelismo, a conversão e a espiritualidade. Os evangélicos conservadores temiam que o enfoque na experiência cristã pudesse conduzir ao liberalismo seus parceiros na coalizão. Os evangélicos experimentalistas, igualmente comprometidos com a autoridade da Bíblia e com as doutrinas cristãs históricas, criticavam as suspeitas de seus parceiros ortodoxos na coalizão, por não terem conseguido se livrar inteiramente da mentalidade fundamentalista e por enfatizarem de modo unilateral o conteúdo doutrinário do cristianismo, a ponto de desprezar a experiência que podiam ter do Deus vivo. As tensões entre as duas alas da coalizão evangélica aumentaram e pioraram depois da Segunda Guerra Mundial, de modo que, no final da década de 1980 e no início da década de 1990, começaram a discutir sobre qual delas representava o evangelicalismo verdadeiro.

Uma das alas do movimento foi rotulada de paradigma puritano-princetoniano do evangelicalismo e a outra pode ser rotulada de paradigma pietista-pentecostal.²

O primeiro paradigma enxerga Jonathan Edwards e Charles Hodge como grandes teólogos evangélicos e entende que a *Confissão de fé de Westminster* é um padrão doutrinário do máximo valor para todos os evangélicos. A atenção desse paradigma recai na doutrina correta, inclusive na inspiração e na inerrância da Bíblia, como a essência permanente do cristianismo evangélico. O segundo paradigma enxerga os pietistas Spener, Francke e Zinzendorf e aos teólogos reavivamentistas John Wesley e Charles Finney (1792-1875) como os grandes precursores do evangelicalismo moderno. Nesse paradigma, a atenção recai na experiência autêntica, sobretudo na regeneração e na santificação inclusive, como a essência permanente do cristianismo evangélico. O primeiro paradigma considera o monergismo a norma da doutrina evangélica, ao passo que o segundo aceita, pelo menos, o sinergismo como uma opção da teologia evangélica.

O que as várias versões da teologia evangélica têm em comum? Os adeptos desses dois paradigmas compartilham do compromisso com a cosmovisão cristã histórica básica, inclusive a crença na transcendência e na atividade sobrenatural de Deus, na Bíblia como divinamente inspirada e infalível em questões de fé e de prática, em Jesus Cristo como o Salvador crucificado e ressuscitado e o Senhor do mundo, na conversão como a única iniciação autêntica para a salvação e no evangelismo como a transmissão do evangelho a todas as pessoas. Eles também rejeitam a teologia liberal e o fundamentalismo de diversas formas. Os evangélicos também são ambivalentes no tocante a Karl Barth e à neo-ortodoxia. Os que estão mais próximos das raízes fundamentalistas do movimento rejeitam totalmente ambos, mas os que se distanciam mais do fundamentalismo os consideram amigos e aliados.

Muitos teólogos evangélicos surgiram na história do movimento após a Segunda Guerra Mundial, mas nenhum foi mais famoso ou mais influente do que Carl F. H. Henry (1913), teólogo batista escolhido por Billy Graham para estabelecer os moldes intelectuais e teológicos do novo movimento quando este se esforçava para se estabelecer como uma oposição ao fundamentalismo e à teologia liberal. Henry foi um escritor prolífico e um mestre e conferencista influente. Destacou-se como o principal porta-voz do evangelicalismo pós-fundamentalista nas décadas de 1950 e 1960, mas sua força diminuiu nas décadas de 1980 e 1990 quando se fechou cada vez mais em uma mentalidade estreita, quase fundamentalista. Um novo porta-voz do evangelicalismo moderado surgiu nas décadas de 1970 e 1980 e sua intenção era manter juntas as duas tendências protestantes, a ortodoxia e o pietismo, em uma

---

² Essa distinção e terminologia foram tiradas e adaptadas de um debate entre dois historiadores importantes do movimento evangélico: George Marsden e Donald W. Dayton. Seus artigos e as respostas de vários pensadores evangélicos estão em *Christian scholar's review* 23, 1, 1993.

"teologia da Palavra e do Espírito".³ Donald G. Bloesch (1928-) ensinou teologia durante muitos anos na Faculdade de Teologia da Universidade de Dubuque, estado de Iowa. Em toda a sua carreira, conclamou os evangélicos a reconhecerem sua base comum e a deixarem de lado as discussões insignificantes a respeito de pormenores das doutrinas das Escrituras. Rotulou seu modo de pensar de "evangelicalismo progressivo" porque acolhia qualquer alta crítica da Bíblia que não partisse de um preconceito naturalista. O teólogo do estado de Iowa também procurou incorporar em sua teologia as qualidades de várias tradições cristãs históricas, sem permitir que ela se tornasse uma "salada" eclética de temas conflitantes. Para ele, a mensagem do evangelho, da cruz e da ressurreição de Cristo é o coração e a alma da teologia evangélica. Sempre que homens e mulheres da igreja se esforçam por ressaltar essa mensagem em suas teologias, Bloesch revela-se mais do que disposto a congregá-las, quer sejam ortodoxas orientais, católicas romanas ou protestantes.

A teologia católica romana

Até meados do século XX, o único concílio ecumênico da Igreja Católica Romana depois de Trento foi o I Concílio Vaticano (Vaticano I) na década de 1870. Vaticano I foi considerado um concílio conservador, quase reacionário, por rejeitar as propostas inovadoras dos modernistas na igreja e reforçar o controle da tradição sobre a erudição bíblica e teológica. Após quase um século, a teologia católica permaneceu estagnada à medida que um papa após outro insistia no tradicionalismo extremo, centralizado nos ensinos de Tomás de Aquino. Em 1961, o papa idoso João XXIII convocou o XXI concílio ecumênico a acontecer no Vaticano, em Roma. O II Concílio Vaticano (Vaticano II) reuniu-se de 1962 a 1965 e revolucionou a Igreja Católica Romana. Embora não promulgasse qualquer dogma novo nem alterasse radicalmente a doutrina, o concílio "abriu bem as janelas da igreja e deixou uma brisa fresca arejá-la". Os tradicionalistas linha-dura enxergaram as brisas como um vento forte de modernismo. Os progressistas interpretaram as brisas que traveriam mudanças à igreja como o vento refrescante do Espírito Santo. Seja como for, o Vaticano II alterou radicalmente a vida da Igreja Católica Romana de tal maneira que deixou de ser isolada pela filosofia e pelas ciências modernas, pelo protestantismo e pelas religiões mundiais. A missa passaria a ser celebrada no vernáculo (no idioma dos leigos); os leigos teriam uma participação maior nas atividades diárias das igrejas católicas; as listas de livros proibidos foram abolidas e os estudiosos católicos ganharam liberdade para publicar obras exploratórias sem a censura prévia da hierarquia católica.

---

³ Quando este livro estava sendo escrito, a InterVarsity Press publicou a teologia sistemática de Bloesch intitulada *Christian foundations* em sete volumes separadamente. O primeiro volume, que contém o método teológico de Bloesch, é *A theology of Word and Spirit*: authority and method in theology (Downer's Grove, 1992).

Talvez a mudança mais relevante que Vaticano II produziu na teologia católica tenha sido a afirmação da supremacia das Escrituras. Embora o decreto do concílio a respeito das Escrituras e da tradição não tenha chegado a ponto de afirmar *sola Scriptura*, não restringiu seriamente a doutrina das "duas fontes de autoridade" tão detestável para os reformadores protestantes do século XVI. Na prática, pelo menos, o Vaticano II abriu a Igreja Católica Romana e sua erudição a um nova era de ensino e estudo da Bíblia. A Bíblia assumiu um novo papel e valor como fonte e padrão definitivos da verdade. Os protestantes que acompanharam atentamente o concílio ficaram totalmente atônitos com as mudanças que ocorreram. Alguns, inclusive Karl Barth, foram convidados ao concílio como historiadores e como conselheiros dos bispos e teólogos católicos que debateriam e redigiriam os decretos. Depois do concílio, o contato ecumênico entre pensadores católicos e protestantes continuou, de tal modo que, na década de 1990, até os protestantes evangélicos conservadores e teólogos católicos romanos moderados se encontravam regularmente para diálogos e chegavam a acordos a respeito de extensas esferas da fé e da ética cristãs.[4]

O mais influente teólogo católico romano pós-Vaticano II foi Karl Rahner, que nasceu na Áustria em 1904. Morreu no mesmo país, em 1984, depois de uma carreira a lecionar e a escrever teologia católica, comparável historicamente apenas à Tomás de Aquino. Suas obras completas, intituladas *Investigações teológicas*, foram reunidas em vinte volumes. Mais de 3 500 livros e artigos foram publicados por Rahner enquanto vivia. No fim da vida e da carreira, publicou, em um único volume, um resumo sistemático dos ensinamentos transmitidos na sua vida, intitulado *Alicerces da fé cristã* (1978). Nenhum pensador católico do mundo moderno influenciou tão profundamente a teologia católica romana como ele. Rahner foi o equivalente católico a Karl Barth em termos de influência e de impacto. Foi o teólogo católico romano mais notável do século XX e, talvez, da própria era moderna.

Infelizmente, é extremamente difícil entender as reflexões teológicas de Rahner. Ele fez emprego extensivo da filosofia e de sua terminologia, não raro, sem explicações. Seu principal objetivo era demonstrar a viabilidade intelectual da revelação e do testemunho cristão no contexto cultural moderno. Para tanto, desenvolveu uma antropologia teológica (doutrina da humanidade) para servir de "teologia fundamental" ou teologia filosófico-apologética que "consiste em uma prova científica do fato da revelação de Deus em Jesus Cristo".[5] Essa teologia visa

---

[4] O documento "Evagelicals and Catholics Together" foi promulgado pela primeira vez em 1994. Uma versão atualizada intitulada "The gift of salvation" pode ser encontrada na *Christianity Today* (Dec. 8:34-8, 1997). Essa versão é assinada por dezoito teólogos evangélicos importantes e por quinze teólogos católicos famosos.

[5] *Hearers of the Word*, trad. Michael Richards, New York, Herder & Herder, 1969, p. 17.

substituir a teologia natural tomista tradicional. Rahner tentou demonstrar com uma exploração erudita da natureza e da existência humana que os seres humanos são, por natureza, "receptivos a Deus" e encontram sua realização pessoal somente no relacionamento com Deus por intermédio de Jesus Cristo como Salvador absoluto. O espaço de que dispomos no presente não comporta sequer uma descrição superficial do método ou das conclusões de Rahner. Basta dizer que acreditava ser possível demonstrar não somente que o ateísmo é impossível, mas também que todo o pensamento humano encontra em Deus a sua fonte e seu horizonte supremo e que todos os anseios e aspirações espirituais humanos encontram em Jesus Cristo a sua realização suprema.

Os dois conceitos mais controvertidos de Rahner são o "existencial sobrenatural" e o "cristianismo anônimo". De acordo com o teólogo austríaco, os seres humanos são, por natureza, receptivos à autorrevelação de Deus em Jesus Cristo. Além da natureza, entretanto, existe a revelação e a redenção sobrenatural e os seres humanos são universalmente dotados por Deus com a capacidade de receberem a graça. Na realidade, todo ser humano tem dentro de si um elemento de graça — um existencial sobrenatural — que constitui a possibilidade da salvação. Quem seguir essa graça interior e sobre ela edificar encontrará a salvação total, independentemente de ter ouvido a mensagem expressa de Jesus Cristo. Os que a seguem e vivem segundo a vontade de Deus, sejam cristãos batizados ou não, são "cristãos anônimos". Rahner sustentava a salvação universal, de forma que, para a pessoa ser condenada à perdição eterna no inferno, tinha de rejeitar explicitamente a oferta da graça salvífica feita por Deus. E mesmo os que a rejeitassem podiam ser salvos se a rejeição se baseasse no mau entendimento do evangelho, desde que vivessem conforme a vida que Deus lhe revelou ser agradável: uma vida de amor e misericórdia para com o próximo.

As doutrinas de Rahner a respeito de Deus, de Jesus Cristo e da salvação estavam dentro dos limites da tradição católica, embora fossem expressas em uma linguagem filosófica altamente abstrata. Ele afirmou a doutrina da Trindade e cunhou uma frase que ficou conhecida na teologia contemporânea como a "regra de Rahner": a Trindade econômica é a Trindade imanente e a Trindade imanente é a Trindade econômica.[6] Em outras palavras, Rahner ensinou tanto os teólogos católicos quanto os protestantes a evitarem a distinção entre a vida trinitária de Deus na eternidade (a Trindade imanente) e a atividade trinitária de Deus na história (a Trindade econômica). Segundo Rahner, Deus é aquele que está entre nós. O Pai, o Filho e o Espírito Santo não se constituem em um círculo celestial intocado pelos

---

[6] *The Trinity*, trad. Joseph Donceel, New York, Seabury Press, 1974, p. 22. A expressão "A regra de Rahner" foi cunhada por Ted Peters em Trinity talk, part I, *Dialog* 26, 46, 1987.

eventos concretos e históricos de Jesus e pelos atos do Espírito Santo. A Trindade é a receptividade de Deus à humanidade, assim como a humanidade é, por natureza, receptiva a Deus. Não se trata de uma síntese panteísta hegeliana da divindade e da humanidade, mas certamente de uma alteração do teísmo cristão clássico que afirma que Deus é afetado pelo que acontece na história porque decide ser afetado.

As influências combinadas do Vaticano II e das reflexões teológicas de Karl Rahner tornaram mais elásticas e flexíveis as fronteiras entre a teologia católica, a filosofia e a teologia protestante. Os sacerdotes e teólogos que estudaram nas universidades e seminários católicos desde 1960 têm um universo de reflexão diferente do que os que estudaram antes do concílio e sem a forte influência de Rahner. Em geral, são muito mais abertos ao pensamento moderno e, especialmente, à análise crítica da tradição católica. Não raro, defendem toda a igreja como o povo de Deus, portanto, os protestantes estão incluídos na igreja verdadeira de Jesus Cristo. O diálogo ecumênico com os protestantes e mesmo com as religiões não cristãs é mais comum e aceito nos círculos católicos. Muitos sacerdotes e teólogos católicos se tornaram tão liberais que, nas décadas de 1980 e 1990, o Vaticano começou a desconfiar e iniciou uma série de investigações sobre teólogos católicos que fez com que vários progressistas fossem obrigados ao silêncio ou até mesmo forçados a abandonar a igreja. A maioria dos historiadores, no entanto, acreditam que o endurecimento da autoridade do Vaticano e da tradição no papado de João Paulo II seja uma reação temporária. Muitos anseiam pelo dia em que católicos e protestantes desfrutarão de plena comunhão e fraternidade e os pensadores católicos desfrutarão de toda a liberdade com a qual os protestantes contam.

A teologia do processo

Em toda a história da teologia cristã, vimos que a filosofia e a teologia são parceiras de diálogo aparentemente inseparáveis. Nos séculos II a V, os pensadores cristãos empregavam categorias e formas de pensamento helenísticas para explicar e transmitir a mensagem bíblica aos pagãos cultos do Império Romano. Tanto Orígenes como Agostinho aproveitaram consideravelmente o platonismo e, às vezes, pereciam permitir que ele dominasse e controlasse suas formulações da doutrina cristã. Na teologia medieval, Tomás de Aquino usou a recém-descoberta filosofia aristotélica como "serva" da teologia, porém, muitos críticos alegam que sua versão do teísmo cristão clássico foi moldada por essa filosofia pagã. Os teólogos liberais fazem parte do grupo de teologia moderna que, frequentemente, considera a filosofia uma parceira valiosa e à sua altura no empreendimento teológico. Um modelo da teologia contemporânea que é liberal e afirmativo quanto à mistura de um pouco de filosofia na teologia é a teologia do processo.

A teologia do processo representa a tentativa de alguns pensadores cristãos contemporâneos de reconstruir a doutrina de Deus e toda a teologia cristã, para harmonizá-la melhor com as crenças modernas sobre a natureza do mundo. Os pensadores do processo partem da pressuposição prática de que a teologia cristã deve ser revisada e atualizada em cada nova cultura, à luz de seus interesses, questões e dúvidas específicas. Além disso, acreditam que uma teologia cristã viável não pode se opor às pressuposições mais básicas da cultura sobre a realidade. Uma das pressuposições básicas da cultura helenística era que a perfeição do ser é estática. Isto é, a mudança é uma evidência da imperfeição. O real supremo — o divino — deve ser absolutamente simples (não composto) e imutável (impassível). De outra forma, seria imperfeito. Os teólogos do processo insistem que o pensamento moderno não pode concordar com esse conceito do ser e da perfeição. Homens e mulheres modernos, inteligentes e sensatos, simplesmente sabem que esse conceito é uma falha da metafísica. A mudança não é mais considerada evidência da imperfeição. Aliás, segundo o pensamento moderno, existir é mudar. Tudo está relacionado a alguma coisa. A própria existência depende de relacionamentos. E os relacionamentos dependem de ficarmos abertos para sermos afetados por outras pessoas nessa rede dinâmica de relacionamentos. A natureza funciona assim, da mesma forma que os seres humanos. A existência é social e ser social significa ser dinâmico.

Os teólogos do processo acreditam que é necessária uma nova filosofia que faça o pensamento cristão moderno deixar para trás a metafísica ultrapassada da perfeição perpétua e imutável e que reconstrua a teologia de tal modo que seja viável neste mundo moderno em que o "tornar-se" é mais importante do que o "ser". Eles encontraram essa filosofia nova no pensamento do matemático britânico Alfred North Whitehead (1861-1947). Whitehead passou da matemática para a filosofia especulativa quando deixou sua terra natal na Inglaterra a fim lecionar na Universidade de Harvard em 1924. Segundo alguns historiadores, ele criou o sistema metafísico mais impressionante do século XX ao conceber a própria realidade como uma rede de momentos inter-relacionados de energia chamados "acontecimentos reais". Em vez de descrever a realidade em termos de objetos, quer sejam físicos, espirituais, ou ambos, Whitehead concebeu toda a realidade em função de eventos ou fragmentos de experiência. A realidade é mais uma série de acontecimentos do que uma grande cadeia de existência. Ser real é "acontecer" em relação a outros acontecimentos e "vivenciar" integrado a uma rede de entidades que vivenciam.

Whitehead encontrou espaço para definir Deus em sua filosofia como o grande princípio organizador cósmico. Deus cria o mundo ao unificá-lo dentro do possível. Entretanto, na filosofia religiosa de Whitehead, Deus não é onipotente nem eterno. Ele contém o mundo e está contido nele. Lembrando as palavras de Hegel que disse que "sem o mundo, Deus não é Deus", Whitehead afirmou que "dizer que o mundo cria a Deus é tão certo quanto dizer que Deus cria o mundo". Deus é superior ao mundo em qualquer momento, mas também é sempre capaz de ser superior a si mesmo. E, realmente, Deus se torna superior a si mesmo a todo momento. Deus se desenvolve com o mundo e sob a influência dele.

Um conceito fundamental da filosofia de Whitehead é a "dipolaridade" ou "bipolaridade" de cada entidade real (*entidade real* é outro termo para descrever os elementos básicos que compõem a realidade, também conhecidos por "acontecimentos reais"). Nada é real, a não ser as entidades reais. Todas as pessoas, inclusive Deus, possuem dois aspectos ou polos: o físico e o mental. Os polos de Deus também podem ser descritos como "primordial" e "consequente". No polo primordial — o caráter básico e estável de Deus que contém ideais ainda a serem concretizados —, Deus não muda. É mais abstrato e potencial do que concreto e real. O polo consequente de Deus é sua realidade vivida, sua experiência real, e está em constante mudança à medida que Deus "sente" o mundo. Da mesma forma que a condição do mundo afeta e até constitui a existência concreta de Deus, Deus afeta o mundo. Deus fornece a ele os ideais de sua natureza primordial e tenta seduzir ou persuadir e conquistar os acontecimentos reais do mundo para aumentar a harmonia, a beleza e o prazer. Mas Deus não pode obrigar nenhuma entidade real a alcançar seu "alvo ideal subjetivo". Pode apenas tentar persuadi-la. Toda entidade real possui certo grau de livre-arbítrio e autodeterminação e pode seguir ou resistir ao ideal de Deus. O mal é uma consequência da resistência aos ideais de Deus pelas entidades reais e isso faz Deus sofrer. Deus enriquece ou empobrece conforme as respostas do mundo à sua influência persuasiva.

Whitehead não era cristão no sentido formal da palavra. Sua religião era uma religião natural ditada por sua filosofia. Mas muitos pensadores cristãos liberais encontraram algo de valor em sua filosofia para a reconstrução da doutrina cristã à luz dos conhecimentos modernos. Os que procuravam relacionar a teologia cristã com a filosofia de Whitehead foram chamados de teólogos do processo e, na década de 1970, esse grupo aumentou. Os principais seminários protestantes e faculdades de teologia em universidades dos Estados Unidos e do Canadá adotaram a teologia do processo como principal ênfase e abordagem. A Faculdade de Pós-Graduação Teológica de Claremont (na Califórnia) vinculada à Igreja Metodista Unida, tornou-se um centro de teologia do processo. Ali se encontram o Center for Process Studies [Centro de estudos do processo] e os departamentos editoriais da revista *Process studies* [*Estudos do processo*]. O fomentador protestante mais articulado da teologia do processo, da década de 1960 até o começo da década de 1990, foi John Cobb Jr. (nascido em 1925), ministro da Igreja Metodista Unida e filho de missionários. O professor de teologia de Claremont publicou vários livros aplicando a filosofia de Whitehead à teologia cristã, inclusive *Uma teologia natural cristã* (1965),

Deus e o mundo (1965) e *Cristo em uma era pluralista* (1975). Em todos os livros, Cobb enfatizou a relação de interdependência de Deus com o mundo.

Todos os teólogos de processo, inclusive John Cobb, queriam afastar a teologia cristã do teísmo cristão clássico, conforme desenvolvido na igreja primitiva e medieval. Em vez da transcendência de Deus, enfatizam a imanência de Deus. Em vez da qualidade absoluta de Deus, ressaltam a sua natureza pessoal. O amor de Deus, sua vulnerabilidade e seu sofrimento inclusive, têm precedência sobre seu poder e soberania. Em segundo lugar, Cobb e os demais teólogos do processo rejeitam o monergismo, bem como qualquer descrição coerciva da obra de Deus no mundo. Deus nunca obriga uma entidade real — e os seres humanos consistem em acontecimentos reais — a fazer alguma coisa. Ele sempre opera exclusivamente pela persuasão. Deus conclama o mundo à sua plenitude na perfeita integridade e harmonia de seu reino, mas cabe às criaturas livres decidir se e como vão corresponder. A teologia tradicional dizia: "o homem propõe, mas Deus dispõe"; a teologia de processo diz: "Deus propõe, mas o homem dispõe". Finalmente, a teologia do processo é naturalista porque rejeita todo o conceito das intervenções sobrenaturais do poder divino na ordem natural. Embora ela não exclua os atos persuasivos especiais de Deus, certamente exclui milagres absolutos, bem como sinais e fenômenos inexplicáveis. Deus opera diretamente em cada entidade real, fornecendo-lhe seu alvo ideal inicial e atraindo-a para a ideia divina do que ela deveria se tornar. Mas Deus nunca interrompe a ordem natural dos acontecimentos, nem força qualquer coisa a acontecer de modo contrário à natureza ou ao livre-arbítrio. Ele sequer pode conhecer o futuro em cada detalhe com absoluta certeza, porque os detalhes só podem ser "preenchidos" pelas decisões livres das entidades reais que ainda nem existem.

A teologia do processo é um modelo específico do século XX da teologia protestante liberal. Alguns pensadores católicos romanos também aceitam alguns aspectos dela. Seu atrativo parece estar na solução que oferece para o problema do mal e do sofrimento dos inocentes. A Segunda Guerra Mundial e os holocaustos que a acompanharam desafiaram radicalmente as ideias de muitos teólogos a respeito de Deus e do sofrimento. Onde estava Deus quando seis de nove milhões de judeus foram executados em câmaras de gás e incinerados pelos nazistas? Para muitos teólogos contemporâneos, os horrores da guerra e do genocídio do século XX exigiam uma revisão radical das noções agostinianas do poder e da soberania de Deus. Segundo eles, se Deus pudesse impedir as chacinas de homens, mulheres e crianças inocentes, ele o teria feito. O caso, portanto, é que ele não podia. Os teólogos do processo encontraram consolo e refúgio no conceito de Whitehead sobre Deus como um "companheiro no sofrimento que compreende" e que não pode obrigar as entidades reais ou as sociedades delas a praticar o bem e não o mal.

Muitos dos críticos da teologia do processo sugerem que ela foi longe demais ao se opor ao monergismo agostiniano. O Deus whiteheadiano da teologia do processo de Cobb seria incapaz de fazer a maioria das coisas que a teologia cristã tradicionalmente atribui à atividade de Deus na criação e na redenção. O Deus do processo não criou o mundo no princípio. O mundo é o "corpo" de Deus e Deus é a "alma" ou "mente" do mundo, e os dois (corpo e alma) são eternamente inseparáveis e interdependentes. Além disso, segundo a teologia do processo, não existe nenhuma garantia e nem motivo para crer que Deus vencerá em um futuro distante a intransigência da resistência à sua visão do bem. Nada nos impede de supor que o futuro consistirá em nada mais do que exatamente a mesma coisa. O debate questionando se a teologia do processo poderia até ser considerada "cristã" foi violento nos círculos teológicos nas décadas de 1970 e 1980 e não chegou a nenhum consenso. Ela ainda é ensinada como uma versão viável da teologia cristã em muitos seminários protestantes clássicos liberais e, ao mesmo tempo, é condenada como heresia por muitos teólogos conservadores.

Teologias da libertação

Na década de 1970, grupos de cristãos social, econômica e politicamente oprimidos da América do Norte e do Sul começaram a desenvolver teologias da libertação. Os teólogos negros da América do Norte voltaram a atenção para o problema do racismo e incluíram no conceito da salvação a libertação dos afro-americanos do preconceito e da exclusão racial. Alguns dos principais teólogos negros da década de 1970 chegaram a ponto de sugerir que Deus é negro e que a salvação no contexto norte-americano moderno significa "tornar-se negro com Deus". Essas declarações enigmáticas não devem ser tomadas muito ao pé da letra. A lição que James Cone e outros queriam ensinar é que Deus toma o partido dos oprimidos e tiranizados, e as pessoas que buscam a salvação não podem se manter neutras diante da segregação e da opressão racial. Na América Latina, teólogos católicos e protestantes começaram a refletir teologicamente sobre a situação do continente — a miséria extrema e a injustiça econômica — e interpretaram a salvação incluindo a ideia da abolição da pobreza estrutural e das ordens políticas injustas. Na década de 1980, teólogos feministas americanos votaram a atenção cada vez mais para o problema do preconceito sexual e do patriarcalismo, tanto na igreja quanto na sociedade. Interpretaram a salvação incluindo a igualdade entre os homens e as mulheres e até mesmo uma reforma radical não somente do domínio masculino, mas também de todas as hierarquias políticas e sociais.

Essas três principais formas de teologia da libertação compartilham certas características em comum, apesar das diferenças, das quais as mais importantes dizem respeito às injustiças sociais. Teólogos afro-americanos, como James Cone do

Seminário Teológico Union em Nova York, identificam o racismo como o principal pecado social da América do Norte. Teólogos feministas, como Rosemary Ruether do Seminário Teológico Evangélico Garrett em Evanston, Illinois, identificam o preconceito sexual e o patriarcalismo (o domínio masculino) como os principais pecados sociais. Gustavo Gutiérrez, do Peru, identifica a pobreza estrutural como o principal mal social da América Latina. Porém, todos concordam que a teologia não é universalmente aplicável e nem social e politicamente neutra. A teologia precisa ser novamente contextualizada em toda situação sócio-cultural e se tornar concreta e comprometida com a justiça naquela situação específica.

Teólogos da libertação de todos os tipos rejeitam uma teologia universal que sirva para todas as pessoas de todos os lugares. Cada grupo oprimido deve ter liberdade para refletir criticamente a respeito das Escrituras e da situação atual na qual estão inseridos, e resolver por conta própria como melhor interpretar e viver a mensagem do evangelho. Para qualquer tipo de teologia da libertação, a teologia é uma reflexão concreta e compromissada sobre a práxis à luz da Palavra de Deus. *Práxis* significa "atividade libertadora" e é o que acontece em qualquer situação de opressão quando as pessoas começam a se libertar e buscar igualdade e justiça. A tarefa dos teólogos é ajudar as pessoas em sua luta pela liberdade, vinculando-a à Palavra de Deus. Um importante teólogo de libertação latino-americano fornece uma breve descrição desse conceito de teologia:

> A teologia, como concebida aqui, não é uma tentativa de oferecer um modo correto de entender os atributos ou ações de Deus, mas uma tentativa de articular a ação da fé, o formato da práxis concebida e concretizada na obediência. Da mesma forma que a filosofia no famoso ditado de Marx, a teologia precisa parar de explicar o mundo e começar a transformá-lo. A *ortopráxis*, em vez da ortodoxia, se torna o critério da teologia.[7]

Um segundo item de mútuo acordo entre os teólogos da libertação é que Deus tem preferência pelos oprimidos e que os oprimidos têm um entendimento especial da vontade de Deus em qualquer situação social. Isso não significa que os afro-americanos, as mulheres ou os pobres têm um relacionamento automaticamente favorável com Deus que lhes confere uma vantagem na salvação eterna. Os teólogos da libertação pensam na "salvação" principalmente sob o contexto histórico e social e não individualista. Nisso, têm muito em comum com o movimento mais antigo do Evangelho Social. Entretanto, acreditam que na mensagem profética bíblica, Deus toma partido de seu povo oprimido e procura ativamente libertá-lo

---

[7] José Miguez BONINO, *Doing theology in a revolutionary situation*, Philadelphia, Fortress, 1975, p. 81.

de toda a escravidão, sujeição e desigualdade. Portanto, quando houver uma situação em que um grupo é oprimido por outro, de tal maneira que seus membros são impedidos de realizarem o seu potencial, Deus tomará o lado do grupo oprimido na luta para se libertar e alcançar a plena integridade de seus membros.

Em terceiro e último lugar, todos os teólogos da libertação concordam que a missão cristã consiste necessariamente da participação ativa da igreja cristã na libertação dos oprimidos. A igreja é conclamada por Deus a se identificar com os oprimidos e marginalizados, não com os ricos, poderosos e privilegiados. Com demasiada frequência, alegam os libertacionistas, as igrejas e denominações cristãs se aliam às classes e pequenos grupos de privilegiados da sociedade e, com isso, contribui para a injustiça e a desigualdade.

Na América Latina, os teólogos da libertação conclamam os bispos católicos romanos a abrirem mão de seus acordos e amizades com os oligarcas do poder que controlam a maior parte das riquezas e empregam a força para manterem a maioria das pessoas em permanente estado de pobreza. Diante do pedido dos teólogos da libertação, os bispos latino-americanos concordaram e endossaram os princípios básicos da teologia da libertação em duas grandes conferências em 1968 e 1979 (CELAM II e CELAM III). Influentes bispos e arcebispos de países latino-americanos exerceram forte pressão sobre os ditadores militares para mudarem radicalmente as condições sociais em seus países. Em alguns casos, como na Nicarágua, os bispos apoiaram revoluções contra as famílias governantes. Em El Salvador, o bispo libertacionista Oscar Romero, foi assassinado por um esquadrão da morte e se tornou um mártir da teologia da libertação.

Os três principais teólogos da libertação já foram mencionados. James Cone (1938-) é frequentemente considerado o pai da teologia afro-americana. No final da década de 1960 e início da de 1970, foi intimamente associado aos movimentos Black Power [Poder Negro] de Malcolm X e de outros afro-americanos insatisfeitos com a tática pacifista de Martin Luther King Jr. no combate ao racismo. Cone escreveu dois livros teológicos, que abriam novas fronteiras e foram amplamente debatidos, para justificar o ativismo radical: *Black theology and black power* (1969) [*A teologia negra e o poder negro*] e *A black theology of liberation* (1970) [*A teologia negra da libertação*]. Argumentou que Deus é negro e que o poder negro é "a principal mensagem de Cristo à América no século XX",[8] e pareceu apoiar ou de fato propor uma guerra racial, caso fosse o único meio de acabar com o racismo nos Estados Unidos. Cone ocupou a cátedra Charles H. Briggs de Teologia Sistemática no prestigioso e liberal Seminário Teológico de Union na década de 1970. Continuou a

---

[8] New York, Seabury Press, 1969, p. 1.

desenvolver a teologia negra baseada na experiência afro-americana da opressão e da libertação publicando vários livros e artigos. Os críticos o consideram uma voz perigosamente radical e sectária da teologia cristã contemporânea, enquanto seus partidários o consideram um profeta semelhante a Amós no AT.

O pai da teologia da libertação latino-americana é Gustavo Gutiérrez (1928-), que mora em Lima, Peru, e cujo livro *Teologia da libertação* (1971) continua sendo a principal matéria de estudo do movimento. Gutiérrez é um teólogo católico com amplos contatos ecumênicos. Viaja frequentemente à América do Norte e à Europa para disseminar a mensagem da libertação e participar de debates abertos com teólogos de países afluentes. Explicou a origem da injustiça política e econômica na América Latina pela manipulação e a interferência da América do Norte e da Europa em sua "teoria da dependência". Segundo o teólogo peruano, a dependência econômica da América Latina em relação às economias e aos governos norte-americanos e europeus foi deliberadamente planejada para beneficiar as sociedades já afluentes e manter as sociedades e culturas do hemisfério sul em uma situação desprivilegiada. Assim como muitos outros teólogos da libertação (a maioria dos quais o consideram seu porta-voz e líder), Gutiérrez entende que a salvação consiste na derrota das forças que mantêm as maiorias latino-americanas na pobreza e no estabelecimento de democracias econômicas de natureza basicamente socialista ou mesmo comunista. Encontra inspiração e orientação nas teorias econômicas e políticas de Karl Marx, embora rejeite o ateísmo e materialismo.

A voz mais alta na teologia feminista é a de Rosemary Ruether (1936-), autora de um dos principais livros do movimento: *Sexism and god-talk* [*Sexismo e conversa religiosa*, 1983]. Junto com outros cristãos feministas, Ruether, teóloga católica que leciona em um seminário metodista, argumenta que o patriarcalismo é um mal básico que precisa ser eliminado para que a salvação aconteça. A palavra *patriarcalismo* não se refere apenas ao domínio dos homens — embora esse seja o significado imediato do termo, mas também à estrutura hierárquica da sociedade, criada tanto por homens como por mulheres, na qual as figuras paternais controlam tudo. Nem o próprio Deus deve ser considerado um ser acima dos outros que tudo controla. Segundo Ruether, Deus deve ser chamado "Deus(a)" e considerado a "matriz da existência" que une todas as pessoas e todas as coisas em uma rede de igualdade e inter-relacionamento. Como as mulheres têm mais facilidade para se assimilar a essa visão da sociedade, Ruether propõe que sejam estabelecidas "igrejas feministas" como comunidades alternativas às denominações e congregações dominadas por homens. As igrejas feministas seriam lugares seguros para feministas (inclusive homens com a consciência da igualdade das mulheres) explorarem o novo paradigma da teologia feminista no ensino e na liturgia voltado inteiramente para as experiências das mulheres.

As teologias da libertação são centelhas que acenderam grandes controvérsias na teologia contemporânea. Alguns críticos rejeitam inteiramente sua orientação política e as acusam de dividir o corpo de Cristo entre homens e mulheres, ricos e pobres, brancos e negros. Os historiadores simpatizantes, em geral, encontram muita coisa de valor nas mensagens proféticas dos libertacionistas para tornar a teologia mais concreta no combate à injustiça e à opressão. Os próprios libertacionistas não estão muito interessados em responder aos críticos e dão pouco valor aos comentários objetivos dos historiadores. Eles entendem que a teologia é dos oprimidos e para os oprimidos e não deve se preocupar em agradar aos outros. Para muitos feministas, a teologia feminista não consiste em buscar o diálogo com os homens e muito menos a aprovação deles. Consiste em buscar a igualdade completa entre homens e mulheres em todos os níveis da sociedade, inclusive nas igrejas. Se esse conceito parece ameaçador aos homens, isso só serve para mostrar que o patriarcalismo é altamente resistente às mudanças. Da mesma forma, a teologia da libertação latino-americana está mais preocupada em transformar as sociedades latino-americanas do que em conquistar a aceitação e a aprovação dos teólogos e líderes eclesiásticos norte-americanos e europeus. E James Cone certamente não se importa com a crítica dos brancos à teologia negra. O princípio "Deus é negro" foi feito para defender a consciência afro-americana e, se isso ofende alguns brancos, tanto melhor.

A teologia escatológica

Uma das teologias novas mais influentes provenientes da Europa na era pós--Segunda Guerra Mundial é a teologia escatológica intimamente associada com os escritos de dois professores alemães: Jürgen Moltmann e Wolfhart Pannenberg. Os dois nasceram no fim da década de 1920, viveram os horrores da Segunda Guerra Mundial e se aposentaram de suas carreiras brilhantes nas cátedras de universidades da Alemanha no início da década de 1990. Desde o fim da década de 1960 até o começo de 1980, eram comumente identificados como os mais influentes teólogos protestantes contemporâneos de âmbito mundial. Embora suas teologias difiram de várias maneiras, juntas despertaram um novo interesse e apreço pelo realismo escatológico da teologia cristã clássica. Em boa parte dos séculos XIX e XX, a crença no reino de Deus na Terra foi relegada à mitologia por teólogos liberais e alguns neo-ortodoxos. Embora Ritschl e os teólogos do evangelho social falassem muito a respeito do reino de Deus, referiam-se mais à ordem social humana do que à vinda de Jesus Cristo e ao governo e reino de Deus no futuro. Os teólogos fundamentalistas pesquisavam todo tipo de especulação sobre a escatologia e, em geral, insistiam no pré-milenarismo dispensacionalista — uma opinião muito específica a respeito do final dos tempos que muitas vezes significava dar mais atenção à chamada grande tribulação e ao anticristo do que à majestade de Jesus Cristo na terra. Essa obsessão fundamentalista pelo fim dos tempos fez com que muitos cristãos moderados, liberais e neo-ortodoxos deixasse de prestar atenção à segunda vinda de Cristo ou aos eventos do futuro.

Moltmann e Pannenberg procuraram resgatar abordagem realista da escatologia bíblica, completamente livre do fundamentalismo. Esses professores alemães não tinham nenhuma formação no protestantismo conservador. Ambos foram criados em lares sem influência religiosa e se converteram ao cristianismo quando se tornaram adultos na época subsequente à destruição da Alemanha em 1945. Moltmann tornou-se cristão em um campo de prisioneiros de guerra na Grã-Bretanha. Pannenberg teve uma conversão acadêmica ao cristianismo quando era estudante universitário em Berlim. Durante algum tempo, lecionaram juntos em um seminário da igreja estatal e, depois, seguiram caminhos separados. Moltmann filiou-se à Igreja Reformada e lecionou por muitos anos na prestigiosa Universidade de Tübingen. Pannenberg tornou-se luterano e seguiu carreira na Universidade de Munique, onde se aposentou. Ambos lecionaram em universidades e seminários norte-americanos quando estavam de licença de suas cátedras e se tornaram fluentes no inglês. A maior parte de seus escritos foi traduzida para o inglês e eles conquistaram boa reputação na América do Norte como os principais teólogos protestantes moderados — um meio-termo entre o liberalismo e o conservadorismo. Consideram suas abordagens básicas da teologia "criticamente ortodoxas" por respeitarem a grande tradição da doutrina cristã da igreja primitiva e da Reforma, mas rejeitam o confessionalismo "mecânico" e o conservadorismo máximo.

Jürgen Moltmann tornou-se famoso com a publicação de seu livro programático *Teologia da esperança* em 1964. Nele, enfatizou a revelação como promessa (em vez de experiência ou proposição) e a salvação como a obra histórica de Deus pertencente ao futuro. Colocou o reino de Deus no centro de suas reflexões teológicas, mas evitou a ideia liberal de identificar o reino de Deus com uma sociedade humana. Em vez disso, o teólogo alemão argumentou que somente Deus pode concretizar seu reino e assim o fará, e que Deus deve ser entendido como o "poder do futuro" que irrompe na história impelindo-a para uma nova era de paz e justiça que só pode ser prevista por quem faz parte da história. Embora evitasse rigorosamente o literalismo escatológico, Moltmann acreditava que a igreja devia resgatar a ideia da majestade escatológica de Deus. Para ele, a história chegará ao término em Deus e a ressurreição de Jesus Cristo é a garantia disso. Ela é a prolepse (antecipação concreta) do reino de Deus, quando todos os mortos se levantarão e as promessas divinas do novo paraíso e nova terra serão cumpridas. A grande novidade de Moltmann foi identificar Deus com o poder ou o "impulso" do futuro.

Em obras posteriores, como *O deus crucificado* (1974) e *A trindade e o reino* (1981), ele não deixou nenhuma dúvida de que também considerava Deus trino, uno e pessoal, mas continuou a identificar a pessoa de Deus mais com a futuridade do que com a origem temporal da natureza e da história.

Wolfhart Pannenberg conquistou a fama subitamente com a publicação de sua cristologia: *Jesus: Deus e homem* (1964). Nela, afirmou o caráter verificável do evento histórico da ressurreição corpórea de Jesus Cristo, o que era considerado impossível ou mitológico pela maioria dos teólogos alemães da era moderna. Em uníssono com Moltmann, Pannenberg interpretou a ressurreição de Jesus como um evento escatológico — a prolepse do futuro reino de Deus quando Deus finalmente revelará sua divindade e majestade e será "um em todos". Em escritos posteriores, como *A teologia e o reino de Deus* (1969) e *A ideia de Deus e da liberdade humana* (1973), o pensador luterano alemão expressou ideias bastante radicais a respeito do futuro de Deus e inclusive alegou que "Deus ainda não existe". Essas declarações não devem ser entendidas erroneamente. Para Pannenberg, Deus existe plenamente na eternidade, mas, para o mundo, Deus existe no futuro e também no presente somente se o poder de sua majestade futura irromper na história antes do tempo. O mesmo podia ser dito a respeito da doutrina escatológica de Moltmann sobre Deus. Para os dois teólogos escatológicos, Deus não precisa do mundo para ser o que é, mas decide se relacionar com o mundo para percorrer a história junto com ele. Pannenberg fala claramente que Deus se realiza com e pela história mundial, sem se tornar dependente dela. Porém, em nossa experiência humana finita, Deus parece "ainda não" existir porque sua majestade é escatológica.

O apelo da teologia escatológica, para muitos jovens pensadores protestantes nas décadas de 1970 e 1980 encontra-se em oferecer uma alternativa tanto ao teísmo cristão clássico, com seu Deus estático que a tudo controla, quanto à teologia do processo, com seu Deus impotente e em desenvolvimento. A teologia escatológica era um novo paradigma por considerar o relacionamento de Deus com o mundo. Esse paradigma se baseia na autolimitação divina pela qual Deus decide livremente permitir que o mundo da natureza e da história o afete, sem perder a majestade sobre ele. A existência de Deus não é consumida no relacionamento com o mundo. Mas como Deus criou o mundo e lhe deu liberdade, precisa operar nele sem dominá-lo. É essa a solução que a teologia escatológica oferece para o problema do mal: males como o holocausto acontecem porque o mundo ainda não é o reino de Deus. Deus oferece à história humana sua própria liberdade e sofre com e por ela com o poder de sua futuridade, pelo magnetismo do amor e pela prolepse poderosa. Deus, do futuro, envia Jesus Cristo e o Espírito Santo para o mundo, para demonstrar seu amor e libertar as forças espirituais de esperança na correnteza da história humana. No fim, Deus virá ao mundo e anulará todo o pecado e mal e aqui habitará.

Vários críticos, sob diversas perspectivas, já levantaram objeções à teologia escatológica. Os que assumem uma posição mais liberal (como os teólogos do processo) consideram-na muito sobrenaturalista e questionam por que Deus não intervém do futuro para pôr fim a males como o holocausto uma vez que ele pode. Além disso, consideram mitológica a aceitação, pela teologia escatológica, da ressurreição de Jesus Cristo e da realidade de Deus como trino e uno na eternidade. Para eles, essa ortodoxia crítica não é suficientemente crítica. Os teólogos conservadores, sobretudo os fundamentalistas, consideram a teologia escatológica muito crítica e pouco ortodoxa. Nem Moltmann nem Pannenberg endossam a inerrância bíblica ou uma interpretação literalista das origens ou do final dos tempos. Além disso, tendem fortemente ao universalismo, embora nenhum chegue a apoiá-lo completamente.

Cacofonia ou coro?

Este capítulo foi introduzido por comentários a respeito da diversidade e do pluralismo da teologia contemporânea. Foram desconsiderados alguns movimentos teológicos mais radicais por não poderem ser seriamente considerados "cristãos" (por exemplo, a teologia da morte de Deus), porém, os problemas básicos devem ficar claros para qualquer leitor atento. O que falta no cenário da teologia cristã na virada do milênio é uma metanarrativa abrangente que servisse para reunificá-la. Muitos, inevitavelmente, considerarão a presente situação uma cacofonia de vozes e tamparão os ouvidos, aborrecidos, ou acolherão o barulho como uma libertação jubilosa da uniformidade imposta. Alguns verão a situação presente com certa esperança. Vozes diversas, ao se unirem em uníssono, podem fazer um coral com a cacofonia e um coro com a confusão. Somente o futuro revelará se a teologia cristã permanecerá radicalmente pluralista ou redescobrirá um acorde comum que unirá várias vozes sem obliterá-las.

Conclusão
O futuro de uma história inacabada

A história da teologia cristã começou com a diversidade, a tensão e a busca da unidade na crença. Em todas as igrejas cristãs do Império Romano, apareceram grandes pensadores para confrontar os difíceis desafios postulados por sectários que se faziam passar por cristãos e por críticos pagãos que ridicularizavam os ensinos cristãos. Seus empreendimentos na formulação de respostas inteligíveis para as perguntas e na exclusão das respostas erradas geraram a padronização de certas crenças que não podiam ser encontradas explicitamente em fontes cristãs. Por exemplo, em nenhuma parte das Escrituras ou dos ensinos dos apóstolos aparece o conceito de *creatio ex nihilo* (a criação a partir do nada). Nem podemos encontrar claramente expressa a ideia da trindade e da unidade de Deus. Por certo, a ideia plenamente desenvolvida da encarnação como união hipostática de duas naturezas é, na melhor das hipóteses, sugerida nas fontes cristãs que são consideradas revelação divina. Essas e muitas outras doutrinas ortodoxas são fruto muito mais da reflexão sobre a revelação divina do que da revelação. Esse fato em nada as priva de sua veracidade. Isso significa apenas que elas representam a linguagem de segunda ordem da igreja. A linguagem de primeira ordem é a linguagem da revelação. Desenvolver a linguagem de segunda ordem na doutrina e aplicá-la na igreja tornou-se necessário para evitar que o cristianismo chegasse à futilidade de ser compatível com toda e qualquer coisa.

O empreendimento de desenvolver, preservar e defender a ortodoxia era considerado necessário pelos pais da igreja antiga e pelos reformadores do século XVI e seus herdeiros pelo bem da salvação. Nunca se considerou que as doutrinas fossem um fim em si mesmas, ideias para serem estudadas e cridas sem um propósito maior. Pelo contrário, em seus melhores momentos, os pais da igreja e os reformadores entenderam que a tarefa teológica era um ato de sobrevivência. Sem doutrina, não haveria como manter o evangelho de Jesus Cristo distinto e claro. Sem uma visão da verdade, a proclamação do evangelho seria impossível. E sem a proclamação do evangelho, a salvação seria improvável. Esse era o raciocínio por trás dos ensinos, às vezes aparentemente obscuros, dos pais e reformadores da igreja.

Por certo, algumas vezes, as doutrinas e os sistemas de ideias realmente se tornavam fins em si mesmos e a salvação era erradamente equiparada ao assentimento meramente intelectual dessas doutrinas e ideias. Sempre que esse modo errado de entender o evangelho prevalecia, novas personagens entravam nas páginas da história da teologia para reformar a igreja e restaurar o equilíbrio entre a ortodoxia, que desempenhava uma função protetora, e a experiência com Deus, que era prioritária. Ocasionalmente, como já vimos, algumas pessoas que se consideravam cristãs rejeitavam totalmente a doutrina e a ortodoxia e procuravam identificar o cristianismo autêntico com uma experiência ininteligível com Deus. A grande tradição da igreja sempre lutou contra os dois extremos e procurou deixar claro que, fundamentalmente, o cristianismo não é uma filosofia para ser entendida de forma intelectual nem uma experiência mística indescritível sem conteúdo cognitivo. Uma experiência não conceitual com Deus não faz sentido; a crença teologicamente correta, sem uma experiência correspondente com Deus é nula. A ortodoxia e a ortopatia devem andar de mãos dadas. Mas as tensões entre elas atormentam a igreja cristã há dois mil anos. A era contemporânea transicional não é exceção. Pelo contrário, a tensão é muito maior na virada do milênio do que antes.

A história da teologia cristã não terminou. Talvez nunca chegue à conclusão. Mesmo no reino de Deus haverá, decerto, outras coisas a serem aprendidas. Alguns imaginam o céu como uma escola eterna, sem o tormento dos exames e das provas. Seja como for, os cristãos ainda estão cursando a escola histórica da teologia e sua história, com todos os seus conflitos, tensões, reviravoltas e guinadas, continua. Conforme vimos desde o último capítulo da história, a era contemporânea está em transição. Uma razão dessa incerteza é o pluralismo radical que aflige a teologia. Apesar de todo o interesse e "cor" que o pluralismo acrescenta, a história não poderá continuar sem a que haja a redescoberta do enfoque central que mantenha as diversas teologias unidas como cristãs. Muitos historiadores argumentariam, com toda a razão, que a igreja de Jesus Cristo, no âmbito mundial, está atrasada nessa nova reforma. Dessa vez, a reforma terá de consistir na reafirmação do cristianismo simples e básico para manter o equilíbrio saudável entre vivenciar a Deus e conhecê-lo intelectualmente. É necessário um novo reformador da igreja universal. Um grande pensador religioso como Ireneu, Agostinho, Tomás de Aquino, Lutero, Calvino, Edwards, Wesley ou Barth precisa surgir para oferecer uma nova visão unificadora da teologia cristã que se baseie firmemente na revelação divina, consistente com a grande tradição da igreja e espiritualmente revigorante.

É possível que a reforma da igreja no século XXI comece em algum lugar do Terceiro Mundo e atinja a América do Norte e a Europa? É bem provável. A maioria dos cristãos agora reside fora desses dois continentes e os movimentos religiosos mais fortes também estão surgindo nas culturas do chamado Terceiro Mundo. As igrejas cristãs mais jovens da Ásia, da África e da América Latina talvez forneçam o profeta teológico do próximo século ou até do próximo milênio. É possível que as fontes de renovação espiritual e teológica da Europa e da América do Norte tenham se esgotado e precisem ser renovadas por novas fontes. Por mais de três séculos, a teologia ocidental ficou obcecada pelas questões e pelos problemas postulados pela modernidade, de tal forma que todas as suas ramificações se tornaram reféns do *Zeitgeist* ou etos cultural. Os pensadores cristãos tanto liberais quanto conservadores atrelaram demais suas ideias a respeito de Deus e da salvação a esse *Zeitgeist*. A visão da teologia cristã desvinculada das formas do já ultrapassado pensamento moderno talvez precise brotar de uma fonte cristã não ocidental para que a história da teologia cristã ganhe um novo vigor e vitalidade no século XXI e no terceiro milênio.

O que quer que o futuro da história da teologia cristã nos reserve, certamente será interessante. Sempre foi. E restam ainda questões não resolvidas que os reformadores teológicos precisam responder. A principal delas, naturalmente, é a antiga discussão entre monergistas e sinergistas sobre o relacionamento de Deus com o mundo. Novos entendimentos da Palavra de Deus sobre essa questão são urgentes, pois os extremos da teologia de processo e do agostinismo-calvinismo ressurgente polarizam o pensamento cristão mais do que nunca. Embora eu "não seja profeta nem filho de profeta", acredito (com temor e tremor) que essa questão consumirá toda a atenção da teologia cristã no século XXI e que novas opiniões e ideias para resolvê-la virão de pensadores cristãos não ocidentais. Todas as opções do pensamento ocidental (da Europa e da América do Norte) parecem ter se esgotado e gerado apenas reações e não soluções. Se esse problema específico da teologia for resolvido, ainda que em parte, em data futura, as ideias cruciais certamente virão de uma cultura que não seja a ocidental, com sua mentalidade dualista que insiste em enxergar as agências divina e humana em mútua concorrência.

Como cristãos, podemos afirmar com confiança e júbilo, conforme um antigo hino evangelístico: "Essa é a minha história!". A despeito de todos os aspectos perturbadores e problemas não resolvidos, ela é a história da obra de Deus no mundo contada pelas pessoas dedicadas ao reino de Deus e à majestade de Cristo. É a história da lenta formação da tradição, o fundamento sólido de crenças cristãs básicas para guiar e orientar o discipulado cristão. É, também, a história de grandes reformas dessa tradição, que continuamente chamavam o povo de Deus de volta para a fonte da revelação divina e para a nova luz que elas lançavam. Se a história continuar a se desdobrar com tanta coerência e surpresa, os dois ingredientes necessários em qualquer boa história, será porque os cristãos continuam a dar valor aos dois princípios da tradição e da reforma, bebendo de águas profundas continuamente renovadas por novas fontes.

Índice remissivo

A

Aachen, Sínodo de 321
adiáfora 18
adocionismo 134, 148, 156, 159, 195, 206, 213-214, 218, 224, 226, 228, 229, 238, 260, 585
agennetos 152
agostinismo 265, 290-291, 301, 318, 442, 445-446, 657
Alexandria
    Escola de 79, 209-220
    Sínodo de 151
Alliance of Confessing Evangelicals 547
American Civil Liberties Union (ACLU) 603
amish 442
anabatistas 165, 419, 420, 424, 426, 432, 434, 441-458, 469, 475, 481, 483, 504, 518, 549, 555, 573
anakephalaiosis (recapitulação) 75
Anfechtungen 399
anipostasia 229, 251, 256
antinomismo 54, 126, 416, 430
Antioquia
    Escola de 209-220
    Sínodo de 135, 148, 155
antitrinitários 164, 442
apócrifos 21, 138, 139, 142, 412, 477
apofática (v. teologia apofática)
apokatastasis 103, 109, 186, 628
apolinarismo 195, 197, 222, 224, 228, 232, 238, 260, 310
apologistas 27, 36, 54-59, 63-64, 66-69, 79, 81, 83, 96, 102, 361

apostólicos, pais 26-27, 40-46, 49-54, 58-59, 65, 67, 69, 78, 81, 102, 139
apóstolos, Credo dos 136-137, 161
arianismo 151, 153-155, 158, 161-163, 167-168, 170, 173-174, 178, 180-183, 186, 195, 205, 241, 260
arminianismo 480, 483, 485, 495-496, 504, 509, 529, 532, 536-541, 544-547, 568, 573, 599
ascetismo 33, 39, 182, 301, 386
Assembleias de Deus 526
Associação Cristã Mundial dos Fundamentos 601
Augsburgo, Confissão de 404
Augustano, Sínodo Luterano 526
azymes 320

B

basílicas 85, 135, 142
batismo
    dos crentes 18, 442-445, 521, 531-532
    infantil 79, 124, 279, 419-420, 426, 434, 441-449, 452-453, 454, 469, 510, 514, 521, 531, 533, 549
batistas 18, 165, 434, 440, 453, 481, 496, 504, 521, 526, 531-534, 549, 568, 601, 605, 609
Belga, Confissão 480
bispo 18, 23, 25, 27, 33, 41-48, 51, 65, 68-72, 102-105, 119-124, 127-136, 142-163, 167-170, 173, 175, 182-185, 195, 205, 209-210, 215, 222,

230-231, 234-236, 239-243, 248-
249, 253, 261-262, 265-272, 275-
278, 288-290, 297-301, 307-308,
319-320, 322, 332, 378, 380, 425,
473, 517, 518, 530, 548, 615, 648
black power, movimento 648
Busskampf 516

C

Calcedônia
 Concílio de 135, 164, 206, 207, 241-
 243, 246-250, 255, 261
 Fórmula de 242, 244
calvinismo 434-435, 438, 440, 486,
 490, 492, 495, 498-500, 527, 529,
 534-539, 573, 657
cânon 16, 19, 26, 43, 51, 53, 85, 95,
 131-132, 136-141, 305, 318, 411,
 427, 478, 495
capadócios, pais 7, 20, 104, 145, 172,
 178-181, 186, 191-193, 201-202,
 251, 253, 271, 287, 318, 322
carma 109
Carvalho, Sínodo de 308
catolicismo romano 40, 138, 262, 289-
 293, 299, 303-304, 317-318, 425,
 460, 465, 469, 472, 475, 530, 532,
 551, 637
ceia do Senhor 46, 49, 69, 128, 133,
 262, 276, 320, 403-404, 418-422,
 426, 431-434, 439-440, 447-448,
 456, 466, 469, 533-534
CELAM 648
celibato clerical 317, 318, 332
Center for Process Studies 644
cesaropapismo 249, 307, 319, 426, 522
Christians United for Reformation 547
Christotokos 223
cinco maneiras (argumentos) de
 Aquino 356-358

collegia pietatis 513-514, 546
collegium philobiblicum 516
communicatio idiomatum 227, 229, 237,
 244-246, 252, 254, 258, 421
conceitualismo 343, 372, 375, 377
conciliarismo 370, 373, 375, 378
Concílio Vaticano 465, 479, 639
concórdia, Fórmula de 480
Congregação de Deus no Espírito 525
congregacionalismo 440, 521, 528,
 533, 551
Conselho Mundial de Igrejas 156
constantinismo 165, 426, 442-446,
 469, 505
Constantinopla
 Concílio de 145, 163-164, 172, 177-
 187, 195-197, 201-202, 205-207,
 215-218, 233, 253, 257, 314
 Segundo Concílio de 253, 257
 Terceiro Concílio de 314
consubstanciação 420, 439
consubstancial 160-162, 169, 195, 203,
 205, 214, 225, 237, 242, 250, 253
contemporânea, teologia (v. teologia
 contemporânea)
contextualização 567
Contrarreforma 395-396, 457, 459,
 465, 494
Conversão, piedade na 636
creatio ex nihilo 66, 87, 112, 354, 636, 655
criacionismo 595
cristãos reformados 430, 605
cristologia
 clássica (de Calcedônia) 246, 456,
 588
 da Palavra-carne 213, 214
 da Palavra-homem 214, 218
 do Espírito 53, 63
 do Logos 63

D

deificação (v. *theosis*)
deísmo 480-481, 484, 504, 552-569, 574, 577, 579, 581, 613
denominacionalismo 396
dependência, teoria da 649
Despertamento, Grande 539, 546, 636
Deus
   linguagem analógica de 361, 363
   natureza primordial de 644
diáconos 46, 133, 135, 152, 154, 210, 469, 479
dialética, teologia (v. teologia dialética)
diocese 133
dispensacionalismo 606
docetismo 39, 53, 211, 238, 240-241
Dogmática eclesiástica 618-623
dominicanos 351
donatismo 248, 270, 275, 534
Dort, Sínodo de 485, 491, 495, 531
duidade 183
duotelismo 259, 309

E

ecumenismo 606, 634
Édito de Milão 144
Éfeso, Concílio de 207, 230-235, 248, 278-279, 291
enipostasia 253, 256-257
epicurismo 57, 90
episcopado 128, 168
   monárquico 48
episkopos 25, 48, 120
escatológica, teologia (v. teologia escatológica)
escolasticismo 265, 290, 323-331, 346, 367, 370-373, 377, 393, 400, 405-406, 409, 471, 486-487, 509, 574, 596-599, 613
espiritualistas 412, 442

estoicismo 55-57, 63, 84, 90, 155, 428
eucaristia 49, 79, 128, 262, 276-277, 320, 364, 380-381, 418, 433, 472
eutiquismo 240, 245, 251, 433
Evangelho segundo Tomé 39
evangelicalismo 383, 457, 544, 547, 552, 637, 638
   progressivo 639
evolucionismo 600, 603-606, 619
existencialismo 614
ex opere operato 276-277, 381, 418, 433, 472, 510
expiação limitada 489, 491, 503
   teoria da influência moral 343, 585, 590
   teoria pela compensação 331, 338-339, 585
   teoria pelo resgate 338

F

fariseu 138
federal, teologia (v. teologia federal)
feminista, teologia (v. teologia feminista)
fênix, mito do 44
filioque 316, 319-323
filosofia de Cristo 329, 370, 383-387, 390, 425
filosofia grega 23, 35, 37, 50, 55 58, 64-65, 68, 79-93, 97, 102-103, 106-110, 149, 185-187, 210-211, 274, 428
Florença, Concílio de 464
Focus on the family 609
franciscanos 351, 371
Francke, Instituições 516, 525
Frankfurt, conventículos de 513
Fraternidade Remonstrante 496
fundamentalismo 572, 592-613, 619, 627-633, 636-638, 651

Fundamentals, The 600-601, 605-606, 609
Fundamental, teologia (v. teologia fundamental)

G

Gefühl 582, 583, 584, 612
gennetos 152
gnosticismo 29-34, 37-40, 48-49, 54, 70-74, 78, 81-83, 91-92, 95, 102, 105, 131, 139, 176, 260, 272
gnóstico, verdadeiro 91, 93, 98, 102
graça preveniente 450, 479, 502-503, 549-550
grande cisma 261-263, 317, 394, 464
Grande Igreja 79, 85, 94, 96, 119, 132-135, 138, 142, 145, 162-165, 179, 181, 205, 207, 227-228, 232, 236, 241-244, 249-262, 269, 275-277, 289, 292, 303, 306, 322

H

Heidelberg, Catecismo de 480
heresia 17, 22, 32, 37, 40, 53, 71, 95-99, 102-103, 119-120, 126, 132-134, 147-155, 159-162, 170-173, 179, 182, 188, 195-196, 206, 214-218, 222-227, 230, 233, 237-241, 245, 255, 262-263, 271, 276, 278, 281, 296, 321, 341, 374, 381, 388, 393, 416, 433, 443, 456, 476, 485, 493-495, 505, 511, 522, 524, 534, 546, 552, 594, 599, 646
Herrnhut 517, 518, 519, 520
Hipona, Sínodo de 142
hipostática 16, 206-208, 228-229, 238, 244-247, 251-258, 309, 455, 655
Holiness, movimento 165
holocausto 592, 652-653
homoiousios 170-172, 252

homoousios 160-162, 169-174, 180-181, 187, 193, 195, 225, 251-252
humanismo 36, 370, 383-384, 390, 425, 428, 599, 613, 619
huteritas 442

I

iconoclastia 314
Igreja
   Católica Romana 79, 164, 165, 244, 259, 288-290, 296, 304-305, 317, 319, 338, 374, 378, 380, 384, 386, 389, 396, 397, 418, 446, 451, 457, 459, 464-465, 474, 476, 478, 639, 640
   Copta 244
   da Inglaterra 137, 164, 333, 370, 390, 396, 424, 441, 457-463, 466-481, 484, 504, 524-536, 544-545, 551, 556, 568, 635, 636
   dos Irmãos Morávios 518
   Evangélica Luterana 635
   Ortodoxa Oriental 79, 121, 166, 319, 323
   Presbiteriana 527, 604, 609
   Reformada 422, 445, 496, 574, 582, 609, 619, 651
   Unida de Cristo 533
   unitarista 568
   Universal e Triunfante 31
iluminismo 481, 484, 539, 555-560, 566-567, 574, 578-583, 586, 613-614, 622
indulgências 379, 395-396, 402, 426, 452, 479
infalibilidade das Escrituras 382, 594, 598, 636
infralapsarismo 489-495, 499, 531, 599

Índice remissivo

inspiração das Escrituras 32-33, 89, 139, 186, 212, 288, 306, 370, 397, 460, 470, 475, 531, 555-577, 589, 594-600, 603, 606-608, 623-624, 631, 636, 638, 649
Institutas da religião cristã 435, 439, 583

J

Jâmnia, Concílio de 138
Jefferson, a Bíblia de 565
jesuítas 366, 494, 495
justiça alheia 454
justificação 42, 45, 127, 132, 293, 316, 364-367, 377, 382, 397, 401, 404, 406, 414-422, 428, 430-431, 442, 453-454, 466, 468, 472, 477, 478-479, 486, 497-498, 505, 508-511, 522, 549, 550, 586

L

Ladrões, Sínodo dos 238-241
Laterano, Concílio 464
Leão, Tomo de 239-242, 246, 255
liberal, teologia (v. teologia liberal)
libertação, teologia da (v. teologia da libertação)
limbo 277
Logos 36, 53, 59, 61-68, 73-76, 81, 89, 92-93, 97, 106, 113-116, 148-154, 173-177, 196-197, 210-218, 222-226, 229, 233-238, 244-246, 251-258, 304, 311-314, 374
Logos spermatikos 62
lollardos 370, 378, 380, 383

M

macedonianos 187, 188
maniqueísmo 267, 271-275, 388
Marburgo, Colóquio de 420-421
massoretas 596

menonitas 165, 442, 451, 455
metodistas 481, 496, 527-529, 545-546, 549, 551, 553
modalismo 95-96, 100, 148, 159-160, 169, 172, 181, 202, 206, 260
modernismo 572, 593, 595, 602, 607-608, 613, 628, 639
monarquia do Pai 149, 155, 178, 322-323
monergismo 265, 271, 281, 287, 290-300, 318, 366, 383, 387-388, 396, 407-408, 413, 424, 438, 449-450, 454, 478, 486, 509, 536-537, 541, 547, 550, 573-574, 638, 645-646
monofisismo 222, 245, 250-255, 259, 260, 310, 315
monofisista, controvérsia 250, 253, 255, 309
monoteísmo orgânico 100
monotelismo 259, 304, 309-314
montanismo 32, 34, 78, 85, 94-99, 149
morávios 517-520, 524, 545

N

Nag Hammadi 31
Natural, teologia (v. teologia natural)
navalha de Occam 372, 374
nazarenos 526
nazismo 620
neocalcedônios 252-253
neo-ortodoxia 592, 602, 610 614, 617-618, 621, 629-632, 638
neoplatonismo 88-91, 104-105, 110, 113, 198-199, 267, 271-274, 567
nepotismo 464
nestorianismo 225-226, 232-235, 245-251, 254, 260, 309, 315, 433, 455
Niceia
Concílio de 145-157, 161-168, 181, 249-251, 260, 306, 316

Credo de 137, 145, 160-161, 164-167, 170, 174, 179, 182, 202, 204, 242, 251-252, 262, 316, 322-323, 519, 636
Segundo Concílio de 306, 316
nominalismo 343, 370-378, 380, 397, 400, 408, 410, 414, 428, 535
Nova Era, movimento da 31, 103

O

Orange, Sínodo de 290, 293-296
ordenanças 419, 431
origenismo 304
ortodoxia 21, 656
 crítica 653
 oriental 22, 40, 138, 165, 262, 292, 297, 304-305, 308-311, 314-317, 464
 protestante 22, 484, 487, 553, 556-567, 572, 575, 577, 581, 583, 593-613, 617, 626, 628, 636-637
ortopatia 511, 523, 608, 656
ortopraxia 511, 523

P

pacifismo 442, 455
pactos, teologia dos (v. teologia dos pactos)
panenteísmo 589
papado 302, 319, 369, 380, 382, 402-403, 461, 642
patriarcado 184
patriarcas 164, 206, 225, 249, 251, 254, 261, 289, 297, 475
patripassianismo 99, 102, 159
pelagianismo 234, 248, 271, 291-295, 388, 485, 502-503, 536
penitência 124-126, 133, 249, 297, 300-301, 364, 386, 415, 418
penitente perfeito 301, 415

pentecostais 165-166, 519, 526, 605, 637
perfeccionismo 524, 529, 549
pietismo 481, 484, 504-526, 539, 544, 548-549, 553-556, 569, 577, 605, 629, 637, 638
platonismo médio 58, 88, 90, 106, 113
pleroma 38
pneumatômacos 183, 187-189
pós-milenarismo 538
pós-modernidade 579
práxis 647
predestinação 117, 265, 281, 285, 290-296, 300, 332, 353, 365, 366, 382, 407, 413, 424, 429, 434, 438-440, 449-450, 454, 463, 472, 474, 480, 483, 486-490, 493-504, 535-536, 547, 553, 573-574, 627-628
preexistência das almas 103, 186
pré-milenarismo 595, 601-604, 608, 619, 650
presbiterianismo 440, 461, 480, 528, 603
processo, teologia do (v. teologia do processo)
Procusto 566
protestante 14, 17, 22, 68, 82, 121, 129, 137-139, 168, 246, 263, 265, 271, 289, 298, 301, 329, 340-341, 353, 364, 367, 370-371, 378, 382-383, 386-387, 394-396, 404, 420-425, 434-436, 441-445, 450, 456, 459-463, 466-487, 492-497, 504-509, 513, 516-517, 520-521, 525-529, 546-556, 564, 567-632-637, 642, 644-645
puritanos 282, 425, 427, 435, 440, 462, 466, 470-475, 480-481, 484-485, 527-539, 544-547, 553, 556

Q

quacres 442, 556
quadrilátero wesleyano 547-548
quietismo 525

R

Rahner, regra de 641
realismo 343, 372, 373, 374, 375, 380, 597, 614, 624, 629, 631, 650
Reencarnação 31
Reforma
   católica 389, 459, 463, 475
   inglesa 457, 459, 460, 465, 467, 474, 527
   magisterial 441, 483
   radical 396, 441, 442, 451, 646
reformada, teologia (v. teologia reformada)
regeneração 442, 448, 449, 452, 453, 454, 498, 502, 505, 508, 521, 522, 523, 549, 550, 553, 638
   batismal 124, 125, 277, 419, 432, 469, 477, 505, 510, 636
regra de são Bento 292
Renascença 290, 329, 369, 370, 378, 383, 390
resgate (v. expiação)
Reunião, Fórmula de 231, 232, 235, 237, 240
ritschlismo 586, 587
romantismo 582, 614

S

sabelianismo 95, 147, 148, 157, 159, 160, 161, 162, 163, 169, 171, 172, 173, 180, 181, 182, 186, 193, 194, 202, 260, 323
sacerdócio de todos os crentes 128, 129, 289, 394, 404, 418, 423, 445, 465, 466, 468, 469, 470, 473, 479, 507, 513, 546, 548, 551
sacramentos 49, 60, 78, 79, 81, 126, 134, 213, 234, 235, 262, 270, 271, 275, 276, 277, 297, 313, 318, 340, 345, 364, 378, 381, 396, 403, 415, 417, 418, 419, 422, 424, 426, 431, 432, 447, 454, 468, 469, 472, 474, 483, 510, 512, 513, 523, 589
   v. tb. batismo, donatismo
Sacro Império Romano 137, 317, 369, 371, 395, 464
semiarianismo 168, 170, 173, 178
semipelagianismo 290, 291, 293, 295, 296, 297, 367, 388, 485, 503
separatismo 606, 608, 609
simonia 425, 464
sinergismo 117, 127, 266, 281, 287, 292, 293, 296, 298, 301, 366, 367, 387, 388, 390, 396, 424, 447, 449, 470, 483, 486, 489, 491, 492, 493, 497, 502, 503, 504, 509, 529, 536, 537, 540, 547, 549, 550, 553, 573, 574, 627, 638
socinianismo 494
sola gratia et fides 394, 465, 468, 470, 497, 507, 547
sola Scriptura 394, 507, 624, 640
subordinacionismo 113, 114, 159, 160, 163, 171, 173, 174, 178, 183, 187, 189, 193, 195, 202, 322, 323
sucessão apostólica 33, 41, 45, 79, 94, 97, 120, 127, 129, 135, 163, 261, 277, 319, 462, 466, 469, 551
supralapsarismo 438, 486, 488, 489, 493, 494, 495, 498, 499, 503, 509, 531, 599, 627
synapheia, conjunctio 226

T

teândrica, visão 311, 313
teísmo cristão 117, 359, 360, 361, 567, 626, 642, 645, 652
teologia
  apofática 64, 361
  católica romana 139, 298, 340, 349, 352, 367, 493, 495, 573, 639, 640
  conservadora 8, 593, 605, 619
  contemporânea 8, 613, 633, 635, 641, 642, 650, 653
  da cruz 403, 404, 405, 406, 407, 408, 413
  da glória 404, 405, 406, 407, 408
  da libertação 573, 646, 647, 648, 649, 650
  dialética 610, 611, 619, 629
  do processo 573, 592, 642, 643, 644, 645, 646, 652
  dos pactos 535, 536
  escatológica 573, 650, 652, 653
  evangélica 635
  federal 531
  feminista 649, 650
  fundamental 640
  liberal 8, 156, 569, 571, 572, 577, 579, 581, 586, 589, 592, 593, 594, 595, 598, 601, 602, 604, 606, 607, 609, 610, 612, 613, 615, 617, 619, 621, 626, 627, 628, 630, 631, 636, 638
  natural 333, 334, 350, 353, 354, 356, 357, 361, 362, 375, 376, 377, 383, 400, 406, 409, 428, 437, 470, 471, 509, 556, 580, 612, 620, 624, 629, 630, 641, 644
  negativa 198
  negra 648, 649, 650
  reformada 8, 423, 424, 425, 427, 428, 430, 432, 434, 435, 440, 461, 469, 480, 484, 485, 486, 491, 492, 496, 504, 509, 539, 544, 553, 568, 573, 598, 634
Teologia
  evangélica 635
Testemunhas de Jeová 21, 153, 156, 163, 167, 181
theosis (divinização, deificação) 49, 78, 111, 117, 175, 196, 363
Theotokos 219, 221, 222, 223, 224, 243
Toledo, Sínodo de 321
tomismo 363
transcendentalismo 575
transubstanciação 380, 381, 418, 420, 421, 433, 439, 461, 476, 479
Trento, Concílio de 349, 380, 390, 395, 457, 464, 465, 472, 475, 476, 478, 479, 480
Trindade 16, 17, 18, 20, 21, 22, 49, 53, 54, 61, 63, 64, 65, 66, 67, 81, 95, 96, 98, 99, 100, 101, 104, 106, 114, 115, 118, 124, 134, 135, 143, 145, 150, 152, 153, 157, 159, 163, 165, 166, 168, 169, 170, 172, 178, 179, 180, 181, 182, 183, 185, 186, 187, 190, 191, 193, 194, 195, 199, 200, 201, 202, 205, 206, 218, 227, 233, 235, 257, 263, 271, 287, 311, 314, 321, 322, 323, 340, 342, 355, 374, 437, 445, 474, 494, 555, 559, 560, 561, 562, 564, 566, 577, 578, 582, 584, 590, 601, 641, 642, 652, 655
  analogia social da 201
  v. tb. adocianismo, consubstancial, eunomismo, *homoiousios*, *homoousios*, modalismo, monarquia do Pai, patripassianismo, sabelianismo, socianianismo, subordinacionismo, triteísmo

trinta e nove artigos 461, 466, 469, 472, 504
triteísmo 190, 192, 193, 194, 199, 200, 201, 374
TULIP 490, 491, 495, 532

U

Uniformidade Elisabetana 461, 468, 470, 475, 527, 529, 530
unitarismo 554, 572, 574, 575
Unitas Fratrum 517
universais, proposições 186, 190, 194, 328, 343, 373, 374, 375, 378, 380

universalismo 109, 627, 628, 636, 653

V

via moderna 372
voluntarismo 375, 376, 377, 535

W

Westminster
  Assembleia de 530
  Catecismo menor de 531
  Catecismos Maior e Menor de 531
  Confissão de fé de 531, 572, 638
Worms, Dieta de 402